Geschichte des politischen Denkens, Band 1, 2

T0349443

Henning Ottmann

Geschichte des politischen Denkens

Von den Anfängen bei den Griechen
bis auf unsere Zeit

Verlag J. B. Metzler
Stuttgart · Weimar

Henning Ottmann

Geschichte des politischen Denkens

Band 1: Die Griechen

Teilband 2: Von Platon bis zum Hellenismus

Verlag J. B. Metzler
Stuttgart · Weimar

Die Deutsche Bibliothek – CIP-Einheitsaufnahme

Ottmann, Henning:
Geschichte des politischen Denkens : von den Anfängen bei den Griechen bis auf unsere Zeit /
Henning Ottmann. – Stuttgart ; Weimar : Metzler
ISBN 3-476-01629-3
Bd. 1. Die Griechen
Teilbd. 2. Von Platon bis zum Hellenismus. – 2001
ISBN 978-3-476-01898-4

Gedruckt auf chlorfrei gebleichtem, säurefreiem und alterungsbeständigem Papier

ISBN 3-476-01898-9

© 2001 J.B. Metzlersche Verlagsbuchhandlung und Carl Ernst Poeschel Verlag GmbH
in Stuttgart

www.metzlerverlag.de
info@metzlerverlag.de

Einbandgestaltung: Willy Löffelhardt
Satz: Dörr + Schiller GmbH, Stuttgart
Druck und Bindung: Kösel, Krugzell · www.koeselbuch.de

Printed in Germany
Oktober/2001

Verlag J.B. Metzler Stuttgart · Weimar

Inhalt

Inhalt Teilband 2

Inhalt Teilband 1

XIII. Platon (428/427–349/348 v. Chr.)

1. Leben und Werk

1.1. Platons Stellung in der Politik und der Kultur Griechenlands

Platon ist der bedeutendste Schüler des Sokrates. Seine Philosophie zieht aus dem Tod seines Lehrers die radikale Konsequenz. Die Stadt, die den einzig Gerechten verurteilt, richtet sich selbst. Mit ihr war keine Politik mehr zu machen. Platon bricht mit Athen und mit der Demokratie. An die Stelle der korrupten Stadt Athen soll die gerechte Stadt treten. Und gerecht kann die Stadt nach Platon nur sein, wenn in ihr der Philosoph selber regiert.

Mit der Lehre, die Platon aus dem Schicksal des Sokrates zieht, entfernt sich seine Philosophie von der bestehenden Stadt. Sie entwirft eine philosophische Politik, die auf Kriegsfuß steht mit der bestehenden Demokratie. Die Synthese von Agonalität und Polisbewußtsein, von Exzellenz und Gemeinsamkeit, welche die Entwicklung der griechischen Kultur bestimmte, ändert bei Platon noch einmal ihre Form. Das Bewußtsein der Gleichheit und Gemeinsamkeit tritt in den Hintergrund. Das Streben nach Exzellenz und Bestleistung rückt noch einmal nach vorn. Platons politisches und philosophisches Hauptwerk, die *Politeia*, gründet die Stadt auf das, was einer jeweils »am besten« tun kann. Platon prämiert die Exzellenz, deren höchste Form die Weisheit der Philosophen ist. Aus der Polis, die eine Stadt der Gleichen war, wird eine hierarchisch gegliederte Stadt, die aus unterschiedlichen Einzelleistungen und in sich gestuften Bestleistungen zusammengesetzt wird.

Zum Bruch mit der herkömmlichen Politik und der Demokratie gesellt sich bei Platon der Bruch mit der traditionellen Bildung. Platon wetteifert mit den Dichtern, die bis dahin als die Erzieher der Griechen galten. Die Mythen der Dichter werden verworfen. Platon reinigt den Kanon der Bildung. Statt der Dichter soll der Philosoph der Erzieher sein.

Platon gründet seine Politik unmittelbar auf Metaphysik, auf eine Lehre von den Ideen. Seele, Polis und Kosmos bilden für ihn eine Einheit. Immer wieder sucht er nach Wegen, wie die Einheit des Kosmos und der Idee in der Seele und in der Stadt nachgebildet werden kann.

Grundfrage der Politik und Ethik wird für Platon die Gerechtigkeit. Sie wird durch ihn als Thema der politischen Philosophie etabliert und auf ein neues Niveau gestellt. Platon bestimmt die Gerechtigkeit als einen Selbstzweck. Er faßt sie als einen intrinsischen Wert, der durch den Nutzen oder die Meinungen der Menschen nicht zu erfassen ist.

Die durch die Tragödie und durch Sokrates bereits zugespitzte Auffassung von der Verantwortlichkeit des einzelnen wird mit Platon vollendet. Der Mensch wird als ein Wesen anerkannt, das sein Leben wählt und zu verantworten hat. In der Stadt der Gerechtigkeit kommen die Menschen jeweils in ihr »Eigenes«. Sie tun dort, was sie lieben und was sie am besten tun können. Platons politisches Denken markiert einen welthistorischen Wendepunkt zur Subjektivität.

Platon gründet seine Politik auf die Unterscheidung von Wissen und Meinen, von *doxa* und *epistēmē*. Wissen ist etwas Exklusives, das stets nur wenigen vorbehalten ist. Schon dadurch wird Platons Denken tendenziell antidemokratisch und hierarchisch. Erst beim älteren Platon finden sich Versuche, sich der Realität der Politik und der attischen Demokratie wieder zu nähern. Aus der Politik, die zunächst am Ideal des guten Herrschers gemessen wird, wird eine Politik der Gesetze. Die *Nomoi* (»die Gesetze«) zeigen Platons virtuosen Umgang auch mit Gesetzen und Verfahren, Institutionen und Amtskontrollen. Damit schwenkt der ältere Platon wieder auf den Weg der griechischen Kulturentwicklung ein, die das Streben nach Exzellenz stets mit der Suche nach Mitte und Maß verbunden hat.

1.2. Warum Platon Philosoph und nicht Politiker geworden ist

Platon wird 428/427 v. Chr. in Athen (oder auf Ägina) in eine der ältesten aristokratischen Familien der Stadt geboren. Als Sohn einer der besten Familien Athens hätte er Politiker werden müssen. Stattdessen ist er Philosoph geworden. Zwei Gründe haben ihn zu dieser Entscheidung geführt.

Da war einmal die Erfahrung des Todes des Sokrates. Wie viele junge Männer aus gutem Hause war Platon ein Hörer des Sokrates geworden (ab ca. 409 v. Chr.). Der Tod seines Lehrers, den er als Tod des Gerechten in der ungerechten Stadt verstand, hat ihn seiner Vaterstadt und deren Politik entfremdet.

Der andere Grund lag in der Erfahrung, die Platon mit seinen Verwandten, mit seinen Onkeln, Kritias und Charmides, gemacht hatte. Beide hatten eine führende Rolle beim oligarchischen Umsturz des Jahres 404 v. Chr. gespielt. Kritias hatte ein Schreckensregiment errichtet, dem ungefähr 1500 politische Gegner zum Opfer gefallen waren. Platon hielt dieses Regime seiner Verwandten für noch schlimmer als die vorausgehende Demokratie. Er wandte sich ab von der Politik (ep. 7, 324d–325a).

1.3. Platon und die sizilischen Tyrannen

Platon ist allerdings doch wieder in Politik verwickelt worden, nicht in die Politik Athens, aber in die Siziliens. Davon berichten drei Quellen: Platon selbst in seinem 7. *Brief*, der eine Art Autobiographie und Selbstrechtfertigung ist; Plutarch (45–120 n. Chr.) in seiner Biographie des Dion, des Freundes Platons; Diogenes Laertius in seinen *Viten* (2. Jh. n. Chr.). Durch diese Zeugnisse wissen wir, daß Platon drei Mal nach Sizilien gereist ist. Auf einer dieser Reisen soll er Dionysios II. um Land und Leute gebeten haben, damit er die beste Stadt verwirklichen kann (Diog. Laert. III, 21).

Die Zeugnisse, die wir von Plutarch und von Platon selbst über die politischen Unternehmungen in Sizilien besitzen, sind apologetisch, und man mag einem so späten Zeugnis wie dem des Diogenes Laertius mißtrauen. Aber die Sizilien-Reisen müssen all jenen zu denken geben, die geneigt sind, Platons Politik für eine bloße Utopie zu halten, für nichts als ein Wolkenkuckucksheim.

Sizilien war zu einem Machtzentrum im Mittelmeerraum geworden. Der Tyrann von Syrakus, Dionysios I. (405–367 v. Chr.), war einer der bedeutendsten Politiker seiner Zeit. Platon preist ihn im 8. *Brief* als Retter der Griechen (vor den Karthagern) (ep. 8, 351a ff.). Platon begegnet dem Tyrannen auf seiner ersten Reise (389/388 v. Chr.). Damals steht ihm die Philosophenstadt allerdings noch nicht vor Augen. Aber er macht zu jener Zeit die Bekanntschaft des Schwagers des Tyrannen, Dion, der sein Freund fürs Leben wird.

Platons zweite Reise fällt zusammen mit dem Regierungsantritt Dionysios' II. (367/366 v. Chr.). Vermutlich hat sich Platon damals darum bemüht, den jungen Tyrannen für seine Philosophie und Politik zu gewinnen. Er ist damit gescheitert. Überhaupt war die Lage für Platon nicht günstig. Seine Freundschaft mit Dion mußte ihn dem Tyrannen verdächtig machen. Dion hatte eigene dynastische Interessen, und Platon war Dion aufs Engste verbunden. Beide verband Gastfreundschaft (*xenia*) und Genossenschaft (*hetairia*) (ep. 7, 328d). Dion wird des Hochverrats und der Konspiration mit Karthago bezichtigt; er wird des Landes verwiesen (Dion 14,4). Platon selber wird interniert. 365 v. Chr. gelingt ihm die Rückreise nach Athen, wo Dion bereits als Exilant in großem Stile lebt und als Thronprätendent auftritt.

Noch katastrophaler verläuft die dritte Reise (361/360 v. Chr.). Vermutlich ist Platon nur deshalb noch einmal nach Sizilien gefahren, weil er für Dion etwas herauszuschlagen hoffte. Dionysios hatte die Geldzufuhr aus Dions sizilischen Besitzungen gesperrt (ep. 7, 345c; Dion 18, 1). Platons diplomatische Bemühungen sind auch dieses Mal gescheitert. Er wird erneut unglaubwürdig, da sein Neffe Speusipp zur gleichen Zeit in Athen einen Putsch Dions vorbereiten hilft (Dion 22,2). Als Platon schließlich für einen rebellierenden Söldner Partei ergreift, der in den Augen des Dionysios ein Agent des Dion sein mußte, da ist das Tischtuch zwischen Dionysios und Platon endgültig zerschnitten (ep. 7, 384a).

Ein Ende der sizilischen Abenteuer war damit allerdings noch nicht erreicht. Dion hat Syrakus 357 v. Chr. (kampflos) erobert und für drei Jahre regiert. Dionysios war allerdings nicht besiegt worden, er hatte sich auf der Burg verschanzt. Ein mit weiteren Söldnern nachrückender Herakleidos machte Dion seine Herrschaft streitig. 354 v. Chr. wird Dion von Kallippos, einem Mitglied der Akademie ermordet, nachdem er seine Unterstützung beim Volk und bei den Söldnern bereits weitgehend verloren hat.

Platon hat sich von der Machtergreifung Dions distanziert, vielleicht schon, als er ihn bei den Olympischen Spielen des Jahres 360 v. Chr. traf und von Dions Plänen erfuhr (ep. 7, 350b). K. v. Fritz (1968) und Berve (1957) erwecken den Eindruck, als ob Dions Herrschaft nun zwar nicht der Philosophenherrschaft, so aber doch dem politischen Ideal des älteren Platon entsprochen habe. Der ältere Platon tritt für eine Herrschaft der Gesetze und eine Mischverfassung ein. Schon Plutarch nennt die von Dion errichtete Verfassung eine »Mischverfassung« (Dion 53, 2). Vermutlich war Dion aber eher ein Repräsentant der typisch oligarchischen Politik, wie sie in Griechenland immer wieder mit der demokratischen im Streit lag (Trampedach 1995, 122). Wenn Platon Dion für die »besten und gerechtesten Gesetze« lobt, so ist das nichts als Apologie (ep. 7, 351c). Seine Versicherung, Dions Herrschaft sei »ohne Mord und Verbannung« ausgekommen (ebd.), ist sogar unwahr, da Dion seinen Gegenspieler Herakleidos ermorden ließ.

Der 8. Brief gibt den Anhängern Dions Empfehlungen, die sich in der Tat mit der späten Politik Platons decken. Platon empfiehlt eine »Königsherrschaft« der Gesetze. Das Gesetz soll selber König sein (ep. 8, 354c), eine Formel, die im Hellenismus öfters wiederkehrt. Drei Könige (der Sohn Dions, der Schwager Dions und Dionysios I.), eine Volksversammlung, ein Rat, 35 Gesetzeswächter – das sollen die neuen Institutionen von Syrakus sein. Aber auch aus diesen Empfehlungen wurde nichts. Eine Versöhnung der Parteien kam nicht zustande. Vielmehr erobert Dionysios Syrakus 346 v. Chr. zurück.

Platon ist durch Dion in die Politik Siziliens verwickelt worden, ob und inwieweit er dies wollte oder nicht. Seine zweite Reise scheint am ehesten mit dem Versuch verbunden gewesen zu sein, die Philosophenstadt vom Himmel auf die Erde zu bringen. Noch in seinem letzten Werk, den Nomoi, malt Platon sich aus, wie ein junger lernwilliger Tyrann mit einem Gesetzgeber kooperiert (leg. 709e). Die Herrschaft eines einzelnen scheint ein von Platon durchaus erwogener Hebel gewesen zu sein, der das scheinbar Unmögliche, die Verwirklichung der besten Stadt, wahrscheinlich machen kann.

1.4. Dialoge und Briefe

In Platons Namen überliefert sind über 30 Dialoge und 13 Briefe. Von den Briefen ist der größte Teil gefälscht, von den Dialogen sind es nur einige wenige. Als echt einzustufen sind vermutlich nur der 3., 7. und 8. Brief (Thurnher 1975). Als bedeutendster gilt der 7. Brief, eine Art Autobiographie und apologia pro vita sua.

Bei den Dialogen läßt sich eine strenge Chronologie nicht exakt nachweisen (Brandwood 1990). Man kann allenfalls chronologische Gruppen bilden, bei denen Einzelfälle unsicher bleiben.

Eine erste Gruppe bilden sokratische Dialoge, das sind solche, die um das Schicksal des Sokrates kreisen (wie die Apologie oder der Kriton), ferner solche, die einzelne Tugenden erörtern wie der Laches (Tapferkeit) oder der Charmides (Besonnenheit).

Eine zweite Gruppe zeigt Platon im Streit mit den Sophisten, so daß man von Sophistendialogen oder von Programmdialogen der Akademie sprechen kann. Die bedeutendsten sind der Protagoras und der Gorgias.

In der Mitte des Werks stehen die Dialoge der Ideenlehre: das Hauptwerk Platons, die Politeia; ferner der Phaidon, der die Unsterblichkeit der Seele diskutiert; das Symposion, dessen Themen Eros und Schönheit sind, sowie der Phaidros, der die wahre Rhetorik erörtert.

In den späten Dialogen treten die logischen Probleme der Ideenlehre hervor (wie im Parmenides), vermehrt auch Kosmologie (wie im Timaios) und Theologie (wie in den Nomoi).

Da Platon Psyche, Polis und Kosmos als eine Einheit betrachtet, sind nahezu alle seine Dialoge politisch bedeutsam. Im engeren Sinne politisch sind drei: die *Politeia* (die Verfassung, das Gerechte), der *Politikos* (der Staatsmann) und die *Nomoi* (die Gesetze).

Platon philosophiert in der Form von Dialogen. Dialoge sind Gespräche, in denen man sich gemeinsam auf die Suche nach Wahrheit begibt. Sie sind keine Protokolle tatsächlich geführter Gespräche. Vielmehr sind sie Kunstwerke. In ihnen wird ein dramatisches Geschehen vorgeführt, bei dem nicht allein von Bedeutung ist, was ein Argument als solches besagt. Von Bedeutung ist immer auch, wer etwas sagt und wann es gesagt wird, ob jemand etwas ungestüm vorbringt oder ironisch. Platon ist Philosoph und Künstler. Er konkurriert mit den Dichtern, und seine Dialoge zeigen auf ihre Weise, was philosophische Komödien und Tragödien sind.

1.5. Die ungeschriebene Lehre

Nach der Lehre zweier Schulen der Platondeutung, der Tübinger und der Mailänder Schule, kann Platon nicht allein aus den Dialogen gedeutet werden. Diese, so meint man, seien nicht autark. Vielmehr bedürften sie der Zuhilfenahme der »ungeschriebenen Lehre« (oder der »ungeschriebenen Lehren«) Platons, um verstanden zu werden (Krämer 1959, Gaiser 1963, Szlezák 1985, Reale 1993).

An zwei viel diskutierten Stellen seines Werkes hat Platon die Schrift kritisiert (ep. 7, 341c4–d1; Phaidr. 274c–278b). Sie mache die Menschen vergeßlich. Sie führe zu bloßem Scheinwissen. Wahres Wissen bedürfe des lebendigen Gesprächs. Ein Philosoph werde »wertvollere« *(timiōtera)* Erkenntnisse nicht seinen Schriften anvertrauen.

Nun könnte man versucht sein, Platons eigene Dialoge von seiner Schriftkritik auszunehmen. Es handelt sich ja um Dialoge, in denen Rede und Gegenrede wie in einem Gespräch lebendig sind. Wir wissen aber aus zahlreichen Zeugnissen der Antike, daß es eine »ungeschriebene Lehre« Platons gibt. Sie handelt von der Hauptfrage der platonischen Philosophie, was das Eine, was die Einheit ist. Über den Ideen stehen demnach zwei Prinzipien: das »Eine« *(hen)* und die »unbestimmte Zweiheit« *(aoriston duas)*. Dieses Eine ist die Idee des Guten, die der letzte Grund alles Seienden ist.

In den Ideendialogen und den Spätwerken begegnen des öftern »Aussparungsstellen«, in denen Platon die eigentliche Lehre, die vom Guten, nicht mehr weiter expliziert, sondern zurückzuhalten scheint. Ganz ohne Hinweise auf die Idee des Guten ist allerdings auch das schriftliche Werk nicht, so daß man vieles über die Idee des Guten doch auch aus den Dialogen (etwa aus dem Höhlengleichnis) erschließen kann.

Die »ungeschriebene Lehre« ist ein Gegenstand des Streits. Sie ist es unter anderem deshalb, weil sie von Bedeutung für die Gesamteinschätzung der platonischen Philosophie ist. Ist diese offen oder geschlossen, aporetisch oder letztbegründet? Wer die Dialoge mit Hilfe der »ungeschriebenen Lehre« deutet, muß in Platons Denken (von der *Politeia* ab) eine Philosophie mit Letztbegründung sehen.

1.6. Ein Wort zu den »Ideen«

Platon gründet Metaphysik und Politik auf Ideen. Sie sind der alles bestimmende Beginn der westlichen Metaphysik. Neuplatoniker, Denker des Mittelalters, die Philosophen des deutschen Idealismus, sie alle werden Philosophien der Ideen entwickeln. Andere Philosophen, von Aristoteles bis Marx, werden sie kritisieren. Was also ist eine Idee? Für Platon sind Ideen bspw. die Gerechtigkeit, die Tapferkeit, das Schöne oder das Gute. Sie sind die wahre Wirklichkeit, von der die einzelnen Handlungen oder Objekte nur Abbilder sind.

Das *Wort* »Idee« stammt von den Worten *eidos* und *idea*, die beide vom Stamm »eidenai«, d. h. »sehen«, abgeleitet sind. Eine Idee ist eine sichtbare Gestalt oder Form. Diese ist allerdings nicht sichtbar für unsere Augen. Sie erschließt sich nur dem geistigen Auge. Ideen muß man denken. Sie sind in der Sprache der Philosophen »intelligibel«. Der *Ursprung* der Ideenlehre liegt im Fragen des Sokrates. Sokrates fragt stets: »Was ist das?«. Was ist die Gerechtigkeit? Was die Tapferkeit? Auf diese Frage läßt sich nicht, wie es seine Unterredner oft versuchen, mit einzelnen Beispielen antworten. Die Was-Frage erfordert eine Antwort, die auf das »Wesen« der Sache geht, auf *die* Gerechtigkeit oder *die* Tapferkeit. Ideen sind Wesenheiten *(essentiae)*.

Die Untersuchungen von Havelock (1990) bringen die Entstehung der Ideenlehre mit der *Verschriftlichung* der griechischen Kultur in Verbindung. Diese Erklärung ist prima facie paradox bei einem Philosophen, der selber für den Primat des Mündlichen eintritt. Aber die Abstraktheit des griechischen Alphabets, das keine Silbenschrift ist, sondern die Sprache in Atome unterhalb der gesprochenen Artikulationseinheiten zerlegt, läßt sich mit der begrifflichen Abstraktion verbinden. Hinzu kommt, daß Schriftlichkeit die Gedächtnisleistungen oraler Kulturen überflüssig werden läßt. Nach dem Siegeszug der Schriftlichkeit entfällt die Notwendigkeit, wegen der besseren Memorierbarkeit rhythmisiert zu sprechen, Fakten in Erzählungen einzubetten oder Geschehnisse als Taten darzustellen. »Es-ist-Sätze« und abstrakte Subjekte werden möglich gemacht.

Wie auch immer die Herkunftsgeschichte der Ideen verlaufen sein mag, Platon hatte für die Annahme der Ideen philosophische Gründe. Ideen sind für ihn *Bedingungen der Möglichkeit der Erkenntnis* und *Bedingungen der Möglichkeit von Verständigung.*

Nur weil wir »immer schon« wissen, was gerecht, fromm, tapfer etc. ist, gelingt es uns, die einzelnen Handlungen als gerecht, fromm, tapfer etc. zu klassifizieren. Ideen sind apriorisch (vor aller Erfahrung). Sie werden von Menschen nicht hervorgebracht, sondern nur bewußtgemacht, »erinnert«, wie Platon meint. Platon hat dafür einen eigenen Begriff, den der »Anamnesis«. Nach der Lehre von der Anamnesis haben die Seelen bereits vor diesem Leben die Ideen geschaut. Wer in diesem Leben etwas erkennt, »erinnert« sich seines früheren Wissens. (Platon demonstriert dies im *Menon* am Beispiel des Satzes von Pythagoras. Ein Sklave kann ihn einsehen, obwohl er nie zuvor Unterricht in Mathematik erhalten hat.)

Die Ideen sind darüber hinaus Bedingungen der Möglichkeit der Verständigung. Ohne sie wüßten wir nicht, daß wir über »Dasselbe« reden. Ideen stehen für das

Allgemeine der Kommunikation und des Begreifens. Sie sind *universalia* (Phaid. 102a–b; Parm. 130e; rep. 596a).

Strittig wird die Ideenlehre, sobald man sich fragt, ob sie in einen Dualismus mündet oder ob sie eine Einheitsphilosophie ist. Die Frage nach einem *Dualismus* stellt sich, weil Platon scharf zwischen der sinnlich erfahrbaren und der intelligiblen Welt unterscheidet. Im Dialog *Phaidon* (69a, 77a) werden ganze Kataloge von Gegensätzen genannt, die zwischen den beiden Welten bestehen. Die sinnlich erfahrbare Welt ist demnach zeitlich und veränderlich, die Ideen dagegen sind ewig und unveränderbar. Die erfahrbaren Dinge sind vielgestaltig und zusammengesetzt, die Ideen eingestaltig (*monoeidēs*) und einheitlich. Die Ideen existieren »an sich« und durch sich selbst. Sie haben Perseität. Dagegen existieren die sinnlich erfahrbaren Dinge nur durch ihre »Teilhabe« (*metexis*) an den Ideen.

Sinnenwelt	Ideenwelt
zeitlich	ewig
veränderlich	unveränderlich
vielgestaltig	eingestaltig
zusammengesetzt	aus einem Guß
Existenz durch Teilhabe	Perseität
Einzeldinge	Allgemeinheiten

Mündet die platonische Philosophie in einen Dualismus, in eine Zwei-Welten-Theorie? Platons philosophische Intention war wohl eine andere. Sie galt einer Einheitslehre, in der die Idee des Guten der letzte Grund, der Grund aller Gründe ist. Ideenwelt und Sinnenwelt verhalten sich wie Original und Kopie, wie Muster (*paradeigma*) und Nachbildung, wie Urbild und Abbild. Alles, was ist, ist demnach durch die Einheit der Idee, die Nähe zu ihr oder die Entfernung von ihr, bestimmt.

Platon ist der Philosoph der Einheit, Aristoteles (im Gegenzug) ein Denker der Vielheit. Bei Platon ist die Idee immer das Eine. Alle Vielfalt ist demgegenüber nur ein schwacher Abglanz oder, je mehr sie sich zersplittert, auch nur noch schlechte Vielfältigkeit. An der Intention Platons ist nicht zu zweifeln. Woran man zweifeln kann ist, ob ihm die gedankliche Begründung der intendierten Einheit auch gelungen ist.

Platons Philosophie ist eine *Einheitslehre mit Schwierigkeiten*. Es ist nämlich nicht einzusehen, wie es den Ideen gelingen kann, einerseits »an sich« zu existieren und doch in der Sinnenwelt präsent zu sein. Wie kann die »eingestaltige« Idee im Zusammengesetzten erscheinen, wie kann das Eine im Vielen sein?

Platon hat die logischen Schwierigkeiten der Ideenlehre im *Parmenides* und anderen Dialogen selbst erörtert. Sowohl die Annahme, daß die Idee »ganz« in den Teilen präsent ist, als auch die Annahme, daß sie »teilweise« in ihnen erscheint, führt zu Widersprüchen. Ist sie »ganz« in den vielen Dingen, verliert sie ihre Einheit. Ist sie »teilweise« in ihnen, haben die Dinge keine Einheit. Auch stünde damit sowieso fest, daß die Idee keine Einheit, sondern etwas selbst Teilbares ist.

Der *Parmenides* (132a–b2) präformiert ein Argument, das Aristoteles zur Abgrenzung von seinem Lehrer nutzen wird: das Argument vom »Dritten Menschen«. Wenn der sinnlich erfahrbare Mensch (Mensch 1) sein Wesen der Idee des Menschen (Mensch 2) verdankt, dann muß zwischen diesen beiden eine Ähnlichkeit bestehen. Diese setzt aber eine Teilhabe beider an einer weiteren gemeinsamen Idee (Mensch 3) voraus. Die Ideenlehre führt demnach in den Regreß. Sie bringt eine unnötige Vervielfältigung der Wesenheiten mit sich.

Die logisch geschulte Philosophie des 20. Jh.s hat der Ideenlehre Selbstprädikation vorgeworfen. Sie lasse Aussagen zu wie »die Gerechtigkeit ist gerecht« (Vlastos [2]1981, 323 ff., 335 ff.). Aber bei solcher Kritik ist zu bedenken, daß Platons Interesse weniger eines an Logik oder Sprachphilosophie als an Metaphysik gewesen ist. Platon sucht eine Metaphysik, die Mensch (Seele), Stadt und Kosmos in einem erklären kann. Für diese Philosophie wird Einheit zur entscheidenden Losung. Was sich daraus an logischen Schwierigkeiten ergibt, hat Platon nicht nur selber erörtert. Er hat es wohl auch im Sinne eines Primates der Einheit über alle Vielheit (und über alle Beziehung der Einheit zur Vielheit) für lösbar gehalten. Wenn alles Denken und Sein des Primats der Einheit bedarf, dann sinkt alle Beziehung des Einen zum Vielen zu einer nachgeordneten Beziehung herab, die dem Einen selbst nicht so wesentlich ist, wie sie für das Bestehen und die Erkennbarkeit der Vielheit vorauszusetzen ist.

2. Platons politische Philosophie

2.1. Politische Philosophie vor der »Politeia« (»Protagoras« und »Gorgias«)

Platons politisches Denken formt sich in der Auseinandersetzung mit den Sophisten. In diesem Streit wird Platon dazu verleitet, die Rhetorik zu einer bloßen Geschicklichkeit herabzustufen und vor ihrer Gefährlichkeit zu warnen. Philosophische Dialogik und sophistische Rhetorik konkurrieren miteinander um das richtige Verständnis von Ethik und Politik. Nach Platon kann nur die Gerechtigkeit das Ziel vernünftiger Politik und Lebensführung sein. Nach Meinung der Sophisten ist sie jedoch nur ein Schlagwort, durch das die Herrschaft des Stärkeren oder die Orientierung am eigenen Nutzen vernebelt wird. Gegen die Sophisten muß Platon alles aufbieten, was er an Argumenten zur Verfügung hat. Die Sophisten treten als Weltmänner und Kenner der politischen Praxis auf. Sie wissen, wie man es macht, während Sokrates und Platon Weltfremdheit und eine gar nicht edle, sondern dumme Einfalt vorgeworfen wird.

Die berühmtesten Sophisten waren Gorgias und Protagoras (hier XI.). Beiden hat Platon Dialoge gewidmet, einen eher komödiantischen dem Protagoras, einen bitterernsten dem Gorgias.

2.1.1. »Protagoras« (nach 399 v. Chr.)

2.1.1.1. Komödiantischer Beginn

Der *Protagoras* beginnt komödiantisch. Platon bedient sich einer Komödie des Eupolis (*Die Schmeichler, Kolakes*), die die Sophisten als Schmarotzer im Haus des reichen Kallias vorführt. In der Eingangsszene begegnen wir dem jungen Hippokrates, der soeben gehört hat, daß der berühmte Sophist Protagoras in der Stadt ist. Im Morgengrauen eilt er zum Haus des Sokrates, klopft an die Tür und ruft: »Wachst du oder schläfst du?«. Nun schläft Sokrates auf keinen Fall mehr. Aber da es noch zu früh ist, den Protagoras aufzusuchen, gehen Sokrates und sein früher Besuch im Hof des Hauses auf und ab. Sokrates fragt den Hippokrates, was er denn eigentlich von Protagoras lernen will.

Das Thema des *Protagoras* ist die Lehrbarkeit von Tüchtigkeit (*aretē*) und politischer Kunst (*technē*). Schon die Eingangsszene macht deutlich: der wahre Lehrer ist Sokrates. Zu ihm geht Hippokrates, obwohl er doch eigentlich den Protagoras hören will. Was er von diesem erwartet, ist Unterricht in der Rhetorik. Er will lernen, »gewaltig« (*deinos*) zu reden. Sokrates versucht, den jungen Mann zu warnen. Er nennt die Sophisten »Hausierer von Kenntnissen« (Prot. 313c). Sie würden ihre Kenntnisse verkaufen wie die Krämer ihre Waren, und so wie diese nicht wüßten, ob ihre Waren gut für den Käufer seien, so wisse der Sophist nicht, was gut für die Seelen seiner Schüler sei.

Der junge Mann ist durch die Worte des Sokrates nicht abzuhalten. Man zieht zum Haus des reichen Kallias, in dem Protagoras logiert. Dort herrscht bereits ein Riesenbetrieb. Der Eunuch, der Dienst an der Tür hat, ruft, als er Sokrates und Hippokrates vor der Tür sieht: »Ha, schon wieder Sophisten: er (Kallias, H.O.) hat keine Zeit!«. Er schlägt den Besuchern die Tür vor der Nase zu. Sie dürfen aber doch eintreten, und im Haus zeigt Platon uns die der Komödie nachgebildete Szene. Wir sehen den Protagoras, wie er umherwandelt, einen »Chor« von Jüngern um sich, sie »kirrend mittels der Töne Gewalt wie Orpheus« (Prot. 315b). Platon beschreibt dieses Hin und Her wie ein Ballett oder einen Chor, wie sich die Personen artig umdrehen und teilen, wenn der Meister sich wendet. Dann ist da Hippias von Elis, ein Sophist, der auf einem Sessel thront und Auskunft gibt über Himmel und Sterne. In einer Vorratskammer liegt der Sophist Prodikos, der in viele Decken eingehüllt ist und durch die Tiefe seiner Stimme ein dumpfes Dröhnen in der Kammer verursacht.

Platon macht sich mit den Sophisten einen Spaß. Das kommt im Dialog, außer in der berühmten Eingangsszene, vor allem auch dadurch zum Ausdruck, daß er Sokrates zu einem Sophisten unter Sophisten werden läßt. Sokrates bedient sich im *Protagoras* jedes Tricks aus dem Handbuch der sophistischen Rhetorik. Zunächst kämpft er für kurze Redezeiten. Er spricht gegen die Makrologie. Nachdem er den Protagoras jedoch gezwungen hat, nur kurze Antworten zu geben, greift er selbst in die Vollen und redet länger als alle anderen. Oft nimmt Sokrates die Antworten des Protagoras überhaupt nicht auf. Oft wechselt er abrupt das Thema. Auch schlägt er ein Thema vor, wie das bei den Sophisten so beliebte Interpretieren von Gedichten. Am Ende wiederum sagt er, Gedichte zu deuten, das sei so, wie wenn

man bei einem Symposion nichts zu reden habe und deshalb nach Unterhaltung
rufe. Sokrates benutzt Argumente, die offensichtlich keine sind, bloß um den Op-
ponenten zu irritieren. Er sucht nach Zeitgewinn. Er spielt einen Sophisten gegen
den anderen aus. Und wenn ihm gar nichts mehr einfällt, sagt er, jetzt gehe ich.

Das alles hat nicht zu bedeuten, daß Platon den Sokrates in die Nähe der Sophisten rücken will. Es bedeutet nur, daß man diesen schönen Dialog als eine Komödie
lesen darf. Sokrates zahlt den Sophisten mit gleicher Münze zurück. Der Dialog ist
ein Redewettstreit, ein Agon, bei dem Sokrates die Mittel des Gegners einzusetzen
weiß.

2.1.1.2. Die Lehrbarkeit von Tugend und politischer Kunst

a) »Niemand fehlt freiwillig«

Sind politische Kunst und Tugend lehrbar? Sokrates bestreitet dies am Beginn des
Dialoges, vertritt es aber am Ende. Ein rechtes Verwirrspiel, dessen Sinn nicht ganz
einleuchtet. Wie sollen Sokrates und Platon die großen Erzieher sein, wenn politische Kunst und Tugend nicht lehrbar sind?

Politische Kunst und Tugend sind für Sokrates lehrbar, weil sie Formen des Wissens sind. Tugend ist Wissen. Sokrates steuert im *Protagoras* auf seine Lehre vom
Tugendwissen zu. Diese besagt, daß wer das Richtige erkennt, es auch tut, oder wie
es formelhaft heißt, »niemand fehlt freiwillig« (Prot. 345e1–2).

Diese platonische Lehre, daß »niemand freiwillig fehlt«, wird weder im *Protagoras* noch in anderen Dialogen zureichend begründet. Gegen sie spricht jegliche Erfahrung. Oft wissen wir sehr wohl, was gut wäre, tun es aber nicht. Zudem belastet
Platon seine These mit der Annahme, alle Tüchtigkeiten seien Formen des Wissens.
Sokrates versucht sich an dem Nachweis, daß Gerechtigkeit und Frömmigkeit
identisch seien, ebenso Besonnenheit und Einsicht oder Gerechtigkeit und Besonnenheit (Prot. 328d–334c). Sie alle sollen Formen des Wissens sein.

Die platonische Lehre, daß »niemand freiwillig fehlt«, begegnet auch in späteren
Dialogen. Noch in den *Nomoi* macht sie eine nicht unerhebliche Schwierigkeit der
platonischen Strafrechtslehre aus. Im *Protagoras* wird sie aus einem Gedicht des
Simonides herausinterpretiert. Sokrates greift die berühmte Zeile auf, die für das
Verhältnis von agonaler Kultur und Poliskultur so bedeutsam ist, daß es »schwer
sei, ein trefflicher Mann zu werden«. Die Pointe des Gedichts, daß Simonides sich
zufrieden geben will mit dem rechtschaffenen braven Mann (hier VII.1.), wird
überhaupt nicht erwähnt. Stattdessen wird das Gedicht mit aller Rabulistik auf
den sokratischen Satz »niemand fehlt freiwillig« zugeschnitten (331a–347a). Es
wird nicht wirklich interpretiert, sondern vorgeführt, wie Sokrates die Sophisten
mit ihren eigenen Mitteln bei ihrem beliebten Spiel, der Deutung von Gedichten,
schlägt.

Richtiges Handeln bedarf des richtigen Wissens. So allgemein formuliert, ist der
Satz sicher richtig. Der Dialog hat allerdings noch nicht gezeigt, wer ein solches
Wissen besitzt und worin dieses besteht. Ist es das Wissen einiger weniger Fach-
leute? Oder ist es ein Wissen, das allen Bürgern zugänglich ist? Sokrates tritt in der
Rolle des Kritikers der Demokratie auf. Er versucht zu zeigen, daß diese das wahre

politische Wissen und die wahre politische Kunst nicht lehrt. Protagoras, der Sophist, verteidigt die Demokratie. Mit einem gewissen Recht hat man ihn den »ältesten Theoretiker der Demokratie« genannt (Menzel 1910).

b) Demokratie oder Expertokratie?

In den Augen des Sokrates ist die Demokratie eine Wissen und Kompetenz verachtende Staatsform. Sie läßt alle mitreden, gleichgültig, ob diese etwas von Politik verstehen oder nicht. Bei allen sonstigen Tätigkeiten müsse man den Fachmann fragen, beim Hausbauen den Architekten, beim Schiffsbau den Schiffsbauer. Nur in der Demokratie solle es anders sein. Da dürfe jeder, wie Sokrates entrüstet vorbringt, in der Versammlung »aufstehen und seinen Rat erteilen, gleichgültig, ob er Zimmermann, Schmied, Schuster, Krämer, Schiffsherr, Reicher, Armer, Vornehmer, Geringer« ist (Prot. 319d). Politik hält man für das, was jeder kann. Sie wird nicht gelehrt, weil man meint, daß sich jeder sowieso darauf versteht.

Wie in der Polis so sei es auch im Haus. Ein Politiker wie Perikles sorge zwar dafür, daß seine Söhne in allem Möglichen unterrichtet würden. In der Politik lasse er sie aber »alleine weiden« (Prot. 320a). Keiner der berühmten Politiker Athens habe je irgendjemand »besser gemacht, weder von seinen Angehörigen noch sonst« (Prot. 320b).

Die Polemik gegen Perikles, den Thukydides' *Geschichte des Peloponnesischen Krieges* so gefeiert hatte, erstaunt. Offensichtlich wird ihm die Einführung der Diäten und die damit möglich gewordene Ausweitung der Teilnahme der Bürger an der Politik nicht verziehen. Schon Aristoteles wird ihn rehabilitieren und ihn geradezu zum Musterbild des klugen Staatsmannes machen. Platon verurteilt ihn, und das sogar in Anwesenheit seiner Söhne, die beim Gespräch mitanwesend sind.

c) Protagoras' Verteidigung der Demokratie

Gegen Sokrates verteidigt der Sophist die Demokratie. Mit ihr verteidigt er die Lehrbarkeit von Tugend und politischer Kunst. Das läßt seine Position seltsamerweise als die stärkere und realistischere erscheinen. Protagoras trägt seine Lehre erst in der Form eines Mythos, anschließend in der Form des Logos vor.

Der berühmte Mythos des Protagoras (Prot. 320c–322d) ist vermutlich keine bloße Erfindung Platons. Vermutlich verrät er, was die Lehre des Protagoras gewesen ist. Zumindest spiegelt er das Selbstverständnis der attischen Demokratie. Weit zurückgehend bis zur Schöpfungsgeschichte des Menschen beginnt der Mythos mit dem Auftrag des Zeus an Epimetheus, den Tieren zu geben, was sie zum Leben benötigen. Epimetheus stattet die Tiere auch mit allem aus. Aber er vergißt den Menschen. Für diesen bleibt nichts mehr übrig, was ihm sein Leben von Natur aus sichern kann. Nach der Pointe des Mythos bedarf der Mensch um seines Überlebens willen auch nicht der Zähne und der Klauen. Er bedarf der politischen Kunst. Deren Grundlage sind »Scham« und »Gerechtigkeit« (aidōs und dikē), und diese werden nach der Lehre des Mythos im Auftrag des Zeus an alle Menschen verteilt.

Der Mythos des Protagoras ist ein Mythos der Demokratie. Was Menschen benötigen, um durch Politik überleben zu können, hat Zeus an »alle« verteilt. Was

Politik voraussetzt, steht jedem Menschen zur Verfügung. Deshalb kann Politik Sache eines jeden (und nicht nur der Fachleute) sein. Die Rhetorik des Protagoras verspricht eine Schulung in »Wohlberatenheit« (*euboulia*). Man wird lernen, für Haus (*oikos*) und Stadt (*polis*) »wohlberaten« zu sein. Wohlberaten sein kann nach der Lehre des Protagoras jeder. Wer behauptet, er könne Flöte spielen, es aber nicht vermöge, der werde mit Recht ausgelacht. Jeder dürfe jedoch von sich sagen, daß er »gerecht« sein kann.

Protagoras' schönes Plädoyer für die Demokratie wird, was die Frage der »Lehrbarkeit« der Tüchtigkeit angeht, mit völlig zutreffenden Argumenten gestützt. Alle Menschen halten, so Protagoras, die Tugend für lehrbar. Warum sonst würde gezürnt, gescholten, bestraft, ermahnt und erzogen? Die Erziehung beginne schon im Hause; schon den Kindern werde gesagt: das ist Recht, das ist Unrecht. Sie setze sich fort in der Schule und schließlich in der Stadt. Protagoras vergleicht – welch' schöner Vergleich! – die Vorschriften des Schreiben-Lernens in der Schule mit den Gesetzen der Stadt. Er faßt sie in die der attischen Demokratie so passende Regel »zu regieren und sich regieren zu lassen« (Prot. 326d). Dies ist, wie auch Aristoteles immer wieder versichern wird, die Grundlage aller Bürgerpolitik.

Daß die Söhne großer Männer mißraten, ist nach Protagoras kein Einwand gegen die Lehrbarkeit von Tugend und politischer Kunst. Ein guter Flötenspieler werde man nicht durch Unterricht allein. Es müsse auch eine gewisse Begabung vorhanden sein. Sokrates übersehe, daß es Lehrer der Tugend gebe, weil alle solche Lehrer seien, und das sei so, wie wenn man keine Lehrer der griechischen Sprache erkennen würde, weil jedermann griechisch spricht (Prot. 327e).

Wenn alle Menschen schon allein von Natur aus Aidos und Dike in vollem Maße besäßen, dann wäre die Argumentation des Protagoras widersprüchlich. Dann wären Tüchtigkeit und politische Kunst nicht zu lehren. Aber Protagoras vertritt eine ausgewogene Theorie, die sowohl der natürlichen Anlage als auch der Erziehung ihr Recht gibt. Erziehung braucht nach Protagoras Natur und Übung, beides zugleich (DK 80 b 3).

2.1.2.   »Gorgias« (ca. 388/387 v. Chr.)

Sieht man sich im Falle des *Protagoras* in der unangenehmen Lage, einen Sophisten gegen Platon und Sokrates verteidigen zu müssen, so ist im *Gorgias* die Argumentationslage eine ganz andere. Dieser Dialog ist ein hochernstes Gespräch über die Redekunst und die Verantwortung des Redners, über Gerechtigkeit und Nutzen, über das Schicksal des Gerechten und den Erfolg des Ungerechten, die Schlacht der Schlachten zwischen Sophistik und platonischer Philosophie. Zwar ist der Beginn ironisch. »... zum Kriege und zur Schlacht ... muß man so zurecht kommen«, sagt ein Unterredner, und gemeint ist, »zu spät kommen«, da Gorgias bereits eine große Rede gehalten hat. Das ist ironisch, weil nun gerade erst die große Schlacht beginnt, ein Gespräch wahrhaftig auf Leben und Tod.

2.1.2.1. Die Universalität und Neutralität der Redekunst (Gorgias) (448b–461b)

Das erste Gespräch kreist um die Frage, was die Macht und was die Verantwortung der Rhetorik ist. Nach Gorgias wird alles im Leben durch das Reden gemacht, zumindest alles Wichtige. Die Redekunst verschafft die Macht, »selbst frei zu sein als auch über andere zu herrschen« (Gorg. 452d). Sokrates bestreitet diese Auffassung von Rhetorik. Er verweist auf das Wissen, das der Redner besitzen muß. Der Redner kann, so Sokrates, nicht den Arzt oder sonst einen Fachmann ersetzen. Sokrates unterscheidet die Rhetorik, die nur etwas glauben macht (etwa die Menge etwas glauben macht), von einer Redekunst, die sich auf echtes Wissen stützt. Die Reichweite der Rhetorik ist beschränkt durch das Wissen, das ein Redner von der Sache haben muß.

Gorgias läßt sich nicht umstimmen. Er beharrt auf seiner Theorie von der universalen Macht der Rhetorik. Für den Arzt genüge das bloße Wissen nicht. Er müsse dem Kranken nicht nur die Arznei verschreiben. Er müsse ihn auch dazu überreden, die Medizin zu nehmen. Es sei der gute Rat des Themistokles gewesen, der die Stadt gerettet habe; es sei der gute Rat des Perikles gewesen, der Athen zum Mauerbau überredet habe. Was wäre Athen, gäbe es die Macht der Rede nicht? Es existierte schon längst nicht mehr.

Neben der Universalität der Rhetorik betont Gorgias deren Neutralität. Die Redekunst ist demnach moralisch neutral. Wer sie lehrt, ist nicht verantwortlich dafür, daß seine Schüler die Kunst falsch gebrauchen. Ob das Reden zum Guten oder Schlechten eingesetzt wird, muß jeder Redner selber verantworten (457a). Rhetorik ist somit eine Technik, und sie ist, so wie jede Technik neutral.

Sokrates versucht diese These zu widerlegen, indem er Gorgias befragt, ob er auch die Gerechtigkeit lehren könne. »Wer das Gerechte gelernt hat«, so Sokrates, »ist gerecht« (460b). Da Gorgias behauptet, auch Gerechtigkeit zu lehren, ergibt sich für Sokrates ein Widerspruch zur These von der Neutralität der Redekunst. »Unmöglich« könne ein über Gerechtigkeit belehrter Redner die Redekunst »ungerecht gebrauchen« (461d).

Gorgias stimmt Sokrates zu, obwohl er es gar nicht müßte. Sokrates' Versuch der Widerlegung der Neutralitätsthese ist nur schlüssig, wenn man die sokratische Lehre vom Tugendwissen unterstellt. Sie besagt, daß, wer das Richtige weiß, es auch tut. Wer weiß, was Gerechtigkeit ist, ist demnach gerecht. Auf diese allem *common sense* widersprechende Lehre müßte Gorgias sich gar nicht einlassen. Wer vermag schon ein Wissen zu lehren, das immer befolgt wird? Und wer kann von sich sagen, daß er nie gegen besseres Wissen gehandelt hat?

2.1.2.2. Auf dem Weg zur Schamlosigkeit (Polos) (461b–481c)

Im zweiten Gespräch springt für den Meister sein Schüler Polos ein. Dieser zeigt sich als ein übereifriger Schüler, der mit einer überstürzten Rede in das Gespräch drängt. Er ist eine Generation jünger als Gorgias. Sein Name bedeutet »Fohlen«. Die moralischen Skrupel des Gorgias besitzt er nicht mehr. Er empfindet das bisherige Gespräch als »ungesittet«, weil Sokrates dem Gorgias Worte in den Mund legt. Erstmals begegnet in diesem zweiten Gespräch, was für den *Gorgias* zentral ist: die Scham (oder ihr Fehlen) (Race 1978, Kobusch 1996). Nach Polos hat Gorgias dem Sokrates nur aus »Scham« Zugeständnisse gemacht.

a) Die Rhetorik innerhalb der platonischen Einteilung der Künste

Polos befreit die Rhetorik von der Bindung an die Scham. Er ist unterwegs zu einer Verteidigung der Redekunst, nach der diese einem hilft, zu erreichen, was immer man will. Dem stellt Platon, den Dialog durch ein Lehrstück unterbrechend, eine Einteilung der Künste gegenüber. Diese unterscheidet echte Künste von bloßen Schmeichelkünsten. Die einen sind nur auf das »Angenehme« gerichtet, die anderen auf das Gute oder wahrhaft »Beste«. Die einen verfügen über ein Wissen um Gründe und Ursachen, die anderen sind allein auf Effekte und Gefallen aus. Echte Künste sind Gesetzgebung und Rechtspflege (für die Seele), Gymnastik und Medizin (für den Leib). Bloße Geschicklichkeiten sind Kosmetik und Kochen (für den Leib), Sophistik und Rhetorik (für die Seele).

Dihairesis der Künste und Geschicklichkeiten (Gorgias 462 ff.)

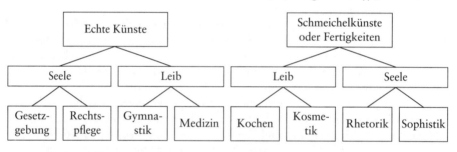

Ist die platonische Einteilung überzeugend? Wohl kaum! Erstens gibt es keinen guten Grund, Kochen und Kosmetik derart abzuwerten. Warum sollen sie keine Künste sein? Zweitens hört man aus der platonischen Einteilung heraus, daß das Gute und Gerechte nicht gefällig sein darf. Erfreulicherweise hat sich Platon an diese Dichotomie selbst nicht gehalten, als er seine Dialoge schrieb. Drittens muß, auch wer gute Gründe für sein Handeln hat, zum Tun des Guten noch überredet werden. Rhetorik ist ein Grundbestandteil alles Praktischen. Der ältere Platon hat diese Bedeutung der Rhetorik wieder anerkannt. Er hat sich im Alter zu einer eigenen Hochschätzung der Rede bequemt.

b) Unrecht-Leiden und Unrecht-Tun, Bestraft- und Nicht-Bestraftwerden

Polos versteht die Rhetorik als ein Instrument der Macht. Sie ist ihm ein Mittel, in den Städten durchsetzen zu können, was immer man will. Er bekennt sich – anders als Gorgias – dazu, daß Töten, Rauben und Verbannen zum politischen Geschäft des Redners gehören. Der Redner kann erreichen, was er will, und er kann es, mit welchen Mitteln er auch will.

Diesem Begriff von Macht und Erfolg setzt Sokrates ein ganz anderes Verständnis von Macht entgegen. Macht ist demnach nur echte Macht, wenn sie sich mit dem Ethos vereint. Macht, die sich verbrecherischer Mittel bedient, ist keine echte Macht. Sie »erscheint« nur als gut, weil die, die nach ihr streben, ohne richtiges Wissen vom Guten sind. In berühmten Paradoxa löst Sokrates die Macht vom äußerem Erfolg. Er versucht zu beweisen, daß »Unrechtleiden besser ist als Unrechttun«, »Bestraftwerden besser als Nicht-Bestraftwerden«. Diese Paradoxa widersprechen aller Meinung (*doxa*). Wer will schon Unrecht erleiden? Wer will schon bestraft werden, wenn er es vermeiden kann?

Platon dienen die sokratischen Paradoxa zur Zuspitzung und Abgrenzung seiner Lehre von jener der Sophisten. Deren Berufung auf Macht und Erfolg wird unterlaufen. Entscheidend ist das Schicksal der einzelnen Seele, und dafür sind äußerer Erfolg oder Machtgewinn nicht maßgeblich. Was allein zählt, ist, ob die Seele sich selber schadet oder sich selber etwas Gutes tut. Deshalb ist es besser, Unrecht zu erleiden als es zu begehen. Es ist besser, bestraft zu werden, als nicht bestraft zu werden, insofern die Strafe der Einsicht und der Besserung der Seele dient.

2.1.2.3. Politik ohne Scham (Kallikles) (481b–522e)

Auf die paradoxe Zuspitzung folgt der Höhepunkt des Dialogs: das Gespräch mit Kallikles. Dieser ist vermutlich eine Kunstfigur Platons. Sein Name bedeutet »der für seine Schönheit Berühmte«. Im Dialog begegnet er als ein gutaussehender junger Mann aus gutem Hause, auf dem Sprung, in der Politik Karriere zu machen. Von der ungestümen Schamlosigkeit des Polos geht er zur völlig bedenkenlosen Schamlosigkeit über. Diese paart sich mit außergewöhnlicher Intelligenz, so daß dem Sokrates erst in diesem Kallikles ein wahrer Gegenspieler erwächst. Beide streiten miteinander um Leben und Tod. Der schöne Kallikles redet sich um das Leben seiner Seele, der häßliche Sokrates bewahrt es. Was für ein Gegensatz im Licht der griechischen Hochschätzung der Kalokagathia, des Zusammenfalls von Tugend und Schönheit!

a) Der Nomos als eine Erfindung der Schwachen und das natürliche Recht des Stärkeren (482c–486d)

Kallikles mag einfach nicht glauben, was er von Sokrates gehört hat. Er fragt, ob Sokrates seine Paradoxa ernst gemeint habe oder ob er scherze. Wenn Sokrates recht habe, dann »wäre wohl das menschliche Leben unter uns ganz verkehrt« (481c4). Das ist in der Tat Platons Meinung. Das menschliche Leben, so wie es geführt wird, ist »ganz verkehrt«. Kallikles dagegen zeigt in einer großen Rede, wie das Leben »wirklich« ist. Er tritt als der große »Realist« auf.

Gegen das Paradox »Unrechtleiden sei besser als Unrechttun« opponiert er mit Hilfe der sophistischen Unterscheidung von Physis und Nomos. Vor dem Nomos sei das Unrechttun unschön und schlecht, aus der Perspektive der Physis, der Natur, sei es umgekehrt. Von Natur aus sei das Unrechtleiden das Unschönere, das Schlechtere. Es sei etwas für Knechte. Ein Herr dagegen wisse sich schon zu helfen.

Kallikles gibt eine erste Genealogie der Moral, die man des öfteren mit der Nietzsches verglichen hat (Reiner 1957, v. Kloch-Kornitz 1963). Der Nomos sei eine Erfindung der Schwachen. Diese hätten Gesetz und Moral erfunden, um sich gegen die von Natur aus Starken zu schützen. Die von Natur aus Starken würden mehr haben wollen als die anderen. Den Schwachen genüge es, wenn sie einen gleichen Anteil erhielten; als die Schlechteren seien sie zufrieden damit. Moral und Gesetz werden demnach aus Schwäche und Ohnmacht geboren, eine Lehre, die in der Tat auf Nietzsches Geburt der Moral aus dem Ressentiment vorausweist.

Kallikles vertritt geradeheraus, der von Natur aus Stärkere solle mehr haben. Naturrecht bedeutet für ihn das Recht des Stärkeren. Dies gelte für Tiere, Menschen und Staaten in gleicher Weise. Tiere und Staaten führten ihre Kriege nach dem Gesetz der Natur. Bei den Menschen wäre es ebenso, wenn die Besten nicht durch Erziehung verkrüppelt würden. Sie würden wie »junge Löwen« gezähmt und durch Moral und Gleichheitsforderungen wie Knechte eingezwängt. Aber manchen gelänge es, wenn sie erwachsen würden, diese Zwänge abzuschütteln. Dann nähmen sie sich, was ihnen gehöre.

b) Philosophie als Kinderei

Kallikles' »Naturrecht« tritt mit dem Anspruch auf, die realistische Weltsicht zu sein. Philosophie, so Kallikles, sei dagegen etwas für Kinder und Jugendliche. Wer sich noch als Erwachsener mit ihr befasse, der werde ungeschickt darin, wie man mit Menschen umzugehen habe, sei es in öffentlichen oder privaten Angelegenheiten. Zwar müsse man Philosophie und Politik betreiben, die Philosophie aber nur in der Jugendzeit. Wer noch als Erwachsener philosophiere, habe »Schläge« verdient. Es sei »unmännlich«, das Leben hinzubringen, »versteckt in einem Winkel mit drei bis vier Knaben flüsternd« (Gorg. 485d). Der ›gute Rat‹ des Kallikles ist, Sokrates solle die Philosophie lassen, sonst werde er noch etwas erleben; er werde unschuldig ins Gefängnis geworfen werden, mit offenem Munde dastehen, schwindlig, zum Tode verurteilt. Es sei ehrlos, sich und anderen nicht helfen zu können.

Die Argumente des Kallikles schmerzen Sokrates und Platon. Wie es das Schicksal des Sokrates zeigt, kann der Gerechte in der ungerechten Stadt zu Tode kommen. Wer also ist »realistisch«? Der Denker oder der Redner? Was ist realistisch? Die Suche nach dem eigenen Vorteil oder das Streben nach Gerechtigkeit? Sokrates wird die Gerechtigkeit gegen das »Naturrecht« des Stärkeren verteidigen, die philosophische Einsicht gegen die Macht der Redner. Er wird dies auf verschiedenen Wegen versuchen, durch eine Unterscheidung des Gerechten vom bloß Angenehmen, durch eine Lehre von der Ordnung der Seele und der Welt, durch einen Mythos von Lohn und Strafe. Dieser zeigt am Ende, daß es sich »lohnt«, gerecht zu sein. Das eigentlich Realistische ist die Gerechtigkeit.

c) Das Recht des Stärkeren und das Recht der Einsicht

Wer ein Recht des Stärkeren behauptet, gerät in Schwierigkeiten. Ein »Recht« des Stärkeren läßt sich aus physischer Stärke nicht begründen. Die vielen Schwachen sind allemal stärker als die wenigen Starken. Das hat, soziologisch betrachtet, eine

für den vornehmen Kallikles höchst unangenehme Konsequenz. Nach dem Maßstab physischer Stärke sind die vielen Knechte stärker als ihr Herr.

An die Stelle der physischen Stärke setzt Sokrates das Kriterium der Einsicht. »Besser« ist nicht das physisch Stärkere. »Besser« ist, was »einsichtsvoller« ist. Ein einziger, der Einsicht hat, sei besser als zehntausend, die keine haben. So ähnlich hatte es
schon Heraklit formuliert. Einen Anspruch auf Überlegenheit schafft allein die bessere Einsicht, nicht die größere Stärke. Wer aber mehr Einsicht hat, so der zweite
Schritt des Arguments, der muß nicht »mehr haben« als andere. Der Weber muß
nicht mehr Kleider besitzen als andere. Der Schuster nicht mehr Schuhe als andere.

Auch diese Beispiele sind so gewählt, daß sie Kallikles ärgern sollen. Die Beispiele unterstellen ihm, daß er von banalen Dingen mehr haben möchte als andere.
Kallikles zieht sich aus dieser Schlinge, indem er seine Lehre präzisiert. Das Mehrhabenwollen, die Pleonexie, beziehe sich allein auf die Politik. Ein großer Herr
wolle nicht mehr Kleider oder Schuhe als andere. Er wolle mehr Macht. Diese mache es ihm möglich, seine Begierden auszuleben. Das »Glück« bestehe darin, seine
Begierden möglichst groß anschwellen zu lassen. Ein Leben großer Begierden führe
beispielhaft der Tyrann, der sich alles leisten kann.

d) Die Lust und das Gute

Das Gespräch nähert sich damit der entscheidenden Frage: Wodurch wird man
glücklich? Durch ein Leben der Lust oder durch ein Leben, das sich am Guten orientiert? Diese Frage markiert die Abgrenzung des platonischen Denkens zur Sophistik. Platon macht die Sophisten zu Hedonisten. Stets versucht er, nachzuweisen,
daß die hemmungslose Begierde und die Tyrannis nur zwei Seiten einer Medaille
sind. Im Blick auf die Position des Kallikles scheint die Vermengung mit dem Hedonismus allerdings auch fragwürdig zu sein. Vermutlich lassen sich wesentliche
Argumente des Kallikles auch ohne eine Verbindung zum Hedonismus rekonstruie-
ren. Insofern macht sich Platon die Sache leichter, als sie es ist.

Im *Gorgias* wird die Kritik des Hedonismus durch mehrere schöne Beispiele demonstriert. Kallikles hat zunächst noch arglos zugestanden, seine Vorstellung von
Glück bestehe darin, sich möglichst viele, möglichst große Begierden erfüllen zu
können. Sokrates vergleicht dies mit einer Seele, die ein leckes Faß wäre oder ein
Sieb; es wird nie genug, es muß immer wieder neu hineingeschüttet werden. Oder
Sokrates vergleicht, was für den vornehmen Kallikles erneut ein Ärgernis sein muß,
das Leben des Hedonisten mit dem einer Ente, die möglichst viel fressen und ausscheiden will. Oder Sokrates behauptet, das Glücksideal des Kallikles sei das eines
Menschen, der meine, viel Jucken und Sich-Kratzen sei Glück.

Nach Platons Lehre haben die Begierden keine Grenze in sich. Sie sind prinzipiell
unendlich. Damit kann es für das Leben der Begierde kein Glück im Sinne der Erfüllung geben. Es gibt allein das Glück des Immer-Wieder, des Immer-noch-Einmal,
des Immer-Mehr, jedoch kein Glück, das zur Ruhe kommt.

In diesen Beispielen liegt der negative Beweis, daß Lust das Leben nicht leiten
kann. Positive Beweise folgen. Sie sollen demonstrieren, daß allein die Einsicht in
das Gute das Leben orientieren kann. Es sind technische, fachphilosophische Beweise, aber auch solche, die ohne Philosophie verständlich sind.

Fachphilosophisch ist der Beweis, den Platon über die Unreinheit der Lust führt. Dieser Beweis geht davon aus, daß es Begehren nie in reiner Form gibt. Vielmehr ist dieses immer gemischt aus Lust und Unlust. Zwar kann man sagen, Hunger-Haben sei schmerzlich und Essen eine Lust. Aber das Essen ist nur so lange eine Lust, als man den Hunger, als man den Schmerz des Begehrens spürt. Ist der Hunger befriedigt, erlischt die Lust am Essen. Lust ist somit nie rein, sondern aus Lust und Unlust gemischt. Das bedeutet, Lust hat in sich selbst keinen Maßstab. Ihr Maßstab kann nur in etwas liegen, das selber ungemischt, klar, rein ist. Dieses ist das Gute. Anders als die Lust bleibt es sich gleich, es ist ganz da, ganz präsent, nur gut, erfüllt, »satt«.

Ein allgemein verständliches Argument folgt. Vergnügen kann kein Maßstab sein. Der bloße Spaß ist kein sinnvolles Kriterium des Handelns. Auch Kinder sind vergnügt. Aber sie wissen nicht, was sie tun. Spaß haben Vernünftige und Unvernünftige zugleich. Das Gute kennt aber nur der Vernünftige.

Als letztes Argument – auch dies ist allgemein verständlich – verweist Platon auf die schädliche Lust, auf die Lust, die krank macht. Der Hedonist ist in jedem Fall gezwungen, zwischen kurzer Lust und langfristigem Schaden abzuwägen. Lust muß gemessen, muß beurteilt werden. Es muß unterschieden werden zwischen guter und schlechter Lust, aber das heißt wiederum, daß das Gute der Maßstab der Lust ist, nicht diese selbst.

e) Der Umschlagspunkt des Dialoges: Sophistik als Kinderei

Blickt man zurück auf die große Einteilung der Künste und Geschicklichkeiten, so wird eigentlich erst mit der Argumentation gegen die Lust nachgewiesen, warum Rhetorik und Kochen, Kosmetik und Sophistik nicht als Künste, sondern als bloße Geschicklichkeiten eingestuft worden sind. Sie sind nicht in der Lage, das Leben zu orientieren. Sie alle gehen nur auf das Angenehme, nur auf das Gefallen, nur auf die Lust, und diese kann – wie gerade demonstriert – kein zureichender Maßstab sein. Sie begründet sich nicht selbst.

Nach der Diskussion der Lust und des Guten erreicht der Dialog seinen Punkt des Umschlags. Kallikles hatte die Philosophie als »Kinderei« abgetan. Nun kann Sokrates den Spieß umkehren. Die Sophisten sind wie Kinder, da sie immer nur das Angenehme suchen. Kindisch sind die Geschicklichkeiten, die nur gefallen und wirken wollen, ohne einer Sache auf den Grund zu gehen. Die Liste der Geschicklichkeiten und Techniken des Gefallens wird nun sogar noch erweitert. Zusätzlich zu Kochen und Kosmetik nennt Sokrates auch noch das Flötenspiel, die Chöre, die Dithyramben, die Tragödien, die Dichtung. Die Dichtung gilt ihm als eine Art von »Volksbearbeitung« (Gorg. 502 d 1). Das verbinde sie mit der Rhetorik der Demagogen und Sophisten. Diese behandelten das »versammelte Volk wie Kinder«, »indem sie ihm nur Vergnügen zu machen suchen, ob es (das Volk, H.O.) aber besser oder schlechter werden, darum kümmern sie sich nicht« (Gorg. 503a).

Kallikles gibt sich damit noch nicht geschlagen. Er verweist auf die bedeutenden Politiker Athens. Er nennt Themistokles und Kimon, Miltiades und Perikles, Politiker beider Parteien, der oligarchischen und der demokratischen. Nach Meinung des Kallikles haben diese Staatsmänner das Volk durchaus besser gemacht. Für Platon wiederum, den von Athen enttäuschten Philosophen, hat keiner von ihnen seine Aufgabe erfüllt. Sie alle haben versagt.

f) Der wahre Staatsmann und die Ordnung der Seele (503d–506b)

Der wahre Staatsmann müßte das Volks bessern, nicht nur versuchen, ihm zu gefallen. Politik ist für Platon Erziehung. Sie ist Bildung und Besserung der Stadt. Woran sich der Erzieher dabei auszurichten hat, ist ein Modell von guter Ordnung. Platons politische Philosophie ist eine Philosophie der Ordnung. Nicht zufällig steht noch bei den Platonikern des 20. Jh.s, wie Eric Voegelin (1956–1987) oder Helmut Kuhn (1962), der Ordnungsbegriff im Zentrum ihres Denkens. Bei Platon ist Ordnung das, was alles vollkommen macht, ob ein Haus oder ein Schiff, ob einen Leib oder eine Seele. Ordnung ist ein derart umfassender Begriff, daß er die Ordnung der Natur und die der menschlichen Welt zugleich umfassen kann.

Der *Gorgias* bietet die erste philosophische Ordnungsspekulation. Platons Begriffe für Ordnung sind »Taxis« und »Kosmos« (Gorg. 508a). »Kosmos« meint dabei nicht bloß Ordnung, sondern »schöne« Ordnung. Taxis und Kosmos stehen zugleich für »gute« Ordnung. Das Sein und seine Ordnung, sie sind gut. Die Arete, die Tauglichkeit von allem, ob von einem Gerät, ob vom Leib oder von der Seele, entsteht nicht zufällig. Sie hängt von drei Bedingungen ab: Ordnung (*taxis*), richtigem Verhalten (*orthotēs*) und Kunst (*technē*) (Gorg. 506d).

Der Begriff der Ordnung war der Antike und dem Mittelalter ein selbstverständlicher Leitbegriff. Er war so selbstverständlich, daß er nur selten in eigenen Schriften behandelt worden ist, wie z. B. in Augustinus' *de ordine*. Seinen Höhepunkt findet das Ordnungsdenken in der Philosophie des Thomas von Aquin, in der nicht weniger als 22 000 Okkurrenzen aus der Familie des Begriffs Ordnung nachzuweisen sind. Für Platon kennzeichnend ist die Verbindung von kosmischer und politischer Ordnung. Sie tritt vor allem in den Spätwerken mehr und mehr hervor, zeigt sich allerdings auch schon im *Gorgias* in der Bedeutung, die sie für Platon hat.

2.1.2.4. Das Glück des Gerechten

Am Ende des Dialoges ist Sokrates auf eine seltsame Art mit sich allein. Kallikles hat sich breitschlagen lassen, der Ordnungsphilosophie des Sokrates zuzustimmen. Er hat sogar eingestanden, daß eine kranke Seele ihre Begierden zügeln muß, so wie man einem kranken Leib eine Diät zu verschreiben hat. Kallikles ist, würde er auf seiner früheren Position beharren, nicht mehr gesprächsfähig. Er verstummt. Sokrates redet alleine weiter. Nur er scheint zu wissen, was das Glück des Gerechten ist.

a) Unglück und Unrecht-Tun (507d–511c)

Wer gerecht und besonnen handelt, wird glücklich (507d–508e). Wer Unrecht begeht, kann nicht glücklich sein. Das Paradox »Unrechtleiden ist besser als Unrecht-tun« bewahrheitet sich, wenn Platon die Seele des Tyrannen, die exemplarisch ungerechte Seele, mit der Seele eines Menschen vergleicht, der mit sich im Reinen ist.

Dabei spielt der Begriff der »Freundschaft« eine besondere Rolle. Während der Gerechte mit Göttern und Menschen befreundet ist und in Gemeinschaft mit ihnen lebt (508a), ist der Ungerechte ohne Freunde und echte Gemeinschaft, so daß er unmöglich glücklich sein kann.

Es ist bezeichnend, daß Platon bei der Diskussion des Glücks den Tyrannen als Beispiel wählt. Der Tyrann besaß nicht nur für die Sophisten, sondern für die Griechen allgemein eine eigenartige Faszination. Vielen galt er als das Exempel des Glücks. Platon wendet sich gegen dieses Vorurteil. Wie im *Gorgias* so wird auch in der *Politeia* das Glück des Gerechten mit dem vermeintlichen Glück des Tyrannen verglichen. Der Zügellosigkeit des Tyrannen und seiner Hybris stellt Platon den Gerechten als Verkörperung des Maßes gegenüber. Schon hier wird deutlich, daß Ethik und Politik für Platon eine »Meßkunst« sind. Von dieser weiß, wer einfach immer nur »mehr haben« will, nichts (Gorg. 508a).

Zum Glück gehören Freunde. Auch das ist eine Lehre, die für die klassische Philosophie kennzeichnend ist. Sie wird nach Platon auch von Aristoteles vertreten. Freundschaft kann es nur »zwischen Ähnlichen« geben, letztlich nur zwischen Menschen, die in gleicher Weise das Gute suchen (510b). Der Tyrann dagegen hat keine Freunde, sondern Komplizen. Die Besseren fürchtet er, die Schlechteren verachtet er. Sich ihm »anzugleichen« oder ihn »nachzuahmen«, würde nur bedeuten, daß man sich zum Mittäter macht.

Platon operiert bereits im *Gorgias* mit Begriffen, die wie »Angleichung« (*homoiōsis*) und »Nachahmung« (*mimēsis*) die Bildungslehre der *Politeia* bestimmen werden. Für die Argumentation des *Gorgias'* entscheidend ist, daß Platon Glück und Unglück in aller Konsequenz zu einer reinen Angelegenheit der Seele werden läßt, fern aller Macht und fern allen äußeren Erfolgs. Das größte Unglück, das *summum malum*, ist das Unrechttun. Mit ihm schadet die Seele sich selbst. Das größte Glück besteht darin, gerecht und besonnen zu sein und in echter Gemeinschaft mit Göttern und Menschen zu leben. Schaden kann der einzelne immer nur sich selbst. Kein noch so großer Erfolg entschädigt die Seele für das ihr entgehende innere Glück.

b) Die bloße Selbsterhaltung und das gute Leben (512b–513c)

Im Begriff der platonischen Gerechtigkeit verbirgt sich eine eigenartige Spannung zwischen gerechtem Handeln ohne irgendeine Rücksicht auf Erfolg oder Nutzen einerseits, dem Glück und Wohlergehen des Gerechten andererseits. Die ganze *Politeia* wird sich um die Entfaltung der These bemühen, daß es dem gut Handelnden auch gut ergeht, der Gerechte glücklich sein wird. Im *Gorgias* liegt Platon mehr an der Zuspitzung, daß der Gerechte gerecht handeln muß, koste es ihn, was es wolle, und sei es das Leben. Sich bloß zu retten, ist nicht genug. Man soll die Gerechtigkeit suchen, selbst wenn man dabei wie Sokrates zu Tode kommt.

Das gute Leben – und das macht einen fundamentalen Unterschied zwischen klassischer und neuzeitlicher Philosophie aus – hat Vorrang vor dem bloßen Überleben (512c–513c). Das Gute ist mehr als die bloße Selbsterhaltung. Gut ist die Art und Weise, wie man lebt. In der Neuzeit wird dies von Hobbes an umgekehrt werden. Überleben und angenehmes Leben werden zum eigentlichen Ziel. Zum größ-

ten Übel dagegen, zum *summum malum*, wird der Tod. In der klassischen Philosophie ist dies anders. Schwimmkunst und Schiffahrt, heißt es, sind keine großen
Künste, auch wenn sie das Leben bewahren können. Sie sind nicht groß, weil sie
die Menschen nicht bessern, sondern nur erhalten. Wozu aber ist Selbsterhaltung
»gut«? Das ist die eigentliche Frage. Auf das gute Leben, nicht auf das bloße Überleben komme es an. Wie lange man lebt, solle man Gott überlassen. Bei Hobbes dagegen wird es heißen, möglichst lange und möglichst angenehm leben, *vivere et iu-
cundissime vivere*. Eine direkte Umkehrung der klassischen Doktrin.

c) »Politikern geschieht von den Bürgern kein Unrecht« (519c–520e)

Gegen das Glück des Gerechten scheint das Schicksal vieler guter Politiker Athens
zu sprechen. Perikles wird angeklagt, Themistokles verbannt, Miltiades entgeht der
Verbannung nur knapp. Ein guter Politiker zu sein, das wird in Athen regelmäßig
mit Undank belohnt, ja es kann sogar, wie im Falle des Sokrates, lebensgefährlich
sein.

Platon antwortet auf diese Erfahrungen mit dem dritten Paradox des Dialoges
»Politikern geschieht von den Bürgern kein Unrecht« (Gorg. 519 eff.). Es sei die
Schuld der Wagenführer, wenn sie vom Wagen fielen, nicht die Schuld der Pferde.
Hätten die Politiker das Volk besser gemacht, so wie ein Arzt einen Kranken heile,
dann wäre ihnen ihr Schicksal erspart geblieben. Keiner der berühmten Staatsmänner habe das Volks gebessert. Über Perikles heißt es, er habe das Volk von Athen
»zu einem faulen, feigen, geschwätzigen, geldgierigen Volk« gemacht, er habe es zu
»Söldlingen« erniedrigt (Gorg. 515e). (Mit letzterem ist wohl eine Kritik an den
von Perikles eingeführten Diäten gemeint.) Die Politiker, so Sokrates, hätten nur
Schiffe, Mauern und Werften im Sinne gehabt, nicht aber das, worauf es eigentlich
ankomme, die Besserung des Volkes. Sie seien wie Zuckerbäcker, Köche und Wirte
gewesen, nicht wie Gymnastiklehrer oder Ärzte, und so wie die falschen Künste
den Leib aufschwemmen, so hätten die falschen Redner die Stadt aufgeschwemmt
(Gorg. 517d). Sie hätten diese krank gemacht.

d) Sokrates – der »einzige Staatsmann« (521a–522e)

Platon wird in der *Politeia* demonstrieren, wie die aufgeschwemmte Stadt gereinigt
und verschlankt werden kann. Im Dialog *Gorgias* blickt er noch einmal zurück.
Noch einmal wird des Sokrates und seines Schicksals gedacht. Platon versucht
nachzuweisen, daß Sokrates der »einzig wahre Politiker« gewesen ist. Auch der
Gorgias ist eine Apologie.

Wie aber kann Platon Sokrates als den einzig wahren Politiker preisen, wo dieser
doch von den Athenern hingerichtet worden ist? Wenn der Satz »Politikern geschieht von den Bürgern kein Unrecht« auch für Sokrates gilt, dann hatte Sokrates
seinen Tod verdient. Dann war ihm kein Unrecht geschehen. Dann war auch er gescheitert. Dann hatte auch er das Volk von Athen nicht besser gemacht.

Das Paradox »Politikern geschieht von den Bürgern kein Unrecht« ist für Sokrates selbst gefährlich. Nimmt man es ernst, dann ist Sokrates in Athen gescheitert.
Dann kann er der »einzig wahre Staatsmann« eigentlich nicht für die reale Stadt

Athen, sondern nur noch für die ideale Stadt der Philosophen sein. Platon läßt den Sokrates sagen, er sei von den Athenern hingerichtet worden, so wie ein Arzt, der unter Kindern vom Zuckerbäcker oder vom Koch verklagt wird. Das ist schön gesagt. Aber gescheitert wäre Sokrates damit gleichwohl. Unrecht wäre ihm nicht geschehen, da das Paradox vom Politiker auch für ihn selber gilt.

Aus der Ambivalenz des dritten Paradoxes läßt sich folgern, daß wir im *Gorgias* bereits einen anderen Sokrates als den der frühen Dialoge vor uns haben. Es ist nicht mehr der Sokrates des *Kriton*, der in der Stadt bleiben will. Vielmehr begegnen wir einem gewandelten Sokrates, der die korrupte Stadt verlassen und in die Stadt der Philosophen emigrieren will. Das Sokrates-Bild des *Gorgias* ist nicht mehr konsistent, da Sokrates mit seiner Erziehung der Athener gescheitert sein muß und er der »einzige« Staatsmann nicht mehr im Blick auf die reale Stadt, sondern nur noch im Blick auf die ideale Stadt sein kann.

e) Antwort im Mythos (523a–526d)

Daß der Gerechte glücklich wird, das versucht Platon am Ende des Dialoges durch einen Mythos zu bekräftigen. Dem Logos eilt ein Mythos zur Hilfe. Dieser erzählt von einem Gericht über die Seelen. Dieses Gericht habe zunächst am letzten Lebenstage stattgefunden. Aber da seien die Seelen noch verhüllt gewesen durch schöne Leiber, Verwandtschaft oder Reichtum. Nun finde das Gericht erst nach dem Tode statt, wenn die Seele nackt sei und alles an ihr sichtbar werde. Dann werde über sie von Richtern das Urteil gefällt und das Unrecht bestraft. Die einen, die Heilbaren, würden durch Strafen gebessert; die anderen, die Unheilbaren (das sind explizite die Tyrannen), würden als Exempel der Abschreckung aufgestellt. Vor diesem Gericht werde Kallikles mit offenem Mund und schwindlig dastehen. Da werde ihm widerfahren, was er dem Sokrates seinerseits vorhergesagt hat.

Ist dieser Schluß überzeugend? Für Kallikles müßte der Dialog noch gar nicht zuende sein. Kallikles könnte den Mythos selbst wieder als eine Ausgeburt der Ohnmacht, als Ressentiment und Projektion der Rache deuten. Für Platon ist der Mythos allerdings die Antwort der Antworten. Er zeigt, daß das Leben eine ständige Entscheidung für oder gegen das Heil der Seele ist. Das Leben ist dem Einzelnen zur Wahl gestellt. Der schöne Kallikles mit seinem prächtigen Körper ist seelisch krank. Umgekehrt ist der häßliche, zu Tode kommende Sokrates der eigentlich Lebendige, der die Seele nicht dem Leib und das gute Leben nicht dem bloßen Dasein geopfert hat.

2.2. Die »Politeia«. Das platonische Hauptwerk (nach 387 v. Chr.)

Die *Politeia* ist Platons philosophisches und politisches Hauptwerk. Was die früheren Dialoge nur andeuten, wird hier entfaltet. Platon demonstriert seinen Entwurf der besten Stadt, und dieser gibt Auskunft nicht nur über Seelenlehre, Ethik und Politik, sondern auch über das, was Philosophie nach Platon ist.

Die Kommentare zum Werk sind von unterschiedlichem Niveau. Eher einführend Pappas (1995) und Schubert (1995); anspruchsvoller Gigon (1976, allerdings nur bis zu Band IV reichend), Cross/Woozley (²1966), Annas (1981), Kersting (1999); knapp, aber sehr gehaltvoll die Übersicht bei Leo Strauss (1972); aus der Schule von Strauss stammend Benardete (1989), der allerdings völlig ohne Sekundärliteratur operiert.

2.2.1. Utopie? Ideal? Paradigma? Scherz und Spiel?

Platons *Politeia* fragt nach der besten Stadt, wie sie besser nicht gedacht werden kann. Mit dieser Frage hat Platon die utopischen Denker der Neuzeit inspiriert. Morus' *Utopia* (1516), Bacons *Nova Atlantis* (1627) und Campanellas *Civitas solis* (1623) verdanken sich der Anregung durch Platons Werk. Ob die *Politeia* selbst eine Utopie genannt werden darf, ist damit aber keineswegs ausgemacht. Zwar wird das Werk oft als eine Utopie verstanden (Gadamer 1983, Flashar 1988). Auch kann, wer die *Politeia* so liest, darauf verweisen, daß Platon dem Leser so manches zumutet, was die Welt noch nicht gesehen hat. Platon fordert die Herrschaft der Vernünftigen, den Zusammenfall von Macht und Vernunft (hat die Welt so etwas je schon gesehen?). Gefordert wird die Gleichstellung von Mann und Frau, für die Griechen sicher eine Zumutung höchsten Grades. Und von der herrschenden Elite wird verlangt, daß sie kommunistisch leben soll.

Das alles mag zunächst utopisch klingen. Aber wenn man unter Utopie versteht »das ist doch nur utopisch« oder »das kann man sich zwar vorstellen, aber nicht verwirklichen«, dann sind Zweifel daran erlaubt, ob die *Politeia* eine Utopie ist. Platons zweite Sizilienreise scheint mit dem Versuch verbunden gewesen zu sein, den jungen Tyrannen für die Errichtung der besten Stadt zu gewinnen (hier XIII. 1.3.). Nach Platons eigenen Worten bedarf die Errichtung der besten Stadt der Hilfe von oben, der »göttlichen Fügung« (493a), des »göttlichen Zufalls« (592a), der »göttlichen Eingebung« (499c). Das aber heißt, daß die Errichtung der besten Stadt zwar »schwierig, aber nicht unmöglich« ist (456b, 499d).

Ist die Philosophenstadt, wenn nicht eine Utopie, dann vielleicht ein »Ideal«? Ein Ideal ist etwas Vollkommenes, das man zwar denken und erstreben, aber in Wirklichkeit nie ganz erreichen kann. Oft wird die Philosophenstadt eine »ideale« Stadt genannt. Sie wäre dann keine bloße Utopie, sondern ein Vorbild, dem man sich in der Realität annähern kann, auch wenn es letztlich unerreichbar bleibt. Auch diese Charakterisierung des platonischen Werkes ist problematisch. Platon selbst kennt den Begriff des Ideals nicht. Die fundamentale, alles begründende Idee des Guten, auf die Platon seine Stadt baut, ist alles andere als ein bloßes Ideal. Sie ist für Platon das Allerwirklichste, nichts, was erst noch verwirklicht werden müßte. Wenn die beste Stadt diese Idee nachahmt, orientiert sie sich nicht an einem Ideal, sondern an dem, was schlechthin wirklich ist.

Gelegentlich versteht man die *Politeia* auch als ein »Paradigma« (472e). Das hieße, daß Platon nur ein Exempel, ein Muster am Himmel habe aufstellen wollen, an dem die bestehenden Staaten zu messen sind. Zweifelsohne war dies eines der Ziele des Werkes. Die *Politeia* gibt einen Maßstab. Dieser zeigt, wie die schlechten

Verfassungen hinter der besten zurückstehen. Aber ein bloßes Gedankenexperiment, ein Muster ohne Wirklichkeitswert – auch das dürfte die *Politeia* nicht sein.

Platon liebt Scherz und Spiel. Sein letztes Werk, die *Nomoi*, ist ganz auf eine Mischung von Ernst (*spoudē*) und Spiel (*paidia*) gebaut. Auch die *Politeia* scheint, zumindest in Teilen, ein Spiel mit Scherz und Ernst zu sein. Die Karikatur, die Platon von der Demokratie zeichnet, wirkt wie ein Scherz. Die Frauen- und Kindergemeinschaften erinnert an Aristophanes' *Weibervolksversammlung*. Ist alles nur ein Scherz? So wie Morus' *Utopia* ein großer Humanistenscherz ist? Eines ist gewiß. Wenn Platon gelegentlich scherzt, dann ist darin kein Gegensatz zum Ernst zu sehen. Bei Sokrates paaren sich Ironie und tödlicher Ernst; bei Platon vereint sich das Bedürfnis des Gebildeten (und des Aristokraten) nach Scherz und Spiel mit der Überzeugung des frommen Denkers, der allen Ernst dem Ewigen und Göttlichem zuspricht und dadurch Augen für die Komödie dieses Daseins hat. Aber alle schöne Leichtigkeit sollte nicht darüber hinwegtäuschen, wie ernst es dem Philosophen mit seiner Stadt der Gerechtigkeit ist.

2.2.2. Gedankenbewegung und Gliederung

Philosophieren ist bei Platon ein Aufsteigen von der sinnlichen Welt zur Welt der Ideen *(anodos, ascensus)*. Dieser Aufstieg wird im »Höhlengleichnis« vorgeführt, wenn der Philosoph von den Fesseln der Sinnlichkeit befreit wird und aus dem Dunkel der Höhle zum Licht der Idee aufsteigt. Dem Aufstieg folgt ein Abstieg *(kathodos, descensus)* wieder in die Höhle zurück. Neben diesem großen Auf- und Abstieg begegnen kleinere Auf- und Abstiege. Schon die ersten Worte des Dialoges lauten: »Ich (Sokrates, H.O.) ging hinab«, hinab zum Hafen. Am Ende des Werkes steht ein Mythos von der Hadesfahrt einer Seele und dem Wiederaufstieg ins Leben.

Thema der *Politeia* ist die Gerechtigkeit, oder genauer, das Glück des Gerechten. Schon im *Gorgias* war dies der Streitpunkt zwischen Sokrates und dem Sophisten Kallikles. Die ganze *Politeia* bemüht sich um den Beweis, daß der Gerechte glücklich wird. Für die Sophisten ist dies anders. Der Streit mit ihnen wird noch einmal aufgegriffen. Buch I, benannt nach dem Sophisten Thrasymachos, konfrontiert die platonische Gerechtigkeitslehre noch einmal mit der Gegenlehre der Sophisten, nach welcher Gerechtigkeit nur ein anderer Name für die Suche nach dem eigenen Nutzen ist. Glücklich wird demnach nicht der Gerechte, sondern wer gerecht zu sein scheint und sich unter dem Anschein der Gerechtigkeit Vorteile zu verschaffen weiß.

Die Bücher II–IV zeigen die Entstehung und die Struktur der gerechten Stadt. Platon geht dabei so vor, daß er die Seele des Menschen zur Stadt vergrößert. Die Seele besteht aus Begierde, Mut (oder besser Eifer) und Vernunft. Die Begierden ernähren sie, der Mut bewacht sie und die Vernunft leitet sie. Wie die Seele, so ist auch die Stadt. Auch sie muß ernährt, bewacht und verteidigt werden. Dazu bedarf sie dreier Stände: der Ernährer, der Wächter und der Regenten. Gerecht ist die Stadt, wenn jeder Stand in ihr das Seine tut, das, was er jeweils am besten tun kann.

Schildern die Bücher II–IV die Gründung der Stadt, so sind die Bücher V–VII der eigentliche philosophische Begründungsgang. Der Aufstieg führt zum letzten

Grund der Stadt, zur Idee des Guten. Die Einsicht in diese ist der Gipfel des Aufstiegs. Platon nähert sich ihm, indem er die Meinungen der Menschen erschüttert. Er verunsichert die herrschenden Meinungen durch drei Paradoxien, d.h. durch drei gegen (*para*) die Meinungen (*doxai*) gerichtete Lehren. Platon fordert die Gleichheit von Mann und Frau; eine Frauen-, Kinder- und Besitzgemeinschaft sowie die Herrschaft von Philosophenkönigen. Die Erziehung der Philosophen wird durch Gleichnisse veranschaulicht, deren bekanntestes das Höhlengleichnis ist.

In den Büchern VIII – IX führt der Weg vom Gipfel wieder herab. Platon entwickelt eine Lehre von den ungerechten Verfassungen, die in immer weiterem Abstand von der gerechten Stadt stehen. Das Buch X, eine Art Anhang, demonstriert, worauf es der Gerechtigkeitslehre ankommt, daß Gerechtigkeit und Glück kein Gegensatz, sondern ein Paar sind.

2.2.3. »Thrasymachos« (Buch I)

2.2.3.1. Der Anfang

Der Dialog *Thrasymachos* ist, auch wenn er vermutlich früher als die *Politeia* entstanden ist, ein passender Beginn des Werkes. Platon nennt ihn selbst das »Proömium« (357a). Schon die Anfangsszene ist voller Anspielungen auf das weitere Gespräch.

Die ersten Worte des Dialoges lauten: »Ich ging hinab«. Sokrates »ging hinab« zum Piräus, zum Hafen von Athen, um dort das Fest der Göttin Bendis zu sehen. Dieses wurde in Athen vermutlich 433 v. Chr. erstmals gefeiert. Die Göttin Bendis ist eine Verwandte der Hekate und der Persephone, der Seelenführerin in den Hades und der Göttin des Hades selbst. Wenn Sokrates »hinabgeht« zum Fest einer Göttin der Unterwelt, dann kann man bereits darin eine Anspielung auf den für Platons Denkweise eigentümlichen Auf- und Abstieg erkennen (Voegelin 1957, 52 ff.). Der Beginn weist voraus bis auf das Ende des Dialoges, an dem ein Abstieg in den Hades und ein Wiederaufstieg aus ihm dargestellt wird.

Sokrates läßt sich von Polemarchos, dem Sohn des reichen Kaufmanns Kephalos, überreden, in das Haus seines Vater zu kommen. Man will dort auf den abendlichen Fackelzug zu Ehren der Göttin warten. Im Haus beginnt das Gespräch über die Gerechtigkeit. In das Gespräch vertieft denkt niemand mehr daran, zum Fest der Göttin zurückzukehren. Die Lust am Wissen gewinnt die Oberhand über die Schaulust, die die Zuschauer zum Feste trieb. Ein bloßer Zuschauer war Sokrates freilich nicht. Er hat beim Fest der Göttin gebetet, auch dies ein passender Beginn, der mit dem Schluß des Werkes, einem Mythos vom Schicksal der Seelen in der Unterwelt harmoniert.

2.2.3.2. Drei unzureichende Begriffe von Gerechtigkeit

Der Dialog *Thrasymachos* entwickelt drei Begriffe von Gerechtigkeit. Sie sind nach ihrer Konventionalität geordnet, und zwar so, daß sie sich immer weiter entfernen von der traditionalen Sittlichkeit. Die Argumentation führt vom Konventionellen zur Krise der Sittlichkeit. Auch weitet sich der Horizont mit jeder neuen Definition. Die Krise wird offenbar im Gespräch, das Sokrates mit dem Sophisten Thrasymachos führt. Es kreist um die Frage: Wer hat Erfolg? Wer hat Glück? Der Gerechte oder der nur scheinbar Gerechte? Ist Gerechtigkeit dem Nutzen gleichzusetzen? Oder bedeutet sie mehr?

a) »Wahrhaftigkeit und Wiedergeben, was man empfangen hat« (Kephalos)

Das erste Gespräch wird geführt mit dem Hausherrn, mit Kephalos. Kephalos ist ein reicher alter Geschäftsmann, ein ehrenwerter und frommer Mann, der gerade den Göttern geopfert hat. Er hat eine Auffassung von Gerechtigkeit, die zu seinem Beruf und seinem Leben paßt. Er definiert die Gerechtigkeit als »Wahrhaftigkeit und Wiedergeben, was man empfangen hat« (331c–d). »Wahrhaftigkeit« heißt dabei soviel wie, ein ehrlicher Geschäftsmann sein, niemanden betrügen, niemand etwas schuldig bleiben. Kephalos versteht dies ganz allgemein. Man solle weder Göttern Opfergaben noch Menschen Geld schuldig bleiben (331b). Gerecht ist für ihn, anderen zu geben, was man ihnen schuldig ist.

Offensichtlich ist dies eine traditionelle Auffassung von Gerechtigkeit, eine altehrwürdige, die Platon den alten Kephalos vertreten läßt. Das Gespräch setzt überhaupt ein mit Reflexionen über das Alter. Kephalos ist zufrieden im Alter. Die üblichen Klagen über die nachlassenden Begierden oder die schlechte Behandlung durch die Verwandten sind seine Sache nicht. Mit den Begierden, meint Kephalos, werde man »viele und tolle Gebieter« los (329d). Daß er zufrieden ist, hat seiner Meinung nach mit seinem Reichtum nicht unmittelbar zu tun. Zwar sei dieser für vieles nützlich. In Armut alt zu werden, sei schwer. Aber auf das Geld komme es nicht an. Vielmehr darauf, wie man es verwende.

Was spricht gegen diese traditionelle Auffassung von Gerechtigkeit? Einmal läßt sich gegen sie einwenden, daß sie nur von einer einzigen Form von Gerechtigkeit handelt, von der Tauschgerechtigkeit oder der Reziprozität. Zum anderen gilt diese Definition von Gerechtigkeit nicht ausnahmslos. Es ist nicht immer gut, jemandem zurückzugeben, was ihm gehört. Einem Verrückten darf man seine Waffe nicht zurückgeben, obwohl sie sein Eigentum ist.

Zur Widerlegung einer Regel reicht es allerdings nicht aus, ihr ein einzelnes Gegenbeispiel gegenüberzustellen. Zu Regeln gehört, daß sie Ausnahmen haben. Der Mangel der Definition liegt nicht eigentlich darin, daß es ein Gegenbeispiel gibt. Kephalos' Bestimmung von Gerechtigkeit erweist sich eher als unzureichend, weil sich hinter seiner Definition die allgemeinere Frage verbirgt, was für den einzelnen nützlich oder schädlich ist, was jemand denn gerechterweise überhaupt besitzen oder sein Eigen nennen kann.

Was soll jemand gehören, damit es ihm nützlich und nicht schädlich ist? Ist diese Frage schon beantwortet, wenn man auf das Privateigentum und die traditionale Geschäftsmoral verweist? Oder muß man nicht voraussetzen, daß nur ein vernünftiger Mensch einen vernünftigen Gebrauch von seinem Eigentum machen kann? Wie soll überhaupt die Eigentumsordnung beschaffen sein, daß sie niemandem schadet? Diese Fragen weisen voraus auf die Tugend der Besonnenheit, die dem Stand der Ernährer (der Privateigentum besitzt) nötig ist. Auch verweisen sie auf den Kommunismus, den Platon den Wächtern vorschreiben wird (Strauss 1972, 9).

b) »Freunden nützen, Feinden schaden« (Polemarchos)

Das zweite Gespräch führt Sokrates mit dem Sohn des Hausherren, mit Polemarchos. Dieser will das Problem von Nutzen und Schaden, das die erste Definition aufwarf, lösen, indem er sich auf eine andere traditionelle Regel beruft. Gerecht ist, so Polemarchos, »Freunden zu nützen und Feinden zu schaden« (332a). So will er ein Gedicht des Simonides verstehen. Auch mit dieser Regel läßt sich leben. Die christliche Feindesliebe ist noch fern. Warum also nicht unterscheiden zwischen Freund und Feind? Freunden schuldet man Gutes, Feinden Schlechtes.

Auch diese Auffassung von Gerechtigkeit ist traditional und ehrenwert. Platon wendet jedoch gegen sie ein, daß wer Freunden nützen und Feinden schaden wolle, wissen müsse, *wer* Freund und *wer* Feind sei. Täusche man sich darüber, handele man ungerecht, da man dem falschen Freund nütze oder dem nur vermeintlichen Feind schade. Dieses Argument von der Täuschung begegnet bei Platon des öfteren. Es ist im Falle des Polemarchos wohl auch ein *argumentum ad hominem*. Polemarchos wurde 404 v. Chr. von den 30 Tyrannen hingerichtet. Er hatte sich offenbar darüber getäuscht, wer sein Freund und wer sein Feind war.

Mit dem Argument von der Selbsttäuschung hat Platon die Gerechtigkeitslehre des Polemarchos nicht widerlegt. Auch bei der Unterscheidung von Gerechten und Ungerechten kann man sich in den Personen täuschen. Darüber hinaus kann keine Stadt, nicht einmal die gerechte, auf die Unterscheidung von Freund und Feind verzichten. Sie müßte da schon eine Stadt ohne innere oder äußere Feinde sein. Die Tugend der Wächter, die bei Platon die Stadt zu verteidigen haben, wird auf einer Freund-Feind-Lehre basieren müssen. Die Wächter müssen den Mitbürgern nützen, den Feinden schaden. Polemarchos' Gerechtigkeitslehre nähert sich dem »Patriotismus« (Strauss 1972, 10), auf den keine Stadt, auch die beste nicht, verzichten kann.

Nach der Lehre des Sokrates kann Gerechtigkeit allerdings niemals schädlich sein, eine noble Lehre, in der man sogar schon eine »Antizipation« christlicher Feindesliebe hat erkennen wollen (Adam Bd. 1, ²1963, 21). Dagegen spricht jedoch die den Wächtern später wieder zugeschriebene Freund-Feind-Moral. Platon opponiert gegen die Freund-Feind-Lehre nicht im Namen einer Art Nächstenliebe. Er verwirft sie, weil sie die intrinsische Qualität der Gerechtigkeit nicht berücksichtigt, sondern sich mit der Konvention begnügt (Annas 1981, 157ff.).

c) Gerechtigkeit als »Nutzen des Stärkeren« (Thrasymachos)

Entscheidend für das Gespräch wird der dritte Dialog im Dialog, das Gespräch des Sokrates mit Thrasymachos. Thrasymachos ist ein Sophist, von dem wir, neben dem Zeugnis Platons, noch ein Redefragment besitzen (hier XI. 3.3.1). Platon zeichnet von ihm ein zweideutiges Bild. Einerseits will Thrasymachos nur reden, wenn er dafür bezahlt wird. Auch drängt er sich ungestüm in das Gespräch. Andererseits ist er ein Sophist, der noch »erröten« kann (350d). Er ist kein schamloser Sophist wie Kallikles. Vielmehr scheint er ein enttäuschter Moralist zu sein. Er hätte die Welt gerne anders. Aber da sie nicht so ist, wie er sie sich wünscht, spricht er über sie im Tone zynischer Enttäuschung. Thrasymachos' Definition von Gerechtigkeit lautet, daß sie der »Nutzen des Stärkeren« *(kreittonos sympheron)* sei (338c).

Mit Stärke, hier wiederholt sich das Argument aus dem *Gorgias*, kann physische Stärke nicht gemeint sein. Wie Kallikles meint auch Thrasymachos die Stärke der politischen Macht. »Stark« ist, wer regiert. Als »gerecht« gilt, was den Regierenden nützlich ist. Das ist nach Thrasymachos so, gleichgültig um welche Staatsform es sich handelt. Der Tyrann sucht seinen Vorteil, das Volk, d. h. die Armen, suchen den ihren, und bei den Oligarchen, d. h. den Reichen, ist es ebenso.

Thrasymachos' Lehre ähnelt der des Pseudo-Xenophon im *Staat der Athener* (hier XI. 3.3.4). Auch weist sie eine Verwandtschaft mit den Lehren vom Nutzen auf, die in Thukydides' *Geschichte des Peloponnesischen Krieges* vorgetragen werden. Was sich bei Thrasymachos dahinter verbirgt, wird unterschiedlich gedeutet. Nach Kerferd (1976, 545 ff.) lassen sich drei Deutungsrichtungen unterscheiden. Man unterstellt dem Thrasymachos einen »ethischen Nihilismus« (es gibt kein Ethos, sondern nur Nutzen und Vorteilssuche); man sieht ihn als einen »Legalisten« (jedes Gesetz gilt als gerecht, gleichgültig wer es verabschiedet). Oder man traut ihm wie Kallikles eine Lehre vom »Naturrecht des Stärkeren« zu.

Nihilismus, Legalismus, Naturrecht des Stärkeren – solche Deutungen erfassen gar nicht die Ebene, auf der Thrasymachos argumentiert. Meist ist es nämlich die Ebene eines Realismus, einer ersten Soziologie der Macht. Thrasymachos will gar nicht behaupten, daß die Welt so sein soll. Er will nur sagen, daß sie so ist. So machen es eben alle, sie suchen ihren Nutzen, und das nennen sie »gerecht«. Thrasymachos ist ein direkter Vorfahre des Machiavelli, der einen ähnlichen Anspruch auf »Realismus« erhebt (Princ. Kap. 15).

Sokrates antwortet auf diese Herausforderung durch eine Theorie der Kunst *(technē).* Echte Kunst nütze immer dem Werk. Die Kunst des Arztes sei definiert durch das Wohl des Patienten. Ein guter Arzt sei, wer Kranke heile. So wie in der Medizin sei es auch in der Politik. Wer sich aufs Regieren, auf die Kunst des Regierens verstehe, der nütze dem Wohl der Regierten, nicht aber sich selbst.

Mit dieser Theorie der Technē, umstandslos angewandt auf die Politik, hat Thrasymachos leichtes Spiel. Er greift das von Platon selbst oft verwendete Beispiel von Hirt und Herde auf. Die Hirten, so Thrasymachos, sähen nicht auf das Wohl der Schafe, wenn sie diese pflegten. Vielmehr sorgten sie sich um das Mahl oder um den Nutzen der Schafsbesitzer. Nicht anders sei es in der Politik. Sie wird von Thrasymachos zur Kunst des Schafe-Scherens und Schafe-Mästens erklärt.

Sokrates' Lehre von Kunst und Gerechtigkeit ist für Thrasymachos weltfremd. Er spricht von der »Einfalt« des Gerechten, und er versucht zu beweisen, daß es einem gerechten Menschen schlechter als einem ungerechten ergeht (343d–344c). Der Gerechte stehe schlechter da bei Geschäften; er zahle zuviel Steuern; er vernachlässige die eigenen Angelegenheiten, wenn er in ein Amt gelange; er mache sich unbeliebt bei Freunden und Verwandten, da er sie nicht protegiere. Wie anders dagegen der, der sich hole, was er kann! Er müsse es nur in großem Stile tun. Wenn er nur kleine Dinge an sich reiße, dann sei er ungeschickt. In diesem Fall werde er ein Räuber, ein Dieb, ein Betrüger genannt. Wenn er es aber in großem Stil betreibe, nicht nur das Vermögen der Bürger an sich reiße, sondern diese auch noch selbst versklave, dann werde er glücklich gepriesen werden und in hohen Ehren stehen.

Thrasymachos' Beispiel vom kleinen Gauner und großen Verbrecher kehrt später wieder in der Anekdote von Alexander dem Großen und dem Seeräuber. Auch der Seeräuber klagt, daß er als Räuber und Dieb beschimpft werde, während Alexander, der doch ganze Reiche zusammenstehle, als der große Alexander gilt (de civ. Dei, IV, 4). Das Beispiel des Thrasymachos weist auch voraus auf die Fragen des Bertolt Brecht: »Was ist ein Dietrich gegen eine Aktie?«, »Was ein Bankraub gegen die Gründung einer Bank?«.

Platon hat es nicht leicht, gegen den Zynismus des Thrasymachos anzukommen. Er bleibt bei seiner Theorie der Kunst, die immer nur aufs Wohl der von ihr Therapierten (oder Regierten) ziele. Er versucht eine Rettung des Arguments durch die Abtrennung einer Lohnkunst. Diese soll erklären, warum der Arzt an seiner Therapie auch verdient, er selbst einen Vorteil aus ihr zieht. Angesichts des möglichen Mißbrauchs der Künste ist dies ein zu schwaches Argument gegen den Realismus des Thrasymachos.

Die mögliche Uneigennützigkeit der Regierenden soll ein anderes Argument beweisen, das Platon auch sonst lieb und teuer ist. Kriterium des guten Politikers sei, daß er ein Amt eigentlich gar nicht wolle. Nur die Befürchtung »von Schlechteren regiert zu werden« (347c), treibe den wahren Politiker in die Politik. Hier mag Platon schon mehr im Recht sein. Aber wie unterscheidet man zwischen denen, die behaupten, ein Amt gar nicht zu wollen, und jenen, die gierig nach Ämtern und Würden sind? Daß sie das Amt eigentlich gar nicht wollen, versichern doch alle. Stets werden sie von Freunden zur Kandidatur gedrängt, stets müssen sie noch einmal um der Sache willen die schwere Bürde auf sich nehmen und was dergleichen übliche politische Rhetorik ist.

Ganz im Recht ist Platon mit einer anderen Widerlegungsstrategie. Sie verweist darauf, daß keine Gemeinschaft ohne Gerechtigkeit bestehen kann. Selbst eine Räuberbande bedarf der internen Gerechtigkeit, soll sie nicht in Haß und Streit zerfallen (351d). Analog steht es um die Einheit und die Harmonie der Seele. Ohne Gerechtigkeit hätte sie keinen Bestand. Ohne sie besäße die Seele nicht die ihr eigene Leistungsfähigkeit, die Arete.

Der Dialog *Thrasymachos* endet ohne klares Resultat. Allenfalls haben sich die Fronten geklärt. Thrasymachos kann auf seinem Realismus beharren, sofern er sich darauf beschränkt, zu behaupten, »so ist es«, »so wird es eben gemacht«. Er ist nicht nur ein erster Soziologe, er ist auch ein früher Ideologiekritiker, der die Frage »cui bono« stellt und der mit Recht der politischen Rhetorik der Gerechtigkeit mißtraut. Wenn er einen Konflikt zwischen Regierenden und Regierten unterstellt, ein Konfliktmodell von Politik entwickelt, dann ist dies zumindest eine Ergänzung der Platonischen Politik und ihres Harmoniemodells (Dahrendorf ³1974, 293 ff.). Mit dem Konflikt von Regierenden und Regierten ist zu rechnen. Alle politische Erfahrung spricht dafür.

Daß Gerechtigkeit nicht partikularer Nutzen ist und daß sie etwas anderes ist als ein bloßer Nutzenkalkül, das wird das weitere Gespräch der *Politeia* erst noch erweisen. Bei ihm bleibt Thrasymachos anwesend. Er wird somit zu den Mitbegründern der besten Stadt gehören, selbst bekehrt werden zu einer anderen Lehre von der Gerechtigkeit.

2.2.4. Der intrinsische Wert der Gerechtigkeit und die Staatsentstehungstheorie (Buch II)

Die zentrale Lehre der *Politeia* ist eine Theorie der Gerechtigkeit, nach der diese ein Eigenwert, ein Selbstzweck, ein intrinsischer Wert ist. Platon begründet dies im zweiten Buch durch eine erneute Abgrenzung von der Sophistik. Deren Erklärung der Gerechtigkeit als einer nur sozial bedingten Moral dient als Gegenfolie, auf der sich Platons von aller bloßen Meinung lösende und auf die Sache selbst zielende Theorie der Gerechtigkeit abhebt.

Sophistische Lehren tragen im Buch II die Brüder Platons vor, Glaukon und Adeimantos. Eine geistige Verwandtschaft zwischen Platon und der Sophistik soll damit nicht angedeutet werden. Die Brüder sprechen vielmehr als advocatus diaboli, »aus Verlangen, von dir (Sokrates, H.O.) das Gegenteil zu hören« (367b).

Glaukon und Adeimantos behaupten, Gerechtigkeit entstehe nur aus dem Blick der anderen. Sie sei ein soziales Produkt, kein Selbstzweck, kein Eigenwert. Da Platons Lehre eine Wendung des Blicks intendiert, eine Wendung des Blicks von dieser Welt zur Welt der Ideen, ist der Anfang mit einer Kritik des falschen Blicks ein kunstvoller Beginn.

2.2.4.1. Glaukons Rede vom Blick der anderen (358e–362c)

Nach Glaukon entsteht die Gerechtigkeit als ein fauler Kompromiß. Eigentlich möchten alle Unrecht begehen. Aus Angst davor, Unrecht zu erleiden, ohne sich rächen zu können, schließe man einen Kompromiß. Man enthalte sich des Unrecht-Tuns; man einige sich auf Gesetze und Verträge. Aber die »Gerechtigkeit«, die so entstünde, sei kein Selbstzweck. Sie entspringe nur dem »Unvermögen, Unrecht zu tun« (395b).

Glaukons Argument wäre ungültig, gäbe es die Möglichkeit, unerkannt Unrecht zu begehen. Folgerichtig diskutiert Glaukon die Frage, was wäre, wenn es den Blick der anderen nicht gäbe. Seine Schlußfolgerung lautet, daß wer Unrecht tun könne, ohne gesehen zu werden, dieses auch begehen würde. Glaukon beweist dies durch die Erzählung vom »Ring des Gyges« (eines der ersten Tyrannen). Der Ring macht Gyges unsichtbar, und Gyges hat mit seiner Hilfe den König getötet und die Königin zum Ehebruch verführt. Wer den Ring des Gyges besäße, könne unter Menschen leben »wie ein Gott« (360b–c).

Nun besitzen Menschen den Ring des Gyges nicht. Was ihnen jedoch als Äquivalent zur Verfügung steht, ist die Vortäuschung, das Leben im Schein. Vergleiche man den Gerechten mit dem Ungerechten, dann sei der Schein der Gerechtigkeit allemal erfolgreicher als das Sein. Warum also nicht Gerechtigkeit vortäuschen, wenn sie doch nur ein Produkt der sozialen Kontrolle ist und aus dem Blick der anderen geboren wird?

2.2.4.2. Adeimantos' Rede vom An-Sehen (362d–367e)

Glaukons Rede nimmt ein Grundelement der Politik Machiavellis vorweg, der in seinem *Principe* den Fürsten empfiehlt, sie müßten nicht gerecht sein, sondern nur gerecht zu sein scheinen. Wie Platon in seiner Tyrannislehre zeigt, gehört die Politik der Vortäuschung zu den Tricks des Tyrannen, mit denen dieser seine Herrschaft verschleiern und bemänteln kann. Der große Unterschied zwischen Platon und Machiavelli ist allerdings der, daß Platon diese Technik der Vortäuschung verwirft, während Machiavelli sie, zumindest für den Notfall, freizugeben versucht.

Der Blick, das Sehen und Gesehenwerden bestimmt auch das Argument des anderen Bruders Platons, des Adeimantos. Er führt die Gerechtigkeit auf die Art der Blicke der anderen zurück. Wer Unrecht begehen möchte, fürchte den Verlust des Ansehens. Nur die Angst, durch mißachtende Blicke der anderen bestraft zu werden, hält die Menschen demnach vom Unrechttun ab.

Nach Adeimantos sind es allein die Blicke anderer Menschen, nicht aber die der Götter, die zu fürchten sind. Ein offenbar aus der sophistischen Schule stammendes Argument (das durch die ganze Geschichte der Philosophie von Platon über Epikur bis zu Nietzsche gehen wird) schaltet das Auge der Götter als den Wächter der Gerechtigkeit aus. Erstens gebe es sie nicht, die Götter. Zweitens, wenn es sie gäbe, kümmerten sie sich nicht um die Menschen. Drittens, gäbe es sie und kümmerten sie sich um die Menschen, dann seien sie beeinflußbar, »empfänglich ... durch Räuchern und demutsvolle Gelübde und Weihegeschenke überredet zu werden« (365d–e).

Die Götter lassen sich überreden. Sie lassen sich abspeisen mit dem Ritual. Für Platon ist eine solche Argumentation die Blasphemie schlechthin. In den *Nomoi* wird er sie unter schwerste Strafen stellen. Religion ist für Platon kein Geschäftsverkehr. Das demonstriert Platon schon im *Euthyphron*. Götter mit moralisch fragwürdigen Eigenschaften widerstreiten Platons rationaler Theologie, und die Dichter, die von den Göttern Fragwürdiges erzählen, werden aus der besten Stadt verbannt. Vom Auge der Götter hatte bereits Kritias, der Onkel Platons, gesprochen. In seinem Satyrspiel *Sisyphos* hatte er dargestellt, daß der Blick der Götter nur erfunden worden sei, um den Menschen Angst einzuflößen vor dem Unrechttun. Platon kannte vermutlich, was seine Brüder vortragen, aus erster Hand. Vielleicht war es sogar eine Familienstreitigkeit.

2.2.4.3. Gerechtigkeit als intrinsischer Wert

Platons Gerechtigkeitslehre richtet sich gegen die Orientierung an der bloßen Meinung, und sei es die Meinung der vielen oder der meisten. Entscheidend ist nicht der Blick oder die Meinung der anderen. Entscheidend ist der Blick auf die Sache selbst.

Der ganze Argumentationsgang der *Politeia*, auch wenn er in Buch X etwas verdunkelt wird durch eine Rede von Lohn und Strafe, dient dem Nachweis, daß Gerechtigkeit um ihrer selbst willen zu erstreben ist. Platon unterscheidet drei Kategorien von Gütern: Solche, die rein um ihrer selbst willen zu erstreben sind (Platon nennt als Beispiel unschuldige Vergnügungen); solche, die sowohl um ihrer selbst als auch um ihrer Folgen willen gesucht werden (das Denken, das Sehen oder die Gesundheit), und schließlich solche, die allein um ihrer nützlichen Folgen willen Güter sind (beispielsweise die bittere Arznei) (257b).

Gerechtigkeit gehört nach Platon in die zweite Kategorie. Sie soll um ihrer selbst und um ihrer Folgen willen gesucht werden. Das Sowohl-als-Auch könnte als ein partieller Utilitarismus mißverstanden werden, so als ob Lohn und Strafe oder äußerer Erfolg und Nutzen für Platon gerechtigkeitsrelevant wären. Schon das Schicksal des Sokrates, der als Gerechter zu Tode kommt, zeigt, wie abwegig eine solche Unterstellung sein muß. Gerechtigkeit ist für Platon an sich wertvoll, und wenn er die Folgen mitbenennt, dann aus der Überzeugung, die die ganze klassische Philosophie prägt, daß das, was an sich wertvoll ist, auch wertvolle Folgen hat. Es sind dies hauptsächlich Folgen für die eigene Seele, ihre Gerechtigkeit, ihre Harmonie, ihr Glück. Daß der Gerechte glücklich ist, ist die Kernthese der *Politeia*, die gegen den vermeintlichen Realismus der Sophistik begründet wird.

2.2.4.4. Von der Seele zur Stadt

Das Gespräch wendet sich von der Betrachtung der Seele zur Betrachtung der Stadt. Die Stadt sei die Seele des einzelnen in »Großbuchstaben«, und an Großbuchstaben könne man leichter ablesen, was die Gerechtigkeit sei (368d).

Das klingt wie ein Vorschlag aus didaktischem Grund. Große Buchstaben liest man leichter als kleine. Aber nur didaktisch ist die Analogie von Seele und Stadt nicht gemeint. Vielmehr ist sie für Platons Denken fundamental. Seele und Stadt stehen zueinander wie kleiner und großer Mensch. Ist die Seele geordnet, ist es die Stadt auch. Gerät die Seele in Unordnung, wird auch die Stadt ungeordnet und ungerecht sein.

Die Analogie von Seele und Stadt hat den Deutern stets Schwierigkeiten bereitet. Ist die *Politeia* in Wahrheit nur eine Seelenlehre? Ist sie nur eine Individualethik? Welchen Sinn macht es, Politik anhand des Modells einer einzelnen Seele zu begreifen, wenn sie doch aus dem Zusammenwirken vieler (und unterschiedlicher) Seelen und Menschen entsteht?

»Nur« eine Ethik ist die *Politeia* sicher nicht. Es wäre schon eigenartig, wenn Platon, um die Gerechtigkeit nur der Seele zu erläutern, den »Umweg« über eine ganze Staatslehre genommen hätte. In Wahrheit lassen sich bei Platon (wie bei Aristoteles) Ethik und Politik gar nicht voneinander trennen. Die Trennung beider Bereiche ist erst neuzeitlich. Dem gesamten klassischen Denken ist sie fremd. Jede Tugend des einzelnen (wie die Tapferkeit, Besonnenheit oder die Gerechtigkeit) ist zugleich eine politische Tugend, gleich wesentlich für den einzelnen wie für die Stadt.

2.2.4.5. Die Drei-Stadien-Theorie der Stadtentstehung (368b–374d)

Die Gründung der Stadt beginnt in der *Politeia* mit einer Stadtentstehungstheorie. Es ist eine Drei-Stadien-Theorie. Erst ist die Stadt gesund, dann wird sie krank und aufgeschwemmt, schließlich wird sie gereinigt und wieder fit gemacht für das Wesentliche, für die Gerechtigkeit.

a) Die gesunde Stadt oder die Schweinepolis (368b–372c)

Die politische Gemeinschaft entsteht nach Platon um des Überlebens willen. Ihr Ursprung ist ein ökonomischer. Menschen finden zusammen aufgrund der Vorteile der Arbeitsteilung und der wirtschaftlichen Kooperation. Die Stadt entsteht aus der Teilung der Arbeit, daß jeder genau das produziert, was er am besten produzieren kann. Man sieht an diesem allerersten Beginn, daß Platon von einer »Anthropologie« ausgeht, nach welcher der Mensch dem Menschen von Natur aus kein Feind ist. Vielmehr sind Menschen von Natur aus aufeinander angewiesen, und sie sind es evidentermaßen schon um des Überlebens willen. Sie sind schon aufeinander verwiesen durch den Sinn und die Nützlichkeit der ökonomischen Kooperation.

Die erste Stadt befriedigt die Grundbedürfnisse des Menschen: Nahrung, Kleidung, Wohnung. Vier bis fünf Menschen würden für sie genügen. Es dürfen aber auch mehr sein, nicht nur Bauern, Weber und Maurer, sondern auch Schmiede, Schäfer, Händler und andere. Ein Markt darf sein. Auch Münzen. Export und Import. Eine Stadt, die für das Lebensnotwendige sorgt, ist eine gesunde Stadt.

Mit diesem Beginn bei der gesunden Stadt fallen bereits wichtige Vorentscheidungen für Platons politische Philosophie.

Erstens: Vergleicht man Platons Theorie mit den neuzeitlichen Theorien vom Naturzustand, so ist der platonische »Naturzustand« friedlich. In dieser Grundannahme verbirgt sich bereits eine Absage an die sophistische Lehre vom Naturrecht des Stärkeren. Natürlich sind dem Menschen Kooperation und gegenseitige Hilfe. Platon ist sogar dabei, den Beginn als eine Art goldenes Zeitalter auszumalen, ein Leben wie ein einziges Fest (372b).

Zweitens: Die Stadt entsteht bei Platon um des Überlebens willen. Sie hat allerdings nicht schon im Überleben ihren Sinn. Sinn der Stadt ist erst das gerechte Leben. Man muß schon bei Platon, nicht erst bei Aristoteles, unterscheiden, warum die Stadt überhaupt entsteht und was ihr Sinn, was ihr Ziel ist. Erst in der Neuzeit werden Überleben und Selbsterhaltung zum primären Ziel. Bei Platon und bei Aristoteles ist dies nicht der Fall.

Drittens: Daß die Stadt entsteht aus Arbeitsteilung und ökonomischer Kooperation, ist ein Vorschein der gesuchten Gerechtigkeit. Diese wird später definiert werden als »Das-Seine-Tun«, daß jeder das tut, was er am besten tun kann. Diese Auffassung von Gerechtigkeit, so läßt sich von diesem Anfang her erahnen, entstammt der Sphäre der Arbeitsteilung und der Ökonomie. Es ist für die platonische Gerechtigkeitslehre ein nicht unproblematischer Beginn, da Arbeitsteilung und ökonomische Effizienz nicht eo ipso eine sinnvolle Grundlegung für politische

Gerechtigkeit sind. Die Arbeitsteilung in der Ökonomie führt zur Spezialisierung, und das mit Recht. Daß in der Politik eine analoge Spezialisierung sinnvoll ist, läßt sich dagegen bestreiten (insbesondere, wenn man ein Anhänger der Demokratie ist).

b) Die kranke oder aufgeschwemmte Stadt (372c–374d)

Die Stadt, die nur die Grundbedürfnisse befriedigt, nennt Glaukon eine »Schweinepolis«. Menschen werden in dieser ersten Stadt auf das bloße Überleben reduziert. Sie werden abgefüttert. Sie kommen über ein tierisches Existenzniveau noch gar nicht hinaus. Es unterscheidet den Menschen nicht vom Tier, daß er überhaupt leben will. Die gesunde Stadt weiß noch gar nicht, wie zu leben sei, was ein menschlich kultiviertes Leben ist.

Aus der Schweinepolis wird der Koben der fetten Schweine. Die Bedürfnisse verfeinern sich, und sie wachsen ohne Maß und Grenze ins Unendliche. Die ehemals gesunde Stadt wird aufgeschwemmt. Sie hat neben den notwendigen Berufen und Gütern nun auch den Luxus in vielerlei Art. Es gibt nun auch Polsterer, Tischler, Freudenmädchen, Zuckerbäcker, Dichter, Diener, Schauspieler und jede Menge Ärzte und Richter. Die schlimme Folge dieser Entwicklung ist, daß für die derart angewachsenen Bedürfnisse das Land zu klein wird. Es muß vom Nachbarland ein Stück abgeschnitten werden. Nur so bleibt der Kuchen groß genug. Um den Nachbarn etwas nehmen zu können, braucht man Soldaten. Die aufgeschwemmte Stadt ist expansiv, und sie ist instabil, weil die Bedürfnisse des Menschen unendlich kultivierbar und verfeinerbar sind.

Der zunächst friedliche »Naturzustand« wird kriegerisch. Gleichwohl macht auch Platons Darstellung der kranken Stadt deutlich, daß der Mensch dem Menschen nicht von Natur aus ein Feind ist. Erst die Stadt, die ihre Fassung verloren hat, erzeugt Feindschaft und Krieg. Feindschaft und Mehr-Haben-Wollen entspringen nicht der Natur des Menschen, sondern der Gesellschaft. Sie sind nicht früh, sondern spät. Erst die deformierte Gesellschaft führt in den Krieg, und erst die hemmungslos gewordenen Bedürfnisse sind Ursache des Streits.

Die Arbeitsteilung in der gesunden Stadt war ein Vorschein der Gerechtigkeit. Sie ließ vorscheinen, daß jeder das Seine tut, und das heißt bei Platon, daß jeder eines und nur eines tut. Der Luxus der aufgeschwemmten Stadt läßt dagegen die Ungerechtigkeit vorscheinen. Ungerecht ist die Vielheit ohne Maß und Grenze, das Gegenteil des Einen.

c) Die gereinigte Stadt

Platon formt die gerechte Stadt, indem er die kranke Stadt reinigt. Wenn die Stadt Bestand haben soll, dann muß die Vervielfältigung der Bedürfnisse beschränkt werden. Die aufgeschwemmte Stadt wird verschlankt. Sie wird reduziert auf Ernährung, Verteidigung und Regierung, nach Platon die drei wesentlichen Funktionen einer Stadt.

2.2.5. Die Gründung der besten Stadt (Die Bücher III–IV)

2.2.5.1. Die Grundstruktur der gerechten Stadt: Seelenteile – Stände – Tugenden

Die kranke Stadt wird gereinigt, sie wird verwesentlicht. Platon beschränkt sie auf die drei Funktionen Ernährung, Verteidigung und Regierung. Hinter dieser Dreiteilung verbirgt sich Platons Modell der Seele, die ebenfalls ernährt, verteidigt und regiert werden muß. Ernährt wird sie von den Begierden, verteidigt vom Mut, regiert von der Vernunft. Analog sollen in der Stadt die Ernährer von den Vernünftigen unter Mithilfe der Mutigen regiert werden. Die gerechte Stadt bedarf der Ernährer, der Wächter und der Philosophen, wobei Platon mit dem Begriff »Wächter« (phylakes) sowohl die Soldaten als auch die Philosophen bezeichnet. Die Philosophen selbst nennt er gelegentlich auch Archonten. Er gibt ihnen also denselben Namen wie den Beamten der obersten Behörde Athens.

Jeder Seelenteil und jeder Stand hat seine spezifische Leistung, seine spezifische Könnerschaft. Der Nährstand hat Besonnenheit und Maß (sōphrosynē); in der gerechten Stadt kann er seine Begierden mäßigen, in Form halten. Der Wehrstand hat Tapferkeit (andreia). Er verteidigt die Stadt, unbeirrt von Furcht. Die Regierenden wiederum haben Weisheit (sophia), die ihnen die Einsicht in die richtige Politik gewährt.

Stände	Seele	Charakter	Tugenden der Stände	Tugenden allgemein
Nährstand (Bauern, Handwerker)	Begierde (epithymē-tikon)	erwerbs-liebend, lustliebend	Besonnen-heit, Maß (sōphrosynē)	Sophrosyne als Konsens
Wehrstand (Soldaten, Polizei)	Mut (thymoeidēs)	ehrliebend, siegliebend	Tapferkeit (andreia)	Dikaiosyne (dikaiosynē) = Gerech-tigkeit; daß jeder das Seine tut (ta hautou prattein) (Idiopragie)
Herrscher-stand (Philosophen)	Vernunft (logistikon)	wissens-liebend	Weisheit (sophia)	

2.2.5.2. Die Kardinaltugenden

Platons Tugenden werden die Kardinaltugenden genannt. Wie die Türangel, die lateinisch cardo heißt, sind sie die Tugenden, um die sich alles dreht. Es sind Besonnenheit, Tapferkeit, Weisheit und Gerechtigkeit. Das Christentum wird diesen vier Tugenden drei theologische hinzufügen: Glaube, Hoffnung und Liebe. Bei

Platon fehlt die »Frömmigkeit« (*hosiotēs*). Vielleicht hat Platon sie als einen Teil der Gerechtigkeit verstanden (Annas 1981, 110). Jedenfalls wird sie nicht ausdrücklich erwähnt.

Wie sind die einzelnen Tugenden zu verstehen? Die *Sōphrosynē*, die »Besonnenheit« oder »Mäßigung«, ist im Deutschen nicht einfach wiederzugeben, da es sich um eine typisch griechische Tüchtigkeit handelt (430d–432b). Zur »Besonnenheit« gehört die Vermeidung alles Extremen; insofern ist die Übersetzung mit »Maß« oder »Maßhalten« durchaus richtig. Aber der Begriff der Besonnenheit ist auch gefärbt durch das typisch griechische Verständnis von Selbsterkenntnis und Selbstbescheidung, daß man weiß, wer man ist und wohin man als Mensch oder Einzelperson gehört. Der Stand der Ernährer bedarf dieser Tüchtigkeit im besonderen. Die Begierden selbst haben in sich kein Maß. Dieses muß ihnen die Mäßigung oder Besonnenheit vermitteln. Die Besonnenheit ist die spezifische Tüchtigkeit des untersten Standes. Sie ist aber auch so etwas wie das allgemeine Maß der Stadt, die von allen zu fordernde Selbstbescheidung und Einsicht, daß man da, wo man in der besten Stadt steht, hingehört. Sie ähnelt der Harmonie, dem Gleichklang, der Eintracht (430e, 431e–432a).

Andreia, die Tapferkeit, erinnert an den *anēr*, den Mann und seine kriegerische Tüchtigkeit, so wie später die *virtus* der Römer. Platon definiert diese Tüchtigkeit als die richtige Meinung über das, was zu fürchten oder nicht zu fürchten ist. Die Tapferkeit ist demnach die Fähigkeit, unerschrocken bei der einmal gefaßten Meinung zu bleiben (429a–430c). Die Tapferkeit ist standesspezifisch, die Tüchtigkeit der Wächter allein. Platon vergleicht die Wächter mit »Hunden«, die freundlich zu ihren Mitbürgern, bissig gegenüber Fremden sind.

Die *Sophia*, die »Weisheit«, ist die spezifische Tüchtigkeit der Philosophen, die Platon durch die berühmten Gleichnisse der *Politeia* erklärt. Ihre erste Erklärung (428c–29d) bestimmt sie als die Tüchtigkeit zu regieren (428c). Wenn die Weisen nicht regieren, kann die Stadt nicht weise sein. Da die Weisheit nur den Philosophen zukommt, entsteht die eigenartige Situation, daß der kleinste Teil der Bürgerschaft für die Vernunft der ganzen Stadt zuständig ist. Die beste Stadt hat die Struktur einer Pyramide. Unten die vielen Mitglieder des Nährstandes, die große Mehrheit; in der Mitte die Wächter und oben die wenigen Philosophen, die der kleinste, aber zugleich entscheidende Teil der Stadt sind.

Wo verbirgt sich nun aber die *Gerechtigkeit* (*dikaiosynē*)? Platon erwähnt sie zuerst nicht, und es ist kein Zufall, daß sie zunächst gar nicht erscheint. Eine (fehlerhaft) zirkuläre Ableitung behauptet, es gebe nur vier Tugenden, nachdem nun aber drei gefunden seien, müsse die übrig bleibende eben die Gerechtigkeit sein. Sie sei ja schon bekannt, bestehe sie doch in dem, was die anderen Tüchtigkeiten zeigen, daß nämlich »jeder das Seine« tut (433a). Der Maler Raffael, der ein außerordentlich gebildeter Maler war, scheint bei seinem Fresko der Jurisprudenz in der Stanza della Signatura dem Text Platons eng gefolgt zu sein. Er hat dort allein Besonnenheit, Tapferkeit und Klugheit gemalt, die Gerechtigkeit aber nicht eigens ins Bild gesetzt (E. Wind, The Eloquence of Symbols, Oxford 1983, 56f.).

Raffaels Fresco zeigt allerdings auch ein Problem der platonischen Begründung der Gerechtigkeit. Wenn sie schon in den einzelnen Tugenden steckt, durch die jeder das Seine tut – ist sie dann selbst überhaupt noch etwas Eigenes? Sie zur übergeordneten Tugend der besten Stadt zu erklären (wie es Julia Annas 1981, 119 versucht), ist nicht möglich, da sie das Separierende ist, die Tüchtigkeit, die jeden das Seine und nur das Seine tun läßt. Die fachtechnische Bezeichnung für diese Eigenart der platonischen Gerechtigkeit ist »Idiopragie«, »Tun des je Eigenen«. Ihr Gegenteil ist bei Platon die »Vieltuerei« (*polypragmosynē*) oder die »Fremdtuerei« (*allotriopragmosynē*), daß man tut, was nicht die ureigenste Angelegenheit und nicht die ureigenste Kompetenz ist. Nicht die Gerechtigkeit ist übergreifend. Übergreifend ist die Besonnenheit, die die Separierung der Tätigkeiten durch die Gerechtigkeit auszugleichen hat.

Die platonische Gerechtigkeitslehre ist eigenwillig und eigenartig. Sie spricht nicht von der Gleichheit, die man gewöhnlich mit der Gerechtigkeit assoziiert. Sie spricht nicht einmal davon, daß Gerechtigkeit auf andere Menschen bezogen ist, Ansprüche zwischen Menschen auszugleichen hat. Platons Begriff von Gerechtigkeit ist künstlich. Er separiert und trennt die Menschen, statt sie miteinander zu verbinden. Es gibt jene, die für alle arbeiten; jene, die für alle kämpfen; jene, die für alle regieren. Was ist daran eigentlich »gerecht«?

Platons Begriff von Gerechtigkeit hat sein Urmodell in der Ökonomie und der Arbeitsteilung. Ökonomisch hat es seinen guten Sinn, die Tätigkeiten zu spezialisieren und von jedem zu verlangen, daß er eines und nur eines tut, nämlich das, was er am besten tun kann. Das Gesamtergebnis der spezialisierten Tätigkeiten und des Austausches der Produkte ist für alle optimal. Aber was ökonomisch sinnvoll ist, ist es nicht eo ipso anthropologisch oder politisch. Statt des Menschen, der immer eines tut und damit in der Gefahr schwebt, in seinen Fähigkeiten zu verkümmern, läßt sich das Ideal eines allseitig gebildeten Menschen denken, eines *uomo universale* wie in der Renaissance oder eines humanistisch Gebildeten, wie ihn sich Schiller erträumt hat. Die Spezialisierung führt politisch zu einer rigiden Trennung von Herrschenden und Beherrschten. Sie erlaubt keine abwechselnde Regierung, wie sie für Demokratien kennzeichnend ist. Vielmehr zementiert sie eine Ordnung, in der die einen immer zuständig fürs Regieren, die anderen fürs Verteidigen, wieder andere fürs Ernähren sind.

2.2.5.3. Platons gerechte Stadt: Höhepunkt und radikale Vereinseitigung der Exzellenz der agonalen Kultur

Platons gerechte Stadt ist gegliedert nach Leistungen und Könnerschaften. In ihr gelangt jeder genau in den Stand, der seiner spezifischen Leistung, seiner spezifischen Könnerschaft entspricht.

Die Ordnung erweist sich damit als eine agonale. Sie läßt den Wettstreit der aristokratischen Kultur wieder aufleben. Die Exzellenz, das Herausragende gewinnt noch einmal die Oberhand über das Gemeinsame und Verbindende der Poliskultur. Der alte Streit, was Maßstab der Exzellenz sein soll, ob die militärische Tüchtigkeit des Vorkämpfers (Tyrtaios), die sportliche Leistung des Olympiasiegers (Pindar) oder die Intelligenz des Dichters und Philosophen (Xenophanes), findet bei Platon eine eigene Antwort. Die Olympiakämpfer haben als Modell der Exzellenz ausgedient. Die Exzellenz der Krieger, der Wächter, wird durchaus anerkannt. Aber ihre

Tüchtigkeit wird der Weisheit der Philosophen untergeordnet. Diese ist die entscheidende Leistung für die Stadt.

Im Blick zurück auf die agonale Kultur geben sich damit große Umwälzungen zu erkennen. Ruhm und Ehre – die alten aristokratischen Ideale – werden zwar noch anerkannt. Es sind die Wächter, die Platon »ehr-« und »siegliebend« nennt. Zugleich hat sich aber die Skala der Wertschätzung verschoben. Was können Ruhm und Ehre noch bedeuten, wenn die vielen nur Meinung haben, aber kein Wissen? Das Wissen wiederum genügt sich selbst. Es bedarf des Beifalls der Menge nicht.

Maßstab der Exzellenz wird die Weisheit der Philosophen, die Wissen und Tugend in höchster Form ist. Was die Menschen voneinander unterscheidet, ist ihre unterschiedliche geistige und moralische Kompetenz. Sie hat ihre subjektive Entsprechung in dem, was ein Mensch liebt. Platon unterscheidet die »Geld- und Erwerbsliebenden« von den »Ehr- und Siegliebenden« sowie von jenen, die »Liebhaber der Weisheit« sind. Der Mensch ist, was er liebt. Jeder weist sich selber seinen Rang entsprechend der Rangordnung seiner Seelenteile zu. Die alte Ordnung der Exzellenz ist damit auch subjektiviert. Der Mensch kommt, wenn er das tun kann, was er liebt, zu sich selbst. Er kommt in sein Eigenstes, seine ureigene Welt. Welche Entfernung von der »shame culture«, in der die Helden Homers noch befangen gewesen sind!

2.2.5.4. Der Gründungsmythos und das Problem der »edlen Lüge«

Platon verbindet die Gründung der besten Stadt mit einem Mythos, so wie er das Ende des Werks durch einen Mythos besiegelt. Mythen sind das Salz in der Suppe der platonischen Dialoge, und man versteht sie nicht, wenn man sie aus dem geläufigen Gegensatz von Mythos und Logos, von Ratio und bloßer Erzählung deuten will. Der Gegensatz, hier Logos, dort Mythos, ist für Platons Philosophieren gerade nicht bestimmend. Zwar ist auch Platon ein Kritiker der Mythen. Er kritisiert die Mythen der Dichter, wenn diese ›Lügengeschichten‹ von Göttern und Helden erzählen (siehe 2.2.5.6.). Platon ist aber auch selbst ein Erdichter von Mythen, und die Mythen, die er selber erdichtet, haben ihren eigenen Anspruch. Logos und Mythos bilden hier keinen Gegensatz. Vielmehr sind sie so etwas wie zwei gleich mögliche Darstellungsweisen. Neben dem Logos ist der Mythos eine zweite, eine weitere Quelle der Wahrheit (Pieper 1965). Er verkleidet diese, aber er verleugnet sie nicht (Kytzler 1997, 214). Gegenüber dem Logos hat der Mythos den Vorzug, die eingängigere, angenehmere Form zu sein. Diese macht ihn besonders geeignet als Instrument der Erziehung und der moralischen Rhetorik. Mit dem Mythos läßt sich eingängiger sagen, was der Logos nüchtern, argumentativ und unanschaulich zu sagen versucht.

Die beste Stadt wird auf einen Mythos gegründet, der manchmal der »phönikische« oder der »Metallmythos« genannt wird. Meist liegt den Staaten ja auch heute irgendein Mythos zugrunde (wie etwa der von Wilhelm Tell oder der von den founding fathers). Für jede Platon-Deutung wird jedoch zum Problem, daß Platon seinen Staatsmythos als eine »edle Lüge« (*gennaion pseudos*) einführt (Dombrowski 1981, Ferguson 1981). Kann die gerechte Stadt auf eine Lüge gebaut sein?

Können die Philosophen, die doch angeblich nach der Erkenntnis der Wahrheit streben, zugleich Lügner sein?

Sokrates erzählt den Mythos, sich »windend«, ja, »sich schämend«, daß er eine solche Geschichte vorzutragen wagt. Sie beginnt unter der Erde, wo die allerersten Bürger der besten Stadt erzogen und gebildet werden. Fertig ausgebildet schickt sie die »Mutter Erde« nach oben (also wieder einmal ein Aufstieg), damit sie für ihr Mutterland und für ihre Mitbürger sorgen, die ebenfalls Erdgeborene sind. Alle Bürger der besten Stadt seien Brüder. Aber den einen werde bei der Geburt Gold, den anderen Silber, wieder anderen Eisen und Erz beigemischt.

Was ist hier Wahrheit, was Lüge? Was eine »edle Lüge«? Ein einfaches Mißverständnis begegnet in Poppers Platon-Kritik. Nach Popper ist der Mythos Ideologie und Propaganda. Er diene der ideologischen Stützung einer »Kastenordnung«, in der den unteren Ständen der Aufstieg verwehrt werden soll ([6]1980, Bd. I, 195). Aber so einfach entschlüsselt sich der Sinn des Mythos nicht.

Die beste Stadt, was immer sie sein mag, ist gewiß keine ›Kastenordnung‹. Ausdrücklich wird im Mythos selbst darauf verwiesen, daß aus Gold Silber, aus Silber Gold erzeugt werden könne, »und so von allen anderen«. Nachkommen, die den Leistungskriterien des jeweiligen Standes nicht genügen, werden selbst nach Auskunft des Mythos ohne »Mitleid« an den Platz gewiesen, der ihrer Leistung entspricht (415b–c). Die *Politeia* ist keine Ordnung, in welcher die Zugehörigkeit zu einem Stand erblich wäre oder Stände in sich geschlossen sind. Zwar erwartet Platon, wie wohl jeder Grieche damals, daß der Apfel nicht weit vom Stamm fällt und Gleiches gewöhnlich Gleiches erzeugt. Zugleich wird ausdrücklich an dem festgehalten, was die beste Stadt ausmacht, daß sie eine radikale Meritokratie ist, eine Aristokratie der Leistung, nicht der Geburt.

Was ist dann »Lüge«, was »edle Lüge«? Typische Beispiele für »edle Lügen« sind die medizinische Lüge des Arztes, der dem Patienten die Wahrheit über seine Krankheit nicht zumuten will, oder die Lüge des Kapitäns, der seinen Passagieren den wahren Zustand des Schiffes verschweigt und sie mit falschen Nachrichten beruhigt. Der Vergleich des platonischen Mythos mit solchen Formen der »edlen Lüge« ist aufschlußreich. Es handelt sich nämlich jeweils um Lügen von Experten, die besser informiert sind als Laien. Zugleich beanspruchen sie, sich aufgrund ihres überlegenen Wissens die Entscheidung herausnehmen zu dürfen, ihr Wissen anderen nicht mitzuteilen, diese vielmehr um eines »höheren« Zweckes willen zu belügen. Der Arzt belügt den Patienten, um ihn zu schonen; der Kapitän belügt die Passagiere, um sie nicht zu beunruhigen oder um eine Panik zu verhindern.

Das Wissen der Philosophen ist für Platon ein expertokratisches Wissen, das er stets durch den Vergleich mit dem Wissen des Artzes oder des Steuermanns erläutert. Der Paternalismus des Fachmanns, der über den Nicht-Fachmann verfügt, kehrt als ein Grundproblem der Philosophenherrschaft wieder. Platon scheidet die Wissenden von den bloß Meinenden. Sein Begriff des Wissens ist exklusiv, und die Folge davon ist, daß der Einsatz heilsamer Lügen für die platonische Erziehung kein einmaliger Lapsus, sondern eine innere Notwendigkeit ist.

Läßt sich die »edle Lüge« in der Politik rechtfertigen? Der Philosoph Kant hat die Meinung, es könne ein Recht geben, aus »Menschenliebe« zu lügen, strikt zurückgewiesen. Noch die Preußische Akademie der Wissenschaften hat – auf Anregung von d'Alembert – 1780 die Preisfrage ausgeschrieben, ob ein Regent oder ein Minister das Volk zu dessen eigenen Gunsten belügen dürfe. Der Gründungsmythos der *Politeia* stellt allerdings einen Sonderfall dar, da es gar nicht die Philosophenkönige sind, die mit seiner Hilfe die anderen Stände belügen. Vielmehr werden sie selbst als erste durch den Mythos belogen. Sokrates tritt in der Rolle des mythischen Staatsgründers und des Obermanipulators aller Stände auf. Spätere Passagen, wie die über die Täuschungen durch die »Hochzeitszahl« (459c–d), machen jedoch deutlich, daß die »edle Lüge« auch ein Herrschaftsmittel der Regierenden selber ist. Platon läßt keinen Zweifel daran, daß das Recht zur Täuschung allein den Regierenden zukommt, die Regierten aber so wenig lügen sollen, wie es unsinnig wäre, seinen Arzt darüber zu täuschen, wie krank man ist (389b–c).

Die »edle Lüge« ist bei Platon eine Konsequenz seines exklusiven Begriffs vom Wissen. Sie folgt aus der Asymmetrie des Wissens, das die einen zu Experten, die anderen zu Laien oder Unmündigen macht. Schwieriger zu entdecken ist, wo die Wahrheit des Gründungsmythos, der Logos im Mythos, verborgen ist. Für Platon ist dies wohl die Einheit der Stadt, die brüderliche Sorge aller für alle, das Einverständnis mit der Ordnung der Stände sowie mit dem Platz, an den ein jeder gestellt ist. Der Mythos soll zu diesem Konsens überreden. Seine Hauptabsicht ist eine pädagogische. Aber das macht den Paternalismus der »edlen Lüge« nicht wett.

2.2.5.5. Die Stadt der Erziehung

a) Die Einheit von musischer und gymnastischer Erziehung

Nach den bekannten Worten des Rousseau ist die *Politeia* die schönste Abhandlung, die je über Erziehung geschrieben worden ist (*Émile*, Buch I). Platon baut die beste Stadt auf Erziehung, auf Menschenbildung (*paideia*). Diese soll Leib und Seele in gleicher Weise formen. Platon unterscheidet eine gymnastische und eine musische Erziehung, wobei letztere nicht nur Musik, sondern alles umfaßt, was mit Sprache verbunden ist, von den Märchen für Kinder bis zu den Mythen, Epen und Tragödien der Dichter, mit Hilfe derer man in Griechenland erzogen wird. Die Gymnastik wiederum ist ähnlich weit gefaßt, eine Lehre von der Gesundheit des Körpers (also auch Medizin), eine Lehre von der richtigen Ernährung (also auch Diät).

Das Ziel der platonischen Bildung ist eine glückliche Vereinigung beider Erziehungsarten. Eine nur gymnastische Bildung verbindet Platon stets mit dem Militärstaat Sparta, den er zwar bewundert, den er aber auch, wegen seiner einseitigen Ausrichtung am Kriegerischen, den Preis der Verkümmerung der musischen Talente bezahlen sieht. Wer nur Gymnastik betreibe, werde »über das Maß wild« (410d). Wer sich nur musisch bilde, werde »schlaffer, als es für ihn gut ist« (ebd.).

Strittig ist, ob in der gerechten Stadt alle erzogen werden. Schon Aristoteles klagt, daß Platon sich darüber nicht klar genug äußere (Pol. II, 1264 a 38). Manche gehen von einer Erziehung für alle aus (Cornford 1941; Vlastos 1983). Andere meinen, daß die Erziehung allein den Wächtern vorbehalten ist (Hourani 1949). Ein starkes Argument dafür, daß in Platons Stadt alle erzogen werden, liegt in der Logik ihres Aufbaus. Da es das System der Bildung ist, dem die Zuweisung in die einzelnen Stände übertragen wird, müssen alle erzogen werden. Wie sonst soll eine Auswahl möglich sein? Eine Ausnahme dürften allerdings die Sklaven bilden. Daß auch sie erzogen und in das allgemeine Auswahlsystem einbezogen werden, ist unwahrscheinlich. Daß es in der gerechten Stadt überhaupt Sklaven gibt, hat Platon nur nebenbei erwähnt (etwa 433d6–8). Auch hat er angemahnt, daß Griechen nicht andere Griechen versklaven sollten (was aber wohl die Versklavung von Barbaren nicht ausschließt) (471b6–8). Der dritte Stand kann allerdings nicht allein aus Sklaven bestehen! Wenn die beste Stadt zerfällt und sich in eine Militärherrschaft verwandelt, dann ist eine der ersten Konsequenzen, daß der dritte Stand versklavt wird (und das erlaubt den Umkehrschluß, daß er zuvor frei gewesen sein muß) (547c).

b) Die Reinigung der Erziehung

Platon reinigt den Kanon der traditionellen Bildung. Diese »Reinigung« ist das Grundelement der platonischen Kulturrevolution, eine Abkehr vom Gewohnten und Vertrauten, die beide Erziehungsarten betrifft.

Bei der *gymnastischen Erziehung* fällt das Ideal der Olympioniken, deren Siege Pindar noch als Abglanz des Göttlichen in der ephemeren Menschenwelt gefeiert hatte. Platon macht sie fast lächerlich. Sie seien abhängig von einer komplizierten Diät, sie schliefen zuviel, ständig seien sie verletzt und ihre Gesundheit auf der Kippe. Was die Wächter benötigen, ist eine verwesentlichte, vereinfachte Gymnastik. Ihr Ziel ist nicht die Bildung von Kraft, sondern von Gesundheit; ihr letztes Ziel nicht Stärke, sondern die Bildung von Mut. Platon bemißt die Gesundheit einer Stadt daran, wie wenig Ärzte (oder Richter) sie nötig hat – ein schönes Kriterium der Gesundheit von Leib, Seele und Stadt.

Läßt sich Platons Reinigung und Verwesentlichung der gymnastischen Erziehung gut verstehen, so ist seine Reinigung der *musischen Erziehung* eine einzige Provokation. Da zeigt sich, was ein Grundzug platonischen Philosophierens ist, der Agon, der Wettstreit mit den Dichtern, und nirgends ist Platons Bruch mit dem Bestehenden radikaler als in seiner Dichterkritik. Weder vor Homer und Hesiod noch vor den Dichtern der Tragödie macht Platons Kulturrevolution Halt.

2.2.5.6. Platon und die Dichter

Platon konkurriert mit den Dichtern. Die beste Stadt wird eine Stadt der Denker, nicht der Künstler sein. Schon Aristoteles wird die Schärfe dieser Dichterkritik wieder zurücknehmen. Für Platons Denken ist sie jedoch eigentümlich. Seit der Antike ist sie ein Rätsel und ein Stein des Anstoßes. Sie beunruhigt alle, die in Platon selbst nicht nur den großen Philosophen, sondern auch den großen Künstler sehen, der selbst Dialoge und Mythen erdichtet, die schönsten der westlichen Kultur (siehe Gadamer 1968; Kuhn 1970; Kannicht 1980; Moravcsik/Temko 1982; Murray 1996; Urmson 1997; Halliwell 1996, 1997).

Warum kritisiert Platon die Dichter, wenn es um die Erörterung der besten Stadt geht? Die Rolle der Dichter war in der griechischen Gesellschaft eine öffentlichere, als sie es heute ist (Halliwell 1997). Bei Festen und Symposien, im von der ganzen Stadt besuchten Theater und in der Erziehung hatte die Dichtung ihren öffentlich anerkannten Ort. Ihr Einfluß läßt sich vielleicht am ehesten jenem vergleichen, der in modernen Gesellschaften den Medien zukommt.

Wenn Platon mit den Dichtern konkurriert, geht es um die Frage: Wer soll der Erzieher sein? Der Dichter oder der Philosoph? Bis zu Platon waren die Dichter die Erzieher. Nun macht der Philosoph ihnen Konkurrenz.

Die Kritik der Dichter begegnet in der *Politeia* zweimal, in den Büchern II–III sowie in Buch X. Schon daraus ist zu ersehen, wie wichtig Platon das Thema ist.

a) Erste Dichterkritik (II, 376c–II, 398b)

In kunstvoller Orchestrierung hat Platon das Thema bereits vor der Erziehungslehre anklingen lassen: in der Angst des alten Kephalos vor den Unterwelt-Mythen und ihren Strafdrohungen (330d–e); in Polemarchos' Definition der Gerechtigkeit unter Berufung auf ein Wort des Dichters Simonides (331d–e); in Adeimantos' Anspielung auf die beeinflußbaren Götter, die er die Götter der Dichter nennt (364c6–7). Als es an die Darstellung der Erziehung geht, treten die pädagogischen, moralischen und theologischen Motive der Dichterkritik hervor. Platon konkurriert mit den Dichtern um die richtige Deutung von Mensch, Welt und göttlicher Weltregierung.

Das pädagogische Interesse des Philosophen ist offensichtlich. Die Dichterkritik soll zeigen, daß die traditionelle Dichtung in der Erziehung versagt. Sie ist nicht in der Lage, besonnene Menschen, tapfere Soldaten oder weise Philosophen heranzuziehen. Schon die Musik muß sich in der gerechten Stadt alle »klagenden« und »weichlichen« Tonarten verbieten lassen (398c), weil diese für die Erziehung unerschrockener und standhafter Wächter ungeeignet sind. Analog muß aus der Dichtung alles verbannt werden, was Ausdruck extremen Jammers oder überschießender Freude (wie das homerische Gelächter) ist. In der besten Stadt soll niemand von seinen Emotionen überwältigt werden. Dafür ist Platon bereit, einen hohen Preis zu zahlen. Das homerische Gelächter muß verstummen. Die jammernden und klagenden Helden werden nicht mehr begegnen. Der Held Achill, die Leitfigur der agonalen Epoche, werde von Homer, so Platon, als geldgieriger, rachsüchtiger und hochmütiger Mensch dargestellt; sein berühmter Zorn sei eine Leidenschaft aus niedrigsten Motiven, und wie kann ein solcher »Held« ein Vorbild sein (390e–391c)!

Platons Dichterkritik verrät einen Eifer, der erstaunt. Die Mythen Homers und Hesiods erregen Platons Zorn, und dies vor allem deshalb, weil sie von Göttern erzählen, die lügen und betrügen, allzumenschliche Götter sind. Für Platons Theologie ist dies reine Blasphemie. Die Dichter lügen. Gott selber aber ist kein »lügnerischer Dichter« (382d). Er ist gut, gerecht und untrügerisch, und nur als solcher kann er in der Dichtung der besten Stadt gepriesen sein (379b–d).

Schon in der ersten Dichterkritik begegnet Platons Theorie der Wahl und Entscheidung, die den krönenden Abschluß des Werkes darstellt. Nicht Gott, sondern der Mensch ist verantwortlich für das, was er tut. Die Schuld ist seine, nicht die des Gottes (379c). Neben dem Epos gilt die Dichterkritik auch und gerade der Tragödie und der tragischen Schuld. Die Diskrepanz von unschuldiger Schuld und enormem Unglück des Menschen widerstreitet der platonischen Harmonie von Gerechtigkeit und Glück. Die moralische Weltordnung läßt Neid und Mißgunst der Götter nicht mehr zu. Die Lehre, daß der Gerechte unglücklich sein könne, darf in der gerechten Stadt nicht einmal geäußert werden (392c). Ist die beste Stadt erst einmal errichtet, beseitigt sich der platonische Dialog selbst. Er wird nur noch als Gespräch unter Gleichgesinnten möglich sein.

Zum Schauspiel, das wie die Tragödie vor den Göttern aufgeführt wird, wird die Stadt selbst. Schon die harmonische Vereinigung von Leib und Seele, das Ziel aller Erziehung, nennt Platon »das schönste Schauspiel für den, der schauen kann« (402d). Die Stadt selber ist, wenn sie gerecht ist, »Kallipolis«, die schöne Stadt. Sie ist das wahre Kunstwerk, das an die Stelle der dichterischen Werke tritt.

Man kann die Umwälzung, die dies für die griechische Kultur bedeutet, kaum überschätzen: der homerische Held verabschiedet; das tragische Lebensgefühl verworfen; der Neid und die Mißgunst der Götter wegrationalisiert zugunsten einer Weltordnung, in der es zwischen Gerechtigkeit und Glück keine Diskrepanz mehr gibt.

b) Mimesis

Eine Voraussetzung der platonischen Dichterkritik ist die Annahme, daß der Mensch sich nach dem bildet, was sein Vorbild ist. Bildung ist Nachbildung und Nachahmung (*mimēsis*). Nachahmungen können sich von einem Original mehr oder weniger weit entfernen, gute oder schlechte Kopien sein. Auch sind sie ganz unterschiedlich zu beurteilen, je nachdem ob etwas Gutes oder Schlechtes nachgeahmt wird. Für Platon ist Bildung »Angleichung« (*homoiōsis*), ein »Ähnlich-Werden«. Deshalb kommt alles darauf an, was zum Vorbild genommen wird.

Hatte Platon zunächst den Stoff der Dichtung kritisiert, die »lügnerischen« Geschichten von Göttern und Helden, so wendet sich seine Theorie der Mimesis nun der Form der Dichtung zu. Platon unterscheidet zwischen dramatischer »Nachahmung« und »Erzählung« (Mimēsis und Diēgēsis). Er unterteilt die Gattungen, je nachdem ob ein Dichter allein für sich selber spricht oder ob er in die Rolle eines anderen schlüpft und so wie ein Schauspieler alles werden kann, ein Bettler oder ein Reicher, ein König oder ein Knecht. Reine Mimesis sind ihm Tragödie und Komödie, reine Diegesis der Dithyrambus, eine Mischung aus beiden das Epos (392c ff.).

Die der Mimesis mögliche All-Verwandlung ist es, die den Philosophen beunruhigt. Die geradezu magische Verwandlung in eine andere Person (oder gar in viele andere Personen) widerspricht Platons Gerechtigkeitslehre fundamental. Nach dieser kann jeder seine eigentümliche Leistung ja nur in *einer* Tätigkeit erbringen. Die Qualität der Leistung nimmt ab, je vielgeschäftiger ein Mensch wird. Auch entsteht aus Nachahmung bloße Imitation, ein Spiel mit Rollen, in dem das Leben seine Authentizität verliert. Der Dichter gerät auf die Seite der von Platon stets verurteilten Vielheit. Die Platonische Philosophie steht in direktem Gegensatz zu allem postmodernen Philosophieren, insofern sich dieses dem Pluralismus der Lebensstile und der multiplen Persönlichkeit verschrieben hat.

c) Die zweite Dichterkritik (X, 595a–608b)

Platon nimmt die Kritik der Dichter in Buch X noch einmal auf. Damit unterstreicht er die große Bedeutung, die er ihr beimißt. Die Dichter, allen voran die der Tragödie und der Komödie, erscheinen hier als Verführer zur Emotion (602 cff.), als Verderber der guten Seele, die sie zu Trübseligem oder Lächerlichem, zu Geschlechtlichem und allem Unsteten führen, so daß die Seele eine ruhige und vernünftige Verfassung nicht finden kann. Der Schlußmythos, den Platon auf die Kritik folgen läßt, zeigt demgegenüber eine alternative Dichtkunst, wie sie in der gerechten Stadt willkommen sein kann.

Die Kritik der Dichter ist für Platon eine hochernste Angelegenheit. Dennoch schlägt er am Ende der *Politeia* einen Ton an, der voll von Ironie ist (Horn 1997, 229; Halliwell 1997, 326). Die Theorie der Mimesis, der Nachahmung und Angleichung, wird erkenntnistheoretisch und ontologisch unterfüttert. Platon verwendet dazu Beispiele von banalen Gegenständen des alltäglichen Gebrauchs, einen Tisch und eine Symposiums-Liege (*kline*, die Übersetzung »Bett« ist irreführend). Da sei die Idee des Tisches, die Gott »gemacht« habe (597b); da sei zweitens der Tisch des Handwerkers, die Nachahmung dieser Idee, und da sei drittens ein gemalter oder erdichteter Tisch, also die Nachahmung der Nachahmung.

Platon will damit offensichtlich zeigen, wie ontologisch und erkenntnistheoretisch minderwertig die Produkte der Maler und Dichter sind, wie weit entfernt von der Wirklichkeit und Wahrheit der Idee. Die Mundwerksburschen werden noch hinter die Handwerksburschen eingereiht, die Künstler noch hinter die Banausen gesetzt. Das hat sicher etwas Scherzhaftes, so wie auch das Beispiel selbst (Tische und Liegen), wohl nicht ohne ironische Hinterabsicht gewählt ist. Ideen begegnen ansonsten ja als allgemeine Eigenschaften wie das Gerechte, das Schöne, das Gute. Nun werden Objekte des täglichen Gebrauchs zu Ideen stilisiert. Der göttliche Demiourg soll die Idee des Objektes selber »geschaffen« haben – eine gedankliche Unmöglichkeit, vor der Platon den Demiourgen im *Timaios* bewahrt, wenn er ihn dort als Ordner, nicht aber als Schöpfer einer »ewigen« Welt darstellt.

Nicht besser wird die Argumentation, wenn Platon der Dreiteilung der ontologischen und erkenntnistheoretischen Ebenen noch eine Dreiteilung der Künste folgen läßt. Diese soll demonstrieren, daß die Dichter nichts von dem verstehen, was sie dichterisch besingen. Auch da sind die Beispiele aus dem Bereich des Alltäglichen genommen. Als erste Ebene der Kenntnis und des Verstehens wird der alltägliche Gebrauch, die Kunst des Gebrauchs (etwa die des Reiters) eingeführt; an zweiter Stelle steht die Kunst der Verfertigung, die sich am Gebrauch orientieren muß, also etwa die Kunst des Sattlers, und an dritter Stelle rangieren wieder die Künstler, die Dichter oder Maler von Sätteln, Reitern und Pferden, die – so die Quintessenz – nichts von den Künsten des Gebrauchs verstehen.

Platons Argument wird weder den Dichtern noch den Malern gerecht. Warum soll man vom Dichter verlangen, daß er sich auf eine Gebrauchskunst oder Handwerkskunst versteht? Das ist seine Aufgabe ja gerade nicht. Es wäre geradezu ein Verstoß gegen die platonische Idiopragie, wenn der Dichter nicht nur das täte, was er am besten tun kann, nämlich dichten, sondern auch noch versuchen würde, in der Reitkunst oder der Sattlerei zu dilettieren. Die Frage an Homer, »Lieber Home-

ros, ... welche Stadt (hat) denn durch dich eine bessere Einrichtung bekommen wie
Sparta durch den Lykurgos?« (599d–e), ist verfehlt. Der Dichter muß kein Experte
für Verfassungen sein. Homer muß kein Feldherr sein, damit er den Trojanischen
Krieg kunstvoll besingen kann.

Die Konkurrenz mit den Dichtern hat dem Philosophen das Auge getrübt. Den
Dichtern wird zugeschrieben, was sie als Aufgabe nur erhielten, wollten sie selber
Begründer der besten Ordnung oder Oberexperten der Künste sein. Der ironische
Ton kann nicht verdecken, daß Platon bei der Kritik der Dichter nicht wohl ist.
Sokrates wird »durch eine Liebe und Scheu, die (er) von Kindheit an für den
Homeros hegte«, am Reden geradezu gehindert. Kein Mann solle »über die Wahr-
heit gehen« (595c). Das berühmte Wort des Aristoteles über Platon »amicus Platon
magis amica veritas« (NE 1096a16) ist hier vorgeformt, und gewiß ist es hier wie
dort ein Ausdruck des höchsten Respekts.

2.2.6.   Die Paradoxien der gerechten Stadt (Bücher V–VII)

Mit dem Ende von Buch IV steht die gerechte Stadt mit ihren Ständen und Tugenden vor Augen. Jedoch ist, was die Stadt eigentlich begründet, noch nicht hervorge-
treten. Man bewegt sich noch im Bereich der Meinungen. Noch ist die Stadt eine
Hypothese, eine Voraussetzung, die ihren letzten Grund, das Voraussetzungslose
(*anhypotheton*) noch nicht erreicht hat.

Nach der Gründung der Stadt zeigen die Bücher V–VII die Begründung, den
Aufstieg von der Meinung zur Idee. Nachdem die Gerechtigkeit jedem eine spe-
zielle Aufgabe zugewiesen hat, stellt sich die Frage, was die Stadt im Innersten zu-
sammenhält. Die gerechte Stadt erscheint als eine einzige große Familie, ja als ein
einziger großer Körper. Die Einheit wird körperlich und geistig so gefaßt, daß
nichts die Wächter voneinander trennen kann. Die Einheit der Idee soll möglichst
unverfälscht in der Einheit der Stadt abgebildet sein.

Platon führt vor, was die beste Stadt prägt: die Gleichheit von Mann und Frau;
die Frauen-, Kinder- und Besitzgemeinschaft; die Herrschaft der Philosophen. Platon nennt diese Forderungen eine dreifache »Woge«, welche die beste Stadt hinwegzuschwemmen droht (472a4). Auch spricht er von »Paradoxien«, Verstößen
gegen die Meinung (*para doxan*). Für die meisten Menschen sind diese Forderungen unerhört und unglaublich. Es sind Lehren einer Kulturrevolution, die die Meinungen erschüttert und eine neue politische Welt an die Stelle der alten setzt.

2.2.6.1. Die Gleichheit von Mann und Frau (451c–457e).
Woman's rights or woman's duties?

Bei den Griechen der Zeit Platons gehört die Frau ins Haus, der Mann in die Stadt.
Die *Politik* des Aristoteles spiegelt diese Rollenverteilung, in welcher die Frau ein
privates, der Mann ein öffentliches Leben führt. Platon dagegen stellt die Geschlechter gleich. Der einzige Unterschied der Geschlechter ist der Geschlechtsun-

terschied. Der Mann zeugt, die Frau gebiert (454e). Ansonsten sind die Fähigkeiten von Mann und Frau gleich zu bewerten. Zwar heißt es, die Frau sei körperlich ein wenig schwächer. Aber Platon sieht darin keinen Grund, Frauen von irgendwelchen Berufen auszuschließen (455a–c). Frauen können in der gerechten Stadt sogar Philosophenköniginnen sein (540c).

In der gerechten Stadt erhalten Männer und Frauen gleiche Erziehung und gleiche Rechte. Dementsprechend haben sie auch exakt gleiche Pflichten zu erfüllen. Auch Frauen werden in den Krieg ziehen. Von nichts werden sie ausgeschlossen sein.

Was hat Platon zu dieser für die Athener seiner Zeit erstaunlichen Lehre inspiriert? Wohl kaum die Berichte vom gleichberechtigten Leben der Frauen bei exotischen Völkern, wie sie sich bei Herodot finden (IV, 104, 116). Eher schon die Rolle der Frauen in Sparta, die dort an der Gymnastik teilnahmen und durch ihr freizügiges Auftreten die anderen Griechen in Erstaunen versetzten. Aber eine Partizipation von Frauen am politischen Leben und am Kriegsdienst, so wie Platon beides fordert, kannte man auch in Sparta nicht.

Darf man sich, wie Kelsen (1933), Platons Forderung aus seiner Homosexualität erklären, soll heißen, aus einer persönlich bedingten Unkenntnis des weiblichen Geschlechts? Mit einer solchen Erklärung ist für das Verständnis der *Politeia* nicht viel gewonnen. Das Thema Homosexualität wird in ihr allenfalls gestreift (402e, 403b). Klingt schon eine dieser Äußerungen (403b) kritisch, so läßt Platon in den *Nomoi* Homosexualität sogar verbieten (leg. 836b–c).

Platons Eintreten für die Emanzipation der Frau und deren Gleichstellung in der gerechten Stadt, stehen einige frauenfeindliche Äußerungen gegenüber. Sie sind der feministischen Platon-Kritik nicht entgangen (Fox-Keller 1985, Saxonhouse 1985, Canto 1994, Irigaray 1996 u.a.). So schreibt Platon, Frauen seien es gewohnt, im Dunkel des Hauses zu leben, was heißen soll, daß sie gar nicht an das Licht der Öffentlichkeit treten wollen (leg. 781b). Im *Timaios* ist die Wiedergeburt als Frau sogar eine Strafe für ein vormals verfehltes Leben (Tim. 42b). Frauen scheinen bei Platon auch eine Art verunglückter Männer zu sein.

In Platons Forderung nach der Gleichheit von Mann und Frau sind verschiedene Motive eingegangen, erstaunlicherweise aber nicht jenes, das seine Gerechtigkeitslehre kennzeichnet. Eine geschlechtsspezifische Idiopragie wird nicht in Ansatz gebracht. Männer und Frauen sollen nicht das Ihre, sondern das Gleiche tun.

Hinter dem allen steht wohl letztlich Platons Einheitsdenken. Die Stadt soll eine denkbar enge Einheit sein. Für diese wäre ein privates Leben der Frauen eine Schranke. Die Hälfte der Menschen stünde dem Gemeinwesen nicht zur Verfügung, und so bindet Platon Männer und Frauen in gleicher Weise in die Gemeinschaft ein. Die Forderung nach der Gleichheit der Geschlechter erklärt sich damit weniger aus dem Motiv der Emanzipation der Frau als aus dem Interesse an deren staatlicher Einbindung. Kurzum: Es geht Platon weniger um »woman's rights« als um »woman's duties« (Barker [2]1925, 221).

2.2.6.2. Die Frauen-, Kinder- und Besitzgemeinschaft (Kommunismus) (457e–466d)

Die Forderung nach der Gleichheit von Mann und Frau steht in enger Verbindung zur zweiten Paradoxie: zur Frauen-, Kinder- und Besitzgemeinschaft. Diese wird nicht von allen, sondern nur von den Wächtern, d.h. von den Kriegern und den Philosophen, verlangt. Diese dürfen nichts mehr ihr Eigen nennen, nicht Gold und Silber, nicht einmal Frauen und Kinder. An die Stelle der privaten Häuser treten Gemeinschaftsunterkünfte. Ein Ort privaten Lebens ist nicht mehr vorgesehen.

Der Stil, in dem Platon das zweite Paradox vorstellt, ist – ähnlich wie beim ersten – nah an Scherz und Komödie, und man fragt sich, wo hier der Scherz endet und der Ernst beginnt. Es besteht eine erstaunliche Verwandtschaft zwischen der *Politeia* und den *Ekklesiazusen*, der *Weibervolksversammlung* des Aristophanes, und man wüßte zu gerne, wer da wen ironisiert. Die Komödie des Aristophanes führt eine Machtergreifung der Frauen vor; diese wollen einen radikalen Kommunismus verwirklichen, wobei Aristophanes den sexuellen Kommunismus dadurch lächerlich macht, daß er die Frauen fordern läßt, bei der Wahl der Partner müßten die Alten vor den Jungen zum Zuge kommen.

Wer hat da wen ironisiert? Es besteht die Möglichkeit, daß Aristophanes einen Frühentwurf der besten Stadt kannte. Die Mehrheit der Interpreten geht jedoch davon aus, daß die Komödie vor der Entstehung der *Politeia* aufgeführt wurde (392 v. Chr.) und daß also Platon sich vom Komödiendichter inspirieren ließ (Adam Bd. I, ²1963, 350f.). Unterschiede zwischen der Komödie und dem Entwurf der besten Stadt sind allerdings auch nicht zu übersehen. Platon stellt keine bloße Umkehrung der Herrschaftsverhältnisse dar (daß statt der Männer die Frauen regieren). Auch hat er seine Lehre gewiß nicht bloß zur Belustigung vorgeführt.

Wie die Gleichheit der Geschlechter so ist die Gemeinschaft der Frauen und Kinder eine Konsequenz des platonischen Einheitsdenkens. Sie ist eine Folge der Suche nach einer Gemeinschaft, wie sie enger nicht sein kann. An die Stelle der leiblichen Väter und Mütter tritt eine anonyme Vater- und Mutterschaft. Wer Vater und Mutter ist, wird den Kindern vorenthalten, damit sie in allen Erwachsenen ihre Väter und Mütter sehen. Das Zusammenleben der Geschlechter wird auf den Zweck der Fortpflanzung reduziert. Mann und Frau werden (und das beim Philosophen des Eros!) enterotisiert. Sie werden zu reinen Staats-Körpern gemacht. Die schöne Vereinigung von musischer und gymnastischer Erziehung, auf der die *Politeia* beruhen sollte, fällt auf das Niveau eines Biologismus herab. Offenbar ist Platon bereit, der Einheit der Stadt jedes Opfer zu bringen, koste es, was es will.

Aus der Stadt der Erziehung wird eine Zuchtanstalt. Hochzeiten werden staatlich arrangiert. Die »edle Lüge« kommt erneut zum Zuge. Man gaukelt den Hochzeitern vor, sie seien durch das Los füreinander bestimmt. In Wahrheit wird die staatliche Lotterie nach eugenischen Geschichtspunkten manipuliert (459c–460a). Den »Tüchtigen« wiederum werden »mehr« Gelegenheiten zur Vermählung zugeteilt als anderen. Mann und Frau werden zu Zuchtobjekten degradiert. Darüber hinaus werden Männer und Frauen zu Siegertrophäen gemacht.

Die eugenische Stadt reguliert Zeugung und Züchtung. Das Zeugungsalter wird festgelegt: für Männer von 25 bis 55, für Frauen von 20 bis 40. Unerwünschte Nachkommenschaft wird beseitigt. Im Alter ist Promiskuität erlaubt, wobei daraus entstehendes Leben als lebensunwert gilt und ebenfalls beseitigt wird.

Platons scherzhafter Ton (er vergleicht die Züchtung von Menschen mit der von Hunden und Geflügel [459 a]) treibt mit dem Entsetzen Scherz. Das Allerintimste, das Verhältnis der Geschlechter, wird politisiert. Die Trennung von Haus und Stadt, von Privat und Öffentlich, wird aufgehoben. Was Mann und Frau geistig verbindet, wird auf dem Altar der Einheit der Stadt zum Opfer gebracht. Es gibt kein »größeres Gut« für die Stadt als das, »was sie zusammenbindet« (462 b 2). Weil sich alles um die Einheit dreht, muß aus den vielen Körpern schließlich ein einziger Körper werden. So wie der ganze Mensch Schmerz empfindet, wenn er Schmerzen an einem Finger hat, so soll der Schmerz eines Teils der Stadt der Schmerz des ganzen Staatskörpers sein (462 c–d).

Fast schon harmlos gegenüber dieser barbarischen Enterotisierung und Verstaatlichung des Menschen nimmt sich die materielle Besitzgemeinschaft aus. Auch sie ist auf Wächter, d. h. auf Krieger und Philosophen, beschränkt. Man kann diese Beschränkung als einen realistischen Zug der *Politeia* deuten. Nur von der Elite wird Gemeinschaftsbesitz verlangt, während die große Menge ihr Glück im Streben nach Geld und Besitz suchen darf. Aber mit dieser Beschränkung entsteht das Problem, daß alle Macht von Geld und Besitz den Philosophenkönigen nicht zur Verfügung steht. Da muß die Einheit der Stadt wahrhaftig tief verankert werden, wenn das soziale Dynamit sie nicht sprengen soll!

Der Kommunismus Platons ist kein universaler. Wer ihn vergleicht mit anderen Formen des Kommunismus, wird eine Vielzahl weiterer Unterschiede erkennen. Wer die Produktionsmittel besitzt, das scheint Platon überhaupt nicht zu interessieren. Eine Verstaatlichung der Produktionsmittel ist nicht vorgesehen. Die Wirtschaft bleibt privat und frei. Alles Ökonomische scheint sowieso nachrangig zu sein, sei es gegenüber der Verstaatlichung der Körper, sei es gegenüber der ethischen Verbindung, die durch die Sophrosyne, das Maß, die Bescheidung zustande kommt. Was wäre auch gewonnen, wenn sich die Besitzverhältnisse änderten, nicht aber der Mensch? Was wäre gewonnen, wenn der Mensch im Kommunismus genauso besitzgierig bliebe, wie er es zuvor war? Platon setzt da an, wo echte Revolutionierung ansetzen muß, beim Menschen selber und bei seiner Begehrlichkeit. Große Revolutionen fangen innen, nicht außen an.

Platon läßt sich schwerlich in eine Reihe stellen mit Frühsozialisten oder mit Marx. Sein Kommunismus ist ethischer Natur, und er läßt sich eher vergleichen mit dem Kommunismus der Mönche und der Orden. Auch ihnen geht es um Ziele, die letztlich gar keine ökonomischen sind.

2.2.6.3. Die Herrschaft der Philosophen

Die dritte Woge, die den Staat hinwegzuschwemmen droht, ist die größte. Es ist die zentrale und berühmte Lehre vom Zusammenfall von Macht und Vernunft, die Lehre von den Philosophenkönigen.

»Wenn nicht entweder die Philosophen Könige werden in den Städten oder die jetzt so genannten Könige und Machthaber wahrhaft und gründlich philosophieren und also dieses beides zusammenfällt, die Staatsgewalt und die Philosophie ... eher gibt es keine Erholung von dem Übel für die Staaten ... noch auch für das menschliche Geschlecht (473d) ...«

Dieser Satz steht in der Mitte des platonischen Werkes. Platon hat ihn nicht weniger als neunmal wiederholt (rep. 487e, 499b, 501e, 540d; Politikos 293c; leg. 712a; ep. 7, 326b, 328a, 336d).

Zweifelsohne ist der Satz von den Philosophenkönigen die größte Paradoxie. Ansonsten sind die Machthaber ohne Vernunft und die Vernünftigen ohne Macht. Die einen können nicht denken, die anderen nicht handeln. Was Platon vorschlägt, hat die Welt noch nicht gesehen.

Daß Platon seine Hoffnungen auf Philosophenkönige setzt, hat zunächst zwei Gründe. Erstens ist die politisch entscheidende Frage für ihn stets: *Wer* regiert, welcher Typus von Mensch regiert? Regieren die Guten, wird auch die Politik gut sein; Politik ist Personalpolitik. Zweitens vertraut Platon der Macht der Bildung. Politik hängt von der richtigen Bildung der Regierenden ab. Die Bildung ist die Regierungsbildung im eigentlichen Sinne.

Die Bildung der Philosophenkönige ist per se keine bloß theoretische. Zwar lernen sie neben Gymnastik und Musik auch Mathematik und Dialektik, und das mag nach einem Übergewicht des Theoretischen klingen. Aber Platons Philosophenkönige müssen auch politische Erfahrung sammeln. Zwischen dem 35. und 50. Lebensjahr müssen sie in Ämtern tätig sein. Zudem ist das Wissen der Philosophen, das im Wissen um die Idee des Guten kulminiert, für Platon keine weltfremde Spekulation. Vielmehr ist es in sich selber praktisch, kein »propositionales« Wissen, sondern ein Wissen, mit dem man sich »auf etwas versteht«.

Wenn sich der Philosoph bildet, bildet er sich theoretisch und praktisch zugleich. Indem er auf die Ordnung der Ideen blickt, gleicht er sich dieser an, wird er ihr ähnlich (500c–d). Indem er auf die Ideen blickt, wird er auch zum eigentlichen Künstler: Wie ein Maler auf eine Tafel so zeichnet er in die Seelen das Schema der Verfassung. So entscheidet er die Konkurrenz mit der Menschenbildung des Dichters für sich (501a–b).

a) Falsche Philosophen und das populäre Mißverständnis der Philosophie

Daß die Theoretiker praktisch sein können, ist eine Überzeugung Platons, die von den meisten Menschen nicht geteilt wird. Platon versucht aus diesem Grund, populäre Irrtümer über die Philosophie aus dem Weg zu räumen. Solche Vorurteile sind nach Platon den falschen Philosophen anzulasten. Diese verderben (wie die Sophisten) die Jugend, oder sie verführen (wie die Demagogen) das Volk (492aff.). Auch kann es sein, daß Ungeeignete in die Philosophie streben. Platon vergleicht sie mit einem zu Geld gekommenen Sträfling, der, »ein kleiner kahlköpfiger Kerl und erst aus dem Gefängnis gelöst, nun aber frisch gebadet und neu gekleidet und wie ein Bräutigam herausgeputzt«, die Tochter seines verarmten Herrn heiraten will (495e).

Platon erklärt die Mißachtung der Philosophie durch das Volk anhand eines berühmten Schiffsbeispiels. Es stellt das Volk vor als einen Schiffsherrn, der stärker ist als alle anderen, aber auch schwerhörig, fast blind, der Schiffahrt unkundig. Die Mannschaft des Schiffes liegt ständig miteinander im Streit. Ständig umlagert sie den Schiffsherrn, daß er sie ans Steuer lassen solle, damit man zechend und schmausend umherfahren kann. Die streitenden Besatzungen loben jeden, der ihnen erklärt, wie man ans Ruder gelangt. Von den Sternen, den Winden und der Schiffsführung fehlt ihnen jede Ahnung. Den Steuermann, der sich auf so etwas versteht, nennen sie einen »Wetterpropheten und Buchstabenkrämer und unnützen Menschen« (489a).

Nach dem populären Vorurteil ist die Philosophie zu nichts nütze. Die Theorie taugt nicht für die Praxis. So wie in der *Politeia* hat Platon das populäre Vorurteil auch im *Theaitetos* vorgeführt (Theait. 172 cff.). Auch dort versucht er, wahre und falsche Philosophen voneinander zu unterscheiden. Sein berühmtes Beispiel für den populären Vorwurf der Praxisferne liefert dort die Anekdote vom Philosophen Thales, der beim Betrachten der Sterne in den Brunnen fällt, vor lauter Suche nach der Erkenntnis des Fernsten das Nächstliegende nicht sieht (Theait. 174 a–b).

b) Die wahren Philosophen: Liebhaber des Wissens und aller Tüchtigkeit

Die wahren Philosophen sind »Liebhaber des Wissens«, wie es der Name »Philosoph« besagt. Platon erklärt ihre Liebhaberei, ihre Philia, durch den Vergleich mit anderen Liebhabereien, sei es der Liebe zu Knaben, zum Theater oder zum Wein. Wer liebt, will alles vom Geliebten wissen. Im Unterschied zu den anderen Liebhabern, etwa zu den schaulustigen Liebhabern des Theaters, ist der Philosoph schaulustig nach Wahrheit. Er will nicht nur die vielen Aufführungen sehen und hören. Er will wissen, was das Schöne und das Gute selber ist.

Es versteht sich, daß Platon den Philosophen mit allen erdenklichen Tüchtigkeiten ausstattet, mit Maß, Tapferkeit, Gerechtigkeit. Das richtige Wissen kann nur erwerben, wer sich von den Begierden nicht an die Sinnenwelt fesseln läßt. Nur wer gut ist, kann das Wissen vom Guten auch erlangen. Philosophen und Nicht-Philosophen sind durch unterschiedliche Grade des Wissens geschieden. Die Philosophen haben Wissen (*epistēmē*), die Nicht-Philosophen Meinung (*doxa*). Die einen »träumen«, die anderen »wachen«. Die deutsche Übersetzung von *phylakes* mit »Wächtern« ist passend in jedem Sinn.

Was unterscheidet Meinung von Wissen (Ebert 1974; Horn, in: Höffe 1997)? Die Meinung ist eine halbe Form von Wissen, halb Wissen, halb Nicht-Wissen. Sie ist bezogen auf die Dinge in der sinnlich erfahrbaren Welt, und in dieser ist ein Gegenstand mal groß, mal klein, mal da, mal nicht mehr da. Die Meinung kann sich von diesen Gegensätzen nicht lösen. Ihre Erkenntnis ist nicht rein, sondern vermischt. Wer nur Meinung hat, weiß nicht, was an sich groß oder klein ist, was an sich existiert, was an sich schön oder gerecht ist. Das Wissen des Philosophen dagegen zielt auf das, was nur schön ist, in keiner Weise häßlich, nur groß, in keiner Weise klein und so fort. Erst durch dieses Wissen wird nach Platon alles erkennbar. Erst durch das Wissen von der Idee des Guten läßt sich bestimmen, was für die Stadt oder den einzelnen gut ist. Ohne Kenntnis der Idee bleibt alles schwankend und unbegründet, nicht ganz ohne Grund, aber ohne letzten festen Grund.

Platon hat ein komplexes Bild von den Philosophen gezeichnet. Sie sind Theoretiker und doch zugleich Inhaber eines Wissens, das unmittelbar praktisch sein soll. Sie sind so etwas wie Staatskünstler, wenn sie auf die Idee blicken und die Verfassung auf die *tabula rasa* der Seelen zeichnen. Sie sind Bildner ihrer selbst, und sie sind diejenigen, die sich selber und die Gemeinschaft nach dem Urbild formen, das die Idee des Guten ist.

2.2.6.4. Die Erziehung der Philosophen. Platons Gleichnisse

Die Bildung der Philosophen veranschaulichen drei Gleichnisse: das Sonnen-, Linien- und Höhlengleichnis. Diese Gleichnisse sind miteinander verbunden. Auch sind sie gestuft. Sie bilden die Treppen des Aufstiegs zum Gipfel, der mit der Lehre von der Idee des Guten erreicht wird. Der Hinführung zu dieser Lehre dienen die Gleichnisse insgesamt. Aber es bleibt, was über die entscheidende Lehre zu sagen wäre, auch seltsam unausgesprochen. Platon spart eine genauere Explikation der entscheidenden Lehre aus, wohl nicht weil sie selbst »unsagbar« wäre, sondern wohl eher, weil das Beste dem mündlichen Gespräch vorbehalten bleibt.

a) Das Sonnengleichnis (506b–509b)

Am Anfang steht das einfachste der Gleichnisse, das Sonnengleichnis. Es vergleicht die Idee des Guten mit der Sonne. Die Sonne ist in der Welt des Sichtbaren die Ursache dafür, daß wir etwas sehen können; sie ist zugleich die Ursache des Wachsens und der Existenz aller Dinge. Analog ist die Idee des Guten zu begreifen. Sie ist der Grund dafür, daß wir etwas wissen können. Ebenso ist sie der Grund dafür, daß überhaupt etwas existiert und bestehen kann. Wie die Sonne Erkenntnis- und Seinsgrund im Sichtbaren ist, so ist die Idee des Guten Erkenntnis- und Seinsgrund im Denkbaren.

Im Sonnengleichnis wird die Idee des Guten durch eine berühmte Formulierung gekennzeichnet. Das Gute liege noch »jenseits des Seins« (*epekeina tēs ousias*) (509a 8–9). Man kann diese Formulierung wohl nicht anders verstehen als im Sinne einer Seinstranszendenz der Idee des Guten (Krämer 1959, 541ff.; Krämer 1969; Ferber ²1989, 141f.; Halfwassen 1992; Einwände bei Baltes 1997). Erstmals erscheint die Idee des Guten als letzter, alles überragender und alles begründender, selbst nicht mehr begründbarer Grund.

Was die Idee des Guten ist, wird im Sonnengleichnis zwar angedeutet, aber nicht voll entwickelt. »... die Frage, was das Gute selbst eigentlich ist«, sagt Sokrates, »wollen für jetzt beiseite lassen« (506d 9–10). Er sei aber, so fährt er fort, bereit, über den »Sohn« oder »die Zinsen« des Guten zu reden (»Sohn« und »Zinsen« spielen mit der doppelten Bedeutung von »tokos«). Für Interpreten, die sich auf die »ungeschriebene Lehre« stützen, ist diese Passage eine der wichtigsten »Aussparungsstellen« der *Politeia* (Reale 1993, 262f.; Szlezák 2000, 973). Indirekt wird allerdings auf die Idee verwiesen. Auf Sokrates' Erklärung, die Idee des Guten sei »jenseits des Seins«, antwortet Glaukon mit dem Ausruf: »Apoll, welch' göttliche Überlegenheit!« (509c). Nach Plotin haben die Pythagoreer das Eine oder Nicht–

Viele »A-pollon« genannt (Alpha privativum und *pollon* für »viel«) (V, 5, 6, 27). An die Stelle der momentan ausgesparten Explikation der Idee des Guten tritt ein versteckter Hinweis auf die Idee, die das Eine ist (Reale 1993, 276).

b) Das Liniengleichnis (509c–511c)

Auf das Sonnengleichnis folgt das Liniengleichnis. Eine Linie wird in vier Teile geteilt, die die Stufen des Wissens und die entsprechenden Erkenntnisobjekte symbolisieren. Die große Zweiteilung wird vollzogen in A–C und C–B (siehe das Schema). Die Unterteilung steht für die beiden Welten Platons, die sichtbare und die intelligible. In beiden Welten wiederum wird jeweils eine niedere Stufe von einer höheren unterschieden. Der sichtbaren Welt zugeordnet sind »Vermutung« (*eikasia*) und »Glaube« (*pistis*), zur intelligiblen Welt gehören das »Verstandesdenken« (*dianoia*) und die »Vernunfteinsicht« (*noēsis*). Den Wissensarten entsprechen Objekte: »Schatten« (*eikones*); »Tiere und Pflanzen« (*zōa; phyta*) sowie »Artefakte«; »Figuren und Zahlen« (*mathēmatika*); schließlich die »Ideen« selbst (*eidē*). Das mathematische Verhältnis der Teile zueinander ist das einer strengen Proportion. Die Unterteilungen der Linie folgen stets dem Verhältnis von 1:2. Dies gilt sowohl für das Verhältnis der Welten zueinander als auch für das der Erkenntnisarten in den jeweiligen Welten.

Liniengleichnis VI, 509c–511e
(mit Ausblick auf das Höhlengleichnis)

B	Vernunft (*noēsis*)	Ideen (*eidē*)	Im Freien	Denkbares (Ewiges, Sein, *ousia*)
E	Verstand (*dianoia*)	Zahlen, Figuren (*mathēmatika*)		
C	Glaube (*pistis*)	Tiere, Pflanzen, Artefakte	In der Höhle	Sichtbares (Entstehen, Vergehen)
D A	Vermutung (*eikasia*)	Schattenbilder		

Das Liniengleichnis gibt zu erkennen, was die spätere Philosophie bestimmen wird. Bis in den deutschen Idealismus hinein bleibt die Rangordnung der Erkenntnisarten bestehen. In Kants *Kritik der reinen Vernunft* wird die Aufstufung in der Rangordnung von Sinnlichkeit, Verstand und Vernunft wiederkehren. Hegels *Phänomenologie des Geistes* beginnt mit der sinnlichen Gewißheit und ihrem Schein, um über Wahrnehmung, Verstand und Vernunft zum Geist zu führen.

Warum hat Platon im Liniengleichnis Mathematika und Ideen eigens getrennt? Hat nicht gerade die Mathematik mit Ideen zu tun? Vermutlich stehen hinter Platons Abgrenzung von Mathematik und Ideendialektik zwei Gründe (Cross/

Woozley ²1966; Annas 1981, 278 ff.). Erstens ist die Mathematik noch mit sinnlicher Wahrnehmung verbunden; sie löst sich nicht völlig von den Bildern; der Geometer braucht die Zeichnung des Kreises oder der Linie. Zweitens ist die Mathematik bei Platon hypothetisch; d. h. sie ist in sich selbst nicht schlüssig zu begründen. Der Unterschied zwischen Mathematik und Ideenlehre (Dialektik) ist der von Voraussetzung und Voraussetzungslosigkeit, von Hypothese und Anhypotheton. Erst die Dialektik holt ihre eigenen Voraussetzungen ein.

c) Das Höhlengleichnis (514a–519b)

Inhalt und Bedeutung
Den Höhepunkt der *Politeia* bildet das dritte Gleichnis, das Höhlengleichnis. Es ist ein Gleichnis von der Macht (und Ohnmacht) der Erkenntnis. Es dokumentiert den Anspruch des Wissens, selber Macht und Autorität zu haben (Krämer 1966/67, 261). Das Gleichnis zeigt aber auch, welche Probleme der Machtanspruch des Wissens mit sich bringt. Kann das theoretische Wissen selber praktisch sein? Hat das Wissen selber Macht? Und warum soll gerade die Einsicht der Philosophen die maßgebliche, die alles entscheidende Einsicht sein?

Platon kehrt im Höhlengleichnis die Welten um. An die Stelle des homerischen Schattenreiches, des Hades, tritt das neue Schattenreich der sichtbaren Welt (Arendt 1994, 46 ff., 321). Das Erkennen wendet sich von der sinnlichen Welt zur intelligiblen. Aus den Stufen der Erkenntnis, die schon das Liniengleichnis darstellt, werden Lebensweisen und Lebensstationen gemacht (Patzig 1970, 123). Der Weg der Erkenntnis ist ein Aufstieg aus dem Dunkel der Höhle ans Licht. Es ist ein Weg wachsender Einsicht. Es ist zugleich ein Weg der Befreiung, kann doch nur frei sein, wer nicht durch falsches Wissen gefesselt ist. Die Sprache aller Aufklärung mit ihrer Lichtsymbolik wird genauso verwendet wie die Sprache religiöser Erweckung oder die der Geburt. So wie wir aus der Höhle des Mutterleibes heraustreten und das Licht der Welt erblicken, so treten wir aus der Höhle Platons ans Licht der wahren Welt.

Im Höhlengleichnis kehren die vier Erkenntnisstufen des Liniengleichnisses wieder. Die erste zeigt uns Gefangene, die in einer Höhle sitzen. Licht haben sie nur durch ein Feuer, und sie sind so gefesselt, daß sie nur auf die Wand der Höhle blicken können, auf der sie Schatten sehen. Das ist die Stufe der bloßen »Vermutung« (*eikasia*).

Hinter dem Rücken der Gefangenen werden Gegenstände hin und her getragen. Die Träger dieser Gegenstände sind durch eine Mauer verborgen. Dazu erklingt, von der Rückwand zurückschallend, das Echo der Stimmen der Träger dieser Gegenstände. Die Gefesselten sehen nur die Schatten. Sie hören nur das Echo. Die Höhle ist ihre Welt. Sie haben ihre Fachleute dafür, wann ein Schatten auf den anderen folgt. Sie erblicken nicht die Originalgegenstände (die Tiere, Pflanzen und Artefakte), sie sehen allein die Schatten an der Wand.

Einer der Gefangenen wird befreit, sein Blick wird gewendet. Zunächst blendet ihn das Feuer. Aber allmählich sieht er die Dinge, die er bisher nur als Schatten wahrgenommen hat. Er begreift, daß er die Schatten nicht als Schatten, sondern als

Wirklichkeit aufgefaßt hat. Das ist die erste Stufe der Befreiung. Der Befreite betritt den Bereich des »Glaubens« (*pistis*).

Der Aufstieg aus der Höhle ist beschwerlich. Mit Gewalt (*bia*) wird der Befreite nach oben »geschleppt« (515c). Oben angekommen, tritt er ins Freie, wo er noch einmal geblendet wird. Zunächst sieht er wieder nur Abbilder der Wirklichkeit in Seen oder Pfützen (das ist die Stufe der *mathēmatika*). Schließlich aber erblickt er das Licht der Sonne und diese selbst. Wie schon im Sonnengleichnis steht die Sonne für die Idee des Guten, die das Ziel des Aufstiegs ist. Wer sie erkennt, erfährt das Glück der Erkenntnis. Er weiß, daß es ein Unbedingtes gibt, dem alles seine Erkennbarkeit und sein Gut-Sein verdankt.

Nach dem Aufstieg muß der wissend Gewordene wieder in die Höhle zurück. Der Weg hinab ist jedoch so beschwerlich wie der Weg hinauf. Nach dem Sonnenlicht ist im Dunkel der Höhle zunächst nichts zu erkennen. Der Zurückgekehrte kennt sich bei den Schattenbildern nicht so aus wie die Experten der Schattenwissenschaften. Man lacht ihn aus und sagt: »Es lohne nicht, daß man versuche, hinaufzukommen; sondern man müsse jeden, der sie lösen und hinaufbringen wollte, wenn man seiner habhaft werden und ihn umbringen könnte, auch wirklich umbringen« (517a). Dem Befreiten und wahrhaft Wissenden droht unter den Gefangenen der Tod.

Konsequenzen, Rätsel, Probleme

Das Höhlengleichnis erzählt von der entscheidenden Wendung des Blickes. Man erinnere sich, wie zu Beginn der *Politeia* die Gerechtigkeit auf den Blick der anderen oder auf das bloße Ansehen zurückgeführt worden ist. Nun wird der Blick gewendet. Er wird gewendet von der Meinung zur Erkenntnis, von den Schatten zu den Gegenständen, von der sinnlichen zur intelligiblen Welt. Diese Wendung wird von Platon dargestellt als eine schmerzhafte Umkehrung, als eine Kehre oder Konversion (*periagogē, metastrophē*). Mit dem Blick wendet sich der ganze Mensch. Der Aufstieg zur Erkenntnis verschafft kein bloß theoretisches Wissen. Vielmehr ist er ein Prozeß der Bildung, die den Menschen als Menschen formt.

Die frühen sokratischen Dialoge enden oft aporetisch. Das Höhlengleichnis ist das Dokument einer Philosophie, die in ihren letzten Grund geführt wird. Daß hier nur »vorläufig« oder »offen« philosophiert werde – davon kann überhaupt keine Rede sein (Krämer 1966/67, 264). Mit der Idee des Guten erreicht Platons Philosophie den Grund aller Gründe, und diesem letzten Grund kommen, formal besehen, Erstheit und Letztheit, Unableitbarkeit, Unbedingtheit, Nichtauswechselbarkeit, Verbindlichkeit und Absolutheit zu (Krämer 1966/67, 260). Das eine Gute prägt die eine gute Stadt. Ihre Bestleistungen sind ein Abbild dessen, was überhaupt das Beste ist.

Die Welt der Schatten ist zugleich die Welt jener Schattengefechte, die in der Polis ausgetragen werden. Die Sophisten und die Demagogen sind die Schattenkünstler und Gaukler, die dem Volk etwas vormachen und es in einer Abhängigkeit halten, die den Menschen gar nicht bewußt ist. Befreit wird aber nicht der Mensch als Mensch (Blumenberg 1989, 19). Das Höhlengleichnis erzählt keinen Mythos von der universalen Emanzipation des Menschen. Aufsteigen zur Erkenntnis können allein die Philosophen. Die Einsicht in die Idee des Guten ist exklusiv.

Aus der Exklusivität der Einsicht, die den Philosophen vorbehalten ist, folgt die hierarchische (und tendenziell antidemokratische) Struktur der Philosophenstadt. Aus der Gleichsetzung der Idee des Guten mit dem Einen ergibt sich, daß die beste Stadt eine Einheit zu sein hat und daß sie um so vollkommener ist, je mehr sie eine Einheit ist. Aus der Einsehbarkeit der Idee läßt sich folgern, daß die beste Stadt im Prinzip auch verwirklichbar sein muß. Die Idee, heißt es bei Hegel, ist nicht »so ohnmächtig, bloß zu sollen«. Zwar mag es sein, daß die beste Stadt nur ein Ideal ist, ein Maximum, das man zwar erstreben soll, aber nur annäherungsweise erreichen kann. Die Idee des Guten selbst ist aber kein bloßes Ideal. Sie ist immer schon, was sie ist und sein kann. Wer von der Philosophenstadt als einer »Utopie« spricht, übersieht, daß die Idee für Platon das *ens realissimum* ist. Die Nachbildung der Idee ist nicht an etwas Unwirklichem oder bloß Utopischem, sondern am schlechthin Wirklichen orientiert.

Problematisch am Höhlengleichnis ist anderes. So fragt es sich, wer dem Philosophen die Fesseln löst, damit er seinen Aufstieg beginnen kann. Die Erzieher müßten dazu schon erzogen sein. Vielleicht ist gerade hier bei Platon der Ort der »göttlichen Fügung« (492a), der Hilfe von oben. Politisch besehen verstrickt sich die Befreiung der Philosophen in den Zirkel aller Revolutionstheorie. Sie setzt die schon Befreiten voraus, die erst durch die Revolution zu befreien sind.

Ein weiteres Problem ist die Rolle, die die Gewalt im Höhlengleichnis spielt. Aufklärung vollzieht sich hier nicht durch den »zwanglosen Zwang des besseren Arguments«. Vielmehr wird der zu Befreiende gewaltsam nach oben geschleppt. In die Höhle zurückgekehrt wird er nochmals mit Gewalt bedroht.

Platon erinnert damit ein weiteres Mal an das Schicksal des Sokrates, und es ist verständlich, daß er auf dem Höhepunkt seines Werkes des Sokrates gedenken will. Beim Wortlaut genommen wirft der Abstieg des Philosophen allerdings die Frage auf, ob Platon allen Philosophen das Schicksal des Sokrates prophezeien will. Wäre dem so, dann hätte er die *Politeia* zum Scheitern verurteilt. Was aber wäre in diesem Fall die Rolle der Philosophenstadt?

Aufstieg und Abstieg haben ihre Rätsel. Den Gefesselten scheint jede eigene Unzufriedenheit mit dem Leben im Schein zu fehlen (so daß sie entweder für immer in der Höhle bleiben oder gewaltsam befreit werden müssen). Die ans Licht Gelangten haben, so scheint es, keinen guten Grund, warum sie wieder in das Dunkel zurückkehren sollen. Einmal ans Licht gelangt, erfahren sie das Glück der Erkenntnis. Sie erhalten, was ihnen zusteht. Sie kommen in ihr Eigenes. Warum sollen sie wieder in das Reich der Schatten treten, wo sie doch niemand versteht?

Man hat versucht, zwei Arten des Aufstiegs zu unterscheiden, eine plötzlich–gewaltsame (die scheitert), eine langsame, die auf Gewöhnung basiert (und gelingt) (Schrastetter 1989). Im Höhlengleichnis wird jedoch zwischen einem Aufstieg mit Gewöhnung und einem mit Gewalt gar nicht deutlich geschieden. Es bleibt der Eindruck, daß sich Aufklärung und Gewalt auf seltsame Weise verschwistern. Dies ist umso verstörender, als Platon mit Leichtigkeit von der Wissensliebe der Philosophen hätte ausgehen können. Er hätte analog zum erotischen Aufstieg zur Idee des Schönen, wie ihn das *Symposion* darstellt, einen Aufstieg zum Wissen beschreiben können, der allein durch die Liebe zum Wissen motiviert wird.

Das größte Rätsel freilich stellt die Rückkehr der Philosophen in die Höhle dar. Einmal scheint sie dem Glück der Philosophen zu widersprechen. Zum anderen fragt man sich, ob sie mit der platonischen Idiopragie vereinbar sein kann (Davies 1968; Mahoney 1992). Statt ihr Eigenes zu tun, zu erkennen, sollen die Philosophen regieren. Sie sollen regieren, obwohl sie gar nicht regieren wollen, sondern lieber der *vita contemplativa* verschrieben sind.

Platon deutet verschiedene Gründe an, warum die Philosophen wieder in die Höhle müssen (Schenke 1997). Sie sollen es der Stadt schuldig sein, weil diese sie erzogen hat (520b). (Aber wäre das nicht bloß Gerechtigkeit im Sinne des Kephalos, im Sinne der korrekten Rückerstattung?) Auch sollen die Philosophen die anderen »überzeugen oder zwingen« (519e). Aber wie sollen die Philosophen die Nicht-Philosophen ›überzeugen‹, wenn die Einsicht in die Idee nur wenigen vorbehalten ist?

Die platonische Paideia, und alle Auslegungen, die diese ins Zentrum der Platon-Deutung stellen (Jaeger, Stenzel u. a.), stoßen hier an ihre Grenzen. Im Blick auf die Nicht-Philosophen kann die Erziehung nur sehr begrenzt eine Erziehung durch Einsicht sein. Was den Philosophen allenfalls gelingen kann, ist, die anderen dazu zu bringen, den Sinn der Philosophenherrschaft und das Tun des ihnen Eigenen anzuerkennen, auch wenn sie den letzten Grund dafür nicht einzusehen vermögen. So besehen kommt den erzieherischen Mythen und den »edlen Lügen« bei Platon keine zufällige, sondern eine notwendige Rolle zu. Sie sind der Preis, welcher der Exklusivität des Ideenwissens zu zahlen ist.

Warum Platon die Philosophen wieder in die Höhle schickt, läßt sich wohl letztlich nur aus theologisch-politischen Analogien erklären. Die Götter Platons sorgen sich um die Menschen (*epimeleia*). Analog müssen die Philosophen um die Stadt und ihre Bürger besorgt sein (Schenke 1997, 329 ff.). Die Philosophen, die die Idee des Guten erkennen, werden »gottähnlich« (500c). Die Philosophie ist eine »Angleichung (*homoiōsis*) an Gott« (631d1; Theait. 176b1–3).

2.2.7.   Der Zerfall der besten Stadt (Die Bücher VII–VIII)

Nach dem Erreichen des Höhepunktes folgt keine Darstellung der Stadt in Aktion. Wir erfahren nicht, wie Gesetze verabschiedet werden oder wie regiert wird. Stattdessen führt uns Platon den Verfall der besten Stadt vor Augen. Diese entfernt sich immer weiter von ihrer Einheit im Guten und Gerechten, bis sie ihr Gegenbild in der absolut ungerechten Stadt, in der Tyrannis, erreicht.

2.2.7.1. Die Staatsformenlehre (Timokratie, Oligarchie, Demokratie, Tyrannis)

Die beste Stadt ist eine Aristokratie (oder eine Monarchie) (Platon verwendet beide Begriffe, 445d–e). Ihre Verfallsformen sind Timokratie, Oligarchie, Demokratie und Tyrannis. Die Timokratie, wörtlich eine Herrschaft der »Ehre« (*timē*), des »Ansehens«, ist eine Militärherrschaft. Die Oligarchie, wörtlich die Herrschaft der »Wenigen« (*oligoi*), ist eine Herrschaft der Reichen. Die Demokratie wird als Herrschaftslosigkeit, also eigentlich als Anarchie, gekennzeichnet; und die Tyrannis ist das Gegenbild der gerechten Stadt, die Alleinherrschaft eines Wahnsinnigen und Getriebenen, in der keine Spur echter Ordnung oder Vernunft mehr zu finden ist.

Die Verfallstheorie nimmt fast zwei Bücher ein, und man kann sich fragen, warum sie so ausführlich dargestellt wird. Vermutlich wollte Platon noch einmal – nun in Form eines argumentum e contrario – demonstrieren, wie überlegen die beste Stadt den anderen Verfassungen ist. Ihre Wohlgeordnetheit strahlt um so heller, je düsterer das Bild der ungerechten Verfassungen gemalt wird. Auch ist die beste Stadt selbst keine Idee. Zwar wird sie geleitet von der Einsicht in die Idee. Aber würde sie je aus dem Dialog in die politische Wirklichkeit treten, dann bliebe sie vom Angriff des Zeitlichen und Veränderlichen nicht verschont. Auch die beste Stadt kann in Unruhe geraten, »weil allem Entstandenen doch Untergang bevorsteht« (546a 2).

a) Drei Mißverständnisse (Verfassungsgeschichte, Kreislauftheorie, Historizismus)

Die Abfolge der Verfassungen setzt sich Mißverständnissen aus (Frede 1996, 1997; Hellwig 1980). So ist die Staatsformenlehre kein Versuch Platons, eine *Verfassungsgeschichte* Athens zu schreiben, so wie sie uns etwa von Aristoteles überliefert ist. Zwar spiegelt die Verfassungslehre viele der Erfahrungen, die man bereits mit verschiedenen Verfassungen gemacht hat. Aber der Weg von den Reformen Solons zur Zeit Platons war ein Weg von der Aristokratie über die Tyrannis (der Peisistratiden) zur Demokratie, die wiederum kurzfristig durch den oligarchischen Umsturz von 411 v. Chr. unterbrochen wurde. Die Tyrannis entstand bereits vor der Demokratie in der Epoche der Adelsherrschaft. Man sieht auf einen Blick, die Verfassungslehre kann kein Versuch in Historiographie sein.

Platons Verfallstheorie impliziert auch keinen *Kreislauf der Verfassungen (anakyklosis).* Dieser ist uns spätestens seit Polybios vertraut (der wiederum Machiavelli und andere beeinflußt). Sogar Aristoteles deutet schon einen Kreislauf in Platons Verfassungslehre hinein (Pol. V, 1316a25 ff.). Aber für einen Verfassungskreislauf bietet die *Politeia* keinen Anhaltspunkt. Der Verfall der Verfassungen endet bei der Tyrannis, und diese wird als absolutes Gegenbild der gerechten Herrschaft porträtiert. Es bedürfte schon eines »Zauberstabes« (Frede 1997, 254), um den absolut korrupten und wahnsinnigen Tyrannen der *Politeia* in einen Philosophenkönig zu verwandeln. Wenn Platon mit einem Tyrannen liebäugelt, der den besten Staat errichten könnte (etwa leg. 709e), dann ist dies ein junger, noch bildbarer Tyrann, nicht der völlig verdorbene, der in der *Politeia* das Zerrbild eines vernünftigen Herrschers ist.

Ein drittes Mißverständnis verbindet sich mit der Platon-Kritik Poppers, der Platon einen *Historizismus* unterstellt ([6]1980, Kap. 4, 120ff.). Historizistisch sind für Popper Geschichtsphilosophien, die behaupten, eine Gesetzmäßigkeit oder ein Ziel der Geschichte zu kennen. Im Auge hat er dabei gewöhnlich den Marxismus und den Nationalsozialismus, die er in seinem Buch *Das Elend des Historizismus* (²1969) bekämpft. Aber Platons Verfassungslehre behauptet weder eine Gesetzmäßigkeit noch einen Endzweck der Geschichte. Die Staatsformenlehre ist keine Geschichtsphilosophie, und sie soll auch keine Prophezeihung sein. Ihren Sinn macht erst ein Blick auf die Stillage deutlich, in der die Bücher VIII–IX verfaßt sind. Platon konkurriert auch in diesen Büchern mit den Dichtern. Er gibt eine Verfallslehre im Stil der Tragödien und Komödien, und wer dies außer Acht läßt, wird rein gar nichts von seiner Staatsformenlehre verstehen.

b) Zwischen Ernst und Spiel

Von größer Bedeutung für die Staatsformenlehre ist der Musenanruf, den Platon in die Erörterung der Verfallstheorie eingebettet hat. »Sollen wir«, so fragt Sokrates, »die Musen anrufen«, sollen wir sagen, »sie sprächen mit uns im Ton der Tragödie, spielend und scherzend wie mit Kindern, aber doch so als sprächen sie im Ernst, mit erhabenen Worten?« (545d–e). Wie Homer oder Hesiod so ruft auch Platon die Musen an (Vretska 1955; Gaiser 1974; Hellwig 1980, 78 ff.). Es geschieht augenzwinkernd. Man begegnet in der Staatsformenlehre einem bewußt inszenierten Spiel, das Scherz und Ernst mischt, Ernst (*spoudē*) und Spiel (*paidia*) in einem ist. Platon mischt »Tragisches« mit Spielerisch-Ironischem und Komödiantischem. Vielleicht wollte er mit einer solchen Darstellungsweise andeuten, daß, wenn es um den Verfall geht, die Dichter zuständig sind, eben jene Dichter, die mit ihren Lügengeschichten von Göttern und Helden die Städte ruinieren. Vielleicht wollte er auch zeigen: Was die Dichter können, kann der Philosoph schon lange. In jedem Fall erneuert die Verfassungslehre das Verdikt über die Dichter. So heißt es, sie seien »Lobredner« der Tyrannis und der Demokratie, und deshalb habe die beste Stadt keinen Platz für sie (586b–c).

Die Staatsformenlehre ist eine Erzählung von der »Verführbarkeit« des Menschen (Blößner 1999, Kap. III; Hellwig 1980, 122 ff.). Darin teilt sie ihr Thema mit Tragödie und Komödie, die auf ihre Weise den fehlbaren Menschen ernst oder heiter vor Augen führen. Die platonische Erziehung zeigt ihr Gegenteil, die Folgen mangelnder Erziehung, den schlechten Umgang, die Verlockung (den »Honig«) der Lüste, die »Drohnen«, wie es nun des öfteren heißt, die mit ihrem Stachel den Menschen infizieren.

In einem weiten Sinn ähnelt der Niedergang der Stadt einer Tragödie. Er beginnt mit einem bloßen Versehen. Die Philosophen machen Fehler bei der Anwendung der »Hochzeitszahl« (564b–c) (letztere ist vermutlich bezogen auf den Rhythmus des Kosmos, das Weltenjahr von 36 000 Jahren) (Gaiser 1963, 271, 409 ff.; Gaiser 1974; Hellwig 1980, 92 ff.; Blößner 1999). Wie in der Tragödie aus bloßem Versehen enorme Folgen entstehen, so sind auch für die Stadt die Folgen der Fehlberechnung beträchtlich. Zugleich klingt die Erwähnung einer »Hochzeitszahl« wie ein bloßer Scherz. Kann in einem Staat der Erziehung die mechanische Anwendung einer Zahl überhaupt von großer Bedeutung sein?

c) Ungerechte Staatsformen – ungerechte Seelen

Die Verfassungen, die Platon vorführt, sind Exempel und Muster. Man kann sie durchaus vergleichen mit den Idealtypen Max Webers, da sie keine Abbilder der Wirklichkeit, sondern Konstrukte sind. Teilweise wird das Konstrukt (wie etwa bei der Demokratie) derart zugespitzt, daß man nur noch von einer Karikatur sprechen kann. Ein Anspruch auf Vollständigkeit wird ausdrücklich verworfen (544d). Es gibt noch andere Verfassungen, die gar nicht thematisiert werden. Platon hätte sich sogar damit bescheiden können, der besten Stadt die schlechteste (die Tyrannis) gegenüberzustellen. Wenn er dies nicht tat, dann offensichtlich aus dem Ehrgeiz, schlechte Verfassungen mit schlechten Seelen zu parallelisieren, die Vielfalt des Schlechten vorzuführen, die die Folge der Abweichung von dem einen Guten und Besten ist.

Platon geht zunächst aus von den drei Seelenteilen und den drei Ständen der besten Stadt. Jeweils ein Stand und ein Seelenteil proben den Aufstand aus der besten Ordnung. So ersetzt die *Timokratie* die Herrschaft der Philosophen durch die der Wächter, der Soldaten; der Mut emanzipiert sich aus der Vorherrschaft der Vernunft. Die *Oligarchie* ist die Herrschaft der Ernährer und Erwerbstüchtigen; in ihr wird die Begierde an die erste Stelle gesetzt. Die Rangfolge der Seelenteile hat sich damit bereits total verkehrt. An erster Stelle die Begierde, an zweiter der Mut, an dritter die Vernunft. Schon in der Oligarchie wird das Unterste nach oben gekehrt.

Die Entsprechung von ungerechten Seelen und ungerechten Verfassungen ist, was die Verkehrbarkeit der besten Stadt angeht, damit bereits komplett. Die Logik der Verkehrung kann für die beiden anderen Staatsformen, für Demokratie und Tyrannis, nicht mehr leitend sein. Es entsteht das Problem, daß aus der dreigeteilten Seele und der dreigeteilten Stadt fünf Verfassungen zu bilden sind. Platon löst

Staatsformenlehre (Buch VIII und IX)

	Staatsform	Wer herrscht?	Herrschender Seelenteil
Beste Staatsform	Aristokratie	Philosophen-Könige	Vernunft
Entartungen	Timokratie	(Wächter) Militärherrschaft	Mut/Eifer
	Oligarchie	(Nährstand) Herrschaft der Reichen	Begierde
	Demokratie	Niemandsherrschaft	Kein herrschender Seelenteil
	Tyrannis	Ein-Mann-Herrschaft	Wahnsinn (*mania*), Begierde als Sehnsucht (*pothos*), Eros

es, indem er die Spiegelbildlichkeit aufgibt. Die *Demokratie* ordnet sich der Abfolge von der besten Stadt nur noch dadurch ein, daß sie als ein Fehlen jeglicher Dominanz, als eine Verballhornung der Isonomie (alles gleich und alles gleichgültig) eingeführt wird. Die *Tyrannis* wiederum ist weder Abwesenheit jeglicher Herrschaft noch Verkehrung der besten. Sie ist das radikale Gegenteil, Herrschaft des Wahnsinns und der prinzipiell unerfüllbaren Begierden, von denen der Tyrann seinerseits tyrannisiert wird.

Wie immer bei Platon spielt das Verhältnis von Einheit und Vielheit eine besondere Rolle. Die harmonische Einheit der Philosophenstadt wird schon von der Timokratie zerstört, wenn das Streben nach Ansehen und Ehre aus der Vernunftherrschaft ausbricht. Bei der Oligarchie spricht Platon von »zwei« Staaten, dem der Reichen und dem der Armen (551c). Die Demokratie ist die Vielgestaltigkeit selbst, die »bunt schillernde« (*poikilē*) Verfassung, die von allen anderen Verfassungen irgendetwas enthält. Die Tyrannis schließlich ist der bloße Schein von Einheit bei völliger Zerrissenheit.

Die Verfassungen und ihre Reihenfolge verraten Platons Interesse, den Abstand von der besten Stadt in Stufen zu verdeutlichen. Dieses systematische, nicht historische Interesse tritt noch deutlicher hervor, wenn man die Geschichten verfolgt, die Platon über die Entstehung der jeweiligen Menschentypen (oder Seelen) erdichtet. Kern der Verfallslehre ist eine »Psychopathologie« (Frede 1997, 259). Platon faßt sie in der Form von Familiengeschichten (Vater – Sohn). Damit ergibt sich eine Verengung der Perspektive. Auch wird (zumindest bei der Timokratie und der Oligarchie) allein die herrschende Schicht für die Instabilität und den Wandel zum Schlechten verantwortlich gemacht.

Die *timokratische Seele* bildet sich in der zweitbesten Stadt. Die Timokratie ist gekennzeichnet durch den Verlust der musischen Bildung, durch die Aufgabe der Frauen- und Kindergemeinschaft, durch die Wiedereinführung des Privateigentums. Die Vater-Sohn-Geschichte erzählt von einem Vater, der von seiner Frau wegen mangelnden Ehrgeizes und mangelnden Interesses am Geld ständig gescholten wird, eine Komödienszenerie (Gigon 1972, 86f.). Sie soll erklären, warum der Sohn statt eines Lebens der Erkenntnis eines der Ehre und des Ansehens sucht.

Die *oligarchische Seele* entsteht in einem jungen Mann, der seinen Vater, einen General, seine Ehre und seine Habe verlieren sieht. Er setzt deshalb nicht mehr auf Ehre und Mut, sondern auf Geld und Besitz. Was die Begierden beim oligarchischen Menschen noch im Zaum hält, ist allein die Rücksicht auf Besitz und Gelderwerb. Das bedeutet, der Maßstab des Guten ist bereits völlig verloren. Es herrscht schon der bloße Anschein, der Anschein der Gerechtigkeit.

Die *demokratische Seele* bildet sich, wenn ein reicher Vater seinem Sohn den Luxus und den Umgang mit den »Drohnen«, d.h. mit den Verschwendern und dem Gesindel, verbietet. Nun entfällt selbst der Schein der Zügelung der Begierden. Alle werden sie gleich gestellt; alle verlangen in gleicher Weise Befriedigung, ohne irgendeine Form von Herrschaft oder Dominanz.

Die *tyrannische Seele* schließlich wird aus der allgemeinen Zügellosigkeit geboren. Sie verlangt, ist ein Vermögen erst einmal verschwendet, die Befriedigung der Begierden durch Kriminalität in kleinem oder großem Stil. Getrieben wird sie von »Sehnsucht« (*pothos*), d.h. unerfüllbarer Begierde; geschlagen ist sie mit »Wahn-

sinn« (*mania*), einer Pervertierung des religiös-dichterischen Enthusiasmus, und tyrannisiert wird sie durch den »Eros«. Er spielt hier nicht die Rolle einer die Seele
nach oben ziehenden Macht wie im *Symposion*. Vielmehr ist er Schmerz und Stachel, die Tyrannisierung des Tyrannen selbst (573a–c).

d) Konstruiertes und Empirisches in der Staatsformentheorie

Die Geschichten von Vater und Sohn demonstrieren noch einmal, daß Platon mit
dichterischer Freiheit, beispielhaft und manchmal fast anekdotisch, etwas über die
Seelen und die Menschen, ihre Verführbarkeit und Beeinflußbarkeit zu sagen versucht. Wie stilisiert diese Geschichten auch immer sein mögen, so enthalten sie
doch auch geschichtliche Erfahrungen, die nicht zu übersehen sind.

Bei der *Timokratie* ist offensichtlich, daß Platon seiner Hochschätzung Spartas
Ausdruck verleiht (544c). Die spartanische Militärherrschaft tritt als zweitbeste
Ordnung auf. Die beste freilich ist sie für Platon nicht. Sparta fehlt die musische
Bildung, und wenn die Timokratie in eine Herrschaft der Reichen übergeht, dann
könnte auch darin eine Kritik an Sparta verborgen sein, etwa im Sinne der Klage
Xenophons über die heimliche Geld- und Besitzgier der spartanischen Ober-
schicht (hier XV. 4.1.). Eine Analyse der spartanischen Verfassung gibt Platons
Skizze der Timokratie allerdings nicht. Weder die Agoge, die berühmte Erziehung,
noch die Mischverfassung, noch die einzelnen spartanischen Institutionen werden
erwähnt.

Die *Oligarchie* erscheint als Herrschaft der Reichen, die *Demokratie* als die der
Armen. Für die eine maßgeblich ist die Schatzung, für die andere das Los. Dies
stimmt durchaus mit der Verfassungwirklichkeit überein. Bei der Darstellung der
Demokratie allerdings galoppiert das Interesse an Scherz und Ironie mit Platon davon. Was er als »Demokratie« vorführt, hat mit der Wirklichkeit der attischen Demokratie nur wenig gemein. Platon macht sich mit der *Demokratie* Athens einen
Spaß. Er karikiert sie als eine Anarchie. Wenn er als Kennzeichen der Demokratie
die »Freiheit« (*eleutheria*) und die »Redefreiheit« (*parrhēsia*) nennt, dann versteht
er darunter eine Lizenz zur Zügellosigkeit. Demokratie ist die Freiheit eines jeden,
»zu tun, was er will« (557b 6) – gemeint ist: was immer er will.

Der Zusammenbruch jeglicher Qualifizierung oder Beherrschung der Begierden
(alle gelten in der Demokratie als gleich) führt zu Orientierungslosigkeit und Beliebigkeit. Die »Moden« wechseln von einem Extrem ins andere. Mal Schlemmen,
mal Diät, mal Gymnastik, mal Nichstun (561c–d). Der Demokrat interessiert sich
mal für dies, mal für jenes, mal für Krieg, mal für Geld, mal für Wissenschaft. Die
Verfassung ist wie ein »buntes Kleid«, das aus Stoffresten zusammengeflickt ist.
Von allen Verfassungen enthält die Demokratie irgendwelche Reste. Sie ist eine
»Trödelbude« der Verfassungen (557d). Vermutlich ist Platons »bunte« Demokratie das Vorbild für Nietzsches »bunte Kuh«, die Karikatur der großen Stadt, die er
im *Zarathustra* gibt.

Wenn Platon die Demokratie die »schönste« Verfassung nennt (557c4), dann ist
dies durch und durch ironisch gemeint. Grundlage des demokratischen Treibens ist
für Platon der Verfall jeglicher Autorität. Eltern haben Angst vor ihren Kindern,
Lehrer vor ihren Schülern, Alte vor Jungen, Herren vor Sklaven (562e–563b). Statt

die Jugend zu erziehen, geben sich die Alten selber jugendlich oder sonst wie »aufgeschlossen«. Selbst die Tiere machen, was sie wollen. Pferde und Esel laufen »ganz frei und vornehm immer geradeaus« (563c).

Platon hat eine Satire auf die Demokratie geschrieben. Nur lächerlich oder zum Lachen ist ihm das demokratisch-anarchische Treiben allerdings nicht. Die Demokratie widerspricht der platonischen Gerechtigkeit und ihrer Idiopragie. Diese fordert, daß jeder das Seine und nur das Seine tut. In der Demokratie tun alle alles. Sie ist die beliebige Vielgeschäftigkeit (*polypragmosynē*), die für Platon ein Zeichen des Dilettantismus und der Inkompetenz ist. Statt des Wesentlichen wird unter dem Anschein der Betriebsamkeit nichts wirklich Wichtiges und auch nichts nach seiner Ordnung getan.

Fein beobachtet ist die Verkehrung der Sprache, die sich in Zeiten der Korruption verbreitet. Ähnlich wie Thukydides die Sprachverkehrung im Bürgerkrieg aufspießt, so analysiert Platon die Sprachverkehrung in der Demokratie. »Scham« wird in »Dummheit«, »Mäßigung« in »Armseligkeit« und »bäuerisches Wesen« umbenannt. »Hybris« wird als »Wohlerzogenheit« ausgegeben, »Unordnung« als »Freisinnigkeit«, »Schwelgerei« als »großer Stil« (*megaloprepeia*), »Unverschämtheit« als »Mannhaftigkeit« (*andreia*) (560d–e).

Platons Bild der Demokratie zeigt so manches, was für Zeiten des Sittenverfalls und der Permissivität typisch ist: die Laxheit im Strafen und im Durchsetzen von Strafen, die Mißachtung der Kompetenz, das Herunterschrauben der Ansprüche in der Erziehung, den Wechsel der Moden und Interessen. Problematisch ist nur, daß diese Satire von der Wirklichkeit der attischen Demokratie ein Zerrbild zeichnet. Eine Anarchie war die attische Demokratie nicht. Ihre Gesetze wurden sanktioniert. Der Aufbau der Ämter und Kompetenzen war ein Meisterwerk. Aber von den Errungenschaften der Demokratie, von den Rechten der Bürger und den Kontrollen der Ämter, vom schönen Bau der demokratischen Institutionen erfahren wir hier so wenig wie von den Institutionen der spartanischen Timokratie.

Am Schluß der Staatsformenlehre steht die Darstellung der *Tyrannis*. Auch diese ist ob ihres arg konstruierenden Charakters oft kritisiert worden. Ein solch »wahnsinniger«, vom »Eros« selbst tyrannisierter Tyrann, wie Platon ihn vorstellt, »would not last a week« (Annas 1981, 304). Man vermißt den kühlen Kopf des Tyrannen, die Kälte der Macht, den Kalkül und die Effizienz.

Sicher: da Platon die Tyrannis als absolutes Gegenteil der Vernunftherrschaft darstellen wollte, mußte er sie im verbrecherischen Wahnsinn kulminieren lassen. Der Tyrann mußte eher ein Caligula als ein machiavellistischer Fürst sein. Eine reine Karikatur ist Platons Bild des Tyrannen gleichwohl nicht. Vielmehr spiegelt es Erfahrungen, die man mit der Tyrannis bereits gemacht hat.

Daß die Anarchie in Tyrannis umschlägt, ist eine Erfahrung, die sich seit den Griechen des öfteren bestätigt hat. Platon faßt sie in das schöne Bild vom Volke, das in der Demokratie schon vor dem »Rauch« der Knechtschaft flieht, um sich in die »Flamme einer von Knechten geübten Zwangsherrschaft zu stürzen« (569b–d). Tyrannen sind oft Demagogen (566b–d). Sie kommen durch populistische Propaganda an die Macht. An die Macht gelangt, betreibt der Tyrann Politik gegen die Vermögenden. Er bittet – das ist wohl eine Anspielung auf Peisistratos – um eine »Leibwache« (566b). Zur Tyrannis gehören Prätorianer, Palastwachen und Söldner, durch die der Tyrann sich Sicherheit zu verschaffen sucht. Als Mitprofiteure treten sie an die Stelle der Freunde, die nur in einer guten Ordnung zu finden sind.

Die Herrschaftstechnik des Tyrannen, die kalten Mittel des Wahnsinns, hat Platon keineswegs ausgespart (566e–569c). So analysiert er unter anderem: die scheinbare Freundlichkeit des Tyrannen nach allen Seiten, die Schuldentilgungen und Landverteilungen, die Anstachelung zum Kriege, die gezielte Verarmung der Bevölkerung durch starke Auflagen, das Sich-Vergreifen am Tempelgut, die Entwaffnung des Volkes und die Beseitigung der Tüchtigen (übrigens hier eingeführt als Gegenteil der platonischen Reinigung der Stadt, also als Säuberung, 567c). Viele der Topoi der aristotelischen Tyrannisanalyse (Pol. V, 11) sind hier bereits vorgeformt.

e) Doch ein »Gesetz« des Wandels?

Platons Verfassungslehre ist weder eine Geschichtsphilosophie noch ein Historizismus. Eine Gesetzmäßigkeit scheint sie aber doch zu enthüllen, den Umschlag der Extreme in ihr Gegenteil, den politischen Pendelschlag. Die frugale Ordnung der Timokratie führt zu unterschwelliger Geldgier und zur Herrschaft der Reichen. Diese ruft die Herrschaft der Armen hervor. Aus Anarchie wird Tyrannis. Dreimal der Umschlag ins Gegenteil!

Dreimal ist nicht viermal. Der Übergang von der besten Stadt zur Timokratie ist kein Umschlag ins andere Extrem. Stattdessen wird ein Übergang zur nächst verwandten Staatsform gemacht. Aristoteles, der das 5. Buch seiner *Politik* dem Wandel der Verfassungen widmet, kritisiert Platons Staatsformentheorie (Pol. V, 12). Sie erkläre weder, wie aus der besten Stadt überhaupt eine andere entstehe, noch »müßten Verfassungen jeweils in ihr Gegenteil übergehen«. Aristoteles macht eine Vielzahl von Ursachen für den Verfassungswandel aus. Wie immer ist er bemüht, Platons Lehre zu pluralisieren und näher an die Empirie zu rücken.

Platons Ehrgeiz war es aber gar nicht, eine Theorie vom Wandel der Verfassungen zu liefern. Auch wollte er kein »Gesetz« des Wandels finden. Er wollte die Mängel der ungerechten Verfassungen exemplarisch demonstrieren. Aristoteles' Hinweise auf die Vielfalt der Wandlungsprozesse und die Vielfalt von deren Ursachen gehen an Platons Intention vorbei.

2.2.8. Das Glück des Gerechten und das Unglück des Ungerechten (IX, 576a – Ende)

Die Darstellung der ungerechten Staatsformen diente nicht nur dem Ziel, Gegenbilder zur besten Stadt zu entwerfen. Platon ging es auch darum, Ungerechtigkeit und Unglück miteinander zu verschwistern. Das große Thema der *Politeia*, das Glück des Gerechten wird noch einmal aufgegriffen. Noch einmal versucht Platon nachzuweisen, daß der exemplarisch Ungerechte (der Tyrann) unglücklich, der exemplarisch Gerechte (der Philosophenkönig) glücklich ist.

2.2.8.1. Das Unglück des Tyrannen und der tyrannisch regierten Stadt

Eine tyrannisch regierte Stadt lebt unfrei, sklavisch, arm und unglücklich. Der Tyrann selbst kann ebenfalls nicht glücklich werden, was auch immer die alten Tyrannengeschichten über sein Glück behaupten mochten. Platon vergleicht den Tyrannen mit einem Sklavenhalter, der sich zwar in der Stadt sicher fühlen könne, jedoch wenn er in der Wüste allein mit seinen Sklaven ausgesetzt wäre, diese zu fürchten hätte (578de). Der Tyrann ist ein Sklave seiner Sklaven, ein »Schmeichler seiner eigenen Diener« (579a3). Er wird zum Gefangenen der Stadt, die er nicht einmal wegen einer Reise verlassen darf (579b6). Nicht Herr seiner selbst wird er von seinen Begierden selber versklavt. Furcht, Armut und Krieg sind die Hauptkennzeichen einer tyrannisch regierten Stadt.

2.2.8.2. Lebensformen und Lebensglück

Das Unglück des Ungerechten exemplifiziert der Tyrann. Das Glück des Gerechten erfährt exemplarisch der Philosoph. Aus den Seelenteilen läßt Platon Lebensformen entstehen: ein Leben der Lust, ein Leben der Ehre und ein Leben der Erkenntnis. Aristoteles wird daraus seine *genera vitae* formen, die er am Anfang der *Nikomachischen Ethik* vorstellt (NE I, 3). Jede dieser Lebensformen ist ein Weg zum Glück. Jeder, der eines dieser Leben wählt, ist entsprechend seiner Vorliebe, von seinem Glück überzeugt. Gegen diese subjektive Überzeugung ist kein argumentatives Kraut gewachsen. Jeder empfindet eben seine Lebensform als sein Glück. Platons Ziel ist es jedoch, das Glück der philosophischen Lebensweise, das Glück der Erkenntnis, als höchste Form des Glücks auszuzeichnen. Allein der Philosoph ist nach Platon in der Lage, alle Lebensformen zu beurteilen. Sein Urteil sei das kompetenteste »nach Erfahrung *(empeiria)*, Einsicht *(phronēsis)* und Vernunft *(logos)*« (582e7).

Die Glückslehre demonstriert noch einmal Platons expertokratischen Wissensbegriff. Der Philosoph wird zum Fachmann, zum Experten für Lust und Glück gemacht. Allerdings bleibt das Urteil des Philosophen monologisch, da das Glück philosophischer Erkenntnis den Befürwortern anderer Lebensformen nicht einsichtig zu machen ist. Den anderen fehlt, was der Philosoph für sich beansprucht, die Einsicht in die je andere Lebensform.

Platons Lehre wird an diesem Punkt gerne verglichen mit John Stuart Mills Qualifizierung des Utilitarismus, mit seinem Lob des Urteils einer gebildeten Elite (Utilitarianism Kap. 2). Auch der moderne Pluralismus der Lebensformen, der die Vielfalt der Lebensstile fast bis ins Unendliche gesteigert hat, kommt ohne den Versuch einer objektiven Qualifizierung nicht aus, wenn er nicht alles und jedes gutheißen will. Das Problem der platonischen Lehre ist jedoch, daß sie gar keinen Diskurs der Glücksansprüche eröffnet, sondern die Urteilsfähigkeit allein der Kompetenz der Philosophen überlassen will.

Wie aber kann der Philosoph beurteilen, was das Glück der anderen ist? Wenn der Philosoph zur Urteilsinstanz für das Glück anderer werden soll, müßte er deren Glück so beurteilen können wie diese selbst, d.h. er müßte das Glück des Geschäftsmannes als Geschäftsmann, das Glück des Kriegers als Krieger beurteilen können. Der Philosoph würde so zu einer Art Chamäleon, zu einem Verwandlungskünstler und Alleskönner. Oder aber er würde zur Gesamtgestalt des gerechten und glücklichen Lebens, das ansonsten idiopragisch aufgeteilt wird und von jedem verlangt, daß er das Seine und nur das Seine tut.

Im Buch IX scheint Platon die Verantwortung des Philosophen für Glück und Gerechtigkeit der Stadt so zu übersteigern, daß der Beitrag der anderen Stände und Seelenteile zu Glück und Gerechtigkeit zu verschwinden droht. In einer aufwendigen Diskussion von Theorien der Lust wird dem Philosophen die höchste Form der Lust zugesprochen. Die Lust der anderen Lebensformen wird als bloßer »Schattenriß« von Lust herabgesetzt, als relativ auf den Schmerz oder als eine Form unreiner Lust. Geistige Lust wird von körperlicher scharf geschieden. So wie es eine Leere des Körpers gebe (Hunger und Durst), so existiere auch eine Leere der Seele (Unwissenheit und Dummheit). Die »Anfüllung« mit einem »mehr Seienden« sei aber »wahrer« als die mit einem »weniger Seienden« (585b).

Der Philosoph, der beim Argument für die Urteilskompetenz fast als ein Praktiker und als ein Mann mit Erfahrung erschien, verwandelt sich wieder in einen Theoretiker, einen Liebhaber der Weisheit und des Ewigen. Daß sein Glück das höchste ist, hängt von der Unterscheidung des Zeitlichen vom Ewigen ab. Nach Platon ist der Genuß der Erkenntnis des Ewigen allen Formen des Genusses zeitlicher Güter überlegen.

Daß das wahre und höchste Glück in der Erkenntnis, in der Theorie, in der *vita contemplativa* liege, wird auch Platons Schüler Aristoteles behaupten. Aber Aristoteles wird anders als Platon zwischen Theorie und Praxis trennen. Bei Platon fällt beides in eins, und man versteht nicht so recht, wieso der Philosoph für das Glück der gesamten Seele und der gesamten Stadt stehen kann. Müßte die Seele ihr Glück nicht in der Tätigkeit *aller* ihrer Teile finden? Müßte das Glück der Stadt nicht im Zusammenwirken *aller* ihrer Stände liegen? Platon erweckt im Buch IX den Eindruck, als ob die Regierung des vernünftigen Seelenteiles bereits ausreiche, die Gerechtigkeit und die Lust der anderen Seelenteile zu verbürgen (586c–e). Eine eigenständige Tüchtigkeit der anderen Seelenteile wird an den Rand gedrängt. Die Vernunft usurpiert Gerechtigkeit und Glück. Die überlegene Urteilskompetenz der Philosophen wird zum Glücksspender für die selbst nicht urteilsfähigen Seelenteile und Stände gemacht.

Zurückkehrend zum Gegensatz von Tyrann und Philosophenkönig preist Platon das Leben des Philosophen. Er lebe »729mal« glücklicher als der Tyrann (587b–588a). Noch einmal ein Scherz, noch einmal pythagoreische Zahlensymbolik. Platon rechnet die Abstände zwischen der Lust des Philosophenkönigs und der des Oligarchen sowie zwischen der des Oligarchen und des Tyrannen jeweils mit der Zahl 3. Warum er dann $9^3 = 729$ weiterrechnet, ist rätselhaft. Vielleicht weil das pythagoreische Jahr 364,5 Tage umfaßt (und $2 \times 364,5 = 729$ ist)?

2.2.8.3. Die Zähmung der Seele

Eine »fabelhafte« Zusammenfassung der Seelenlehre bietet schließlich ein Seelenbild. Die dreigeteilte Seele wird vorgestellt als ein Fabelwesen, eine Chimäre, zusammengewachsen aus Mensch und Tier. Ein Mensch (Vernunft), ein Löwe (Mut) und eine vielköpfige Bestie (Begierde) sind durch eine Menschengestalt umhüllt (588b–592b).

Platons Seelenbild verdeutlicht noch einmal die Notwendigkeit der Erziehung. Weder die vielköpfige Bestie der Begierden noch der Löwe, der mutartige Seelenteil, sollen den Menschen im Menschen (die Vernunft) in ihre Richtung ziehen. Vielmehr soll die Vernunft die Begierden und den Mut (die Bestien und den Löwen) zähmen. Der Mensch soll mit Hilfe des Löwen die vielköpfige Bestie in Schach halten. Nietzsche hat von hier sein Schlagwort von der »blonden Bestie« (der *flava bestia*, dem Löwen) genommen. Allerdings hat er damit auch versucht, Platons Lehre umzukehren. Die platonische Zähmung der Seele sollte wieder rückgängig gemacht, die »Bestie« wieder freigesetzt werden in die Natur.

2.2.9. Die unsterbliche Seele und die jenseitige Gerechtigkeit (Buch X)

Im letzten Buch der *Politeia* begegnet ein Platon, der sich noch einmal einläßt auf eine Kritik der Dichter und der Künstler und der, wenn er am Ende einen Mythos erzählt, selber zum Dichter wird. Am Ende steht ein Mythos von der Gerechtigkeit im Jenseits. Er wirft die Grundfrage der *Politeia* wieder auf, was der »Lohn« der Gerechtigkeit ist.

Voraus geht dem Mythos ein »Beweis« für die Unsterblichkeit der Seele. Er ist derart oberflächlich, daß man an der Autorschaft Platons zweifeln mag. Überhaupt ist das letzte Buch alles andere als ein krönender Abschluß. »... a lame and messy ending« (Annas 1981, 351), »much below the rest« (White 1979, 246).

Es ist vor allem die Behandlung der Grundfrage der *Politeia*, die im X. Buch verstört. Bis dahin mußte der Leser davon ausgehen, daß Platon Gerechtigkeit als ein intrinsisches Gut begriff, als Gut an sich, das um seiner selbst willen erstrebt werden soll. Am Ende klingt es anders, es klingt so, als ob Gerechtigkeit deswegen zu erstreben sei, weil sie belohnt und bestraft wird. Im II. Buch hatte Platon die Gerechtigkeit zu jenen Gütern gerechnet, die sowohl um ihrer selbst willen als auch um ihrer Folgen willen zu erstreben sind (357ff.). Aber wie genau ist die Relation von Selbstzweck und Folgenkalkül zu denken, wenn auf einmal so viel Gewicht auf die Folgen, auf Lohn und Strafe, gelegt wird?

2.2.9.1. Die unsterbliche Seele

Das Glück des Gerechten will Platon nicht allein im Blick auf diese Welt, sondern auch und gerade im Blick auf das Jenseits erörtern. Das ist verständlich, wenn dem Gerechten in dieser Welt Ungerechtigkeit widerfährt und er wie Sokrates im Gefängnis stirbt. Es ist auch zu verstehen, daß Platon eine Lehre von der jenseitigen Gerechtigkeit mit einer Lehre von der Unsterblichkeit der Seele verbindet. Viele

Dialoge Platons kreisen um die Unsterblichkeit der Seele. Der *Phaidon* versucht sie in mehreren Anläufen zu beweisen. Der *Phaidros* argumentiert für sie über die Selbstbewegung. Der *Menon* plädiert für sie durch den Nachweis der Anamnesis, der Erinnerung an die Ideen (Men. 81b–86d). Der *Timaios* (41c–42e) und die *Nomoi* (959b, 967d) setzen die Lehre voraus.

Warum Platon allerdings gerade in der *Politeia* einen derart schwachen Beweis für die Unsterblichkeit gibt, bleibt rätselhaft. Sein Argument läßt sich mühelos in wenigen Sätzen zusammenfassen. Ausgegangen wird von der Prämisse, daß alles Gute erhält, alles Schlechte zerstört. Von Natur aus habe alles, was existiere, sein spezifisch Gutes und sein spezifisch Schlechtes. Beim Eisen sei das spezifisch Schlechte der Rost, beim Leib die Krankheit, bei der Seele die Ungerechtigkeit. Nun gehe aber die Seele an ihrer spezifischen Schlechtigkeit (der Ungerechtigkeit) nicht zugrunde. Wenn aber etwas durch sein spezifisches Übel nicht zerstört werde, dann müsse es ewig sein.

Der Fehler der Argumentation liegt auf der Hand. Sie setzt voraus, was sie beweisen soll. Wenn alles an seinem spezifischen Übel zugrunde geht, dann müßte eben auch die Seele an ihrem spezifischen Übel zugrunde gehen, oder aber der Satz »alles geht durch sein spezifisches Übel zugrunde« gilt von vornherein nicht uneingeschränkt. Daß alles nur an *einem* spezifischen Übel zugrunde geht, widerspricht der Erfahrung. So kann etwa Holz nicht nur durch Feuer, sondern auch durch Wasser, Stürme, Borkenkäfer und anderes ruiniert werden. Zudem ergibt sich innerplatonisch das Problem, daß für Platon ansonsten die Schlechtigkeit mit Vielheit und das Gute mit Einheit gleichzusetzen ist. Warum soll dann der Ruin der Dinge durch nur *ein* spezifisches Übel verursacht sein?

Die Seele, die das Modell für die beste Stadt gab, war dreigeteilt in Begehren, Mut und Vernunft. Ob diese dreigeteilte Seele ewig ist oder nur ihr vernünftiger Teil (das *logistikon*) – auch das wird am Ende des *Politeia* zum Problem. Ewig kann nach platonischer Lehre eigentlich nur sein, was nicht zusammengesetzt, sondern »eingestaltig« ist. »Nicht leicht«, so Sokrates, »wird ewig sein ... was aus vielem zusammengesetzt ist ...« (611b). Nimmt man den Satz ernst, käme die Unsterblichkeit entweder nur der durch den Logos geeinten Seele oder gar nur ihrem vernünftigen Teil zu. Dem aber widerspricht, daß Platon im Schlußmythos nicht nur gerechte (und somit geeinte) Seelen, sondern ebenso ungerechte (in sich zerfallene) Seelen ewig leben läßt. Sollte nach Platon allein der vernünftige Seelenteil unsterblich sein, entstünden sogar noch größere Schwierigkeiten. Die Gerechtigkeitslehre selbst geriete ins Wanken. Von Gerechtigkeit im Jenseits könnte überhaupt keine Rede mehr sein, da per definitionem nur die Seele gerecht ist, in der *jeder* Seelenteil das Seine tut, nicht bloß der vernünftige allein.

Überblickt man die platonischen Dialoge, zeigt sich Platons Seelenlehre als wenig konsistent. Im *Phaidon* ist es exakt die Eingestaltigkeit, welche die Unsterblichkeit verbürgt. Im *Phaidros*, in dem Platon die Seele durch das berühmte Bild vom »Wagenlenker« veranschaulicht, ist die Seele nach ihrem Tode dreigeteilt. Im *Timaios* ist sie es nicht (Frutiger ²1976, 86 ff.; Graeser 1967, 1–11). Die *Politeia* bringt die Frage zu keiner klaren Entscheidung. Vielmehr beläßt sie es bei der Spannung, die zwischen Einheit und Vielheit, Eingestaltigkeit und Zusammensetzung besteht.

Eindeutig ist eigentlich nur, daß der Unsterblichkeitsbeweis die Trennbarkeit von Körper und Seele voraussetzt (611a–612a). Aber diese Voraussetzung ist keine Lösung. Sie ist ein Teil des Problems. Die körperlose Seele müßte eine Seele ohne Mut und Begierde sein. Sie wäre identisch mit dem vernünftigen Seelenteil, der die gerechte Seele nicht als ganze repräsentieren kann.

Man könnte fortfahren mit Fragen und Einwänden (Annas 1981, 344 ff.; Kersting 1999, 315 ff.). Wieviel sorgfältiger ist doch Platons Argumentation im *Phaidon*! Warum gibt Platon am Ende seines Hauptwerkes einen so schwachen Beweis? Wollte er gar nicht argumentieren, sondern nur einen ihm selbstverständlichen Glauben dokumentieren? War er sich der Unsterblichkeit aus moralischen Gründen des gerechten Ausgleichs so gewiß, daß er eine bessere Argumentation nicht für nötig hielt?

2.2.9.2. Der Lohn des Gerechten. Der Mythos des Er

Noch mehr Fragen stellt der Schlußmythos, der ein enormes Gewicht auf Lohn und Strafe legt. Passagen, die ihm unmittelbar vorangehen, klingen sogar wie eine Selbstparodie. Schon in diesem Leben wird demnach der Gerechte belohnt, der Ungerechte bestraft. »… die Gerechten, wenn sie erst nur älter geworden sind, erhalten in ihrer Vaterstadt welches Amt sie nur wollen, heiraten, aus welchen Familien sie wollen«, während die Ungerechten »im Alter jämmerlich verhöhnt von Fremden und Einheimischen und ausgepeitscht und … gefoltert und gebannt werden« (613c–d). Schon für das Diesseits wird ein Lohn des Gerechten verheißen, und man kann eine solche Passage wohl nur dadurch mit dem Geist des Werkes versöhnen, daß man ihre Einbettung beachtet. Vor aller Erörterung des »Lohns« der Gerechtigkeit steht eine Erinnerung an das Grundsätzliche, daß die »Gerechtigkeit an und für sich« »das Beste« für die Seele sei (612b). Der »Lohn« kann, so besehen, nur das Hinzukommende, ein Additivum sein, nicht aber das eigentliche Ziel.

Vielleicht hat sich Platon bei der seltsamen Verheißung irdischer Belohnung und Strafe von den Dichtern und ihren Lobreden anregen lassen (Jaeger ²1989, 977). Jedenfalls kehren Lohn und Strafe auch im Mythos von der jenseitigen Gerechtigkeit wieder, und jede Platon-Deutung steht vor der Frage, was ein solcher Schluß des Werkes zu bedeuten hat.

Wie der *Gorgias* mit einem Mythos vom jenseitigen Gericht, so schließt die *Politeia* mit einem Mythos von Lohn und Strafe im Jenseits. Die Erzählung ähnelt einem religiösen Mythos. Allerdings ist die philosophische »Arbeit am Mythos« unübersehbar. Pythagoreisch-orphischer Glaube an die Seele und ihre Wanderungen verbindet sich mit Astronomie und Sternenglaube, eine Theodizee vereint sich mit einer Rechtfertigung der menschlichen Freiheit der Wahl und Entscheidung, und auf diese kommt letztlich alles an.

Der Mythos wird einem Manne (Er) aus »Pamphylien« in den Mund gelegt, d.h. einem Mann »aus allen Stämmen«, einem Jedermann. In einer Schlacht gefallen und schon ins Jenseits eingegangen kehrt er ins Leben zurück. Er ist ein Bote aus dem Jenseits. Nach seinem Bericht werden die Seelen nach ihrem Tode gerichtet. Sie werden nach oben oder nach unten auf eine tausendjährige Reise geschickt.

Nach ihrer Rückkehr ruhen sie sich auf einer Wiese aus. Die einen erzählen von ihrer zehnfachen Belohnung, die anderen von zehnfacher Bestrafung. Insbesondere die Tyrannen würden gequält und als abschreckende Exempel vorgeführt.

Der Bericht des Jenseitsboten nährt noch einmal den Verdacht, daß Platon unter sein Niveau geht und Gerechtigkeit mit äußerlichem Lohn und äußerlicher Strafe verknüpft. Sogar ein Hauch von Ressentiment scheint zu verspüren zu sein. Die »unheilbar« Ungerechten (615e3) wie die Tyrannen werden ewig gequält, ohne daß eine Aussicht auf Besserung besteht (Annas 1981, 351). Vielleicht wollte Platon damit die Frage der richtigen Lebenswahl und Lebensführung dramatisieren, daß die im zeitlichen Leben getroffene Wahl für die Ewigkeit entscheidend sein kann.

Der zweite Teil des Mythos legt alles Gewicht auf die Pointe, daß der Mensch sein Leben frei zu wählen und selber zu verantworten hat. Die Seelen gehen auf eine zweite Reise, eine Himmelsreise, die sie zu den acht Sphären des Himmels, d.h. zu den sieben Planeten und den Fixsternen führt. Sie sehen die »Spindel der Notwendigkeit«, in der das All sich dreht (617b). Sie hören die Schicksalsgöttinnen (die Moiren) singen, die für die Bewegung der Gestirne verantwortlich sind. Es sind Lachesis, Klotho und Atropos, das »Vergangene«, »Gegenwärtige« und »Zukünftige«.

Die Erzählung von den Sphären des Alls und der »Spindel der Notwendigkeit« klingt nach Schicksalsglaube. Sie klingt nach Vorherbestimmung, und manche Interpreten haben aus dem Mythos sogar einen fatalistischen und pessimistischen Ton heraushören wollen (Annas 1981, 351; 1982; Kersting 1999, 325 f.). Aber endet der Mythos wirklich im Pessimismus?

Der Schluß des Schlusses legt eine andere Deutung nahe. Die Seelen erhalten demnach vor ihrem Wiedereintritt ins Leben verschiedene Lebensformen vorgelegt, das Leben eines Tyrannen, das Leben berühmter Männer u. ä., alles durchmischt mit Reichtum und Armut, Gesundheit und Krankheit ohne irgendeine Rangordnung. Aus diesen Lebensformen muß die Seele ihr Leben wählen. Hat sie gewählt, wird ihr die Wahl zum Schicksal, das die Schicksalsgöttin mit ihrem Leben verknüpft. Vergangene Erfahrungen gehen in die Wahl des Lebens ein (620a). Grundsätzlich muß jeder aber alles daran setzen, »die schlechtere und die bessere Lebensweise« voneinander scheiden zu lernen. Die Seele muß wissen, was ein gerechtes und was ein ungerechtes Leben ist, damit sie die richtige Wahl treffen kann (618d).

Indem Platon die freie Wahl mit den Moiren, den Schicksalsgöttinnen verbindet, kann er Lebenswahl und Lebenslos miteinander vereinen. Die freie Wahl des einzelnen verbindet sich mit dem Rhythmus des Kosmos und dem Diktat der Zeit. Die kosmische Dimension des Geschehens und die Schicksalhaftigkeit der Wahl sind aber nicht so zu verstehen, daß Platon einem Fatalismus das Wort reden würde. Kern des Mythos ist vielmehr ein Pathos der Wahl und Entscheidung. Der »Prophet« der Göttin Lachesis stellt es den Seelen vor ihrer Wahl eindringlich vor Augen:

»Eintägige Seelen! Ein neuer todbringender Umlauf beginnt für das sterbliche Geschlecht. Nicht euch wird der Dämon erlosen, sondern ihr werdet den Dämon wählen... . Die Schuld ist des Wählenden, Gott ist schuldlos« (617d6–e5).

Nicht Gott, nicht Schicksal, der Mensch wählt sein Leben. Es sind nicht die Götter, die den Menschen in Schuld verstricken. Prometheus-Mythos und alter Götterglaube, Tragödie und Streit der Götter sind in diesem rationalistischen Mythos getilgt. Es ist ein Mythos, der erstmals das Leben des Menschen als ganzes einzig und allein in die Verantwortung, die Wahl und Entscheidung des einzelnen stellt.

Für diese Wahl bestimmend sind nicht Herkunft und Geburt, nicht Armut und Reichtum, nicht Krankheit oder Gesundheit. Entscheidend für die richtige Lebenswahl ist das Wissen von gerecht und ungerecht, das der Mensch im Lauf seines Lebens erwirbt. Die falsche Lebenswahl, die eine früher einmal gerechte Seele trifft – Platon gibt das Beispiel eines Mannes, der bereits in einer wohlgeordneten Stadt lebte und dennoch das Leben eines Tyrannen wählt –, diese falsche Wahl erklärt sich daraus, daß der Wählende in seinem früheren Leben nur aus »Gewöhnung« (ethos), nicht aus Einsicht (philosophia) gerecht gewesen ist (619d1). Auch das frühere Leben war bereits zu verantworten. Verantwortlich ist jeder selbst, und jeder ist vor allem verantwortlich dafür, daß er das Wissen erwirbt, das für die richtige Wahl des Lebens nötig ist.

Der Realismus des Aristoteles wird der Gewohnheit, dem Ethos, wieder mehr Recht einräumen. Platons Bruch mit der Meinung, und sei es die Meinung der meisten, führt die richtige Lebenswahl allein auf das richtige Wissen zurück. Solches Wissen kann immer nur der einzelne selber haben, weil er selbst es einsehen muß. Für die Demonstration dieser Lehre ist der Mythos von der Seelenwanderung allerdings nur begrenzt geeignet. Seelenwanderung und Individualität lassen sich nicht miteinander vereinen. Entweder kehrt dieselbe Seele wieder, dann hat sich nichts Wesentliches geändert. Oder aber eine andere Seele lebt ein anderes Leben. Dann kann von »Seelenwanderung« oder »Wiederkehr« nicht die Rede sein.

Der Mythos stößt an eine logische Grenze. Aber offenbar war es Platon im Schlußmythos weniger um logische Konsequenz als um einen erzieherischen Appell zu tun. Er wollte das Bewußtsein für die Lebenswahl und die Verantwortung des einzelnen stärken. Die wesentliche Einsicht des Mythos ist: Der Mensch ist, was er wählt. Deshalb erhält er, was er verdient. Er erhält seinen eigenen »Lohn«.

In der Geschichte der griechischen Kultur ist der Schluß der Politeia ein Höhe- und Wendepunkt. Die tragische Diskrepanz von nur kleinem Versehen und ungeheuerlichen Folgen, die Diskrepanz zwischen Schuld und Tat wird ersetzt durch die in sich stimmige proportionale Gerechtigkeit. Damit hat die Philosophie der Tragödie den Garaus gemacht.

In der Kultur der Polis war die Unsterblichkeit verbunden mit dem Ruhm. Die Stadt war ein organisiertes Andenken, ein Ort der Erinnerung. Der einzelne konnte unsterblich werden, wenn er in der Erinnerung der Stadt oder in den Worten der Dichter lebendig blieb. Mit Platons Lehre von der Seele und der Freiheit der Lebenswahl wird dies anders. Unsterblich ist die Seele. Diese wiederum ist ein Synonym für das, was der einzelne wählt. Das äußerliche Selbstbewußtsein, das der Anerkennung durch die anderen bedarf, ist innerlich geworden. Es nimmt sein Maß am eigenen Tun und an der Sache selbst, was immer die Meinung der anderen und der Stadt sein mag.

2.3. Politische Philosophie nach der »Politeia«

Nach der *Politeia* ist Platon unterwegs zu dem, was er den »zweitbesten Weg«
nennt. Der »zweitbeste Weg« ist die Herrschaft der Gesetze, nicht der Personen.
Der beste Weg wird für Platon stets die Philosophenherrschaft bleiben. Aber wenn
es an Philosophen und Vernünftigen fehlt, muß das Gesetz einspringen, damit die
Ordnung noch erträglich sein kann. Mit der Wendung von den Personen zu den
Verfahren verbinden sich neue Lehren. Neu ist die Aufwertung der Peitho, der
Überredung. Neu ist das stärkere Hervortreten der Theologie. Und neu ist, daß
sich auch das Interesse an Kosmologie stärker bemerkbar macht.

2.3.1. »Timaios« (zwischen 360 und 350 v. Chr.)

Der *Timaios* enthält Platons berühmte Naturphilosophie, seine Lehre vom Kosmos, vom Menschen und von der mathematisch-rationalen Struktur alles dessen,
was existiert. Der Dialog mag – so besehen – als ein unpolitisches Gespräch über
die Natur erscheinen. Aber wie schon im *Gorgias* so werden auch im *Timaios* die
Seele und die Ordnung der Stadt auf den Kosmos bezogen. Kosmos, Polis und Psyche bilden eine Einheit (Reale 1996, Szlezák 1996). Schon rein äußerlich knüpft
der Dialog an die *Politeia* an. Die Unterredung findet einen Tag nach dem Gespräch über die beste Stadt statt. Anders als in der *Politeia* erscheint die beste Stadt
aber nicht mehr als eine, die zu verwirklichen ist. Sie erscheint vielmehr als eine
Stadt, die in ferner Vorzeit schon einmal verwirklicht war.

Der *Timaios* handelt von der Welt, die wir mit den Sinnen wahrnehmen. Der
Dialog beansprucht deshalb nur den Status einer »wahrscheinlichen« (*eikos*) Rede
(29c–d). Der Kosmos wird wie schon im *Gorgias* als eine gute und schöne Ordnung begriffen. Die Idee des Guten selbst wird jedoch nicht erörtert. Offenbar soll
sie auch im *Timaios* der mündlichen Erörterung vorbehalten sein.

Der Aufbau des Dialogs folgt kunstvoll der Logik der Erinnerung. Zuerst erinnert Sokrates an das Gespräch des Vortages. Er rekapituliert die *Politeia*. Anschließend erzählt Kritias, der Onkel Platons (oder der Großvater des Onkels), die Sage
von Atlantis, die 9000 Jahre in der menschlichen Erinnerung zurückgeht. Schließlich folgt – als Hauptteil – die Rede des Timaios über die Entstehung von Welt und
Mensch. Weiter zurückerinnern kann man sich nicht.

2.3.1.1. Die beste Stadt in Aktion

Sokrates wiederholt das Gespräch vom Vortag. Er faßt die *Politeia* zusammen, erstaunlicherweise nur was in den ersten fünf Büchern steht. Nicht erwähnt werden
die Philosophenherrschaft, die Idee des Guten, die Gleichnisse, die Staatsformenlehre und der Zusammenfall von Glück und Gerechtigkeit. Ob sich darin eine Distanzierung von der *Politeia* und ihrer zentralen These ausdrückt? Oder gab es
mehr als ein Gespräch über die beste Stadt? Der Fortgang des Arguments spricht

für eine Verschiebung des Interesses von der Theorie zur Praxis, von der Stadt, die im Dialog lebt, zur politisch agierenden Stadt.

Sokrates vergleicht die beste Stadt mit einem stillstehenden gemalten Tier. Nun aber wolle man die Stadt in Aktion sehen, in Krieg und Verhandlungen mit anderen Städten, wie sie sich da bewähre. Dies zu zeigen, seien Dichter und Sophisten unfähig. Ja, er selbst zweifle an seiner »eigenen Kraft«, den »Staat auf eine genügende Weise zu preisen« (19d).

Sokrates' Eingeständnis seiner fehlenden Kraft ist vermutlich ironisch gemeint. Es mag aber auch sein, daß Platon völlig unironisch den verehrten Sokrates zu einem reinen Theoretiker macht (Cornford ²1966, 6). Der *Gorgias* hatte Sokrates als den »einzigen Staatsmann« gepriesen. Aber schon da war das Lob zwiespältig, da Sokrates unter sein eigenes Paradox fallen mußte, daß »Politikern von ihren Bürgern kein Unrecht geschieht«, seine Verurteilung ihm also selber zuzuschreiben war.

Im *Timaios* scheint Sokrates die Rolle eines Theoretikers zuzufallen, während die anderen Unterredner Personen mit praktischer politischer Erfahrung sind. Timaios, aus Lokri in Unteritalien, hatte höchste Ämter in der »Stadt mit der besten Gesetzgebung« inne (20a); Kritias war aktiver Politiker; Hermokrates, eine durch Thukydides bekannte Figur, ist ein konservativer Politiker aus Syrakus, mit verantwortlich für das Scheitern der Sizilischen Expedition, gefallen beim Versuch, durch einen Putsch die Macht in Syrakus an sich zu reißen. Ob er nicht auch für Platons gescheiterten Versuch steht, den Tyrannen von Syrakus für die beste Stadt zu gewinnen? Wie dem auch sei, im *Timaios* unterreden sich Theoretiker, die zugleich Praktiker der Politik sind.

2.3.1.2. Athen und der Mythos von Atlantis

Statt die beste Stadt in die Zukunft zu verlagern, geht Platon in die Vorzeit zurück. Er verbindet die Geschichte Athens mit dem Mythos von Atlantis, der auch im Dialog *Kritias* erzählt wird. Vor 9000 Jahren war Athen demnach schon einmal die beste Stadt.

Kritias kennt den Mythos von Atlantis aus hinterlassenen Papieren. Solon hat seinem Urgroßvater erzählt, was er in Ägypten von Priestern über die Frühzeit erfahren hatte. Nach den Erzählungen dieser Priester war die Frühzeit geprägt durch wiederkehrende Naturkatastrophen, die durch die Abweichungen der Sternenbahnen verursacht worden sind. Die Ägypter hätten diese Katastrophen aufgezeichnet und die Berichte im Tempel verwahrt. Die Griechen aber hätten, immer wenn sie das Stadium der Schrift erreicht hätten, alles wieder verloren. Wie die Kinder begännen sie jeweils von vorn.

Was ist vor 9000 Jahren geschehen? Damals soll Athen Krieg geführt haben gegen das mächtige Inselreich Atlantis. Dieses liegt jenseits der Säulen des Herakles, also jenseits von Gibraltar. Athen hat Atlantis besiegt. Aber beide gehen durch ein Erdbeben und eine Flutkatastrophe unter. Die Insel Atlantis und die Streitmacht der Athener versinken im Meer.

Vielleicht erinnert der Mythos an die Flutkatastrophe des Jahres 373 v. Chr. Warum Platon ihn aber überhaupt erzählt, ist damit nicht geklärt. Statt, wie es an-

gekündigt war, die beste Stadt in Aktion zu zeigen, hat Platon etwas ganz anderes
vor Augen geführt. Er hat durch den Mythos demonstriert, wie eng die Verbindung
von Stadt und Kosmos, von Politik und Naturkatastrophe ist. Dabei denkt er offenbar nicht an jene Katastrophe, die mit den Säulen des Herakles ansonsten verbunden wird. Seit Pindar (Nem. III, 21–24) gelten die Säulen des Herakles als
Warnzeichen, als Warnung vor dem »darüber hinaus«. Wer über die Säulen hinaus-
fährt, wird mit Schiffbruch und Untergang bestraft. Platons Mythos warnt nicht
vor der Hybris, die das »non plus ultra« mißachtet. Sein Mythos wirft vielmehr die
Frage auf, wie Politik auf den Kosmos bezogen ist, ob sie dessen Unordnung spiegelt oder ob sie als gute Politik an die kosmische Ordnung gebunden sein kann.

2.3.1.3. Der göttliche Demiourg und die Weltseele

Der Mythos von Atlantis und der Untergang Ur-Athens können Zweifel wecken an
der kosmischen Ordnung und ihrer Auswirkung auf die Politik. Die Rede des Timaios dient, auch wenn von Politik gar nicht mehr explizit die Rede sein wird, dem
Nachweis des Gegenteils. Das All ist geordnet von einem göttlichen Demiourgen
(einem göttlichen »Handwerker«). Dieser hat dem All seine Ordnung und seine
Güte aufgeprägt. Der Kosmos ist eine intelligible, ja eine mathematisch präzise
Ordnung. Welt und Seele gehören in einen Ordnungszusammenhang. Das All und
die Seele werden von der Vernunft (nous) regiert. Welt-Seele -Stadt könnten und
sollten eine einzige Ordnung sein.

Der Timaios ist die einflußreichste Naturphilosophie der Antike. Bis zur Wiederentdeckung des Aristoteles im 13. Jh. n. Chr. ist er auch die einflußreichste Naturphilosophie des Mittelalters. Die Bahnen der Sterne, die Elemente, der Mensch von
Kopf bis Fuß – das alles wird mathematisch erklärt: die Bahnen der Sterne durch
das geometrische, arithmetische und harmonische Mittel (es ergeben sich die bis
Kepler gültigen Kreisbahnen), die Körper aus den vier Elementen, die regelmäßige
Polyeder sind und ihrerseits aus zwei Arten rechtwinkliger Dreiecke bestehen (die
klarsten Rekonstruktionen der komplizierten Mathematik des Timaios bei Brisson
²1994, 1996).

Besondere Aufmerksamkeit haben stets zwei Lehren des Timaios gefunden: Die
vom Demiourgen und die von der Weltseele. Der Demiourg wird vorgestellt als ein
göttlicher Handwerker, der die Welt nach dem Modell der Ideen formt. Er ordnet
sie zur schönsten und besten aller Welten. Ein christlicher Schöpfergott, der die
Welt aus dem Nichts schafft, ist dieser Demiourg nicht. Einmal blickt er auf die
von ihm selbst nicht geschaffenen Ideen; zum anderen stößt er auf den Widerstand
des Materials, den Platon ananke (Notwendigkeit) nennt. Das Material selber
heißt chora (ungeordneter Raum), metaphorisch auch »die Amme des Werdens«
(49a) oder die »Mutter« (50c–d). Es ist offensichtlich beteiligt an der Entstehung
der Dinge, vorzustellen wie ein Behälter (hypodoche) oder eine chaotische Räum-
lichkeit, in die der Demiourg Ordnung bringt.

Der göttliche Handwerker schafft die Welt nicht in einer creatio ex nihilo. Er besitzt auch keine Allmacht. Anders als der christliche Gott ist er ein Ordner, nicht
ein Schöpfer der Welt. Was er »herstellt«, ist die Weltseele, die er aus den Gattun-

gen der Ideen (aus dem Sein, dem Selbigen und dem Anderen) auf komplizierte Weise mischt. (Die Ideengattungen finden sich in späten Dialogen, etwa im *Sophistes* [254b–259b]). Die Weltseele verbindet Ideen- und Sinnenwelt. Ihre Herstellung muß man sich so vorstellen, daß der Demiourg Sein, Selbiges und Anderes zusammenmischt, zu einer Platte walzt, diese in zwei Streifen schneidet und zu Kreisen formt, auf denen die Planeten bzw. die Fixsterne angebracht sind.

Hinter der Lehre von der »Weltseele«, die noch Schelling aufgreifen wird, steht Platons Theorie der Bewegung. Leben ist Bewegung. Nach dem *Phaidros* (245c–246a) ist die Seele der Ursprung der Bewegung, das, was sich selbst bewegen kann. Aus der Selbstbewegung leitet Platon im *Phaidros* die Unsterblichkeit der Seele ab. Auch die Welt ist ein »beseeltes vernünftiges Lebewesen« (30b). Wie in der Seele so herrscht auch in ihr der Nous, die Vernunft, »der König des Himmels und der Erde« (28c7–8). Die Welt ist durch das »schönste Band« verbunden, und das schönste ist jenes, das das Verbundene »soweit möglich, zu einem macht« (Tim. 31c).

Die Verbindungen zwischen Kosmologie und Politik sind damit schlagend. Politik ist Einheitsstiftung in Analogie zum kosmischen Band der Bänder, und beim älteren Platon ist augenfällig, wie oft er von Band, Bändern und Zusammenbindung in der Politik spricht (Szlezák 1996). Im *Politikos* wird der gute Staatsmann geradezu als ein »Weber« vorgestellt.

Die Welterklärung des *Timaios* ist auf eine eigenartige Weise präzise und ungenau zugleich. Sie berichtet von einer immer bestehenden Welt, als ob sie geschaffen würde. Dabei entsteht nach der Lehre des Dialoges die Zeit erst mit der Welt selbst. Sie ist ein »bewegliches Abbild der Ewigkeit« (37d), und sie erinnert auf unvollkommene Weise an die unveränderliche Idee. Die Lehre von der mit der Welt entstehenden Zeit kehrt wieder in Augustinus' Zeitspekulation, wenn er die Zeit erst mit der Schöpfung beginnen läßt (Conf. XI.). Aber wenn die Zeit erst mit der Welt entsteht, verbietet sich jede Frage nach dem, was »vorher« war. Man versteht, warum der Mythos eine nur »wahrscheinliche« Rede genannt wird.

Politisch hochbedeutsam ist eine Spiegelung der Polis in den Kosmos, die man bei Platon so nicht erwartet. Der Nous, die Vernunft, die die Welt regiert, herrscht in ihr durch Überredung, durch Peitho! Die Weltordnung entsteht aus der Vereinigung von Notwendigkeit (oder Widerstand) der Materie (*anankē*) und Vernunft (*nous*). Die Notwendigkeit ist das Irreguläre und Ungeordnete, das der Ordnung durch die Vernunft noch harrt. »Indem aber die Vernunft über die Notwendigkeit dadurch herrschte, daß sie sie *überredete* (Hervorhebung H.O.), das meiste des im Entstehen Begriffenen dem Besten entgegenzuführen, so bildete sich auf diese Weise und indem die Notwendigkeit durch die besonnene Überredung besiegt wurde, am Anfang dieses All.« (Tim. 48a)

Die Peitho, die Überredung, die für die attische Demokratie so entscheidend war, begegnet hier als kosmisches Prinzip, als eine Art Rhetorik des Alls. Ob Platon damit auf die *Eumeniden* des Aischylos anspielen wollte, auf die Versöhnung von alter und neuer Ordnung, wissen wir nicht. Aber wenn der Nous über die Ananke durch Peitho siegt, dann werden die kosmischen Mächte in eine Art Balance gebracht. Endgültig entschieden wird der Streit von Ordnung und Unordnung nicht. Die Unordnung ist zum Besten »überredbar«. Völlig besiegt wird sie nicht. Das

Sein wird nicht in Banden gehalten wie bei Parmenides, für den es unlösbar gefes-selt ist. Wie der Kosmos seine Parallaxen hat, so hat auch die Politik ihre Abwei-chungen von der richtigen Bahn. Auch sie kann aus der Bahn geraten, und auch sie hätte somit ihre Rhythmen zwischen Katastrophe und Regeneration.

Erhält mit dem *Timaios* die Kosmologie ein Übergewicht über Ethik und Politik? Treten die Bewegungen des Kosmos an die Stelle der Entscheidungen der Einzel-nen? Wohl kaum! Einmal ist das Thema des *Timaios* einfach ein anderes als das der *Politeia*: Platon will den Kosmos preisen, den »wahrnehmbaren Gott« (92c). Zum anderen predigt er auch in diesem Dialog keinen Fatalismus. Vielmehr appelliert er an den einzelnen, die kosmische Ordnung in seiner Seele nachzuahmen, die Unord-nung in Ordnung zu verwandeln, sich leiten zu lassen vom Göttlichen im Men-schen, das heißt, von der Vernunft. Dadurch werde der Mensch, »soweit es ihm möglich sei«, unsterblich und glücklich (90c). Die Kosmologie ist ein ethischer und politischer Appell.

2.3.2. »Politikos« (»Staatsmann«) (zwischen 366 und 361 v. Chr.)

2.3.2.1. Der Status des Dialogs

Zwischen der *Politeia* und den *Nomoi* steht der *Politikos*, das Buch vom »Staats-mann«. Es ist bei weitem nicht so gewürdigt worden wie die *Politeia*. Dabei enthält es eine Fülle ungehobener Schätze.

Vermutlich war der *Politikos* das Mittelstück einer Trilogie, die aus dem *Sophi-stes*, dem *Politikos* und dem *Philosophos* bestehen sollte. (Den *Philosophos* hat Platon nicht ausgeführt). *Sophistes* und *Politikos* bestimmen, was der Sophist bzw. was der Staatsmann ist. Beide Dialoge haben ein Interesse an der Sache. Aber beide werden auch überwuchert von einem Interesse am Teilen der Begriffe (*dihairesis*). Der *Politikos* ist eine Übung in Dialektik; er ist eine geistige Gymnastik, bei wel-cher das Interesse an gedanklicher Übung gelegentlich die Oberhand über die Dis-kussion der Sache gewinnt.

Im *Politikos* unterreden sich, unter Aufsicht des Sokrates, Theodoros, ein Frem-der (aus Elea) und Sokrates der Jüngere. Letzterer ist ein Schüler der Akademie, der das geistige Handwerk noch zu erlernen hat. Der *Politikos* ist eine Propädeutik (Ferber, in: Rowe 1995). Er führt an die Schwelle einer Einsicht, die im Dialog selbst nicht expliziert wird. Wie in der Mitte der *Politeia* der Satz von der Philoso-phenherrschaft steht, so steht in der Mitte des *Politikos* ein Hinweis auf die Bestim-mung des »Genauen selbst« (284d2), ohne daß letzteres im Dialog explizit be-stimmt wird.

Der *Politikos* verweist auf den Maßstab der Maßstäbe nur indirekt. Stattdessen bedienen sich die Unterredner der Beispiele und Modelle (*paradeigmata*). Daraus zu folgern, daß Platon von einer metaphysischen Ideenlehre zu einer reinen Logik übergegangen wäre, wäre voreilig. Platon diskutiert im *Politikos* eine in der Sinnen-welt anzuwendende Meßkunst. Diese hat es mit dem »Angemessenen« (*prepon*), dem »zeitlich Passenden« (vom *kairos* bestimmten) und dem »Gebührlichen« (*deon*) zu tun (284e). Es geht um Messungen, bei denen zwischen den Extremen zu vermitteln ist. Diese Meßkunst im Relativen wäre gar nicht möglich, hätte sie selbst nicht einen Maßstab an dem, was selbst nicht relativ, sondern absolut ist (Krämer 1959, 499 f.).

Stand der *Politikos* lange Zeit im Schatten der *Politeia*, so erfreut er sich inzwischen größerer Beachtung. Einen Überblick über den Stand der Diskussion verschafft der Sammelband von Rowe (1995). Schritt für Schritt folgen dem Text die Monographien von Miller (1980), Scodel (1987), Rosen (1995) und Lane (1998).

2.3.2.2. Der Staatsmann als Fachmann für imperativisches Wissen

Eine erste Kette von Begriffsteilungen oder Dihairesen führt zur Definition des Staatsmannes als eines Künstlers oder Fachmannes. Das geschieht durch stete Zweiteilung der Wissenschaften und Künste. Die erste teilt die Wissenschaften in praktische und theoretische, in solche, die nur Wissen vermitteln, und solche, die die materiellen Dinge verändern und oft manuell ausgeführt werden. Die Kunst des Staatsmannes hat es mit Wissen zu tun. Aber auch hier gibt es zwei Typen: das kritische (beurteilende) (z. B. der Arithmetik) und das imperativische befehlende Wissen (*kritikē* und *epitaktikē*). Die Kunst des Staatsmannes gehört zum imperativischen Wissen. Der Staatsmann befiehlt. Aber beim imperativischen Wissen ist zu unterscheiden zwischen einem Wissen, das Befehle nur weitergibt, und einem Wissen, das souverän ist, sich selbst befiehlt (260e).

Die Dihairesen führen damit zu einer ersten Bestimmung des Staatsmannes, nach der dieser ein Fachmann für imperativisches Wissen ist. Er ist ein Fachmann für das oberste, das souveräne, das sich selbst befehlende Wissen. Der Staatsmann befiehlt, wie später zu erfahren ist, dem General, dem Richter und dem Redner, die ebenfalls imperativisches Wissen besitzen (303bff.). Seine Kunst dirigiert die Künste, die mit der seinen verwandt sind.

2.3.2.3. Der Staatsmann als Hirte

Die souveräne Kunst wird ihrerseits unterteilt in eine, die Lebendigen befiehlt, sowie in eine, die mit leblosen Dingen befaßt ist. Das rückt den Staatsmann in die Nähe eines Fachmannes, der für Lebewesen sorgt, und da wäre er zuständig nicht für einzelne, sondern für Herden. Damit sind wir beim »Hirten der Herde«, beim Wort des Homer, das Platon so oft gebraucht. Im *Politikos* stellt er es in Frage. Es gilt nicht mehr so wie zuvor.

Platon führt die Begriffsteilungen in eine Sackgasse. Schon im *Sophistes* treibt er dieses Spiel. Da wird die Läusejagd auf eine Stufe mit der militärischen Strategie gestellt (Soph. 227b). Im *Politikos* wird die Unterteilung so weitergetrieben, daß wir auf wilde und zahme Tiere stoßen, auf zahme, die im Wasser leben oder auf dem Land; die Landtiere wiederum fliegen oder laufen; sie sind gehörnt oder nicht gehörnt, kreuzbar oder nicht kreuzbar, Vierfüßer oder Zweifüßer, womit wir beim Menschen angelangt sind. Der Mensch wäre somit ein ungeflügeltes, ungehörntes, kreuzbares, zweibeiniges Landtier mit Zehen. Eine glänzende Definition, die das

Entzücken eines Zoologen sein müßte! Sie führt zur seltsamen Konsequenz, daß der königliche Hirt der Herde in Nachbarschaft zum Sauhirten gerät, Odysseus auf eine Ebene mit Eumaios gestellt wird. Politik und Schweinezucht erscheinen als nahe verwandte Künste. Was den Menschen vom Schwein unterscheidet, wird ebensowenig erörtert wie die Frage, wodurch der Staatsmann von Hirten anderer Herden, von Schweine- und Schafhirten, unterschieden ist.

2.3.2.4. Der Mythos vom göttlichen Hirten (268e–274e)

Auf die ironisch endende Begriffsteilung läßt Platon einen Mythos folgen, dessen Deutung schon in der Antike Rätsel aufgegeben hat. Es ist der »Mythos vom göttlichen Hirten«. Neuplatoniker haben ihn, angesichts der Rätsel, die er bei wörtlicher Lesart aufwirft, allegorisch gedeutet (siehe die Beiträge von Dillon, Erler u.a. in: Rowe 1995, 364ff.); eigentlich nur Brisson (in: Rowe 1995) hat eine wörtliche Auslegung versucht.

Im Mythos vom göttlichen Hirten kehrt Hesiods Lehre von den Weltaltern wieder. Daneben gibt es Anklänge an den Mythos von Prometheus, wie ihn Platon im *Protagoras* erzählt. Der Sinn des Mythos ist jedoch kein prometheischer. Auch geht es nicht, wie bei Hesiod, um eine Rechtfertigung der gerechten Herrschaft des Zeus. Stattdessen will Platon durch den Mythos zeigen, daß der göttliche Hirte, der sich um die »Herde« der Menschen sorgt, einer anderen Zeit angehört als der Gegenwart. Durch den Mythos will Platon sagen, daß die dürftige Gegenwart keine philosophischen Stellvertreter der göttlichen Hirten mehr kennt, der Mensch vielmehr selber Sorge tragen muß, wie er seine Gemeinschaft ordnet und lenkt.

Der Mythos erzählt die Geschichte einer Welt, die die Ewigkeit und Unveränderlichkeit Gottes imitiert. Diese Nachahmung besteht in der Bewegung im Kreis, die möglichst wenig abweicht von der vollkommenen Bahn. Da der Kosmos sich aber weder allein aus sich selber dreht, noch allein durch Gott gedreht wird, gibt es zwei Halbkreise oder Perioden (*periodoi*), die in gegensätzlicher Richtung laufen. In der einen steuert Gott das Schiff der Welt durch das Meer der Unähnlichkeiten. In dieser Periode hat alles seine Regularität und Ordnung. Dann aber kommt die Zeit der entgegengesetzten Bewegung. Es ist die Periode, in welcher der Gott das Steuer losläßt und sich auf seinen »Ausguck« (*periopē*) am Bug des Schiffes zurückzieht. Da läuft die Welt aus dem Ruder, zuerst unmerklich, dann in immer größerer Unordnung, bis das Schiff im Meer des Veränderlichen und Ungeordneten zu stranden droht. Dann muß der Gott wieder das Steuer übernehmen und die Welt in die richtige Richtung drehen.

Der Mythos unterscheidet die Perioden, anspielend auf Hesiod, als das Zeitalter des Kronos und des Zeus. Unter Kronos herrschte ein goldenes Zeitalter, in dem alles anders war, als es heute ist. Die Menschen verjüngten sich in der Nacht; im »Alter« wurden sie zu Kindern; aus den Toten der Erde wuchsen sie ans Licht. Es gab weder Arbeit noch Not, weder Verfassungen noch häusliche Gemeinschaften, keine wilden Tiere, keinen Zwiespalt, keinen Krieg. Man philosophierte nicht nur mit Menschen, sondern auch mit Tieren. Gott und Dämonen waren Hirten der menschlichen und der sonstigen Herden, denen es an nichts gefehlt hat.

Auf das Zeitalter des Kronos folgt die Zeit des Zeus. Sie ist die Epoche, in der Gott das Steuer losgelassen hat und Mensch und Welt sich selbst überlassen sind. Der Kosmos verfolgt seinen eigenen Kurs. Er wird »autokratisch« (274a5). Analog müssen die Menschen fähig werden zur Herrschaft über sich selbst. Schon um zu überleben, müssen sie erfinderisch werden. Sie sind in jenes Dasein gefallen, wie es Protagoras so eindrucksvoll als Dasein des Mängelwesens Mensch dargestellt hat. Die Menschen sind ohne Kunst, schwach und ausgeliefert, bis ihnen Prometheus das Feuer, Hephaistos und Athene die Künste bringen, Geschenke der Götter, durch die das Überleben erst wieder möglich wird.

Platon hat in diesen Mythos vieles hineinkomponiert, Hesiod und Protagoras, einen Mythos von der Autochthonie (der aus den Toten Geborenen), aus dem er jedoch politisch nichts macht. Hineingemischt wird die eigene Lehre von der Anamnesis (zunehmende Vergeßlichkeit in der sich selbst überlassenen Welt), ferner eine Lehre von der Philosophie, die diese mit ironischen Untertönen als eine paradiesische All-Wissenheit und All-Verständigung preist.

Rätselhaft ist immer schon gewesen, ob Platon im Ernst eine gottverlassene Welt darstellen wollte. Sie wäre mit seinem Denken absolut unverträglich. Neuplatoniker wie Proklos haben deshalb versucht, die Perioden zu synchronisieren und zu hierarchisieren; beide wären demnach nur Allegorien auf die physikalische beziehungsweise dianoetische Welt.

Völlig von Gott verlassen und rein auf sich selbst verwiesen ist der Mensch nach dem Mythos des *Politikos* auch keineswegs (Brisson, in: Rowe 1995). Nur temporär läßt Gott das Steuer los. Die Welt bleibt jedoch in seinem Blick. Bevor sie völlig aus dem Ruder läuft, greift der göttliche Steuermann wieder ein. Prometheus ist in diesem Mythos weniger der gegen die Götter Aufbegehrende. Vielmehr wird er eingeordnet in die Reihe jener Götter, die wie Hephaistos und Athene den Menschen schenken, was ihnen zum Überleben nötig ist.

Die *Politeia* endet mit einem Mythos von der Lebenswahl. Der Mythos des *Politikos* zeigt, daß der Mensch an sich selbst verwiesen ist und aus eigener Verantwortung sein Leben zu führen hat. Da von »Autonomie« zu sprechen (und die Perioden nach Heteronomie und Autonomie zu unterscheiden) (Lane 1998, 109f.), dürfte allerdings eine modernisierende Überzeichnung der Selbstverwiesenheit des Menschen sein. Selbstredend hat der Mensch für Platon sein Maß an Gott und am Kosmos, auch wenn er sich in der Zeit der relativen Abwesenheit des Gottes zu behelfen hat.

Was der Mythos für die Beweisführung des *Politikos* bedeutet, liegt auf der Hand. Ein göttlicher Hirte der menschlichen Herde existiert im Zeitalter des Zeus nicht mehr. Was bisher über den Staatsmann als Hirten gesagt worden ist, war unzureichend. Es wurde nicht unterschieden zwischen göttlichem und menschlichem Hirten. Herde war gleich Herde, gleichgültig ob von Menschen oder Tieren die Rede war. Es fehlte eine Unterscheidung von Zwang und Freiwilligkeit, und wenn die Aufgaben der Hirten von Tierherden Fütterung und Zucht umfassen, so wird die Aufgabe der Hirten menschlicher Gemeinschaften anders zu bestimmen sein. Platon schlägt als neue Großbegriffe für die Aufgaben des Staatsmannes »Pflege« (*therapeia*) und »Sorge« (*epimeleia*) vor (275e3–8). In beiden Begriffen klingt die göttliche Pflege und Sorge noch nach, die der göttliche Hirte der Herde angedeihen ließ.

Die Kunst des Staatsmannes wird durch ein neues Paradigma definiert, durch den Vergleich von politischer Kunst und Webkunst. Erstmals tritt damit an die Stelle der bisher nur hierarchisch strukturierten Vergleiche (wie Experte – Laie oder Hirt – Herde) ein Modell, das auf Vermittlung, Maß und Mitte zielt.

2.3.2.5. Der Staatsmann als Weber (287b–291c, 306a–311c)

Platon vergleicht Webkunst und politische Kunst. Beide sind Künste der rechten Mischung und Verbindung. Wie Webstuhl, Weberschiffchen und Fäden unter der Anleitung eines Meisters Vermischung und Verkettung erzeugen, so erzeugt der Staatsmann eine Mischung der Temperamente und Tüchtigkeiten. Er zeigt sich darin als der große Erzieher. Auch die Gesetzesstadt gründet auf Erziehung. Darin unterscheidet sie sich nicht von der Philosophenstadt.

Nach einem Ausscheiden des Schlechten als erstem Akt (Platon spricht unverblümt von Todesstrafe und Verbannung für die Unerziehbaren, 309a), folgen die Prozesse der Mischung und Verbindung. Platon nennt sie die Verbindung durch ein göttliches und ein menschliches Band. Das göttliche Band wird durch die Erziehung geknüpft, welche die Seelen miteinander verträglich macht; vereint werden müssen das Heftige und das Sanfte, das Übereilte und das zu Bedächtige, das Besonnene und das Tapfere. Das menschliche Band ist die Vereinigung der Körper. Der Staatsmann muß für Hochzeiten von Menschen sorgen, deren unterschiedliche Temperamente sich mischen und durch ihre Vermischung mäßigen.

In der *Politeia* lag das Schwergewicht auf der Separation der Tüchtigkeiten, daß jeder das Seine und nur das Seine tat. Im *Politikos* verschiebt sich die Gewichtung zugunsten von Mischung, Verbindung und Gemeinsamkeit. Das alles Bestimmende wird das rechte Maß, das der Staatsmann zu treffen hat. Platons Politik findet zur Mitte zwischen den Extremen, ein Gedanke, der für Aristoteles' Ethik und Politik als Lehre von der *mesotēs* (Mitte) bestimmend werden wird.

2.3.2.6. Politik und andere Künste, insbesondere die der Feldherren, Redner und Richter

Eine leitende Kunst und eine Form imperativischen Wissens bleibt die Politik auch im *Politikos*. In etwas ermüdenden Dihairesen werden sowohl von der Webkunst als auch von der politischen Kunst »mitverursachende« und »verursachende« Künste abgetrennt. Die »mitverursachenden« Künste liefern nur die jeweiligen Materialien und Mittel. Die »selbst verursachenden« Künste sind der politischen Kunst verwandt, da sie wie diese Formen imperativischen Wissens sind. Als nur mitverursachend scheidet Platon eine Vielzahl von Künsten aus. Sie reichen von der Führung von Sklaven über das Wirtschaften der Kaufleute, das Handwerk der Söldner und der Herolde bis zur Wahrsagerei und zum Opfern der Priester. Insbesondere ist es auch die Verwandlungskunst der Sophisten, die als unechte Konkurrenz von der wahren politischen Kunst zu trennen ist.

Als echte Verwandte der Politik werden von Platon nur drei Künste anerkannt: die des Feldherrn, des Richters und des Redners. Damit kommt Platons Begrifflichkeit der politischen Wirklichkeit nahe, nennt man in Athen die politischen Führer doch gewöhnlich »Rhetores und Strategoi« (»Redner und Feldherren«, Hansen 1983). Platon ordnet ihre Künste der Kunst des Staatsmannes unter. Die Entscheidung, ob es an der Zeit ist, miteinander zu reden oder zum Zwang zu greifen, steht dem Redner selbst nicht zu. Ob man weiter verhandeln oder Krieg führen soll, diese Entscheidung fällt nicht in die Kompetenz des Feldherren, sondern des Staatsmannes. Die politische Kunst ist ein Wissen vom rechten Augenblick (*kairos*); sie ist eine Kairologie (dazu treffende Bemerkungen bei Lane 1998, 139ff.).

2.3.2.7. Staatsformenlehre (291c-303d)

Wie die *Politeia* so mißt der *Politikos* die Verfassungen am Modell der besten Stadt. Alle von der Philosophenstadt abweichenden Staatsformen werden als »Nachbildungen« *(mimēmata)* der besten Stadt eingeführt. Neu ist jedoch der Katalog der Kriterien. Platon nennt: Freiwilligkeit der Herrschaft oder Gewaltherrschaft; Herrschaft der Armen oder der Reichen; Herrschaft der Gesetze oder ungesetzliche Herrschaft (291c). Die Dihairesis, das Verfahren der Begriffsteilung, wird auf die Verfassungen angewendet. Die Alleinherrschaft spaltet sich in Monarchie und Tyrannis (in freiwillige und gesetzliche versus ungesetzliche und gewalttätige Herrschaft). Die Herrschaft mehrerer wird geteilt in Aristokratie und Oligarchie (eine Herrschaft der Reichen mit oder ohne Gesetz). Die Herrschaft des Volkes (oder der Armen) wird in jedem Fall Demokratie genannt, auch wenn die Dihairese unterscheidet zwischen Volksherrschaft »mit« und Volksherrschaft »ohne« Gesetz.

Die Staatsformenlehre des »Politikos«

	Mit Gesetz	**Ohne Gesetz**
Alleinherrschaft	Monarchie (Freiwilligkeit)	Tyrannis (Gewalt)
Herrschaft weniger	Aristokratie (Reiche)	Oligarchie (Reiche)
Herrschaft aller	Demokratie (Arme)	Demokratie (Arme)

Der *Politikos* bereitet das Sechser-Schema der Verfassungen vor, das Aristoteles in seiner *Politik* kanonisch machen wird. Die gute Demokratie, die Demokratie mit Gesetzesherrschaft, wird er »Politie« nennen. Ansonsten übernimmt er die Terminologie und die Anordnung der Verfassungen, teilweise auch die Kriterien der platonischen Einteilung. Was die Verfassungslehren beider Philosophen jedoch fundamental unterscheidet, ist, daß bei Platon stets das Urbild der Philosophenherrschaft als Maßstab erhalten bleibt. Die Qualität einer Verfassung bemißt sich nach dem Abstand, den eine »Nachbildung« vom Urbild trennt.

Bei den gesetzlichen Herrschaftsformen hat dies zur Folge, daß an erster Stelle die Monarchie rangiert, an zweiter die Aristokratie und an dritter die Demokratie. Die Monarchie steht dem Urbild noch am nächsten, die Demokratie ist am weitesten entfernt von ihm (Kompetenz und Einsicht bleiben für Platon etwas Exklusives). Bei den ungesetzlichen Herrschaftsformen kehrt sich die Rangfolge um. Am leidlichsten noch ist die Demokratie, schlechter die Oligarchie und am schlechtesten die Tyrannis. In ihr kann, da die Bindung an die Gesetze fehlt, ein einzelner am meisten Unrecht tun.

2.3.2.8. Herrschaft der Gesetze oder Herrschaft der Vernünftigen?

Die Verfassungslehre zeigt: Platon schreibt der Herrschaft der Gesetze einen neuen Wert zu. Gesetzloser Herrschaft ist sie vorzuziehen. Zugleich bleibt die Gesetzesherrschaft ein Notbehelf. Mit der eigentlich wünschenswerten Herrschaft vernünftiger Personen kann sie nicht konkurrieren. Die in der Staatsformenlehre verwandten Kriterien der Einteilung (Gesetz – Nicht-Gesetz, Reichtum – Armut, Freiwilligkeit – Gewalt) werden von Platon selbst relativiert. Auf sie alle kommt es letztlich nicht an. Was eigentlich zählt, ist die Einsicht (*epistēmē*) (292c). Diese ist entweder richtig oder falsch, und sie ist es unabhängig von den Kriterien, die die Verfassungstheorie nennt.

Auch im *Politikos* bleibt die platonische Politik expertokratisch. Noch immer wird die Politik mit der Kunst des Arztes oder des Steuermanns verglichen (297eff.). Experten gibt es immer nur wenige, so wie es unwahrscheinlich ist, daß sich unter tausend Menschen hundert oder fünfzig erstklassige Brettspieler finden (292e). Die Einsicht (*epistēmē*) nimmt ab, je mehr Menschen politisch mitmischen dürfen, und das kann erklären, warum es für Platon von der Monarchie über die Aristokratie zur Demokratie bergab geht.

Angesichts der Konkurrenz von Gesetzesherrschaft und Herrschaft der Einsicht weiß Platon viel Nachteiliges über das Gesetz zu sagen. Ihm fehle die Fähigkeit, »genau« (akribōs) zu erfassen, was das für alle »Zuträglichste und Gerechteste« sei (294a). Dazu seien die Menschen und ihre Handlungen zu unterschiedlich und zu veränderlich. Gesetze seien so starr und unbeweglich »wie ein selbstgefälliger und ungelehriger Mensch« (294e). Sich allein an ihnen auszurichten, würde den Stillstand allen Fragens und Forschens bedeuten, eine neue Verurteilung des Sokrates sozusagen (291b–e). Platon vergleicht die Gesetze mit schriftlichen Instruktionen, die ein Arzt hinterläßt, weil er verreisen muß (295ff.). Käme er zurück, so stünde es ihm selbstverständlich frei, die Verschreibungen wieder zu ändern. Das Gesetz erscheint als ein toter Buchstabe, das dem lebendigen Geist des Sachverständigen und Einsichtigen unterlegen ist.

Im Hellenismus wird man für die Monarchen die Formel vom »lebendigen Gesetz« kreieren, die ein Echo der platonischen Argumentation ist. Der *Politikos* schwankt zwischen einer Annäherung an das Gesetz und einer immer noch deutlichen Präferenz für die Herrschaft der Wissenden. Diese müssen Politik nicht notwendigerweise in die Form der Gesetze gießen. Vielmehr praktizieren sie diese als eine alle Verfahren übertrumpfende Kunst. Nur wo die wahren Hirten- und Webkünstler fehlen, kommt das Gesetz zum Zuge. Wo es an Verstand und Einsicht fehlt, müssen Gesetze und Verfahren Verhüter des Schlimmeren sein. Das exakt ist der Sinn des Wortes, daß Gesetze und Vorschriften »der zweite Weg nach dem besten« sind (300c).

2.3.3. Die »Nomoi« (die »Gesetze«) (ca. 350 v. Chr.)

Platons letztes Werk trägt den Titel *Nomoi* (*Gesetze*). Es ist sein umfangreichstes. Vermutlich ist es Platon nicht mehr gelungen, das Buch durch eine Endredaktion zu straffen. Der Leser begegnet einer gelegentlich überbordenden Fülle von Details, so als ob der Philosoph hätte zeigen wollen, daß, wo es an Vernunft und Einsicht fehlt, ein unendlicher Bedarf an Gesetzen und Verfahren nötig wird.

Die *Nomoi* standen stets im Schatten der *Politeia*. Noch Müller (1951) versteht sie als eine Verfallsform des platonischen Denkens. Erst nach und nach hat sich das Werk den ihm gebührenden Respekt verschafft. Hervorzuheben sind die Deutungen von Vanhoutte (1954), Voegelin (1957), Görgemanns (1960), Saunders (1970), Wyller (1970), Hentschke (1971), Strauss (1975), Laks (1996) und Benardete (2000). Eine ausführliche Kommentierung findet der Leser bei Morrow (1960, ²1993), eine knappe, solide Einführung bei Stalley (1983). Mit einer neuen Kommentierung begonnen hat Schöpsdau (1994).

Gegenüber der *Politeia* und ihren Paradoxien wirken die *Nomoi* wie ein Handbuch (»handbook« Stalley 1983, 77) für die Errichtung einer Stadt. Platon zeigt den Mitgliedern der Akademie, wie man es machen müßte, wenn eine Stadt zu gründen wäre. Wie im *Politikos* rückt Platon näher an das Gesetz, den Nomos. Er versteht ihn denkbar weit, Recht und Moral umfassend. Es gibt fast nichts im politischen und im privaten Leben, was in der Gesetzesstadt nicht der Regelung durch Gesetze unterworfen wird. Allerdings hält Platon die Herrschaft der Gesetze auch in den *Nomoi* nur für den »zweitbesten Weg«. Das Ideal bleibt die Herrschaft von Personen. In den *Nomoi* begegnen verkleidete Erben der Philosophenkönige, etwa ein Erziehungsminister oder eine »nächtliche Versammlung«. Ihnen obliegen die großen Aufgaben der Erziehung der Bürger und der Erhaltung der Stadt.

Eine unkontrollierte Herrschaft von Personen empfehlen die *Nomoi* allerdings nicht mehr. An die Stelle der zuvor so gepriesenen Exzellenz treten nun Mitte und Maß, Mischung und Mischverfassung, Amtskontrollen und ein ganzes System von *checks and balances*. Wer Platon in die Nähe des Totalitarismus rückt (wie Popper), sollte fairerweise erwähnen, daß all die »liberalen« Errungenschaften, die man gegen Platon ausspielt, in den *Nomoi* selber zu finden sind!

2.3.3.1. Grundzüge des Werks

a) Das »Proömium-Nomos-Prinzip«

Die Gliederung der *Nomoi* basiert auf einem originellen Verständnis von Gesetz. Wyller (1970) nennt es das »Proömium-Nomos-Prinzip«. Das Gesetz wird zusammengebunden mit einem Vorwort, mit einer Präambel. Die Bücher I-III sind selber eine einzige große Präambel. Ausformuliert wird diese in einer Ansprache in den Büchern IV und V (716a–718a, 726a–733d), so daß die konkrete Gesetzgebung erst mit Buch V beginnt. Einzelnen Gesetzen wie etwa den Strafgesetzen wird ebenfalls ein Vorwort, eine Präambel vorausgeschickt.

Die Vereinigung von Gesetz und Präambel signalisiert einen Wandel in Platons politischer Philosophie. Die Einführung der Präambel steht für eine Anerkennung der Peitho, der Überredung. Aufgabe der Präambel ist es, zum Gehorsam gegen das Gesetz »zu überreden«. Die Adressaten sollen »wohlwollender« und »empfänglicher« für »Belehrungen« gestimmt werden (718d). Während das Gesetz ansonsten verbunden ist mit Sanktion und der Androhung von Gewalt, verknüpft es Platon mit der sanften »Gewalt« der Überredung. Der Gesetzeszwang alleine genügt ihm nicht.

Mit dem ›Proömium-Nomos-Prinzip‹ anerkennt Platon die Bedeutung der Rhetorik auf eine Weise, wie ihm das bisher nicht möglich war. Man erinnere sich nur an die Polemik gegen die bloße Geschicklichkeit im *Gorgias*! Nun heißt es (unter Verwendung desselben Beispiels wie im *Gorgias*), der Arzt müsse die Medizin nicht nur verschreiben, er müsse auch dazu überreden, daß sie eingenommen werde. Nur ein Sklavenarzt begnüge sich mit der bloßen Verschreibung. Ein Arzt für Freie verordne und überrede zugleich (720a).

Die Formel »überreden oder zwingen« begegnet bei Platon schon früher, etwa auch in der *Politeia*. Das Originelle an der Lehre der *Nomoi* besteht darin, daß Platon beides nicht einfach als einen Gegensatz auffaßt, sondern es miteinander zu vereinen sucht. Das Gesetz mit seiner Androhung von Gewalt allein wäre tyrannisch. Freien Bürgern muß man Gründe geben. Gute Politik entsteht erst, wenn der Zwang zum Gehorsam sich mit der Einsicht in den Sinn desselben verbinden kann.

Mit dem ›Präambel-Gesetz-Prinzip‹ erreicht Platon mehrere Ziele zugleich. Das Gesetz, dem die Präambel zur Zustimmung verhilft, harmoniert mit der platonischen Auffassung von Politik als Erziehung. Auch die Gesetzesstadt soll eine Stadt der Erziehung sein. Wörtlich genommen sind Präambeln Vor-Spiele, und da fügt es sich gut, daß Platon in den *Nomoi* die Erziehung auf das Spiel gründen will. Kinder lernen durch Spiele, und die musische Bildung soll die Seele durch ihre Vorspiele in die richtige Stimmung versetzen (722e). Die Konkurrenz mit den Dichtern – auch sie läßt sich so elegant integrieren. Wenn die Präambeln die Seelen einstimmen, dann demonstrieren sie, daß der Gesetzgeber der wahre Staatsdichter ist, der die Harmonie der Seelen und der Stadt erzeugt.

b) Politische Theologie

Neben dem originellen Verständnis von Präambel und Gesetz sind die *Nomoi* gekennzeichnet durch eine neue Prominenz der Theologie. Nicht daß diese für Platon nicht schon zuvor bedeutsam gewesen wäre! Schon in der *Politeia* kreiert Platon den Begriff »Theologie«. Er spricht dort von »Richtlinien für die Götterlehre« (*typoi peri theologias*) (rep. 379a). Aber erst in den *Nomoi* dreht sich alles um Theologie, vom ersten bis zum letzten Wort.

Das erste Wort der *Nomoi* lautet: »Theos« (Gott). Ihr letztes Wort sind scharfe Asebiegesetze gegen Atheisten, Deisten und Magiker. Die *Nomoi* beginnen mit der Frage: »Ist es ein Gott oder ein Mensch ... der bei Euch als Urheber der Gesetzesordnung gilt?« (624a). Platons Antwort ist eindeutig. Nicht der Mensch ist das »Maß aller Dinge«, wie es Protagoras behauptet hat. Gott ist das »Maß aller Dinge« (716c). Der Deus-mensura-Satz ist die Präambel der Präambeln, die wichtigste Grundlage der Gesetzesstadt.

Platons *Nomoi* erfinden die politische Theologie. Diese ist politisch und philosophisch zugleich. Sie gehört zur Philosophie der göttlichen Ordnung, und sie steht in scharfem Gegensatz zur Theologie der Dichter und der anderer Philosophen. Gäbe es den Begriff der Theokratie schon zu Platons Zeit, müßte man die Gesetzesstadt wohl eine Theokratie nennen, auch wenn sie nicht von Priestern, sondern von einem göttlichen Gesetz regiert wird.

c) Ernst und Spiel

Schon die *Politeia* zeigt, daß Platon gerne mit leichter Hand ernste Themen behandelt. In den *Nomoi* ist das Spielen mit »Ernst« und »Spiel«, mit *paidia* und *spoudē* der Schlüssel zum Werk.

Erziehung, Dichterkritik, Theologie – sie alle haben mit Ernst und Spiel zu tun. Die Erziehung wird selber zum Spiel, weil Kinder spielend lernen und in der Stadt der Gesetze durch Spiele zu erziehen sind. Den Dichtern, insbesondere den Tragödiendichtern, macht Platons Theorie von Ernst und Spiel Konkurrenz. Die *Nomoi* demonstrieren, daß der Ernst nur dem Göttlichen und Ewigen, nicht dem zeitlichen Dasein des Menschen gehören kann. Das Leben des Menschen ist »des großen Ernstes nicht wert« (803b). Das ist Platons philosophische Grundüberzeugung, und sie ist die Quelle der schönen Leichtigkeit, des Scherzens und Spielens, mit dem der Philosoph selbst die ernstesten Themen zu behandeln weiß.

d) Zwischen Neugründung und politischer Realität

Die *Politeia* geht aufs Ganze. Sie sucht das Beste ohne jeden Abstrich. Die *Nomoi* befinden sich in einer Schwebelage zwischen politischer Realität und Neubeginn. Platon schickt drei Männer auf eine Pilgerreise, auf eine Wallfahrt. Drei Männer sind unterwegs zum Zeusheiligtum auf der Insel Kreta: ein Fremder aus Athen, ein Kreter (Kleinias) und ein Spartaner (Megillos). Man ahnt, daß es um eine Diskussion der von den drei Personen symbolisierten Verfassungen gehen wird. Auf Kreta soll aber auch eine neue Kolonie gegründet werden. Der Neubeginn schafft die Möglichkeit, doch wieder das Beste auszuwählen, eine Mischung von Einrichtungen zusammenzustellen, die das Beste aus den jeweiligen Verfassungen sind.

Im Fremden aus Athen vermutet man gewöhnlich Platon selbst. Im Dialog schwankt seine Rolle zwischen der eines Atheners und der eines potentiellen Gesetzgebers an fremdem Ort. Die Verfassung, die der Dialog entwirft, ähnelt in vielem den Einrichtungen der attischen Demokratie, der Platon einige straffende Elemente der spartanischen Ordnung einzieht. Ob Platon damit seinen Streit mit Athen begraben hat, steht auf einem anderen Blatt. Letztlich gibt er durch den Mund des Fremden keine Apologie Athens. Stattdessen wird unter Rückgriff auf Erfahrungen in Athen und Sparta mit einer Verfassung experimentiert. Was entsteht, ist eine Pflanzstadt beider griechischer Städte und ein neues Gebilde zugleich.

2.3.3.2. Der Sinn der Gesetzgebung. Friede und Eintracht (Buch I)

Platon bezeugt Sparta seinen Respekt. Jedoch erneuert er auch die Kritik, die er schon in der *Politeia* am reinen Militärstaat geübt hat. Sinn und Ziel aller Gesetzgebung ist der Frieden, die Eintracht im Inneren. Die Tugend der Besonnenheit, des Maßes *(sōphrosynē)* erweist sich als bedeutsamer als die der Tapferkeit *(andreia)*, auf die Militärstaaten wie Sparta (oder Kreta) alles stellen. Als größter Sieg gilt ihnen der militärische, der Sieg über den Feind. Nach Platon ist der Sieg über andere aber nicht der größte. Der größte Sieg sei Sich-selber-Besiegen.

Die Rangordnung der Kardinaltugenden gruppiert sich um. Die Andreia wird zu einer Tugend vierten Ranges. Vor ihr rangieren Weisheit *(sophia)*, Maß *(sōphrosynē)* und Gerechtigkeit *(dikaiosynē)* (631c). Die Gesetzgebung soll sich ausrichten am Maß, am Konsens, am Frieden. Eintracht kommt vor Zwietracht, innere Stärke vor Stärke nach außen.

Platon bevorzugt den Frieden vor dem Krieg, die Innenpolitik vor der Außenpolitik. Aristoteles hat ihm deshalb vorgeworfen, die »Nachbarschaft« nicht ausreichend berücksichtigt zu haben (Pol. II, 6, 1265a21ff.). Man müsse die Feinde schrecken, und dies nicht erst, wenn sie ins Land einfallen. Aristoteles' Kritik wirkt übertrieben. Platon läßt in den *Nomoi* gar keinen Zweifel daran, daß sich die Städte untereinander im Kriegszustand befinden. Er prägt dafür das Wort, das als Hobbessches »bellum omnium contra omnes« Karriere machen wird. So heißt es, »daß stets ein lebenslanger Krieg aller gegen alle Städte besteht« (625e).

Illusionen über die Staatenwelt macht sich Platon nicht. Wenn in seinem Werk die außenpolitischen Reflexionen fehlen, wie sie die Reden eines Isokrates oder Demosthenes prägen, dann hat dies seinen Grund darin, daß Platon die neu zu gründende Stadt in sich ruhen lassen will. Die Stadt soll autark und friedlich sein, ganz im Gegensatz zur imperialen See- und Handelsmacht Athen. Freundschaft kommt vor Feindschaft. Eine Stadt kann nur stark nach außen sein, wenn sie innerlich geeint ist und die Bürger miteinander befreundet sind. Die sogenannte »realistische« Schule der Internationalen Politik (Morgenthau) hat diese Dialektik von Innen und Außen übersehen. Sie wollte die internationale Politik allein aus den äußeren Machtverhältnissen der Staaten erklären. Erst der Neorealismus hat sich die platonische Einsicht wieder zu eigen gemacht.

2.3.3.3. Wein und Musik als Erzieher (Buch I und II)

Die ersten Bücher der *Nomoi* handeln erstaunlich ausführlich von Wein und Gesang. Der Bürger, der Maß halten soll, wird getestet beim Wein, bei der »heiteren Prüfung beim Weine« (649d). *In vino veritas* oder Auerbachs Keller als Erziehungsanstalt. Wem da so ›kannibalisch wohl wird als wie 500 Säuen‹, den wird Platons Gesetzesstadt noch zum guten Bürger erziehen.

Ziel der Erziehung ist die rechte Einstellung zu Lust und Schmerz. Schon bei der Erziehung der Kinder kommt es darauf an, daß sie Lust und Schmerz bei den richtigen Objekten empfinden (653a–b). Kinder können nicht stillhalten. Sie zappeln herum, und so muß die Erziehung die unkontrollierten Bewegungen durch Tanzen und Singen in den richtigen Rhythmus bringen.

Analog zur spartanischen Ordnung erhält die Stadt der Gesetze drei Chöre: einen »musischen« (für Knaben und Mädchen), einen »apollinischen« (für junge Leute unter 30), einen »dionysischen« (für die 30- bis 60jährigen). Letztere dürfen sich Mut antrinken, um die Scheu vor dem Singen zu verlieren. Platon kann das Scherzen wieder einmal nicht lassen, selbst wenn seltsamer Gesang durch seine neue Stadt klingt.

2.3.3.4. Staatsentstehung und Mischverfassung (Buch III)

a) Die Vier-Stadien-Theorie der Stadtentstehung

In Buch III erzählt Platon die Geschichte der Städte, die in grauer Vorzeit beginnt. Am Anfang stand demnach die patriarchale Herrschaft (*politeia dynasteia*); ihr folgten Monarchie und Aristokratie; darauf entstanden die Städte mit ihren vielerlei Verfassungen, und den vorläufigen Schluß machen die dorischen Städte (Sparta, Argos und Messene). Die Geschichte der Staatsentstehung ist eine Vier-Stadien-Theorie, aus der Platon Konsequenzen für die Verfassung der zu gründenden Kolonie zieht.

Buch III verbindet eine Theorie der Staatsentstehung mit einer Theorie von der Entstehung der Kultur. Aus ihr hat Rousseau nicht gerade wenig für seinen Diskurs über die Entstehung der Ungleichheit entlehnt, soviel jedenfalls, daß man fast meinen könnte, Platon habe Rousseau kopiert.

Am Anfang steht eine Hirtengesellschaft. In ihr herrscht die edle »Einfalt« (*euētheia*), das gute Ethos. Menschen lassen sich noch von Sitten regieren. Es herrschen die ethischen Aretai (noch ohne die Leitung durch die Vernunft) (Gaiser 1963, 252). Nach Naturkatastrophen wie Seuchen und Überschwemmungen haben nur vereinzelte Hirten auf den Bergen überlebt. Ihnen fehlen die Künste (*technai*), bis auf die Weberei und die Töpferei. Es gibt keine Metallbearbeitung, damit zusammenhängend auch keinen Krieg. Man lebt friedlich und freundlich. Was man zum Leben braucht, ist vorhanden. Der Gesetze bedarf es noch nicht. Es regieren die Ältesten.

Es folgt der Zusammenschluß zu größeren Gemeinschaften (*oikiai*), die hinter schützende Mauern ziehen. (Vermutlich ist Aristoteles' Stadtentstehungstheorie im Buch I seiner *Politik* von dieser Entstehungsgeschichte beeinflußt). Es entstehen Aristokratien und Herrschaften des Gesetzes, weil anders die vielfältigen Sitten nicht mehr zu vereinen sind.

Das dritte Stadium beginnt mit Troia; es ist die Zeit der Städte (*poleis*), in denen nach und nach alle Arten von Verfassungen anzutreffen sind. In diese Epoche gehören die Zerstörung von Troia und die Unruhen, die in den Heimatstädten der Belagerer von Troia ausbrechen. Die nach dem Fall Troias heimkehrenden Fürsten müssen ihre Herrschaft erst wieder erringen. Sie kehren zurück unter der Führung des Dorieus. Die dorischen Städte werden gegründet, die zugleich Städte von Völkern (Ethnien) sind. Das letzte Stadium der Stadtgeschichte ist eine Föderation der dorischen Ethnien.

Was zunächst wie eine Erfolgsgeschichte klingt, hat sich schon beim Erreichen der vielfältigen Verfassungen in die Geschichte einer parallel verlaufenden Korruption verwandelt. Zwar scheint auch der dorische Städtebund zunächst ein Erfolgsmodell zu sein. Die Voraussetzungen für den Bestand des Bundes waren günstig. Die Könige hatten sich verpflichtet, ihre Herrschaft nicht zu mißbrauchen. Untereinander waren sie übereingekommen, sich im Notfall beizustehen (684a). Gleichwohl sind Argos und Messene zerfallen. Allein Sparta hat sich behauptet, und nun gilt es herauszufinden, was die spartanische Verfassung den anderen voraus hat.

b) Die Vorzüge der Mischverfassung

Argos und Messene sind untergegangen, weil ihnen eines fehlte: die Weisheit der Regenten. Die Quintessenz der Stadtentstehungstheorie ist die Erkenntnis, daß es im Leben der Städte wie der einzelnen nicht allein auf die Macht ankommt oder auf die Fähigkeit, sich seine Begierden erfüllen zu können. Worauf es ankommt, ist die Herrschaft der Vernunft. Politik ist (wie schon im *Politikos*) eine Meßkunst. Sie muß das Maß finden, das den begehrlichen und den vernünftigen Seelenteil ins richtige Verhältnis setzt. Der Grund für das Scheitern von Argos und Messene war nicht irgendeine Dummheit. Es war vielmehr die größte, die man überhaupt begehen kann: wider besseres Wissen das Unvernünftige zu lieben. Wo dies der Fall ist, kann weder ein einzelner sich selbst beherrschen noch eine Stadt gut regiert sein.

Platon spricht von der »Symphonie«, die zwischen Lust und Erkenntnis herrschen soll (689a). Mitte und Maß, das Zusammenbinden der Gegensätze und das Vermeiden der Extreme, bestimmen die Weisheit im Politischen. Platon wird zum Lobredner der Mischverfassung, die in der Kultur des Westens erstmals in Sparta verwirklicht worden ist.

Im politischen Denken von den Griechen bis zur Neuzeit spielt die Lehre von der Mischverfassung eine bedeutende Rolle. Aristoteles, Polybios, Cicero, Denker der Renaissance, Montesquieu, Locke und das viel gepriesene Beispiel der englischen Mischverfassung sind nur einige Exempel für die Bedeutung dieser Tradition. Durch die Untersuchung von Nippel (1980) haben wir die unterschiedlichen Stränge dieser Tradition besser unterscheiden gelernt, die eher partizipatorische bürgerpolitische (etwa bei Aristoteles), die eher auf Intraorgankontrolle zielende (wie etwa die der spartanischen Verfassung). Aber beides fällt unter den einen etablierten Begriff.

Platon nimmt die Mischverfassung Spartas zum Vorbild, auch wenn er ansonsten die spartanische Vernachlässigung der musischen Bildung kritisiert (Zillig 1916; Aalders 1968, 38 ff.; Nippel 1980, 136 ff.; Morrow ²1993). Die *Nomoi* loben das spartanische Doppelkönigtum; sie preisen die Vereinigung der »besonnenen Kraft des Alten mit der selbstherrlichen Kraft der Abstammung« (691e–692a), ein Lob der Gerousia, des Ältestenrates; sie schätzen das Ephorat, das die Hybris der Regenten zügelt. Platon erwähnt die Volksversammlung, die Apella, nicht. Nur Monarchie und Aristokratie scheinen gemischt zu werden (außer man würde, was gewagt ist, im Ephorat eine demokratische Institution sehen).

Platon lobt die Mischverfassung, weil sie eine einseitige Machtausübung verhindern kann. Wie viele andere beeindruckt auch ihn die Stabilität dieser Verfassung, welche die stabilste aller Verfassungen Griechenlands war (692b7). Die *Nomoi* versuchen, diese Stabilität nachzuahmen. Die Gesetzesstadt soll eine Stadt mit einer geradezu unabänderlichen Verfassung sein.

Die Verfassung der Gesetzesstadt hat ein Maß (*metron*), und diesem Maß sind zwei Extreme entgegengesetzt (693dff.). Das eine ist die extreme Alleinherrschaft, wie sie bei den Persern zu finden ist; das andere ist die extreme Demokratie, wie sie Platon seiner Vaterstadt zum Vorwurf macht. Wegen ihres Übermaßes mangelt es ihnen beiden an Stabilität. Die eine ist Herrschaft allein zum Vorteil des Despoten; in ihr muß alle Freundschaft (*philia*) und alle Gemeinsamkeit (*koinon*) zerfallen. Die andere ist der Extremismus der Freiheit (*eleutheria*), der zum Verfall jeglicher Autorität führt. Platon leitet ihn – schön verbunden mit seiner Theorie des Spiels – aus der Entartung der Musik ab. Die Mißachtung der musikalischen Gesetze geht der Mißachtung der politischen voraus. Platon spielt mit der Doppelbedeutung von *nomos*, was sowohl »Gesetz« als auch »Lied«, »Gesang«, »Tonart« bedeuten kann. An die Stelle der Extreme soll eine gute Mischung treten. Eine Stadt ist demnach wohlgeordnet und gut gemischt, wenn sie drei Elemente vereint: Freiheit (*eleutheria*), Freundschaft (*philia*) und Einsicht (*nous*) (701dff.).

2.3.3.5. Das Corpus der Gesetzgebung (die Bücher IV–XII)

Auf die große Präambel der Bücher I-III folgt die eigentliche Gesetzgebung. Ihr geht noch einmal eine retardierende Darstellung der Vorbedingungen der Stadtgründung voraus. Die Lage der Stadt, die Zusammensetzung ihrer Bevölkerung, die Rolle von Zufall, göttlicher Leitung und menschlicher Könnerschaft – das alles will im Voraus bedacht sein, bevor es an die konkrete Landverteilung, die Regelung der Wirtschaft und die Einrichtung anderer Institutionen geht (Bücher IV-V). Buch VI zeigt die Verfassung und die Ämter der neuen Stadt (*archai*). Die Gesetze über Erziehung folgen in Buch VII. Sie teilen sich, je nach Seelenlage, in Gesetze für noch nicht vernünftige Kinderseelen, für Seelen im Einklang oder im Widerstreit mit dem Gesetz. Feste, Agone und noch einmal die Sexualerziehung und die Ökonomie finden sich in Buch VIII. Das Strafrecht (für Gewaltdelikte) entwirft das Buch IX, das religiöse Strafrecht das Buch X. Das bürgerliche Recht ist Thema des Buches XI, und der Weisheit letzter Schluß ist in Buch XII eine »nächtliche Versammlung«, der die »Erhaltung« (*sōtēria*) der Gesetzesstadt überantwortet wird.

a) Die neue Ökonomie

Ist Platon in den *Nomoi* noch Kommunist? Er möchte es wohl noch sein. Er erinnert an das pythagoreische Wort »Freunden ist alles gemeinsam« (739c). Sogar mit der Gemeinschaft der Frauen und Kinder wird noch geliebäugelt. Im »zweitbesten Staat« gilt es jedoch Abschied zu nehmen von dem, was das Beste wäre. Platon entwirft ein Mischsystem von Gemeinbesitz und Privateigentum. Das Land, das kollektives Eigentum ist, wird in Privateigentum überführt. Jeder erhält ein exakt gleich großes Landlos.

Die Ökonomie der »zweitbesten« Stadt verrät eine Mischung aus kommunistischer Sehnsucht und privatwirtschaftlichem Realismus. Die Landlose werden Privateigentum. Die Verfügung über sie wird jedoch enorm eingeschränkt. Die Landlose ähneln dem preußischen Fideikommiß, d.h. sie wirken wie ein anvertrautes

Gut. Sie müssen einem Sohn ungeteilt übergeben werden. Sie dürfen nicht veräu-
ßert werden, ja sogar die hypothekarische Belastung des Landloses ist verboten
(740b–c, 741b, 742c, 915d–e).

Eine egalitäre Ordnung soll die Gesetzesstadt nicht sein. Mit der Unterschied-
lichkeit des mobilen Kapitals wird gerechnet. Eine Obergrenze wird jedoch beim
Dreifachen des Wertes eines Landloses festgesetzt. Was darüber hinausgeht, wird
eingezogen. Es entstehen vier Vermögensklassen, ähnlich wie bei der Solonischen
Neuordnung Athens. Sklaverei ist, deutlicher als in den verschwommenen Aussagen der *Politeia*, von vornherein eingeplant. Sie wird nicht ausgerichtet am spartanischen Helotensystem, sondern eher an den in Athen herrschenden Gesetzen
(776c). Lohnarbeit und ein Proletariat existieren in der Gesetzesstadt jedoch nicht.

Platons Ideal ist ein Agrarstaat mit selbständig wirtschaftenden Familien (Bisinger 1925). Ziel der Ökonomie ist Autarkie. Die Stadt soll im Landesinneren liegen,
nicht direkt an der Küste. Ein großer Hafen soll nicht gebaut werden. Die *Nomoi*
erweisen sich geradezu als eine Programmschrift der Konservativen Athens, ihrer
Ablehnung der Seepolitik und der Handelsinteressen, ihrer Sehnsucht nach dem
überschaubaren Kleinstaat, der möglichst in sich selber ruht. Eine imperiale Seemacht wie Athen soll die neue Kolonie nicht werden. Die Wehrordnung wird auf
den Verteidigungsfall abgestimmt.

Der platonische Agrarstaat gründet alles auf Land und Boden, nicht auf Handel,
Seefahrt oder Geld. Die Verbindung von guter Ordnung und Agrarstaat ist eng. Die
Abneigung gegen Geld, Zins und Handel sitzt tief. Daß die Interessen von Handel
und Kapital nicht überhandnehmen, dafür ist eine Fülle von Maßnahmen vorgesehen. Der Besitz von Gold und Silber ist verboten. Die Währung ist nicht konver-
tierbar (742a). Auf Devisenbesitz steht Strafe. Der Handel wird strengen Ein-
schränkungen unterworfen. Die Preise werden staatlich festgesetzt. Ein mäßiger
Handelsgewinn wird zugestanden (847d). Aber schon die Aufenthaltsdauer der
Händler, die nicht Bürger, sondern Metöken (d. h. bloß Ansässige) sind, wird auf
20 Jahre beschränkt (850b, 915b). Zins ist unbekannt. Die Dynamik des Kapitalismus wird schon im Ansatz erstickt.

Der Agrarstaat Platons lehnt sich an die Wirtschaftsordnung Spartas an. Ähnlichkeiten bestehen auch mit den späteren republikanischen Traditionen, in denen von
Harrington und Bolingbroke bis zu Jefferson der Konflikt zwischen »virtue« und
»commerce« bestimmend ist. Auch in diesen Traditionen wird gute Politik mit der
Land besitzenden Aristokratie oder den Farmern verbunden, während alle Zerrüt-
tung den Interessen des Geldes und des Handels angelastet wird. Gewisse Überein-
stimmungen lassen sich schließlich auch mit Fichtes *Geschlossenem Handelsstaat*
erkennen. Fichte malt darin noch am Ende des 18. Jh.s das Bild eines autarken Staates aus, in dem die Bürger den gemeinsam besessenen Boden bearbeiten und der
Handelskrieg durch die Schließung des Staates nach außen verhindert wird.

b) Neue Ehen- und Familienpolitik

Die *Politeia* hatte die Gleichheit von Mann und Frau gefordert. Die *Nomoi* halten
diese Forderung aufrecht. Gleiche Schulpflicht für Knaben und Mädchen, gleiche
Bildung der Geschlechter, immer noch eingeschlossen auch die gleichen Pflichten

wie etwa die zum Militärdienst (804b–806d, 833c–d). Verabschiedet wird allerdings die Gemeinschaft der Frauen und Kinder. Platon restituiert die Familien und den mit ihnen gegebenen Ort des privaten Lebens. Öffentlich bleiben allerdings die Mahlgemeinschaften (Syssitien). Zu diesen sollen die Frauen auch in der Gesetzesstadt überredet werden (offenbar nun zu eigenen Syssitien nur für Frauen).

Von einer staatlichen Heiratslotterie ist nicht mehr die Rede. Allerdings schreibt die Stadt vor, daß geheiratet werden muß. Wer sich weigert, muß zahlen. Außerdem fehlt Unverheirateten die Autorität gegenüber Jüngeren, so daß sie nicht strafen dürfen (774a–c). Wie in der *Politeia* dient die Ehe allein dem Zweck der Fortpflanzung. Hunger, Durst und Sexualität seien die heftigsten Begierden (782d–783d). Die Stadt müsse diese regulieren, wenn es nicht von selbst geschieht.

Auch die *Nomoi* verraten eine gewisse Bedenkenlosigkeit, wenn es um die Regulierung des privaten Lebens geht. Unbeaufsichtigt darf auch in der Gesetzesstadt niemand sein. Platon erfindet »Aufseherinnen« (*episkopoi*), die sich täglich beim Tempel der Geburtsgöttin (Eileithyia) versammeln. Sie teilen sich mit, in welchen Ehen etwas nicht stimmt. Ist eine Ehe nach zehn Jahren noch kinderlos, wird sie aufgelöst. Verfehlungen der Eheleute werden durch ein ganzes Strafprogramm geahndet. Erst kommen die Aufseherinnen ins Haus und reden zu. Dann schreiten Beamte ein (die Gesetzeswächter). So dies immer noch nichts fruchtet, erfolgt eine öffentliche Anprangerung. Wer Prozesse verliert, darf bei Hochzeiten oder Geburten nicht mehr erscheinen. Tut er es doch, darf er ungestraft verprügelt werden. Man begegnet erneut dem Platon, der sich das Scherzen nicht verkneifen kann. Man stößt aber auch auf einen Willen zur Überregulierung und Überwachung, der auch in der Gesetzesstadt vor dem Privatesten nicht Halt macht.

c) Die neue politische Ordnung

Die *Politeia* begnügte sich mit den drei großen Paradoxien von der Gleichheit der Geschlechter, von der Frauen-, Kinder- und Besitzgemeinschaft sowie von der Philosophenherrschaft. Die *Nomoi* geben das ganze Räderwerk der Institutionen wieder, wie es die Ordnung der existierenden Städte prägt. Zugleich versucht Platon das Element persönlicher Herrschaft auch in der Stadt der Gesetze und Verfahren zur Geltung zu bringen. Es begegnen Erben der Philosophenkönige, auch wenn deren Herrschaft nun an die Gesetze gebunden wird (eine Übersicht über die einzelnen Institutionen bei Stalley 1983, 186 ff.; ausführlich Morrow ²1993, Kap. 5).

Die Institutionen der Gesetzesstadt lassen sich unterteilen in solche, die der Realität der attischen Demokratie nahestehen, und solche, in denen Platon sein Ideal vernünftiger Herrschaft in die Gesetzesstadt einschmuggelt. Als demokratienahe Institutionen begegnen eine Volksversammlung, ein Rat und die in Athen üblichen Verfahren der Eingangsprüfung und Amtskontrolle. Eigentümliche Institutionen oder Abwandlungen von bestehenden Institutionen finden sich in der Darstellung des Gerichtswesens, der Einführung der »Gesetzeswächter«, des »Erziehungsministers« und des »nächtlichen Rates«.

Wie in Athen ist die erste große Institution die *Volksversammlung* (*ekklesia*). Sie steht allen waffenfähigen Bürgern offen (753b). Ob auch Frauen Zugang zu ihr haben, bleibt unklar. Man könnte es folgern wollen aus der Gleichstellung von Männern und Frauen, an der Platon festhält (804eff.). Zu vermuten ist jedoch, daß die in den *Nomoi* gesuchte Realitätsnähe eine politisch aktive Rolle von Frauen nicht mehr zuläßt.

Die Volksversammlung wählt die Beamten und den Rat. Mit dem *Rat (boulē)* begegnet die zweite Institution der attischen Demokratie (756b–758d). Er setzt sich zusammen aus 360 Mitgliedern, je 90 für jede Vermögensklasse. Ganz realistisch und pragmatisch wird er mit Ausschüssen (Prytanen) versehen, die aus einem Zwölftel der Räte zu bilden sind.

Die von der attischen Demokratie erfundenen Verfahren zur Sicherung der Amtsverantwortung – auch sie werden in die Gesetzesstadt eingeführt. Alle Beamten haben sich der *Eignungsprüfung (dokimasia)* zu unterziehen (753d–e, 755d–e, 756e). Am Ende jeder Amtszeit steht die *Amtskontrolle (euthyna)*. Wie wichtig sie in der Gesetzesstadt ist, läßt sich an den Ehrungen ablesen, die den Euthynen zukommen sollen: erste Plätze in der Festversammlung, Führungen von Festgesandtschaften, Lorbeerkränze nur für sie, Staatsbegräbnisse mit besonderen Ehren u.ä. (945b–948b).

Auch wenn Platon in den *Nomoi* einige Institutionen der attischen Demokratie übernimmt, ein Demokrat wird er dadurch nicht. Vielmehr ist er immer noch besorgt, ob auch genug Kompetenz und Intelligenz in die Stadt eingeht.

An der Kompetenz orientieren soll sich schon das *Gerichtswesen*. Es zeigt eine Staffelung, die bei der Schlichtung durch private Schiedsrichter beginnt und über Gerichte der Stämme (*phylē*) zu einem höchsten Gericht führt. In dieses werden die tüchtigsten Beamten (je einer aus einer Behörde) gewählt (767d). Das höchste Gericht verhandelt Kapitalverbrechen in Kooperation mit den »Gesetzeswächtern« (855c–d).

Die Institution der *Gesetzeswächter* gab es in Athen und Sparta. Bei Platon scheint sie mit besonderem Gewicht ausgestattet zu sein. Schon der Name *nomophylakes* weist die Gesetzeswächter als Erben der Wächter, der Phylakes der *Politeia*, aus. Zwanzig Jahre sind sie im Amt. Im Vergleich zu den von Platon sonst übernommenen extrem kurzen Amtszeiten (der Rat ist ein Jahr im Amt, die Ausschüsse je einen Monat) eine erstaunlich lange Zeit. Auf Vorschlag aller Bürger nominiert, werden 37 Gesetzeswächter in mehreren Wahlgängen ausgelesen. Ihre Aufgabe besteht in der Überwachung der Einhaltung der Gesetze, der Führung von Registern und in der höchstrichterlichen Urteilsfällung. Zehn von ihnen sind Mitglieder der wichtigsten Institution der Gesetzesstadt, der »nächtlichen Versammlung«. Diese ist die zentrale Institution der Gesetzesstadt. Ihr obliegt die »Erhaltung« der Stadt. Als Zentrum der Einsicht und der Kompetenz ist sie das deutlichste Äquivalent der Philosophenherrschaft (siehe hier 9.).

Eine ähnlich bedeutende Rolle wie die »nächtliche Versammlung« spielt der *Erziehungsminister*, dessen Amt Platon als das »wichtigste« im Staat bezeichnet (766e). Keine griechische Stadt hat eine solche Institution gekannt. Platon erfindet das Amt, weil auch die Gesetzesstadt auf Erziehung gegründet wird und die Aufsicht darüber damit zur wichtigsten Leitungsaufgabe wird. Gewählt aus den Reihen der Gesetzeswächter muß der Erziehungsminister nicht nur alle Tüchtigkeit und Kompetenz in sich vereinen (wie ehemals die Philosophenherrscher). Er muß noch eine weitere Qualifikation besitzen. Er muß Kinder haben. Was wäre auch ein Erziehungsminister, der nie ein Kind erzogen hat?

Die Gesetzesstadt besitzt eine Mischverfassung. Was Platon mischt, sind einmal Verfahren und Personen, zum anderen Institutionen der Demokratie und solche der »Aristokratie« (letztere verstanden als eine der Einsicht und der Kompetenz). Entsprechen solche Mischungen durchaus dem Programm der platonischen Spätphilosophie, so zeigt die Ordnung der Gesetzesstadt auch eine Schlagseite zur Oligarchie, die schon Aristoteles bemerkt hat (Pol. II, 7, 1266a).

Der Besuch der Volksversammlung wird nur für die beiden oberen Vermögensklassen verpflichtend gemacht (764a). Allein aus ihnen können die lokalen Beamten gewählt werden. Auch scheinen die Wahlverfahren für den Rat so angelegt zu sein, daß sich ein Übergewicht der vermögenden Klassen einstellt. Platons Verfassungstheorie basiert auf der Unterscheidung zweier Formen von Gleichheit, einer egalitären und einer proportionalen. Die eine ist orientiert an »Maß, Zahl und Gewicht« (Aristoteles' arithmetische Gleichheit), die andere berücksichtigt Unterschiede, daß »Größerem Größeres« zuzuteilen ist (Aristoteles' geometrische Gleichheit) (754c–e; NE 1131b25–1131b28). Für die Verfahren hat dies zur Konsequenz, daß Platon Los und Wahl miteinander kombiniert. Für die Griechen galt das eine als ein demokratisches, das andere als ein oligarchisches Verfahren. Kontovers ist, ob Platon bei der Wahl das Kriterium der Kompetenz durch das der Vermögensschatzung ersetzt (Saunders 1972, 31 f.; Barker [2]1925, 334 f.).

Die Unterscheidung der beiden Arten von Gleichheit bleibt bedeutsam, gleichgültig ob sie auf die Schatzung oder die Kompetenz zielt. Der Sache nach muß jede gerechte Ordnung unterscheiden zwischen dem Gleichen, das gleich, und dem Ungleichen, das ungleich zu behandeln ist. Auch hat Platon damit der aristotelischen Gerechtigkeitslehre den Weg bereitet.

d) Neue Zahlenmystik

Wie die Pythagoreer liebt Platon die Mystik der Zahlen. Sie ist in den *Nomoi* mehr als nur ein Beiwerk. Durch die Zahlenlehre verbindet Platon die Gesetzesstadt mit dem Lauf der Sterne und dem Rhythmus des Kosmos. Zwar haben Zahlen immer auch einen praktischen Sinn, sei es für das Wirtschaften, die Verwaltung, die Steuererhebung, die Musik und andere Zwecke mehr; wie man sie teilen und kombinieren kann, prägt Wahlverfahren und Abstimmungssysteme. Doch geht die Bedeutung der Zahlen für Platon weit über ihren praktischen Nutzen hinaus.

In Abweichung vom Dezimalsystem wählt Platon ein Duodezimalsystem. Entscheidend wird ihm die Zahl 12. Vielleicht hat Platon sie gewählt, weil sie die Summe der Zahlen ist, die für das pythagoreische Dreieck stehen (3+4+5). Vielleicht sollte sie auch nur eine Anspielung auf die 12 Stunden des Tages und die 12 Monate des Jahres sein. In den *Nomoi* kommt die magische Zahl 12 jedenfalls in mehrfacher Verbindung vor.

Es begegnen 12 Stämme. Der Rat besteht aus 360 Mitgliedern (also 12 mal 30), seine Amtsdauer beträgt ein Jahr (360 Tage) (756b–c, 758b). Die Ausschüsse, 12 an der Zahl, tagen je einen Monat. Die Gesetzesstadt spiegelt in kleinem Maßstab das kosmische Jahr, das 36000 Jahre beträgt. Die Zahl der Gesetzeswächter beträgt 37 (3x12+1). Daß die 36 Gesetzeswächter (37 minus 1) aus je drei Mitgliedern der 12 Stämme bestehen, ist möglich, aber nicht zu beweisen (Ritter 1896 Bd. 2, 132 Fn.). Auch bleibt es eine bloße Vermutung, Platon habe die 30 Mitglieder der spartanischen Gerousia mit den 7 Gesetzeswächtern Athens kombiniert (Barker ²1925, 337 Fn.). Vielleicht war bei der Wahl der Zahl 37 auch nur die Verhinderung eines Patts ausschlaggebend.

Die Gesamtzahl der Landlose (5040) könnte durch ein historisches Vorbild bestimmt worden sein, etwa die Verfassung der 5000 aus dem Jahre 411 v. Chr. Eine praktische Zahl ist sie in jedem Fall. Sie ist das Produkt der Zahlen von 1 bis 7, worin vielleicht eine Anspielung auf die Wochentage liegt. Durch alle Zahlen von 1 bis 10 ist sie glatt zu teilen. Die *Nomoi* sind »a living lesson in arithmetic« (Barker ²1925, 318), ausgerichtet am kosmischen Maß der Zeit.

e) Die neue Erziehung und die alte Konkurrenz mit den Dichtern

Auch die neu zu gründende Stadt lebt von der Erziehung. Platon läßt sie schon im Mutterleib beginnen. Bewegung und »Gymnastik« werden bereits für die Noch-nicht-Geborenen gefordert (789a, 790c–791c). Für die Kinder von drei bis sechs ist ein Kindergarten vorgesehen. Es folgt der Schulbesuch für Knaben und Mädchen. Platon erfindet die Schulpflicht. Daß es in Makedonien Primar-Schulen gab, ist vermutlich auf den Einfluß der Akademie zurückzuführen (Taylor 1960, 484). Der Kanon ist ganz praxisorientiert. Jedes Kind lernt Lesen, Schreiben, Rechnen, ein Instrument spielen, alles, was man im täglichen Leben braucht. Musik (Literatur) und Gymnastik kommt wieder eine besondere Bedeutung zu (799a–802e, 810b–813a). Das höhere Studium der Mathematik und Astronomie bleibt den Mitgliedern des »nächtlichen Rates« vorbehalten.

Schöne Grundideen bestimmen Platons Pädagogik. Kinder sollen spielend und spielerisch lernen. Feste und Feierlichkeiten sollen Höhepunkte auch der Erziehung sein. Zwischen zu großer Strenge und zu großer Milde wird die richtige Mitte gesucht (791d–793a). Ziel der Erziehung ist es, ein heiteres Gemüt zu bilden, dem die Freude am Guten zur Gewohnheit wird.

Auch in den *Nomoi* herrscht die alte Konkurrenz mit den Dichtern. Noch immer wird die Dichtung zensiert. Sie bedarf des Imprimatur der Gesetzeswächter. Komödien dürfen nur von Ausländern oder Sklaven gespielt werden. Die ernsten Spiele, die Tragödien, werden durch das Schauspiel ersetzt, das die Stadt selber ist. Zwar scheint Platon Tragödien nicht völlig verbieten zu wollen. Man solle erwägen, sie aufzuführen, wenn sie »besser« seien als das Schauspiel der Stadt oder wenn sie deren Ordnung nicht widerstritten (817d). Aber der Widerstreit ist für Platon nur zu offensichtlich (817c). Kommen Dichter in die Stadt, um ihre Tragödien aufzuführen, wird ihnen gesagt:

»›Ihr besten Fremdlinge, wir sind selbst Dichter einer Tragödie, die ... die denkbar schönste und zugleich beste ist. Jedenfalls ist unsere gesamte Staatsverfassung eine Darstellung (*mimesis*) des schönsten und besten Lebens, und gerade das, behaupten wir, ist in der Tat die einzig wahre Tragödie.‹« (817b)

Was sich bereits in der *Politeia* andeutete, wird hier ausgesprochen. Die Stadt selbst ist das »einzig wahre« ernste Spiel. Der Philosoph ist der einzig wahre Staatsdichter. Platon entscheidet die Konkurrenz mit den Dichtern durch das Schauspiel, das die Stadt selber ist.

f) Das neue Strafsystem

Nach der Lehre der *Politeia* ist eine Stadt um so besser, je weniger Ärzte und Richter sie nötig hat. Wo Einsicht herrscht, bedarf es der Strafen nicht. Die Gesetzesstadt hat aber offenbar einen enormen Bedarf an Strafen. Zwei Bücher (IX und X) benötigt der Philosoph, um alle Strafarten und Strafmaße auszubreiten (Morrow ²1993, Kap. 6).

Die Gesetzesstadt kennt die Todesstrafe, und diese wird verhängt für eine erstaunliche Menge von Delikten (von Mord über Verbrechen an Verwandten, Tempelraub und Raub öffentlichen Eigentums bis zum falschen Zeugnis vor Gericht oder zu Religionsdelikten). Es gibt Geldstrafen, die den Schaden durch Rückerstattung des Doppelten kompensieren sollen (857a–b). Vorgesehen sind Entehrungen (*atimia*) sowie Auspeitschungen und Anprangerungen (755a), und wenn die Griechen Gefängnisstrafen nicht kannten, sondern Gefängnisse nur dazu benutzen, die auf ihren Prozeß oder ihre Exekution Wartenden festzuhalten, so tritt Platon auch noch als Erfinder von Gefängnisstrafen hervor (880b–c, 919e–920a).

Die blühende Phantasie des Strafrechtsphilosophen Platon überrascht. Sie überrascht um so mehr, als sie mit dem sokratischen Grundsatz »niemand fehlt freiwillig« schwierig zu vereinen ist. Das Strafrecht setzt Freiwilligkeit und Zurechenbarkeit voraus. Wie kann aber gestraft werden, wenn »niemand freiwillig fehlt«?

Platons Strafrechtstheorie ist eine Vereinigung gegenstrebiger Lehren. Auf der einen Seite wird Platon das Unrecht zu einer Art Krankheit (der Seele). Auf der anderen Seite hält er an der Verantwortlichkeit des Täters fest. Wie sich beides vereinen läßt, bleibt rätselhaft.

Wenn das Unrechttun die Folge einer Krankheit ist, dann ist eine Tat nicht zu bestrafen, sondern zu therapieren. Für Platon ist Strafe tatsächlich so etwas wie »Besserung« oder »Heilung« (735e, 843d, 854d–855b, 933a–934c). Die Untersuchungen von Saunders zeigen, wie »modern« diese Rechtsauffassung ist, wie sehr sie bereits nach einer Auflösung allen Strafens in Therapie und Sozialarbeit klingt (1972, 16ff.; 1976, 1991).

Aber verantwortlich bleibt der Täter für Platon – und wie kann dies zu denken sein? Einmal behilft sich Platon mit einer Unterscheidung von »Schaden« und »Unrechttun«; ein Schaden kann unfreiwillig hervorgerufen werden, während beim Unrechttun noch etwas hinzukommen muß, die Freiwilligkeit und die Absicht (zwischen beiden wird offenbar nicht unterschieden, 861d–862c). Zum andern ist das Unrechttun offenbar die Folge eines zwar zurechenbaren, aber objektiv mangelhaften Wissens. Wer ungerecht handelt, läßt sich durch Lust, Zorn oder Unwissenheit (also durch Dysfunktionen der drei Seelenteile) verleiten. Dabei meint der Täter jeweils, daß er tue, was für ihn gut sei. Er würde die Tat aber nicht wollen, wüßte er, wie schädlich sie ihm und anderen ist.

Kann Platon die gegenstrebigen Elemente seiner Straftheorie vereinen? Wohl nur, wenn jeder auch für das verantwortlich ist, was er weiß oder nicht weiß. Platons Straftheorie bleibt ambivalent. Einerseits löst sie »Strafe« in eine Form von Überredung, in Therapie und Heilung einer kranken Seele auf. Andererseits bleibt ihr die Strafe ein Mittel der Drohung und Abschreckung. Wer »unheilbar« (*aniatōs*) ist (862e1), wird zum Tode verurteilt. Die Verurteilten erweisen sich sogar, wie es heißt, als »doppelt nützlich«. Sie geben den anderen ein »mahnendes Beispiel«, zugleich wird durch ihren Tod die Stadt von schlechten Menschen befreit (862c). Die Analogie von Unrecht und Krankheit zeigt hier eine tödliche und eine die Menschen instrumentalisierende Konsequenz. Die Todesstrafe nähert sich der Amputation eines kranken Gliedes. Die Abschreckung wiederum sieht im Täter nur noch das Exempel, keine Person mehr.

g) Der Mensch als »Spielzeug Gottes«

Erziehung, Ernst und Spiel, die Tragödie der Dichter und die »wahre« Tragödie der Stadt – das alles fließt zusammen in Platons Wort über den Menschen, das er gleich zweimal vorträgt (644d–645c; 803c–804c). Nach diesem berühmten Wort ist der Mensch ein »Spielzeug Gottes« (*paignion theou*). Man kann auch übersetzen, eine »Marionette Gottes« – das ist der Mensch. Eine mechanische Puppe ist etwas zum Staunen (804b3), der Mensch ein »Wunderding«, so wunderlich wie ein seltsames mechanisches Gerät.

Das Bild von der Marionette suggeriert Mechanik und Unselbständigkeit, eine Leitung und Lenkung von fremder Hand. Beim Philosophen der Lebenswahl und Entscheidung kann dies jedoch nicht der eigentliche Sinn des Bildes sein. Bei Platon sind es eigentlich drei Mächte, die das Leben des Menschen formen: Gott, Zufall (*tychē*) und menschliche Kunst (*technē*) (709c). Und auf alle drei kommt es ihm an.

Der Mensch ist das Wesen, dem mitgespielt wird. Ihm wird aber nicht so böse mitgespielt, wie es die Tragödien der Dichter vor Augen stellen. Verantwortlich für sein Schicksal ist der Mensch selbst. Hoffnung und Furcht, Lust und Schmerz sind die Sehnen und Schnüre, von denen die Puppe Mensch gezogen wird. Platon unterscheidet eine starre, zwingende, »eiserne« Schnur von einer biegsamen, »sanften«, goldenen. Das erinnert an den Metallmythos der *Politeia*. Die »goldene Schnur« steht für die Leitung durch Vernunft und Gesetz (645a1–2); die starre für die Sanktion durch Gewalt. Der Nomos wird in fast schon stoisch klingender Terminologie mit der Vernunft (*logismos*) gleichgesetzt. Er ist die Schnur, die Mensch und Stadt in die richtige Richtung zieht.

Mit dem Menschen als »Spielzeug« Gottes vollendet sich Platons Theorie von Ernst und Spiel. Die Erziehung ist ein Spiel der Spielzeuge Gottes. Schon bei den Kindern gilt es, die »goldene« Schnur so stark zu machen, daß diese gar nicht anders können, als ihre Lust in der Wendung zum Guten zu finden. Paideia (Bildung) und Paidia (Spiel) sind nur durch einen Buchstaben voneinander getrennt. Die spielerische Erziehung, das Gesetz und sein jeweiliges Vorspiel, die Stadt als das einzig wahre Schauspiel – alles ist im Wort über das »Spielzeug« Mensch vereint.

»... die Angelegenheiten des Menschen sind des großen Ernstes nicht wert« (803b). Das klingt, als ob Platon sagen möchte, alles ist doch *nur* ein Spiel, so ernst nicht zu nehmen. Allein Gott ist des Ernstes würdig (803c). Der Ernst im Spiele zeigt sich im Leben der Menschen als Gottesdienst. Feste, Chöre, Tänze, die Erziehung und das ganze Leben der Stadt sind ein einziger Dienst am Gott. In diesem Dienst geht es um das Schicksal der Seele. In leichter Abwandlung des Bildes vom Puppenspieler ist die Rede vom Gott, der am Brettspiel sitzt. Er setzt die Seele entsprechend ihren Taten genau auf den Platz des Brettes, den sie jeweils verdient hat.

Nietzsche wollte Platons Worte über Ernst und Spiel als eine Abwertung des Menschen und seines zeitlichen Daseins verstehen. Aus dem Wort vom Ernst, der allein Gott zukomme, spreche die Verachtung des »Hinterweltlers« für diese Welt und diese Erde. In einem Aphorismus von *Menschliches, Allzumenschliches I* (Nr. 628) mit dem Titel »Ernst im Spiele« hält er Platons Abwendung von dieser Welt ein »trotzdem« entgegen:

»– In Genua hörte ich zur Zeit der Abenddämmerung von einem Thurme her ein langes Glokkenspiel: das wollte nicht enden und klang, wie unersättlich an sich selber, über das Geräusch der Gassen in den Abendhimmel und die Meerluft hinaus, so schauerlich, so kindisch zugleich, so wehmuthsvoll. Da gedachte ich der Worte Plato's und fühlte sie auf einmal im Herzen: *alles Menschliche insgesammt ist des grossen Ernstes nicht werth; trotzdem – –*«

»– – trotzdem« – das sagt allerdings auch Platon selbst. Auf die Vorhaltung, sein Wort von der »Marionette Gottes« setze den Menschen »herab« (804b), antwortet er, er habe das »im Blick auf die Gottheit« gesagt. »Mag also unser Geschlecht nicht ganz bedeutungslos, sondern eines gewissen Ernstes wert sein!« (804b–c)

h) Theologie und Asebiegesetze

Die Grundlage der Gesetzesstadt ist Theologie. Platon entwickelt sie im Buch X der *Nomoi,* und dieses zehnte Buch kann als Ursprung aller drei Arten von Theologie gelten, wie sie durch den Römer Varro (1. Jh. v. Chr.) auf den Begriff gebracht worden sind. Varro, der uns über Augustinus' *De civitate Dei* überliefert ist (6.–8. Buch), unterscheidet drei Gattungen der Theologie: die »natürliche« der Philosophen (*theologia naturalis*), die »politische« der Bürger (*theologia civilis*) und die »mythische« der Dichter (*theologia fabulosa*). Unverkennbar sind diese schon in Platons Theologie enthalten. Schon Platons Theologie ist eine philosophische, da sie argumentiert und beweist; sie ist eine politische, da sie Gesetz der Stadt wird, und sie ist eine mythische, da sie in Konkurrenz zu den Mythen der Dichter steht und diese durch neue Mythen übertrumpft.

Platons Theologie findet sich in der viel diskutierten Präambel zu den Religionsgesetzen (Ritter 1896 Bd. 2, 294 ff.; Wyller 1957; Pangle 1974; Steiner 1992; Morrow ²1993, Kap. VIII). Dort werden die Irrlehren, die schon in der *Politeia* begegneten, wieder aufgegriffen (rep. 362d–387d). Es sind in einem weiten Sinn sophistische, bei Gorgias und anderen zu findende Lehren, nach denen die Götter nicht existieren oder sich nicht um den Menschen kümmern oder bestechlich sind (885b). Taylor nennt die ersten beiden Irrtümer »Atheismus« und »Epikureismus« (in bewußtem Anachronismus) (1960, 490 ff.). Wyller spricht von »Atheisten, Deisten und Magikern« (1957, 297 ff.).

Platon widerlegt diese Irrlehren philosophisch. Die Existenz Gottes wird über Bewegung und Selbstbewegung demonstriert. Sie führen zur Seele als dem ältesten Prinzip und zum obersten Beweger, der in Aristoteles' *Metaphysik* wiederbegegnen wird. Als Quelle des Atheismus werden Materialismus, Mechanismus und Konventionalismus ausgemacht. Der Materialismus leugnet die Existenz der Seele und der geistigen Wesenheiten. Der Mechanismus kennt kein Ziel der Bewegung, sondern letztlich nur Zufall. Der Konventionalismus hält die Moral für eine bloße Abmachung. Er erkennt nicht, daß sie ihr Maß an der göttlichen Ordnung hat.

Auf die Behauptung, die Götter kümmerten sich nicht um die Menschen, antwortet Platon mit einer Theodizee. Die Götter wissen und sehen alles (901d). Sie kennen alles und sie können alles. Schon der menschliche Handwerker kümmere sich auch um das Kleine. Ein Maurer etwa wisse, »daß ohne die kleinen Steine die großen nicht gut sitzen« (902e). Wie aber könnte der göttliche Handwerker schlechter als der menschliche sein? Das All demonstriert die göttliche »Fürsorge« (*epimeleia*); »alles Werden ... geschieht, damit dem Leben des Ganzen ein glückliches Leben beschieden ist« (903c).

Platons besonderer Zorn gilt der Irrlehre von der Bestechlichkeit der Götter. In zunehmend rauherem Ton wendet er sich gegen die Verwechslung von Religion und Magie. Zwar sieht er, wie weit verbreitet das Mehr-Haben-Wollen, die Pleonexie, ist. Der begehrliche Seelenteil, von Platon nun als Bestie und Wolf beschimpft, versucht die Hunde (die Wächter) zu bestechen, damit er die Herde ungestört zerreißen kann. Aber die Götter sind Hüter »des Größten« (907a2). Man würde sie für schlechter erklären als Hunde oder Menschen, würde man ihnen zutrauen, »das Gerechte um der Geschenke willen (zu) verraten« (907a).

Platon empfiehlt, mit den Häretikern auf zweifache Weise zu verfahren. Einmal wird mit ihnen geredet. Zum anderen wird ihnen die Strafe des Gesetzes angedroht. Dabei soll unterschieden werden zwischen ehrlichen und böswilligen Atheisten. Die einen wissen es nicht besser, sind ansonsten aber brave Bürger. Die anderen wollen ihren eigenen Zauber praktizieren, mit dem sie die Städte ruinieren.

Wer lediglich irrt, wird in einem »Haus der Besinnung« interniert. Platon kreiert dafür ein eigenes Wort; er nennt dieses Haus – vielleicht anspielend auf Aristophanes' Verspottung der sokratischen »Denkerbude« (Gauss) (av. 94) – »Sophronisterion«. Es ist ein Haus, in dem die Sophrosyne, die Selbstbescheidung gelehrt wird. Fünf Jahre lang wird den Internierten dort zugeredet. Besuch erhalten sie allein von den Mitgliedern der »nächtlichen Versammlung«. Kommen die Internierten zur Vernunft, werden sie freigelassen. Beharren sie auf ihrem Irrtum, werden sie mit dem Tode bestraft. Die böswilligen Häretiker – und die bösesten sind für Platon die Magiker – erhalten eine lebenslange Strafe. Für sie wird ein Zuchthaus an einem öden, verlassenen Ort errichtet, zu dem kein freier Bürger Zugang hat. Nach dem Tode werden ihre Leichname unbestattet über die Landesgrenze geworfen (909c).

Die Härte der Asebiegesetze hat immer wieder Empörung hervorgerufen. Das Sophronisterion wurde mit der Inquisition oder der Gehirnwäsche verglichen (Stalley 1983, 178; Morrow ²1993, 491). Das Zuchthaus in der Einöde hat man sogar ein KZ genannt (Wyller 1957, 153). Aber so unerträglich Platons Staatsreligion für den modernen Leser auch sein mag, eine antike Stadt ist kein moderner weltanschaulich neutraler Staat. Sie ist eine religiös-politische Einheit. Wenn Platon diese mit Asebiegesetzen krönt, geschieht dies auch mit Blick auf das Schicksal des Sokrates, der wegen Asebie zum Tode verurteilt worden ist. Platon bestraft in Gedanken all jene, die anders als der fromme Sokrates wahrhaft der Asebie schuldig sind.

i) Der Weisheit letzter Schluß

Der Weisheit letzter Schluß ist die »nächtliche Versammlung«. Sie ist bei Platon keine Versammlung von Dunkelmännern. Vielmehr hat sie ihren Namen davon, daß sich ihre Mitglieder in den Morgenstunden versammeln, in denen die Sterne noch zu sehen sind. Diese Versammlung ist die Verbindung der Stadt zu den Sternen, ihr kosmisches Verbindungsglied. Ihre Hauptaufgabe ist die »Erhaltung« der Stadt (*sōtēria*). Diese Erhaltung hat ihr Vorbild an den unveränderlichen Bahnen der Gestirne, dem Urbild der Ewigkeit.

Die Zusammensetzung der Versammlung verrät, daß Platon verschiedene Interessen bündeln will. Zur Versammlung gehören zehn Gesetzeswächter, also zehn Mitglieder jener Institution, die die alltägliche Erhaltung der Gesetze überwacht. Hinzu kommen besonders geehrte Bürger, von denen man bereits weiß, daß sie für die Stadt etwas geleistet haben. Mitglieder sind ferner Bürger, die im Ausland waren und berichten können, was von fremden Völkern und Staaten zu lernen ist. (Platon macht damit die Abgeschlossenheit der Gesetzesstadt teilweise wieder wett; als Stadt des Wissens ist sie offenbar nicht autark!) Zur nächtlichen Versammlung gehören der Erziehungsminister und seine Vorgänger. Jedes ältere Mitglied (Mindestalter 50 Jahre) bringt einen jüngeren Mann von mindestens 30 Jahren mit. Die Kontinuität und Stabilität, an der Platon so viel liegt, nimmt die Versammlung auch personell in die eigene Hand (951c–952d, 961a–968e).

Platon vergleicht die nächtliche Versammlung mit dem »Anker« der Stadt (961c). Er nennt sie die »Seele« oder den »Kopf« der Stadt (961d). Wenn es die Aufgabe der Philosophenkönige war, aus der besten Stadt eine Einheit zu machen, so ist es die Aufgabe der Mitglieder der nächtlichen Versammlung, in den vielen Tugenden das Eine zu sehen (963aff.). Die Mitglieder der nächtlichen Versammlung verfügen damit über die Fähigkeit, die allein die Dialektik verleiht. Die nächtliche Versammlung ist das eindeutigste Erbstück der Philosophenherrschaft in der Gesetzesstadt.

Wie die Philosophen in der *Politeia* nach ihrem Aufstieg in die Höhle zurückkehren müssen, so kehren die Mitglieder der nächtlichen Versammlung in die Institutionen zurück. Über personelle Doppelmitgliedschaften sichert Platon den Einfluß der nächtlichen Versammlung. Ein Gremium, das in die Kompetenzen anderer Institutionen eingreift, ist die nächtliche Versammlung nicht. Sie ist ein geistiges Zentrum, eine die Akademie nachahmende und sie mit der Stadt verschränkende Institution. Der ältere Platon blickt zum bestirnten Himmel über uns. Gott und die Sterne werden ihm zum Maß der Stadt.

j) Platons »Nomoi« und das Naturrecht

Platons Begriff des *nomos* begründet das Naturrecht auf eine eigentümliche Weise (Maguire 1947, Morrow 1948, Wild 1953, Strauss 1977, Kap. III-IV). Die Entzauberung des Kosmos, mit der die Vorsokratiker begonnen hatten, macht Platon durch eine rationale Theologie rückgängig. Die sophistische Antithese von *physis* und *nomos* wird überwunden. Das »Gesetz« wird auf die Ordnung des Alls bezogen. Es ist Natur-Gesetz und menschliches Gesetz in einem. Das, was die Natur ordnet, kann man Gott oder Vernunft (*nous*) nennen, so daß das Naturrecht ein theologisch begründetes Recht und ein Vernunftrecht zugleich ist.

Grundlage des Rechts ist weder die staatliche Gesetzgebung wie im Positivismus, noch ist es menschliche Satzung überhaupt. Das Gesetz wird an der Naturordnung abgelesen, die immer dieselbe ist und die durch die Vernunft (zwar nicht aller Menschen, aber einiger weniger Menschen) eingesehen werden kann. Die Philosophen der Stoa mußten den Nous nur noch universalisieren, ihn nicht nur zum »König des Alls« erklären, sondern darüber hinaus behaupten, daß er allen Menschen gehört. Dann war der Schritt zu einem in jeder Hinsicht universalen Naturrecht getan.

Die typischen Kennzeichen des späteren Naturrechts sind bei Platon vorgebildet: die überpositive Geltung, die Einsehbarkeit durch Vernunft, die letztlich theologische Begründetheit. Auch das Kriterium des allgemeinen Wohls, des Glücks, fehlt in den *Nomoi* nicht (712b–715d). »Gesetze«, die ein Tyrann gibt oder die sonstwie abweichen vom natürlichen Recht, sind demnach eigentlich gar keine Gesetze, eine Wendung, die im römischen und mittelalterlichen Naturrecht ständig wiederkehren wird.

2.4. Streiflichter auf die Wirkung von Platons politischer Philosophie

Nach Platon ist alle Philosophie von Platon bestimmt. Die Wirkung seiner politischen Philosophie läßt sich deshalb nur an einzelnen Beispielen beleuchten. Zu beginnen ist mit Platons bedeutendstem Schüler, mit Aristoteles. Dieser schlägt einen eigenen Weg ein, er begründet eine eigenständige praktische Philosophie. Die unmittelbare Verbindung von Metaphysik und Politik, wie sie Platon gesucht hatte, wird von Aristoteles gelöst. Scharf, oft überscharf kritisiert er seinen Lehrer (etwa Pol. II, 1–6). Und doch verdankt Aristoteles' politische Philosophie noch in der Abkehr von Platon diesem viel, insbesondere was die engen Verbindungen der aristotelischen Lehre zum platonischen Spätwerk betrifft.

Die spätantiken Philosophenschulen haben sich von Platon mehr oder weniger weit entfernt. Die Kyniker sind »wildgewordene« Sokratiker. Epikur steht den Sophisten näher als Platon. Das Naturrechtsdenken der Stoiker weist dagegen wieder gewisse Ähnlichkeiten mit Platons Lehre auf.

Bei den Römern wirkt Platon am stärksten auf Cicero und Augustinus. Die Gerechtigkeit als Fundament aller Politik würdigt Cicero im dritten Buch von *De re publica* (51 v. Chr.), das Naturrechtsdenken in *De legibus* (52–46 v. Chr.). Augustinus formt aus Platons Denken eine christliche Philosophie der Liebe und des *ordo amoris*. Sein politisches Hauptwerk *De civitate Dei* (413–426 n. Chr.) verwandelt die Metaphysik von Diesseits und Jenseits in eine Lehre von den zwei Bürgerschaften (*civitates*), die durch Selbstliebe und Gottesliebe voneinander geschieden sind.

Das Mittelalter, mit seinem Kommunismus der Orden und seiner *vita contemplativa*, ist manchem als eine Art ungewollter Verwirklichung der platonischen Politik erschienen. Jedoch war Platons politisches Denken für fast tausend Jahre – etwa von den Neuplatonikern des 5. Jh.s n. Chr. bis zum Beginn der Neuzeit – nur in Bruchstücken, in der Überlieferung über die Werke des Aristoteles, Cicero, Augustinus, Boethius und anderer präsent. Einzig ein Stück des *Timaios* war auf lateinisch verfügbar. Erst der Neuplatonismus der Renaissance, die von Ficino gegründete Akademie in Florenz und dessen Übersetzung der Werke Platons (abgeschlossen 1477 n. Chr.) haben Platons Wirkung auf die Neuzeit möglich gemacht.

Erste große Zeugnisse der modernen Wirkungsgeschichte sind die von Platon inspirierten Utopien: Morus' *Utopia* (1516), Bacons *Nova Atlantis* (1627) und Campanellas *Civitas solis* (1623). In diesen Utopien wird Platons Philosophenherrschaft stark verändert: bei Morus in einer reflektierten und spielerischen Entgegensetzung von utopischem Ideal und pragmatisch möglicher Politik; bei Bacon durch eine Vermischung mit der neuzeitlichen Auffassung von instrumenteller Wissenschaft; bei Campanella durch die Verwandlung der Philosophenstadt in eine Theokratie. Eine fundamentale Kritik an den Philosophenkönigen formuliert Kant. Er empfiehlt den Philosophen eine gewisse Distanz zur Macht, weil die Nähe zu ihr das freie Urteil »verdirbt«. »Daß Könige philosophieren, oder Philosophen Könige würden, ist nicht zu erwarten, aber auch nicht zu wünschen; weil der Besitz der Gewalt das freie Urteil der Vernunft unvermeidlich verdirbt.« (Zum ewigen Frieden. 2. Zusatz, B 69/70) Stärker als auf Kant wirkt Platon auf Rousseau und Hegel, auch wenn letzterer beklagt, daß Platons *Politeia* keinen Platz für die Subjektivität habe und die Polis am Zusammenstoß mit der Subjektivität des Sokrates zugrunde gegangen sei.

Das 20. Jh. bringt die großen Abgesänge. Nietzsche und Heidegger versuchen, die gesamte abendländische Metaphysik als ein Erbe des Platonismus zu diskreditieren. Sie kritisieren die Ideenmetaphysik als eine Lehre von der »Hinterwelt« oder von der Verfügung durch den vorstellenden Blick. Beide wollen den Platonismus umkehren. Die Philosophie soll sich vom Jenseits zum Diesseits, vom Verfügen zum Vernehmen wenden. Die Philosophien der Postmoderne erben diesen Gestus der Platonabwehr und Platonumkehr. Sie ersetzen die platonische Philosophie der Einheit durch Philosophien der Vielheit und der Beliebigkeit.

Die Platon-Auslegung bedeutender Altphilologen wie die von Wilamowitz-Moellendorff war oft geistesaristokratisch und konservativ gestimmt, getragen von einem Affekt gegen Gleichheit und Demokratie. Für Mitglieder des George-Kreises boten sich Platon und Nietzsche als Vorbilder eines geistesaristokratischen Elitismus und als Zeugen gegen die Massenkultur an (Hildebrand [2]1922). Ganz im Zeichen Platons stand der »Dritte Humanismus«, den Werner Jaeger mit seiner Festrede zur Reichsgründungsfeier, *Die griechische Staatsethik im Zeitalter des Plato* (1924), begründet und in seinem großen Werk *Paideia* (1933 ff.) in eine Gesamtdarstellung der griechischen Kultur und Bildung eingebettet hat. Die platonische Erziehung wurde von Jaeger, Stenzel und anderen auch und gerade als eine politische Erziehung verstanden, die den unpolitischen Neuhumanismus um eine Staatsethik bereichern sollte.

Eine eigene, noch nicht ausreichend untersuchte Geschichte hatte Platons politische Philosophie im Dritten Reich. Es erschienen Bücher wie Bannes' *Hitlers Kampf und Platons Staat* (1933) oder Günthers *Platon als Hüter des Lebens* (1937) (Canfora 1987). Solchen Vereinnahmungen korrespondieren die scharfen Kritiken, die von Kelsen (1933), Popper (1944ff.) und indirekt auch von George Orwell (1948, Otto 1994) an Platons angeblichem Totalitarismus geübt worden sind. Spricht Kelsen von Platons »Autokratie« (1933, 116), so läßt Popper in *Die offene Gesellschaft und ihre Feinde* Platons Philosophie zum Vorläufer der totalitaristischen Ideologien des 20. Jh.s werden. Orwells *Nineteen Eighty-Four* erinnert im dreigliedrigen Aufbau des totalitären Schreckensstaates an die drei Stände der Philosophenstadt.

Die Kritik Poppers war erfolgreich. Sie hat eine Diskussion ausgelöst, die nicht enden will. Dabei ist vieles an dieser Kritik offensichtlich und schlichtweg falsch. Der Vorwurf, die *Politeia* sei eine »Kastenordnung« (Bd. 1, 61980, 78, 185), widerspricht schon dem Wortlaut des Metallmythos, ganz zu schweigen davon, daß der meritokratische Charakter der besten Stadt damit völlig verkannt wird. Daß Platon zurückwolle zu den »alten Stammesaristokratien« von Kreta und Sparta (Bd. 1, 61980, 77), kann nur behaupten, wer Platons Spartakritik übersieht. Gerecht ist bei Platon nicht, »was im Interesse des besten Staates ist« (Bd. 1, 61980, 130, 153). Die Abgrenzung von der Sophistik und der gesamte Argumentationsgang der *Politeia* zielen vielmehr darauf, Gerechtigkeit als ein intrinsisches Gut nachzuweisen, das um seiner selbst willen, nicht um des Nutzens oder des Erfolges willen, zu erstreben ist. Der Vorwurf des Historizismus, den Popper mit Recht gegen die totalitären Ideologien des 20. Jh.s erhebt, geht an Platons Verfassungslehre völlig vorbei (hier 2.2.7.1.). Und wenn Popper empfiehlt, man solle sich in der Politik nicht am Modell »des guten Herrschers«, sondern an den »Verfahren« orientieren, dann hat der ältere Platon gerade dies getan (Browers 1995, Höffe 1997, Benz 1999).

Man sollte Platon nicht mit dem Argument verteidigen, daß er ja nur eine »Utopie« habe entwerfen wollen (Gaiser 1984; Otto 1994, Zerwes 1996 u.a.m.). Gerade utopisches Denken ist vor totalitären Tendenzen nicht gefeit. Auch empfiehlt es sich nicht, Platon, den Verächter der Demokratie, zu einem heimlichen Liebhaber der Volksherrschaft umzudeuten. Ein Demokrat war Platon nicht. Vieles an seiner Politik muß den Leser von heute befremden: die Eugenik und die Verstaatlichung der Körper, die Auflösung der Familien und die Beseitigung der Privatheit des Lebens, die »edle Lüge« und die Zensur. Aber mit solchen, gewiß anstößigen Lehren wird Platons Philosophie noch lange nicht zum Vorläufer der totalitären Ideologien.

Platons beste Stadt wird nicht auf Gewalt, sondern auf Konsens (Sophrosyne) gegründet (ep. 7, 331c–d). Sie kennt weder Terror noch Geheimpolizei, weder Ein-Parteienherrschaft noch kollektive Planwirtschaft. Viele der Voraussetzungen totalitärer Herrschaft sind weder bei Platon (noch überhaupt in der Antike) gegeben. Es fehlen die Massenbewegungen und die Verlassenheit des modernen Menschen; es fehlt die moderne Technik, und es fehlen vor allem die Ideologien, die Herrschaft geschichtsphilosophisch als ›Geschichtsplanverwaltung‹ legitimieren. Nicht zufällig entsteht der Begriff der »Ideologie« überhaupt erst zur Zeit der Französischen Revolution. Poppers Platon-Kritik ist anachronistisch. Auch verrät sie auf Schritt und Tritt ihre Herkunft aus den Propagandaschlachten des Zweiten Weltkrieges. Den Entschluß, sein Buch zu schreiben, hat Popper unter dem Eindruck des Einmarsches der deutschen Truppen in Österreich gefaßt. Es war sein Beitrag zum Krieg. Popper hat den Sack geschlagen und den Esel gemeint, wenn er Platon mit Hitler und Stalin verwechselt hat.

Wie anderen Denkern ist auch Platon das Schicksal widerfahren, vom Nationalsozialismus vereinnahmt zu werden. Er hätte Besseres verdient. Die durch den Totalitarismus belehrte Politikwissenschaft, die sich nach dem Zweiten Weltkrieg erneuert hat – auch sie hat sich auf Platon berufen. Sie hat an die Tradition des Naturrechts (Strauss) und an die Philosophie der Ordnung (Kuhn 1962, 1967; Voegelin) angeknüpft. Strauss hat in *Natural Right and History* (1953) sowie in seinen Veröffentlichungen über Sokrates, Xenophon und Platon die *querelle des anciens et des modernes* erneuert und noch einmal zugunsten der Alten zu entscheiden versucht. Platons Politik der Philosophen kehrt bei Strauss in der Unterscheidung einer exoterischen (die Philosophie vor der politischen Gemeinschaft rechtfertigenden) und einer esoterischen (die Interessen der Philosophie selbst wahrenden) Lehre wieder. Voegelin wiederum wollte in *The New Science of Politics* (1952) sowie in *Order and History* (1956–1987) die »platonisch-aristotelische Episteme« erneuern. Eher Platon als Aristoteles folgend hat er versucht, den Menschen aus der Partizipation an der göttlichen Seinsordnung zu begreifen. Daß der Mensch sich ausrichtet an dem ihm transzendenten göttlichen Sein, wird für ihn noch einmal die Grundlage sowohl der menschlichen Rationalität als auch der Politik. Diese wird aus den Symbolisierungen der Ordnung sowie aus den existenziellen Erfahrungen der Menschen gedeutet. Wie bei Platon wird Politik letztlich zur politischen Theologie.

Platon (428/27-349/48 v. Chr.)

428/27	Geboren in Athen oder Ägina, altaristokratische Familie
407	Erste Begegnung mit Sokrates
404	Oligarchischer Umsturz. Herrschaft der 30 »Tyrannen«, an der Platons Verwandte (Charmides, Kritias) beteiligt sind.
399	Tod des Sokrates, dessen Prozeß Platon miterlebt.
388/87	Erste Reise nach Sizilien, zu Dionysios I. und den Pythagoreern in Unteritalien.
366/65	Zweite Reise nach Sizilien. Dort herrscht seit 368 v. Chr. de jure Dionysios I., de facto Platons Freund Dion, der 365 v. Chr. verbannt wird.
361/60	Dritte Reise nach Sizilien auf Einladung Dionysios' II.
357	Dion ergreift in Syrakus die Macht, wird 354 v. Chr. ermordet.
349/48	Gestorben in Athen

Politische Hauptwerke: *Politeia* (nach 387 v. Chr.), *Politikos* (*Staatsmann*) (zwischen 366-361 v. Chr.), *Nomoi* (*Gesetze*) (um 350 v. Chr.).

Werke

J. Burnet, Platonis opera, 5 Bde., Oxford 1900.
Werke in 8 Bänden, übers. von F. Schleiermacher u.a., G. Eigler (Hrsg.), Darmstadt 1990.
G. Soury/A. Diès u.a., Œuvres complètes, 15 Bde., Paris 1935 ff.
K. Schöpsdau, Platon: *Nomoi*. Buch I-III, Göttingen 1994.
M. Vegetti, *La Republica* I-III, Pavia 1994/95.
Der Staat – Politeia. Griech.-dt. Übers. von R. Rufener, neu hrsg. und komm. von Th. A. Szlezák, Darmstadt 1999 (Tusculum).

Bibliographien

L. Brisson/H. Ioannidi, Platon 1975–1980, in: Lustrum 25 (1983) 31–320; Platon 1980–1985, Addenda à Platon 1950–1980, in: Lustrum 30 (1988) 11–285, 286–294; Addenda à Platon 1950–1985, in: Lustrum 34 (1992) 330–338.
H. F. Cherniss, Plato (1950–1957), in: Lustrum 4 (1959) 5–359; 5 (1960) 321–648.
O. Gigon, Bibliographische Einführungen in das Studium der Philosophie 12: Platon, Bern 1950.
R. D. McKirahan Jr., Plato and Socrates: A Comprehensive Bibliography (1958–1973), New York–London 1978.
V. de Magalhaes-Vilhena, Le problème de Socrate: Le Socrate historique et le Socrate de Platon, Paris 1952.
E. M. Manasse, Bücher über Platon, Philosophische Rundschau Sonderheft I und II, Tübingen 1957 und 1961.
T. Saunders/L. Brisson, Bibliography on Plato's *Laws*, St. Augustin ³2000 (International Plato Studies, vol. 12).
U. Zimbrich, Bibliographie zu Platons *Staat*. Die Rezeption der *Politeia* im deutschsprachigen Raum von 1800–1970, Frankfurt a.M. 1994.

Lexika

O. Apelt, Platon-Index als Gesamtregister zu der Übersetzung in der Philosophischen Bibliothek, Leipzig ²1923.
F. Ast, Lexicon Platonicum sive vocum Platonicarum index, Bonn 1956, Nachdruck der Ausgabe 1835–1838.
L. Brandwood, A Word Index to Plato, Leeds 1976.
O. Gigon/L. Zimmermann, Platon. Lexikon der Namen und Begriffe, Bern 1975.
H. Perls, Lexikon der platonischen Begriffe, Bern 1973.
M. Stockhammer, Plato-Dictionary, New York 1963.

Gesamtdarstellungen

K. Bormann, Platon, Freiburg–München 1973 (Kolleg Philosophie). – W. Bröcker, Platos Gespräche, Frankfurt a.M. ³1967. – J.M. Crombie, An Examination of Plato's Doctrine, London 1962–1963. – G.G. Field, Die Philosophie Platons, Zürich–Stuttgart 1951. – J.N. Findlay, Plato und der Platonismus. Eine Einführung, Königstein 1981. – P. Friedländer, Plato I und II, Berlin ³1964; III, Berlin ²1960. – H.G. Gadamer, Platos dialektische Ethik, Hamburg 1968 (Werke V, 3–164). – H. Gauss, Philosophischer Handkommentar zu den Dialogen Platons, 3 Bde., Berlin 1952 ff. – H. Gundert, Dialog und Dialektik, Amsterdam 1971. – W.K.C. Guthrie, A History of Greek Philosophy, Vol. 4–5, Cambridge 1975, 1978. – R.M. Hare, Platon, Oxford 1982; dt. Platon. Eine Einführung, Stuttgart 1990. – E. Hoffmann, Platon. Eine Einführung in sein Philosophieren, Zürich 1950, Reinbek 1961. – T. Kobusch/B. Mojsisch (Hrsg.), Platon. Seine Dialoge in der Sicht neuer Forschungen, Darmstadt 1996. – H.J. Krämer, Arete bei Platon und Aristoteles, Heidelberg 1959. – R. Kraut (Hrsg.), The Cambridge Companion to Plato, Cambridge 1992. – J. Moreau, Le sens du platonisme, Paris 1967. – C.J. Rowe, Plato, Brighton 1984. – P. Stemmer, Platons Dialektik. Die frühen und mittleren Dialoge, Berlin 1992. – J. Stenzel, Platon der Erzieher, Leipzig 1928. – M. Suhr, Platon, Frankfurt a.M.-New York 1992. – A.E. Taylor, Plato. The Man and His Works (1926), London–New York 1960 ff. – G. Vlastos, Platonic Studies, Princeton N.J. 1973, ²1981. – U. v. Wilamowitz-Moellendorff, Platon. Sein Leben und seine Werke, 2 Bde., Berlin 1919 (nach der 3. Aufl. 1948).

Ideenlehre

K. Albert, Über Platons Begriff der Philosophie, St. Augustin 1989. – R.E. Allen (Hrsg.), Studies in Plato's Metaphysics, London 1965. – E. A. Havelock, Schriftlichkeit. Das griechische Alphabet als kulturelle Revolution, A./J. Assmann (Hrsg.), Weinheim 1990. – R. Heinaman, Self-Predication in the *Sophist*, in: Phronesis 26 (1981) 55–66. – Ch. H. Kahn, Some philosophical uses of ›to be‹ in Plato, in: Phronesis 26 (1981) 105–134. – J. Mittelstraß, Die geometrischen Wurzeln der Platonischen Ideenlehre, in: Gymnasium 92 (1985) 399–418. – G. Patzig, Platons Ideenlehre, kritisch betrachtet, in: Antike und Abendland 16 (1970) 113–126. – W.D. Ross, Plato's Theory of Ideas, Oxford 1951. – G. Vlastos, The Third Man Argument in the *Parmenides*, in: Philosophical Review 63 (1954) 319–349. – W. Wieland, Platon und die Formen des Wissens, Göttingen 1982.

Ungeschriebene Lehre

R. Ferber, Platons Idee des Guten, 2. durchges. und erw. Aufl., St. Augustin 1989. – Ders., Die Unwissenheit des Philosophen oder Warum hat Platon die »ungeschriebene Lehre« nicht geschrieben?, St. Augustin 1991. – K. Gaiser, Platons Ungeschriebene Lehre, Stuttgart 1963. – E. Heitsch, τιμιώτερα, in: Hermes 117 (1989) 278–287. – H. Krämer, Zur aktuellen Diskussion um den Philosophiebegriff Platons, in: Perspektiven der Philosophie. Neues Jahrbuch Bd. 16 (1990) 85–107. – G. Reale, Zu einer neuen Interpretation Platons. Eine Auslegung der Metaphysik der großen Dialoge im Lichte der ›ungeschriebenen Lehren‹, Paderborn u.a. 1993. – Th. A. Szlezák, Platon und die Schriftlichkeit der Philosophie, Berlin 1985. – J. Wippern (Hrsg.), Das Problem der ungeschriebenen Lehre Platons, Darmstadt 1972 (WdF 186).

Politische Philosophie

Gesamtdarstellungen

E. Barker, Greek Political Theory. Plato and his Predecessors, London 1918, ²1925. – K. Popper, Die offene Gesellschaft und ihre Feinde. Bd. I. Der Zauber Platons, München ⁶1980 (UTB 472). – L. Strauss, Plato, in: Ders./J. Cropsey (Hrsg.), History of Political Philosophy, Chicago 1972, 7–64. – E. Voegelin, Plato and Aristotle (= Order and History Vol. III), Baton Rouge – London 1957, 1990.

Einzelne Dialoge

Zum Protagoras

A. W. H. Adkins, Democracy and Sophists: *Protagoras* 316d–328d, in: The Journal of Hellenic Studies 93 (1973) 3–12. -K. M. Dietz, Protagoras von Abdera, Bonn 1976. – M. Gagarin, The Purpose of Plato's *Protagoras*, in: American Philological Association Transaction Proceedings 100 (1964) 133–164. – O. Gigon, Studien zu Platons *Protagoras*, in: Ders. u. a. (Hrsg.), Phyllobolia. Für Peter von der Mühll. Zum 60. Geburtstag am 1. August 1945, Basel 1946, 91–152. – G. B. Kerfred, Protagoras' Doctrine of Justice and Virtue in the *Protagoras* of Plato, in: The Journal of Hellenic Studies 73 (1953) 42–45. – A. Menzel, Protagoras, der älteste Theoretiker der Demokratie, in: Zeitschrift für Politik 3 (1910) 205–238. – E. Schütrumpf, Kosmopolitismus oder Panhellenismus? Zur Interpretation des Ausspruchs von Hippias in Platons *Protagoras* (337c ff.), in: Hermes 100 (1972) 5–29. – G. Vlastos, The Unity of the Virtues in the *Protagoras*, in: Ders., Platonic Studies, Princeton ²1981, 221–265.

Zum Gorgias

K. Algozin, Faith and Silence in Plato's *Gorgias*, in: The Thomist 41 (1977) 237–246. – S. Berman, How Polus was refuted: Reconsidering Plato's *Gorgias* 474c–475c, in: Ancient Philosophy 11(1991) 265–284. – S. Benardete, The Rhetoric of Morality and Philosophy. Plato's *Gorgias* and *Phaedrus*, Chicago-London 1991. – E. R. Dodds, Plato: *Gorgias*. A Revised Text with Introduction and Commentary, Oxford 1959. – C. N. Johnson, Socrates' Encounter with Polus in Plato's *Gorgias*, in: Phoenix 43 (1989) 196–216. – C. H. Kahn, Drama and dialectic in Plato's *Gorgias*, in: Oxford Studies in Ancient Philosophy 1 (1983) 75–121. – P. v. Kloch-Kornitz, Der *Gorgias* Platons und die Philosophie Friedrich Nietzsches, in: Zeitschrift für philosophische Forschung 17 (1963) 586–603. – Th. Kobusch, Wie man leben soll: *Gorgias*, in: Ders./ B. Mojsisch (Hrsg.), Platon: Seine Dialoge in der Sicht neuer Forschungen, Darmstadt 1996, 47–63. – H. Kuhn, Das Gute und die Ordnung. Über die Grundlagen der Metaphysik in Platons *Gorgias*, in: Ders., Das Sein und das Gute, München 1962, 201–219. – A. Menzel, Kallikles. Eine Studie zur Geschichte der Lehre vom Recht des Stärkeren, in: Zeitschrift für Öffentliches Recht 3 (1922/23) 1–84. – M. M. MacKenzie, A Pyrrhic Victory: *Gorgias* 474b–477a, in: Classical Quarterly 76 (1982) 84–88. – W. H. Race, Shame in Plato's *Gorgias*, in: Classical Journal 74 (1978/79) 197–202. – H. Reiner, ›Unrechttun ist schlimmer als Unrechtleiden‹. Zur Beweisführung des Sokrates in Platons *Gorgias*, in: Zeitschrift für philosophische Forschung 11 (1957) 547–555. – W. Schneidewin, Das sittliche Bewußtsein. Eine Gorgiasanalyse, Paderborn 1937. – A. Spitzer, The Self-Reference of the *Gorgias*, in: K. V. Erikson (Hrsg.), Plato: True and Sophistic Rhetoric, Amsterdam 1979, 129–153. – G. Vlastos, Was Polus refuted? in: American Journal of Philology 88 (1967) 454–460. – E. Voegelin, The Philosophy of Existence: Plato's *Gorgias*, in: The Review of Politics 11 (1949) 477–498.

Zum Thrasymachos (= Politeia I)

T. D. J. Chappell, The virtues of Thrasymachos, in: Phronesis 38 (1993) 1–17. – R. Dahrendorf, Lob des *Thrasymachos*, in: Ders., Pfade aus Utopia, München ³1974, 293–314. – S. Everson, The incoherence of *Thrasymachos*, in: Oxford Studies in Ancient Philosophy 16 (1998) 99–131. – T. Y. Henderson, In Defense of Thrasymachos, in: American Philosophical Quarterly 7 (1970) 218–228. – G. I. Hourani, Thrasymachos' Definition of Justice in Plato's *Republic*, in: Phronesis 7 (1962) 110–120. – G. B. Kerfred, The Doctrine of Thrasymachos in Plato's *Republic* (1947), in: C. J. Classen (Hrsg.), Sophistik, Darmstadt 1976, 545–564. – P. P. Nicholson, Unravelling Thrasymachos' Arguments in the *Republic*, in: Phronesis 19 (1974) 210–232. – E. Schütrumpf, Konventionelle Vorstellungen über Gerechtigkeit. Die Perspektive des *Thrasymachos* und die Erwartungen an eine philosophische Entgegnung, in: O. Höffe (Hrsg.), Platon: *Politeia*, Berlin 1997, 29–55.

Zur Politeia II–X

J. Adam, The *Republic* of Plato, ed. with critical notes, commentary and appendices, 2 Bde. (1902), Cambridge ²1963. – J. Annas, An Introduction to Plato's *Republic*, Oxford 1981. – Dies., Plato's *Republic* and Feminism, in: Philosophy 51 (1976) 307–321. – Dies., Plato's myths of judgement, in: Phronesis 27 (1982) 119–143. – H. Arendt, Zwischen Vergangenheit und Zukunft. Übungen im politischen Denken I, München-Zürich 1994. – M. Baltes, The Idea of Good in Plato's *Republic* beyond Being?, in: M. Joyal (Hrsg.), Studies in Plato and the Platonic Tradition, Aldershot u.a. 1997, 3–23. – S. Benardete, Socrates' Second Sailing: On Plato's *Republic*, Chicago-London 1989. – H. Berve, Dion, Mainz 1956. – N. Blößner, Musenrede und ›geometrische Zahl‹. Ein Beispiel platonischer Textgestaltung (*Politeia* VIII, 545e 8–547a 7), Stuttgart 1999. – N.H. Bluestone, Women and the Ideal Society: Plato's *Republic* and Modern Myth of Gender, Oxford u.a. 1987. – H. Bluhm, Variationen des Höhlengleichnisses, in: Deutsche Zeitschrift für Philosophie 47 (1999) 911–933. – H. Blumenberg, Höhlenausgänge, Frankfurt a.M. 1989. – H. Breitenbach, Platon und Dion, Zürich 1960. – M. Canto, The Politics of Women's Bodies: Reflections on Plato, transl. by A. Goldhammer/ N. Tuana (Hrsg.), Pennsylvania State Univ. 1994. – Dies./L. Brisson, Zur sozialen Gliederung der Polis (Buch II 372e–427d), in: O. Höffe (Hrsg.), Platon: *Politeia*, Berlin 1997, 95–118. – R.C. Cross/A.D. Woozley, Plato's *Republic*. A Philosophical Commentary, New York ²1966. – J. Davies, A Note on the Philosopher's Descent into the Cave, in: Philologus 111 (1968) 121–126. – D. Dombrovski, Noble LIES, NOBLE lies or noble lies, in: The Classical Bulletin 58 (1981) 4–6. – Th. Ebert, Meinung und Wissen in der Philosophie Platons, Berlin–New York 1974. – F. Else, The Structure and Date of Book 10 of Plato's *Republic*, Heidelberg 1972. – R. Ferber, Notizen zu Platons Höhlengleichnis, in: Freiburger Zeitschrift für Philosophie und Theologie 28 (1981) 393–433. – Ders., Platons Idee des Guten, St. Augustin ²1989. – J. Ferguson, The ethics of the gennaion pseudos, in: Liverpool Classical Monthly 6 (1981) 259–267. – H. Flashar, Der platonische Staat als Utopie, in: O. Gigon/M.W. Fischer (Hrsg.), Antike Rechts- und Sozialphilosophie, Frankfurt a.M. u.a. 1988, 23–36. – E. Fox-Keller, Erkenntnis und sexuelle Liebe bei Platon und Bacon, in: Feministische Studien 4 (1985) 47–56. – D. Frede, Platon, Popper und der Historizismus, in: E. Rudolph (Hrsg.), Polis und Kosmos, Darmstadt 1996, 47–108. – Dies., Die ungerechten Verfassungen und die ihnen entsprechenden Menschen (Buch VIII 543a–IX 576b), in: O. Höffe (Hrsg.), Platon: *Politeia*, Berlin 1997, 251–270. – K. v. Fritz, Platon in Sizilien und das Problem der Philosophenherrschaft, Berlin 1968. – P. Frutiger, Les Mythes de Platon (1930), New York 1976. – H.-G. Gadamer, Plato und die Dichter (1934), in: Ders., Gesammelte Werke Bd. 7, Tübingen 1985, 187–211. – Ders., Platons Denken in Utopien. Ein Vortrag vor Philologen (1983), in: Ders., Gesammelte Werke Bd. 7, Tübingen 1991, 270–289. – K. Gaiser, Die Rede der Musen über den Grund von Ordnung und Unordnung: Platon, *Politeia* VIII, 545d–547a, in: Studia Platonica. Festschrift für H. Gundert, K. Döring/W. Kullmann (Hrsg.), Amsterdam 1974, 49–85. – O. Gigon, Timokratie und Oligarchie in Platons *Politeia*, in: Festschrift für Karl Merentitis, Athen 1972, 75–95. – Ders., Gegenwärtigkeit und Utopie. Eine Interpretation von Platons *Staat*, Zürich 1976. – A. Graeser, Probleme der platonischen Seelenteilungslehre, München 1967. – J. Halfwassen, Der Aufstieg zum Einen. Untersuchungen zu Platon und Plotin, Stuttgart 1992. – S. Halliwell, Plato's repudiation of the Tragic, in: M.S. Silk (Hrsg.), Tragedy and the Tragic, Oxford 1996, 332–349. – Ders., The *Republic's* Two Critiques of Poetry (Book II 376–398b, Book X 595a–608b), in: O. Höffe (Hrsg.), Platon: *Politeia*, Berlin 1997, 313–332. – D. Hellwig, Adikia in Platons *Politeia*. Interpretationen zu den Büchern VIII und IX, Amsterdam 1980. – O. Höffe (Hrsg.), Platon: *Politeia*, Berlin 1997. – Chr. Horn, Platons epistēmē-doxa-Unterscheidung und die Ideentheorie, in: O. Höffe (Hrsg.), Platon: *Politeia*, Berlin 1997, 291–312. – T.H. Irwin, Plato's Ethics, Oxford 1995. – Ders., The Parts of the Soul and the Cardinal Virtues (Book IV 427d–448e), in: O. Höffe (Hrsg.), Platon: *Politeia*, Berlin 1997, 119–141. – R. Kannicht, Der alte Streit zwischen Philosophie und Dichtung, in: Der altsprachliche Unterricht 23 (1980) 6–36. – H. Kelsen, Platonische Gerechtigkeit, in: Kant-Studien 38 (1933) 91–117. – Ders., Die platonische Liebe, in: E. Topitsch (Hrsg.), Aufsätze zur Ideologiekritik, Neuwied 1964, 114–197. – W. Kersting, Platons *Staat*, Darmstadt 1999. – H. J. Krämer, Das Problem der Philosophenherrschaft bei Platon, in: Philosophisches Jahrbuch 74 (1966/67) 254–284. – Ders., EPEKEINA TES OUSIAS. Zu Platon, *Politeia* 509b, in: Archiv für Geschichte der Philosophie 51 (1969) 1–30. – R. Kraut, The defense of justice in Plato's *Republic*, in: Ders., The Cambridge Companion to Plato, Cambridge 1992, 311–337. – Ders. (Hrsg.), Plato's *Republic*. Critical Essays, Boston – Oxford 1997. – H. Kuhn, Die wahre Tragödie. Platon als Nachfolger der Tragiker, Hildesheim 1970. – B. Kytzler, Platons Mythen, Leipzig u. a. 1997. – R. C. Lodge, Plato's Theory of Education, London ²1950. – J. Luccioni, La pensée politique de Plato, Paris 1958. – T. Mahoney, Do Plato's philosopher-rulers sacrifice self-interest to justice?, in: Phronesis 37 (1992) 265–282. – L. Marcuse, Der Philosoph und der Diktator. Platon und Dionysios, Berlin 1950. – R. K. Maurer, Platons *Staat* und die Demokratie, Berlin 1970. – J. Moravcsik/P. Temko (Hrsg.), Plato on Beauty, Wisdom and the Arts, Totowa N. J. 1982. – J. Murdoch, The Fire and the Sun: Why Plato Banished the Artists, Oxford 1977. – N. R. Murphy, Back to the Cave, in: Classical Quarterly 28 (1934) 211–213. – Ders., The Interpretation of Plato's *Republic*, Oxford 1951, London ³1967. – P. Murray, Plato on Poetry, Cambridge 1996. – A. Nehamas, Plato on Imitation and Poetry in *Republic* 10, in: J. Moravcsik/Ph. Temko (Hrsg.), Plato on Beauty, Wisdom and the Arts, Totowa N. J. 1982, 47–78. – R. L. Nettleship, Lectures on the *Republic* of Plato, London 1967. – S. M. Okiri, Philosopher Queens and Private Wives: Plato on Women and the Family, in: Philosophy and Public Affairs 6 (1976/77) 345–369. – E. Ostenfeld (Hrsg.), Essays on Plato's *Republic*, Aarhus 1998. – N. Pappas, Philosophy Guide Book to Plato and the *Republic*, London 1995. – R. D. Parry, Plato's Craft of Justice, Albany N. Y. 1996. – J. Pieper, Über die platonischen Mythen, München 1965. – Z. Planinc, Plato's Political Philosophy. Prudence in the *Republic* and the *Laws*, Duckworth 1991. – G. Reale, Platons protologische Begründung des Kosmos und der idealen Polis, in: E. Rudolph (Hrsg.), Polis und Kosmos, Darmstadt 1996, 3–25. – C. D. C. Reeve, Philosopher Kings. The Argument of Plato's *Republic*, Princeton N. J. 1988. – M. F. Reeves, Problems of Philosophy and Society: a Conversation with Plato, Lanham 1988. – K. Reinhardt, Platons Mythen, in: Vermächtnis der Antike. Gesammelte Essays zur Philosophie und Geschichtsschreibung, Göttingen 1969, 219–295. – E. Salin, Platon und die griechische Utopie, München-Leipzig 1921. – A. W. Saxonhouse, The Philosopher and the Female in the Thought of Plato, Pennsylvania State Univ. 1994. – St. Schenke, Logik des Rückstiegs. Vom Sinn der κατάβασις des Philosophen in Platons Höhlengleichnis, in: Philosophischen Jahrbuch 104 (1997) 316–335. – R. Schrastetter, Die Erkenntnis des Guten, in: R. Hofmann/J. Jantzen/H. Ottmann (Hrsg.), Anodos. Festschrift für Helmut Kuhn, Weinheim 1989, 237–258. – A. Schubert, Platon: *Der Staat*. Ein einführender Kommentar, Paderborn u. a. 1995. – J. Simmons, Vision and Spirit. An Essay on Plato's Warrior Class, Lanham 1988. – J. B. Skemp, How political is Plato's *Republic*? in: History of Political Thought 1 (1980) 1–17. – R. Spaemann, Die Philosophenkönige (Buch V 473b–VI 504a), in: O. Höffe (Hrsg.), Platon: *Politeia*, Berlin 1997, 161–178. – P. M. Steiner, Psyche bei Platon, Göttingen 1992. – L. Strauss, Studies in Platonic Political Philosophy, Chicago-London 1983. – R. Thurnher, Der siebte Platonbrief, Meisenheim a. Glan 1975. – K. Trampedach, Platon, die Akademie und die zeitgenössische Politik, Stuttgart 1994. – J. O. Urmson, Plato and the Poets, in: J. Moravcsik/Ph. Temko (Hrsg.), Plato on Beauty, Wisdom and the Arts, Totowa N. J. 1982, 125–136. – G. Vlastos, Justice and happiness in the *Republic*, in: Ders. (Hrsg.), Plato. Bd. II, Garden City N. J. 1971, 66–95. – Ders., Does Slavery exist in Plato's *Republic*?, in: Ders., Platonic Studies, Princeton ²1981, 140–146. – Ders., The theory of social justice in the Polis in Plato's *Republic*, in: Ders., Studies in Greek Philosophy Bd. II, Princeton 1995, 69–103. – Ders., Was Plato a feminist? in: Ders., Studies in Greek Philosophy Bd. II, Princeton 1995, 133–143. – K. Vretska, Platons Demokratenkapitel. Untersuchung seiner Form, in: Gymnasium 62 (1955) 407–428. – N. P. White, A Companion to Plato's *Republic*, Oxford 1979. – B. Williams, Plato against the Immoralist (Book II 357a–367e), in: O. Höffe (Hrsg.) Platon: *Politeia*, Berlin 1997, 55–68.

Zum Timaios

L. Brisson, Le même et l'autre dans la structure ontologique du *Timée* de Platon. Un commentaire systématique du *Timée* de Platon, Paris 1974, St. Augustin ²1994. – Ders., Den Kosmos betrachten, um richtig zu leben: *Timaios*, in: Th. Kobusch/B. Mojsisch (Hrsg.), Platon: Seine Dialoge in der Sicht neuer Forschung, Darmstadt 1996, 229–248. – Ders./F. W. Meyerstein, Inventer l'Univers, Paris 1991. – F. M. Cornford, Plato's Cosmology. The *Timaeus* of Plato transl. with running comment, London 1937, repr. 1966. – G. Reale, Platons protologische Begründung des Kosmos und der idealen Polis, in: E. Rudolph (Hrsg.), Polis und Kosmos. Naturphilosophie und politische Philosophie bei Platon, Darmstadt 1996, 3–25. – Th. Szlezák, Psyche – Polis – Kosmos, in: E. Rudolph (Hrsg.), Polis und Kosmos. Naturphilosophie und politische Philosophie bei Platon, Darmstadt 1996, 26–42. – G. Vlastos, Plato's Universe, Seattle 1975. – A. E. Taylor, A Commentary on Plato's *Timaeus*, Oxford 1928, repr. 1962.

Zum Politikos (Staatsmann)

S. Benardete, Eidos and Diaeresis in Plato's *Statesman*, in: Philologus 107 (1963) 96–126. – C. Bobonich, The Virtues of Ordinary People in Plato's *Statesman*, in: Chr. J. Rowe (Hrsg.), Reading the *Statesman*, St. Augustin 1995, 306–312. – E. B. Cole, Weaving and Practical Politics in Plato's *Statesman*, in: Southern Journal of Philosophy 29 (1991) 195–208. – J. Brisson, Interprétation du mythe du Politique, in: Chr. J. Rowe (Hrsg.), 349–363. – J. Dillon, The Neoplatonic Exegesis of the Statesman Myth, in: Chr. J. Rowe (Hrsg.), 364–374. – M. Erler, Kommentar zu Brisson und Dillon, in: Chr. J. Rowe (Hrsg.), 375–380. – R. Ferber, Für eine propädeutische Lektüre des *Politicus*, in: Chr. J. Rowe (Hrsg.), 63–75. – G. R. F. Ferrari, Myth and Conservatism in Plato's *Statesman*, in: Chr.J. Rowe (Hrsg.), 389–398. – C. Gill, Plato and Politics: The *Critias* and the *Politicus*, in Phronesis 24 (1979) 148–167. – Ders., Rethinking Constitutionalism in Statesman 291–303, in: Chr. J. Rowe (Hrsg.), 292–305. – C. H. Kahn, The Place of the *Statesman* in Plato's Later Work, in: Chr.J. Rowe (Hrsg.), 49–62. – M. Lane, Method and Politics in Plato's *Statesman*, Cambridge 1998. – E. M. Menasse, Platons *Sophistes* und *Politikos*. Das Problem der Wahrheit, Berlin 1937. – M. H. Miller, Jr., The Philosopher in Plato's *Statesman*, The Hague u. a. 1980. – H.-J. Oesterle, Platons Staatsphilosophie im Dialog *Politikos*, Diss. Gießen 1978. – Chr. J. Rowe (Hrsg.), Reading the *Statesman*. Proceedings of the III. Symposium platonicum, St. Augustin 1995. – St. Rosen, Plato's Myth of the Reversed Cosmos, in: Review of Metaphysics 33 (1979) 59–85. – Ders., Plato's *Statesman*: The Web of Politics, New Haven – London 1995. – H. Scodel, Diaeresis and Myth in Plato's *Statesman*, Göttingen 1987 (Hypomnemata 85). – J. B. Skemp, Plato's *Statesman*, London 1952. – P. Vidal-Naquet, Plato's Myth of the Statesman, the Ambiguities of the Golden Age and History (1975), in: Journal of Hellenic Studies 98 (1978) 132–141. – R. Weiss, Statesman as ἐπιστήμων: Caretaker, Physician, and Weaver, in: Chr. J. Rowe (Hrsg.), 213–222.

Zu den Nomoi

G. J. Aalders, Die Theorie der gemischten Verfassung im Altertum, Amsterdam 1968, 38–50. – S. Bernadete, Plato's *Laws*. The Discovery of Being, Chicago – London 2000. – J. Bisinger, Der Agrarstaat in Platons *Gesetzen*, Leipzig 1925 (Klio Beiheft 17). – W. Blum, Kleists Marionettentheater und das Drahtpuppengleichnis bei Platon, in: ZRGG 23 (1971) 40–49. – C. Bobonich, Persuasion, freedom and compulsion in Plato's *Laws*, in: Classical Quarterly 41 (1991) 365–388. – D. Cohen, Law, autonomy, and political community in Plato's *Laws*, in: Classical Philology 88 (1993) 301–318. – O. Gigon, Das Einleitungsgespräch der *Gesetze* Platons, in: Museum Helveticum 11 (1954) 201–230. – H. Görgemanns, Beiträge zur Interpretation von Platons *Nomoi*, München 1960 (= Zetemata 25). – A. Gundert, Zum Spiel bei Plato, in: Beispiele. Festschrift für Eugen Fink zum 60. Geburtstag, Den Haag 1965, 108–121. – A. B. Hentschke, Politik und Philosophie bei Plato und Aristoteles. Die Stellung der *Nomoi* im Platonischen Gesamtwerk und die politische Theorie des Aristoteles, Frankfurt a.M. 1971. – W. Keber, Platons Stellung zu Spartaideologie, Diss. Münster 1957. – W. Knoch, Die Strafbestimmungen in Platons *Nomoi*, Wiesbaden 1960. – W. Kullmann, Die philosophische Bedeutung von Platons *Nomoi*, in: Philosophische Rundschau 10 (1962) 277–282. – A. Laks, Platons legislative Utopie, in: E. Rudolph (Hrsg.), Polis und Kosmos, Darmstadt 1996, 43–55. – F. L. Lisi, Plato's *Laws* and its historical Significance. Selected Papers of the I. International Congress on Ancient Thought, Salamanca, St. Augustin 1998. – J. P. Maguire, Plato's Theory of Natural Law, in : Yale Classical Studies 10 (1947) 157–178. – V. Martin, Sur la condemnation des athées au Xe livre des *Lois* de Platon. Essai d'analyse, in: Studia Philosophica 11 (1951) 103–154. – G. Morrow, Plato and the Law of Nature, in: Essays in Political Theory, M. Konvits/A. Murphy (Hrsg.), Ithaca 1948, 17–44. – Ders., Plato's Cretan City, Princeton 1960, ²1993. – G. Müller, Studien zu den platonischen *Nomoi*, München 1951, 1969 (= Zetemata 3). – W. Nippel, Mischverfassungstheorie und Verfassungswirklichkeit in der Antike und frühen Neuzeit, Stuttgart 1980, 136–142. – A. Ophir, Plato's invisible cities, London 1991. – J. Pangle, Politics and Religion in Plato's *Laws*: Some Preliminary Reflections, in: Essays in Arts and Sciences 3 (1974) 19–28. – Ders., *The Laws* of Plato. Transl. with notes and an interpretative essay, New York 1980. – G. Picht, Platons Dialoge *Nomoi* und *Symposion*. Vorlesungen und Schriften. Studienausgabe, Stuttgart 1990. – C. Ritter, Platos *Gesetze*. Bd. 2. Kommentar, Leipzig 1896. – T. J. Saunders, Plato, *the Laws*, Harmondsworth 1970. – Ders., Bibliography on Plato's *Laws* 1920–1970, ergänzt bis 1975, New York 1979. – Ders., Plato's Penal Code: Tradition, Controversy, and Reform in Greek Penalogy, Oxford 1991. – F. Solmsen, Plato's Theology, Ithaka 1942. – R. F. Stalley, An Introduction to Plato's *Laws*, Oxford 1983. – Ders., Persuasion in Plato's *Laws*, in: History of Political Thought 15 (1994) 157–177. – P. M. Steiner (Hrsg.), Platon: *Nomoi* X. Mit einer Einl. von H. Kuhn, Berlin 1992, 189–203 (Bibliographie). – L. Strauss, The Argument and the Action of Plato's *Laws*, Chicago 1975. – Ders., Naturrecht und Geschichte (1953), Frankfurt a.M. 1977, Kap. III-IV. – W. Theiler, Die bedrohenden Kräfte im Gesetzesstaat Platons, in: Ders., Untersuchungen zur antiken Literatur, Berlin 1970, 252–261. – M. Vanhoutte, La Philosophie Politique de Platon dans *les Lois*, Louvain 1954. – A. Weiher, Die metaphysischen Grundfragen der platonischen *Nomoi*, in: Bayerische Blätter für das Gymnasialschulwesen 70 (1934) 145–156. – J. D. Wild, Plato's Modern Enemies and Natural Law, Chicago 1953. – E. A. Wyller, Platons Gesetz gegen die Gottesleugner. *Nomoi* 10, 907d bis 909d, in: Hermes 85 (1957) 292–314. – Ders., Der späte Platon. Tübinger Vorlesungen 1965, Hamburg 1970. – P. Zillig, Die Theorien der gemischten Verfassung in ihrer literarischen Entwicklung im Altertum und ihr Verhältnis zur Lehre Lockes und Montesquieus über Verfassung, Diss. Würzburg 1916.

Streiflichter auf die Wirkung von Platons politischer Philosophie

R. Bambrough (Hrsg.), Plato, Popper and Politics, Cambridge 1967. – J. Bannes, Hitlers Kampf und Platons Staat, Berlin 1933. – A. Benz, Popper, Platon und das »Fundamentalproblem der politischen Theorie«: eine Kritik, in: Zeitschrift für Politik 46 (1999) 95–111. – M. L. Browers, Piecemeal Reform in Plato's *Laws*, in: Political Studies 43 (1995) 312–324. – L. Canfora, Platon im Staatsdenken der Weimarer Republik, in: H. Funke (Hrsg.), Utopie und Tradition. Platons Lehre vom Staat in der Moderne, Würzburg 1987, 133–147. – H. Dorrie/ M. Baltes/F. Mann, Der Platonismus in der Antike, Bd. 1–5, Stuttgart-Bad Cannstatt 1987–1998. – H. Erbse, Platons *Politeia* und die modernen Antiplatoniker, in: Gymnasium 83 (1976) 169–191. – K. Gaiser, Platon 1984. Zur Kritik an Platons Staatsutopie, in: Die alten Sprachen im Unterricht 31 (1984) 11–17. – A. Giannaras, Plato and K. R. Popper, in: Philosophy of the Social Sciences 4 (1996) 493–508. – A. Graeser, Bemerkungen zu »Platons *Politeia* und die modernen Antiplatoniker«, in: Gymnasium 84 (1977) 493–502. – H. F. K. Günther, Platon als Hüter des Lebens, München 1937. – W. Habermehl, Historismus und Kritischer Rationalismus. Einwände gegen Poppers Kritik an Comte, Marx und Platon, Freiburg – München 1980. – D. Hays, An Examination of Popper's Criticism of Plato's *Republic*, in: Dialogos 43 (1984) 81–90. – K. Hildebrand, Nietzsches Wettkampf mit Sokrates und Plato, Dresden [2]1922. – A. Hoernlé, Would Plato have approved of the national-socialist state? in: R. Bambrough (Hrsg.), Plato, Popper and Politics. Some Contributions to a Modern Controversy, Cambridge/New York 1967, 20–36. – W. Jaeger, Die griechische Staatsethik im Zeitalter des Plato, in: Ders., Humanistische Reden und Vorträge, Berlin–Leipzig 1937, 93–109. – T. Kobusch/B. Mojsisch (Hrsg.), Platon in der abendländischen Geistesgeschichte. Neue Forschungen zum Platonismus, Darmstadt 1997. – G. Klosko, Popper's Plato, in: Philosophy of the Social Sciences 4 (1996) 509–527. – H. Kuhn, Das Sein und das Gute, München 1962. – Ders., Der Staat, München 1967. – R.B. Levinson, In Defense of Plato, Cambridge/ Mass. 1953. – R. Maurer, Popper und die totalitäre Demokratie, in: Der Staat 3 (1964) 477–487. – D. Otto, Das utopische Staatsmodell von Platons *Politeia* aus der Sicht von Orwells *1984*. Ein Beitrag zur Bewertung des Totalitarismusvorwurfs gegenüber Platon, Berlin 1994. – K.R. Popper, Die offene Gesellschaft und ihre Feinde. Bd. I. Der Zauber Platons, Tübingen [6]1980. – L. Strauss, Natural Right and History, Chicago 1953; dt. Naturrecht und Geschichte, Frankfurt a.M. 1957. – T.L. Thorson, Plato: Totalitarian or Democrat? Englewood Cliffs 1963. – C.C.W. Tayler, Plato's totalitarianism, in: Polis 5 (1986) 4–29. – E. Voegelin, The New Science of Politics, Chicago 1952; dt. Die Neue Wissenschaft der Politik, Freiburg-München [4]1991. – Ders., Order and History, 5 Bde., Baton Rouge 1956–1987. – W. Zerwes, Platon und Popper. Eine Begegnung, die nicht stattfand, in: H. Hörmig (Hrsg.), Leben und Wahrheit in der Geschichte. Festgabe zum 90. Geburtstag von Hans Tümmler, Bochum 1996, 35–51.

XIV. Aristoteles (384/383–322 v. Chr.)

Raffaels »Schule von Athen« zeigt Platon, wie er mit dem Finger nach oben weist, Aristoteles, wie er die Hand parallel zur Erdoberfläche hält. Die Wendung des Blicks, die Aristoteles mit seiner Philosophie vollzieht, ist damit treffend ins Bild gesetzt. Mit Aristoteles wird die Philosophie weltzugewandter und empirischer, als sie es bei Platon war. Zwar geht auch Aristoteles von einer Rangordnung der Welten aus, nach der die geistige die höhere und bedeutendere ist. Aber allenthalben wird die Welt der sinnlich erfahrbaren Dinge von ihm aufgewertet und mit einem Hunger nach Erfahrung untersucht.

Die politische Philosophie des Aristoteles macht die platonische Kulturrevolution wieder rückgängig. Die Kritik der Dichter wird zurückgenommen. Die Politik, wie sie in der Polis tatsächlich betrieben wird, findet neue Anerkennung. Immer wieder knüpft das Denken des Aristoteles an das schon Vorliegende an, seien es die Sitten oder die Verfassungen, die Sprichwörter oder die Lehrmeinungen früherer Denker.

Eng verbunden ist Aristoteles' politische Philosophie mit dem Denken des älteren Platon, der seinerseits schon zurückgefunden hatte zur Hochschätzung von Mitte und Maß. Beide sind für Aristoteles' Ethik und Politik bestimmend. Die Polisverbundenheit und die Gemeinschaftlichkeit des Lebens rücken wieder ins Zentrum der Politik, und schon die berühmte Bestimmung des Menschen als eines »politischen Lebewesens« drückt die Orientierung am gemeinschaftlichen Leben aus.

Ethik und Politik des Aristoteles sind bürgerlich, ausgerichtet an dem, was man vom braven Bürger und rechtschaffenen Mann erwarten kann. Aber auch die Hochschätzung von Leistung und Exzellenz hinterläßt Spuren im Denken des Aristoteles. Trotz aller Hervorhebung von Mitte (*mesotēs*) und Maß wird der ethisch-politische Grundbegriff der *aretē* als eine Spitzenleistung verstanden (und nicht als bloßes Mittelmaß). In die Ethik des Aristoteles gehen verschiedene Tugenden der »Größe« (wie etwa die Großgesinntheit) ein, schöne Erbschaften der agonalen Kultur und der alten Noblesse.

Platon empfahl eine Expertokratie. Aristoteles gibt eine Rechtfertigung der Bürgerpolitik. Arzt und Steuermann, die Experten, sind nicht mehr länger der Maßstab für ethisches und politisches Wissen. Politik kehrt zum Miteinander-Reden und Sich-Beraten gleichberechtigter Bürger zurück.

Die folgende Darstellung beginnt mit einer kurzen (politischen) Biographie des Aristoteles (1.). Auf diese folgt eine Kennzeichnung der großen Veränderungen, die sich auf dem Weg von der Ideenlehre zur aristotelischen Metaphysik der Substanzen vollziehen. Aristoteles löst die praktische Philosophie, d.h. Ethik und Politik, aus ihrer unmittelbaren Verklammerung mit der Metaphysik (2.). Er begründet eine eigenständige praktische Philosophie. Diese läßt sich schon in Schriften erahnen, die wie die *Topik*, die *Rhetorik* und die *Poetik* mit der praktischen Philosophie verbunden sind (3.). Was diese selber ist, wird anhand der *Nikomachischen Ethik* und der *Politik* dargestellt (4.).

1. Leben und Werk

1.1. Eine politische Biographie?

Aristoteles tritt mit 17 Jahren, als Platon gerade seine zweite Reise nach Sizilien unternimmt, in die Akademie ein. Da er aus Stagira in Makedonien stammt, ist er in Athen ein Fremder, ein Metöke ohne Bürgerrecht. Zwei Jahrzehnte, bis zum Tode Platons (347 v. Chr.), bleibt er Mitglied der Akademie. Zwölf Jahre zieht er anschließend umher. Er geht an den Hof des Hermias an der kleinasiatischen Küste. 345/344 v. Chr. übersiedelt er nach Mytilene auf die Insel Lesbos. Zwei Jahre später wird er als Erzieher Alexanders des Großen an den makedonischen Hof berufen. 335/334 v. Chr. findet man ihn wieder in Athen, wo er an einem öffentlichen Gymnasium, dem Lykeion, unterrichtet. 323 v. Chr. verläßt er Athen zum zweiten Mal. Er zieht in das Haus seiner Mutter auf der Insel Euböa, und dort stirbt er im Jahre 322 v. Chr., 62 Jahre alt.

Für die Einschätzung der politischen Philosophie des Aristoteles ist von Bedeutung, welchen Einfluß seine makedonische Herkunft, sein Status in Athen, das zweimalige Verlassen Athens und schließlich sein Verhältnis zu Alexander dem Großen auf seine Lehre hat. War Aristoteles ein Parteigänger Makedoniens, der damals aufstrebenden Macht? War er gar eine Art Chefideologe Alexanders des Großen? Begegnen wir der immer wiederkehrenden Konstellation von Denker und Täter, von Weltherrscher und Weltphilosoph, so wie später Seneca und Nero, Hegel und Napoleon, Heidegger und Hitler seltsame Paare bilden?

Das zweimalige Verlassen Athens hat vermutlich damit zu tun, daß Aristoteles in Athen der Boden zu heiß wurde. Zwar mag er 347 v. Chr. Athen auch deshalb verlassen haben, weil er nicht Nachfolger Platons in der Leitung der Akademie wurde. Es ist aber ebenso möglich, daß er Athen wegen der starken antimakedonischen Stimmung den Rücken gekehrt hat. Demosthenes hielt 349/348 v. Chr. seine *Olynthischen Reden* (vielleicht auch schon seine erste *Philippische Rede*). Zu dieser Zeit war in Athen die Empörung über die aggressive Politik Philipps II. groß (Scholz 1998, 171 ff.).

Der zweite Weggang aus Athen fällt in die Zeit nach dem Tode Alexanders, als die Athener dem Makedonen Antipater den Krieg erklären. Auch da liegt die Vermutung nahe, daß der Makedone Aristoteles es vorzog, die ihm fremde Stadt lieber zu verlassen, als sich der antimakedonischen Stimmung auszusetzen.

Es ist versucht worden, aus Aristoteles geradezu einen Agenten Makedoniens in Athen zu machen (Chroust Bd. 1, 1973, 159 ff.) oder ihn doch irgendwie mit der Reichspolitik Alexanders zu verbinden (Kelsen 1964, Stein 1968). Für beide Vermutungen gibt es aber keinen guten Anhaltspunkt. Zwar besaß Aristoteles tatsächlich Verbindungen zum makedonischen Hof; schon sein Vater war Leibarzt Amyntas' III. gewesen; er selbst kannte Philipp II. seit seiner Jugend; dieser macht ihn zum Erzieher des Alexander. Aber seltsamerweise ergibt sich keine Allianz von Denker und Täter, von Herrscher und Philosoph, wie sie in zahlreichen Legenden überliefert wird (Brocker 1966).

Aristoteles ist nur einer der Erzieher Alexanders, und er ist es auch nur für etwa drei Jahre, als Alexander zwischen 13 und 16 Jahren alt ist. Sobald Alexander provisorisch die Staatsgeschäfte übernimmt (340/339 v. Chr.), ist Aristoteles aus dem Spiel. Ein politisches Amt am Hofe besaß er nicht. Vergleicht man die Politik, die Alexander verfolgen wird, mit den politischen Lehren des Aristoteles, so stößt man allenthalben auf Unterschiede, die nicht miteinander zu vereinen sind.

Alexander gründet das erste Weltreich, das Ost und West umspannt; Aristoteles bleibt bei der Polis als der entscheidenden politischen Einheit stehen. Alexander erstrebt die »Eintracht« (homonoia) von Griechen und Barbaren; Aristoteles hält an der Unterscheidung von Griechen und Barbaren fest (Pol. VII, 1327b). Wenn das Wort des Plutarch zuverlässig ist, soll Aristoteles dem Alexander sogar geraten haben, »sich den Griechen gegenüber als Hegemon, den Barbaren gegenüber aber als Despot zu verhalten« (de Alex. fort. 321b). Aristoteles favorisiert keineswegs die Monarchie, die für den Hellenismus typische Staatsform. Eher begünstigt er die Politie, die Bürgerherrschaft, die an die kleinräumige Stadt gebunden ist.

1.2. Werke in kurzer Übersicht

Auf den ersten Blick augenfällig ist, daß mit der aristotelischen Philosophie die ersten Disziplinen entstehen, die sogenannten »Pragmatien« oder »Sachgebiete«. So gibt es bei Aristoteles die erste »Ethik« und die erste so bezeichnete »Politik«. Man findet erste logische Schriften, separate Schriften über Dicht- und Redekunst, über die »Seele«, die »Physik« und die »Metaphysik«.

Schon diese Separierung der Disziplinen gibt zu denken. Platons Philosophie war eine Philosophie aus einem Guß. Sie verband Metaphysik, Ethik und Politik. Bei Aristoteles wird zwischen den Disziplinen nicht bloß aus äußerlichen, sondern aus systematischen Gründen getrennt. Die grundlegendste dieser Trennung ist die von Metaphysik und Politik (bzw. Ethik). Mit ihr steht und fällt, was die Eigenart der aristotelischen praktischen Philosophie ausmacht. Aristoteles stellt sie – wenn man so sagen darf – »ganz modern« nicht mehr auf eine metaphysische Grundlage. Seine praktische Philosophie ist Ethik und Politik ohne Metaphysik. Auch wenn die Abnabelung von der Metaphysik keine totale ist, so hat sie aber doch die Konsequenz, daß es bei Aristoteles keine metaphysisch legitimierten Philosophenkönige, keine unmittelbare Einheit von Theorie und Praxis, keine direkt metaphysische Grundlegung von Ethik und Politik mehr gibt.

2. Abgrenzungen zur platonischen Philosophie

Wie nah oder fern Aristoteles Platon steht, ist ein Streitpunkt seit der Antike. Platoniker neigen dazu, Aristoteles nicht allzuweit aus der Schule laufen zu lassen. Man fängt ihn gerne wieder ein, und dann hat alles, was Aristoteles lehrt, irgendwie auch schon Platon, oder zumindest der ältere Platon, gesagt. Aristoteliker dagegen heben die Eigenständigkeit des aristotelischen Denkens hervor. Aristoteles hat demnach ein Recht, als Aristoteles gelesen zu werden, was immer er der platonischen Philosophie auch verdanken mag.

Aristoteles ändert Grundannahmen der platonischen Metaphysik und Theologie. Aus den fürsorglichen Göttern Platons wird ein Gott der Physik, auf den Politik und Ethik nicht mehr direkt zu gründen sind (1.). Die enge Verklammerung alles Existierenden mit dem Einen, der Idee des Guten, löst sich in eine indirekte Beziehung auf das Eine auf (2.). Die Ideen werden vom Himmel auf die Erde geholt. Aus ihnen werden Substanzen (3.). Neue Grundbegriffe prägen diese Substanzmetaphysik: Substanz – Akzidenz, Möglichkeit – Wirklichkeit, Stoff – Form. Allenthalben wird das platonische Einheitsdenken pluralisiert, ob in der Metaphysik oder in der praktischen Philosophie (4.). Eine neue Einteilung des Wissens in theoretisches, praktisches und poietisches fixiert die Trennung von Metaphysik und praktischer Philosophie, auch wenn indirekte Verbindungen zwischen beiden noch anzutreffen sind (5.).

2.1. Der Gott der Aristotelischen Metaphysik

Die *Metaphysik* des Aristoteles hat ihren Namen eher zufällig erhalten, da Andronikos, ein Grammatiker des 1. Jh.s v. Chr., die fraglichen 14 Bücher »hinter« (*meta*) der *Physik* eingeordnet hat. Allerdings ist der Name durchaus passend, auch wenn Aristoteles selber von »erster Philosophie« (Met. VI, 1) oder »Theorie« (XII, 7), oder, geht es um das entsprechende Erkenntnisvermögen, von »Weisheit« (*sophia*) spricht. Die *Metaphysik* geht »hinter« die Natur auf deren »Prinzipien und Ursachen« zurück (Reiner, in: Hager 1975).

Drei Hauptaufgaben hat Aristoteles seiner *Metaphysik* zugeschrieben. Sie bestimmt »Prinzipien und Ursachen«. In ihren wichtigsten Büchern, den sogenannten Substanzbüchern (VII–IX), entwickelt sie den neuen Grundbegriff der »Substanz«. Und schließlich krönt die Metaphysik eine Theologie, die einen »unbewegten Beweger« an die Spitze des Kosmos stellt (Buch XII).

Der ältere Platon hatte die Gesetzesstadt auf Theologie gegründet. Eine solche theologische Grundlegung der Politik ist angesichts des aristotelischen Gottesbegriffes nicht mehr denkbar. Im Blick zurück auf die drei Irrlehren, die Platon in den *Nomoi* bekämpft hat, scheint Aristoteles ein Anhänger der zweiten dort kritisierten »Häresie«, des Deismus, zu sein.

Das Buch Lambda (XII, 6–7) greift den schon bei Platon angedeuteten Beweisgang von der Bewegung zu einem ersten Beweger auf (Politikos 269aff.; leg. X, 894e). Nach der Rekonstruktion des Arguments, die Oehler versucht hat, wird über die ewige Bewegung des Fixsternhimmels zunächst auf einen Beweger dieses

Himmels und von diesem wiederum auf einen selbst »unbewegten Beweger« geschlossen (1955, 87). Dabei wird vorausgesetzt, daß alles, was bewegt wird, von etwas bewegt wird. Soll es keinen Regreß ins Unendliche geben, muß demnach am Anfang ein erstes Bewegendes stehen, das selbst nicht bewegt wird. Aristoteles setzt diesen »unbewegten Beweger« mit Gott gleich (Met. XII, 7, 1072b23 ff.).

Der Gott des Aristoteles ist nicht mehr der fürsorgliche Gott Platons, der Hirt der menschlichen Herde. Er ist ein Gott der Physik und der Kosmologie, ein logischer Schlußpunkt für die Erklärung der Bewegung, eine Gottheit, die man denken, aber wohl kaum verehren kann. Zwar ist in der Ethik einmal von der »Fürsorge« (epimeleia) der Götter die Rede (NE X, 9, 1179a22 ff.). Auch bleibt der Kosmos bei Aristoteles eine gut geordnete, eine teleologisch strukturierte Welt. Aber die entscheidende Bestimmung des aristotelischen Gottes zieht diesen aus der Welt heraus. Es ist die Bestimmung, die Gott als »Denken des Denkens« (noēsis noēseōs) definiert (Met. XII, 9, 1074b34 f.). Gott wird damit zu einer reinen Selbstbeziehung, zu einem Sich–selber–Denken, das an sich selbst genug hat.

Die Interpretation des »unbewegten Bewegers« als eines rein selbstbezüglichen, nur sich selbst denkenden Gottes ist neuerdings angezweifelt worden. Er bewege sich doch, der angeblich unbewegte Beweger, nur eben ewig (Kosman 1994). Er denke nicht bloß sich selbst, sondern auch Objekte und zwar jene 55 unbewegten Beweger, die Aristoteles zur Erklärung der Bewegungen der Sonne und Planeten ansetzt (Krämer 1967, 1969). Das Universum des Aristoteles besteht aus drei Seinssphären: aus der ewigen, unveränderlichen, nicht wahrnehmbaren Substanz (Gott); aus den wahrnehmbaren, ewigen Substanzen (den Fixsternen, der Sonne und den Planeten, mit der Vielzahl ihrer Beweger); aus der sublunaren Welt schließlich, in der die Substanzen wahrnehmbar und veränderlich sind.

Ob der Gott des Aristoteles nur sich selber denkt und schaut oder auch die 55 anderen Beweger? Gewiß ist, daß der Gott des Aristoteles nicht die Substanzen der sublunaren Welt denken kann. Würde er diese denken, würde er von der veränderlichen Welt affiziert. Er könnte weder reines Denken des Denkens sein noch auch, was Aristoteles ihm ebenfalls zuschreibt, »reine Wirklichkeit« ohne jede Möglichkeit (actus purus).

Als »Denken des Denkens« erweist sich der Gott des Aristoteles als ein Gott der Philosophen. Das philosophische Leben ist bei Aristoteles ein Leben des Denkens und der Schau, und dieses spiegelt sich in einem Gott, der selber Denken ist. Wie der Philosoph ein Leben der Theoria und des höchsten Glückes führt (NE X, 6–10), so auch der Gott. Die platonische Angleichung (homoiōsis) des Philosophen an Gott, die Verähnlichung, wird auch von Aristoteles noch angesetzt. Jedoch vollzieht sich die Angleichung an einen Gott, dem in der Selbstbeziehung seines Denkens auf sich jeder Bezug zur Welt der Menschen fehlt (Oehler 1984, 64 ff.).

Ein »unbewegter Beweger« und 55 »unbewegte Beweger« – soll man diese Metaphysik einen Monotheismus oder einen Polytheismus nennen? Nach v. Arnim soll die Gotteslehre eine »streng monarchische Weltanschauung begründen« (1931, 37). So besehen könnte Aristoteles doch eine politische Theologie haben, und zwar eine im Sinne des »ein Gott – ein König«. Die 55 Beweger könnte man in diesem Fall als eine Konzession an die Volksfrömmigkeit beiseite schieben (Kelsen 1964, 297).

Ein solch' kurzer Weg von der Metaphysik zur Politik ist bei Aristoteles verwehrt. Ganz abgesehen davon, daß seine Metaphysik eher eine Entmythologisierung als eine Konzession an die Volksfrömmigkeit intendiert (Met. XII, 8, 1074b) – Aristoteles hat die Beziehung des Seienden auf das Eine und Letzte zu einer nur indirekten gemacht. Er hat sie in eine Hinordnung verwandelt, welche die Beziehung auf das Eine mit einer Freisetzung der Vielheit vereint.

2.2. Der »unbewegte Beweger« und die nur noch indirekte Hinordnung des Seienden auf das Eine

Mit dem »unbewegten Beweger« verfügt die Aristotelische *Metaphysik* noch über eine letzte Einheit. Jedoch steht diese nicht mehr für eine direkte Grundlegung der praktischen Philosophie zur Verfügung. Vielmehr wird die Welt der Menschen bei Aristoteles auf den letzten Einheitspunkt nur noch indirekt hingeordnet, in eine gelockerte Beziehung des Vielen auf das Eine gebracht.

Aristoteles denkt die Welt von der Bewegung her. Diese wird um so unvollkommener, je weiter sie sich vom »unbewegten Beweger« entfernt. Ihm noch nahe stehen die 55 Beweger sowie die Vielzahl der Fixsterne, deren kontinuierliche, kreisförmige, ewige Bewegung vollkommen ist (XII, 7). In der sublunaren Welt wird die Vollkommenheit der ewigen Bewegungen und Bahnen nur noch unvollkommen nachgeahmt. Zwar strebt alles Leben danach, sich auf Dauer zu stellen und in der Fortpflanzung der Arten »ewig« zu werden (Gen. an. II, 1, 731b31–732a1). Auch erhält der Philosoph, der Theorie betreibt und die ewige Ordnung schaut, einen Vorgeschmack von der Unsterblichkeit. Aber das sind Annäherungen, die weder den Status der veränderlichen, zeitlichen Dinge noch den des sterblichen Wesens Mensch aufheben.

Mensch und Natur sind auf den »unbewegten Beweger« hingeordnet. Sie sind es nicht im Sinne einer Kausalrelation. Der oberste Beweger ist kein Schöpfer. Er »bewegt als ein Erstrebtes« (*hōs erōmenon*) (Met. XII, 7, 1072b3), d.h. er ist das »Ziel« allen Strebens und Begehrens. Alles strebt – ob bewußt oder unbewußt – zur Ähnlichkeit mit dem letzten Ziel.

Für die gelockerte Beziehung der Dinge und des Menschen auf das Eine gibt es einen Fachterminus: die »Pros-hen-« oder »Pros-proton-Relation«, die Beziehung auf das Eine oder Erste (Met. IV, 2, 1003a33; VII, 4, 1030a34–b1; IX, 1, 1445b27f. u.ö.). Einerseits existiert noch ein letzter Einheitspunkt der Hinordnung, andererseits ist diese Hinordnung aber nur eine indirekte, die der Vielfalt einen Freiraum schafft. Dazu paßt ein Denken in Analogien. Aristoteles erfaßt Beziehungen zwischen gleichrangigen Substanzen oft durch Analogien. Auch dies ist eine Denkweise, welche die Unterschiede freiläßt, Gemeinsamkeit in einer Hinsicht, Verschiedenheit in einer anderen zugleich zu denken erlaubt.

2.3. Die Substanzmetaphysik

Vom Himmel zur Erde, von der Einheit zur Vielheit, vom Allgemeinen zum Einzelnen – das sind die großen Richtungsänderungen, die Aristoteles' *Metaphysik* vollzieht. Weniger eindeutig ist, was genau unter dem neuen Grundbegriff der Metaphysik, dem der »Substanz«, zu verstehen ist. In ihm scheinen nicht nur die
Neuerungen des aristotelischen Denkens, sondern auch platonische Erbmassen
verborgen zu sein.

2.3.1. Vom Himmel zur Erde

Gegen die Ideenlehre Platons bringt Aristoteles eine ganze Reihe von Einwänden
vor (Met. I, 9; VII, 14; NE I, 4; Fine 1993). Manchesmal kritisiert er sie aus wissenschaftstheoretischen Motiven: daß mit den Ideen keine Negationen, keine Urteile
über Vergangenes, über Schlechtes oder Minderwertiges (wie Krankheit oder
Schmutz) zu fällen sind (Met. I, 9). Kern der Kritik ist stets die unnötige Verdoppe-
lung der Realitäten, die Hypostasierung der Ideen zu einer eigenen Wirklichkeit.
Diese wird ganz im Stile des *Parmenides* und des Arguments vom »Dritten Menschen« als logischer Widerspruch und Regreß kritisiert (siehe XIII. 1.6.).

Das Allgemeine, das die Ideen sind, wird von Aristoteles in die Dinge verlagert.
Die »universalia« sind, wie es in der Terminologie der mittelalterlichen Philosophie
heißen wird, »in rebus«. Allgemeinbegriffe lassen sich erklären durch das Absehen,
durch die Abstraktion von den individuellen Unterschieden der Objekte (Anal.
post. II, 19, 100a5–b17). Eine Lehre von der Anamnesis und den universalia »ante
rem« entfällt.

Die Idee des Guten, die oberste aller Ideen, wird ihrer Transzendenz beraubt.
Von den vier Argumenten, die Aristoteles in der *Nikomachischen Ethik* (I, 4) gegen
die Ideenlehre vorbringt (Flashar 1965), ist eines gegen die Handlungstranszendenz
dieser Idee gerichtet. Einmal angenommen, es gäbe sie, diese Idee, so sei doch klar,
daß sie »durch menschliches Handeln nicht verwirklicht und erreicht werden
kann« (NE I, 4, 1096b33–34). An die Stelle der »Idee des Guten« tritt das
»menschliche Gute« (*anthropinon agathon*). Gemeint ist ein Gutes, das der
Mensch im Vollzug seines Lebens realisieren kann.

2.3.2. Substanz – Akzidenz, Stoff – Form, Möglichkeit – Wirklichkeit

An die Stelle der Ideen setzt Aristoteles die *Substanzen*, griechisch *ousiai*, eine No-
minalbildung vom Wort »sein« (*einai*). Eine Substanz ist das, was etwas zu dem
macht, was es ist, wörtlich seine »Seiendheit«. Dieser Begriff klingt unschön. Man
übersetzt Ousia deshalb auch mit »Wesen« (Gohlke), »Wesenswas« (Bonitz), »So-
sein« (Seidl). In diesen Übersetzungen klingt mit Recht noch Sokrates' »Was-
Frage« nach, die der Ursprung der Metaphysik war. Zugleich zeugen die unterschiedlichen Übersetzungen von der Verlegenheit, eine genaue Entsprechung im
Deutschen zu finden. Die Grundannahme des Aristoteles ist jedoch leicht zu ver-

stehen. Substanzen sind das, was sich an Lebewesen oder Dingen – trotz wechselnder Eigenschaften – durchhält, für sie wesentlich ist, ihre Identität ausmacht. Die nicht-wesentlichen Eigenschaften sind die *Akzidentien*. Sie können fehlen, ohne daß etwas seine Identität verliert. Bei einer Maus ist es etwa akzidentell, ob sie ein Bein verliert oder auch zwei. Verliert sie den Kopf, geht es ihr an die Substanz.

Substanzen sind »selbständig«. Sie existieren »getrennt« voneinander, können für sich bestehen. Im Gegensatz zu den Ideen Platons, die allgemein sind, sind sie einzelne: dieses Lebewesen, dieser Mensch. Das Allgemeine kann per definitionem keine Substanz sein, da es vielen Dingen oder Lebewesen »gemeinsam« ist (Met. VII, 13, 1038b).

Zwei Begriffspaare, die Aristoteles neu in die Metaphysik einführt, komplizieren seine Lehre. Sowohl die Wendung zur sinnlich wahrnehmbaren Welt als auch das Verhältnis von Einzelheit und Allgemeinheit bleiben nicht so eindeutig, wie es der Weg vom Himmel zur Erde zunächst erscheinen läßt.

Aristoteles unterscheidet *Stoff* (*hylē*) und *Form* (*eidos*). Bei einer Bronzestatue ist, wie er selbst erläutert (Phys. II, 3), das Entscheidende nicht der Stoff (obwohl ohne ihn in der sublunaren Welt nichts existieren kann). Entscheidend ist der *logos* des Bildhauers, welcher der Statue ihre Form verleiht. Die Formen sind das Wesentliche und Bleibende. Sie sind, wenn man sie als ein platonisches Erbe der Substanzlehre deutet, allgemein.

Mit dem Begriffspaar Stoff – Form verbindet sich ein weiteres, das von *Möglichkeit* (*dynamis*, *potentia*) und *Wirklichkeit* (*energeia*, *actualitas*). Der Stoff ist »Möglichkeit«, Potenz, dies oder das zu werden; der Same hat die Potenz, zur Pflanze zu werden. Die Form ist »Wirklichkeit«, wie es der Begriff »energeia« andeutet, so etwas wie die Energie der Verwirklichung. Die Form macht aus dem bloß Möglichen das Wirkliche. Nur eine bereits existierende Form ist zur Verwirklichung fähig. Holz beispielsweise »kann« brennen. Damit es »wirklich« brennt, bedarf es des Feuers, des bereits Brennenden.

Platonnähe und Platonferne sind in den neuen Grundbegriffen der aristotelischen Metaphysik vermischt. Die platonische Überordnung der geistigen Welt über die sinnlich wahrnehmbare bleibt bestehen. Die Seinsarten – von der sublunaren Welt über den Himmel zum »unbewegten Beweger« – verraten eine Aufstufung, die von der Präsenz der Form und des Geistes bestimmt ist. Gott selbst ist die immaterielle, für sich existierende reine Form und Wirklichkeit, ein Gottesbegriff, mit dem Aristoteles der separaten Existenz der an sich seienden Ideen Platons wieder erstaunlich nahe kommt.

Der Weg von den allgemeinen Ideen Platons zu den Substanzen, die einzelne sind, erweist sich als ein Weg mit Hindernissen. Dies hat vielleicht mit der Entwicklung des aristotelischen Denkens zu tun, setzt Aristoteles doch in den *Kategorien* den Vorrang des Einzelnen, in der *Metaphysik* den des Allgemeinen an. Erkennbarkeit ist für Aristoteles allerdings stets an Allgemeinheit geknüpft. Schon dadurch entsteht eine Spannung zwischen der je einzelnen Substanz und der Allgemeinheit der Erkenntnis. Hinzu kommt die Rolle der Form (des *eidos*), die ein traditioneller Streitpunkt der Philosophie ist. Ist das *eidos* allgemein (die platonische Leseweise, wie sie beispielsweise Reale 1969 vertritt), dann mutet Aristoteles uns zu, das All-

gemeine als bestimmend für das Einzelne zu denken. Dann müßte »die Menschheit« erklären, daß Sokrates »dieser« Mensch ist. Oder aber man setzt (wie Frede/
Patzig 1988) das *eidos* als etwas Individuelles an. In diesem Falle müßte es jedoch
so viele »Menschheiten« geben, wie es Menschen gibt, eine ebenfalls unbefriedi-
gende Schlußfolgerung (siehe die Diskussionen bei Steinfath 1991, Rapp 1996).
Auch der von Aristoteles manchmal beschrittene »Ausweg«, die Materie als Potenz
der Individuation einzuführen, ist unbefriedigend (Met. VII, 8, 1033b). Wer
möchte schon ein Individuum nur durch seinen Körper sein?

2.4. Pluralisierungen

Eindeutiger ist Aristoteles' Wende von der Einheit zur Vielheit. Schon die Grundbegriffe der Metaphysik sind ein Zeugnis für den immer wiederkehrenden Satz, daß
das Seiende »vielfach ausgesagt wird« (Met. IV, 2, 1003a33; VI, 2, 1026a33; VII,
1, 1028a10). Wie es eine berühmte Passage in der *Metaphysik* ausführt (V, 7), ist
Seiendes vierfach zu bestimmen: als an sich oder akzidentell Seiendes, als aussagbar
in den zehn Kategorien, als wahr oder falsch, möglich oder wirklich. Die nur noch
indirekte Hinordnung auf das Eine erlaubt eine Pluralisierung der Ursachen. Aristoteles setzt diese in vierfacher Form an, und er erklärt sie am einfachen Beispiel
der Herstellung einer Bronzestatue (Phys. II, 3; Met. I, 3, 983a23ff.). Die Statue
besteht aus einem Material (*causa materialis*); sie erhält eine Form (*causa formalis*); sie entsteht durch eine Wirkursache, hier durch den Künstler (*causa efficiens*),
und schließlich hat sie ein Ziel (*causa finalis*), wofür auch immer sie als Statue vorgesehen ist.
    Von größter Bedeutung für die Aristotelische Naturphilosophie ist die causa fi-
nalis, die Zielursache. Sie gerät (wie auch die causa formalis) in der Philosophie der
Neuzeit, bei Bacon und Hobbes, unter die Räder der Kritik. An die Stelle der teleologischen Naturdeutung tritt am Beginn der Neuzeit eine kausal-mechanische. Für
Aristoteles' Philosophie ist die Teleologie der Natur jedoch grundlegend. Die Bewegungen in der Natur werden gesteuert von einem »Ins-Ziel-Kommen« (*entele-
cheia*). Der Same findet in der Pflanze sein Telos, sein Ziel (Met. IX, 3, 8; XI, 9;
Phys. III, 1–3). Auch der Mensch ist durch seine Natur auf das Ziel seiner Entwicklung ausgerichtet. Er ist »von Natur aus politisch«, ein berühmtes Wort, das nur
durch die teleologische Naturauffassung zu erklären ist.
    Die Vielheitsfreundlichkeit des aristotelischen Denkens ist in seiner Ethik und
Politik genauso zu verspüren wie in seiner Metaphysik. Zwar hält Aristoteles in
der Ethik an drei Lebensformen fest, die der platonischen Dreiteilung der Seele
noch ähneln. Aber die Tüchtigkeiten (*aretai*), sind nicht mehr auf die vier Kardinaltugenden beschränkt. Die Politik wiederum pluralisiert die Fragestellungen der Politischen Wissenschaft. Nicht nur nach der besten Stadt soll man fragen, sondern
auch nach der durchschnittlich besten oder der je nach Lage passenden und so fort
(Pol. IV, 1). Die Stadt selbst wird – in Abgrenzung zur platonischen Einheitsstadt –
eine »Vielheit« genannt (Pol. II, 2).

2.5. Die Dreiteilung des Wissens (theoretisch, praktisch, poietisch)

Bei Platon bilden Metaphysik und Politik eine Einheit. Aristoteles löst diese Einheit auf. Er unterscheidet theoretisches und praktisches (handlungsbezogenes) Wissen. Hinzu kommt eine Unterscheidung von praktischem und poietischem (aufs Produzieren, Herstellen bezogenen) Wissen. Damit ergibt sich eine Dreiteilung der Wissensarten (Met. I, 1–2; VI, 1; Top. VI, 6; NE VI). Deren Unterschiede bestimmt Aristoteles erstens durch die unterschiedlichen Eigenschaften der Objektbereiche (ewige oder veränderliche Objekte), zweitens durch die unterschiedlichen Ziele des jeweiligen Wissens (Erkennen, Handeln oder Produzieren), drittens durch die unterschiedlichen Genauigkeiten (*akribeia*), die angesichts des jeweiligen Objektbereiches möglich sind (zu den Abgrenzungen Lobkowicz 1967; Bien 1968/69; Ritter 1970, 9 ff.).

2.5.1. Theoretisches Wissen

Theoretisches Wissen par excellence ist bei Aristoteles das Wissen der Sophia, der Weisheit, die das metaphysische Erkenntnisvermögen ist. Diese Weisheit bildet sich erst, wenn die lebensnotwendigen Bedürfnisse (*anankaia*) befriedigt sind (Met. I, 1). Die Theorie entsteht aus der Muße (*scholē*). Von der Sorge um das Lebensnotwendige und Nützliche ist sie befreit. Sie ist »frei«, ein Selbstzweck, Erkenntnis um der Erkenntnis willen (Met. I, 2, 982b20–27).

Der sakrale Ursprung von »Theoria«, die Verbindung der Theorie mit Fest und Muße, ist aus den Worten des Aristoteles noch herauszuhören (Lobkowicz 1967; Ritter 1970, 9 ff.). Deutlich wie kein anderer formuliert Aristoteles das Verständnis der klassischen reinen Theorie, das die Philosophie bis zu Hegel tradieren wird. Noch Hegel schreibt von den »stillen Räumen des zu sich selbst gekommenen Denkens«, in denen die »Interessen« der Völker und Individuen schweigen (Logik, Jubiläumsausgabe Bd. IV, 24).

Die klassische reine Theorie ist keine »kritische Theorie«, die ein unmittelbares »Interesse« an Praxis oder Emanzipation besäße; eine solche »kritische Theorie« wird es erst bei Hegels linken Schülern geben. Die reine Theorie ist auch keine Theorie der technisch-instrumentellen Naturbeherrschung, wie sie Bacon und Hobbes entwerfen. Theorie im Sinne des Aristoteles entsteht aus dem »Staunen« (Met. I, 2, 982b10 ff.), aus der Verwunderung. Man will einfach wissen, warum diese wunderliche und wunderbare Welt so ist, wie sie ist.

Der ungeheure Schritt, der in der griechischen Entdeckung der Theorie getan wurde, ist bereits gewürdigt worden (IX. Einl.). Es war ein Schritt, durch den die Weltoffenheit und die Sachgerechtigkeit der Erkenntnis überhaupt erst möglich geworden sind. Es war der große Schritt der Menschheit zur Rationalität, zur Freiheit der Wissenschaft und allen Denkens, ein Schritt, der auch politisch kaum zu überschätzen ist.

Theoretische Disziplinen sind bei Aristoteles Metaphysik, Mathematik und Physik (Met. VI, 1). Sie sind vom Bereich menschlicher Praxis zu trennen, weil ihre

Objekte vom Menschen gar nicht zu beeinflussen sind. Sie sind ewig und unveränderlich. Gott, der schon alle Wirklichkeit ist, ist bei Aristoteles nicht beeinflußbar. Die Zahlen, die Bahnen der Sterne und die Ursachen und Prinzipien der Natur sind es ebensowenig. Theorie zielt auf Erkenntnis, nicht auf Handeln (NE I, 1).

Der Bereich der reinen, handlungstranszendenten Erkenntnis ist für Aristoteles zugleich der Bereich des exakten Wissens, in dem höchste Genauigkeit erzielt werden kann. Gerade weil der Mensch im Bereich des Ewigen nichts verändern kann, ist die Erkenntnis des Unveränderlichen notwendig und genau. Dagegen ist alles praktische Wissen auf einen Bereich bezogen, in dem es veränderliche Gewohnheiten, Sitten und Lagen gibt und dementsprechend nur ein minder genaues Wissen erreicht werden kann.

2.5.2. Das praktische Wissen und seine Abrenzung vom theoretischen

Praktisch nennt Aristoteles das Wissen, das uns im Handeln (in unserer Praxis) orientiert. Es wird anders als bei Platon als ein eigenständiges Wissen gefaßt. Ethik und Politik lösen sich von der Metaphysik. Sie werden nicht mehr auf die Sophia, die Weisheit, sondern auf ein anderes Vermögen gegründet, auf die Klugheit (*phronēsis, prudentia*). Sie ist Thema des VI. Buches der *Nikomachischen Ethik*.

Handeln vollzieht sich im Bereich des Veränderbaren, also in einem Bereich, in dem der Mensch den Gang der Ereignisse beeinflussen kann. Wie schon bei Platon, so ist auch bei Aristoteles der Mensch das Wesen, das sein Leben wählt und sich frei entscheidet (NE III, 1–8). Zur Orientierung im Bereich des Veränderlichen dienen Sitten, Regeln, Präzendenzfälle, Vorbilder. Es ist also durchaus möglich, sich in der Praxis zu orientieren und sich klug zu entscheiden. Aber für den Handlungsbereich gilt die Formel »meist so, aber auch anders« (NE I, 1, 1094b21; V, 14, 1137b15f.; Rhet. I, 13, 1374a31 u.ö.). Strenge Allgemeinheit und Notwendigkeit existieren hier nicht.

Aus der mangelnden Konstanz des Handlungsbereiches folgt, daß das praktische Wissen nicht so exakt wie das theoretische sein kann. Es ist ein Wissen im »Umriß« (*typō*) (NE II, 2, 1103b43–1104a11). Wenn Aristoteles das praktische Wissen so charakterisiert, meint er keineswegs, daß es diesem an Dignität mangele oder daß der Handlungsbereich eigentlich dem theoretischen Wissen zugänglich sein sollte. Die geringere Genauigkeit des praktischen Wissens ist für Aristoteles kein Mangel. Sie ist vielmehr diesem Handlungsbereich adäquat, und man soll für jeden Gegenstandsbereich nur die Genauigkeit verlangen, die ihm angemessen ist. Es sei ebenso ungereimt, vom Mathematiker Wahrscheinlichkeiten zu verlangen wie vom Rhetor denknotwendige Beweise (NE I, 1, 1094b14). Die Abstufungen der Wissensarten sind bereichsbezogen, und als solche sind sie kein Mangel, sondern ein sachliches Erfordernis.

Mit der Klugheit erhalten Ethik und Politik die Leitung durch ein Erkenntnisvermögen, das ohne Erfahrung nicht zu bilden ist. Unter Klugheit (*phronēsis*) versteht Aristoteles das Wissen, das den einzelnen und die Stadt zu klugen Entscheidungen und damit zum Glück führt. In seiner Erfahrungsbedingtheit ähnelt es den Künsten und Fertigkeiten. Durch bloßes Studium ist es so wenig zu erwerben, wie man durch die bloße Lektüre der Kochbücher noch kein guter Koch, durch die bloße Kenntnis der Gesetzbücher noch kein guter Richter wird. Im Gegensatz zum theoretischen Wissen erlaubt das praktische keine Deduktion des Einzelfalls aus dem Allgemeinen. Vielmehr wollen Einzelfall und Allgemeines »hermeneutisch« miteinander vermittelt werden (Gadamer ³1972, 295 ff., hier 4.1.6.2.).

Theoretisches und praktisches Wissen

	Theoretisch	**Praktisch**
Gegenstandsbereich	Ewiges, Unveränderliches	Zeitliches, Veränderliches
Ziel	Erkennen	Handeln
Genauigkeit	höchste Akribeia	umrißhaftes Wissen
Disziplinen	Metaphysik Mathematik Physik	Politik Ethik
Erkenntnisvermögen	Weisheit (*sophia*)	Klugheit (*phronēsis*)

2.5.3. Poietisches Wissen und seine Abgrenzung vom praktischen

Nur an zwei Stellen seines Werkes macht Aristoteles auf einen Unterschied aufmerksam, der für die Philosophie der Gegenwart von großer Bedeutung geworden ist. Es ist der Unterschied von Poiesis (Produzieren, Herstellen, Machen) und Praxis (Handeln). Hannah Arendts *Vita activa* (1958) knüpft mit der Unterscheidung von Arbeiten – Herstellen – Handeln als den drei Tätigkeitsweisen des Menschen genauso daran an wie Jürgen Habermas' *Theorie des kommunikativen Handelns* (1981), die »strategisches« und »kommunikatives Handeln« zu unterscheiden versucht. Im weiteren Sinne steht die Unterscheidung hinter allen Versuchen, die Neuzeit oder die Aufklärung als eine Epoche der instrumentellen Vernunft zu deuten oder zu kritisieren.

Poietisch sind für Aristoteles Handwerke und Künste, etwa Architektur oder Medizin. Der Unterschied zur Praxis und zu den praktischen Disziplinen wie Ethik und Politik wird durch ein einziges Kriterium gegeben. Beim Produzieren liegt das Endziel außerhalb der Tätigkeit, beim Handeln im Vollzug derselben (NE VI, 5, 1140b6–7; MM I, 34, 1197a4–12). Ziel des Produzierens ist das Produkt (so wie das Ziel des Hausbauens das Haus ist, nicht das Bauen selber). Ziel der Praxis ist dagegen der Vollzug selbst. Aristoteles gibt als Beispiel das Musizieren, das Kitharaspielen.

Alles Praktische hat in sich einen eigenen Sinn und einen eigenen Wert. Im Praktischen ist das Tun entlastet von den Nützlichkeiten und den außerhalb seiner selbst liegenden Interessen. Es wird damit frei und es wird glücksfähig, weil der Mensch sein Handeln nicht instrumentalisieren muß, sondern es als einen Selbstwert genießen kann. Alles Leben ist nach Aristoteles kein Mittel zu irgend etwas anderem. Es muß sich nicht rechtfertigen durch ein Produkt oder einen Erfolg, der vom Vollzug ablösbar ist. Für die fehlende Qualität des Vollzuges könnte auch kein Produkt entschädigen. (So ist es beispielsweise kein Ersatz für ein gutes Fußball-spiel, wenn eine Mannschaft ihren Sieg bloß über die Zeit rettet und das Spiel nicht mehr Spiel sein läßt. Der Sieg entschädigt nicht für die mangelnde Qualität des Vollzugs.)

Das Produzieren hat keinen Sinn in sich selbst. Es ist Lebens-Mittel im wörtli-chen Sinne. Auch ist das jeweilige Produkt selber immer weiter vermittelbar, so wie ein Haus verschiedenen Zwecken dienstbar gemacht werden kann, dem Wohnen, dem Arbeiten, dem Theaterspielen usf.

Die aristotelische Unterscheidung von Praxis und Poiesis verweist auf die soziale Grundlage der Polis, auf Herren und Sklaven. Praxis und Poiesis verhalten sich zu-einander wie die freie Tätigkeit des Herrn zur Arbeit des Sklaven (auch wenn der Begriff Poiesis mehr als die Arbeit des Sklaven umfassen kann). Der Sklave selbst ist ein Instrument der Praxis. Er ist die Voraussetzung dafür, daß der Herr ein freies Leben führen kann.

Gibt es Tätigkeiten, die eindeutig immer nur praktisch oder immer nur poietisch sind? Aristoteles versucht, die Tätigkeitsweisen objektiv zu fixieren. Handwerke und Künste sind poietisch, ethisches und politisches Handeln praktisch. Man kann aber fragen, ob nicht jede Tätigkeit so oder so ausgeübt werden kann. Man kann Musizieren um des Musizierens willen oder um damit Geld zu verdienen. Was ei-gentlich praktisch sein sollte, kann zum Mittel umfunktioniert werden. Umgekehrt scheint es aber auch möglich zu sein, das, was instrumentell ist, praktisch werden zu lassen. So kann man einen Beruf oder einen Broterwerb so ausüben, als ob sie in sich sinnvoll wären. Institutionen, denen wir dienen und an die wir uns entäußern, scheinen seltsame Mischungen von Selbstzwecken und Nützlichkeiten zu sein. Ari-stoteles freilich geht von einer objektiven Qualifizierung der Tätigkeitsweisen aus, nach der sich schon durch die Tätigkeitsweise selbst zwischen praktisch und poie-tisch unterscheiden läßt.

Praxis und Poiesis (NE VI, 5; MM I, 34, 1197a4–12)

	Praxis	Poiesis
Disziplinen	Politik, Ethik	Handwerk, Architektur, Medizin
Zweck	im Vollzug	im Produkt
Beispiel	Musizieren	Haus
Mittel	kein Mittel, sondern Selbst-zweck	Mittel
Ausführender	Herr?	Sklave? Handwerker?

3. Wege zur praktischen Philosophie (»Topik« – »Rhetorik« – »Poetik«)

Drei Disziplinen, *Topik, Rhetorik* und *Poetik,* stehen in engerem oder weiterem Zusammenhang mit Aristoteles' praktischer Philosophie. Die *Topik* ist eine Untersuchung der Dialektik, der Logik des Streitgesprächs, und man kann sie daraufhin befragen, was sie zur Lösung ethischer und politischer Streitfragen beiträgt. Die *Rhetorik* ist eine Untersuchung der Redekunst, und es ist offensichtlich, daß diese nach ihrer platonischen Herabsetzung von Aristoteles wieder aufgewertet wird. Die *Poetik* ist Aristoteles' Untersuchung der Dichtkunst, der Tragödie und des Epos. In ihr verbirgt sich die aristotelische Handlungstheorie. Auch legt Aristoteles in ihr Platons Streit mit den Dichtern bei, so daß sich eine neue Verbindung von Dichtung und Stadt ergibt.

3.1. Die »Topik«

3.1.1. Was sie ist und warum ein so großes Interesse an ihr besteht

Die *Topik* ist die erste logische Schrift des Aristoteles und der westlichen Kultur überhaupt. Sie befaßt sich mit einer bestimmten Art von Schlüssen (Syllogismen). Es sind Schlüsse, die Aristoteles »dialektische Schlüsse« nennt. Das Wort »dialektisch« verweist auf den Dialog. Es geht um Argumente, wie man sie in einer bestimmten Art von Dialogen, in Streitgesprächen oder Disputationen, vorbringt. Im Gegensatz zu »apodiktischen« Schlüssen, deren Prämissen wahr sind, gehen in »dialektische« Schlüsse wahrscheinliche Sätze ein. Aristoteles nennt diese Sätze »endoxa«, das heißt Meinungen, oder genauer, Sätze, die Fachleute oder eine Menge von Menschen für wahr halten, ohne sie streng theoretisch beweisen zu können (Top. I, 1, 100a). Die *Topik* setzt solche Sätze voraus. Sie untersucht diese nicht kritisch. Vielmehr beschränkt sie sich auf die Prüfung der internen Logik, ob die Argumentation mit solchen Sätzen schlüssig oder nicht schlüssig ist.

An der *Topik* haben im 20. Jh. verschiedene Disziplinen Interesse bekundet. Curtius hat versucht, sie für die Literaturwissenschaft fruchtbar zu machen (1948ff.), Hennis für die Politikwissenschaft (1963), Viehweg (1954ff.) für die Jurisprudenz, Braun (1992) für die Philosophie. Die Motive der Anknüpfung sind unterschiedlich. Curtius geht es um die Untersuchung literarischer Topoi; darunter versteht er »feste Klischees und Ausdrucksschemata«, wie sie in literarischen Texten begegnen (etwa als Anrufung der Musen oder als Topos vom Goldenen Zeitalter). Hennis hat Interesse an einer antiszientistischen Begründung der Politikwissenschaft durch eine topisch-dialektische Methode. Viehweg nutzt die Topik für eine juristische Argumentationstheorie, und Braun will in den Sich-Unterredenden des Streitgesprächs eine Vorform jener »Gemeinschaft von Interpreten« erkennen, wie sie Karl Otto Apel seiner Transzendentalpragmatik zugrundelegt.

3.1.2.   Topos bei Aristoteles

Aristoteles faßt *topoi* nicht so weit wie Curtius. Auch versteht er sie nicht literatur-geschichtlich. Es geht ihm, noch vor der Entwicklung seiner berühmten Definiti-onslehre (von *genus* und *differentia specifica*), um Begriffsklärungen und Disputa-tionsübungen. Alle Topoi werden nach Akzidenz, Gattung, Proprium und Definition geordnet. Die Sammlungen von Topoi, die die Bücher II bis VII, 2 der *Topik* enthalten, sind Kataloge, die aus einem Interesse an Logik zusammengestellt worden sind.

»Topos« bedeutet bei Aristoteles »Ort« (*locus*), und gemeint sind damit Örter, an denen Argumente zu finden sind (*sedes argumentorum*, wie es beim Rhetor Quintilian heißen wird). Ein Topos ist mehr als ein einzelnes Beispiel oder ein ein-zelnes Argument. Es ist eher so etwas wie eine Argumentationslinie oder – sagen wir – eine Schublade, in der man gleich mehrere Argumente finden kann. Die *Topik* liefert »allgemeine Gesichtspunkte« (Rhet. I, 2, 21), wie sie jedem zur Verfügung stehen sollten, wenn er ein Problem von mehreren Seiten erfassen und für das Ur-teil von Fachleuten oder Laien klar darstellen will.

3.1.3.   Die topische Methode

Als Lehre vom Streitgespräch ist die *Topik* eine eigene Form der Begriffsklärung. Anders als der platonische Dialog steuert sie nicht mehr auf die eine Idee zu. An-ders als die *Rhetorik* untersucht sie nicht zusammenhängende Reden, sondern Ge-spräche, die durch Rede und Gegenrede gegliedert sind. Wie in einem Gerichtsver-fahren stets beide Seiten zu hören sind, so versucht das Streitgespräch ein Problem von zwei Seiten, ja möglichst von allen relevanten Seiten aus zu beurteilen.

Ein typisches Streitgespräch zwischen zwei dialektisch geschulten Unterrednern kann man sich nach Buch VIII der *Topik* so vorstellen. Jemand wirft eine Frage auf, die so oder so beantwortet werden kann. Der Defendent bejaht eine der beiden Möglichkeiten. Der Opponent (an ihm scheint die *Topik* das größere Interesse zu haben) stellt Fragen, die Widersprüche aufweisen oder den Defendenten auf En-doxa verweisen, mit deren Hilfe man einen dialektischen Schluß bilden kann.

3.1.4.   Zwischen bloßer Geistesgymnastik und ethisch-politischer Bedeutung

Für Aristoteles haben die dialektischen Streitgespräche den Charakter einer intel-lektuellen »Gymnastik« (Top. I, 2, 101a). Sie klingen wie Übungen in der Schule und für die Schule. Auch scheint die *Topik* eine universale Technik zu sein, die je-des beliebige Problem behandelt (und somit nicht spezifisch praktisch ist).

Wäre die *Topik* allein dies, bloße Geistesgymnastik und bloße Technik, wäre sie für die praktischen Disziplinen nicht sonderlich interessant. Aber man kann in der *Topik* auch mehr als eine bloße Technik und mehr als eine bloße Übung sehen. Aristoteles selbst hat sie abgegrenzt von der Sophistik. Von dieser unterscheidet sie sich dadurch, daß sie eben nicht eine im Sinne des Gorgias beliebig einsetzbare Technik sein soll. Die *Topik* hat ein echtes Interesse an der »Sache«, und ihr Ziel ist nicht das Siegen um jeden Preis. Damit das Streitgespräch nicht zur sophistischen Eristik verkommt, ist für sein Gelingen vorausgesetzt, daß man sich nicht mit jedem Beliebigen in ein Gespräch einläßt. Vielmehr muß der Unterredner eine »gute Naturanlage« mitbringen, die es ihm ermöglicht, »das Wahre richtig zu wählen und alles Falsche zu meiden« (Top. VIII, 14, 1153b).

Aristoteles erwähnt ausdrücklich, daß die *Topik* nicht nur auf logische und physikalische, sondern auch auf ethische Sätze anzuwenden ist (v. Armin 1927). Er demonstriert dies, indem er Topoi der ethischen Präferenz erörtert (III, 1–3). Er nennt da unter anderem das Dauerhafte vor dem Vergänglichen; das, was der Kluge oder der Fachmann schätzt, vor dem, was Laien vorziehen; das Wesen vor dem Unwesentlichen; das Selbstzweckhafte vor dem Instrumentellen, den Überfluß vor dem bloß Notwendigen; Freundschaft vor Geld und so fort.

Schwächer als die *Rhetorik* verweist die *Topik* auf die ethisch-politische Gemeinsamkeit, die allem Miteinander-Reden zugrundeliegt. Da die Endoxa nicht kritisch überprüft, sondern vorausgesetzt werden, darf man in ihnen allerdings ein starkes ethisches Band vermuten. Nur die ethische Gemeinsamkeit der Sich-Unterredenden ist der Garant dafür, daß die Abgrenzung zur Sophistik gelingt. Nur sie ermöglicht es, daß der Unterredner als gleichberechtigter Disputationspartner anerkannt und nicht mit den Tricks der Rhetorik manipuliert wird.

3.1.5.   Topik in Ethik und Politik?

Aristoteles hat die Dialektik nicht zur Methode von Ethik und Politik gemacht. Insofern sie Geistesgymnastik und Technik ist, muß ihre ethisch-politische Reichweite begrenzt sein. Auch hat Aristoteles die der Dialektik zugrundeliegende Dialoggemeinschaft allenfalls angedeutet, aber nicht voll entwickelt. Eher galt sein Augenmerk der materialen Seite der Diskurse, den Argumentationslinien und Argumentationsmustern, die wiederum in den heutigen Diskurstheorien zu wenig berücksichtigt sind.

Insofern die *Topik* nur geistige Übung ist und die Disputationspartner geradezu beliebig nach beiden Seiten (*in utramque partem*) argumentieren können, taugt sie kaum zu einer Grundlegung von Ethik und Politik (Kuhn 1965 gegen Hennis). Brücken zur praktischen Philosophie lassen sich eher von der *Rhetorik* als von der *Topik* schlagen. Gleichwohl wäre es aber auch leichtfertig, alle Verbindungen zwischen *Topik* und praktischer Philosophie zu übersehen.

Buch VIII der *Topik* gibt eine Fülle guter Hinweise, was beim Diskutieren und Streiten mit Worten zu beachten ist. Da gibt es psychologische Ratschläge, Hinweise auf die Angreifbarkeit von Prämissen, Regeln, wie man aus den Argumenten des Gegners Paradoxien und Ungereimtheiten ableitet oder wie man mit unklaren Fragen umzugehen hat. Man kann erfahren, wie man es anstellt, immer noch ein Argument in Reserve zu haben. Da der politische Diskurs ein polemischer ist, sind dies Hinweise, die für alle am politischen Prozeß Beteiligten lehrreich sind.

Wie man von der *Topik* durchaus etwas für ethische und politische Streitgespräche lernen kann, so kann sie auch als Sammlung von Topoi verschiedenen Disziplinen nützlich sein. Vico, der große Wiederbeleber der Topik in der Neuzeit, hat in
De nostri temporis studiorum ratione (1709) die Cartesianer gefragt, woher sie
denn wissen, daß sie alles berücksichtigen. Woher will man dies wissen, wenn man
das Praktische unter das Diktat einer einzigen Methode bringt? Im Bereich des
Wahrscheinlichen ist nichts zu deduzieren. Vielmehr muß man die relevanten Gesichtspunkte eines Problems sammeln, typisieren, kenntlich machen und zurückführen auf das, was Fachleuten oder Laien als plausibel gilt. Im Bereich von Ethik
und Politik finden sich keine theoretischen Gewißheiten. In ihm begegnen »Probleme«. Viele von diesen sind so strukturiert, wie Aristoteles sie darstellt, als Probleme der Präferenz (Top. III, 1–3). Ist diese oder jene Verfassung vorzuziehen?
Diese oder jene Partei? Diese oder jene Maßnahme? Da immer nur auf Diskursbe-
dingungen und Verfahren zu verweisen, wie dies heute oft geschieht, ist keine zurei-
chende Antwort. Eher ist es so, daß man in Verfahren und Formalismen flüchtet,
um der inhaltlichen Auseinandersetzung zu entgehen.

3.2. »Rhetorik«

Stärker als die *Topik* ist die *Rhetorik* mit der praktischen Philosophie verbunden.
Platon hatte sie – zumindest im *Gorgias* – zur bloßen Schmeichelei degradiert und
auf eine Stufe mit Kochen und Kosmetik gestellt. Bei Aristoteles wird sie rehabilitiert. Sie wird wieder in der großen Bedeutung erkennbar, die sie für die attische
Demokratie besaß.

Wie die *Topik* so bewegt sich auch die *Rhetorik* nicht im Bereich des theoretisch
Gewissen, sondern des Wahrscheinlichen. Sie ist überall dort zuhause, wo man
durch Miteinander-Reden und Beraten, in der Diskussion des Für und Wider, nicht
die einzig richtige, sondern die jeweils bessere Entscheidung sucht. Man hat hier
Gründe. Aber diese sind nicht zwingend, sondern mehr oder weniger plausibel. Man
läßt mit sich reden, weil auch der andere zur jeweiligen Frage etwas beizutragen hat.

Wie die *Topik* so führt Aristoteles auch die *Rhetorik* als eine universale Technik
ein, als eine Disziplin ohne bestimmtes Anwendungsgebiet (I, 2, 1355b26–35). Gut
reden zu können, ist offenbar für alles gut. Dennoch bestehen enge Verbindungen
zur praktischen Philosophie (Flashar 1983, Burnyeat 1994, Cooper 1994, Wörner
1990).

3.2.1. Das Verhältnis von »Topik« und »Rhetorik«

Nach dem ersten Satz der *Rhetorik* bildet sie ein »Gegenstück« zur Dialektik (*anti-
strophē*). Das soll heißen, die *Rhetorik* hat mit der Dialektik manches gemein.
Aber als »Gegen«-Stück zeichnet sie sich auch durch Unterschiede aus. Gemeinsam
haben beide Disziplinen, daß sie auf das Wahrscheinliche bezogen sind. Beide verwenden sie Topoi. Auch sind beide universale Disziplinen, die überall anzuwenden
sind. Neben solchen Gemeinsamkeiten stehen Unterschiede. Die *Topik* ist logisch

orientiert. Die *Rhetorik* erfaßt nicht nur Logisches. Sie behandelt auch die Affekte. Eine gute Rede muß nicht nur die Köpfe, sondern auch die Herzen gewinnen. Die *Topik* verweist auf die Schule, die *Rhetorik* auf den Raum öffentlicher Rede. Die Disputation muß politisch verbindlich nichts entscheiden. Sie kann auch mit logischen Spielereien zufrieden sein. Bei der *Rhetorik* wird es ernst. Reden im öffentlichen Raum zielen auf Entscheidungen und Verbindlichkeit. Nach Aristoteles betreiben wir Ethik, damit wir besser handeln können. Analog müßte (was Aristoteles so deutlich allerdings nicht sagt) der Sinn der *Rhetorik* das bessere Reden und Entscheiden sein. Jedenfalls verbindet die *Rhetorik* schon ihr Gegenstand mit Praxis und Politik.

3.2.2. Rhetorik und praktische Philosophie

Aristoteles hat die *Rhetorik* einen »Nebensproß« der Dialektik, aber auch der Ethik und Politik genannt (Rhet. I, 2, 1306a20–27). Er hat dies zunächst einmal kritisch gemeint, in kritischer Wendung wohl gegen den Rhetor Isokrates. Noch einmal wollte er betonen, daß die Rhetorik eigentlich kein spezielles Gebiet besitzt. Auch wollte er demonstrieren, daß sie keine strenge Wissenschaft, sondern nur eine »Fähigkeit« (*dynamis*) ist. Aber in der Verbindung von Rhetorik und Politik steckt mehr Wahrheit, als sie der kritische Ton verrät. Politik wird in der Demokratie durch Miteinander-Reden gemacht. Dies geschieht in den großen Institutionen der attischen Demokratie wie in den Volks- und Gerichtsversammlungen, und auf diese ist die *Rhetorik* schon in der Einteilung ihrer Redegattungen eindeutig bezogen (hier 2.2.2.). Redner und Hörer müssen gemeinsame Ziele verfolgen. Dies gilt einmal für das Ziel, das nach Aristoteles das Telos allen Handelns ist, das Glück (Rhet. I, 5). Zum anderen müssen es Redner und Hörer gut miteinander meinen, wenn aus dem Reden nicht Demagogie oder das politische Theater werden soll, das von Thukydides oder Platon analysiert und kritisiert worden ist.

3.2.2.1. Ethos, Pathos, Logos

Hauptsache bei allem Reden ist für Aristoteles Glaubwürdigkeit. Ein Redner muß »glaubwürdig«, »vertrauenswürdig« (*axiopistos*) sein (II, 2, 1356a2). Der Begriff der Vertrauens- und Glaubwürdigkeit wird in der politischen Philosophie oft unterschätzt. Dabei ist er für alles Praktische fundamental. Vertrauen ist das Öl der sittlichen Welt, die Grundlage aller gelingenden Kooperation. In den Demokratien dreht sich alles darum, wem man ein Amt anvertrauen oder nicht anvertrauen kann. Alle Ämter sind anvertraute Güter. Sie sind Vertrauenssache, so wie aller Widerstand sich aus dem Bruch des Vertrauens motiviert.

Glaubwürdigkeit (*pistis*) wird nach Aristoteles durch drei Mittel erreicht: Ethos, Pathos und Logos (I, 2, 1356a1–4; II, 1, 1377b22 ff.). Ein überzeugender Redner muß erstens »ethisch« glaubwürdig sein; er muß zweitens die Hörer affektuell »bewegen« (*movere*), und er muß drittens, wenn er kein bloßer Demagoge sein will, auch sachlich argumentieren, sachlich überzeugend sein.

Zum *Ethos* des Redners gehören Klugheit (*phronēsis*), Rechtschaffenheit (*aretē*) und Wohlwollen (*eunoia, benevolentia*) (II, 1, 5). Fehlen diese, wird der Redner schlechten Rat erteilen, sei es, weil er dumm ist, sei es, weil er schlecht ist, oder sei es, weil er es nicht gut mit den Hörern meint.

Unter *Pathos* (affectus) versteht Aristoteles die Gemütsverfassung, die der Redner im Hörer hervorrufen muß. Das Buch II der *Rhetorik* gibt eine Theorie der Leidenschaften (II, 2–21), aus der Hobbes so manches für die Komposition seines Menschenbildes entlehnt hat. In dieser Theorie der Leidenschaften weitet sich die *Rhetorik* zur Anthropologie und Menschenkunde, zur Psychologie und Psychagogik. Der Redner muß sich auskennen mit Zorn und Verachtung, Besänftigung, Liebe und Haß, Furcht und Mut, Scham, Freundlichkeit und Wohlwollen, Mitleid, gerechtem Unwillen, Neid, Rivalität und Eifersucht.

Der *Logos* schließlich (im weiteren Sinn die Rede als solche, im engeren Sinn die Argumentation) unterscheidet die gute Rede von der bloßen Stimmungsmache. Der Redner muß auch etwas beweisen. Dabei wird er keine strengen Beweise geben oder gar Theorie vortragen. Er wird sich vielmehr der Topoi bedienen, der (schlagenden) Beispiele oder jener Art von Schlüssen, die Aristoteles »Enthymeme« nennt. Diese vielbeachteten rhetorischen Schlüsse (Grimaldi 1972, Burney 1974, Sprute 1982, Burnyeat 1994) sind dadurch gekennzeichnet, daß der Redner einen Teil des Arguments »in seinem Herzen« (*en thymō*) zurückhält. Der Redner gibt dem Hörer damit die Gelegenheit, die fragliche Einsicht selber zu erzeugen. Vor dem inneren Auge von Redner und Hörer entsteht das jeweilige Argument zur gleichen Zeit. Die Verwendung von Enthymemen ist eine wahrhaft respektvolle und demokratische Art der gemeinsamen Urteilsbildung. In ihr drückt der Redner seine Achtung vor der Intelligenz des Hörers aus. Zugleich wird die Rede, auch wenn sie gar nicht im Wechsel von Rede und Gegenrede vorliegt, stillschweigend kooperativ.

3.2.2.2. Redegattungen und Beweismittel

Aristoteles unterscheidet drei Gattungen der Rede. Ihnen werden verschiedene Aufgaben, Maßstäbe, Zeithorizonte und Stilmittel zugewiesen (vgl. Flashar 1983, 367).

Die drei Gattungen sind die beratende Rede, die Gerichtsrede und die Festrede. Die beratende Rede soll zu- oder abraten; die Rede vor Gericht anklagen oder verteidigen; die Festrede loben oder tadeln. Maßstäbe sind im ersten Fall der Nutzen, im zweiten Fall Recht und Unrecht, im dritten Fall das Schöne und Ehrenhafte. Beraten will man sich im Blick auf die Zukunft; verteidigt oder angeklagt wird man wegen Taten, die in der Vergangenheit liegen; gelobt und getadelt wird im Blick auf die Gegenwart.

Den Redegattungen entsprechen jeweils besonders geeignete Beweismittel. Zur beratenden Rede paßt das Beispiel (*paradeigma*), zur Gerichtsrede das Enthymem, zur Festrede die Steigerung (*amplificatio*).

Wie sind die Beweismittel zu verstehen? Auch sie sind Mittel der Überzeugung. Da sie es im Bereich des Wahrscheinlichen sind, unterscheiden sie sich vom strengen Beweis und von dem, was in der strengen Wissenschaft durchaus wünschbar ist, etwa die Vollständigkeit aller Angaben oder die komplette Darlegung eines

Redegattung	Beratende Rede (*genus delibera-tivum*)	Gerichtsrede (*genus iudicale*)	Festrede (*genus demon-strativum*)
Aufgabe	Zuraten/Abraten	Anklagen/ Verteidigen	Loben/Tadeln
Maßstab	Nutzen/Schaden (*sympheron*)	Gerechtes/ Ungerechtes (*dikaion*)	Schönes und Ehrenhaftes (*kalon*)
Zeithorizont	Zukunft	Vergangenheit	Gegenwart
Bereich	Politik	Recht, Unrecht	Lob eines Einzelnen oder einer Stadt
Besonders geeignete Mittel	Beispiele	Enthymeme	*amplificatio* (Steigerung)

Arguments. Alle Politik steht unter Zeitdruck. Alle Aufmerksamkeit ist zeitlich begrenzt. Ein Redner, der alles aufzählen würde, würde die Hörer nur langweilen. Er würde sie auch respektlos behandeln, so als ob er ihnen eigene Schlußfolgerungen gar nicht zutrauen würde. Überzeugen heißt Verdichten. Überzeugen heißt Weglassen. Die Kunst des Redners zeigt sich in dem, was er gar nicht oder nur indirekt oder nur andeutungsweise sagt.

Für die beratende Rede besonders geeignet ist das *Beispiel*. Seine Komprimierung liegt darin, daß es eine Form der verkürzten Induktion ist. Der Redner erwähnt nicht alle Fälle. Seine Kunst ist es, den schlagenden Fall zu finden, jenen, der über sich hinausweist und wahrhaft exemplarisch ist.

Der Beweis vor Gericht bedient sich vorzüglich der *Enthymeme*. Deren Weglassung besteht darin, daß die Deduktion Untersätze ausläßt, eine verkürzte Deduktion vorliegt. Indem der Hörer ergänzt, was der Redner überspringt, wird die jeweilige Einsicht kooperativ erzeugt. Die Kunst der Verdichtung und Auslassung kann Argumente immer weiter komprimieren, bis zur Sentenz oder zum Schlagwort.

Zur Lobrede schließlich paßt besonders die *amplificatio*, die Steigerungsform. Der Redner kann beispielsweise sagen, einer habe etwas ganz alleine vollbracht oder als erster oder ganz vorzüglich (I, 3, 38 ff.). Auch da muß nicht alles ausgeführt werden. Das Selbstdenken des Hörers hat auch hier sein eigenes Recht.

3.2.2.3. Die ethisch-politische Bedeutung der Redegattungen

Die Redegattungen der Aristotelischen *Rhetorik* sind der attischen Demokratie auf den Leib geschrieben. Den Hintergrund ihrer Einteilung bilden die großen Institutionen der Demokratie: Volksversammlung und Rat auf der einen, Gerichtsversammlungen auf der anderen Seite. Auch die Lobrede kann man sich als eine politische Rede denken, als Selbstverständigung der Stadt, so wie sie in der *Gefallenenrede* des Perikles oder in Isokrates' *Panathenaikos* vorliegt. Aller Stoff der Reden stammt aus dem Leben der Stadt, ob diese über ihre Entscheidungen berät, Taten verurteilt oder wegen ihrer Leistungen gelobt wird.

Alle Redegattungen sind somit ethisch-politisch. Als exemplarisch politische Rede hervorzuheben ist aber die beratende Rede, die manchmal direkt mit »Volksrede« übersetzt wird. In Reden dieser Art geht es darum, wie sich die Volksversammlung entscheidet, was die ethisch richtige, Schaden abwendende und das Glück der Stadt fördernde Entscheidung ist.

Der Redner, der gut zu- oder abraten will, muß nicht nur die Affekte der Menschen kennen. Ihm wird von Aristoteles auch einiges an politischer Sachkenntnis abverlangt: Kenntnisse über Haushalt, Krieg und Frieden, Landesverteidigung, Ein- und Ausfuhr (I, 4, 4), Verfassungen, Sitten und Gesetze (I, 8, 1).

Da im Praktischen keine theoretischen Gewißheiten zur Verfügung stehen, ist die beratende Rede hier die typische Art und Weise, wie man zu reflektierten, klugen Entscheidungen gelangt. Die ganze Klugheitslehre des Aristoteles, auf die seine praktische Philosophie gegründet wird, hat im Sich-Bereden und Beraten ihren rhetorischen Ursprung.

Hinter der Dreiteilung der Redegattungen kann man eine Zweiteilung durchscheinen sehen. Beratende Rede und Gerichtsrede sind agonal und entscheidungsorientiert. In der Festrede feiert die Stadt sich selbst. Allenfalls nebenbei läßt sie die Stadt in eine Konkurrenz zu anderen Städten treten. Entschieden wird durch die Festrede jedoch nichts.

Alle Redegattungen werden von Aristoteles an das Ethos gebunden. Die Praxis der Rede entsprach diesem Ideal zur Zeit des Aristoteles schon nicht mehr. Das Reden war bereits zur parteilichen Polemik, zur Verdächtigung und Verächtlichmachung des Gegners verkommen. Die großen Redner wie Isokrates und Demosthenes, die für Glanz und Elend der Redekunst zugleich stehen (siehe hier XVI.), werden in der *Rhetorik* nicht erwähnt (vielleicht hat dies seinen Grund darin, daß es sich bei der *Rhetorik* um ein frühes Werk des Aristoteles handelt). Eine an Platon erinnernde Kritik der Schauspieler und der politischen Theatrokratie wird allerdings angedeutet (III, 1, 1403b22–24). Auch sie kann zeigen, daß die *Rhetorik* keineswegs nur deskriptiv ist. Vielmehr will sie selbst Maßstäbe setzen für das, was gute Reden sind.

3.3. »Poetik«

Aristoteles' *Poetik* besteht aus drei Teilen: einer allgemeinen Grundlegung (Kap. 1–5), einer Theorie der Tragödie (Kap. 6–22) und einer des Epos (Kap. 23–26). Für ein Verständnis der praktischen Philosophie ist an dieser *Poetik* bedeutsam, daß sie Platons Streit mit den Dichtern begräbt. Darüber hinaus enthält sie eine Handlungstheorie. Ethik und Politik befassen sich damit, wie gutes Handeln gelingt. Die *Poetik* zeigt Handlungen, bei denen es schiefgeht. Das ist für ein Verständnis von Handlungen genauso aufschlußreich wie alle Krankheit ein Schlüssel zur Gesundheit ist.

3.3.1. Die Beendigung der Konkurrenz von Dichtung und Philosophie

Aristoteles hat zur Dichtung ein abgeklärtes Verhältnis. Sie ist ihm nicht mehr alles, wie sie es den Menschen einmal zu Homers und Hesiods Zeiten war. Sie ist ihm aber auch nicht der große beunruhigende Konkurrent, der sie für Platon gewesen ist. Aristoteles hat keinerlei Absicht, die Dichter aus der Stadt zu verbannen. Sie dürfen wieder in diese hinein, und ihre Dichtung hat dort eine – sagen wir – selbstverständliche Funktion.

Wie nüchtern Aristoteles die Dichtung und ihre Bedeutung für Politik und Theologie betrachtet, mag ein Beispiel verdeutlichen. Der Mythos ist ihm nur noch soviel wie eine Fabel oder eine Handlungsstruktur (»plot«). Eine Herausforderung für die eigene Philosophie ist ihm der Mythos nicht mehr.

Dichtung ist für Aristoteles Mimesis, Nachahmung. Er verwendet noch den platonischen Begriff. Zugleich wird diesem aber seine ontologische Bedeutung genommen. Auch hat er keinen abschätzigen Beigeschmack mehr. Bei Platon kamen die Dichter noch nach den Banausen. Sie waren noch schlechtere Kopierer der Ideen. Bei Aristoteles erhalten sie ihre Ehre zurück. Gerade die von Platon so gescholtene Tragödie wird wieder in die Stadt integriert. Sie leistet etwas für die Menschen, was nach Aristoteles von großer Bedeutung ist: »Katharsis«, »Reinigung«.

3.3.2. Katharsis

Aristoteles' Analyse der Katharsis gehört zu den meistdiskutierten Theorien der Antike. Mehrere Tausend Abhandlungen sind über sie geschrieben worden. Dabei hat man den Sinn der fraglichen »Reinigung« ganz unterschiedlich interpretiert. Lessing faßt sie in der *Hamburgischen Dramaturgie* (1767–69) moralisch auf, Goethe in der *Nachlese zur aristotelischen Poetik* (1827) ästhetisch; der Altphilologe Bernays (1888) gibt ihr einen medizinischen Sinn, und über diesen hat sie an der Entstehung der Psychoanalyse bei Breuer und Freud mitgewirkt (Gründer 1968). Yorck von Wartenburg verweist auf die religiös-kathartische Reinigung, wieder andere wie Dirlmeier (1940) wollen zeigen, bei der Katharsis geht es um Spiel und Spaß.

Aristoteles' Bemerkungen zur Katharsis sind knapp und vieldeutig. Sie finden sich in den Kapiteln 6 und 13 der *Poetik* sowie an einer Stelle der *Politik* (VIII, 1341a21 ff.). »Katharsis« bedeutet »Reinigung«. Diese ist bezogen auf die Affekte. Es fragt sich, in welchem Sinn?

Ein Streitpunkt ist, ob der Zuschauer der Tragödie *durch* die Affekte oder *von* ihnen gereinigt wird. Die Antwort muß wohl lauten, der Zuschauer wird *von* ihnen, d. h. von ihrem Übermaß, befreit. Man darf dies mit Bernays durchaus medizinisch verstehen. Aristoteles hat die sonst auf den Körper bezogenen Theorien von der Reinigung durch Ausscheidung von störenden Stoffen auf die Seele übertragen. »Katharsis« ist Entlastung von Gemütserregung, Entladung, eine Art Triebabfuhr.

Die Affekte, um deren Entladung es geht (*phobos* und *eleos*) werden gewöhnlich mit »Furcht« und »Mitleid« übersetzt. Dagegen hat Schadewaldt (1955) Einspruch erhoben und die Übersetzung mit »Schrecken« und »Jammer« vorgeschlagen. Die Übersetzung mit »Furcht« ist erst durch Lessing eingeführt worden, und in manchen Fällen scheint die Übersetzung mit »Schrecken« passender zu sein. Es bleiben aber, wie Pohlenz (1956) zeigt, auch Fälle übrig, in denen der Begriff »Furcht« vorzuziehen ist. Das »Mitleid« wollte Schadewaldt wegen seiner durch das Christentum geprägten Bedeutung ausscheiden. Erinnert man sich jedoch des Homer, etwa der schönen Szene zwischen Achill und Priamos, so wird deutlich, daß den Griechen der Begriff des »Mitleidens« durchaus bekannt und bedeutsam war. Man kannte das Mitleiden als Appell zur Schonung oder als zwischenmenschliche Verbundenheit im Leiden. Pohlenz erinnert daran (1956, 54ff. unter Berufung auf Burkert).

Indem Aristoteles der Katharsis eine Entladung der Affekte zuschreibt, läßt er die Tragödie bewirken, was Platon von der philosophischen Reinigung der Stadt erhofft hat. So wie Platon durch die Zensur der Dichtung die Stadt vor dem Übermaß der Affekte bewahren will, so leistet für Aristoteles nun gerade die Tragödie eine Entlastung von jenen Affekten, deren Übermaß der Stadt schädlich ist.

Der Begriff der Katharsis begegnet auch in der aristotelischen *Politik*, wenn von Musik und Erziehung die Rede ist. Nach Dirlmeier (1940) zeigt die Behandlung der Katharsis in der *Politik*, daß diese dort zu Lust (*hedonē*) und Spiel (*paidia*) geschlagen wird (VIII, 5, 1339b15ff.; VIII, 6, 1341a21ff.). Aristoteles gestehe den Menschen ein Recht zu, sich im Theater zu erholen und zu »entspannen«. Katharsis werde so zu einer Art politischer Medizin, zu einer Art Staatshygiene.

Darf man so weit gehen in der Politisierung der Katharsis? Sicher, sie ist keine Ausrottung der Affekte, sondern eine Purifizierung, eine Befreiung vom Übermaß, und dies muß, gerade für einen Denker der Mitte wie Aristoteles, ethisch und politisch bedeutsam sein. Aber in der *Politik* ist nicht eindeutig von der Tragödie, sondern von der Musik allgemein die Rede. Aristoteles unterscheidet dort »ethische«, »praktische« und »enthusiasmierende« Tonarten. Letzteren schreibt er eine kathartische Wirkung zu. Ob man aber den Ernst der Tragödie tatsächlich mit Spiel im Sinne von Paidia gleichsetzen darf, muß eher fraglich sein.

3.3.3. Theorie der Widerfahrnisse

Die *Poetik* entwickelt eine spiegelverkehrte Handlungstheorie, d.h. eine Theorie der Widerfahrnisse und Erleidnisse, die unsere Absichten kreuzen (Bremer 1969, Flashar/Maurer 1975, Nussbaum 1986). Es wird demonstriert, was der Mensch durch sein Handeln und Planen *nicht* erreichen kann. Aristoteles setzt damit das tragische Lebensgefühl der Griechen wieder in sein Recht ein. Für Platons Lehre von der Gerechtigkeit war eine Diskrepanz zwischen Gerechtigkeit und Glück unerträglich. Seine Ethik ließ tragische Diskrepanzen nicht mehr zu. In Aristoteles' praktischer Philosophie werden sie wieder möglich sein.

Für das, was Menschen geschieht, ihnen widerfährt, hat die Tragödientheorie des Aristoteles verschiedene Begriffe. Der wichtigste ist der des »Versehens« (*hamartia*).

3.3.3.1. »Hamartia« (»Versehen«)

Hamartia wird übersetzt mit »Irrtum« oder »Unwissen«. Treffender ist die Übersetzung mit »Versehen«. Man versieht sich, man sieht nicht so genau hin, und schon ist es passiert. Subjektiv bezeichnet das Versehen ein mangelndes Wissen, objektiv daß man ein Ziel verfehlt (zum Begriff grundlegend Bremer 1969).

Wie schon der Begriff der Katharsis nicht moralisch, sondern medizinisch zu deuten ist, so zeigt auch der Begriff des »Versehens«, daß das Theater bei Aristoteles keine moralische Schaubühne ist, keine Erziehungs- und Besserungsanstalt. Die »Schuld«, die aus einem bloßen Versehen entsteht, ist keine eindeutig moralische. Auch ist, was einem nach einem Versehen widerfährt, nicht einfach die gerechte Strafe, die exakt der Schuld des Sich-Versehenden entspricht.

Aristoteles wendet sich in der *Poetik* (13, 1452b31 ff.) gegen zwei falsche Auffassungen von Tragödie. So soll eine Tragödie nicht zeigen, wie ein völlig Unschuldiger ins Unglück gerät; das sei weder schrecklich noch bejammernswert, sondern nur »abstoßend« (*miaron*). Eine Tragödie soll aber auch nicht vorführen, wie ein Schurke glücklich wird oder ins Unglück gerät; gerät er ins Unglück, erhält er ja nur, was er verdient. In jedem Fall, ob er als glücklich oder unglücklich dargestellt wird, gibt es keinen Anlaß für Mitleid oder Schrecken.

Es bleibt eine dritte Möglichkeit. Die Tragödie muß davon handeln, wie jemand etwas falsch macht, verständlicherweise falsch macht, wie ihm aber daraus auch etwas widerfährt, was zum bloßen Versehen seltsam überproportional ist.

Das »Versehen« steht zwischen Schuld und Unschuld. Es ist ein moralisch höchst delikater Begriff. Man kann ihn nicht einfach gleichsetzen mit der »Unbeherrschtheit« (*akrasia*), wie sie die Gerichte bestrafen. Es ist aber auch nicht die klare, volle Verantwortlichkeit, wie sie vorliegt, wenn jemand in voller Kenntnis der Lage Falsches tut. Völlig unpersönlich ist das Versehen nicht. Der Handelnde hat, was geschieht, selbst verursacht. Es ist seine Tat. Die Entscheidung ist auch keine Folge moralischer Verderbtheit (*mochthēria*), so daß man sagen könnte, er konnte gar nicht anders, als so handeln. Die Tat entspringt einem menschlich verständlichen Fehler. Sie ist das, was einem so passieren, einem so unterlaufen kann. So wie sich deren Folgen entwickeln, hat man es nicht gewollt, und doch ist man verantwortlich dafür.

Das Versehen ist ein Stolpern, ein »blunder«, eine Unaufmerksamkeit. In ihm sind Schuld und Unschuld vermischt. Es ist deshalb etwas, das sich sowohl zur Beschuldigung wie zur Entschuldigung verwenden läßt. So kann man zum Handelnden sagen: »Hättest du doch besser aufgepaßt! Warum hast du nicht besser hingesehen?«. Oder der Handelnde sagt von sich: »Wir alle machen Fehler. Aber warum soll ich dafür bestraft werden? Ich bin es schon gewesen... Aber ich habe es aus Versehen getan!« (Bremer 1969, 20).

Martha Nussbaum hat in ihrem Buch *The Fragility of Goodness* (1986) sowie andernorts (1993) den beachtenswerten Versuch unternommen, das Mitleiden der Katharsis und die Hamartia mit Politik und Ethik zu verbinden. Sie liest die Tragödientheorie als Lehre von der menschlichen »Verwundbarkeit« (*vulnerability*). Durch Mitleiden versetzen wir uns demnach in die Lage des anderen, in der wir uns als möglicherweise auch einmal selbst Betroffene wiedererkennen. Das Handeln

aus Unwissenheit verdient unser Mitleid und unsere Nachsicht, so daß die Tragödie eine Schule des Verständnisses der Menschen füreinander sein kann. Sie lehrt
uns Verständnis und Billigkeit (zu letzterer 4.1.5.2.).

3.3.3.2. Peripetie und Anagnorisis

Tragisch sind nach Aristoteles nicht alle Arten von »Versehen«. Als tragisch gelten
ihm nur die »großen«, wobei man diese wiederum nicht moralisch verstehen darf
als bestimmt durch die Größe der Schuld. Groß ist nur die Enormität der Selbsttäuschung, die objektive Qualität der Selbsttäuschung, so wie Ödipus Vater und Mutter nicht erkennt.

Ein Widerfahrnis ist um so schrecklicher, je unerwarteter und je plötzlicher es
auftritt. Die ideale Tragödie folgt deshalb nicht einer allmählichen Erosion des
Glücks. Vielmehr läßt sie das Unglück als einen plötzlichen Schrecken einbrechen,
als einen Schlag oder Schock. Dieser Umschlag ist die »Peripetie«, der Punkt, an
dem die Handlung sich wendet.

Im Punkte des Umschlags und des plötzlichen Erschreckens werden die Erleidnisse und Widerfahrnisse bewußt. Dafür hat Aristoteles einen weiteren Begriff, den
der »Anagnorisis«. Dieser bezeichnet den Punkt der tragischen Aufklärung, wenn
der Sich-bloß-Versehende und Unwissende wissend wird. Es entsteht eine eigenartige Kombination von Wissen und Unglück, ein Wissen, das nicht beglückt, das
aber auch nicht zu umgehen ist, wenn der Mensch seiner selbst bewußt und aufge-
klärt werden soll.

3.3.3.3. Glück, Unglück, Götter

Platon wollte die tragische Disproportion von Tat und Folgen aus der Welt schaffen. Er begründet eine Ordnung, in welcher Gerechte und Ungerechte erhalten, was
sie verdienen. Auf den Gott Platons ist Verlaß, ein »Brettspieler«, der jeden auf den
Platz setzt, der seinen Taten entspricht.

Bei Aristoteles müssen, wenn er die tragische Weltsicht wieder zuläßt, die Götter
eine andere Rolle spielen. Aber wie können sie dies, nachdem er im Buch Lambda
der *Metaphysik* die Götterwelt rationalisiert und auf einen an Welt und Menschen
nicht interessierten »Beweger« reduziert hat?

Die Handlungstheorie der *Nikomachischen Ethik* kommt fast ohne Theologie
aus. Das Glück des Menschen wird hauptsächlich an die eigenen Taten und Leistungen gebunden. Jeder ist seines Glückes Schmied. Aber offensichtlich steckt in
Aristoteles' Theorie des Glücks auch ein Element, das für den Einbruch des Göttlichen offen ist. Insofern Glück nicht *allein* von unseren Leistungen und Taten ab-
hängt, ist es abhängig von Mächten, die jenseits unserer Verfügung stehen. Zum
Glück gehört immer auch das Glück-Haben. Glück fällt einem auch zu.

Der griechische Begriff *eudaimonia* läßt sich wörtlich übersetzen mit »einen guten Dämon haben«. In der *Eudemischen Ethik* – die sich an Philosophen richtet,
nicht wie die *Nikomachische* an Bürger – entwickelt Aristoteles eine theologische

Theorie des Glücks. Er spricht dort vom »Menschen im Glück«, seiner Version des »Hans im Glück« (EE VIII, 2). Es handelt sich dabei um Menschen, die ohne Klugheit glücklich werden, und Aristoteles fragt sich, wie so etwas zu denken ist. Wer ohne Klugheit glücklich wird, kann sein Glück nur drei Mächten verdanken: dem Zufall, der Natur oder dem Göttlichen. Der Zufall kann einem Glück bescheren, sogar des öfteren. Eine gute Begabung kann zum Glück verhelfen, so wie wenn jemand auch ohne Ausbildung von Natur aus gut singen kann. Aber was ist, wenn jemand andauernd Glück hat, obwohl es ihm doch an Klugheit fehlt? In diesem Fall müssen die irrationalen Strebungen in seiner Seele von etwas Göttlichem gelenkt sein (EE VIII, 2, 1248a25 ff.).

In der *Eudemischen Ethik* faßt Aristoteles dies noch in den Begriffen seiner Bewegungslehre, so als ob die Seele seines Glückspilzes vom obersten Beweger angestoßen würde. Diese Sprache spricht die *Nikomachische Ethik* nicht mehr. Zwar erwähnt auch sie das Glück als eine Gabe der Götter. Aber das Thema wird als nicht zur Abhandlung gehörig ausgeschieden (NE I, 9). Das Glück wird, soweit dies nur möglich ist, auf das eigene Tun gestellt.

4. Die praktische Philosophie (Ethik und Politik)

Vorbemerkung: Mißverständnisse der praktischen Philosophie

Aristoteles' praktische Philosophie besteht aus den Disziplinen Politik und Ethik. Beide werden erstmals in eigenen Pragmatien behandelt. Alle Ethik hat ihren Namen von der *Nikomachischen Ethik* des Aristoteles, alle Politik führt ihren Namen auf Aristoteles' *Politik* zurück. Die jeweiligen Titel lauten »ēthika« und »ta politika«, d. h. »das, was die Sitten« bzw. »das, was die Stadt angeht«.

Daß Aristoteles für beides eigene Disziplinen schafft, bedeutet nicht, daß Ethik und Politik in der Sache auseinandergerissen würden. Die neuzeitliche Trennung von Politik und Moral, alle »Mißhelligkeit« zwischen beiden, wie sie Machiavelli auf den Begriff bringt und Kant zu beseitigen versucht, liegen der praktischen Philosophie des Aristoteles fern. Ethik und Politik sind miteinander verschwistert. Beide beziehen sich auf das oberste Ziel menschlichen Handelns: das Glück. Alle Tüchtigkeiten (*aretai*) haben einen ethisch-politischen Doppelsinn. Insbesondere die »Krone« aller Tüchtigkeit, die Gerechtigkeit, aber auch die von Aristoteles hochgeschätzte Freundschaft, sollen im Leben der Stadt genauso bestimmend sein, wie sie es im privaten Leben sind.

Die praktische Philosophie des Aristoteles löst die direkte Verbindung, die bei Platon zwischen Metaphysik, Ethik und Politik bestanden hatte. Eigentlich erst ab Aristoteles läßt sich von einer eigenständigen praktischen Philosophie reden. Das menschliche Handeln tritt in seiner theoretisch nicht erfaßbaren Eigenart hervor. Das Praktische wird ein eigener Gegenstandsbereich. Zum praktischen Wissen gehört eine eigene Art von (nur »umrißhafter«) Genauigkeit, und zu ihm gehört eine eigene Kompetenz, die als »Klugheit« ein praktisches und kein theoretisches Vermögen ist.

Interpreten, die eher Platon als Aristoteles zuneigen, unternehmen immer wieder den Versuch, die Eigenart und Eigenständigkeit dieser praktischen Philosophie zu relativieren. Man bedient sich dazu der metaphysischen Restbestände der Ethik und der Politik, etwa ihres teleologischen Naturbegriffes oder ihrer gelegentlichen Verwendung einzelner Begriffe der *Metaphysik* wie des Gegensatzpaares von *dynamis* und *energeia*. Gern beruft man sich auf das Ende der *Nikomachischen Ethik*, die in einem Lob des theoretischen Lebens und der Weisheit kulminiert. Solche Tendenzen begegnen etwa bei Strauss oder Voegelin. Strauss z. B. nimmt die gesamte praktische Philosophie für die Zwecke der Theorie in Dienst. Voegelin orientiert das politische Leben am spirituellen Leben der Theorie. Politik wird eher von den Interessen der Philosophen als von denen der Bürger aus gedacht

Die Diskussionen der 70er Jahre, die unter dem Titel »Rehabilitierung der praktischen Philosophie« geführt worden sind (Riedel 1972), haben sich auf viele Philosophen berufen, auf Platon, Kant, Hegel, Heidegger. Für manche war aber auch Aristoteles der Zeuge einer möglichen Erneuerung. Näher bei Aristoteles als bei Platon standen Hannah Arendt und Dolf Sternberger. Eher zu Aristoteles als zu Platon neigten auch Joachim Ritter und seine Schüler. Im Kommunitarismus der 80er Jahre hat vor allem Alasdair MacIntyre versucht, Aristoteles zu rehabilitieren (1981). Eine eigene Variante eines neuen Aristotelismus entwickelt Martha C. Nussbaum (1986).

Joachim Ritter hatte die praktische Philosophie des Aristoteles als eine »hermeneutisch-hypoleptische« gedeutet (1969). Anknüpfend an Aristoteles' Begriff der *hypolēpsis*, welcher »Vermutung« und »Anknüpfung« an eine vorhergehende Rede zugleich bedeuten kann, stellt er Aristoteles' Wendung zur schon bestehenden Sittlichkeit in das Zentrum seiner Deutung. Die Vermutung für die Vernünftigkeit des Bestehenden macht demnach die Eigenart der praktischen Philosophie des Aristoteles aus. Ritters Schüler wie Bien, Marquard u. a. haben Ritters Deutung weitergeführt.

Aristoteles' hermeneutische Hypolepse, die Anknüpfung an das schon Bestehende, läßt sich nicht zureichend erfassen, wenn man sie bloß politisch als einen »Konservatismus« aufgreift und auf dem Rücken des Aristoteles aktuelle Kontroversen um progressive oder bewahrende Politik austrägt. Sie ist auch keineswegs gleichbedeutend mit einem »Usualismus«, wie er Ritter (und seinem Schüler Odo Marquard) gelegentlich vorgeworfen wird (Höffe 1979, 39 ff.). Solche Mißverständnisse entstehen, wenn man an Aristoteles' praktische Philosophie Begriffe und Antithesen heranträgt, die diese gerade zu vermeiden sucht.

Solche Antithesen sind die Gegensatzpaare faktisch-vernünftig, gesetzt-natürlich, empirisch-normativ. Diese entspringen der neuzeitlichen Philosophie seit Hume und Kant; sie sind jedoch untauglich, die zwischen diesen Antithesen liegende Position der klassischen praktischen Philosophie zu erfassen. Für die Transzendentalphilosophie muß alles Bestehende zum »bloß« Faktischen werden, das nicht oder noch nicht vernünftig begründet ist. Erst das vom Subjekt Gesetzte, nicht das von Natur aus oder sonstwie Vorliegende, kann demnach als vernünftig gelten. Aus moderner Perspektive verstößt die praktische Philosophie des Aristoteles gegen das Dogma, daß zwischen Sein und Sollen eine unüberbrückbare Kluft existiert. Aristoteles wird des »naturalistischen Fehlschlusses« überführt, der seit

Hume und Kant aufgespießt wird, also des Fehlschlusses vom Deskriptiven aufs Präskriptive, vom Vorliegen der Sitten darauf, daß diese zu befolgen sind.

Die praktische Philosophie des Aristoteles unterläuft die Antithetik der modernen Begriffe. Was existiert, ist ihr nicht schon dadurch unvernünftig, daß es da ist. Vielmehr hat es die »Vermutung« einer gewissen Vernünftigkeit für sich. Maßstab der Orientierung sind nicht allein Setzungen eines Subjektes. Woher nähme dieses denn auch den Inhalt seiner Setzungen, wenn nicht aus den schon vorliegenden sozialen Rollen oder aus dem, was dem Menschen natürlich ist? Der Mensch ist bei Aristoteles kein traditionsloses Wesen, das sich ständig neu zu erschaffen hätte. Er ist kein Wesen, das sich im Sinne einer *creatio ex nihilo* selber gebiert.

Der Begriff der »Norm«, der heute durch den Kantianismus entscheidend geprägt ist (und somit den Dualismus von Sein und Sollen immer schon in sich enthält), ist gänzlich ungeeignet, die Eigenart der praktischen Philosophie des Aristoteles zu erfassen. Es ist eine besondere Ironie, daß man die sich auf die Klassiker Platon und Aristoteles berufende Politikwissenschaft der Nachkriegszeit (von Voegelin bis Strauss, von der Freiburger bis zur Münchner Schule) eine »normative« genannt hat. Weder mit Platon, für den (wie für Hegel) die Idee nicht so »ohnmächtig ist, bloß zu sollen«, noch mit Aristoteles hat der Begriff »normativ« irgend etwas zu tun. Bei Aristoteles stammen die »Normen« (sit venia verbo) aus der »Normalität«. Sie sind bezogen auf das, was man da, wo man wohnt, gewöhnlicherweise so tut. Das ist der Ursinn von *ēthos*, den die Aristotelische Ethik expliziert.

Gegen den Zusammenhang von Normalität und Norm läßt sich eigentlich nur argumentieren, wenn man sich einer revolutionären Rhetorik bedient und den Eindruck erweckt, man müsse Adam in der Staatslehre spielen oder das Rad des Sittlichen erst noch erfinden. Auch macht man es sich zu leicht, wenn man Aristoteles unterstellt, was dieser gar nicht lehrt: eine kritiklose Akzeptanz des Bestehenden. Zwar vollzieht Aristoteles keinen derartigen Bruch mit dem Bestehenden, wie er sich bei Platon findet. Aber keineswegs nimmt er das Bestehende einfach unkritisch auf. Aristoteles mißt die bestehenden Sitten am Maßstab eines guten und gelingenden Lebens, für das ihm wiederum der tüchtige und kluge Mann (*spoudaios, phronimos*) Modell steht. Die Verfassungen haben Maßstäbe an einem Ideal von Stabilität und allgemeinem Wohl. Keineswegs muß oder soll der Mensch nach Aristoteles den Sitten und Meinungen sklavisch folgen. Wie bei Platon so ist auch bei Aristoteles der Mensch das Wesen, das sein Leben wählt. Im Zentrum der aristotelischen Ethik steht eine Lehre von Wahl und Entscheidung (*prohairesis*), die an Selbstvergewisserung des einzelnen nichts zu wünschen übrig läßt.

Anders als Platon, der mit der attischen Demokratie und dem Kanon der Bildung bricht, ist Aristoteles allerdings kein Denker der Krise, sondern der Normalität. Sein Denken steht und fällt mit der Annahme, daß die Praxis des gelebten Lebens noch nicht von allen guten Geistern verlassen ist. Ist sie es nicht, kann man an sie anknüpfen und im Gespräch mit ihr bedenken, wie ein gutes Leben zu führen ist.

4.1. Die »Nikomachische Ethik« (335/34–322 v. Chr.)

Im Namen des Aristoteles werden drei Ethiken überliefert: die *Nikomachische*, die *Eudemische* und die *Große Ethik* (*Magna Moralia*). Warum sie ihre Titel tragen, ist bis heute ungeklärt. Wir wissen nicht, ob der Sohn oder der Vater des Aristoteles (die beide Nikomachos hießen) oder ein gewisser Eudemos als Adressaten oder Herausgeber der Schriften fungierten. Ausgerechnet die kürzeste der Ethiken wird die »Große Ethik« genannt. Die Bücher V–VII der *Nikomachischen Ethik* überschneiden sich mit den Büchern IV – VI der *Eudemischen*. Die jeweiligen Abfassungszeiten der Ethiken sind umstritten, vermutlich ging jedoch die *Eudemische* der *Nikomachischen Ethik* voraus.

Die *Nikomachische Ethik* ist die einflußreichste philosophische Ethik der westlichen Kultur. Sie handelt von dem, was der Mensch durch eigenes Tun für sein Glück bewirken kann. Die Fragestellung als solche ist keine theoretische, sondern eine praktische. Sinn der Untersuchung ist es nicht, bloß zu erkennen. Vielmehr soll die ethische Reflexion selbst dem besseren Handeln dienen, selbst ethisch wirksam sein.

Aristoteles' Ethik ist ein schönes Dokument seines Realitätssinns und seiner praktischen Vernünftigkeit. Wie die Philosophie des älteren Platon schließt sie wieder an das griechische Bewußtsein der Gemeinsamkeit, des Maßes und der Mitte an. Zugleich ist sie geprägt vom Bewußtsein der Leistung und Exzellenz, wie es vor allem in den von Aristoteles gefeierten Tugenden der Größe zum Ausdruck kommt. Die fruchtbare Spannung der griechischen Kultur, ihre schöne Mischung von Maß und Exzellenz, von Alltäglichem und Glänzendem prägt auch die Ethik des Aristoteles. Sie mischt Bürgerliches mit aristokratischer Größe und hohem Sinn.

4.1.1. Die Gliederung des Werkes

Die *Nikomachische Ethik* besteht aus zehn Büchern, die durch das Generalthema Glück miteinander verbunden sind. Buch I definiert das Glück (*eudaimonia*) als oberstes Ziel allen menschlichen Strebens. Als Weg zum Glück wird die Tüchtigkeit (*aretē*) gepriesen, deren einzelne Formen in den folgenden Büchern erörtert werden. Tüchtigkeiten sind von zweierlei Art: »ethisch« oder »dianoetisch«. »Ethisch« sind solche, die man durch Gewöhnung (*ethos*) erwirbt; »dianoetisch« jene, die man durch Unterweisung lernen kann.

Die Bücher III–V diskutieren die ethischen Tugenden, das Buch VI die dianoetischen. Buch III, 9 bis Buch V ist ein Katalog ethischer Tugenden, dem eine Erklärung der »Mitte« als Kennzeichen der Tüchtigkeiten (II, 1–6) und eine Diskussion der »Freiwilligkeit« menschlichen Handelns vorausgehen (III, 1–8). Die wichtigste ethische Tugend bleibt die Gerechtigkeit. Allenfalls die Freundschaft macht ihr den Rang als oberster Tugend streitig. Bei den dianoetischen Tugenden ist die für das Handeln wichtigste die »Klugheit« (*phronēsis*). Sie lenkt das Handeln des einzelnen Menschen und das der Stadt. Ohne sie können weder der einzelne noch die Stadt glücklich sein.

Das Buch VII geht von den Tugenden zu den Untugenden (VII, 1–11). Es zeigt die Folgen der Unbeherrschtheit. Erörtert wird auch die Lust, deren Diskussion im Buch X (1–5) noch einmal aufgegriffen wird.

Die Bücher VIII–IX behandeln die »Freundschaft« (*philia*), für Aristoteles eine entscheidende Grundlage eines glücklichen privaten oder politischen Lebens. Als höchste Form des Glücks gilt Aristoteles freilich das theoretische Leben der Philosophen, das der Schluß des Werkes erklärt (X, 6–10).

Die *Nikomachische Ethik* enthüllt schon auf den ersten Blick eine Spannung. Auf der einen Seite wendet sie sich nicht nur an Philosophen; offensichtlich ist diese Ethik für ein größeres Publikum bestimmt. Bis auf den Schluß (und einige Teile des VI. Buches) scheint alles, was gesagt wird, an Normalbürger gerichtet zu sein. Auf der anderen Seite wird das objektiv höchste Glück dem theoretischen Leben und den Philosophen zugesprochen. Heißt dies, daß alles ethisch-politische Leben der Bürger auf die Zwecke der Philosophie, alles Praktische auf das Theoretische ausgerichtet sein soll? Oder soll man die quantitativ überwiegenden Teile des Werkes beim Wort nehmen, in denen sich Aristoteles an Menschen und Bürger wendet, die sich ihres Verstandes ohne Leitung der Philosophen bedienen können? Philosophenkönige sind die Philosophen des Aristoteles ja nicht mehr. Ja, *als* Philosophen sind sie nicht einmal mehr Bürger, weil ihr theoretisches Leben kein politisches Leben ist.

4.1.2.   Glück, Lebensformen, Seelenlehre (Buch I)

4.1.2.1.   Glück (eudaimonia)

Glück ist nach Aristoteles das oberste Ziel allen menschlichen Handelns sowohl beim Einzelnen wie bei der Stadt. Das Glück der Stadt ist dabei die »bedeutendere« und »vollständigere« Erscheinungsform (NE I, 1094b8). Es ist die Stadt, die den einzelnen leben und glücklich leben läßt, keineswegs nur sein privates Leben allein. Eine Dominanz des privaten Glücks, wie sie in der Neuzeit immer wieder begegnet, ist dieser Ethik fremd.

Die Stadt ist dem einzelnen vorgeordnet, so wie die Disziplin der Politik der Ethik vorzuordnen ist. In einer Hierarchisierung der Künste, die an den *Politikos* erinnert, wird die Politik als die oberste Kunst bestimmt. Alle verwandten Künste wie die Kriegskunst, die Redekunst oder die Ökonomie werden auf sie als die oberste und entscheidende hingeordnet (NE I, 1, 1094b).

Glück ist nach Aristoteles nicht irgendein Ziel. Zwar kann man es auf verschiedenen Wegen erreichen. Aber unsere Handlungen würden nebeneinander in Leere laufen, gäbe es kein letztes, kein oberstes Ziel. Letztes Ziel kann nur sein, was nicht um eines anderen willen, sondern »um seiner selbst willen« erstrebt wird (NE I, 1, 1094a18–22). Glück ist ein Selbstzweck so wie alles praktische Handeln ein Selbstzweck ist. Praxis hat ihren Sinn im Vollzug der Tätigkeit, nicht wie Techniken in einem Produkt, das von der produzierenden Tätigkeit ablösbar ist.

Man hat viel darüber diskutiert, ob Aristoteles seine Glückslehre in eine Sackgasse manövriert. Wenn das Glück ein Selbstzweck ist und wir Praktisches immer nur um seiner selbst willen tun, wie können dann praktische Vollzüge noch in einen Zusammenhang gebracht und um etwas anderen willen getan werden (eine Zusammenfassung der Diskussion bei Jacobi 1979)? Nach dem Vorschlag von Ackrill (1974, jetzt in Höffe 1995) läßt sich Glück als ein »inklusives« Ziel verstehen, das mehrere selbstzweckhafte Ziele vereinen kann. Wenn jemand beispielsweise gerne Golf spielt (eine praktische selbstzweckhafte Tätigkeit), kann er seinen Sport als Teil eines gelingenden Urlaubs betrachten. Er gehört dann zu einem gelungenen Urlaub dazu. Ein Widerspruch der Zuordnung entsteht somit nicht.

Glück bezieht sich bei Aristoteles auf ein Leben als ganzes, nicht auf nur *eine* glückliche Entscheidung oder nur *einen* glücklichen Zufall. Letztlich kann man es sogar nur vom Ende her beurteilen (NE I, 11). Ende gut, alles gut. Bevor jemand nicht verstorben ist, kann man nicht wissen, was ihm alles noch widerfahren kann.

Die in der *Poetik* verborgene Handlungstheorie, die Lehre von den Widerfahrnissen und der Fragilität des Glücks, geht auch in die *Nikomachische Ethik* ein. Zum Glück gehört die Unverfügbarkeit. Das ist eine seiner Seiten. Glück muß man immer auch haben. Niemand kann glücklich genannt werden, wenn er zu arm, zu krank, zu häßlich, zu verlassen oder sonstwie vom Schicksal geschlagen ist (NE I, 9, 1099b). Dies ist die Seite des Glücks, die man später *fortuna, fortune, luck* etc. nennt.

Deutlicher als in der *Eudemischen Ethik* verlagert Aristoteles das Gewicht auf die andere Seite des Glücks, auf das, was man selber für sein Glück tun kann. Glück ist Leistung (*aretē*). Was einem nur zufällt, würdigt die mögliche Leistung des Menschen herab. Die göttliche Gabe (*theia eutychia*), die dem Glückspilz der *Eudemischen Ethik* noch in den Schoß fiel, wird als nicht zur Ethik gehörend ausgeklammert. Glück ist »Tätigkeit«, und zwar nicht irgendeine, sondern jene, die der spezifischen Leistung des Menschen (seinem *ergon*) entspricht. Die spezifisch menschliche Leistung aber ist die vernünftige, die kluge Lebensführung. Glück ist die »Wirksamkeit (*energeia*) der Seele gemäß der ihr eigentümlichen Tüchtigkeit (*aretē*)« (NE I, 6, 1098a16).

Die *Nikomachischen Ethik* verbindet Glück und eigenes Tun. Letzteres wird so sehr hervorgehoben, daß Aristoteles Tieren, Schlafenden und Kindern das Glücklichsein abspricht, weil sie entweder passiv oder nicht (oder noch nicht) vernünftig sind. Glück ist, daß es einem »wohlergeht«. Der griechische Begriff *eu prattein* drückt beides aus: das gute Handeln und das Gutergehen.

Die Glückslehre des Aristoteles gibt ein erstes Beispiel seiner Vermeidung der Extreme. Glück ist weder bloß Glück-Haben noch geht es in der Tüchtigkeit der Menschen völlig auf. Die Überspanntheit der Stoiker, daß der Weise sein Glück einzig und allein seiner Tüchtigkeit verdanke und somit auch im Gefängnis und unter jeder Qual glücklich sei, ist dem Realisten Aristoteles fremd. Gleichwohl traut er dem Menschen Einiges zu. Jeder ist seines Glückes Schmied. So wie Machiavelli die eine Hälfte unseres Geschicks der *fortuna* und die andere der *virtù* überantwortet (Princ. Kap. 25), so könnte Aristoteles die Glücksanteile nicht verteilen. Den Löwenanteil macht für ihn die eigene Tüchtigkeit aus. Auch wird, wer tüchtig ist, das Unglück besser ertragen als der, dem sein Glück nur zugefallen ist.

4.1.2.2. Lebensformen (genera vitae)

Aristoteles unterscheidet drei Lebensformen, in denen der Mensch nach Glück strebt. Angesichts der heutigen Pluralisierung der Lebensstile und Lebensformen mag dies als eine beschränkte Auswahl von Möglichkeiten erscheinen. Doch geht die Dreiteilung auf das platonische Erbe der aristotelischen Seelenlehre zurück. Die drei Teile der Seele – Begierde, Mut, Denken – hatten sich schon bei Platon zu Ständen und Lebensweisen ausgeformt. Analog unterscheidet Aristoteles drei Lebensformen: das Leben der Lust (das apolaustische Leben), das Leben der Ehre und Anerkennung (das politische Leben) und das Leben der Erkenntnis, der Schau (das theoretische Leben).

Wie bei Platon so ist auch bei Aristoteles eine klare Rangordnung der Lebensweisen erkennbar. Die spezifische Leistung des Menschen, ein Sprach- und Vernunftwesen zu sein, wird durch ein Leben des Genusses noch nicht verwirklicht, Lust ist Menschen und Tieren gemeinsam. Ein Leben der Lust kann sogar sklavisch sein, den Begierden verfallen. Dem Tyrannen und Wüstling Sardanapal, der die Bilanz seines Lustlebens in seinen Grabstein meißeln läßt, bescheinigt Aristoteles, daß sein Selbstlob auch auf dem Grab eines Rindes stehen könnte (Tusc. V, 101).

Aristoteles' Glückslehre ist nicht lustfeindlich. Aber sie läßt auch keinen Zweifel daran, daß ein Leben des Genusses nicht wirklich zählt. Wie es die kleinen Abhandlungen über Lust demonstrieren (VII, 12–15; X, 1–5), würden wir manche Tätigkeiten auch dann ausüben wollen, wenn sie nicht mit Lust verbunden wären; auch dann würden wir erkennen wollen oder tüchtig sein. Auch wünschen wir Lust nicht, wenn man sie um den Preis beschämender Handlungen erkaufen müßte. Lust ist ein Begleiteffekt richtiger Handlungen, nicht deren Ziel.

Ehrenvoll ist das politische Leben. In ihm findet der Bürger Anerkennung oder sogar Ruhm. Noch höher steht das theoretische Leben. Es ist ein Leben, das der Erkenntnis des Ewigen und Göttlichen verschrieben ist. Damit eröffnet es dem Menschen die Möglichkeit, sich selbst zu transzendieren. Die Lebensformen ordnen sich so nach den Seinsstufen animalisch-menschlich-göttlich. Auch zeigen sie, daß der Kreis der Kandidaten für die jeweilige Lebensform immer kleiner wird, unten die Vielen, die nach Lust streben, in der Mitte die Normalbürger, oben die wenigen Philosophen mit ihrem Leben der Schau.

Lebensformenlehre (NE I, 3; X, 6–10)

Lebensform	Ziel	Seinssphäre	Menschen
Apolaustisches Leben	Lust (*hedonē*)	animalisch	Menge
Politisches Leben	Ehre (*timē*)	menschlich	Bürger
Theoretisches Leben	Schau (*theōria*)	göttlich	Philosophen

Aus der Dreiteilung der Lebensformen wurde schon in der Antike eine Zweiteilung: der Dualismus von *vita activa* und *vita contemplativa*, von Erkennen und Handeln, Praxis und Theorie. Sie wurden zu den beiden überhaupt wählbaren Lebensformen gemacht. Wie sie bei Aristoteles zueinander stehen, in welcher Neben-, Über- oder Ergänzungsordnung ist unter den Interpreten heftig umstritten, und die strittigen Fragen können nur durch eine Deutung der gesamten praktischen Philosophie des Aristoteles zu entscheiden sein.

4.1.2.3. Die Seelenlehre (I, 13) und die Unterscheidung von ethischen und dianoetischen Tugenden

Die Lebensformen verweisen auf Aristoteles' Seelenlehre. Nach dieser ist die Seele zweigeteilt in einen »vernünftigen« (*logon echon*) und einen »unvernünftigen« Teil (alogon). Der irrationale Seelenteil ist selbst noch einmal in ein vegetatives (*threptikon*) und ein strebendes Vermögen (*orexis*) geteilt. Der vegetative Seelenteil ist mit Ernährung und Wachstum verbunden. Er ist für die Ethik nicht weiter von Belang. Entscheidend für das Verständnis der Tüchtigkeiten sind das Streben und der vernünftige Seelenteil, der Logos. Letzteren zu übersetzen macht Schwierigkeiten. In der Ethik kommt ihm jedoch der Sinn von vernünftiger Überlegung, Durchdenken, Sich-Beraten zu.

Seelenmodell (NE I, 13)

Rationaler Seelenteil (*logon echon*)	Irrationaler Seelenteil (*alogon*)	
Vernünftige Überlegung, Durchdenken, Sich-Beraten (*logos*)	Streben (*orexis*)	Vegetativum (*threptikon, phytikon*)

Die beiden Tugendarten, die ethischen und die dianoetischen, lassen sich zunächst ganz einfach an das Seelenmodell anbinden. Dem vernünftigen Seelenteil sind die dianoetischen Tugenden zuzuordnen, dem Streben des irrationalen Seelenteils die ethischen. In weiterer Perspektive allerdings ist jede Tüchtigkeit eine Kombination von Logos und Ethos, von richtiger Überlegung und Gewohnheit. Richtig formiertes Streben und vernünftig überlegte Wahl müssen sich vereinen, wenn ein gutes Leben gelingen soll.

4.1.3. Elemente und Voraussetzungen ethischen Handelns (Gewohnheit, feste Grundhaltung, Freiwilligkeit, Entscheidung, Mitte)

4.1.3.1. Gewohnheit und feste Grundhaltung

Die Bücher II–V stellen die ethischen Tugenden sowie ihre Voraussetzungen und Elemente dar. Grundlage der Tugenden ist das *ēthos*, die Gewohnheit, die sich in Sitten und Üblichkeiten manifestiert. Durch Gewöhnung bildet man eine »feste

Grundhaltung« (*hexis*, lat. *habitus*). Diese feste Grundhaltung garantiert Verhaltenssicherheit, daß man quasi automatisch das Richtige tut. Gewohnheit und feste Grundhaltung formen die Affekte, geben dem Verhalten gegenüber Lust und Unlust Halt.

4.1.3.2. Freiwilligkeit und Entscheidung (III, 1–8)

Am Ende der *Politeia* hatte Platon dem Menschen die Verantwortung für sein Leben zugeschrieben. »Niemand fehlt wissentlich« war eine der Grundlehren des Sokrates. Die Straftheorie der *Nomoi* hatte mit dem Problem gekämpft, wie die Zurechenbarkeit und Verantwortlichkeit von Handlungen mit diesem sokratischen Grundsatz zu vereinen sind. Aristoteles durchschlägt den gordischen Knoten. Ethisches Handeln ist »freiwillig« (*hekousios*). Es setzt eine Entscheidung, eine Wahl zwischen Optionen voraus (*prohairesis*). Was diese ist, zeigt zunächst das Gegenteil, was wir nämlich als Gründe für Entschuldigungen anführen können (ein ähnlicher Ansatz bei Austin [2]1970). Solche Gründe gibt es zwei: »Zwang« (*bia*) und »Unwissenheit« (*agnoia*) (III, 1, 1110a1). Beide liegen selten in reiner Form vor. Wenn der Tyrann seiner Forderung durch Geiselnahme Nachdruck verleiht oder wenn der Kapitän im Sturm Ladung über Bord wirft, dann mischen sich Freiwilligkeit und Unfreiwilligkeit. Es wird Zwang ausgeübt, und doch sind wir es, die sich so oder so entscheiden. Man unterliegt nicht einem alles bestimmenden physischen Zwang.

Ähnlich kann bei der Unwissenheit eine eigenartige Mischung von Wissen und Nichtwissen vorliegen. Wie es das »Versehen« demonstriert, liegt im Nichtwissen eine Quelle des Tragischen. Auch wenn Aristoteles in Buch III nicht ausdrücklich von der Tragödie spricht, so scheint doch eines seiner Beispiele (daß man jemanden schlägt und nicht weiß, daß es der eigene Vater ist) der Tragödie nahe zu sein.

Schlechtes Handeln entspringt bei Aristoteles nicht weniger als bei Platon der Unwissenheit. Jedoch hebt diese für Aristoteles Verantwortlichkeit nicht auf. Wenn jemand beispielsweise im Rausch eine Tat begeht, handelt er »unwissend«. Er ist gleichwohl verantwortlich, weil er sich den Rausch angetrunken hat und er wissen konnte, daß man sich damit in einen Zustand versetzt, in dem man nicht mehr weiß, was man tut. Nicht einmal der Verweis auf den Habitus, daß man ein Trinker sei, entlastet von der Verantwortung, da die Bildung des Habitus – zumindest am Beginn – dem Einzelnen freigestanden hat.

Tüchtige Handlungen gehen nach Aristoteles aus einer Wahl zwischen Optionen hervor. Er prägt dafür den Begriff der *prohairesis*, der »Vorzugswahl« (Kuhn 1960). Dieser Begriff ist enger gefaßt als der Begriff der Freiwilligkeit. Letztere gesteht Aristoteles Kindern, ja seltsamerweise sogar Tieren zu, und freiwillig kann für ihn auch plötzliches Handeln sein. Eine Vorzugswahl dagegen setzt voraus, was Kinder und Tiere nicht leisten können und was der plötzlich Handelnde nicht in Anschlag bringt: vernünftige Überlegung, Planung, das Durchdenken der Lage. Als Entscheidung zählt bei Aristoteles nur, was aus richtiger Planung und dem Durchdenken des Sachverhaltes hervorgeht.

Wie in jeder Wahl und Entscheidung so steckt auch in der Prohairesis ein Element der Dezision. Ein Immer-wieder-Überdenken würde bei der Beurteilung der

Handlungsgründe nur dazu führen, daß gar nicht gehandelt wird. Prohairesis ist aber keineswegs Entscheidung im Sinne bloßer Willkür. Gesucht wird die richtige Entscheidung, die aus dem Durchdenken und Sich-Beraten (*bouleusis*) hervorgeht. Gegenstand solchen Sich-Beratens kann nur sein, was in unserer Macht liegt (III, 5), eine Abgrenzung, die für die Klugheitslehre bedeutsam ist (siehe 4.1.6.2).

Die aristotelische Vorzugswahl ist keine rein intellektuelle Angelegenheit. Im Unterschied zu Platon wird das Element des Ethos unvergleichlich stärker ins Spiel gebracht. Wer sich nur eine Meinung bildet, läßt die Welt, wie sie ist. Eine Entscheidung dagegen verändert die Welt. Anders als ein bloß intellektuelles Urteil ist sie direkt auf Praxis bezogen, d.h. auf das, was wir erstreben oder meiden. Alles praktische Überlegen dient der besseren Wahl und Entscheidung. Es ist aus diesem Grunde etwas anderes als ein prinzipiell unendlicher Diskurs.

4.1.3.3. Mitte (mesotēs)

Berühmt ist Aristoteles' Kennzeichnung der Tüchtigkeit durch die »Mitte«, eine seine Ethik und seine Politik zugleich kennzeichnende Doktrin (Schilling 1930, Ottmann 1980, Wolf 1995). Sie knüpft an die Lehre des älteren Platon an, und man kann in ihr eine Einlösung der platonischen Forderung nach einer Maß- und Meßkunst sehen, so wie diese im *Politikos* und in den *Nomoi* erhoben wird.

Die »Mitte« liegt nach Aristoteles zwischen zwei Extremen, zwischen »Mangel« (*elleipsis*) und »Überschwang« (*hyperbolē*). Schlagende Beispiele sind die Tugenden der Tapferkeit oder der Großzügigkeit. Die eine liegt in der Mitte zwischen Draufgängerei und Feigheit, die andere zwischen Verschwendungssucht und Geiz. Alle Tugenden des Tugendkataloges von III, 9 bis V werden durch eine Mitte bestimmt.

Wo genau die Mitte liegt, ob eher zwischen den Extremen der Affekte oder eher zwischen den Extremen von Handlungsweisen, ist umstritten (Urmson 1980). Grundlegend ist in jedem Fall die Mitte bei den Affekten. Der Draufgänger etwa hat zuwenig Furcht und zuviel Mut. Beim Feigling ist es umgekehrt. Wie aber sollen beide tapfer handeln, wenn nicht zunächst einmal ihre Affekte in die richtige Mitte gebracht worden sind?

Die Mitte kann nach Aristoteles in der »Sache« liegen, und davon handelt beispielsweise die Gerechtigkeit, die als Tauschgerechtigkeit oder Strafgerechtigkeit eine exakte Mitte sucht. Aristoteles läßt aber auch eine Mitte »für uns« zu, die von Person zu Person unterschiedlich ausfallen kann. Die richtige Mitte bei der Diät ist für einen Olympioniken eine andere als für einen Menschen, der überhaupt keinen Sport treibt.

In seiner *Politik* stellt Aristoteles die »Politie« als die Verfassung dar, die die richtige Mitte trifft. Mit der Mitte ist dort die soziale Mitte gemeint, der Mittelstand. Ihm traut Aristoteles am ehesten eine vernünftige Regierung zu. Reiche und Arme erscheinen dagegen als unfähig, entweder zu regieren oder sich regieren zu lassen.

So wie Hegel von der Sittlichkeit sagt, daß sie keine »außerordentlichen Aufopferungen« verlange (Rechtsphilosophie § 268), so scheint Aristoteles' Ethik eine der »Rechtschaffenheit« und der bürgerlichen Normalität zu sein. Eine Ethik des faulen Kompromisses ist sie allerdings nicht. Die in ihr gesuchte Mitte ist die

»Spitze« des Erreichbaren (*akrotēs*), das Beste, das Optimum (NE II, 1107a6–8). Deren Verwechslung mit der *mediocritas*, der Mittelmäßigkeit, dürfte erst römischen Ursprungs sein (etwa in Horaz' »aurea mediocritas«, carm. II, 10). So sehr die Aristotelische Ethik durch die griechische Vorliebe für Mitte und Maß geprägt ist, so sehr wird sie auch durch die alte Hochschätzung von Leistung und Exzellenz bestimmt. Nicht nur daß die Arete selbstverständlich den Klang von Bestleistung beibehält. Alle Tüchtigkeit vollendet sich darüber hinaus in Tugenden der »Größe«. Diese zeigen, daß die Aristotelische Ethik, nicht anders als die griechische Kultur überhaupt, eine glückliche Kombination von bürgerlichen und aristokratischen Werten ist.

4.1.4. Die Tugenden der Größe (IV, 1–9)

In den Büchern III, 9 bis V untersucht Aristoteles eine Vielzahl von Tugenden, ohne daß dabei eine klare Gliederung erkennbar würde. Man erkennt immerhin, daß er sich mit dem Kanon der platonischen Kardinaltugenden nicht mehr begnügen will. Wie auch sonst sucht er die Vielfalt des Vorhandenen anders und stärker zur Geltung zu bringen als Platon. Die Gerechtigkeit, auch das ist zu sehen, bleibt die »Krone« der Tugenden. Ansonsten aber werden in eher lockerer Reihenfolge verschiedene Tugenden nacheinander abgehandelt. Fast bleibt es dem Leser überlassen, Gruppen von Tugenden zusammenzustellen. So lassen sich etwa mehrere Tugenden als solche des Umgangs klassifizieren: die »Freundlichkeit«, die »Aufrichtigkeit«, die »Gewandtheit« und die »Scham«. Eine andere Einheit bilden die Tugenden der Größe: die »Großzügigkeit«, die »Großgeartetheit« und die »Großgesinntheit«. Über sie führt eine Brücke von der Ethik der Griechen zur Ethik der Römer, die sich gerade diesen Tugenden bereitwillig öffneten. Sie entsprachen so recht dem Geist der römischen Aristokratie.

4.1.4.1. Die »Großzügigkeit« (eleutheriotēs) (IV, 1–3)

Die Großzügigkeit ist die Tugend des richtigen Umgangs mit Geld und materiellen Gütern, eine Mitte zwischen Verschwendungssucht und Knauserei. So besehen scheint sie nicht vornehm, sondern eher bürgerlich zu sein.

Die Großzügigkeit im Umgang mit materiellen Dingen gibt allerdings nur den engen Sinn des Begriffs wieder. Schon das Wort für »Großzügigkeit«, *eleutheriotēs*, verweist auf »Freiheit« und den freien Mann (so wie auch die römische Übersetzung mit *liberalitas*). Die Tugend der Großzügigkeit umfaßt eigentlich das, was den freien, vornehmen Mann ausmacht. Das ist mehr als ein großzügiger Umgang mit Geld und Gütern. Eher schon ist es ein freier, ein kultivierter, ein nicht enger Lebensstil. »... das Wort war«, schreibt Pohlenz (1955, 52), »besonders in adligen Kreisen beliebt und bezeichnete dort – wie später das lateinische liberalis – namentlich die Freigebigkeit des vornehmen Mannes ... aber diese Eleutheriotes ließ sich auf die freie Gesamthaltung anwenden, die nach Perikles die Athener kennzeichnen und den alten Adligen gleichstellen sollte«.

4.1.4.2. »Großgeartetheit« (megaloprepeia) (IV, 4–6)

Eine verwandte Tugend, welche Noblesse in die bürgerliche Ethik bringt, ist die »Großgeartetheit«, griechisch *megaloprepeia*, von Cicero übersetzt mit *magnificentia*. Auch diese Tugend ist eine Mitte, und zwar zwischen Großmannssucht und Engherzigkeit. Auch sie bezieht sich zunächst auf Geld und Güter. Aber auch sie hat einen weiteren Sinn.

Megaloprepeia verweist auf das Wort *prepon*, auf das, »was schicklich ist«, das, »was sich gehört«. Es geht also eigentlich um Geschmack und Lebensstil überhaupt. Aristoteles nennt als Beispiele für Großgeartetheit den richtigen Aufwand für Opfer, Weihegeschenke oder Liturgien, also für Chöre oder Schiffe, die ein reicher Bürger der Stadt schenkt. Genannt werden auch Beispiele des privaten Aufwands, etwa bei einer Hochzeit oder bei der Einrichtung eines Hauses.

Bei der Großgeartetheit nur von der Mitte zu reden, ist zuwenig. Die große Leistung hat etwas Herausragendes. Sie hat etwas, das »nicht leicht übertroffen werden kann« (NE IV, 5, 1123a). Die Exzellenz verdankt sich dabei nicht der Quantität der eingesetzten Mittel. Sie liegt vielmehr in einem schwer zu bestimmenden Effekt: dem »Glanz«. Dirlmeier ([6]1974, 363) erinnert an den Alkibiades, der sich des »Glanzes« rühmt, den er seinem Haus und der Stadt Athen durch seine Olympiasiege verschafft habe (Thuk. VI, 16). Dieses Selbstlob des Alkibiades ist im doppelten Sinne aufschlußreich. Man kann es verstehen als den Zusammenfall eines aristokratischen Wertes mit einem bürgerlichen und politischen. Alkibiades hat dem Namen seines Hauses und zugleich der Stadt Glanz verliehen. Man kann aber auch die politisch riskante Seite der Großgeartetheit erahnen. Die ersten Okkurrenzen des Begriffes, die im Werk des Herodot zu verzeichnen sind, verbinden die Megaloprepeia gern mit Königen und Tyrannen (III, 125; V, 18; VI, 22, 128; VII, 57). Ein übertriebener Aufwand, das kann auch ein Mittel des Tyrannen sein, sich die Zustimmung des Volkes zu erkaufen. Dann wird aus dem Glanz der bürgerlichen Leistung der Talmiglanz eines Aufwandes, der keinem gemeinsamen Zweck mehr dient.

4.1.4.3. »Großgesinntheit« (megalopsychia) (NE IV, 7–9)

Die »Großgesinntheit« ist die Tugend des rechten Umgangs mit Ansehen und Ehre. Sie liegt zwischen Arroganz und Sich-nichts-Zutrauen in der Mitte. Es geht um die richtige Einschätzung des eigenen Wertes, daß man nicht dumm und stolz ist, aber auch sein Licht nicht unter den Scheffel stellt. »Großgesinnt« ist, wer sich hoher Ehren für würdig hält. So wie die *magnificentia* allem Glanz verleiht, so verleiht die *megalopsychia* allem Handeln Format, großen Stil (Jaeger 1931, Knoche 1935, Schütrumpf 1989).

Auch die Tugend der Großgesinntheit erweist sich als ein aristokratisches Element in der bürgerlichen Ethik des Aristoteles. Aber wie Aristoteles diese Tugend faßt, das kommt im Blick zurück auf die aristokratische Kultur auch einer Revolution gleich. Wenn die Helden des Homer nach Ruhm und Ehre strebten und sich großer Ehren für würdig hielten, dann war die Ehre ganz wesentlich abhängig davon, daß sie von den anderen auch erwiesen wurde. Die Ehre war von äußerlicher Bezeugung abhängig, und Ajax, dem die ihm zustehende Ehre verweigert wird, ging aus Verzweiflung in den Tod.

Bei Aristoteles bleibt die Hochschätzung des hohen Sinnes erhalten. Aber alle Ehre wendet sich von außen nach innen. Nicht die anderen, sondern der Großgesinnte selbst beurteilt, ob er großer Ehren würdig ist oder nicht. Der Maßstab ist nicht mehr die Meinung der anderen oder die faktisch erwiesene Ehre. Maßstab der Großgesinntheit ist, ob jemand tatsächlich der »Beste« (aristos) ist (NE IV, 7, 1123b28). Über die Ehre entscheidet letztlich das eigene Ehrgefühl.

Man kann am Beispiel des Demosthenes und seiner Kranzrede erkennen, daß es durchaus noch üblich war, auf die Erweisung der Ehre zu pochen (hier XVI. 2.5.). Bei Aristoteles wird die Ehre jedoch schon weitgehend von der äußeren Ehrerweisung gelöst. Gauthier (1951) will darin geradezu die Entdeckung des sittlichen Bewußtseins erkennen. Diese Einschätzung verkennt die Bedeutung, die Sokrates und Platon für die Entdeckung der Subjektivität und der sittlichen Verantwortung zukommt. Aber sie kann immerhin den Wandel demonstrieren, der sich im Verständnis von Ruhm und Ehre vollzogen hat. Die eigene Leistung und das eigene Selbstwertgefühl sind entscheidender geworden als alle Äußerlichkeit.

Der Mensch hat damit Stand in sich gewonnen, nicht nur äußerlichen Stand durch Geburt oder Gesellschaft. Das schöne Portrait, das Aristoteles vom hochgesinnten Menschen zeichnet, offenbart, daß die Großgesinntheit die »Zierde« (kosmos) der ethischen Tugenden ist. Sie ist nicht nur eine Tugend neben anderen, sondern eine, die »allen« Tugenden das große Format verleiht (NE IV, 7, 1124a1–3).

Der Großgesinnte sucht Gefahren nicht um jeden Preis. Aber wenn Großes auf dem Spiele steht, ist er bereit, etwas zu riskieren. Gerne leistet er anderen Hilfe, sie selbst anzunehmen, ist ihm peinlich. Seinen Wert zeigt er im Umgang mit hochgestellten und reichen Bürgern, mit einfachen Leuten verkehrt er schlicht. Wo Ehrgeiz sich vordrängt, hält er sich fern. »Er redet und handelt ganz offen. Er hat die Freiheit des Wortes...« (NE IV, 8, 1124b26). Sein Leben richtet sich nicht nach der Meinung der anderen, er ist weder unterwürfig noch ein Schmeichler. Nicht leicht läßt er sich hinreißen. Er verachtet den Klatsch und das Jammern und Betteln um unwichtige Dinge. Um sich hat er eher schöne Dinge als solche des Nutzens und Profits. »Seine Bewegungen sind gemessen, seine Stimmlage tief und seine Sprechweise ausgeglichen...« (IV, 8, 1124b–1125a).

Auf die römische Nobilität hat das Ideal des hochgesinnten Menschen großen Eindruck gemacht. »Magnus animus« – diesen Begriff gab es bei den Römern bereits vor ihrer Graezisierung; er war Ausdruck der römischen Hochschätzung des Militärischen und bedeutete soviel wie Angriffsgeist und hohen Mut. Durch Polybios, Panaitios, Cicero und Sallust wird der Begriff aber mehr und mehr umgeformt (Knoche 1935). Polybios nennt den römischen Senat »großgesinnt« (VI, 58, 13). Bei Cicero wird Großgesinntheit zur Eigenschaft aller »boni«. In De officiis wird sie neben sapientia, iustitia und temperantia als »magnitudo animi« quasi in den Adelsstand erhoben (Knoche 1935, 51 ff.). Sallust verwendet sie in seinem berühmten Vergleich von Caesar und Cato zur Kennzeichnung beider Persönlichkeiten (de con. Cat. 54, 1). Die Tugenden der Größe schlagen die Brücke von der griechischen Ethik zur Ethik der römischen Nobilität.

4.1.5.   Gerechtigkeit (Buch V)

4.1.5.1. Aristotelische und platonische Gerechtigkeit

Bei Aristoteles ist nicht anders als bei Platon die Gerechtigkeit die oberste Tugend. Allenfalls noch die Freundschaft kann ihr ihren Rang streitig machen. Anders als bei Platon ist das Grundmodell der Gerechtigkeit nicht mehr die Idiopragie. Platon hatte die Tugenden aufgeteilt. Jeder sollte das tun, was er am besten tun kann, und dies konnte bei Platon immer nur eines sein. Aristoteles dagegen macht die Gerechtigkeit zur Universalpragie. Der Gerechte muß alles können: tapfer, besonnen, freigiebig etc. sein.

Platon definierte die Gerechtigkeit im Blick auf eine einzelne Seele und deren Struktur. Bei Aristoteles ist Gerechtigkeit per se bezogen auf andere, *semper ad alterum*. Sie wird von Aristoteles geradezu das Gut genannt, das dem anderen gehört (*allotrion agathon*) (V, 3, 1130a3f.). »Das Gut des anderen«, Aristoteles zitiert damit ein Wort des Thrasymachos (rep. 343c). Aber während Thrasymachos damit sagen will, daß die Gerechtigkeit dem Gerechten nur zum Nachteil gereicht, geht Aristoteles davon aus, daß sie zu jedermanns Vorteil ist (Rosen 1975, 229f.).

Bei Platon nimmt die Gerechtigkeit ihr Maß an der transzendenten Idee des Guten. Bei Aristoteles wird sie hermeneutisch hypoleptisch aus dem sittlichen Leben gewonnen. Die Frage ist nicht mehr, wie die Gerechtigkeit dem einen und transzendenten Guten entspricht. Vielmehr wird gefragt: Was gilt allgemein als gerecht? Wie wird gerecht verteilt? Wie gerecht getauscht? Wie gerecht gestraft?

4.1.5.2. Formen der Gerechtigkeit

a) Allgemeine Gerechtigkeit (iustitia universalis)

Wie alle Tugenden so besitzt auch die Gerechtigkeit eine Mitte; diese bezieht sich auf Güter und Ehren, auf das Nicht-mehr-haben-Wollen, als es einem zusteht. Wie alle ethischen Tugenden ist auch die Gerechtigkeit ein Habitus. Aristoteles stellt den habituell Gerechten dem habituell Ungerechten gegenüber. Letzterer begeht nicht nur einmal Unrecht, weil ihn die Leidenschaften überkommen. Vielmehr sucht er kaltblütig und andauernd nichts als seinen Vorteil, so daß er nicht bloß ein Täter, sondern ein Schurke ist. Der Gerechte wiederum handelt regelmäßig gerecht: Bei ihm verbindet sich der Habitus mit der Überzeugung, daß es damit seine Ordnung hat (die Gegenüberstellung bei v. Fritz 1984).

Die »allgemeine« Gerechtigkeit definiert Aristoteles durch zwei Begriffe: das »Gesetzliche« (*nomikon*) und das »Gleiche« (*ison*). Letzteres versteht sich sofort. Gerechtigkeit hat immer mit Gleichheit zu tun. Schwieriger ist die Verbindung mit dem »Gesetzlichen«. Ist Aristoteles ein Legalist oder Positivist? Setzt er die Gerechtigkeit einfach mit den bestehenden Gesetzen gleich?

Wer die Gerechtigkeitslehre des Aristoteles verstehen will, muß unterscheiden zwischen Aristoteles' hypoleptischer Vorgehensweise und der sich bei ihm durchaus findenden kritischen Sichtung des Vorhandenen. Anders als Platon will Aristoteles an das Bestehende anknüpfen, und so werden zunächst einmal die Gesetze genannt. Positivistisch oder legalistisch versteht er sie nicht. Gesetze ändern ihren Charakter mit der jeweiligen Verfassung. Das Gesetz muß wie die Verfassung auf das »allgemeine Wohl« und auf das »Glück« bezogen sein, wenn es ein gerechtes Gesetz sein soll (NE V, 3, 1129b15 ff.). Die *Politik* unterscheidet zwischen dem guten Bürger und dem guten Mann, und nach Aristoteles können beide nur in der besten Stadt identisch sein (Pol. III, 3, 1276b36 ff.). In allen schlechten Verfassungen bleibt der Gesetzesgehorsam hinter dem sittlich guten Handeln zurück. Aristoteles ist nicht Thrasymachos, den manche als einen Legalisten verstehen. Wenn Aristoteles die Gerechtigkeit mit den Gesetzen verbindet, dann kann dies nur in einer »Idealvorstellung von Gesetzgebung« geschehen (v. Fritz 1984, 24; Bien 1995, 140 ff.).

b) Partikulare Gerechtigkeit (iustitia particularis)

Besondere Bereiche des Lebens in der Stadt erfaßt die »partikulare« Gerechtigkeit. Sie wird entsprechend dem »Gleichen« (*ison*), um das es jeweils geht, in zwei Formen geteilt: in die »ausgleichende« (oder »richtende«) sowie in die »verteilende« Gerechtigkeit. Eine egalitäre Gleichheit wird mit einer proportionalen gemischt, demokratische Gleichheit mit aristokratischer oder oligarchischer Ungleichheit.

Ausgleichende Gerechtigkeit (iustitia regulativa)

Die »ausgleichende« Gerechtigkeit soll nach Aristoteles der »arithmetischen Gleichheit« folgen, sie soll also am arithmetischen Mittel ausgerichtet sein, dessen Formel (a+b):2 lautet. Ihr Feld sind Wirtschaft und Recht, Tauschen und Vergelten, wobei Aristoteles noch zwischen freiwillig eingegangenen Beziehungen (wie beim Tauschen und Vertragschließen) von unfreiwilligen (wie beim Opfer einer unrechten Tat) differenziert.

In einem weiten Sinne geht es um das »Richten« einer Sache (*diorthoun*). Etwas wird wieder gerichtet, wieder in Ordnung gebracht. Die Strafgerechtigkeit (*iustitia correctiva*) kann wieder richten, was die Tat aus dem Lot gebracht hat. Die Tauschgerechtigkeit (*iustitia commutativa*) richtet die Bedürfnisse der Tauschenden, die miteinander auszugleichen sind. Vergleichsmaßstab ist dabei das Geld, das Aristoteles als Tauschmittel und als Ergebnis einer Übereinkunft begreift (NE V, 5, 1133a11 ff.).

Verteilende Gerechtigkeit (iustitia distributiva)

Bringt man die ausgleichende, richtende Gerechtigkeit auf eine Formel, so kann man sie in das Schlagwort »jedem das Gleiche« fassen. Vor allem beim Ausgleich geschehenen Unrechts hebt Aristoteles hervor, daß dabei von den Unterschieden der Personen, ihrem Rang oder ihrem Verdienst, abzusehen sei (NE V, 3, 1132a2 ff.). Die Verteilungsgerechtigkeit dagegen soll gerade die unterschiedliche Leistung oder Würdigkeit von Personen (*axia*) berücksichtigen. Ihr geht es um Ämter, Ehren, Würden, und dabei ist – man bemerkt eine Stoßrichtung gegen das Los und die demokratische Gleichheit – auf Verdienst und Rang zu achten. Die Formel der Verteilungsgerechtigkeit müßte demnach lauten »jedem das Seine«. Aristoteles spricht von »geometrischer« Gleichheit oder geometrischer Mitte, also einem Verhältnis, das der Formel a:b=c:d enspricht. Wenn a und b für Achill und Ajax stehen, den größten und den zweitgrößten der hellenischen Helden vor Troja, dann entsprechen c und d dem größten und dem zweitgrößten Anteil an Ehre.

Gerechtigkeit bei Aristoteles (NE V)

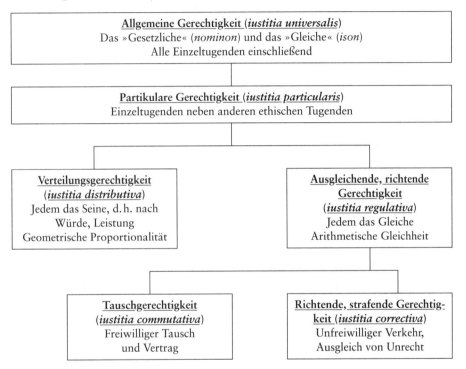

Die Unterscheidungen des Aristoteles haben bis heute ihre Spuren in den Diskussionen über Gerechtigkeit hinterlassen. Sie haben noch Marx im *Kapital* beschäftigt oder Rawls in seiner *Theorie der Gerechtigkeit*. Jede Gerechtigkeitstheorie, die nicht einseitig sein will, muß eine egalitäre Gleichheit mit einer proportionalen kombinieren, weil nur so sicherzustellen ist, daß Gleiches gleich und Ungleiches ungleich behandelt wird.

Schwierigkeiten wirft Aristoteles' Gerechtigkeitslehre dadurch auf, daß es Aristoteles nicht gelingt, die arithmetische Gleichheit klar zu fassen. Es ist für ihn offenbar doch ein Unterschied, ob ein Sklave einen Freien, ein Bürger einen Amtsinhaber schlägt oder umgekehrt (NE V, 8, 1132b23 ff.). Bei der Tauschgerechtigkeit verblüfft, daß vom Äquivalententausch gar nicht die Rede ist, sondern von den Bedürfnissen (*chreia*) ausgegangen wird. Auch beim Tauschen scheint der soziale Rang der Produzenten der Gleichheit in die Quere zu kommen. Offenbar ist es innerhalb einer ständischen Gesellschaft gar nicht so einfach, eine egalitäre Gleichheit durchzuhalten (siehe Haacke 1994). Weder das Recht noch das Wirtschaften sind aus dem traditionalen Lebenszusammenhang völlig gelöst. Auch in die arithmetische Gleichheit spielt damit die proportionale Gleichheit der ständischen Gesellschaft hinein.

c) Die Billigkeit (Epikie) (V, 14)

In die Gerechtigkeitslehre eingefügt ist ein Kapitel über »Billigkeit« (*epieikeia, aequalitas*). Es demonstriert noch einmal den Charakter der praktischen Philosophie und ihres nicht theoretischen Wissens. Billigkeit wird im Praktischen nötig, weil das Gesetz, und sei es noch so gut, nicht alle Fälle vorhersehen und abdecken kann. Die Allgemeinheit des Gesetzes ist nie allgemein genug. Sie bedarf der Würdigung des Einzelfalles, im Extremfall sogar der Entscheidung gegen den Wortlaut des Gesetzes.

Der Konflikt, der in der Billigkeit zwischen Gesetz und Gerechtigkeit aufbricht, weist zurück auf Platons Diskussionen über das Verhältnis von Gesetz und Person, von flexibler Einsicht und starrem Gesetz. Nur ein Arzt für Sklaven, hatte es im *Politikos* geheißen (294 ff.), werde im Voraus etwas schriftlich verordnen. Diese platonische Abneigung gegen das schriftlich fixierte, starre, den sich ändernden Umständen nicht angepaßte Gesetz hört man noch bei Aristoteles heraus.

Im engeren Sinne handelt nach Aristoteles derjenige »billig«, der nicht auf dem Wortlaut des Gesetzes besteht, sondern von seinem Recht etwas »nachgibt«. Im weiteren Sinne müssen alle, die mit Recht und Gesetz zu tun haben, gelegentlich »nachgeben«, wenn, wie es das Sprichwort sagt, höchstes Recht nicht in höchstes Unrecht umschlagen soll (»summum ius summa iniuria«, de off. I, 10, 33). Die Gerechtigkeit des Gesetzes bedarf der Ergänzung durch Billigkeit. Diese ist nichts Außerrechtliches oder Gegenrechtliches, sondern selbst Teil des gerechten Gesetzes und seiner Anwendung.

d) Naturrecht (V, 10)

Aristoteles gilt neben Platon als der große Gründer des Naturrechts. Dabei ist es erstaunlich, wie wenig einschlägige Äußerungen zum Thema beim Stagiriten zu finden sind. Vielleicht sollte man das Verdienst der Stoiker stärker würdigen, als dies etwa bei Leo Strauss geschieht (1977). Eher versteckt jedenfalls begegnet eine Diskussion des Naturrechts von nur zwanzig Zeilen in einem Unterabschnitt des Gerechtigkeitskapitels. Aristoteles greift dort die sophistische Alternative von Natur und Satzung, von *physis* und *nomos* auf. Er unterteilt das Recht der Stadt in Naturrecht und gesatztes Recht (*nomikon* bzw. *physikon*).

Zwei Unterschiede der beiden Rechtsarten werden genannt. Das Naturrecht habe erstens »überall die gleiche Macht (Geltung) (*dynamis*)«. Es gelte zweitens unabhängig davon, »ob es irgendjemand so erscheint oder nicht« (NE V, 10, 1134b19–20). Das gesatzte Recht dagegen könne so oder auch anders sein. Sei es aber einmal festgesetzt, müsse man sich an die Satzung halten.

Erstaunlicherweise wird nach dieser klaren Entgegensetzung auch dem Naturrecht eine gewisse Veränderbarkeit zugestanden. Aristoteles gibt dafür ein Beispiel. Von Natur aus sei die rechte Hand stärker als die linke, man könne aber auch die linke Hand so trainieren, daß man zwei gleich starke Hände habe (NE V, 10, 1134b34–35).

Es erstaunt, daß Aristoteles beides ansetzt, Unveränderlichkeit und Veränderlichkeit zugleich. Ob sich beides vereinen läßt, ist ein Streitpunkt seit der Antike. Kommentatoren des Mittelalters haben den Prima-facie-Widerspruch zu glätten versucht, und noch Leo Strauss, der das Naturrecht gegen den Historismus erneuern wollte, hat nach einem Ausweg aus den widersprüchlichen Aussagen des Aristoteles gesucht (1977, 161 ff.).

Bereits im Mittelalter haben die islamischen Aristoteliker oder Marsilius von Padua das Naturrecht der Konvention anzunähern versucht. Demnach wäre es ein Recht, das »quasi-natürlich« gilt, eine nützliche Fiktion, die in Wahrheit aber so wie das positive Recht konventionell ist. Diese Deutungsrichtung, zu der man in neuerer Zeit wohl auch Ritters Darstellung (1969, 133 ff.) schlagen kann, gibt dem Konventionalismus zuviel. Die praktische Philosophie des Aristoteles gründet Politik und Ethik auf die Natur des Menschen. Die Stadt und die Gerechtigkeit sind ihr keine Konvention und kein bloßer Vertrag. Ein sophistischer Konventionalismus liegt Aristoteles nicht weniger fern als Platon. In der *Rhetorik* nennt Aristoteles als ein Beispiel für die Berufung auf das Naturrecht Antigones Weigerung, dem Befehl des Kreon zu folgen. Nach natürlichem Recht muß sie ihren Bruder bestatten (Rhet. I, 13, 1373b). Die Spannung vom positiven Recht und Naturrecht geht bis zum Widerstandsfall.

Andere Deutungen versuchen Veränderlichkeit und Unveränderlichkeit des natürlichen Rechts dadurch zu vereinen, daß das Naturrecht als substantiell unveränderlich und nur akzidentell veränderbar gilt (so etwa Thomas von Aquin) oder das Veränderliche in die Ausnahmen geschoben wird (so Strauss 1977, 165). Nach Leo Strauss soll man dem Naturrecht dort »Ausnahmen« zubilligen, wo es um das Sein oder Nichtsein von Gemeinschaften geht. Die Not gebiete da, etwas zu erlauben, was mit dem Naturrecht an sich nicht vereinbar sei (etwa Geheimdienste oder Repressalien im Kriege).

Deutungen dieser Art entgehen der zu großen Annäherung an den Konventionalismus. Sie verstricken sich aber ihrerseits in das Problem, wie das Akzidentelle zum Substantiellen oder die Ausnahme zur Regel steht. Ist das akzidentell Veränderliche Teil des Naturrechts oder nur scheinbar natürliches Recht? Und wie kann das Naturrecht in Ausnahmen erlauben, was es in der Regel verbietet?

Joachim (1951, 156) und Kuhn (1956) haben versucht, die Schwierigkeit philologisch aus dem Wege zu räumen. Sie plädieren für die Einführung einer Interpunktion, die den heiß umstrittenen Satz der *Nikomachischen Ethik* (V, 10, 1134b30–32) zu einem Fragesatz werden läßt. Das mag sein, wie es wolle. Das Problem bleibt bestehen, da zum Charakter der praktischen Philosophie des Aristoteles nur ein Naturrecht paßt, das wie der Bereich der Praxis überhaupt veränderlich ist (Schmitz 2000). Ein ewiges und unveränderliches Naturrecht ließe aus Ethik und Politik wieder theoretische Disziplinen werden.

Die Spannung bleibt bestehen. Auch Versuche, die Veränderlichkeit des Naturrechts allein der Defizienz der menschlichen Erkenntnis (Salomon 1937) oder einer fehlerhaften Anwendung des Naturrechts zuzuschreiben (Trude 1955), lösen sie nicht auf. Gewiß denkt Aristoteles nicht historistisch oder relativistisch. Aber sein

Maßstab ist auch nicht die platonische Idee und die Ewigkeit und Unveränderlichkeit der metaphysischen Welt. Was im Praktischen als natürliches Recht zur Verfügung steht, ist zwar bleibend, gültig und dem nur gesetzten Recht überlegen. Es gründet sich aber auch nur auf die relativen Allgemeinheiten des praktischen Wissens, die bei Aristoteles Orientierung in der Welt der veränderlichen Handlungen sind.

4.1.6. Klugheit und andere dianoetische Tugenden (Buch VI)

Buch VI steht im Zentrum der *Nikomachischen Ethik*. Aristoteles stellt dort die dianoetischen Tugenden, die Tugenden des »Verstandes« (*dianoia*) vor. Nachdem wir erfahren haben, was Ethos und ethische Tugenden sind, steht noch eine Erklärung dafür aus, was der Beitrag des Logos zu Tüchtigkeit und Glück ist. So besehen ist der Gang des Arguments durchaus konsequent.

Statt nun aber den Logos für den Bereich des Praktischen einfach als das zu zeigen, was er ist, der »richtige Plan« (*orthos logos*), das Durchdenken, das Sich-Beraten, also kurzum Klugheit, führt Aristoteles auch die theoretischen Erkenntnisweisen vor, insbesondere die bedeutendste, die Weisheit (*sophia*). Dadurch gerät bereits in das sechste Buch eine Spannung zwischen Klugheit und Weisheit, theoretischem und praktischem Erkenntnisvermögen. Diese Spannung läßt sich erst lösen im Blick auf den Abschluß der *Nikomachischen Ethik*, an dem das theoretische Leben als höchste Form des Glücks gepriesen wird (X, 6–10). Jedoch will auch bei der Deutung des sechsten Buches das Theorie-Praxis-Problem schon mit bedacht sein.

4.1.6.1. Die fünf dianoetischen Tugenden und ihre Orientierung am Theoretischen oder Praktischen

Aristoteles führt fünf dianoetische Tugenden vor: »technisches Wissen« (*technē*), »Klugheit« (*phronēsis*), »Erkenntnis« (*epistēmē*), »intuitiver Verstand« (*nous*) und »Weisheit« (*sophia*). Diese teilen sich entsprechend der Unterscheidung von theoretischem und praktischem Wissen in solche, die auf das Ewige und Unveränderliche, und solche, die auf das Veränderbare bezogen sind.

Auf das vom Menschen Veränderbare richten sich das »technische Wissen« (VI, 4) und die »Klugheit« (VI, 5; 8–11), auf das Unveränderliche und Ewige »Erkenntnis« (VI, 3), »intuitiver Verstand« (VI, 6) und »Weisheit« (VI, 7). Die in Buch I, 13 nur rudimentär entwickelte Seelenlehre wird differenziert (VI, 2). Der rationale Seelenteil wird untergliedert in einen theoretisch-erkennenden (*epistēmonikon*) und einen beratenden (*bouleutikon*), so daß die Zuordnung der Erkenntnisweisen keine Schwierigkeiten bereitet. Erkenntnis, intuitiver Verstand und Weisheit gehören zum »erkennenden« Seelenteil, die Klugheit zum »beratenden«. Trennt man Klugheit und technisches Wissen im Sinne von Poiesis und Praxis (daß das Klugheitswissen auf in sich sinnvolle Vollzüge, das technische Wissen auf Produkte zielt), dann bleibt allein die Klugheit als das spezifisch praktische Erkenntnisvermögen zurück.

Die theoretischen Erkenntnisweisen, auch sie lassen sich zunächst einmal ausklammern, wenn man das spezifisch praktische Erkennen verstehen will. Die »Erkenntnis« (*epistēmē*) ist die Fähigkeit, »bündige Schlüsse« zu ziehen; der »intuitive Verstand« (*nous*) ermöglicht es uns, Ausgangssätze auf einen Schlag (also nicht diskursiv) einzusehen. Die »Weisheit« (*sophia*) ist die Vereinigung beider Vermögen und aus diesem Grunde die vollendete theoretische Erkenntnisweise. Als Repräsentanten der Weisheit läßt Aristoteles Naturphilosophen wie Thales und Anaxagoras auftreten. Von beiden wird gesagt, sie hätten großartige, »aber fürs Leben unbrauchbare Dinge« erkannt (VI, 7, 1141b7). Thales fällt somit wieder in die Grube. Anders als bei Platon gibt es bei Aristoteles keine Philosophen mehr, die als Theoretiker zugleich praktisch oder politisch kompetent sind. Das den Menschen »Zuträgliche« (*sympheron*) kennen die großen Theoretiker eben nicht.

Zum entscheidenden Erkenntnisvermögen im Praktischen avanciert somit die »Klugheit«. In erster Annäherung kann man sie als ein Wissen bestimmen, das kein logisch zwingendes Schlußfolgern (wie die Erkenntnis) und auch kein intuitives Einsehen ist. Vielmehr ist sie ein durch Erfahrung belehrtes Wissen, das sittliche Regeln und konkrete Lagen »hermeneutisch« miteinander vermittelt. Anders als ein bloß theoretisches Wissen ist es ein Sich-Verstehen auf etwas, und zwar auf ein gutes und glückliches Leben, sei es für den einzelnen oder für die Stadt. Wer Phronesis hat, versteht es zu leben. So wie Thales und Anaxagoras die Vorbilder des theoretisch Weisen sind, so ist Perikles das Vorbild des praktisch klugen Mannes (VI, 3). Er versteht sich darauf, wie die Stadt zu leben hat, wenn sie glücklich werden soll.

In erster Übersicht lassen sich die Abgrenzungen der dianoetischen Erkenntnisweisen und Tugenden folgendermaßen schematisieren.

Dianoetische Tugenden (Buch VI)

Tugenden des »erkennenden« Seelenteils

	Erkenntnisweise	Gegenstandsbereich	Repräsentanten
Erkenntnis (*epistēmē*)	Zwingende Schlüsse	Ewiges, Unveränderliches	Anaxagoras, Thales
Intuitiver Verstand (*nous*)	Evidenz erster Sätze		
Weisheit (*sophia*)	Evidenz erster Sätze und zwingende Schlüsse		

Tugenden des »beratenden« Seelenteils

	Erkenntnisweise	Gegenstandsbereich	Repräsentanten
Technisches Wissen (*technē, poiēsis*)	Gewußt, wie	Zeitliches, Veränderbares	Handwerker, Architekten
Klugheit (*phronēsis*)	Sich-Verstehen-Auf		Perikles

4.1.6.2. Klugheit

a) Bemerkungen zum Wort »phronēsis«

Um glücklich zu werden, braucht der Mensch nach Aristoteles richtige Gewohnheiten und richtiges Denken. Sein Begriff für solches Denken ist *phronēsis*. Die Übersetzungen dieses Begriffs sind nicht immer glücklich gewählt (Ebert, in: Höffe 1997). Jaeger (1923), Dirlmeier (⁶1974) und Engberg-Pedersen (1968) übersetzen mit »sittlicher Einsicht« bzw. »moral insight«. Das ist nicht falsch, aber doch zu unbestimmt. Ross (1923) und Hardie (1968) wählen die Übersetzung »practical wisdom«, was Klugheit und Weisheit in eine zu enge Nachbarschaft rückt. Der ansonsten vorzügliche Kommentar von Gauthier/Jolif (²1970) wählt das Wort »sagesse«, Kenny (1972 u. ö.) den Begriff »wisdom«. Damit ist jede Differenzierung zwischen Weisheit (*sophia*) und *phronēsis* eingeebnet. Die Übersetzung, die am wenigsten Mißverständnisse erzeugt, ist »Klugheit« (Gigon 1972, Aubenque 1963). Wie immer die Klugheit auch mit der Weisheit verbunden sein mag, zunächst einmal ist sie etwas Eigenes, das in seiner Eigenart zu erkennen ist.

b) Elemente der Klugheit

Beratung

Den besten Zugang zum Verständnis der aristotelischen Klugheit gibt ihr rhetorischer Ursprung (siehe XIV. 3.2.). Offensichtlich hat Aristoteles sie nach dem Modell des Sich-Beredens und Miteinander-Beratens (*bouleusis*) geformt (Ebert, in: Höffe 1997). Die Theorie bedarf der Beratung nicht. In ihr kann monologisch deduziert und geschlußfolgert werden. Kluge Entscheidungen dagegen gehen aus Beratungen hervor, sei es, daß man sich mit anderen berät, sei es, daß man mit sich selber zu Rate geht.

Aristoteles nennt einen ganzen Katalog von Themen und Inhalten, bei denen das Sich-Beraten sinnlos ist (NE III, 5). So ist es sinnlos bei Ewigem und Unveränderlichem, also bei den Gegenständen der Theorie; ferner bei mathematischen Problemen; bei periodisch wiederkehrenden Erscheinungen (wie dem Sonnenauf- und –untergang); bei dem, was immer wieder anders ist (wie das Wetter); beim Zufälligen (wie wenn man beim Umgraben des Gartens zufällig auf einen Schatz stößt); bei dem schließlich, wofür man nicht zuständig ist (beraten die Skythen doch nicht die Angelegenheiten der Athener).

Kluge Orientierung – woran?

Wer sich klug entscheiden will, muß nach Aristoteles mehr leisten als eine kluge Entscheidung in einem einzelnen Fall. Der Horizont der Klugheit ist das gesamte Leben. Wer sich im Einzelfall klug entscheiden will, muß erst einmal wissen, was er mit seinem Leben als ganzem vorhat.

Woran kann sich der Einzelne dabei orientieren? Angesichts des Gegenstandsbereichs der veränderlichen und veränderbaren Dinge stehen uns keine notwendigen Allgemeinheiten zur Verfügung. Im Praktischen sind die Dinge »meist so, aber auch anders«. Das bedeutet, man kann sich nicht an strenge Allgemeinheiten, aber doch an relative Allgemeinheiten halten, an Regeln, Sitten, Gewohnheiten. Ja, es können sogar Präzedenzfälle oder Exempel – wie in der Rhetorik – als Orientierung willkommen sein.

Es ist keine Ausflucht, wenn Aristoteles auf die Frage, woran wir uns halten sollen, auf das Beispiel eines klugen Politikers wie Perikles verweist (VI, 3, 1140b7–10). Sicher will er damit Platon kritisieren, der den Perikles im *Gorgias* (515e) aufs schärfste verurteilt hat. Aber im Praktischen orientiert man sich am guten Beispiel, das ein tüchtiger (*spoudaios*) und kluger (*phronimos*) Mann gegeben hat.

Aufschlußreich für die Klugheit sind ihre Unterarten. Da steht nicht zufällig an erster Stelle die »Wohlberatenheit« (*euboulia*), an zweiter die »Verständigkeit« (*synesis*) und an dritter das »Verständnis« (*gnomē*) (VI, 10–11). Die »Wohlberatenheit« erweist sich als wahrhaft praktisch, weil sie auf Praxis und Entscheidung ausgerichtet ist; sie ist kein unendlicher Diskurs, sondern eine Beratung, die in einem Entschluß enden muß. Die »Verständigkeit« (bei Gauthier/Jolif ²1970, 519 ff. unglücklich übersetzt mit »conscience«), ist eine Art Urteilskraft, die Fähigkeit, im Bereich des Zweifelhaften zu einem klugen Urteil zu kommen (allerdings auch nur zu einem Urteil). Das »Verständnis« wiederum ist eine besondere Art des freundlichen Eingehens auf den anderen; vielleicht darf man es als eine Schwester der »Billigkeit« deuten, auch wenn Aristoteles die Verwandtschaft beider selbst nicht ausdrücklich hervorgehoben hat.

c) Streitfragen

Die Klugheitslehre wirft Deutungsprobleme auf. Sie werden von Aristoteles selbst im 13. Kapitel des VI. Buches angerissen. Aristoteles gefällt sich dort in der Konstruktion von Aporien, und man kann darüber streiten, wie diese aufzulösen sind. Eine Streitfrage betrifft das Verhältnis von Klugheit und Weisheit, eine andere das Verhältnis von Ethos und Klugheit, scheint Aristoteles Klugheit doch auf eine Wahl der Mittel zu bereits feststehenden Zielen einzuschränken. Strittig ist schließlich auch der Charakter der Ethik selber. Wie theoretisch oder praktisch ist sie zu verstehen?

Klugheit und Weisheit

Das Verhältnis von Klugheit und Weisheit prägt die gesamte Ethik. Im VI. Buch macht sich die Spannung zwischen den beiden Erkenntnisvermögen dadurch bemerkbar, daß die Klugheit zwar für das Glück des handelnden Menschen zuständig ist, sie jedoch im Vergleich zur Weisheit als das niedrigere Erkenntnisvermögen gilt. Die Weisheit wiederum richtet sich nicht auf das, woraus den Menschen das Glück erwächst (1143b19–20). Sie sucht ja die Erkenntnis des Ewigen und Unveränderlichen. Wie aber paßt beides zusammen, der höhere Rang der Weisheit auf der einen, ihr Unvermögen, das Glück des Menschen befördern zu können, auf der anderen Seite?

Aristoteles entschärft das Problem zunächst dadurch, daß er Klugheit und Weisheit abgrenzt vom technischen Wissen, das erst durch das jeweilige Produkt (nicht schon durch den Vollzug der Tätigkeit) gerechtfertigt ist. Beide, Klugheit und Weisheit, sind um ihrer selbst willen zu wählen (»an sich« wählenswert, 1144a1–2). Sie wären dies auch, wenn sie gar nichts hervorbringen würden. Nun sind beide aber durchaus »produktiv«. Nach einem vieldiskutierten Vergleich schafft die Weisheit Glück, »nicht so wie die Heilkunst den gesunden Zustand, sondern wie die Gesundheit« (1144a4–5) den gesunden Zustand erzeugt.

In welch' exaktem Sinne die Weisheit »ursächlich« sein kann, ob als causa efficiens oder causa formalis, ist Gegenstand unendlicher Kontroversen (eine Zusammenfassung der strittigen Deutungen bei Gauthier/Jolif ²1970, 542–547). Gleichgültig welcher Deutung man da zuneigt, die eigentliche Schwierigkeit, die Spannung zwischen Klugheit und Weisheit, ist so oder so nicht aufzulösen. Zwar kann Aristoteles den höheren Rang der Weisheit retten, wenn er auch sie für das Glück zuständig sein läßt, ja, wenn er das Glück der Weisheit als ein privilegiertes Glück darstellt, das alles bloße Wissen vom Glück so übertrifft wie die Gesundheit das medizinische Wissen. Aber damit ist die Frage nicht aus der Welt, was die Weisheit mit dem Glück des Menschen zu tun hat, der durch kluges Handeln und Entscheiden sein Glück zu machen hat.

Was trägt die Weisheit zur klugen Entscheidung des Einzelnen bei? Ihr Gegenstand ist dem Handelnden entzogen. Wenn die Weisheit das metaphysische Erkenntnisvermögen ist, dann ist sie nicht das Erkenntnisvermögen eines jeden Menschen, sondern nur das exklusive Vermögen des Metaphysikers. Das Glück, das ihr zugeschrieben wird, kann damit auch nur das Glück des Philosophen, nicht das des handelnden Menschen und Bürgers sein. Trotz der Rettung der Weisheit als des höheren Erkenntnisvermögens bleibt damit immer noch ungeklärt, in welch' genauer Relation Klugheit und Weisheit zueinander stehen, ob man sie im Sinne ihrer je spezifischen Objektbereiche zu trennen und nebeneinander zu stellen hat oder ob zwischen beiden irgendeine Art Zu- oder Hinordnung besteht.

Ist die Klugheit eine bloße Wahl der Mittel?
Eine andere Schwierigkeit begegnet in den Formulierungen, in denen Aristoteles Ethos und Logos derart vereint, daß das Ethos das »Ziel« (*telos*) und der »Horizont« (*skopos*), die Klugheit die Reflexion auf die »Wege« oder die »Mittel« zu Zielen sein soll (*ta pros ta telē*) (VI, 13, 1144a8–9; 1145a5–6; ähnlich III, 5, 1112b11 ff.). Ist die Klugheit nur eine Mittelwahl? Ist sie gar nicht praktisch, sondern technisch, ein bloßes Instrument?

Wenn sie es wäre, wäre die oft vorgebrachte Kritik an Aristoteles' Feier des Bestehenden berechtigt. Aber Aristoteles' hermeneutisch-hypoleptisches Aufgreifen der schon vorhandenen Sittlichkeit ist keine vorbehaltlose Affirmation des Bestehenden. Auch ist die Klugheitslehre nicht technisch-instrumentell beschränkt.

Eine erste Abgrenzung ergibt die Unterscheidung von Klugheit und »intellektueller Gewandtheit« (*deinotēs*). Der Klugheit benachbart ist nach Aristoteles die »intellektuelle Gewandtheit«, deren Kompetenz eben genau in der Fähigkeit zur rationalen Mittelwahl besteht (VI, 13). Mit der Klugheit verträglich ist sie aber nur, wenn sie Mittel zu Zielen wählt, die »gute« Ziele sind. Ansonsten wird aus der »Gewandtheit« die bloße »Gerissenheit« (*panourgia*), das Schlaue, das Füchsische, die Cleverness, derer sich auch ein verschlagener Politiker oder ein geschickter Verbrecher bedienen kann.

Wer gut handeln will, kann nicht Mittel zu beliebigen Zwecken wählen. Er muß zunächst einmal wissen, ob die Ziele des Handelns überhaupt gut sind. Zwar ist es bei Aristoteles so, daß die Ziele des Handelns eher entdeckt als erfunden werden; sie werden nicht wie in der neuzeitlichen Autonomiemoral durch die Subjekte »gesetzt«. Bloß traditionalistisch aufgenommen, werden sie jedoch keineswegs. Die praktische Philosophie des Aristoteles bewegt sich in einem »hermeneutischen« (Gadamer [2]1972, 295 ff.) oder »praktischen Zirkel« (Höffe [2]1996, 84 ff.). Dieser ist nicht fehlerhaft, sondern notwendig. Er ist unvermeidlich, wenn sich das sittliche Wissen weder nur aus den vorhandenen Sitten noch nur aus der Setzung der Subjekte erklären läßt.

Die Klugheitslehre bewegt sich zwischen Vor-Urteil und Urteil, Voraus-Setzung und Setzung, ohne daß ihr je alle Vor-Urteile zu Urteilen, alle Voraus-Setzungen zu Setzungen würden. *Ars longa, vita brevis.* Mit dem Aufgreifen der schon vorhandenen Sittlichkeit ist bereits ein Anfang gemacht. Sittliches Wissen entsteht weder durch eine *creatio ex nihilo* noch ist es eine bloße Dezision. Das schon Vorliegende wird aber auch nicht völlig unkritisch übernommen. Es wird einer eigenen Prüfung unterzogen. Diese reicht vom Sammeln und Vergleichen der Meinungen über das Aufstellen von Rangordnungen bis zum Messen des Vorhandenen am Maßstab des Richtigen. Schon die Hierarchisierung der Lebensformen, die das apolaustische Leben der Vielen als die niedrigste Form der Glückssuche einstuft, trennt sich von der vorherrschenden Meinung. Die ganze Staatsformenlehre unterwirft die existierenden Verfassungen kritischen Maßstäben. Jeder einzelne muß nicht nur kluge Einzelentscheidungen fällen können. Er muß vor allem wissen, was er mit seinem Leben als ganzem vorhat. Die Ethik bedarf eines Urteils über das Leben selbst.

Mit einem Instrumentalismus und einer technischen Auffassung von Klugheit ist die aristotelische Sittlichkeitslehre nicht zu verwechseln. Die Übersetzung der vieldiskutierten *ta-pros-ta-telē*-Stellen mit »Mittel« und »Ziel« (zuletzt noch bei Gadamer 1998, 53) ist weder glücklich noch ist sie zwingend geboten. Wenn man einmal von Mittel und Ziel spricht, ist ein gewisser Instrumentalismus nur noch schwer fernzuhalten. Eine Trennung von Ziel und Mittel ist bei praktischen Vollzügen aber gar nicht denkbar. Sie sind bei Aristoteles als in sich sinnvolle Vollzüge definiert, und sie können deshalb nie ein Mittel, sondern immer nur ein Selbstzweck sein. Man vollzieht sie »einfach so«, weil es so gut und richtig ist. Der Begriff des Mittels ist ihnen nicht adäquat.

Klugheitswissen ist ein Sich-Verstehen aufs Leben. Es kommt aus der Praxis, und es geht in diese zurück. In diese Praxis ist der Einzelne mit seinem Sich-Verstehen involviert. Er kann sein »Wissen« nicht derart auf Distanz halten, daß er es in feststehenden Regeln fixiert, die in einem ersten Akt zu erkennen und daraufhin in einem zweiten Akt anzuwenden sind. Im Sinne der von Gadamer in Erinnerung gerufenen hermeneutischen Trias von »Verstehen, Auslegen, Anwenden« ([3]1972, 290 ff.) ist das rechte Sich-Verstehen aufs Leben immer schon praktisch. Es ist eine Einheit von Verstehen und Handeln. Diese läßt sich nicht als bloße Subsumtion einer Lage unter ein feststehendes Schema begreifen. Vielmehr will beim rechten Verstehen sowohl die Handlungsregel als auch die Besonderheit des konkreten Falles gewürdigt sein.

Alles sittliche Handeln kommt bei Aristoteles aus Ethos und Logos. Das Ethos wird durch Erziehung zum Habitus geformt. Der Logos in der Form der Klugheit muß so ins Spiel gebracht werden, daß am Ende des Bildungsprozesses eine durchdachte Wahl und eine kluge, frei gefällte Entscheidung stehen kann. Als bloße Reproduktion vorhandener Sittlichkeit wäre diese Entscheidung weder frei noch klug.

Es mag sein, daß Aristoteles die einzelnen Zwischenstufen von der Gewöhnung bis zur freien Wahl und Entscheidung nicht ausreichend expliziert hat (ein interessanter Versuch, diese Lücke zu füllen, bei Elm 1996). Vielleicht liegt dies daran, daß Aristoteles mit seiner Klugheitslehre gegen das sokratische »Tugendwissen« opponiert und die Rolle des Ethos dadurch besonders hervorgehoben wird. Nicht Wissen allein läßt uns richtig handeln. Erst müssen wir lernen, »richtig« zu sehen. Die Bildung des richtigen Wissens ist selbst abhängig vom Ethos. Wem das Ethos fehlt, dem fehlt das richtige »Auge« (1143b13–14). Er wird durch seine Charakterfehler daran gehindert, richtig zu sehen. Das richtige Sehen der Klugheit ist selbst eine sittliche Leistung, als Wissen selbst abhängig von der Tüchtigkeit.

Ist die Ethik theoretisch oder praktisch?

Für das Handeln der Menschen bestimmend ist die Klugheit. Was für ein Wissen beansprucht aber der Philosoph, der eine Vorlesung über Ethik hält? Ist auch sein ethisches Wissen Klugheitswissen, ein Klugheitswissen zweiter Stufe über der schon immer gelebten Klugheit? Oder ist es ein Wissen, daß sich sogar der theoretischen Erkenntnis des Immer-Bleibenden und Ewiggültigen nähert?

O. Höffe (^{2}1996, 25 ff.) hat zur Lösung der Frage an die Kontroverse zwischen Walter (1874) und Teichmüller (1879) erinnert. Walter hatte die aristotelische Ethik in die Nähe der Theorie gerückt. Die Ethik liefert, so Walter, erste Sätze für praktische Syllogismen, die durch Wahrnehmung auf konkrete Fälle bezogen und in der Conclusio zur Handlungsanleitung geformt werden. Teichmüller dagegen verstand die Ethik als Klugheitswissen. Zwar enthält sie nach Teichmüller auch Aussagen, welche die Kompetenz der Klugheit übersteigen (wie etwa die Darstellung des theoretischen Lebens). Aber die Ethik ist nach Teichmüller so phronetisch wie die Lebenspraxis auch.

Höffe (^{2}1996, 91 ff.) beantwortet die Streitfrage durch ein Drei-Stufen-Modell des Wissens. Das Klugheitswissen der Lebenspraxis (Stufe 1) wird in der Ethik zu einem Wissen von Prinzipien (Stufe 2) sowie darüber hinaus zu einem »metaethischen« Wissen (Stufe 3), das die Wissenschaftlichkeit des ethischen Wissens selbst reflektiert. Die Stufen sind nach Höffe Wege der »Freiheit«, ja der »Emanzipation«. Durch Ethik beurteilt der Einzelne seine gewohnte Lebensweise, durch Metaethik der Ethiker die Ethik selbst.

Wie theoretisch oder praktisch ist die Ethik als philosophische Disziplin? Unstrittig dürfte es sein, daß sie von der Theorie dadurch unterschieden ist, daß sie ihr Ziel im Handeln, nicht im Erkennen hat. Die Ethik ist praktisch orientiert, und ihre praktische Orientierung verbietet es, sie zu einer Disziplin zu machen, die wie die Metaphysik mit dem Staunen beginnen würde und sich mit dem Genuß der Erkenntnis um ihrer selbst willen begnügen könnte.

Auf der anderen Seite ist nicht zu übersehen, daß die Ethik Lehrstücke enthält, die die Kompetenz der Klugheit überschreiten. Dazu gehören die Ausführungen über die theoretischen Erkenntnisweisen (in Buch VI) und das theoretische Leben (in Buch X, 6–10), die Methodenbemerkung (I, 3), ferner alle Versuche, den wissenschaftstheoretischen Status des praktischen Wissens nicht allein aus diesem selbst, sondern in Abgrenzung vom Theoretischen und Poietischen zu klären. Ob diese über die Klugheit hinausgehenden Elemente zwingend in die Ethik gehören, läßt sich allerdings diskutieren. Einmal kann man das Auftauchen dieser Elemente dadurch erklären, daß ihre Behandlung um der Klugheit willen nötig ist. Wer die Klugheit in ihrer Eigenart zeigen will, muß auch zeigen, was ihr benachbart und was ihr entgegengesetzt ist. Zum anderen ist es durchaus möglich, daß Teile der Schrift *Über die Philosophie* in das VI. Buch gewandert sind (Gigon 1975). Auch diese Vermischung der Texte könnte erklären, warum Aristoteles über Themen spricht, die dem Bürger und Nichtphilosophen gleichgültig sein können und allein für Philosophen von Interesse sind.

Höffes dreistufiges Modell der praktischen Philosophie ruft eher Erinnerungen an eine transzendentale Lehre vom Wissen des Wissens wach, als daß sie Aristoteles' Klugheitslehre erschlösse. Ein modernisierendes Element steckt schon in der scharfen Entgegensetzung von Lebensvollzug und ethischem Prinzipienwissen, so als ob bei Aristoteles erst durch Ethik die Kompetenz zu klugem Handeln erworben werden könnte (Elm 1996, 87 f.). Das ist ja gerade nicht der Fall, kann doch nach Aristoteles jeder auch ohne philosophische Bildung sein Leben klug führen. Auch ist das ethische Wissen kein lebensfernes Prinzip, das die Ethik findet und der Handelnde in einem zweiten Schritt »anwendet«. Der Zusammenhang zwischen kluger Lebensführung und ethischer Klugheitslehre ist enger. Der Philosoph, der über Ethik liest, hat kein prinzipiell anderes, sondern ein systematisierteres und reflektierteres Wissen. Es ist aber Wissen ein und derselben Art, so daß ohne weiteres auch die Ethik selber als phronetisches Wissen betrachtet werden kann. Nur temporär zieht sich die Ethik aus der Praxis des zu lebenden Lebens heraus. Was immer sie zu sagen hat, muß im Dienst der Praxis stehen. Dieser Praxis ist mit bloßem Wissen nicht gedient, sondern nur mit einem Wissen, das selbst zu gutem Handeln führt.

4.1.7.   Freundschaft (Buch VIII–IX)

4.1.7.1.   Bedeutung und Weite des Begriffs

Zwei Bücher der *Nikomachischen Ethik* widmet Aristoteles der Freundschaft (*philia*). Schon der Umfang der Darstellung verdeutlicht, welche Hochschätzung Aristoteles dieser Tugend entgegenbringt. »Ohne Freunde möchte niemand leben« (VIII, 1, 1153a5) – das ist seine und wohl auch aller Griechen Grundüberzeugung. Ohne Freunde kein gelingendes Leben, ohne Freunde kein Glück.

Der aristotelische Begriff der »Freundschaft« ist weiter als der heutige. Freundschaft umfaßt auch das, was heute Liebe heißt, etwa die Liebe der Eltern zu ihren Kindern, die Liebe von Mann und Frau, die Liebe der Geschwister zueinander.

Freundschaft kann man die zufällige und zeitlich begrenzte Reisegenossenschaft ebenso nennen wie die ein Leben lang gepflegte Gastfreundschaft (VIII, 14). Vor allem aber umfaßt Freundschaft auch einen politischen Sinn, der dem heutigen Begriff völlig abhanden gekommen ist. In Anlehnung an Schiller wollte ihn Sternberger »Staatsfreundschaft« nennen (1963). Wir verwenden den Begriff »Bürgerfreundschaft«, weil die Griechen den Staat nicht kennen und die Freundschaft in ihrer politischen Bedeutung auf die Bürger der Stadt bezogen ist. Ihre Freundschaft ist das eigentliche Fundament des Zusammenlebens in der Stadt.

Freundschaft ist bei Aristoteles ein unverzichtbarer Bestandteil gelingenden Lebens. Man bedarf der Freunde in Armut und Unglück. Aber auch der Reiche und Mächtige bedarf ihrer. Wozu wäre der Wohlstand nützlich, wenn man niemandem wohltun könnte? Jedes Lebensalter verlangt nach Freundschaft: »den Jüngling bewahrt sie vor Irrtum, dem Alter bietet sie Pflege ... den Mann auf der Höhe des Lebens spornt sie zu edlen Taten an« (VIII, 1, 1155a12–15).

4.1.7.2. Was einen Freund ausmacht

Aristoteles spricht von Philia bereits im zweiten Buch der *Nikomachischen Ethik*. Dort meint er aber mit Philia nicht schon Freundschaft in ihrem ganzen Umfang oder eigentlichen Sinne. Er stellt dort vielmehr eine »Freundlichkeit« vor, eine Tugend des angenehmen gesellschaftlichen Umgangs, die zwischen Liebedienerei und Schmeichelei sowie Streitsucht und Widerborstigkeit liegt. Man kann sie als gesellschaftliche äußere Seite der Freundschaft oder als »freundliches Wesen« eines Menschen verstehen (II, 7, 1103a26–30).

Zu einem Freund gehört mehr, und zu ihm gehört bei Aristoteles als erstes, daß er Freundschaft erwidern und »wohlwollend« (*eunoia*) sein kann (VIII, 2, 1155b26–1156a2). Mit leblosen Dingen kann man nicht befreundet sein, weil sie »Freundschaft« nicht erwidern können. (»Freunde« des Weins, des Theaters etc. sind nur Freunde in einem analogen Sinne). »Wohlwollen« gehört zur Freundschaft. Aber sie ist nur deren Anfang. Wohlwollen kann man auch Fremden entgegenbringen (etwa Wettkämpfern, die man anfeuert) (IX, 5, 1166b35–1167a2). Freundschaft muß sich bilden und bewähren. Hat sie sich einmal gebildet, wird ihr Kennzeichen das »Zusammenleben« (*syzēn*) (VIII, 6, 1157b19). Dieses ist ein Merkmal sowohl der privaten Freundschaft als auch der Bürgerfreundschaft. Man will miteinander umgehen und zusammen sein. Wenn Menschen und Bürger wahrhaft befreundet sind, ist das Zusammenleben dauerhaft, eine Sache fürs Leben.

4.1.7.3. Arten der Freundschaft

Platons Philosophie der Freundschaft, wie er sie im Dialog *Lysis* entwickelt, bezieht Freundschaft auf ein »erstes Liebenswertes« (*prōton philon*), von dem alles sonstige Liebenswerte nur ein Abbild ist. Aristoteles ist auch hier ein Denker der Vielheit. Er unterscheidet drei Arten von Freundschaft. Diese sind durchaus auf eine »erste« Freundschaft ausgerichtet, insofern es eine vollendete Form von Freund-

schaft gibt (siehe die Ableitung EE VII, 2). Aber die Beziehung auf die erste Freundschaft ist eine analoge, »so wie etwa das Sein der Kategorien auf das Sein der Substanz bezogen ist« (Gadamer 1991, 400).

Aristoteles unterscheidet drei Arten der Freundschaft nach den Motiven Lust,
Nutzen und das Gute (NE, VIII, 2). Die Jugend schließt demnach Freundschaft
um der Lust willen, das Alter wegen des Nutzens. Die Hierarchie der Freund-
schaftsarten ist eindeutig. In der Lust- und Nutzenfreundschaft ist die Beziehung
auf den anderen eher äußerlich und vom eigenen Interesse dominiert. Was der andere für sich selber ist, tritt in solchen Formen der Freundschaft nicht ans Licht.
Sie sind »akzidentell« (Schollmeier 1994, 38 f.). Der andere kann in solchen
Freundschaften sogar in die Gefahr geraten, zum Mittel der eigenen Lust und des
eigenen Nutzens zu werden. Er ist »austauschbar« (Annas 1977, 535). Die substanzielle Art der Freundschaft ist erst jene, die dem anderen »um seiner selbst
willen« Gutes wünscht (NE VIII, 4). Diese höchste Form der Freundschaft
schließt Lust und Nutzen nicht aus. Nur sind sie hier nicht das bestimmende Element.

4.1.7.4. Freundschaft und Gleichheit

Freundschaft basiert auf Gleichheit. Schon ein Sprichwort wie »gleich zu gleich gesellt sich gern« drückt diese Erkenntnis aus. Wenn Aristoteles auf diese Gleichheit
rekurriert, kann man darin eine Abgrenzung zu Platon sehen, der in seinem Spätwerk immer wieder den Versuch unternommen hat, gerade die gegensätzlichen
Temperamente zusammenzubinden (so etwa im *Politikos*). Aristoteles geht zunächst einmal von der Gleichheit aus, weil, wenn Menschen zu sehr voneinander
unterschieden sind, es zwischen ihnen nur akzidentelle, aber nicht substanzielle
Freundschaft geben kann. Zwischen arm und reich etwa wird wohl nur eine
Freundschaft des Nutzens möglich sein (VIII, 10).

Die enge Verbindung von Freundschaft und Gleichheit wird von Aristoteles allerdings gelockert. Auch eine Freundschaft zwischen Ungleichen ist möglich. Sie
besteht bei Ungleichen zwischen Eltern und Kindern, Jüngeren und Älteren, Männern und Frauen, Herren und Sklaven (VIII, 8, 1158b11–13). Die Frage ist, warum
schließt Ungleichheit des Ranges Freundschaft in diesen Fällen nicht aus?

Für Aristoteles ist die jeweilige Überlegenheit des Ranghöheren ein »Überschuß«
(*hyperochē*) an Wertvollem. Der Begriff *hyperochē*, aus dem der Begriff der »Prominenz« entstehen wird, wird hier geradezu mathematisch gefaßt. Es ist ein quan-
tifizierbarer Überschuß an Arete, und als ein Überschuß an Tüchtigkeit kann er der
Freundschaft nicht abträglich sein. Er wird auch wieder ausgeglichen, wenn die höhere Würdigkeit durch ein proportioniertes höheres Maß an Zuneigung austariert
wird (VIII, 8, 1158b24–28). Zudem ist bei aller Ungleichheit des Ranges immer
auch ein Element der Gleichheit im Spiel. Eltern lieben ihre Kinder, weil es *ihre*
sind, sie ihnen ähnlich sind, ein zweites Ich (oder Wir). Mann und Frau lieben sich
wegen des gleichen Wertes. Bei Blutsverwandten findet sich die Gleichheit in der
Abstammung, bei Kameraden in der gleichen Aufgabe, bei Reisegenossen im gleichen Weg und Ziel.

Eine Frage bleibt gleichwohl, wann für Aristoteles Ungleichheit Freundschaft ausschließt. Die extreme Ungleichheit zwischen Herr und Sklave ist für ihn erstaunlicherweise kein Hindernis der Freundschaft. Man könne zwar nicht mit dem Sklaven »als Sklaven«, aber mit ihm »als Menschen« befreundet sein (VIII, 13, 1161b5–6), eine subtile Differenzierung, die der aristotelischen Theorie der Sklaverei »von Natur aus« (hier 4. 2.) nicht ungefährlich ist. Erstaunlicherweise wird nicht einmal eine Freundschaft unter schlechten oder zwischen schlechten und guten Menschen ausgeschlossen. Zwar kann sie nur eine Freundschaft des Nutzens sein. Aber unmöglich ist sie offenbar nicht (VIII, 5, 1157a16–20).

Eine Frage für sich ist es, ob es eine Freundschaft zwischen Menschen und Göttern geben kann. Ist der Abstand zwischen Menschen und Göttern nicht derart groß, daß Freundschaft eindeutig auszuschließen ist? Die Äußerungen des Aristoteles sind in dieser Frage nicht konsistent. Einmal heißt es, Freundschaft zwischen dem Menschen und der Gottheit sei nicht möglich, weil der Abstand zwischen ihnen »zu groß« sei (VIII, 9, 1159a3–5). Andererseits wird der Philosoph ein »mit Gott Befreundeter« (*theophilēs*) genannt (X, 9, 1179a24). Soll man dies so verstehen, daß den Menschen, die nicht philosophieren, keine Freundschaft mit der Gottheit möglich ist, den Philosophen aber schon, da sie sich durch ihre Erkenntnis des Göttlichen diesem nähern und angleichen? Selbst wenn dem so wäre, könnte eigentlich nicht von Freundschaft die Rede sein. Dem Gott der Aristotelischen *Metaphysik* fehlt, was für Aristoteles' Verständnis von Freundschaft konstitutiv ist, die Fähigkeit zur Erwiderung, zur Wechselseitigkeit. So wie eine Freundschaft mit leblosen Dingen ausgeschlossen ist, müßte auch die mit der Gottheit ausgeschlossen sein.

4.1.7.5. Selbstliebe und Freundesliebe

Für Aristoteles ist »die Wurzel« der Freundschaft die »Selbstliebe« (*philautia*) (IX, 8, 1168b). Wer mit anderen befreundet sein will, muß erst einmal sich selber Freund sein. Freundschaft stammt aus »dem Verhältnis des Menschen zu sich« (IX, 4, 1162a2). Der Freund ist ein »zweites Ich« (IX, 4, 1166a31–32). Freundschaft besteht darin, sich gegenüber dem Freund so zu verhalten wie zu sich selbst.

Die Kapitel 8 (und 4) des IX. Buches haben eine Flut von Veröffentlichungen provoziert, in denen die aristotelische Freundschaftslehre mit den Begriffen »Egoismus« und »Altruismus« gedeutet wird. Manche unterstellen Aristoteles einen Egoismus, andere Altruismus, wieder andere eine Position, in welcher der Gegensatz aufgehoben ist (Annas 1977, 1988, 1990; Kraut 1991; Kahn 1981; Madigan 1991; MacKerlie 1991; Dziob 1993; Schulz 2000 u. a. m.). Solche Diskussionen um »Egoismus« und »Altruismus« haben etwas Anachronistisches. Der Begriff »Altruismus« scheint in seiner durch das 19. Jh. geprägten Bedeutung immer schon den modernen, tendenziell egoistischen Menschen vorauszusetzen, der nicht mehr per se in gemeinschaftliche Lebensformen eingebunden ist, sondern vor der seltsamen Alternative steht, ob er denn nun entweder egoistisch oder altruistisch handeln soll. Aristoteles ist es aber gerade um einen ausgewogenen Begriff von »Selbstliebe« zu tun, den man weder als Egoismus abtun noch als ein reines Absehen von sich selbst verstehen kann. Er ähnelt der christlichen Nächstenliebe insofern, als auch diese fordert, den anderen zu lieben, »wie sich selbst«. Auch da ist der Grundgedanke, daß, wer sich selbst nicht liebt, unmöglich andere lieben kann.

Die Selbstliebe ist nach Aristoteles berechtigt, wenn der Mensch an sich selbst das liebt, was wertvoll ist, also seine spezifisch menschliche Leistung, seine Vernunft, alles, was er an Wertvollem und Ehrenvollem erstrebt. Ein solchermaßen mit sich selbst befreundeter Mensch wird für den Freund Geld und Ehren aufgeben. Er wird sogar, »wenn es Not tut«, sein Leben für Freund und Vaterland opfern (IX, 8, 1169a18–22). Bei solchem Handeln erhält er »die Ehre der schönen Tat« (*kalon*) und das »größere Gut«.

Wer will, kann in dieser Äußerung noch einmal eine Form von Egoismus, eine Art von höherem Egoismus erkennen wollen. In Wahrheit ist der Hintergrund ein ganz anderer. Es ist nämlich ein Wettbewerb, ein Agon in Vortrefflichkeit (Kraut 1991, 117: »moral competition«). Gegenüber dem Agon der frühen agonalen Kultur ist er dadurch gekennzeichnet, daß die miteinander wetteifernden Personen unvergleichlich mehr Stand in sich selbst gewonnen haben. Sie sind in ihrem Selbstverhältnis nicht mehr so abhängig von der Ehrerweisung der anderen, wie es die Helden Homers gewesen sind. Als mit sich selbst befreundete und in sich selbst ruhende Personen treten sie in eine Konkurrenz mit ihren Freunden, in der sie einander darin übertreffen, was sie dem anderen an Gutem und Ehrenvollem wünschen. In diesem Wettbewerb noch zwischen Egoismus und Altruismus separieren zu wollen, ist überhaupt nicht mehr möglich. Hier handelt es sich nicht um ein Nullsummenspiel, bei dem der Gewinn des einen der Verlust des anderen ist. Hier gewinnen vielmehr beide zugleich (Kraut 1991, 118; Annas 1988, 8; MacKerlie 1991, 99; Dziob 1993, 799).

4.1.7.6. Freundschaft in politischer Bedeutung

a) Freundschaft und Gerechtigkeit

Freundschaft ist nach Aristoteles nicht bloß privat. Sie ist ebenso politisch. Als politische tritt sie in Konkurrenz zur Gerechtigkeit. Dabei scheint eine Überordnung der Freundschaft über die Gerechtigkeit zunächst eindeutig zu sein. »Wo Freunde sind, da bedarf es keiner Gerechtigkeit, aber die Gerechten brauchen die Freundschaft dazu« (VIII, 1, 1155a26–28). Freunde geben einander mehr, als sie es vom Standpunkt der Gerechtigkeit aus müßten. Freundschaft ist ein höherer Grund der Verpflichtung als Gerechtigkeit. Aristoteles zeigt es am Gegenteil, am Unrechttun. Das Unrecht wiegt schwerer, je »näher uns der Freund steht, gegen den sich das Unrecht richtet. Schwerer wiegt es, den Kameraden um sein Geld zu bringen als einen Mitbürger, schwerer dem Bruder nicht zur Hilfe zu kommen als einem Fremden, schwerer, den Vater zu schlagen als irgendeinen anderen« (VIII, 11, 1160a3–7).

Die Überordnung der Freundschaft über die Gerechtigkeit ist einleuchtend, insofern in der Freundschaft eine intensivere Verpflichtung als in der Gerechtigkeit vorliegt. Fraglich wird diese Überordnung allerdings, wenn man nach dem Verhältnis von Gerechtigkeit und politischer Freundschaft fragt. Ist auch die Bürgerfreundschaft der Gerechtigkeit übergeordnet? Oder neigt die Freundschaft der Bürger nicht eher zum Gesetzlichen? Ist sie, angesichts der großen Zahl an Mitbürgern, auf eine Nutzenfreundschaft eingeschränkt?

b) Ist die Bürgerfreundschaft eine Freundschaft des Nutzens?

Die Polis gründet nach Aristoteles auf Freundschaft, und man kann gar nicht daran zweifeln, daß für ihn die Freundschaft der Bürger die Grundlage aller guten Ordnung ist. Man kann aber streiten, welche Art von Freundschaft in der Stadt gelebt werden kann. Ist es die höchste Form der Freundschaft, die Freundschaft im Guten? Oder ist die Polisfreundschaft nur eine Freundschaft des Nutzens?

Nach Annas (1990) und Cooper (1990) kann die Bürgerfreundschaft nur eine Nutzenfreundschaft sein. Dafür spricht, daß die höchste Form der Freundschaft etwas Intimes und Intensives ist, das nicht beliebig ausgedehnt werden kann. Gute Freunde müssen miteinander vertraut sein, sie müssen sich kennen, sie müssen Freud und Leid miteinander teilen können. Selbst der Stadtstaat scheint für eine solche Form der Freundschaft schon zu groß zu sein.

Aristoteles läßt solche Äußerungen anklingen. Es sei »undenkbar, mit vielen eine tiefe und starke Freundschaft zu pflegen« (IX, 10, 1171a10–11). Bei den klassischen Freundschaften handele es sich um »Freundschaftspaare« (1171a15). Je größer der Kreis der Freunde wird, umso lockerer muß das Band werden, das sie verbindet. Trotz der Äußerung über die Freundschaft mit dem Sklaven als »Menschen« scheint Aristoteles die *philanthropia* nicht sonderlich hoch zu schätzen. Zwar lobt er sie (VIII, 1, 1155a20–21). Aber dies scheint im Rahmen der Aufzählung der herrschenden Meinungen zu geschehen; auch dürfte die Menschenfreundschaft (nach den Ausführungen von IX, 10) eindeutig jenen Umfang erreichen, der die Intimität der Freundschaft sprengt. Wenn Aristoteles vom »Zusammenleben« als einem Kriterium der Freundschaft spricht, dann kann er dies noch nicht kosmopolitisch verstehen, so wie es im Hellenismus verstanden werden wird.

Vieles scheint für die Bürgerfreundschaft als eine bloße Freundschaft des Nutzens zu sprechen, und doch ist sie für Aristoteles mehr als das. Die Nutzenfreundschaft bietet »vielen Anlaß zu Beschwerden« (VIII, 15, 1162b8). Immer fühlt sich eine Seite übervorteilt. Die Nutzenfreundschaft hat den Nachteil, instabil zu sein und sofort zu erlöschen, wenn der Vorteil entfällt. Aristoteles liegt an der Stabilität des Gemeinwesens aber außerordentlich viel. Eine nur »akzidentelle« Verbindung ist die Stadt für Aristoteles nicht. Sie ist dem Menschen von Natur aus aufgegeben, eine Gemeinschaft nicht bloß des Überlebens, sondern des guten Lebens, deren Kern die geteilten Überzeugungen von gut und böse, gerecht und ungerecht sind (Pol. I, 2). Die Vertragstheorie wird von Aristoteles verworfen. Ein auf Nutzen gerichteter Vertrag wäre auch gar nicht in der Lage zu erklären, daß ein Bürger im Ernstfall sein Leben für die Gemeinschaft zu opfern hat.

Aristoteles verbindet die Bürgerfreundschaft mit einer politischen Tugend ersten Ranges, mit der »Eintracht« (*homonoia*) (IX, 6). Diese findet sich, so Aristoteles, »unter den Guten« (*epieikes*) (IX, 6, 1167b5). Bei Alexander dem Großen wird »Eintracht« zum Schlagwort der imperialen Politik werden, bezogen auf das erste

West und Ost umspannende Weltreich. Bei Aristoteles ist sie auf die Stadt bezogen, und dort scheint sie mehr einzuschließen als eine bloße Koinzidenz der jeweiligen Vorteile. Die »Eintracht« weist über die Nutzenfreundschaft hinaus.

c) Freundschaft und Verfassung

Was die Bürgerfreundschaft ist, ob Nutzenfreundschaft oder mehr, läßt sich bei Aristoteles nicht beantworten ohne einen Blick auf seine Staatsformenlehre. Je nach Güte oder Schlechtigkeit einer Verfassung ist ein unterschiedliches Maß an Freundschaft zu erwarten. Wie Freundschaft und Verfassung sich zueinander verhalten, deutet Aristoteles in einer Verfassungslehre an, die in die Bücher über Freundschaft eingefügt worden ist (VIII, 12–13).

Je schlechter eine Verfassung ist, um so weniger Freundschaft (und um so niedriger die jeweilige Freundschaftsart). Je besser eine Verfassung ist, um so eher kann sie für die substanzielle Freundschaft offen sein. Das Verfassungsschema von VIII, 12–13 ist zunächst einmal das Sechser-Schema, das sich im *Politikos* Platons vorbereitet und auch in Aristoteles' *Politik* wiederfindet. Anders als in der Aristotelischen *Politik* wird der Monarchie aber eindeutig der erste Rang unter den guten Verfassungen zugewiesen (VIII, 12, 1160a35–36). Die »Politie« (hier »Timokratie« genannt) wird auf den dritten Rang gestellt. Es ergibt sich somit ein Sechser-Schema, in dem Monarchie, Aristokratie und Timokratie als gute Verfassungen, Tyrannis, Oligarchie und Demokratie als entartete definiert sind.

Das Verhältnis von Bürgerfreundschaft und Verfassung läßt sich für die schlechten Verfassungen eindeutig bestimmen. In den schlechten Verfassungen kann allenfalls Nutzenfreundschaft vorherrschen, wenn denn überhaupt Freundschaft in ihnen zu finden ist. In der Tyrannis gibt es »wenig oder gar keine Freundschaft« (VIII, 13, 1161a32). In der Oligarchie und der Demokratie darf man mehr Freundschaft erwarten, angesichts der starken Gegensätze von arm und reich aber gewiß nicht mehr als eine Nutzenfreundschaft.

Etwas komplizierter gestalten sich die Relationen von Freundschaft und Staatsform bei den guten Verfassungen. Man möchte erwarten, daß, was die Freundschaft angeht, die »Politie« den ersten Preis erhielte, da sie auf der Gleichheit der Bürger gründet und Freundschaft und Gleichheit eng zusammengehören. In der *Politik* scheint dies auch der Fall zu sein. Die *Nikomachische Ethik* weist jedoch nicht nur der Monarchie den ersten Rang bei den Verfassungen zu. Sie läßt diese auch, was die Freundschaft angeht, an der Spitze der Verfassungen stehen. Der Monarch wird, in fast schon hellenistischer Manier, zum völlig uneigennützigen, allein auf das Wohl der Untertanen bedachten Spender von Wohltätigkeit (*euergesia*), der den Untertanen »Gutes tut« (VIII, 12, 1161a13). Er läßt sich mit einem fürsorglichen Vater vergleichen, der uneigennützig für seine Kinder sorgt. Offensichtlich hat Aristoteles hier einen Fall von Freundschaft zwischen Ungleichen konstruiert. Der Monarch überragt an Tüchtigkeit so weit, daß die größere Freundschaft in der Monarchie zu suchen ist, während die Politie als eine Gemeinschaft von Gleichen auf den dritten Platz verwiesen wird.

4.1.8.   Vita activa und vita contemplativa (NE X, 6–10; Pol. VII, 2–3)

Die *Nikomachische Ethik* schließt mit einem Lob des theoretischen Lebens (*bios theorētikos*), das zur höchsten Form des Glücks erklärt wird. Damit bricht die Spannung zwischen Theorie und Praxis, theoretischem und politischem Leben, vollends auf. Dem theoretischen Leben wird ein Vorrang vor dem politischem zuerkannt, und man weiß nicht so recht, was dies für die Konzeption einer praktischen Philosophie zu bedeuten hat. Mehrere Fragen drängen sich auf. Liegt in der Überordnung des theoretischen Lebens eine Remetaphysizierung der praktischen Philosophie? Werden Ethik und Politik doch wieder auf Metaphysik bezogen und auf diese hingeordnet? Lebt der Philosoph ein ausschließlich theoretisches Leben oder nimmt er auch am politischen Leben teil? Und wie soll man angesichts der griechischen Hochschätzung der Politik das theoretische Leben des Philosophen überhaupt verstehen? Ist es ein eigensüchtiges Leben fern der politischen Verpflichtungen, an denen den Bürgern der Polis doch so viel liegt?

4.1.8.1.   Die vita contemplativa als höchstes Glück

Aristoteles häuft Argument auf Argument, warum das Glück des theoretischen Lebens das höchste sein soll. Es sei kein Glück im Sinne des »Spiels«, wie es die Mächtigen und die Tyrannen schätzen, die gerne gesellschaftlich gewandte Menschen um sich haben (X, 6). Das theoretische Leben sei eine ernste Aktivität, »Anstrengung«, nicht Spiel. Sein Rang werde bestimmt durch den Rang des theoretischen Erkenntnisvermögens, des Nous. Dieser sei das Göttliche im Menschen, des Menschen bester Teil (X, 7). Bei Aristoteles spiegelt das Leben der Philosophen das Leben des sich selbst denkenden Gottes. Durch Erkenntnis des Göttlichen transzendiert der Mensch seine conditio humana. Er überwindet seine Sterblichkeit. Aristoteles prägt dafür einen eigenes Wort, *athanatizein*. Das ist ein Iterativ, der ausdrückt, Theorie zu treiben, bedeutet, »immer wieder den Tod überwinden«, für Momente des Göttlichen teilhaftig zu sein (X, 7, 1777b34).

Das ethisch-politische Leben wird eindeutig auf den »zweiten Rang« verwiesen (X, 8, 1178a1). Es verbleibt in der Sphäre des Menschlichen; es bleibt den irrationalen Strebungen und dem Körperlichen verhaftet. Die Tugenden des praktischen Lebens seien von vielerlei abhängig: die Großzügigkeit vom Geld, die Gerechtigkeit von Gegenleistungen, die Tapferkeit von Macht, die Besonnenheit von Gelegenheit (X, 8, 1178a28–33). Das Leben des Geistes benötige »nichts von alledem« (X, 8, 1178b3–4), oder doch wenig, Gesundheit, Nahrung, keineswegs Reichtum, sondern nur jenes Maß an äußeren Gütern, das Solon als Glück gepriesen habe (X, 9). Wenn der Weise einmal mit allen nötigen äußeren Gütern versehen sei, habe er dem Gerechten, Besonnenen und Tapferen voraus, daß diese »immer noch Menschen« benötigen würden, an denen sie ihre Tugend üben könnten. Der Weise könne sich aber der Schau hingeben, »auch wenn er ganz für sich (sei)« (X, 7, 1137a30–33). Zudem gehöre zum theoretischen Leben das Glück der »Muße« (*scholē*), das dem politischen Leben, seiner Geschäftigkeit oder gar der zum Krieg führenden Politik, verwehrt bleiben müsse.

4.1.8.2. Die Konkurrenz von Theorie und Praxis

An der Überordnung des theoretischen Lebens über das politische ist nicht zu zweifeln. Zweifeln kann man daran, welche Schlußfolgerungen daraus zu ziehen sind. Wird die praktische Philosophie wieder theoretisiert? Oder bleibt ihre Selbständigkeit intakt? Gibt es neben der Überordnung auch eine Nebenordnung, eine Gleichberechtigung von Praxis und Theorie?

Interpreten, welche die praktische Philosophie des Aristoteles der Metaphysik annähern wollen (Dudley 1982; Kamp 1985; Leo Strauss in seiner Gesamtauffassung von Aristotelischer Philosophie, Schneider 2001, 295ff.) verstehen den Schluß der *Nikomachischen Ethik* als einen Beweis dafür, daß Aristoteles alles Praktische doch wieder an der Theorie und am Göttlichen orientiert. Ziel der Ethik wäre es demnach, den Menschen zum Göttlichen zu führen. Erst dort fände er – im Sinne des Ergon-Arguments von NE I, 6 – zu seiner spezifischen Leistung. Das theoretische Leben müßte sich in diesem Fall nicht vor der Hochschätzung des politischen Lebens rechtfertigen. Vielmehr wäre umgekehrt das politische Leben auf eine dienende Rolle beschränkt. Es würde zur bloßen Voraussetzung dafür, daß die höchste Lebensform gelebt werden kann.

Darf man aus der Überordnung des theoretischen Lebens solche weitreichenden Schlußfolgerungen ziehen? Vieles spricht dafür, an der Selbständigkeit und Eigenart der praktischen Philosophie und des politischen Lebens festzuhalten, die Überordnung des theoretischen Lebens hin oder her (Bien 1968/69; Kullmann, in: Höffe 1997).

Der Schluß der *Nikomachischen Ethik* macht aus der Ethik keine metaphysische Disziplin. Dies ist so wenig der Fall, wie selbst die *Eudemische Ethik*, die vor Philosophen vorgetragen wird, keine unmittelbar metaphysische Ethik ist. Über den eigenartigen Schluß dieser Ethik wird viel diskutiert. Vom theoretischen Leben wird dort gesagt, es bestünde darin, »Gott zu verehren und Betrachtungen anzustellen« (*ton theon therapeuein kai theorein*) (EE VIII, 2, 1249b20f.). Die Formulierung hat für manche wie der Schluß einer theonomen Ethik geklungen (Jaeger 1923, 253). Aber erstens ist die fragliche Zeile schon rein philologisch umstritten; manche lesen statt »Gott« (*theon*) »Geist« (*noun*). Zweitens muß man den Schluß der *Eudemischen Ethik* als eine Paralleldiskussion zur *Nikomachischen Ethik* verstehen. In beiden Ethiken geht es – trotz unterschiedlicher Akzentuierung – um die Frage, welche Anteile am Glück Zufall, Gott oder eigene Leistung haben. Die *Eudemische Ethik* läßt da deutlicher als die *Nikomachische* den von Gott begünstigten Glücksmenschen hervortreten. Sie wird aber damit nicht zu einer »theonomen« Ethik. Der Gott »herrscht nicht in einer befehlenden Weise, sondern er ist jener Endzweck, um dessentwillen die sittliche Einsicht (phronesis) ihre Befehle gibt« (EE VIII, 2, 1249b13–15). Die Klugheit »befiehlt«, Gott aber »herrscht« ganz im Sinne des Gottes der *Metaphysik* »erotisch« als Ziel des Strebens, keineswegs aber direkt (vgl. Defourny 1972, 219ff.).

Das theoretische Leben ist nicht mit einer »Meditation« zu verwechseln (Kullmann 1977, 256). Es ist ein Leben der Wissenschaft, das dem Studium von Metaphysik, Mathematik und Physik gewidmet ist, eben jenen theoretischen Disziplinen, die durch ihren Objektbereich (das Ewige) und ihre Genauigkeit vom Praktischen getrennt sind.

Das theoretische Leben ist das der Philosophen, und es ist das Leben der Philosophen *allein*. Aristoteles hat mit Sicherheit nicht gemeint, daß alle Bürger Philosophen werden sollen. Zwar ist der Begriff der Theorie bei Aristoteles auch anthropologisch verankert (Met. I, 1). »Alle Menschen streben von Natur aus nach Wissen«, so lautet der berühmte erste Satz der *Metaphysik*. Damit kann Aristoteles deutlich machen, daß das metaphysische Erkenntnisstreben des Menschen die Spitze seines natürlichen Strebens nach Wissen ist, noch besonders dadurch ausgezeichnet, daß es anders als anderes Wissen reines Wissen um des Wissens selber ist. Diese anthropologische Verankerung des Wissens bedeutet aber keineswegs, daß alle Menschen Metaphysiker werden müssen. Noch ist damit gesagt, daß das menschliche Handeln seinen Maßstab aus metaphysischer Erkenntnis gewinnt.

Politisches und theoretisches Leben stehen nicht nur in einem Verhältnis der Überordnung. Sie sind einander auch nebengeordnet. Ja, in gewisser Hinsicht erweist sich das theoretische Leben sogar als rechtfertigungsbedürftig vor dem politischen. Das kann bei einem griechischen Denker jener Zeit überhaupt nicht anders sein.

In der *Politik* (VII, 2–3) stellt Aristoteles am Beispiel des »besten Staates« dar, welche Rolle dem politischen und dem theoretischen Leben zukommen kann. Die Frage, welche der beiden Lebensformen vorzuziehen ist, wird dort als eine offensichtlich oft behandelte Streitfrage eingeführt. Beide Lebensformen gelten als jene, »die die eifrigsten Verehrer der Tugend … vorziehen« (Pol. VII, 2, 1324a30). Wo Herrschaft schlecht ist, läßt sich die Frage nach dem Vorrang der einen oder anderen Lebensform leicht beantworten. Nun ist aber nicht jede Herrschaft schlecht. Und so gibt Aristoteles auf die Frage, was vorzuziehen sei, die Antwort, daß das Glück des gut Handelns und des Gutergehens (*eupragia*) für den einzelnen und die Stadt im »praktischen Leben« liege, Praxis aber nicht nur die Tätigkeit sei, die sich »auf andere« richte, sondern auch die in sich ruhende Theorie (VII, 3, 1325b14 ff.).

Aus den Kapiteln VII, 2–3 der *Politik* läßt sich folgern, daß das theoretische Leben auch im »besten Staat« seinen Platz haben muß. Auch im besten Staat wird es Philosophen geben, die sich, wenn sie Theorie betreiben, zurückziehen aus der Stadt. Zugleich gewinnt man aber den Eindruck, daß theoretisches und politisches Leben enger beieinanderstehen, als es die bloße Überordnung des theoretischen Lebens vermuten läßt. Die Lebensformen verhalten sich nicht nur wie Höheres und Niederes, sondern auch wie zwei dem Menschen überhaupt mögliche Lebenswege, wobei der eine der Weg der meisten Menschen, der andere der Weg einiger weniger Theoretiker ist.

Das Verhältnis der Lebensweisen zueinander scheint somit ein exklusives zu sein. Nicht allen Bürgern ist ein theoretisches Leben möglich. Nur einige wenige werden Philosophen werden. Umgekehrt allerdings, aus der Perspektive des theoretischen Lebens betrachtet, scheint sich eine Lösung im Sinne eines inklusiven Glücksbegriffes anzubieten. Der Philosoph kann, wenn er will, auch als Bürger politisch tätig sein. Das Erkennen des Göttlichen hebt den Philosophen zwar aus dem Bereich des Menschlichen und Politischen heraus. Er nimmt an der Sphäre des Göttlichen teil. Aber damit wird er keineswegs selber ein Wesen, das dauerhaft die conditio humana hinter sich ließe. Das theoretische Leben ist kein Dauerzustand (Met. XII, 7,

1072b15–16). Glück muß aber für ein ganzes Leben reichen, nicht nur für einige erhabene Momente. »Sofern er ... ein Mensch ist und in einer Gemeinschaft von vielen lebt, entscheidet er sich (der Philosoph; H.O.) doch für die Tat im Sinne ethischer Trefflichkeit ...« (NE X, 8, 1178b5).

Trotz der Überordnung des theoretischen Lebens behält das politische sein Recht. Es behält dies sogar mehr, als es der Wortlaut der aristotelischen Darstellung deutlich macht. Man muß sich ja nur erinnern, welchen Stellenwert die Stadt im Leben des Griechen besaß. Die Theorie und das theoretische Leben des Philosophen mußten den Bürgern verdächtig sein. Perikles nennt den, der das Leben der Stadt nicht teilt, einen »unnützen Menschen« (*achreios*); er ist für nichts gut, ein Taugenichts (Thuk. 40, 2). Kallikles spricht sicher nicht nur für sich allein, wenn er die Philosophie eine »Kinderei« und ein Im-Winkel-Stehen nennt (Gorg. 485d). Das theoretische Leben des Philosophen ist als theoretisches kein politisches. Es ist überpolitisch und apolitisch und insofern rechtfertigungsbedürftig angesichts der griechischen Hochschätzung der Politik.

Platon hatte die Philosophen nach dem Aufstieg aus der Höhle wieder in diese zurückgeschickt. Aristoteles gesteht ihnen zu, ein theoretisches Leben führen zu dürfen, das vom politischen Leben des Stadt getrennt ist. Der Philosoph wird damit ein Wesen, das zwischen der Sphäre des Göttlichen und der des Menschlichen steht. In der Stadt ist er ein Bürger unter Bürgern und kein Philosophenkönig. In seinem theoretischen Leben transzendiert er die Stadt und die menschliche Welt.

Der Ton, in dem Aristoteles das theoretische Leben rechtfertigt, ist überschwenglich und apologetisch. Dabei könnte man seiner Apologie der *vita contemplativa* mit verschiedenen Argumenten zu Hilfe eilen. Das theoretische Leben ließe sich, auch wenn es nur von wenigen gelebt wird, als eine auch für die Stadt bedeutsame Lebensweise rechtfertigen. Es hielte der Stadt die Dimension des Überpolitischen und von Menschen Unbeeinflußbaren offen; es würde die Totalsetzung der Politik verhindern, und es könnte ein Zeichen dafür sein, daß zum menschlichen Leben mehr als nur Politik gehört: die Dimension auch des Ewigen und Göttlichen. Sich ihr frei nähern zu können, müßte auch für die Stadt ein über alles zu schätzender Wert sein, auch wenn das politische Leben die bürgerliche Normalform des Glückes ist.

4.2.   Die »Politik« (345–325 v. Chr.)

4.2.1.   Abfassungszeit, Gliederung, begriffsgeschichtliche Bedeutung

Aristoteles hat seine *Politik* in einem Zeitraum von etwa 20 Jahren verfaßt, zwischen 345 und 325 v. Chr. In acht Büchern wird untersucht »was die Stadt angeht«, so die wörtliche Übersetzung des Titels »*ta politika*«. Die acht Bücher, obwohl sie zu einer Komposition zusammengefügt worden sind (Aristoteles skizziert diese selber NE X, 9, 1181b15–22), stammen aus ganz verschiedenen Zeiträumen. Das einzige historische Ereignis, das in der *Politik* erwähnt wird, ist die Ermordung Philipps von Makedonien, die in das Jahr 336 v. Chr. fällt (Pol. V, 10, 1311b1–3). Aus welcher Zeit die einzelnen Bücher jeweils stammen, ist kontrovers. Offensichtlich liegen mehrfache Bearbeitungen vor. Unstrittig ist allerdings, daß die Bücher VII und VIII die äl-

testen Teile der *Politik* darstellen (345 v. Chr.?). Ihnen folgen, in vermutlich dieser Reihenfolge, die Bücher I–III (335 v. Chr.?) und die Bücher IV–VI (nach 329 v. Chr.?).
Die Gliederung des Werkes läßt sich folgendermaßen vereinfachen (Stark 1964). Buch I gibt eine Einleitung mit einer Stadtentstehungstheorie, einer politischen Anthropologie und einer Ökonomie. In Buch II werden die schon bekannten Verfassungen durchgesehen, vor allem die Entwürfe Platons (II, 1–6). Buch III definiert politische Grundbegriffe wie den des Bürgers und der Verfassung. Die Bücher IV-VI sind den verschiedenen Verfassungsformen gewidmet, den Bestandteilen von Verfassungen, ihrem Wandel und ihrer jeweiligen Stabilität. Die Bücher VII–VIII fragen, noch nahe an Platons politischer Philosophie, nach der besten Stadt und nach der Erziehung, die für diese nötig ist.

Die Gliederung der »Politik«

Buch I	Stadtentstehung; (politische) Anthropologie; Ökonomie
Buch II	Kritik schon bekannter Verfassungen, insbesondere der platonischen Entwürfe
Buch III	Politische Grundbegriffe: Bürger, Verfassung
Bücher IV–VI	Verfassungen, ihre Erhaltung, ihr Wandel (*metabolē*)
Bücher VII–VIII	Die beste Stadt und die für diese nötige Erziehung

Der Titel des Werkes »*ta politika*« hat Geschichte gemacht. Wie Dolf Sternberger, der dem »Weg der Wörter« des öfteren nachgegangen ist, nachweist, wurde die Aristotelische *Politik* die Wurzel aller Politikbegriffe (1978, 1982). Der Dominikaner Moerbeke, der um 1260 n. Chr. für seinen Mitbruder Thomas von Aquin (der kein Griechisch konnte) die *Politik* ins Lateinische übertrug, übersetzte den Titel mit »*politica*«. Aus dieser Latinisierung, die dem griechischen Wortlaut nahe blieb, entstand der Begriff »Politik«.

4.2.2. Aristoteles' Politikbegriff

Politik ist bei Aristoteles die praktische Philosophie vom Glück der Stadt so wie die Ethik die praktische Philosophie vom Glück des einzelnen ist. Dabei ist die *Politik* genauso wenig wie die Ethik auf die Alternative einer nur empirischen oder nur normativen Lehre festzulegen. Einerseits ist sie eine Sammlung von Lehrmeinungen und ein Katalog von Verfassungen. Andererseits geht ihr Anspruch über eine bloß deskriptive Verfassungslehre oder eine nur empirische Politikwissenschaft hinaus. Die hermeneutische Hypolepse dient in der *Politik* nicht anders als in der Ethik der Praxis und dem gelingenden Leben. Die Hauptfrage der *Politik* lautet nicht: Was gibt es alles? Was hat man alles schon praktiziert oder über Politik gedacht? Die Hauptfrage ist, was aus den bisher gemachten Erfahrungen für eine gute Politik zu lernen ist. Was macht eine »gute« Verfassung aus? Was einen »guten« Bürger?

Bürgerschaft und Verfassung sind Grundbegriffe dieser Politik. Die Stadt ist ihre Bürgerschaft. Bürger wiederum ist, wer an den großen Institutionen der Stadt teilnehmen darf. Die Stadt ist ihre Verfassung. Dabei ist unter Verfassung nicht nur das Juristische zu verstehen. Gemeint ist vielmehr die Verfaßtheit einer Stadt, das, was sie in Form bringt und in Form hält.

Platon hatte zwei Verfassungsmodelle entworfen: die beste Stadt und die zweitbeste. Aristoteles pluralisiert das politische Einheitsdenken Platons. Zwar soll auch seine Politikwissenschaft fragen, was die »beste« Stadt ist. Aber neben diese Frage treten andere, nicht weniger wichtige. Was ist die relativ beste Verfassung, berücksichtigt man Umstände und Lagen? Was sind die besten Einzeleinrichtungen in den jeweiligen Verfassungen? Was ist die durchschnittlich beste Verfassung, die man für alle Lagen empfehlen kann? (Pol. IV, 1).

4.2.3. Staatsentstehung, (politische) Anthropologie und Ökonomie (Buch I)

Das erste Buch der *Politik* ist, auch wenn es später verfaßt wurde als andere Bücher, dennoch eine Einleitung. Es gibt eine Übersicht über die verschiedenen Arten und die verschiedenen Ziele menschlicher Gemeinschaften (I, 1). Gezeigt wird, wie die Stadt entstanden ist und was ihren spezifischen Sinn ausmacht (I, 2). Nach Aristoteles' berühmter Lehre gehört die Stadt zur »Natur« des Menschen. Der Mensch ist »von Natur aus« ein »politisches Lebewesen« (I, 2). Auf diese grundlegenden Kapitel folgt die Ökonomie (I, 3–13). Diese ist zur Zeit des Aristoteles noch eine Lehre vom »Haus« (*oikos*), von der Haus-, nicht von der Volkswirtschaft.

4.2.4. Die Vielzahl der Gemeinschaften, ihre unterschiedlichen Zwecke und ihr Verhältnis zur Stadt (I, 1)

Die *Politik* beginnt wie die *Nikomachische Ethik* und die *Metaphysik* mit einem allgemeine Zustimmung erheischenden Satz: »Alles, was Stadt heißt, ist ersichtlich eine Art von Gemeinschaft, und jede Gemeinschaft bildet sich und besteht zu dem Zweck, irgendein Gut (*agathon*) zu erlangen« (Pol. I, 1, 1252a1–2). Man kann auch wie Schütrumpf übersetzen, jede Gemeinschaft bildet sich und besteht, »um ein Gut *von besonderer Art* zu verwirklichen« (1991, 11; Hervorhebung H.O.). Aristoteles will schon am Beginn der *Politik* eine Abgrenzung zu Platon vollziehen. Alle Gemeinschaften, so die Tendenz der ersten Worte, haben ihren je spezifischen Zweck. Man kann nicht Familie und Stadt, Haus und Stadt einfach als eine Einheit fassen, so wie es in der *Politeia* geschieht. Die Gemeinschaft des Hauses hat andere Zwecke als die Gemeinschaft der Stadt. Politik ist nicht Hausverwaltung in großem Stil. Der Staatsmann ist kein Hausherr oder Landesvater. Man soll, so Aristoteles, unterscheiden zwischen der Aufgabe des »Staatsmannes« (*politikos*), des »Königs« (*basilikos*), des »Hausverwalters« (*oikonomikos*) und des »Herrn« (*despotēs*). Diese Unterscheidung sei nicht nur notwendig wegen der unterschiedlichen Zahl der jeweils Beherrschten, daß Staatsmann und König mehr Menschen beherrschen als ein Hausverwalter oder ein Herr (Pol. I, 1, 1252a7–16). Vielmehr komme es wesentlich auf die unterschiedlichen Ziele an.

Platons Einheitslehre wird pluralisiert. Viele Gemeinschaften, viele Zwecke. Die wichtigste Unterscheidung der Ziele und Zwecke betrifft dabei den Unterschied von Haus und Stadt, von Oikos und Polis. Dieser wird in der *Nikomachischen Ethik* verdunkelt, wenn Aristoteles die Königsherrschaft zu einem »väterlichen Regiment« werden läßt (NE VIII, 12). Auch in der *Politik* kann dem Aristoteles, allerdings eher nebenbei, die Monarchie noch zur väterlichen Herrschaft werden (III, 15, 1285b30 ff.). Auch setzt er, wie schon in der *Nikomachischen Ethik*, die Stände des Hauses mit Verfassungsformen in Analogie. Analogie ist aber keine Identität. Und wichtiger als solche Analogsetzungen ist die Trennung von Haus und Stadt, die für ein Verständnis der Aristotelischen *Politik* von grundlegender Bedeutung ist.

Wenn die *Politik* Haus und Stadt trennt, dann bedeutet dies eine Abkehr von Platons Einheitsstaat. Die Stadt ist keine Großfamilie. Mit der Trennung von Haus (Familie) und Stadt stellt Aristoteles den privaten Bereich des Lebens wieder her, den die platonische Idealstadt vereinnahmt. Dieser private Bereich des Lebens ist der Bereich des Wirtschaftens, in einem weiteren Sinne auch der des privaten Zusammenlebens in den Häusern, in denen nicht nur gewirtschaftet wird, sondern auch Hausherr und Ehefrau zusammenleben und gemeinsam die Kinder erziehen. Dieser Bereich von Ökonomie und Lebensführung enthält politikanaloge Elemente. Man kann den Vater als einen »Monarchen« verstehen, die Eheleute als (im Haus) gleichberechtigte »Bürger« und Ähnliches. Entscheidender als solche Analogien sind jedoch die Unterschiede. Die Herrschaft im Haus kann kein Vorbild der politischen Herrschaft, die Ökonomie nicht das Leitziel der Politik sein.

Das Haus ist kein Modell für die Stadt, weil im Haus Erwachsene und Kinder, Mündige und Unmündige, Herren und Sklaven, Freie und Unfreie miteinander leben. Die Stadt ist jedoch eine Herrschaft von Freien und Gleichen über Freie und Gleiche. In ihr begegnen sich mündige Bürger allein. Diese Abgrenzungen sind für die politische Philosophie der Neuzeit bestimmend geworden. Der Absolutismus rechtfertigt die königliche Gewalt als väterliche oder landesväterliche Regierung. Dagegen haben Locke, Rousseau oder Kant an die Trennung von Haus und Stadt erinnert, an eine Politik, die nicht nach den Maßstäben paternalistischer Hausherrschaft legitimiert werden kann.

Aus der Einheitsstadt Platons wird bei Aristoteles die Vielzahl unterschiedlicher Gemeinschaften und unterschiedlicher Ziele. Wieder tritt an die Stelle der Einheit die Pluralität. Wenn es allerdings nur Pluralisierung gäbe, dann stünden die verschiedenen Gemeinschaften nur nebeneinander. Sie hätten in diesem Fall keinen gemeinsamen Zweck und kein oberstes Ziel. Aristoteles verbindet die Freisetzung des Pluralismus deshalb mit einer Orientierung an einem obersten Ziel. Dieses oberste Ziel, das Ziel des gemeinsamen guten Handelns, ist die Stadt. Sie ist die höchste Gemeinschaft. Allerdings ist sie dies nicht im Sinne einer die anderen Gemeinschaften aufsaugenden Totalität. Vielmehr ist sie das Ziel im Sinne einer Hinordnung, so wie aus der *Metaphysik* die Hinordnung auf das »Eine« oder »Erste« bekannt ist.

Für die Aristotelische *Politik* ist die Stadt die oberste Gemeinschaft. Sie ist für Aristoteles zugleich die politische Einheit, über die sein politisches Denken nicht hinausgeht. Aristoteles ist kein Denker des Alexanderschen Weltreiches. Zwar kann eine Stadt Bündnisse schließen und Außenhandel treiben (III, 9). Das Wesen der politischen Gemeinschaft liegt jedoch in solchen Bündnissen oder im Handeltreiben nicht. Die Stadt ist schon alles, was der Mensch zum Überleben und zum guten Leben braucht. Aristoteles nennt sie »autark«. Dabei versteht er »Autarkie« nicht in einem engen ökonomischen Sinne. Zwar ist auch seine Wirtschaftstheorie so ausgerichtet, daß das Wirtschaften primär auf Selbstversorgung ausgerichtet sein soll. »Autarkie« heißt aber eigentlich, daß die Stadt die Gemeinschaft ist, die dem Menschen bietet, was er für ein gutes Leben braucht.

4.2.4.1. Entstehung der Stadt (I, 2)

Wie Platon in der *Politeia* oder im *Politikos* so gibt auch Aristoteles eine Entstehungstheorie des politischen Gemeinwesens. Sie ist methodisch bestimmt. Die Stadt wird in ihre Bestandteile zerlegt und aus diesen wieder zusammengesetzt. Das theoretische Interesse gilt einem methodisch kontrollierten Analysieren und Synthetisieren, nicht einer historischen Darstellung, wie die griechische Geschichte verlaufen und die Stadt tatsächlich entstanden ist (Kullmann 1980, 421).

Resultat der Zerlegung in kleinste Einheiten sind zwei Ur-Gemeinschaften: die Gemeinschaft von Mann und Frau sowie die von Herr und Sklave. Diese bilden ein Haus, mehrere Häuser ein Dorf, mehrere Dörfer eine Stadt.

Sieht man das Resultat der Zerlegung, fällt auf den ersten Blick auf, womit Aristoteles *nicht* beginnt. Am Anfang steht kein mythischer Staatsgründer, kein Solon und kein Lykurg. Den Anfang macht kein Mythos von der Staatsstiftung. Das erste Wort lautet nicht wie in den *Nomoi* »Gott«. Anders als in den neuzeitlichen Theorien wird auch kein Anfang mit dem Individuum gemacht. Alle neuzeitliche politische Theorie fängt beim Einzelnen an. Immer ist die politische Grundfrage: Wie kommt der einzelne in die Gemeinschaft hinein? Wie kann er in der Gemeinschaft seine Rechte wahren? Für Aristoteles ist der Mensch, wo immer man ihn findet, immer schon ein Gemeinschaftswesen. Auch in seinen vorpolitischen Beziehungen ist er nicht mit sich allein. Er ist von Natur aus kein »homme isolé« wie der seltsame Naturmensch des Rousseau (dieser soll auch nur deshalb ein isoliertes Wesen sein, weil, wo immer Aristoteles das Eine sagt, Rousseau das Gegenteil behaupten will).

Von Natur aus ist der Mensch an die Gemeinschaft von Mann und Frau verwiesen. Sie ist die erste, die Aristoteles nennt. Mann und Frau können »ohne einander nicht leben« (Pol. I, 2, 1252a27). Die Gemeinschaft von Mann und Frau ist die erste Gemeinschaft von Natur. Ihr Zweck ist die »Fortpflanzung«, die biologische Erhaltung der Spezies Mensch.

Die zweite Urgemeinschaft ist die von Herren und Sklaven. Auch sie hat ihren Sinn in der »Erhaltung« (*sōtēria*), hier der ökonomischen Erhaltung des Lebewesens Mensch. Wie die erste Gemeinschaft eine der Sexualität und der Fortpflanzung ist, so ist die zweite eine der Arbeit, der Ökonomie.

Der Weg von den beiden Urzellen über die Häuser und Dörfer zur Stadt – wie ist dieser zu verstehen? Was Aristoteles in dieser Genese der Stadt zeigt, ist der Ursprung der Politik aus den Interessen der Menschen am Überleben, an Fortpflanzung und Selbsterhaltung. Das Haus ist die erste Institution, in der biologische und ökonomische Interessen auf Dauer gestellt sind. Das Dorf bietet darüber hinaus schon mehrere Berufe und die Vorteile der arbeitsteiligen Kooperation. Die Stadt selbst ist »autark«.

Die Stadt entsteht somit um des Überlebens willen. Ihr Sinn ist bei Aristoteles jedoch ein anderer. Die Genese ist strikt zu trennen vom Sinn der Stadt. Wenn die Entstehung aus den Interessen am Überleben (*zēn*) erklärt werden kann, so ist der Sinn der Stadt erst im »guten Leben« (*eu zēn*) zu finden (Pol. I, 2, 1252b29–30). Eine Rechtfertigung der Stadt allein durch das Interesse des Menschen an Erhaltung und Überleben, liegt Aristoteles nicht weniger fern als Platon. Man muß dies hervorheben, weil dies in der Neuzeit anders sein wird. Hobbes etwa wird den Sinn aller Politik in der Sicherung des Überlebens und der Selbsterhaltung sehen.

4.2.4.2. Der Mensch – das »politische Lebewesen« (I, 2)

Kap. I, 2, der *Politik* enthält die berühmte Bestimmung des Menschen, daß er »von Natur aus« »ein politisches Lebewesen« sei (I, 2, 1253a2–3), ein *zōon politikon*. Die lateinische Übersetzung lautet *animal politicum* oder *animal sociale*. Letztere ist nicht falsch, gibt aber doch der Stadt, der Polis, etwas zu wenig Gewicht. Auch wenn der Mensch für Aristoteles schon vorpolitisch ein Gemeinschaftswesen ist, so ist er es im eigentlichen Sinne doch erst als das Wesen, das von Natur aus in die Stadt gehört. So oder so war das Wort des Aristoteles von enormer Wirkung, eine Selbstverständlichkeit für die Philosophie des Mittelalters, ein Stein des Anstoßes für die neuzeitliche politische Philosophie (zur Diskussion um den Sinn des Worts Mulgan 1974, Gigon 1976, Höffe 1979, Kullmann 1980, Arnhart 1994).

Wie ist Aristoteles' berühmte Kennzeichnung des Menschen zu verstehen? Wie schon die Theorie der Stadtentstehung, so macht auch das Wort vom »politischen Lebewesen« deutlich, daß Aristoteles keine theologische und keine mythische Grundlegung der Politik versucht. Die Stadt wird nicht auf göttliche oder übermenschliche Stiftung zurückgeführt. Sie entspricht der menschlichen Natur.

»Von Natur aus politisch« – das bedeutet auch, daß die Stadt keine bloße Konvention, kein bloßer Vertrag ist. Die sophistische Antithese von Nomos und Physis, von entweder Satzung oder Natur, wird unterlaufen. Eine Stadt zu gründen, ist dem Menschen natürlich.

»Von Natur aus politisch« bedeutet schließlich, daß der Mensch nur in der Stadt menschlich leben kann. Um dies recht verstehen zu können, muß man die aristotelische Naturteleologie und die Begriffe von »Möglichkeit« und »Verwirklichung« (*dynamis* und *energeia*, Akt und Potenz) zur Erklärung heranziehen. Wie jede Möglichkeit in einem Ziel zu ihrer Vollendung kommt, genauso kann der Mensch seine in ihm von Natur aus angelegten Möglichkeiten nur in der Stadt »verwirklichen«. Die Stadt ist die »actualitas« der spezifisch menschlichen Potenz.

Wer der Stadt nicht bedürfe, sei »entweder ein Tier oder ein Gott«, entweder weniger oder mehr als ein Mensch (I, 2, 1253a29). Der Gott des Aristoteles genügt sich selbst. Er bedarf der Gemeinschaft nicht. Wer als Mensch der Gemeinschaft jedoch nicht bedarf, bezahlt dafür mit dem Preis der Reprimitivisierung. Er fällt aus dem Menschlichen ins Tierische zurück. Wer sich nicht bindet an Stadt und Gesetz, wird wild und bestialisch, nach Aristoteles sogar ärger als jedes Tier, da er anders als ein Tier auch noch seinen Verstand für das Unrechttun einsetzen kann. Der Mensch werde so »das frevelhafteste und wildeste Lebewesen, in Sexualität und Eßgier am schlimmsten« (I, 2, 1253a36–37).

Wir wissen nicht, wem Aristoteles' scharfer Angriff auf den *apolis* lebenden Menschen gilt, ob dem Protokyniker Antisthenes oder der prächtigen Bestie Kallikles oder wem sonst. So oder so wird deutlich, daß die Aristotelische *Politik* nicht bei einem vorpolitischen Individuum ansetzt, das als Einzelwesen schon in sich konstituiert wäre und vor der Frage stünde, wie es denn in die Gemeinschaft hineinkommen kann. Die Genese der Stadt in Pol. I, 2 ist keine Ableitung aus einem vorpolitischen Naturzustand, in dem sich bereits Menschen mit Rechten und Ansprüchen befänden. Erst die Gemeinschaft bildet den Menschen zu dem, was er ist. Ohne sie hat er keinen vorpolitischen Stand.

Für die Ohren politischer Philosophen der Neuzeit wird dies alles unerträglich klingen. Der Staat konnte doch nicht »von Natur«, sondern nur durch Abmachung, durch Vertrag entstanden und nur durch die Zustimmung der einzelnen verpflichtend geworden sein. Beim vorpolitischen Einzelnen war zu beginnen, nicht bei einem Menschen, der immer schon ein Gemeinschaftswesen ist. Zumindest mußten die Ansprüche des Einzelnen und die der Gemeinschaft in eine Wechselseitigkeit gebracht werden, während Aristoteles eindeutig der Stadt den Vorrang vor dem Einzelnen gibt. Aristoteles vergleicht die Stadt mit einem Organismus, mit dem menschlichen Leib. Dieser könne leben ohne eine Hand. Die vom Leib getrennte Hand könne aber ohne den Leib nicht bestehen, sie sei eine Hand nur noch dem Namen nach (I, 2, 1253a20ff.).

Bei Aristoteles hat das Gemeinwesen Vorrang vor dem Einzelnen. Das Verhältnis von Stadt und Einzelnem gleicht fast dem von Substanz und Akzidenz. Diese starke Unterordnung läßt sich allerdings relativieren durch gegenläufige Tendenzen. Schon der Organismusvergleich läßt sich nicht nur im Sinne eines Vorranges des Gesamtorganismus vor seinen Teilen lesen. Er beinhaltet auch ein Eigenrecht jedes einzelnen Organs, ja sogar eine gewisse Macht des Einzelorgans über den gesamten Organismus. Die Polis des Aristoteles vereinnahmt den Einzelnen nicht mit Haut und Haar. Aristoteles kennt über Politik hinausreichenden Ziele wie das theoretische Leben und die Theorie. Stark betont werden der ethische Selbststand der einzelnen, die Fähigkeit zu Wahl und Entscheidung, das Selbstwertgefühl und die Ehre, die schon weitgehend innerlich geworden ist. Die Stadt des Aristoteles ist keine totale. Sie ist ihren Bürgern auch nicht in der Art fremd, wie der moderne Staat seinen Bürgern fern und fremd sein kann. Die Stadt ist ihre Bürgerschaft. Jeder Bürger nimmt an ihrer Politik teil, bestimmt sie und sich dort selbst.

4.2.4.3. Der Mensch – das Wesen, das Sprache (logos) hat (I, 2)

Daß der Mensch »von Natur aus« ein politisches Lebewesen ist, ist gelegentlich in einem biologischen Sinn gedeutet worden. Diese Tendenz findet sich, unterschiedlich stark ausgeprägt, bei Kullmann (1980), Cooper (1990) oder Arnhart (1994).

Aristoteles selbst hat in seiner *Historia animalium* (I, 1, 487b33–488a14) den Menschen bei den Herdentieren eingereiht. Auch Bienen, Ameisen, Vögel und andere Tiere haben demnach ein gemeinsames Ergon. Auch den Beginn der Vergemeinschaftung bei Mann und Frau könnte man in diesem Sinne als Lehre von einem natürlichen Sozialtrieb verstehen.

Nach Bien (1973, 123) und Schütrumpf (1991, 213) legt diese Deutung eine falsche Fährte. Was in der *Tierkunde* über den Menschen gesagt wird, ist aus der Zielrichtung dieses Werkes zu verstehen. Aristoteles will dort gar nicht das Spezifische des Menschen bestimmen. Wenn er dies, wie in der *Politik,* unternimmt, wird der Mensch von den »politisch« lebenden Tieren wie Bienen, Ameisen etc. getrennt. Das zeigt in aller Deutlichkeit die zweite anthropologische Bestimmung vom Anfang der *Politik.* Nach ihr ist der Mensch ein Wesen, das den *logos* hat (*zōon logon echon*) (I, 2, 1253a9–10).

Der Begriff des *zōon logon echon* wurde im Mittelalter mit *animal rationale* übersetzt. Häufig zu hören ist auch die deutsche Übersetzung mit »vernünftigem Lebewesen«. Beide Übersetzungen sind nicht glücklich. Aristoteles meint hier mit Logos weniger die Ratio als vielmehr die Sprache. Der Mensch ist ihm ein Sprachwesen. Mit der Sprache verweist Aristoteles auf das menschliche Mittel der Verständigung, auf das, was Menschen miteinander verbindet, so wie die Begriffe *communication* und *community* zueinander gehören, das eine zum anderen führt (Schütrumpf 1991, 213).

Der Einwand, daß auch Tiere »Sprache« haben und sich verständigen, wird berücksichtigt. Aristoteles unterscheidet Tiersprache und Menschensprache, indem er drei Sprachebenen aufführt. Die Tiersprache ist eine der Laute, der Stimme (*phōnē*). Damit geben Tiere sich Zeichen. Aber diese »Sprache« enthält nur Laute, die Lust oder Schmerz signalisieren. Sie ist eine Signalsprache.

Die Sprache des Menschen kann mehr. Sie hat zwei Stufen. Die eine ist das Reden über Nutzen und Schaden, die andere das Sich-Verständigen über Gut und Schlecht, Gerecht und Ungerecht. Das genau macht das Politische am Menschen aus. »Die Gemeinschaftlichkeit dieser Vorstellungen ruft ... das Haus und die Stadt ins Leben« (I, 2, 1253a19).

Die *Politik* des Aristoteles besitzt damit eine anthropologische Grundlegung, die der politischen Praxis der attischen Demokratie nahesteht. Die Anthropologie ist eine rhetorische. Sie versteht den Menschen als das Wesen, das sich mit anderen bereden und aus dem Sich-Bereden und Beraten zum klugen Handeln und zum Glück finden kann.

4.2.4.4. Ökonomie (I, 3–13)

a) Haus und Hauswirtschaft

Der größte Teil des Buches I handelt von der Ökonomie. Der Begriff leitet sich ab vom griechischen Wort für »Haus« (*oikos*). Bis zur bürgerlichen Gesellschaft der Neuzeit ist alle Ökonomie Hauswirtschaft. Bis in den Feudalismus hinein ist das Haus die dem Staat vorgelagerte erste Institution, eine Gemeinschaft des Wirtschaftens, aber auch der Erziehung, der Frömmigkeit, des gemeinsamen Lebens der

Eheleute sowie der Eltern und der Kinder. Bis zur Entstehung der industriellen Produktion ist das Haus die Grundlage der bäuerlichen und adligen Welt, wie sie Otto Brunner in *Adeliges Landleben und europäischer Geist* (1949) oder *Land und Herrschaft* (1959) als alteuropäische Ordnung porträtiert hat. Erst in der bürgerlichen Gesellschaft tritt an die Stelle der Hauswirtschaft die National- oder Volkswirtschaft; erst in ihr trennen sich Haus und Betrieb, Veränderungen des Wirtschaftens und des Lebens, die beim Philosophen Hegel dazu führen, daß die Architektonik des klassischen Naturrechts sich auflöst und neue Begriffe an die Stelle der alten treten.

In der feudalen Grundherrschaft fallen Haus und Herrschaft in eins. Man spricht von den einzelnen Häusern des Adels wie dem Haus Luxemburg oder dem Haus Habsburg. Wenn Aristoteles vom Haus spricht, zielen auch seine Ausführungen über Ökonomie hinaus auf Herrschaft, allerdings nur auf jene, die *im Hause selbst* ausgeübt wird. Diese ist politischer Herrschaft analog, jedoch nicht einfach mit ihr gleichzusetzen. Im Haus finden sich drei Stände: der Ehestand (*status conjugalis*), der Elternstand (*status parentalis*) und der Herrenstand (*status herilis*). Diese sind »monarchisch«, insofern der Vater für die Kinder sorgt, »politisch« im Verhältnis der Eheleute zueinander, da diese im Hause gleichgestellt sind, »despotisch« in der Herrschaft des Herrn über den Sklaven (Pol. I, 2; I, 11). Damit ist das Haus immer schon mehr als eine Wirtschaftsgemeinschaft. Es ist eine sittliche Institution, in der die Tugend der Fürsorge, die »Freundschaft« der Eheleute und die Klugheit im Wirtschaften die Grundlagen des Zusammenlebens sind. Aber keineswegs wird damit eine Gleichsetzung von Haus und Stadt vollzogen. Ökonomie und Politik sind – daran hat Hannah Arendt immer wieder erinnert – bei Aristoteles scharf getrennt. Die Sphäre der Beschaffung des Lebensnotwendigen ist zwar grundlegend. Aber sie ist nicht die Sphäre der Politik selbst.

Neben Xenophons *Oeconomicus* sind die Ökonomie-Kapitel der *Politik* die ausführlichste Abhandlung über Ökonomie, die von den Griechen überliefert ist. Zu diesen Kapiteln gehören vielgeschmähte und vielgelobte Lehrstücke; zu den vielgeschmähten ist die Abhandlung über Sklaverei zu rechnen, will Aristoteles doch auch diese als »von Natur« gerechtfertigt erweisen; zu den vielgepriesenen gehört die berühmte Unterscheidung von »Gebrauchs«- und »Tauschwert«, die Verwerfung des Zinses und die Einbettung der Ökonomie in eine ethisch-politische Lebensform. Das ethisch-politische Leben gibt dem Wirtschaften bei Aristoteles sein Maß. Wachstum um seiner selbst willen oder ein bloßes Anhäufen von Gütern sind ihm so sinnlos wie eine Ausrichtung des Lebens am Geld. Solche Züge der aristotelischen Ökonomie haben sie für das Naturrecht des Mittelalters, für Marx oder die christliche Soziallehre in gleicher Weise von Interesse gemacht.

b) Die Sache mit der Sklaverei (I, 3–7, 13)

Aristoteles rechtfertigt die Sklaverei. Daß dies in den Kapiteln über Ökonomie geschieht, versteht sich daher, daß der Sklave ein Teil des Oikos ist, so etwas wie lebendiges Inventar, vergleichbar den Tieren und Geräten, mit denen gewirtschaftet wird. *Oiketēs* (»der zum Haus Gehörige«) ist einer der Namen für den Sklaven (zur Terminologie Gschnitzer 1963). Warum Aristoteles das Thema freilich überhaupt aufgreift und warum er den Ehrgeiz besitzt, die Sklaverei als natürlich zu rechtfertigen, ist damit noch nicht geklärt. Es erklärt sich erst aus einer gewissen Verunsicherung des Philosophen. Aristoteles reagiert auf zeitgenössische Relativierungen der Sklaverei durch Sophisten wie Alkidamas (XI. 3.1) oder durch Tragödiendichter wie Euripides (Ion 854). Die sophistische Antithese von Nomos und Physis ließ sich ja nicht nur im Sinne eines Rechts des Stärkeren auslegen. Man konnte sie auch dazu verwenden, die Herrschaft von Herren über Sklaven als eine bloße Konvention abzutun, die der natürlichen Gleichheit der Menschen widerspricht.

Aristoteles will zeigen, daß die Sklaverei »von Natur« aus gerechtfertigt ist. Wie aber soll dies nachzuweisen sein? Ein Ursprung der Sklaverei ist ja der Krieg, in dem der Verlierer sich sein Leben durch die Versklavung erkauft; auf diesen Ursprung der Sklaverei verweist das Wort *andropodon*, d. h. »Beute mit Menschenfüßen«; es ist die wohl schlimmste Bezeichnung für den Sklaven, die Aristoteles übrigens nicht verwendet. Ein anderer Ursprung waren Notlagen, Verschuldung, nach der Einführung eines kommerzialisierten Sklavenhandels auch Beutezüge, also allesamt Ursachen, in denen auf den ersten Blick nicht »Natur«, sondern Krieg, Geschäft und Not zu erkennen sind. Aristoteles entledigt sich der Schwierigkeit zunächst dadurch, daß er eine Sklaverei »von Natur« und eine »nach dem Gesetz« (*nomos*) unterscheidet (I, 6). Die im Krieg Unterlegenen, etwa im Krieg unterlegene Aristokraten, seien keine Sklaven »von Natur«. Allerdings könne auch die Versklavung durch Krieg gerechtfertigt sein, wenn es sich um einen »gerechten« Krieg handele. Der Sieger siege nicht allein durch überlegene Gewalt, sondern auch durch überlegene Tüchtigkeit (Pol. I, 6, 1255a15).

Aristoteles hat die hier fragliche Tüchtigkeit (Ist es Tapferkeit? Ist es Todesverachtung?) nicht näher erläutert. Hegel, der an Aristoteles' Sklavenlehre in seiner berühmten Herr-Knecht-Dialektik anknüpft, hat sie zu den unterschiedlichen Formen des Selbstbewußtseins präzisiert, das die einen ihre Todesfurcht überwinden (und zu Herren), die anderen ihr Überleben in Unfreiheit dem Tod vorziehen und zu Sklaven werden läßt. Immerhin wird deutlich, daß die Lehre von der naturgegebenen Sklaverei von vorneherein Risse enthält. Nicht jeder, der faktisch Sklave ist, ist es mit Recht. »Mit Recht« ist Sklave nur, wer es nicht anders »verdient«. Das kann für Aristoteles wie schon für Platon per se nur Barbaren betreffen, nicht aber Griechen (Pol. I, 2, 1252b9; leg. 800d–e).

Aristoteles' Rechtfertigung der Sklaverei hat mehrere Argumentationsebenen, eine biologische, eine ökonomische und eine praktische.

Die *biologische Rechtfertigung* beruft sich auf die Rangordnungen in der Natur. Diese hat dem einen Verstand und Voraussicht gegeben, dem anderen einen Körper und die Fähigkeit, Befehle verstehen und ausführen zu können (Pol. I, 5, 1254b20 ff.). Wer Verstand hat, soll befehlen, wer nur seinen Körper besitzt, gehorchen. Überall in der Natur finden sich Herrschafts- und Rangverhältnisse. Aristoteles nennt mehrere Analogien: das Rangverhältnis von Verstand und Körper, Seele und Leib, Vernunft und Affekten, Mensch und Tier, ja selbst die Dominante in der Musik wird als Analogie nicht verschmäht (Pol. I, 5, 1254a33). Allenthalben ist es demnach gerechtfertigt, daß das Höhere das Niedere, das Bessere das Schlechtere beherrscht. Die Natürlichkeit der Rangordnung von Herren und Sklaven soll sich sogar am Körperbau ablesen lassen. Die Körper der Sklaven seien

kräftig und gedrungen, die der Herren groß und schlank. Ausnahmen werden zugestanden (Pol. I, 5, 1254b27–34).

Neben den Versuch einer biologischen Rechtfertigung (überall in der Natur gibt
es Rangordnung und sie ist sinnvoll) tritt eine *ökonomische Rechtfertigung*. Sie
geht aus von der vorherrschenden Lage, daß der Sklave faktisch ein Teil des Hauses
ist, eine Sache, eine Art Werkzeug. Aristoteles nennt ihn das »lebendige Werkzeug«
(*empsychon organon*) (I, 4, 1253b27 ff.). Wie man zur Arbeit überhaupt Werkzeuge braucht, so wären demnach für gewisse Arbeiten gerade »lebendige Werkzeuge« nötig. Sie sind besonders tüchtige Werkzeuge, die viele andere Werkzeuge
ersetzen können.

Schließlich wird auf einer dritten Ebene die Sklaverei *praktisch*, d. h. im Namen
der Praxis, gerechtfertigt. Der Sklave ist ein »Werkzeug für die Praxis« (Pol. I, 4,
1254a5 ff.). Damit wird selbstverständlich nicht die Tätigkeit des Sklaven selbst
zur Praxis, zu einem in sich sinnvollen Tun erklärt. In sich sinnvoll ist die Arbeit
des Sklaven gerade nicht. Seine Tätigkeit ist ein bloßes Mittel. Aber sie ist ein vor-
zügliches Mittel des Lebens, da sie den Herrn freisetzt, praktisch tätig zu sein, Zeit
und Muße zu haben für in sich sinnvolle Tätigkeiten, d. h. für Politik oder Philosophie (Pol. I, 7).

Aristoteles' Versuch, die Sklaverei als »von Natur aus« gerechtfertigt nachzuweisen, verstrickt sich Schwierigkeiten und immanente Widersprüche. Eine Grund-
schwierigkeit besteht darin, daß Aristoteles den Begriff des Sklaven und den des
Menschen nicht miteinander vereinen kann. Wie kann das eine *eidos* »Mensch«
»von Natur aus« aus zwei Arten bestehen (Gigon 1965)? Nach der unvorsichtigen
Äußerung in der *Nikomachischen Ethik*, daß Freundschaft mit dem Sklaven »als
Menschen« möglich sei (VIII, 13, 1161b5–6), hat der Sklave einen wie auch immer
prekären Menschenstatus. Zwar gilt dieser nicht uneingeschränkt, da der Sklave
nur soviel Anteil an Vernunft und eigener Entscheidungsfähigkeit besitzt, daß er
Befehle verstehen und ausführen kann. Aber was wäre, fände man einen Sklaven,
der vernünftig wäre und Arete im Vollsinn besäße? Ein einziges Exempel würde genügen, die Theorie der Sklaverei »von Natur aus« zu stürzen. Der Sklave kann
nicht Mensch und Sklave zugleich sein (Baruzzi 1970).

Die ökonomische Rechtfertigung der Sklaverei harmoniert nicht mit der Argumentation, Sklaverei sei »von Natur aus« legitimiert. Die Bedingungen der ökonomischen Produktion ändern sich, und wenn die Sklaverei abgeschafft worden ist,
so hat dies sicher ganz wesentlich damit zu tun, daß sie nur unter bestimmten Bedingungen rentabel sein kann, auf großen Latifundien etwa. Die ökonomische
Schwachstelle der Sklaverei ist der dem Sklaven fehlende Anreiz zur Arbeit (es sei
denn, daß ihm Freilassung für gute Arbeit in Aussicht gestellt wird).

An einer berühmten Stelle scheint Aristoteles selbst die Sklaverei weniger ökonomisch zu rechtfertigen als zu relativieren. »… wenn die Weberschiffchen von selber
webten und die Zitherschlägel von selber die Zither schlügen, dann freilich bedürfte
es für die Meister nicht der Gehilfen und für die Herren nicht der Sklaven« (Pol. I, 4,
1253b33–1254a1). Das klingt wie die später oft vorgebrachte Argumentation, daß
Maschinalisierung und Automatisierung Sklaverei, ja Menschenarbeit überhaupt,
überflüssig werden lassen. Der Kontext der berühmten Stelle – Aristoteles verweist
auf die Standbilder des Daidalos und die Dreifüße des Hephaistos, die sich von

selbst in die Götterversammlung bewegen (Il. XVII, 376) – macht deutlich, daß die Automatisierung für Aristoteles in den Bereich der Mythen und Sagen gehört. Sie ist märchenhaft und phantastisch, nichts, was wirklich zu erwarten ist.

Ein weiterer Widerspruch ergibt sich durch die in Athen praktizierte Freilassung von Sklaven, die Aristoteles als Lohn für gute Leistung und zur Verhinderung von Unruhen selber empfiehlt (Pol. VII, 2, 1330a25–33). Dies mag sich aus einer engen Anlehnung an Platons Empfehlung zur Verhinderung von Aufständen erklären (leg. 776b–778a), ist aber mit einer Sklaverei »von Natur aus« kaum zu vereinen. Bleibt der Freigelassene ein Sklave »von Natur aus«? Oder legt er, sobald er freigelassen ist, seine »natürliche« Sklaverei ab? Oder ist jeder Freigelassene eigentlich nie ein Sklave »von Natur aus« gewesen?

In sich inkonsistent wird die Begrifflichkeit, wenn Aristoteles die Sklaverei durch einen Nutzen sowohl für den Herrn als auch für den Sklaven legitimieren will (Pol. I, 2, 1252a34; I, 5, 1254b22). Dem widerspricht die Terminologie, in der Aristoteles die Herrschaft über Sklaven selber faßt. Er definiert sie als »despotische« Herrschaft. Der Despot ist ein Tyrann, und die Herrschaft des Tyrannen ist gerade dadurch gekennzeichnet, daß sie allein dem privaten Vorteil des Alleinherrschers, aber niemandem sonst nützt.

Spannungen und Widersprüche enthält die Sklavenlehre des Aristoteles in reicher Zahl. Wie soll man sie heute beurteilen? Welches Gewicht soll man ihnen zusprechen für die Beurteilung der klassischen Philosophie und Politik? Ein falscher Zungenschlag ist da leicht möglich, sei es, daß man es heute sowieso besser weiß, sei es, daß alles, was man zum besseren Verständnis des Aristoteles anführen mag, wie eine ungewollte Apologie klingen muß. Aber vor schlichter Besserwisserei kann vielleicht die Einsicht bewahren, daß die Sklaverei keine Angelegenheit nur der Griechen (oder der Römer) war. Das Christentum hat sie zwar relativiert (»weder Sklave noch Freier«, Gal. 3, 28), aber de facto nicht aufgehoben. Noch in der Neuzeit und im Amerika des 19. Jh.s blühen Sklavenhandel und Sklaverei.

Ein Blick auf das 4. Jh. v. Chr. und auf die Ansichten der Zeitgenossen kann die Lehre des Aristoteles nicht rechtfertigen. Er kann sie aber als eine Meinung kenntlich machen, die vom Zeitgeist nicht sonderlich abgewichen ist. Für die meisten Zeitgenossen, einige Sophisten und den Euripides einmal ausgenommen, hat Sklaverei offenbar zu den Selbstverständlichkeiten des Lebens gezählt, ein gewisses Unbehagen darüber nicht ausgeschlossen. Aristoteles deutet dieses an, wenn er der »Wissenschaft« des Herrn (das ist die Wissenschaft, dem Sklaven richtige Befehle zu erteilen) bescheinigt, »wenig Großes oder Edles« an sich zu haben (Pol. I, 7, 1255b34). Man solle sie dem Verwalter überlassen.

War die griechische Gesellschaft eine Sklavenhaltergesellschaft, so wie sie von Marx und Engels als eine solche kritisiert worden ist? Ein Blick auf die Wirtschaft des 4. Jh.s v. Chr. und die Lage der Sklaven kann Zweifel an einer solchen pauschalen Charakterisierung wecken (Finley 1981, Weber 1981, Garnsey 1996, Klees 1998). Die ärmeren Bürger – und das ist die Mehrheit – konnten sich keine Sklaven leisten. Sie lebten von eigener Arbeit. Die Lage der Sklaven schwankte je nach Haus und Arbeitsort. Oft war sie wohl besser als die Lage der Lohnarbeiter im 19. Jh. Unerträglich waren die Arbeitsbedingungen in der Athener Silbermine in Laureion. Besser gestellt waren die Hausdiener, Pädagogen, Musiker, Ärzte, Bankangestellten oder jene ca. 1000 öffentliche Sklaven Athens (*dēmosioi*), die als Hilfsorgane der Magistrate tätig waren, etwa beim Straßenbau oder als Ordner in der Volksversammlung. Die Bezahlung für vermietete Sklavenarbeit und Lohnarbeit war gleich hoch. Gute Arbeit konnte zur Freilassung führen. Ebenso militärischer Dienst. Sklaven waren zu den Mysterien zugelassen (Dem. 59, 21). Ihr Status als der eines Unfreien (*doulos*) war rechtlich selbstverständlich prekär und dem eines Besitzstükkes (*ktēma*) vergleichbar. Es bestand aber ein rudimentäres Ehe-, Vertrags- und Zeugnisrecht, letzteres allerdings verbunden mit der Folter (Dem. 49, 55).

Burckhardt hat in seiner *Griechischen Kulturgeschichte* einmal geschrieben: »Menschenrechte gibt es im Altertum nicht«. Bei Sternberger heißt es: »Was die Alten entdeckten und begründet haben, war eine Humanität ohne Gleichheit« (1978, II/1, 88). In der Tat kennt die klassische Philosophie der Griechen keinen Begriff von Menschengleichheit. Dieser wird erst durch die Stoa und das Christentum verbreitet werden, zunächst aber auch nur in der Form, daß die Gleichheit eine in Gedanken oder vor Gott, nicht aber eine in dieser Welt war.

c) Natürliche und widernatürliche Erwerbskunst (I, 8–10)

Aristoteles' Abhandlung über Ökonomie ist die bedeutendste der Antike. Von vielen modernen Ökonomen, die im Banne des Kapitalismus und seiner Vorzüge stehen, wird sie jedoch abschätzig beurteilt, fehlt ihr doch eine Theorie des Marktes und der Preise, verwirft sie doch den Zins und die Dynamik, von der die kapitalistische Wirtschaft so sehr gekennzeichnet sind. Schumpeter etwa nennt die Aristotelische Ökonomie »pedestrian« oder »pompous common sense« (1954, 57). Ihre Verteidiger heben demgegenüber hervor, daß sie durchaus die Lage des 4. Jh.s v. Chr. angemessen erfasse (Gelesnoff 1923, Brauweiler 1938). Manche schreiben ihr sogar eine eigene, über ihre Zeit hinausweisende politisch-ökonomische und ethisch-ökonomische Relevanz zu. Demnach ist die Aristotelische Ökonomie ihrerseits in der Lage, die Dogmen der kapitalistischen Ökonomie in Frage zu stellen und mit einer anderen Auffassung von Wirtschaft zu konfrontieren (Koslowski 1979, ²1979; Bien 1994).

Unter den Fachleuten für Geschichte der Ökonomie ist umstritten, wie fortgeschritten die griechische Wirtschaft des 4. Jh.s v. Chr. war. Wie immer man aber den Grad der Entwicklung beurteilen mag, eindeutig ist, daß Aristoteles auf die »modernen« Entwicklungen, auf Geld- und Handelswirtschaft, Inflation und Kredit, abwehrend reagiert. Seine »konservative Wirtschaftspolitik« (Koslowski 1979, 77) empfiehlt eine Produktion primär für den Eigengebrauch von Haus und Stadt, eine Beschränkung des Geldhandels und eine Stärkung des Mittelstandes, der für ihn die Grundlage der »Politie«, der bürgerlichen Verfassung, ist.

Wirtschaften besteht bei Aristoteles im Haushalten und Erwerben. Beim Erwerben unterscheidet er eine natürliche und eine widernatürliche Erwerbskunst. Die erste nennt er *ktektikē*, die letzte *chrematistikē*. (Der Name »Chrematistik« leitet sich ab von *chrēma*, d.h. »Geld« oder »Sache«.) Natürlich ist die Erwerbskunst, die besorgt, was man zum Leben braucht. Dieses beschaffen Erwerbsarten, die »nicht durch Tausch und Handel«, sondern durch naturnahe Arbeits- und Produktionsformen gekennzeichnet sind. Aristoteles nennt »Nomaden, Bauern, Räuber,

Fischer und Jäger« (Pol. I, 8, 1256a40–b1). Zieht man die Raub (und die auch noch genannte Beutekunst der Krieger) ab, bleiben die Urproduktionen einer Agrargesellschaft übrig. Sie werden wie bei den Physiokraten als die eigentlich wertschöpferischen betrachtet. Aristoteles versteht sie übrigens ganz anthropozentrisch: Pflanzen und Tiere sind für den Menschen da.

Die andere Art der Erwerbskunst ist die Geld- und Handelswirtschaft. Sie ist nicht schon als solche widernatürlich, und das führt dazu, daß der Begriff »Chrematistik« auch für eine noch naturgemäße Erwerbskunst stehen kann. So ist es natürlich, Versorgungslücken zu schließen. Solange in einer Naturalwirtschaft Sachen getauscht werden, hat Aristoteles gegen die Chrematistik gar nichts einzuwenden. Problematisch wird sie erst, sobald das Geld eingeführt wird und es mit dem Tausch konkreter Güter nicht mehr sein Bewenden hat, sondern der Tausch um des Tausches willen und das Wirtschaften um Geld und Gewinn beginnt. Dann tritt an die Stelle des »Gebrauchswert« der »Tauschwert«.

Warum hat Aristoteles Einwände gegen die Handels- und Tauschwirtschaft, die auf Tauschwert und Gewinn zielt? Der wichtigste Grund ist für ihn die Verkehrung der Lebensziele, die eine solche Wirtschaftsweise mit sich bringt. Geld und Reichtum sind für Aristoteles Lebensmittel. Sie haben ihren Sinn darin, einem glücklichen und gelingenden Leben zu dienen. Mit der Ausrichtung am Tauschwert und am Geld, an Handel und Gewinn verkehren sich jedoch die Ziele. Aus dem Mittel wird ein Zweck. Das Leben und die Tüchtigkeit werden für Geld und Wirtschaft instrumentalisiert, obwohl diese doch deren bloße Hilfsmittel sein sollten.

»... die Tapferkeit ist nicht dazu da, Geld zu erzeugen, sondern Mut, und die Kriegs- und Heilkunst hat gleichfalls nicht jene Bestimmung, sondern die erstere die, den Sieg, und die letztere, Gesundheit zu verschaffen; jene Art von Leuten aber macht dies alles zu Mitteln des Gelderwerbs, als wäre dies der Zweck« (I, 9, 1258a10–14).

Die natürliche Erwerbskunst hat ihr Maß an der Natur sowie an dem, was der Mensch an äußeren Gütern für ein gutes Leben braucht. Die in Tauschwerte übergegangene Geld- und Handelswirtschaft hat in sich selber kein Maß. »›Reichtum hat keine Grenze‹«, so zitiert Aristoteles ein Wort des Solon (Pol. I, 8, 1256b33 f.). Ursache der Grenzenlosigkeit des Strebens nach Geld und Reichtum ist nicht eine asketische Lebensform, wie sie Max Weber für den Zusammenhang von Protestantismus und Kapitalismus aufgedeckt hat. Die Dynamik der Handels- und Geldwirtschaft wird bei Aristoteles vielmehr durch den Hedonismus erklärt, durch die Begierden und Bedürfnisse, die in sich keine Grenze und kein Maß besitzen, sondern unendlich vermehrbar sind (Pol. I, 9, 1258a5 ff.). Das Mehrhaben-Wollen, das apolaustische Leben und der Hedonismus stehen hinter der Dynamik dieser Wirtschaftsform.

Die schärfste Kritik das Aristoteles gilt dem Zins (*tokos*). Er nennt ihn geradezu »hassenswert«, »weil er aus dem Geld selbst den Erwerb zieht« (Pol. I, 10, 1258b2–3). Der Zins ist für Aristoteles die Spitze der Widernatürlichkeit. Der Wert des Geldes beruht nach Aristoteles auf bloßer Abmachung. Es ist ein reines Hilfsmittel des Tausches. Im Zins erweckt das Geld jedoch den Eindruck, selbst etwas »wert« zu sein, ja, es erweckt den Eindruck, »lebendig« zu sein, Kind und Kindeskinder in die Welt zu setzen. Das griechische Wort für »Zins«, *tokos*, kommt von *tiktein*, »gebären«. Schon das Wort als solches deutet somit auf die Verkehrung der natürlichen Ordnung, in der etwas Lebloses den Eindruck der Lebendigkeit erweckt.

Aristoteles entwirft das Modell einer stationären Wirtschaft, und wie aus dem Alten Testament (etwa 3. Mos. 36, 37), so läßt sich auch aus seiner Lehre ein Zinsverbot ableiten. Schon das Mittelalter freilich versucht dies zu lockern, und in der Neuzeit wird die ganz auf Erhaltung, nicht auf Investition angelegte Wirtschaft des Aristoteles sogar zum Stein des Anstoßes werden. John Locke versucht im *Second Treatise* (1689) nachzuweisen, wie nützlich und gerechtfertigt eine unbegrenzte Anhäufung von Eigentum ist. Mit der Einführung des Geldes (Second Treatise, Kap. 5) seien alle Schranken gefallen, die der Aneignung von Privateigentum naturrechtlich zu ziehen sind. Geld sei produktiv. Es schaffe durch Lohn und Investition selber Wert. Der in einer Geldwirtschaft erwirtschaftete Gesamtnutzen sei derart hoch, daß in einer solchen Gesellschaft noch der Tagelöhner besser dastehe als der König irgendeines Stammes.

Locke argumentiert für den Kapitalismus und die Ungleichheit des Besitzes. Seine Argumentation erklärt allerdings nicht, wie die endlose Jagd nach immer neuen Gütern den Menschen glücklich machen kann. Auch darf man fragen, inwiefern eine von Schranken befreite Geld- und Handelswirtschaft noch einem Maßstab der Gerechtigkeit genügt. Marx wollte im ersten Band des *Kapitals* die Gerechtigkeit als bloßen Schein der kapitalistischen Produktionsweise und des Äquivalententausches aufweisen, und wie für Aristoteles so ist auch für Marx das Kapital ohne Maß. Auch Marx verwendet die Begriffe Tauschwert und Gebrauchswert (MEW 23, 100, 179). Die Zirkulation kritisiert er als eine Sphäre, die selber keinen Wert schafft. Vermutlich ist dies auch der unausgesprochene Einwand des Aristoteles gegen den Tauschhandel und das Geldgeschäft. Sie erzeugen selber keinen Wert. Woher soll er auch kommen, wenn es doch Äquivalente sind, die man tauscht?

Aristoteles' Wirtschaftstheorie ist angesiedelt am Übergang von einer sozial eingebundenen Statusgesellschaft in eine Markt- und Vertragsgesellschaft. Auf die neuen Entwicklungen antwortet sie mit Abwehr. Wie der Marxschen Theorie fehlt ihr ein Verständnis für die Produktivität kapitalistischer Investition und Marktkonkurrenz. Auf der anderen Seite ist die Aristotelische Ökonomie aber auch anschlußfähig an moderne Theorien, z.B. an die vom Grenznutzen. Der modernen Wirtschaftsweise kann sie ein kritischer Spiegel sein. Wirtschaften bedarf der ethischen Zielsetzung. Es bedarf der Einbettung in eine Lebensform, die verhindert, daß sich, was nur ein Mittel ist, zum Lebenszweck aufwirft. In dieser Perspektive bleibt die Ökonomie des Aristoteles allen Wirtschaftstheorien überlegen, die vor der Dynamik der kapitalistischen Wirtschaftsweise kapitulieren und mit der Erklärung des Bestehenden zufrieden sind.

4.2.5. Kritik schon bekannter Verfassungen, insbesondere der platonischen Verfassungsentwürfe (Buch II)

Entsprechend dem Geist seiner praktischen Philosophie, die an das bereits bekannte Wissen und die schon gemachten Erfahrungen anknüpft, greift Aristoteles im Buch II bekannte Verfassungen auf. Es sind solche, die man bereits wegen ihrer

Vorzüge schätzt. Ein besonderes Gewicht legt Aristoteles auf die Eigentumsfrage, im weiteren Sinn auch auf die Frage, was einer politischen Gemeinschaft überhaupt gemeinsam oder nicht gemeinsam zu sein hat (II, 1). Behandelt wird zunächst Platon, seine *Politeia* (II, 2–5) und seine *Nomoi* (II, 6). Es folgt eine Diskussion der Idealstaatsentwürfe des Phaleas von Chalkedon (II, 7) und des Hippodamos von Milet (II, 8) (hier XVII. 4.). Den Abschluß bildet eine Untersuchung der Verfassungen Spartas (II, 9), Kretas (II, 10) und Karthagos (II, 11) sowie einzelner Gesetzgebungen, insbesondere der Solons (II, 12).

Im Blick zurück auf die Entwicklung der attischen Demokratie läßt Aristoteles eine Neigung für die Solonische, noch eingeschränkte »Demokratie« erkennen. Solon habe – und das ist wohl ein Lob – »dem Volk nur die allernotwendigste Gewalt gegeben, nämlich die, sich seine Regierung selbst zu wählen und sie zur Verantwortung zu ziehen – denn wenn das Volk nicht einmal diese Macht besitzt, lebt es sklavisch und ist der Verfassung feindlich« (II, 12, 1274a15). Die Einschränkung des passiven Wahlrechts im Sinne der Vierklassengesellschaft Solons findet offenbar Aristoteles' Zustimmung.

Die Verfassungen Spartas, Kreta und Karthagos rückt Aristoteles nahe aneinander. Vorbildlich kann ihm keine von diesen sein. Gegen die spartanische Verfassung und Lebensordnung führt er zahlreiche Einwände ins Feld. Gegen sie spreche: die vernachlässigte Erziehung der Frauen; die Anhäufung des Besitzes in den Händen von Frauen; die Bestechlichkeit der Ephoren und ihre »kindische« Wahl durch das Geschrei in der Versammlung; die Unverantwortlichkeit der Gerousia; der Ausschluß der Armen von den Speisegemeinschaften. Wie schon Platon so versäumt es auch Aristoteles nicht, die Verengung der Tugend auf die militärische Tüchtigkeit als den entscheidenden Mangel der spartanischen Lebensweise anzuprangern.

Aristoteles' eigentliches Interesse gilt jedoch der Kritik der platonischen Politik. Die Bedeutung dieser Kritik wird oft heruntergespielt. Schon Susemihl/Hicks nennen sie »pedantisch« und »sophistisch« (1894, 215). Bornemann, der die bis vor kurzem ausführlichste Darstellung gegeben hatte (1923), läßt kein gutes Haar an ihr. Bernadete nennt sie »offensichtlich« (1989, 197), Julia Annas »surprisingly crass and literal-minded« (1981, 188). Solche Kritik der Kritik ist insofern verständlich, als Aristoteles viele zentrale Themen der *Politeia* überhaupt nicht aufgreift. Weder die Lehre von der Philosophenherrschaft noch die Gerechtigkeitslehre werden überhaupt angesprochen. Die Kritik an den *Nomoi* geht an nahezu allen wichtigen Lehren des Spätwerkes vorbei. Sie begnügt sich mit einer Kritik an der nur innenpolitischen Betrachtung der Gesetzesstadt, der mangelnden Genauigkeit bei der Festlegung des Besitzes und der oligarchischen Schlagseite der platonischen Mischverfassung. Eine glatte Themaverfehlung! Und doch ist die Kritik an Platon aufschlußreich und, was die *Politeia* angeht, auch berechtigt (Stalley 1991, Mayhew 1997). Sie ist auf ein wesentliches Thema konzentriert: das politische Einheitsdenken Platons. Zwar wird dieses in Buch II nicht auf die Einheit der Idee zurückgeführt. Aber mit der Kritik an der allzu engen Einheit des platonischen Staates trifft Aristoteles nicht eine Nebensache, sondern eine Hauptsache. Eine Darstellung der Philosophenherrschaft oder der Gerechtigkeitslehre erübrigt sich für Buch II, da die Auseinandersetzung mit solchen Lehren in der Ethik und in der Verfassungslehre geführt wird.

4.2.5.1. Kritik des platonischen Einheitsstaates

Platons Hochschätzung der Einheit der besten Stadt setzt Aristoteles den Satz entgegen: »Eine Vielheit ist ihrer Natur nach die Stadt« (Pol. II, 2, 1261a18). Dolf Sternberger und Hannah Arendt haben diesen Satz geradezu zum Programmsatz ihrer politischen Philosophie gemacht. Arendt erhebt in *Vita activa* (1956) Pluralität in den Rang einer Kategorie des handelnden Wesens Mensch, Sternberger deutet in *Drei Wurzeln der Politik* (1978) Aristoteles' »Politologik« von diesem Satz aus.

Aristoteles' Kritik des platonischen Einheitsstaates gilt vor allem der Gleichsetzung von Haus und Stadt. Aristoteles will das Öffentliche und das Private wieder trennen. Die Familienbande sind der politischen Gemeinschaft zu eng. Allzu strenge Gemeinschaftlichkeit schlägt für ihn in ihr Gegenteil um. Statt Menschen enger aneinander zu binden, werden sie einander entfremdet. Wenn alle miteinander befreundet sein sollen, wird die Freundschaft verwässert, so wie wenn man »ein wenig Süßigkeit unter viel Wasser mischt« (Pol. II, 4, 1262b17f.).

Gemeinschaften bilden sich nach Aristoteles aus Verschiedenheit, aus Menschen unterschiedlicher Art. Deren politische Kooperation läßt sich für Aristoteles nicht mehr nach dem Modell der platonischen Idiopragie verstehen. Dieses ist der ökonomischen Arbeitsteilung entlehnt, und es führt bei Platon dazu, daß jeder immer nur eines tut, d.h. entweder immer nur regiert oder immer nur regiert wird. An die Stelle dieses Politikmodells setzt Aristoteles die »abwechselnde Regierung«, wie sie in der Demokratie oder in der Politie praktiziert wird. Alle Bürger nehmen am Regieren teil, »gerade wie wenn Schuster und Zimmerleute miteinander in der Arbeit wechselten« (Pol. II, 2, 1261a 35).

4.2.5.2. Kritik des platonischen Kommunismus

Grundfrage des Buches II ist, was Gemeinschaften gemeinsam haben müssen. Gar keine Gemeinsamkeit, das wäre ein Widerspruch in sich. Zumindest den Ort muß man gemeinsam haben. Aber auch das Gegenteil, daß man »alles« gemeinsam hat, ist nach Aristoteles nicht wünschenswert. Er kritisiert den Kommunismus Platons, dabei allerdings aus den Augen verlierend, daß Platon diesen ja nur den Wächtern verordnet hat.

Am Anfang steht eine Unterscheidung im Begriff »mein« oder »nicht mein«, die zunächst sophistisch klingt, aber »keineswegs trivial« ist (Stalley 1991, 192). Aristoteles unterscheidet zwei Bedeutungen des Wortes »alle«. Es kann einmal für eine kollektive Eigentümerschaft, zum anderen für eine Eigentümerschaft aller einzelnen (*singuli*) stehen. Die Unterscheidung ist insofern bedeutsam, als je nach Wortsinn eine ganz andere Beziehung des einzelnen zum Gemeinsamen existieren kann, das Interesse am kollektiv Besessenen gering, das am je Eigenen aber groß sein kann. Wer wie die Wächter Platons Frauen und Kinder mit allen anderen gemeinsam »besitzt«, wird sie kaum noch als die je eigenen lieben und verstehen. Die von Platon gesuchte Eintracht wird so gerade nicht bewirkt.

Die Schwachstelle eines egalitären Kommunismus ist seine Unempfindlichkeit für die unterschiedliche Arbeits- und Leistungsfähigkeit der Menschen. Nach Aristoteles entsteht Unzufriedenheit, wenn alle das Gleiche erhalten, obwohl ihre Leistung unterschiedlich ist. Die Hoffnung, mit der Abschaffung des Privateigentums würden zugleich bestimmte Übel verschwinden – genannt werden Diebstahl, Prozesse über Verträge, falsches Zeugnis vor Gericht, Kriecherei gegenüber den Reichen – ist nach Aristoteles unbegründet. Solche Übel stammten nicht aus den Besitzverhältnissen, sondern aus der »Schlechtigkeit« des Menschen selbst (II, 5, 1263b19–24). Zu enge Gemeinschaftlichkeit führe zum Streit. Das könne man schon an den Reisegruppen sehen, die sich wegen »Kleinigkeiten« in die Haare gerieten (II, 5, 1263a18f.).

Aristoteles plädiert für eine Eigentumsordnung, in der hauptsächlich Privateigentum, nachgeordnet Gemeineigentum existiert (II, 5, 1263a26f.). Genau dies ist in der *Politeia* der Fall, so daß die Aristotelische Kritik die Eigenart der platonischen Eigentumslehre überhaupt nicht zu treffen scheint. Aristoteles mischt jedoch Einwände gegen den platonischen Kommunismus mit einer prinzipiellen Kommunismuskritik, die er anthropologisch, ethisch und ökonomisch zu begründen versucht.

Wie die Freundschaftslehre von einer berechtigten »Selbstliebe« ausgeht, so wird auch die Eigentumslehre durch eine recht verstandene Selbstliebe begründet. Diese ist nicht per se egoistisch, sondern dem Menschen natürlich. Eigenen Besitz zu genießen, ist ein Teil eines realistisch verstandenen Glücks. Der Privatbesitz ist sogar ethisch dem Gemeinbesitz vorzuziehen, weil dieser zwei Tüchtigkeiten verhindert: die »Freigebigkeit« und die »Mäßigung«. Letztere wird von Aristoteles allein auf die sexuelle Enthaltung bezogen, darauf, daß jemand auch die Frauen der anderen respektiert. Hier wäre ein Argument besser am Platz, das die den platonischen Wächtern überhaupt fehlende Gelegenheit, Mäßigung und Maß zu üben, monieren würde. Angesichts des verordneten Kommunismus ist den Wächtern in Platons *Politeia* ja gar keine ethische Auseinandersetzung mit ihren Trieben mehr möglich. Vielmehr ist jegliche Versuchung von vorneherein ausgeräumt. Die fehlende Möglichkeit der »Freigebigkeit« ist ein gravierender Einwand. Man hat ihn des öfteren entkräften wollen (so schon Bornemann 1923, jetzt Irwin 1991), indem man auch den Verzicht auf Privateigentum als eine Art Generosität verstehen wollte oder aber Freigebigkeit auch bei Gemeineigentum für möglich hielt. Aber Freigebigkeit ist nur eine Tugend, wenn man gibt, was einem selbst gehört, und daß man Freunden helfen oder überhaupt großzügig sein will, ist in der Aristotelischen Ethik ein hoher Wert.

Für Aristoteles ist das Privateigentum die ökonomisch effizientere Eigentumsform. Auch dafür nennt er einen anthropologisch verankerten Grund. Ein jeder arbeite »mit Sorgfalt« für den eigenen Vorteil, während das gemeinschaftliche Eigentum vernachlässigt werde (Pol. II, 5, 1263a28; II, 3, 1261b32–1262a1). Die Vernachlässigung des gemeinsam Besessenen, ist das Problem der »Allmende«, das Aristoteles mit Recht anführt. Es stellt sich um so dringender, je größer die Zahl der kollektiven Eigentümer und je unpersönlicher die Beziehung des einzelnen zum jeweiligen Gemeineigentum ist.

4.2.6. Der Bürger und die Stadt, die Regierung und die Rolle der Menge (Buch III)

Buch III der *Politik* beginnt mit einer Bestimmung des Bürgers (III, 1–2). Diese ist als Vorbereitung der Verfassungslehre nötig, da bei Aristoteles Stadt, Verfassung und Bürgerschaft gleichbedeutende Begriffe sind. Es folgt eine Definition der Stadt (III, 3) sowie eine Diskussion der Frage, ob die Tüchtigkeit des »guten Mannes« und die Tüchtigkeit des »guten Bürgers« miteinander harmonieren (III, 4). Ob Handwerker Bürger sein können, wird im Blick auf verschiedene Verfassungen durchgegangen (III, 5). Anschließend entfaltet Aristoteles das bekannte Sechser-Schema der Verfassungen (III, 6–9). Eine Abhandlung für sich bildet eine Diskussion der Regierungsgewalt und der Rolle der Menge und ihres politischen Urteils (III, 10–11). Die gerechte Verteilung von Macht und Ämtern wird in III, 12–13 thematisiert. Die restlichen Kapitel befassen sich mit der Monarchie (III, 14–17).

Die Verfassungslehre des Buches III und die Monarchiekapitel werden im Folgenden zusammen mit der Verfassungslehre der Bücher IV–VI diskutiert. Aus Buch III werden vier Themen herausgegriffen: Bürger, Stadt, Regierung und die Rolle der Menge und ihres politischen Urteils. Für alle Themen einschlägig sind die Veröffentlichungen von Braun (1959, 1961, 1965, 1971), ferner Schütrumpf (1976, 1980) und Lévy (1980).

4.2.6.1. Bürger (III, 1–2, 4–5)

Wer ist Bürger? Nach Aristoteles jeder, der »am Richten und Regieren Anteil hat« (III, 1, 1275a22 ff.). Die Definition ist der Praxis der Demokratie abgelesen, und wörtlich genommen paßt sie nur auf diese. Bei noch genauerer Übersetzung müßte die Definition lauten: Bürger ist, »wer an Volksversammlung und Gerichtsversammlung teilnehmen darf«. Es handelt sich hier nicht um eine unbestimmte Teilhabe an der »Macht« (*pouvoir*, Lévy 1980, 236), sondern um eine Teilhabe an den konkreten Institutionen der Stadt. Eine generelle Bevorzugung der Demokratie ist mit dieser Definition des Bürgers allerdings nicht verbunden. Zwar zollt Aristoteles der Demokratie einen gewissen Tribut. Aber das Buch III ist, wie die Verfassungslehre der Bücher IV–VI, nicht eigentlich an der Demokratie, sondern an der Politie (oder sogar noch an der Aristokratie und der Monarchie) orientiert.

Abgewehrt werden zwei Bestimmungen des Bürgers: die durch den Wohnort und die durch die Abstammung. Die Bestimmung durch den Wohnort ist unzureichend, da sich auch die Mitbewohner (Metöken) und die Sklaven am selben Ort aufhalten und doch kein Bürgerrecht besitzen. Anders als der neuzeitliche Staat ist die Polis kein Territorialstaat, sondern ein Personenverband. Die Abstammung wiederum wird als Kriterium des Bürgerstatus wohl nicht völlig verworfen, aber relativiert. Sie könne, so Aristoteles, nicht erklären, wie die allerersten Bürger Bürger geworden seien. Das Argument ist richtig, wirkt aber auch spitzfindig. Seit Perikles war genau dies die Voraussetzung für das Bürgerrecht, von Eltern abzustammen, »die beide Bürger sind« (Ath. pol. 42, 1). Ein allein ausreichendes Kriterium für die Gewährung des Bürgerrechts kann die Abstammung allerdings nicht sein. Das Bürgerrecht wurde ja auch verliehen, und vermutlich hatte Aristoteles die Verleihungen des Bürgerrechts im Sinn, wenn er das Kriterium der Abstammung bemängelt hat.

Aristoteles greift die Praxis der Bürgerrechtsverleihungen auf. Sie waren in Athen meist den militärischen Erfordernissen geschuldet, der Flottenpolitik oder dem aktuellen Kriegsfall. Was Kriterien der Bürgerrechtsverleihungen sein sollen, läßt der Philosoph allerdings im Dunkeln. Aristoteles verschiebt die ganze Fragestellung auf die Frage, welche Verbindlichkeit eine Bürgerrechtsverleihung nach einem Verfassungswandel haben kann. Das hatte sich beim Übergang von der Tyrannis zur Demokratie als ein Problem erwiesen. Damals hatte man sich entschlossen, die von Peisistratos Eingebürgerten noch einmal einer Abstimmung zu unterwerfen (Ath. pol. 13, 5). Aber die Möglichkeit einer Diskussion über Bürgerrechtsverleihungen in einer neuen Verfassung ist etwas anderes als eine Angabe der Kriterien, unter welchen Voraussetzungen denn das Bürgerrecht überhaupt zu verleihen ist. Darüber erfährt man von Aristoteles nichts.

Der Bürgerbegriff des Aristoteles ist der des Aktivbürgers. Metöken und Sklaven werden von der Bürgerschaft ausgeschlossen, desgleichen Handwerker und Lohnarbeiter (III, 5). Den Bürgerstatus erlangen, kann nur, wer von der Arbeit für das »Lebensnotwendige« befreit ist (III, 5, 1278a11). Aristoteles bringt damit den Zusammenhang von Ökonomie und Bürger-Status auf den Begriff, der für über zweitausend Jahre in Geltung bleiben wird. Bürger ist, wer ökonomisch selbständig, wer sein eigener Herr ist. Noch in Kants Schrift über den *Gemeinspruch* (1793) ist vom Bürgerstatus ausgeschlossen, wer von der Veräußerung seiner Arbeitskraft leben muß. Wer mit anderen (wie der Perückenmacher) ein Werk (*opus*) tauscht, kann Bürger sein. Wer seine Arbeitskraft (*operam*) auf den Markt bringt (wie der Friseur), kann es noch bei Kant nicht. Der Bürgerstatus hängt, mehr als 2000 Jahre nach Aristoteles, noch an der *sibisufficientia*, an der ökonomischen Selbständigkeit.

Aristoteles wäre allerdings nicht Aristoteles, wenn er nicht auch das Verhältnis von ökonomischer Selbständigkeit und Bürgerstatus nach Verfassungen differenzieren würde. Wer Bürger sein kann, hängt letztlich von der jeweiligen Verfassung ab. Nur in der Aristokratie sind Handwerker und Tagelöhner ausgeschlossen. In der Oligarchie können auch reich gewordene Handwerker Bürger sein. Die Demokratie wiederum nimmt sowieso alle auf, sogar Tagelöhner oder Sklaven, wenn nur ein »Mangel an echten Bürgern« besteht und man sich anders nicht mehr zu helfen weiß (III, 5, 1278a15–34).

Einiges Kopfzerbrechen bereitet das Kapitel III, 4 (Braun 1959, Develin 1973, Bien [3]1985, 344 ff.). In ihm stellt Aristoteles sich die Frage, ob die »Tüchtigkeit des guten Mannes« und die des »guten Bürgers« dieselbe sei. Die Frage als solche ist schon gar nicht verständlich, wenn man sich nicht der *Politeia* Platons erinnert. Dort war die Tugend des guten Bürgers mit der des guten Mannes (qua Philosophen und Regenten) teilweise gleichzusetzen; Bürger und Regenten verband die Sophrosyne. Andererseits kamen jedem Stand auch eigentümliche Tüchtigkeiten zu, die Tapferkeit nur den Wächtern, die Weisheit nur den Philosophen. Das Kapitel III, 4 vermengt die Frage nach dem Bürger mit der nach dem Regenten und seiner »vollendeten« Tüchtigkeit, eine noch platonische Fragestellung, die man nach der Definition des Bürgers in Pol. III, 1 gar nicht mehr erwartet. Wieso überhaupt noch von »Regenten« und ihrer besonderen Tüchtigkeit und Einsicht reden, wenn Bürger-Sein bedeutet, sich selber zu regieren, an Volks- und Gerichtsversammlung beteiligt zu sein?

Fallen Tüchtigkeit des Bürgers und des tüchtigen Mannes (bzw. Regenten) in eins? Die Antwort wird – gut aristotelisch – nach Verfassungen differenziert. Je nach Verfassung ist die Tüchtigkeit des Bürgers eine andere. Die des tüchtigen Mannes ist jedoch immer dieselbe. Der Tüchtige ist immer tüchtig und klug. Die Tüchtigkeit des Bürgers variiert mit der Verfassung. Die Aristokratie fordert Tüchtigkeit, die Oligarchie Besitz, die Demokratie nur freie Geburt. In einer guten Verfassung, so Aristoteles, müßten alle Bürger die Tüchtigkeit des Bürgers, nicht aber die des vollendet guten Mannes besitzen. Auch das ist eine Antwort, die eine Art besonderer Klugheit und Tüchtigkeit der Regierenden voraussetzt und mit dem Bürgerbegriff von Pol. III, 1 nicht harmoniert. Ein Zusammenfall der Tüchtigkeiten wird schließlich für den Regierenden (*archōn*), nicht aber für die Regierten gefordert (1277a13–25). Der Regierende müsse ein *phronimos* sein, ein vollendet kluger und tüchtiger Mann, den Regierten genüge die »richtige Meinung« (*orthē doxa*). Für die politische Herrschaft (*politikē archē*) sei allerdings eine doppelte Tüchtigkeit erforderlich, nämlich die »zu regieren und sich regieren zu lassen« (III, 4, 1277b14–15).

Regieren und Sich-regieren-Lassen – das ist die Formel, mit der man die Demokratie zu kennzeichnen pflegt (vgl. Prot. 326d). Die abwechselnde Regierung ist die spezifisch bürgerliche Tugend, die in der Aristokratie oder der Monarchie, wenn Ämter auf Lebenszeit besetzt oder gar vererbt werden, nicht vorzufinden ist. Die platonische Politik, die fordert, daß die einen immer nur regieren, die anderen immer nur regiert werden, ist damit überwunden. Die Politik kehrt damit zur politischen Realität der Demokratie zurück.

Gleichwohl hinterläßt das Kapitel III, 4 mehr Fragen als Antworten. Es paßt überhaupt nicht in den Gedankengang von Buch III hinein. Der Bürger wurde (III, 1) durch seine Teilhabe am Regieren, also am *Herrschen* bestimmt. Warum dann eine Diskussion aus der Perspektive des *Beherrscht-Werdens*? Die Gegenüberstellung von Phronesis und Doxa, von »Klugheit« des Staatsmannes und »Meinung« der Beherrschten klingt recht platonisch; den Bürgern wird eine defiziente Art der Einsicht zugeordnet, die »bloß« Meinung ist. Dies wiederum widerspricht völlig dem Versuch von Pol. III, 11 (hier 4.), der Vielzahl der Bürger ein besseres Urteil als einzelnen Experten zuzutrauen. Die platonische Ausrichtung an den Regierenden und ihrer eminenten Klugheit und Tüchtigkeit gerät in Pol. III, 4 ständig in Konflikt mit der bürgerpolitischen Tendenz der sonstigen Argumentation des Buches III. Dieses steht noch im Banne des platonischen Spätwerkes. Vielleicht ist es sogar erst von späterer Hand eingefügt worden (Schütrumpf 1991, 415 ff.).

4.2.6.2. Die Stadt (III, 3, 9)

Was macht nach Aristoteles die Stadt aus? Zwei Antworten sind möglich. Die Stadt ist ihre Verfassung, und die Stadt ist ihre Bürgerschaft. Die Identität der Stadt steht und fällt mit ihrer Verfassung. Ändert sich diese, ist die Stadt nicht mehr dieselbe, so wie ein komischer und ein tragischer Chor zwei verschiedene Chöre sind, auch wenn sie aus denselben Sängern bestehen (III, 3, 1276b1–9). Wie bei der Bestimmung des Bürgers so reicht auch bei dieser Definition der Stadt der Wohnort oder die bloße Einwohnerschaft nicht aus. »Die bloßen Mauern« machen nach Aristoteles noch keine Stadt (III, 3, 1276a26 f.).

Für Stadt kann man Verfassung, für Verfassung wiederum Bürgerschaft einsetzen. Eine Stadt ist ihre Bürgerschaft, so wie man von Athen sagt: Athen, das sind »die Athener« (*hoi Athēnoi*). Das schöne Wort ›Mauern machen noch keine Stadt‹ muß man in diesem Sinne verstehen. Schon bei Thukydides heißt es dementsprechend: »Männer machen eine Stadt, nicht Mauern noch männerlose Schiffe« (VII, 77, 4–7).

Die Gleichsetzung von Stadt, Verfassung und Bürgerschaft basiert auf radikalen Abgrenzungen. Oft genannte Zwecke politischer Gemeinschaften sind nach Aristoteles zwar notwendig, aber unzureichend. So genügt nicht die Territorialität, wie es die Kritik an der Definition des Bürgers oder der Verfassung über den Wohnort dokumentiert. In gleicher Weise unzureichend sind: das »Schutzbündnis« (*symmachia*), die Abwehr »ungerechter Beeinträchtigung« (*adikia*), der »Handelsverkehr« (*allagē*) oder der »gegenseitige Nutzen« (*chrēsis*) (III, 9, 1280a31–36). Die ökonomischen Bedürfnisse und die Vorteile der Kooperation erklären zwar die Entstehung der Stadt. Aber diese findet wie Aristoteles (III, 9) in Anknüpfung an I, 2 in Erinnerung ruft, erst in ihrer Ausrichtung auf das »gute Leben« ihr Ziel. Der Handelsverkehr macht noch keine politische Gemeinschaft, da sonst alle Völker, die miteinander Handel treiben, eine einzige Stadt bilden würden. Schadensabwehr, Kriegsbündnis und Nutzen reduzieren den Nomos und die Polis auf einen bloßen »Vertrag« (*synthēkē*) (III, 5, 1280b10–13). Die Stadt ist jedoch mehr als ein Vertrag. Sie ist eine sittliche Lebensform. Sie ist ein »Werk der Freundschaft«, und sie beruht auf der »freien Entscheidung« (*prohairesis*), »miteinander zu leben« (*syzēn*) (III, 9, 1280b36–39).

Die Freundschaftslehre der *Nikomachischen Ethik* wirft die Frage auf, ob die Polis eine bloße Nutzenfreundschaft oder eine Form der höchsten Freundschaftsart, der Freundschaft im Guten, ist. Die in Pol. III, 9 vollzogenen Abgrenzungen schließen eine nur auf Nutzen gegründete Stadt explizit aus. Mit der Abwehr einer Begründung bloß durch den Nutzen verbindet sich eine Abwehr der Vertragstheorie, die gegen die Sophistik, speziell gegen Lykophron gerichtet ist. Das Zusammenleben beruht zwar auf einer »freien Entscheidung«. Das Element der Zustimmung, das für alle Herrschaftslegitimation so fundamental ist, wird von Aristoteles keineswegs vergessen. Aber die Stadt ist mehr als eine Abmachung oder ein Vertrag. Sie entspricht der Natur des Menschen. Sie ist nicht willkürlich, sondern notwendig, und sie ist notwendig dafür, daß der Mensch seine ihm von Natur gegebenen Möglichkeiten verwirklichen kann.

In der politischen Philosophie der Neuzeit werden gerade jene Staatszwecke, die nach Aristoteles nur sekundärer Art sind, zu den primären Zwecken der Gemeinschaft gemacht. Rechtsschutz, Wirtschaften, Verteidigung, Territorium, das Überleben, das alles wird von Hobbes an Legitimationsgrundlage des neuzeitlichen Staates sein. Der Vertrag wird bei Hobbes, Locke, Rousseau, Kant und anderen zum Hauptinstrument der politiktheoretischen Legitimation. Die klassische Philosophie der Antike lehnt den Konventionalismus und das Vertragsdenken ab. Politik ist bei Platon und bei Aristoteles eine Lehre von der sittlichen Gemeinschaft, die durch Abmachung und Nutzen nicht zureichend zu bestimmen ist.

4.2.6.3. Regierung (III, 10, 12–13)

Wer soll die oberste Gewalt in der Stadt besitzen (*kyrion tēs poleos*)? Die Antwort Platons, daß dies die Weisen sein müssen, die Philosophen, ist die Antwort des Aristoteles nicht mehr. Im Sinne seiner Pluralisierungen und Differenzierungen ergibt sich für ihn eine Fülle möglicher Antworten, die nicht mehr in eine Lehre von der Philosophenherrschaft oder der Herrschaft nur einer Schicht zu pressen sind.

Es versteht sich von selbst, daß Aristoteles keine oberste Gewalt empfehlen will, die das Hauptkriterium guter Verfassung, »das allgemeine Wohl«, mit Füßen tritt. Die Herrschaft eines Tyrannen, die Herrschaft der Reichen (Oligarchie) und die Herrschaft der Armen (Demokratie) sind deshalb von vornherein auszuscheiden. Daß in solchen Verfassungen jeder nur sich selber oder eine Schicht sich selber nützt, steht für Aristoteles nicht weniger fest als für Thrasymachos. Thrasymachos' These, daß Gerechtigkeit nur der »Nutzen des Stärkeren« sei, erhält hier ihr relatives Recht. Sie paßt exakt auf schlechte Verfassungen, in denen ein einzelner alle oder eine Schicht die jeweils andere zu übervorteilen sucht.

Anders ist die Lage in gerechten Verfassungen, in denen das »allgemeine Wohl« verwirklicht wird. Da würde Aristoteles wohl gerne der Herrschaft der Aristokraten den Vorzug geben. Sogar die Herrschaft eines besonders herausragenden Monarchen wird erwogen (III, 13). Aber realistisch, wie Aristoteles an die Politik heranzugehen pflegt, befürchtet er, daß bei einer Herrschaft der Aristokraten eine große Zahl von Bürgern »entehrt« werde (*atimazesthai*), da ihnen die bürgerliche Ehre, ein Amt übernehmen zu können, verweigert wird. Auch die Herrschaft der Gesetze (statt der Personen) kann die Übel schlechter Verfassungen nicht kurieren. Auch sie verhindert nicht die Übervorteilung, die möglich ist, wenn ein Tyrann oder nur die Reichen oder die Armen regieren.

Für die aristotelische Lehre von der Gerechtigkeit läßt sich die Frage, wer hat Anspruch auf Ämter und Regierung, nicht einfach mit einer Forderung nach einem gleichen Recht für alle beantworten. Die Gerechtigkeitslehre fordert, nur Gleiches gleich, Ungleiches aber ungleich zu behandeln. Wo eine Mehrleistung oder ein höherer Anspruch vorliegen, muß deshalb auch ein proportional höherer Anteil an der Regierung und an den Ämtern zugestanden werden. Einen einzigen solchen Anspruch, wie ihn Platon aus der höheren Einsicht ableitet, kennt Aristoteles nicht mehr. Vielmehr mischt er die Ansprüche der verschiedenen Schichten, die freie oder edle Geburt, den Besitz, die Tüchtigkeit und die große Zahl. Bei allen diesen Ansprüchen handelt es sich um politikrelevante Ansprüche. Körpergröße oder besondere sportliche Leistungen zählen nicht dazu. Sie werden deshalb zurückgewiesen. Einen Vorrang möchte Aristoteles der Tüchtigkeit zuerkennen. Aber im Grunde sind alle genannten Ansprüche mehr oder weniger legitim. Damit zeichnet sich ab, daß Aristoteles eine Mischverfassungslehre präsentieren wird, in der die Ansprüche aller Schichten repräsentiert sind.

4.2.6.4. Die Menge und ihr politisches Urteil.
Aristoteles' »Summierungstheorie« (III, 11)

In eine Mischverfassung muß neben der Quantität auch Qualität eingehen. Neben die Ansprüche der Mehrheit und der großen Zahl müssen Tüchtigkeit, edle Geburt, Besitz etc. hineingemischt werden, Elemente der Qualität. Um so erstaunlicher ist, daß Aristoteles nicht nur Qualität in die Quantität mischen will, sondern daß er auch ein Argument zugunsten der großen Zahl, zugunsten einer Regierung durch die Vielen versucht. Auch wer keine besonderen Vorzüge an Besitz oder Tüchtigkeit vorweisen kann, soll doch an Volks- und Gerichtsversammlung teilnehmen dürfen. Allerdings scheint Aristoteles das Teilhaberrecht im Sinne der Solonischen Verfassung einzuschränken. Ämter mit Einzelverantwortlichkeit bleiben offenbar den reichen Bürgern vorbehalten. Die Rolle des Volkes wird auf die Wahl der Beamten und auf die Amtskontrolle (*euthyna*) beschränkt.

Pol. III, 11 entwickelt die wohl zuerst von Braun so genannte »Summierungstheorie« (Braun 1959, Schütrumpf 1981, 174 ff.). Man muß diese Theorie als ein Abrücken von Platon und dessen expertokratischem Politikbegriff verstehen. Das politische Urteil der Menge soll »besser oder doch nicht schlechter« als das der Experten sein (III, 11, 1282a17). Zwar sei der Einzelne dem Sachverständigen unterlegen; auch dürfe die Menge nicht zu »sklavenartig« sein. Aber wenn sich viele zusammenfänden, dann entstünde eine Komposition oder Summierung von Tüchtigkeit und Einsicht, die der Tüchtigkeit und Einsicht eines Einzelnen überlegen sei. Die Anteile an Tüchtigkeit und Einsicht, die jeder Einzelne besitzt, würden zu einem einzigen großen Menschen mit vielen Füßen und Händen, mit vielen Sinnen und Verstand zusammenfügt (III, 11, 1281b4–7).

Aristoteles zeigt hier eine seltsam optimistische Einschätzung der Menge, deren Anfälligkeit für Demagogie bei Thukydides und Platon in aller Deutlichkeit vorgeführt worden war. Warum nicht von einer Summierung *schlechter* Eigenschaften ausgehen, wie sie die Massenpsychologie seit Le Bon aufdeckt? In Massen verlieren die Einzelnen ihre Individualität und ihr Verantwortungsgefühl. Sie werden emotionalisiert und zu Taten gedrängt, zu denen sie sich als Einzelne nicht hinreißen lassen würden. Aristoteles hat allerdings weniger die Massen der modernen Massenpsychologie vor Augen als eine sich in Volks- und Gerichtsversammlungen geordnet und diszipliniert artikulierende Bürgerschaft. Auch zieht er als Beispiel das Publikum des Theaters heran, dessen Urteil er sogar als das »beste« lobt (III, 11, 1281b7–9). Dies ist ein besonders scharfer Angriff auf Platon, hatte sich dieser doch über das unverständige klatschende und pfeifende Publikum beklagt (leg. 700a–e).

Die platonische Analogie von Politik und ärztlicher Kunst, von Politik und fachmännischer Kenntnis, wird von Aristoteles mit Hilfe der Summierungstheorie überwunden. Diese steht und fällt allerdings mit der Annahme, daß, was addiert wird, jeweils schon in sich, als einzelne Meinung, eine gewisse Richtigkeit beanspruchen kann. Eine Menge falscher Meinungen ließe sich durch Addition nicht in eine richtige Gesamtmeinung verwandeln. Nicht der Konsens als solcher, sondern wohl eher der Prozeß der Diskussion und Beratung, der hinter der Summierungstheorie steht, kann erklären, wie verschiedene Meinungen, wenn man sie erörtert

und hin- und herwendet, sich verbessern und ergänzen, so daß am Ende der Deliberation ein besseres Urteil und eine bessere Entscheidung stehen.

Platon hatte die Künste an der Kunst des Gebrauchs orientiert. Seine Polemik ge-
gen die Dichter bediente sich einer Rangordnung der Künste, bei der die Kunst des
Gebrauchs (etwa die des Reiters) den Maßstab für die nachahmenden Künste (des
Sattlers oder des Dichters) abgeben sollte (rep. IX, 595 aff.). Aristoteles greift diese
platonische Lehre auf. Er gibt ihr aber einen ganz anderen Sinn, da er die Kunst des
Gebrauchs zu einer politischen Analogie umfunktioniert.

Wer kann ein Produkt besser beurteilen? Der, der es herstellt, oder der, der es gebraucht? Nach Aristoteles kommt die Urteilskompetenz eindeutig dem Benutzer,
nicht dem Produzenten zu. Die Qualität eines Hauses beurteilt demnach nicht allein der Architekt, sondern auch, ja »viel besser«, der Hausverwalter oder die Bewohner; ein Steuer beurteilt besser ein Steuermann als der Schiffszimmerman,
und das Essen beurteilt besser der Gast als der Koch (III, 11, 1282a17–23). Die
trefflichen Beispiele dienen nicht mehr wie bei Platon zur Kritik der nachahmenden
Künste. Sie dienen vielmehr der politischen Analogie. So wie es selbst bei den Künsten ist, bei denen man einen Vorrang des Fachmanns vermuten möchte, so ist es a
fortiori bei der Politik. Auch dort steht nicht den Fachleuten, sondern den ganz ge-
wöhnlichen Normalverbrauchern und Normalbürgern das bessere Urteil zu.

4.2.7. Verfassungen, ihr Wandel und ihre Erhaltung (Buch IV–VI)

Die Bucher IV–VI der *Politik* sind den verschiedenen Verfassungen gewidmet.
Diese werden im Sinne des Sechser-Schemas in drei gute und drei entartete unterteilt. Dabei werden in den Büchern V und VI fast nur noch Oligarchien und Demo-
kratien behandelt. Sie sind die in Aristoteles' Zeit vorherrschenden Verfassungen.
Das Interesse des Philosophen an den verschiedenen Verfassungen ist ein empiri-
sches und ein normatives zugleich. Einmal geht es um die in IV, 1 angekündigten
Hauptfragen der Politikwissenschaft. Was ist die beste denkbare Verfassung? Was
ist die beste, je nach Umständen und Lage? Was die durchschnittlich beste in allen
Lagen? Was sind die besten Einrichtungen in den schon bekannten Verfassungen?
Zum anderen wird großes Gewicht auf die Frage nach Stabilität und Wandel der
Verfassungen gelegt. Buch V ist allein mit dieser Frage befaßt. Das empirische Interesse des Philosophen ist dabei derart groß, daß sich die einzelnen Verfassungen
in zahlreiche Unterarten zersplittern, fünf für die Monarchie, drei für die Aristokratie, mindestens vier für die Demokratie und wiederum vier für die Oligarchie.
Der Grund für die Vielfalt sind die vielen Teile und Klassen, aus denen eine Stadt
bestehen kann: die Armen, die Reichen, der Mittelstand, die Waffentragenden und
die Waffenlosen, das Volk, die Bauern, die Kaufleute, die Handwerker, die Vornehmen und die Tüchtigen. Zwischen diesen Teilen und Klassen sind zahllose Kombi-
nationen möglich, die sich in der Vielfalt der Verfassungen spiegeln (IV, 3). Aristo-
tels will sie alle erfassen, und ein Interpret hat nicht ganz zu Unrecht von
»apothekerhaften Mischungen« gesprochen (Erhardt). Die Differenzierungen und
Nuancierungen werden soweit getrieben, daß sich Verfassungen zu überlappen beginnen, etwa die beste Unterart der Demokratie von der Politie kaum noch zu un-

terscheiden ist. Ist die Verfassungslehre von Buch III noch relativ undifferenziert, so ist die der Bücher IV–VI hochkomplex. An die Stelle scharfer Entgegensetzungen tritt ein Kontinuum, innerhalb dessen Verfassungen ineinander übergehen und die schroffe Entgegensetzung von gut und schlecht abgemildert wird (Schütrumpf 1996).

4.2.7.1. Die Staatsformenlehre

a) Das Sechser-Schema der Verfassungen

Eine erste Staatsformenlehre enthält bereits das Buch III (6–8). Sie gibt die Grobeinteilung der Verfassungen in drei gute und drei entartete. Kriterien der Unterscheidung sind hier erstens der Besitz der obersten Gewalt (kyrion), zweitens das jeweilige Verfassungsziel. Ist dieses das »allgemeine Wohl« (*koinon sympheron*, *bonum commune*) oder ist es der partikulare Nutzen? In schlechten Verfassungen ist immer nur der partikulare Nutzen das Ziel, sei es, daß es um den Vorteil eines einzelnen (Tyrannis), den Vorteil der Reichen (Oligarchie) oder der Armen (Demokratie) geht. Eine Verfolgung des »allgemeinen Wohls« wird der Monarchie (*basileia*), der Aristokratie und der Politie zugetraut. Wie wichtig die Zahl ist, ob alle, einige oder einer regieren, darüber gibt Aristoteles unterschiedliche Auskunft. Im Prinzip ist ihm das Kriterium des Allgemeinwohls wichtiger als die Zahl. Zugleich geht Aristoteles aber von der Einsicht aus, daß man die Menge nicht von der Regierung fernhalten kann, sondern ihren Anspruch, die Mehrheit zu sein, mitberücksichtigen muß.

Das Sechser-Schema der Verfassungen

Gute Verfassungen	Zahl der Regierenden	Kriterium	Entartete Verfassungen	Zahl der Regierenden	Kriterium
Monarchie	Einer	Das allgemeine Wohl (*bonum commune*)	Tyrannis	Einer	Vorteil nur des Tyrannen
Aristokratie	Einige		Oligarchie	Einige	Vorteil nur der Reichen
Politie	Alle		Demokratie	Alle	Vorteile nur der Armen

b) Die Rangordnung der Verfassungen

Platon hatte die Verfassungen danach geordnet, wie weit sie jeweils von der besten Herrschaft entfernt sind. Da der Maßstab dieser Einteilung, die Philosophenherrschaft, bei Aristoteles nicht mehr angesetzt wird, ist seine Staatsformenlehre komplexer. Was für ihn die beste Verfassung ist, läßt sich ohne Berücksichtigung der jeweiligen Lage nicht mehr angeben. Fest steht eigentlich nur, daß für ihn wie für Platon die Tyrannis die schlechteste aller Verfassungen ist. Aber selbst diese ist ihm nicht ein für alle Mal fixiertes Gegenbild guter Herrschaft. Selbst diese läßt sich »verbessern« und einer Art von Königtum annähern.

Darf man von der *Reihen*folge der Verfassungen auf ihre *Rang*folge schließen? Bei den entarteten Verfassungen ist dies eindeutig möglich. Die Tyrannis ist die schlechteste Verfassung, die Oligarchie die zweit- und die Demokratie die dritt-schlechteste (IV, 2). Bei den guten Verfassungen läßt sich über ihre Rangordnung streiten. Nach Siegfried (1967) und Kelsen (1964) rangieren Monarchie und Aristokratie vor der Politie, so daß die Reihenfolge im Sechser-Schema zugleich die Rangfolge ist. Kelsen verbindet mit dieser Deutung sogar den Versuch, Aristoteles, den Makedonen, zum Anhänger Philipps und Alexanders zu machen. Nach Bien soll es jedoch die Politie sein, die Aristoteles für die beste Verfassung gehalten hat (³1985, 315 ff.).

Aristoteles selbst äußert sich widersprüchlich. Die *Nikomachische Ethik* plädiert für die Monarchie als beste Staatsform (VIII, 12). Auch in der *Politik* lassen sich ähnliche Formulierungen finden (IV, 2, 1289a29 ff.; III, 13, 1283b22–24). Um die Verwirrung komplett zu machen, werden jedoch auch die Demokratie (III, 15, 1286b3 ff.) und die Politie (IV, 8–9, 11–13) zur besten Verfassung erklärt.

Ist die Verfassungslehre inkonsistent, was die so wichtige Frage nach der besten Verfassung angeht? Hat Aristoteles seine Meinung geändert, mal die eine, mal die andere Verfassung bevorzugt? Die Antwort ist einfacher. Die *eine* platonische Antwort auf die Frage nach der besten Verfassung ist ja nicht mehr zu geben. Umstände, Lagen, die Zusammensetzung der Bevölkerung, die historische Situation, das alles ist zu berücksichtigen. Die Frage, was das Beste ist, kann demnach unterschiedlich ausfallen. Nimmt man das Kriterium der Tüchtigkeit (*aretē*), dann wäre die objektive Rangordnung so anzusetzen, daß die überragende Tüchtigkeit eines einzelnen oder einer Gruppe den Vorrang erhalten müßte. Dieser Fall scheint für Aristoteles aber ein seltener und vor allem auch anachronistischer Fall zu sein. Die Epoche der Monarchie und Aristokratie ist für ihn vorüber. In der Zeitlage, in der man sich befindet, geht es darum, aus den vorherrschenden Oligarchien und Demokratien noch das Beste zu machen. Und das gelingt am ehesten der Politie.

c) Die Verfassungen im einzelnen

Die Monarchie

Die Abhandlung über Monarchie, die in das Buch III (14–17) eingefügt ist, unterscheidet nicht weniger als fünf Arten des Königtums: 1. das spartanische, bei dem Königtum und Feldherrnamt zusammenfallen (seit langem ein historischer Sonderfall in der griechischen Welt); 2. die Könige bei den Barbaren; 3. die Herrschaft der Aisymneten, der beauftragten Schiedsrichter (wie etwa Solon); 4. das Königtum der Heroenzeit und 5. ein Königtum nach Art der väterlichen Herrschaft und der Hausherrschaft. Aristoteles nennt es *pambasileia*, »Vollkönigtum«, »Ganzkönigtum« (IV, 14).

Das »Vollkönigtum« – man kann auch übersetzen das »absolute Königtum« – verweist mit seiner Begründung aus der väterlichen Gewalt auf Theorien der absolutistischen Monarchie, wie sie etwa Filmer in *Patriarcha* (1680) entwickelt und Locke im *Second Treatise* (1689) kritisiert. Aristoteles zeigt sich als ein Gegner dieser Form von unbeschränkter Monarchie. Sie wird von ihm konstitutionell beschränkt. Die Frage Platons, »*rex* oder *lex*«, aufgreifend, gesteht er der persönlichen Herrschaft zwar zu, daß sie Initiative entwickeln und vom Gesetz nicht vorgesehene Fälle regeln kann. Aber grundsätzlich ist jeder Verfassung die Gesetzesherrschaft zu empfehlen, da das unpersönliche Gesetz frei von Leidenschaften ist (IV, 15, 1286a7ff.).

Trotz der Hochschätzung der Tüchtigkeit scheint sich schon im Buch III eine Logik der Zahl bemerkbar zu machen. So soll die Herrschaft einer Gruppe von Aristokraten der Herrschaft des Monarchen überlegen sein, da dieser alleine nicht alles überblicken könne. So wie schon eine Menge besser urteile als ein einzelner – man erinnere sich der »Summierungstheorie« von III, 11 – und so wie eine Menge schwerer von Leidenschaften überkommen werde als ein einzelner, so sei die Herrschaft einiger tüchtiger Männer besser als die Einmannherrschaft.

An zwei viel diskutierten Passagen des Buches III kehrt die Untersuchung der Monarchie zur Frage zurück, was wäre, wenn es einen Mann gäbe, der alle anderen an Tüchtigkeit derart überträfe, daß er nicht mehr ein »Teil« der Stadt wäre. Einen derart überragenden Mann könne man weder hinrichten noch aus der Stadt weisen. Er sei sich selber Gesetz, er könne nicht abwechselnd herrschen, sondern nur lebenslänglich (wörtlich steht da »ewig«, *aidios*), »ein Gott unter Menschen« (III, 13, 1284a10; 1284b31; 17, 1281a15ff.).

Eine eigenartige Passage! Von Hegel über Oncken bis zu Kelsen hat sie dazu gedient, Aristoteles zum Anhänger Alexanders des Großen und seiner Monarchie zu machen. »Hier schwebte Aristoteles ohne Zweifel sein Alexander vor...«, heißt es in Hegels Vorlesung über *Geschichte der Philosophie* (Jubiläumsausgabe Bd. XVIII, 401; Oncken Bd. 1, 1870, 179ff.; Kelsen 1964; eine ausgezeichnete Diskussion der Deutungen bei Schütrumpf 1991, 527ff.). Aber daß Aristoteles diese Art von absoluter Monarchie gutgeheißen und daß er sie auf Alexander bezogen hat, das dürfte beides gleich unwahrscheinlich sein.

Die fragliche Argumentation ist in einem Konditionalsatz formuliert: »wenn – dann«. Es wird nicht behauptet, daß da jemand tatsächlich existiere, der alle derart überrage. Aristoteles diskutiert einen denkbaren, einen nicht auszuschließenden, aber keinen historischen Fall. Die Pambasileia wird eher »um der Systematik« als um der Historie willen eingeführt (Aalders 1965, 228). Schon die bisherige Argumentation hatte gezeigt, daß Aristoteles die Monarchie konstitutionell beschränkt. Daß ein einzelner von allen anderen derart unterschieden ist, »wie es nach unserem Glauben die Götter und Heroen von den Menschen sind«, wird in Buch VII zurückgewiesen (14, 1332b16–27). Nun mag man da weiter diskutieren, ob Aristoteles sich widerspricht oder ob er seine Meinung geändert hat. Aber eigentlich sind solche Diskussionen unnötig, da alles dafür spricht, daß das Königtum für Aristoteles ein Anachronismus geworden war. »Heute«, sagt er selbst, mit Blick auf die eigene Zeit, entstünden keine Monarchien mehr. Die Zahl der einander gleichen Menschen sei dafür zu groß geworden, niemand rage mehr an Größe derart hervor (V, 10, 1313a4ff.).

Von den fünf Arten der Monarchie, zieht man die bei den Barbaren einmal ab, ist allein der spartanische Sonderfall überhaupt noch existent. Das Königtum der Heroenzeit und die Aisymnetie gibt es nicht mehr. Das absolute Königtum ist ein rein hypothetischer Fall. Natürlich sträubt man sich gegen eine solche Deutung aus verständlichen Gründen. Hat Aristoteles tatsächlich so wenig mit Alexander dem Großen zu tun? Kann man den Weltherrscher und den Weltphilosophen nicht enger miteinander verbinden? War der Philosoph wirklich so blind für die kommende Karriere der Monarchie? Die Antwort kann nur lauten, ja. Für Aristoteles war schon abgetan oder nur hypothetisch, was in der Form der vergöttlichten Monarchen die kommende Herrschaftsform sein wird.

Die Aristokratie (IV, 7)

In Buch III wird die Aristokratie der Monarchie vorgezogen. Aristoteles teilt mit Platon die Hochschätzung der Tüchtigkeit. Ginge es allein um diese, würde dem herausragenden einzelnen die Monarchie oder den herausragenden tüchtigen Männern die Aristokratie als beste Staatsform zugesprochen. Selten und hypothetisch wie die Existenz des Hervorragenden ist, verfolgt die Verfassungslehre eine andere Tendenz. Sie gravitiert von der Monarchie und der Aristokratie zur Politie.

Aristokratien gibt es nach Aristoteles in dreifacher Form. Einmal im echten und eigentlichen Sinne als die Herrschaft der Tüchtigen, und diese Form der Aristokratie ist es, die die Spannung zwischen dem »guten Mann« und dem »guten Bürger« auflöst. Daneben existieren zwei weitere Arten. Einmal Mischungen mit der Volksherrschaft (wie in Sparta) oder mit Volksherrschaft und Oligarchie (wie in Karthago). Zum anderen kann die Politie zur Aristokratie neigen, und das wäre die dritte Form.

Wie kann die »Politie« zur Aristokratie gravitieren? Aristoteles definiert sie ja als eine Mischung von Demokratie und Oligarchie; auch ist die Politie nicht auf eine herausragende, sondern auf eine ganz gewöhnliche Tüchtigkeit gegründet, auf jene, die den meisten Menschen erreichbar ist (IV, 11, 1295a25). Zwei Antworten bieten sich an. Das »Aristokratische« an der Politie könnte für Aristoteles schon darin liegen, daß es Formen derselben gibt, in denen Beamte nach Kompetenz, nicht nach Schatzung gewählt werden. Oder Aristoteles setzt – und dagegen ist er manchmal nicht gefeit – Reichtum und Tüchtigkeit in eins, so daß das oligarchische Element der Politie zugleich ihr aristokratisches ist (IV, 8).

Die Politie (IV, 8–9, 11–12)

Die dritte der guten Verfassungen nennt Aristoteles »Politie«, das heißt »Verfassung«, man darf wohl auch übersetzen »die Verfassung überhaupt«. Schon der Name könnte ein Zeichen für die bevorzugte Stellung dieser Verfassung sein. Nach Bien ([3]1985, 315ff.) wurde der Begriff übersetzt mit *libera civitas* und *res publica*, mit »Freistaat« und »Republik« (Schlosser, Garve) oder mit »polity« (Newman). Die Politie ist die bürgerpolitische, republikanische Verfassung, und weil sie dies ist, zieht sie auch heute alles Interesse auf sich.

Aristoteles faßt die Politie als eine Mischung aus Oligarchie und Demokratie. Die Ansprüche auf Gleichheit der Zahl nach und Mehrheit auf der einen, auf Vermögen und eine proportionale Gleichheit auf der anderen Seite müssen ganz im Sinne der aristotelischen Gerechtigkeitslehre zum Ausgleich gebracht werden. Beide Ansprüche sind berechtigt, beide aber auch nur relativ. Nur *eine* Form von

Gleichheit anzusetzen, wäre ungerecht, da nur Gleiches gleich und Ungleiches ungleich zu behandeln ist. In der Politie werden die vielen Armen und die wenigen Reichen überhaupt erst politikfähig gemacht. Sie werden durch die institutionellen Arrangements der Politie geradezu zur Kooperation gezwungen. Die Politie verhindert damit, daß die Stadt sich in Arm und Reich spaltet und damit vom Klassengegensatz zerrissen wird.

Aristoteles gebraucht das Wort »Mischverfassung« nicht. Aber seine Politie ist eindeutig eine Mischverfassung. Sie besitzt die für diesen Verfassungstypus üblichen Vorteile: von der Berücksichtigung der verschiedenen Schichten und Klassen über die Teilung der Macht und den Zwang zur Mäßigung bis zur daraus entstehenden Stabilität. Wie Platon so verweist Aristoteles auf das Vorbild der spartanischen Mischverfassung, ohne es jedoch zum Modell der Politie schlechthin zu machen (man erinnere sich nur der Spartakritik von Pol. II, 9). Gemischt werden Kriterien und Institutionen der Oligarchie und der Demokratie, z. B. Los und Wahl, Schatzung und freie Geburt. Die Ämter müssen fair auf beide Klassen verteilt werden (V, 8, 1308b26). Die Politie institutionalisiert eine Teilung und Verteilung der Macht.

Wird eine solche Verteilung nicht fair institutionalisiert, versuchen die Klassen, sich durch Tricks und Verfahren zu übervorteilen. Die größere Gefahr geht dabei von den Vermögenden aus (IV, 12, 1297a12). Deren Kunstgriffe bestehen darin, nur die Reichen zu bestrafen, wenn sie nicht in die Versammlungen gehen, oder nur den Armen zu erlauben, Ämter abzulehnen, keine Waffen zu tragen oder nicht an der Gymnastik teilzunehmen (IV, 13). Ähnliche Tricks entwickeln die Armen, wenn sie durch die Diäten allen den Besuch der Versammlungen ermöglichen, wenn sie die fernbleibenden Reichen nicht bestrafen oder den Waffendienst von der Schatzung lösen.

In einer Mentalitätstudie zeigt Aristoteles, wie Reiche und Arme in gleicher Weise unfähig für eine vernünftige Politik sind. Beide Klassen schweben in der Gefahr, dem Logos nicht folgen zu können. Die Reichen »werden übermütig und schlecht im Großen, diese (die Armen; H.O.) bösartig und schlecht im Kleinen« (IV, 11, 1295b9–10). Die Reichen seien unfähig, »sich regieren zu lassen«; das zeige sich schon in der Schule. Die Armen verstünden es »nicht zu regieren«. Sind die einen zu »hochmütig«, sind die anderen zu »unterwürfig«. An die Stelle der Bürgerfreundschaft treten »Neid« und »Verachtung«. Tritt dies ein, hat die politische Gemeinschaft (*koinōnia*) keine Grundlage mehr.

Aristoteles empfiehlt als soziale Basis der Politie den Mittelstand, den er nicht nur als eine soziale Mitte, sondern – in Anknüpfung an die Mesotes-Lehre – auch als eine ethisch qualifizierte Mitte auszuzeichnen versucht. So wie der mittlere Besitz der beste Weg zum Glück sei, so sei die Politie der beste Weg zum Glück der Stadt (IV, 11). Der Mittelstand sei frei von Pleonexie, vom Mehrhabenwollen. Er sei frei von der Ämtersucht der Reichen und von der Ämterflucht der Armen. Er biete die beste Grundlage für eine gemäßigte Verfassung, in der die abwechselnde Regierung praktiziert werden kann.

Mit Mitte und Maß entspricht die Politie so recht dem Gang der griechischen Geschichte seit Solon, der ein Gang in die Mitte gewesen war. Sie harmoniert mit der Neigung der griechischen Kultur zum Maß und zur Vermeidung der Extreme. Daß Aristoteles diese Verfassung so hoch schätzt, kann nicht verwundern. Zu allen ihren Vorzügen kommt hinzu, daß sie aufgrund ihrer Gleichheit eine gute Grundlage für die Bürgerfreundschaft bietet. Und schließlich ist, was Aristoteles besonders schätzt, diese Verfassung »frei von Aufruhr« (IV, 11, 1296a). In der Untersuchung der Umstürze und des Verfassungswandels, die in Buch V unternommen wird, kommt die Politie aus diesem Grunde nicht mehr vor.

In welch' genauem Sinn Aristoteles die Politie bevorzugt, läßt sich gleichwohl diskutieren. Wollte er sie seiner Zeit als die für alle Lagen passende relativ beste Verfassung empfehlen? Offensichtlich ist sich der Philosoph seiner Sache selbst nicht ganz sicher. Mal führt er die Politie als die Verfassung ein, die den meisten Menschen und den meisten Städten erreichbar sei, da sie nur eine »gewöhnliche« Tüchtigkeit voraussetze (IV, 11, 1295a25). Mal heißt es, sie sei »selten« (IV, 7, 1293a41; IV, 11, 1296a38). Durchgesetzt haben sich offensichtlich die Demokratien und Oligarchien.

Hat die Politie bei Aristoteles ein historisches Vorbild? Mitunter fühlt man sich an Sparta und seine Mischverfassung erinnert. Noch näher steht die Politie jedoch der Solonischen Verfassung, die den ersten großen Ausgleich zwischen Arm und Reich versuchte und von Aristoteles des öfteren günstig beurteilt wird (Pol. II, 12, 1274a19ff.; III, 11, 1281b31ff.; IV, 11, 1296a18f.; Aalders 1965, 235). In neuerer Zeit kommt als ein mögliches Modell die Verfassung der »5000 Bürger« hinzu, die der gemäßigte Oligarch Theramenes 411 v. Chr. ins Leben gerufen hat (Oncken Bd. 2, 1870, 240; Bd. 4, 220). In dieser kurzlebigen Verfassung war das Bürgerrecht auf die Waffentragenden eingeschränkt. Die Diäten waren abgeschafft worden. Thukydides preist diese Verfassung als eine gute Mischung der »Vielen« und der »Wenigen« (VIII, 97, 1). In seiner *Verfassung Athens* ist Aristoteles diesem Lob gefolgt (33, 2). Wie die Anhänger der »väterlichen Verfassung« (*patrios politeia*) von Theramenes bis zu seinem Gefolgsmann Isokrates, so war auch Aristoteles bestrebt, die Ansprüche der radikalen Demokratie oligarchisch zu mäßigen. Seine Lehre von der Politie steht der seines Konkurrenten Isokrates gar nicht so ferne. Dieser fordert in seinem *Areopagitikos* (357–354 v. Chr.), daß die Magistrate nur von den Besten besetzt werden dürfen, das hieß de facto von den Reichen; dem Volk sollte die Kontrolle der Amtsträger verbleiben (hier XVI.1.5.).

Die Tyrannis (IV, 10; V, 10–12)

Aristoteles teilt mit Platon die Verachtung für die Tyrannis. Sie gilt als die schlechteste Verfassung. Zwar kann sie Formen annehmen, die der Königsherrschaft ähneln. Aristoteles nennt als Beispiele die »Aisymnetie«, die schiedsrichterliche, beauftragte Alleinherrschaft, oder eine bei den Barbaren zu findende autokratische Monarchie; beide sind gesetzlich und auf freiwilligen Gehorsam gegründet. Aber die eigentliche Tyrannis ist ein Gegenstück zur Pambasileia, zum absoluten Königtum (IV, 10). Sie vereint in sich die schlimmsten Seiten der extremen Demokratie und Oligarchie. Von der extremen Demokratie erbt sie den Kampf gegen alles Vornehme und Tüchtige, von der extremen Oligarchie den Drang zum Geld (V, 10).

Platon hatte den Tyrannen als einen exemplarisch unglücklichen Menschen porträtiert, getrieben, wahnsinnig, ein Sklave seiner Begierden. Bei Aristoteles ist der Ton der Tyrannisdarstellung ein anderer. Es ist ein geradezu nüchterner und analytischer Ton. Wie jede andere Verfassung so wird auch die Tyrannis auf die Ursachen ihres Umsturzes und die Bedingungen ihrer Erhaltung hin untersucht.

Für die Politikwissenschaft des Aristoteles ist diese Fragestellung nicht unproblematisch. Ihre Ausrichtung an Gerechtigkeit und Glück müßte es ihr eigentlich verbieten, dem Tyrannen Ratschläge für die Stabilisierung seiner Herrschaft zu erteilen. Damit nicht genug, das aus der *Politeia* (II, 361b) bekannte Thema von Sein und Schein (wer ist erfolgreicher, der wahrhaft Gerechte oder der nur scheinbar Gerechte?) kehrt in der Tyrannistheorie wieder. Aristoteles rät dem Tyrannen zu einer Politik des Scheins. Der Tyrann solle so tun, »als ob« er ein Monarch wäre (V, 11). Das hat vielen (etwa Barker 1931) nach Machiavellismus geklungen, und dies um so mehr, als Machiavelli seinen *Principe* aus den Tyranniskapiteln der Aristotelischen *Politik* abgeschrieben hat (Sternberger 1978).

Aristoteles beschränkt seine Tyrannistheorie nicht auf eine Analyse des Umsturzes. Auch die »Erhaltung« der Tyrannis wird diskutiert. Damit gibt Aristoteles die »normative« Orientierung seiner Politischen Wissenschaft allerdings nicht auf. Im Unterschied zu Machiavelli, bei dem sich der Fürst vom Vorbild des Monarchen emanzipiert (Sternberger 1978), bleibt bei Aristoteles die Königsherrschaft die Gegenfolie, von der die Tyrannis abgehoben wird. Aristoteles zeigt, daß die Tyrannis mit den traditionellen Strategien, derer sich Tyrannen bedienen, nicht zu stabilisieren ist. Deshalb folgt am Ende der Rat, die Tyrannis der Königsherrschaft anzugleichen. Also zwei Mal eine ganz andere Ausrichtung als die des *Principe*!

Der Tyrann des Aristoteles hat sich von seinem normativen Gegenbild, dem König, keineswegs emanzipiert. Königsherrschaft und Tyrannis bilden vielmehr Gegensatz um Gegensatz, so daß erst einmal die Antithetik der Staatsformen zu beachten ist.

Gegensätze von Königsherrschaft und Tyrannis (V, 10)

Königsherrschaft (*basileia*)	Tyrannis
Nahe an der Aristokratie	Nahe an Oligarchie und Demokratie
Schutz der Aristokratie gegen das Volk	Demagogie gegen Adel und Vermögende
Überragende Arete	Überragende Schlechtigkeit
Wohl des Volkes	Scheinbare Wohltaten
Ziele: Ehre, Edles	Ziele: Angenehmes, Geld
Leibwache aus Bürgern	Leibwache aus Fremden und Söldnern
Stabil, da gemäßigt	Instabil, da viele Ursachen für einen Umsturz vorliegen (u. a. Hybris, Rache, Sturz durch Exilanten und auswärtige Mächte, vor allem aber Haß und Verachtung)

Der Darstellung der Antithetik folgt eine Skizze der von Tyrannen üblicherweise verfolgten Strategien. Als Hauptbeispiel dient dabei Periander. Drei Ziele pflegt demnach der Tyrann zu erstreben: die Mikropsychia der Bürger, ihr gegenseitiges Mißtrauen und ihre Ohnmacht (V, 11, 1314a15–25).

Die *Mikropsychia*, der Kleinmut, ist das Gegenteil der Megalopsychia, des hohen Sinns und der großen Seele, die die *Nikomachische Ethik* als die Zierde jeglicher Tüchtigkeit preist (Heuss 1971). Die Tyrannis ist mehr als nur eine Entartung der Politik. Sie erweist sich als eine Perversion des Menschlichen selbst. Sie nimmt den Menschen das Gefühl ihres Wertes und ihres Zutrauens; sie zerstört die Basis der Selbstachtung und Ehre.

An zweiter Stelle stehen die Strategien des *Mißtrauens*, durch die Bürger einander entfremdet werden. Der Tyrann löst die Adelsclubs (Hetairien) und die gemeinsamen Mahlzeiten (Syssitien) ebenso auf wie die Erziehungsgemeinschaften (*scholē*) und die Feste. Bürger dürfen sich nicht mehr begegnen und Vertrauen zueinander gewinnen. Die Saat des Mißtrauens wird selbst im Oikos gesät. Da der Tyrann den Hausherren zu fürchten hat, nicht aber die Frauen und Sklaven, versucht er die häusliche Ordnung umzustürzen. Die Sklaven werden aus der Zucht entlassen, die Ehefrauen zu Spitzeln gemacht. Die Politik des Mißtrauens verlangt nach einer möglichst totalen Transparenz, einem Leben »vor den Türen« und in der Öffentlichkeit (V, 11, 1313b5).

Die dritte Strategie des Tyrannen zielt auf die *Ohnmacht* der Bürger, ihre Handlungsunfähigkeit. Diese versucht der Tyrann zu erreichen, indem er den Untertanen jegliche Muße nimmt und sie zur ständigen Sorge um die tägliche Lebenserhaltung zwingt. Dazu wiederum dienen die gezielte Verarmung durch hohe Steuern, die Dauerbeschäftigung durch Großbauten und Großprojekte und, wenn gar nichts mehr hilft, der Krieg. Selbst dieser ist in der Tyrannis seines Sinnes beraubt, da er aus rein innenpolitischen Motiven geführt wird. Wie die Mikropsychia ein Leben in Selbstachtung verhindert, so nimmt die Beseitigung der Muße den Menschen die Möglichkeit zur Philosophie und zur Erkenntnis des Göttlichen. Die Tyrannis ist nicht nur eine Perversion des Menschlichen, sie pervertiert auch die Fähigkeit des Menschen, sich selbst zu transzendieren, des Göttlichen teilhaftig zu sein (Kamp 1985, 23).

Die Macht der Tyrannen ist allerdings nie mächtig genug. Oligarchien und Tyranneien sind die Verfassungen mit der kürzesten Lebensdauer (V, 12, 1315b11). Aristoteles geht die einzelnen Tyranneien nacheinander durch (V, 12). Den Rekord für die langlebigste Tyrannis spricht er den Tyrannen von Sikyon, Orthagoras und seinen Söhnen, zu. Sie regieren ein Jahrhundert lang. Alle anderen Tyranneien waren von kürzerer Lebensdauer, bis zu der nur elfmonatigen des Thrasybulos und zahlreichen noch kürzeren (V, 12).

Platon hatte im 7. *Brief* sehr schön von der »ephemeren Tyrannis« gesprochen (356a6). Auch Aristoteles könnte seine Tyrannislehre so zuspitzen, daß die Tyrannis sich durch keine der traditionellen Strategien auf Dauer am Leben erhalten läßt. Angesichts dieser enormen Instabilität geht Aristoteles dazu über, dem Tyrannen einen ganz anderen Weg der Erhaltung zu empfehlen, einen königlichen Weg, die Angleichung an die Königsherrschaft. Die politische Wissenschaft des Aristoteles begibt sich damit auf einen schmalen Grat. Aristoteles läßt keinen Zweifel daran, daß die Ratschläge Alleinherrschern erteilt werden, die nicht davon abrücken, auch gegen den Willen ihrer Untertanen zu regieren. Nur äußerlich macht sich der Tyrann zum König. Er wird »teils wirklich handeln wie ein König, teils so zu handeln scheinen« (V, 11, 1314a40).

Die Politik des Scheins wird in ihren Strategien ausgemalt. Der Tyrann soll den Anschein erwecken, ein guter Hausverwalter zu sein, der nichts verschwendet und nichts an Günstlinge verteilt, sondern alles für die öffentlichen Angelegenheiten verwendet und die Bücher offenlegt. Statt sich wie Dionysios durch Trunkenheit verächtlich zu machen, soll der Tyrann ein würdevolles Auftreten kultivieren. Er soll eher Ehrfurcht als Furcht erzeugen. Die Stadt soll er verschönern. Den Göttern soll er Reverenz erweisen, ohne dabei »allzu kindisch« zu erscheinen. Ehrungen soll er selber vornehmen, Strafen durch andere austeilen lassen. Reiche und Arme muß er in gleicher Weise von seiner Herrschaft überzeugen.

Machiavelli hat im *Principe* viele dieser Ratschläge übernommen. Gleichwohl bestehen grundsätzliche Unterschiede zwischen der Tyrannistheorie des Aristoteles und Machiavellis Handbuch für den *principe nuovo*. Machiavellis Fürst ist auf nichts anderes als auf die Täuschung seiner Untertanen aus; er ist nichts als der »grande simulatore«. Der Tyrann des Aristoteles täuscht zwar auch seine Untertanen, aber darüber hinaus auch sich selbst (Kamp 1985, 33). Durch das Tun-als-ob wird er selber, zwar nicht völlig, aber doch teilweise verwandelt. Er wird ein Opfer seines eigenen Scheins. Er wird auf ein gewohnheitsmäßiges Handeln festgelegt, das seiner tyrannisch gesinnten Seele eigentlich zuwider ist, das ihn aber im Sinne der aristotelischen Lehre vom Ethos und von der Charakterbildung allmählich auch verwandeln muß.

Wie empirisch ist die Tyrannistheorie des Aristoteles? Nimmt Aristoteles die Strategien der Tyrannen zur Perfektionierung ihrer Herrschaft aus historischen Erfahrungen? Manches, was Aristoteles aufzählt, scheint eher der Modellbildung als der Erfahrung zu verdanken sein: das Vordringen der Tyrannis bis in die Häuser, die Verarmung, die Abschaffung der Feste und der Muße.

Die Tyrannen der älteren Tyrannis hatten die Verfassung oft intakt gelassen und neben ihr regiert. Das Privatleben hatten sie nicht angetastet, die Bürger auch nicht verarmt, und Feste und Feiern (wie etwa die Panathenäen) wurden gerade von Tyrannen überhaupt erst eingeführt, wie denn überhaupt das »panem et circenses« gegen die aristotelische Behauptung spricht. Tyrannen schmücken sich gerne mit einem Musenhof, an den die Dichter und die Philosophen ziehen. Daß mit der Muße der Bürger die Philosophie entschwinde, scheint somit auch nicht zutreffend zu sein.

Nach Alfred Heuss (1971) ist die Tyrannislehre nicht empirisch, sondern ein Modell, und zwar ein Modell der Maximierung von Macht und, wie Heuss meint, damit schon die erste Totalitarismustheorie (sich Heuss anschließend auch Kamp 1985). Demgegenüber will Angelika Meister (1977) die Tyrannistheorie als eine empirische Analyse lesen. Zum Totalitarismus gehöre eine starke Rolle der Ideologie, die der antiken Tyrannis noch unbekannt sei.

Eine Entscheidung, wie empirisch oder wie modellhaft die Tyrannis ist, ist nicht leicht zu fällen. Wie immer bei Aristoteles so ist auch in der Tyrannislehre der empirische Gehalt nicht zu unterschätzen. Für fast alle Strategien von Tyrannen kann

sich Aristoteles auf irgendein historisches Beispiel berufen, für fast alles auf Periander und die Kypseliden, für die Verarmung durch Abgaben und die Bespitzelung
auf Dionysios I., für Großbauten und Großprojekte auf die Kypseliden, Peisistratiden oder den Polykrates. Durch die Verdichtung der tyrannischen Strategien auf
die drei Hauptziele (Mikropsychia, Mißtrauen und Ohnmacht) entsteht dann wiederum eine Vereinfachung, die einzelnen Beispielen nicht in jeder Hinsicht gerecht
werden kann. Von der Modellbildung auf eine Totalitarismustheorie zu schließen,
dürfte freilich anachronistisch sein. Der antiken Tyrannis fehlt ja nicht nur die Fun-
dierung in einer Ideologie, ihr fehlen sämtliche typisch modernen Voraussetzungen
des Totalitarismus von den Massenbewegungen, der modernen Technik und der
nicht erst künstlich zu erzeugenden Mikropsychia, sondern der schon vorliegenden
seelischen Depravation und anderem mehr.

Die Oligarchie (IV, 5, 7–6; VI, 6–8)

Die Oligarchie, die Herrschaft der Reichen, wird von Aristoteles in vier Unterarten
unterteilt. Das Prinzip der Gliederung ist der immer kleiner werdende Kreis der Regierenden. Sind es in der ersten Form noch alle, die eine hohe Schatzung haben, so
kommt in der zweiten Form die Kooptation in die Ämter hinzu, in der dritten die
Erblichkeit derselben und in der vierten die Beamtenherrschaft (IV, 5). Die ganze
Reihe ist offensichtlich eine Konstruktion, keine historische Abfolge und keine
Reihe historischer Beispiele.

Im Sinne der Auflösung der starren Front zwischen guten und schlechten Verfassungen wird deutlich, daß immerhin drei Formen der Oligarchie noch mit der Gesetzesherrschaft kompatibel sind. Nur die vierte Form, die Aristoteles *dynasteia*
nennt, ist durch und durch verdorben. Sie mißachtet das Gesetz, und sie geht aus
der Geldherrschaft in eine Tyrannis über. Die Zusammenstellung von erblicher
Geldherrschaft und Tyrannis begegnet schon bei Thukydides (III, 62, 3) und Platon
(leg. VII, 777c3). Wird die Geldherrschaft erblich, ist sie nicht mehr die Herrschaft
einer Klasse. Vielmehr herrschen in diesem Fall nur noch die egoistischen Interessen einzelner.

Wenn Oligarchien stabilisiert werden sollen, müssen sie sich demokratisieren.
Aristoteles empfiehlt ihnen die Annäherung an die Politie, etwa in der Form, daß
die wichtigsten Ämter den Reichen verbleiben, die Amtskontrolle aber durch das
Volk ausgeübt wird. Militärpolitisch empfiehlt Aristoteles den Oligarchen, nicht allein auf die Reiterei oder die Hopliten zu setzen, sondern sich auch um die (»demokratischen«) Leichtbewaffneten und Matrosen zu kümmern. Dies kann so geschehen, daß die Söhne der Oligarchen auch bei den Leichtbewaffneten dienen (IV, 7).

Die Demokratie (IV, 4, 6; VI, 4–5)

Wie Platon so rechnet Aristoteles die Demokratie zu den entarteten Verfassungen.
Die radikale Demokratie, die seit Ephialtes und Perikles eingeführte, mit Diäten
und Demagogen zweideutig gesegnete, wird von ihm abgelehnt. Aber während sich
Platon mit der Demokratie einen Spaß macht und sie als Anarchie karikiert, geht
Aristoteles nüchterner an die Analyse dieser Staatsform heran. Er wird der Demo-

kratie insgesamt besehen gerechter als Platon, wenngleich auch sein Blick von Verzerrungen nicht frei ist.

Wesentliche Züge der Demokratie faßt Aristoteles in VI, 2 zusammen. Grundlegend sind demnach die »Freiheit« (*eleutheria*) und die Gleichheit. Die Freiheit besteht darin, »zu leben, wie man will«. Die Gleichheit ist eine, die sich einmal in der »abwechselnden Regierung« dokumentiert, zum anderen in dem Anspruch, daß allein die freie Geburt und die Zahl, nicht aber die Würdigkeit (*axia*) politisch den Ausschlag geben sollen. Was die Mehrzahl der Gleichen beschließt, ist Gesetz. Ämter werden durch das Los, nicht durch die Wahl besetzt. Die Amtszeiten sind kurz. Wenn es eine Schatzung gibt, dann nur eine geringe. Für die Versammlungen werden Diäten gezahlt, und die wichtigsten Entscheidungen liegen in der Hand der Volksversammlung.

Eine passable und zunächst recht fair erscheinende Phänomenologie der Demokratie! Erst bei näherem Hinsehen wird die in ihr verborgene Kritik deutlich. Diese gilt einmal der demokratischen Gleichheit, sobald diese sich total setzt. Als Gleichheit der Zahl ist sie nur eine Form der Gleichheit, die arithmetische, und diese muß mit dem Anspruch proportionaler Gleichheit (hier der Ungleichheit der Vermögen) ausgeglichen werden. Erst was beiden Ansprüchen genügt, kann im Sinne der aristotelischen Gerechtigkeitslehre gerecht sein. Für die Institutionen wird deshalb ein Modus vorgeschlagen, der die Ansprüche der Mehrheit mit denen der Vermögenden zur Deckung zu bringen versucht. Bei entgegengesetzten Beschlüssen von Reichen und Armen soll die Schatzung den Ausschlag geben (VI, 3, 1318a30).

Kritik verbirgt sich hinter der Kennzeichnung der demokratischen Freiheit, daß man leben wolle, »wie man will«. Diese Formulierung ist ein Echo der platonischen Kritik an der anarchischen Freiheit der Demokratie (rep. 557b6). Die Demokratie hat bei Aristoteles zwei große Laster. Das eine ist ihre Neigung zum Egalitarismus, das andere ihre Neigung zu einer libertären Freiheit (Mulgan 1991, 321).

Die von Perikles eingeführten Diäten stoßen bei Aristoteles (wie schon bei Platon) auf Kritik. Die beste Art von Demokratie ist für ihn jene, in der die höchsten Ämter den Reichen oder den Fähigsten überlassen werden, das Volk sich aber damit bescheidet, die Beamten zu wählen und zu kontrollieren (VI, 4). Dies soll am ehesten in Bauerngesellschaften möglich sein. Bauern haben keine Zeit, ständig in Volksversammlungen zu gehen, und das ist für Aristoteles offenbar eher ein Vorteil als ein Nachteil. Die große Menge strebe nicht nach Ehre, sondern nach Gewinn (IV, 4).

Als Unterarten der Demokratie nennt Aristoteles mal fünf (IV, 4), mal vier (VI, 4). Die erste im Fünfer-Schema genannte Verfassung ist eigentlich keine Demokratie. Sie soll Armen und Reichen den gleichen Regierungsanteil gewähren, ist also eigentlich eine Politie. Die zweite Form verlangt eine kleine Schatzung, ist offenbar die aus oligarchischer Besetzung hoher Ämter und Volkskontrolle gemischte Bauern-Demokratie. Der dritte Typus knüpft den Ämterzugang an die Abstammung, der vierte an das Bürgerrecht, der fünfte (oder vierte) an nichts als die freie Geburt.

Nimmt man den ersten Typ, der eigentlich eine Politie bezeichnet, heraus, bleiben vier Demokratieformen übrig. Davon sind nicht weniger als drei mit der Gesetzesherrschaft kompatibel, was eine Aufwertung der Demokratie bedeuten muß. Nur der letzte Typus, die extreme Demokratie wird als gesetzlos und als durch und

Typen der Demokratie (IV, 4; VI, 4)

Demokratietyp	Ämter	Gesetz
Typ 1 (Politie)	Gleicher Anteil für Arm und Reich	Gesetzesherrschaft
Typ 2	Nach Schatzung	Gesetzesherrschaft
Typ 3	Nach Abstammung	Gesetzesherrschaft
Typ 4	Nach Bürgerrecht	Gesetzesherrschaft
Typ 5	Nach freier Geburt	Ohne Gesetz

durch verdorben dargestellt. In dieser extremen Demokratie herrschen die Demagogen. Das Volk wird zum Despoten, die Demagogen werden zu Schmeichlern
des Volkes (analog zu den Schmeichlern des Tyrannen). Die Ämter lösen sich durch
Volksbeschlüsse (*psēphismata*) auf. Diese Art von Demokratie sei überhaupt
»keine Verfassung« mehr (IV, 4). Folgt die Typisierung der Oligarchien der Logik
der immer kleiner werdenden Zahl der Regierenden, so folgt die Typisierung der
Demokratie der immer weiter ausgedehnten Bürgerschaft. Dies entspricht in gro-
ben Zügen der historischen Entwicklung in Athen, auch wenn man darüber streiten kann, inwiefern die vier Typen eine Entwicklungsgeschichte der athenischen
Demokratie darstellen (vgl. Chambers 1990, 95 ff.) oder ob sie eher als eine Konstruktion zu verstehen sind (Schütrumpf 1996, 298 ff.).

Mit der Darstellung der extremen Demokratie zeichnet Aristoteles ein kritisches
Bild der Demokratie Athens. Kleisthenes' Mischungen »der Bürgerschaft« werden
ebenso erwähnt (VI, 4, 1319b23–27) wie die durch Perikles eingeführten Diäten
(VI, 4, 1319b1 ff.). Nimmt man die Behauptung der Gesetzlosigkeit dieser Demokratie und der Aufhebung der Ämter durch Volksbeschlüsse hinzu, entsteht daraus
doch wieder ein nicht gerade faires Bild der attischen Demokratie. Von einer Aufhebung der Ämter durch Volksbeschlüsse kann gar keine Rede sein. Gesetze wurden ab 403 v. Chr. von der neu geschaffenen Institution der Nomotheten erlassen.
Die zu Beschlüssen herabgesunkenen Entscheidungen der Volksversammlung haben sich auf Einzelregelungen beschränkt (Hansen 1995, 156 f.). Die Demokratie
Athens gesetzlos zu nennen, ist bei Aristoteles wie bei Platon eine maßlose Über-
treibung. Von großen Umverteilungen der Vermögen oder einer aggressiven Politik
gegen die Vermögenden ist einfach nichts bekannt. Auch Aristoteles' Bild der Demokratie wird am Ende zu einem Zerrbild.

4.2.7.2. Der Verfassungswandel (V, 1–12)

Eine der großen Leistungen der Aristotelischen *Politik* ist die Untersuchung des
»Verfassungswandels« (*metabolē tōn politeion*) (Ryffel 1949, Polansky 1991).
Schon Platon hatte eine erste Theorie des Wandels skizziert (rep. VII–VIII). Aber er
hatte dabei den Ursachen des Verfassungswandels wenig Aufmerksamkeit ge-

schenkt. Sein eigentliches Interesse galt auch gar nicht dem Wandel als solchem. Vielmehr ging es ihm darum, die Nachbildungen der besten Stadt in ihrer zunehmenden Verschlechterung zu zeigen.

Aristoteles kritisiert an der platonischen Theorie, daß sie keine spezifisch »politischen« Ursachen des Wandels aufweise, immer nur »eine« Richtung des Wandels für möglich halte und auch immer nur »eine« Ursache für den jeweiligen Wandel nenne (V, 12). Alle diese Beschränkungen sollen in Aristoteles' Analyse des Wandels fallen. Die ganze empirische Fülle möglicher Ursachen des Verfassungswandels und aller möglichen Übergänge von einer Verfassung in eine andere sollen berücksichtigt werden.

Einer gewissen Einschränkung unterliegt die materialreiche Analyse des Aristoteles dann doch. Das Buch V, das dem Verfassungswandel gewidmet ist, untersucht hauptsächlich Demokratien und Oligarchien, offenbar weil sie die am weitest verbreiteten Verfassungen sind. Daneben findet die Alleinherrschaft, in der Form der Monarchie und der Tyrannis, noch eine gewisse Aufmerksamkeit (V, 10–12). Der Verfassungswandel von Aristokratien wird jedoch nur noch beiläufig gestreift (V, 7), und die Politie kommt nur in Nebenbemerkungen vor, da ihr die größte Stabilität zugeschrieben wird.

Trotz der Kritik an Platons Verfassungstheorie sucht Aristoteles ganz wie Platon eine Reihe von Ursachen des Verfassungswandels in den Seelen der Menschen, ihrer inneren Unruhe und ihrem inneren Aufruhr. Auch ist bei Aristoteles wie bei Platon aller Streit um die richtige Verfassung ein Streit um Gerechtigkeit.

Wer etwas erklären will, muß dazu Ursachen (*aitiai*) und Gründe (*archai*) nennen. Aristoteles unterscheidet drei Gruppen von Ursachen und Gründen: die Seelenlage der jeweiligen Aufrührer, ihre Ziele und fernere Ursachen (V, 2). In den Seelen entsteht Empörung, wenn die politische Wirklichkeit der eigenen Auffassung von Gerechtigkeit nicht entspricht. So meinen die Demokraten, die gleiche Geburt müsse alles andere gleichmachen, die Oligarchen nehmen an, die Ungleichheit des Vermögens reiche als Maßstab für alles andere aus (V, 1). Streben die einen nach Gleichberechtigung, so kämpfen die anderen für ihre Dominanz.

Hauptziele der jeweiligen Aufrührer sind »Gewinn« und »Ehre«, wobei unter letzterer einmal die Ämter, zum anderen das öffentliche Ansehen zu verstehen ist. Die Liste fernerer Ursachen von Umstürzen nennt »Hybris, Furcht, Prominenz, Verachtung, Machtzuwachs, dazu noch Amtserschleichung, Nachlässigkeit, Geringfügigkeit und mangelnde Homogenität« (V, 2, 1302b2–5). Letztere meint ethnische Inhomogenität und Bevölkerungsveränderungen durch Zuwanderung (V, 3, 1303a25 ff.).

In den Demokratien wird der Umsturz durch Demagogen ausgelöst, die gewöhnlich gegen die Vermögenden agitieren (V, 5). In den Oligarchien ist es die ungerechte Behandlung der Volksmenge oder der Streit der Oligarchen untereinander, der zum Untergang der Verfassung führt (V, 6). In den Aristokratien schließlich können der Ausschluß tüchtiger Männer von den Ämtern, das Anwachsen der Vermögensunterschiede oder die ungenügende »Mischung« der Klassen Ursachen des Umsturzes sein (V, 7).

Die Analyse des Verfassungswandels ist keine empirisch-wertneutrale. Sie ist unmittelbar verbunden mit dem Interesse an der Frage, wie sich eine Verfassung erhalten läßt (*sōtēria*). Aus der Diagnose der Krankheiten der Städte ergeben sich ihre Therapien (V, 8–9). Diese verpflichten die Klassen zu gegenseitiger Schonung und zum Ausgleich ihrer Interessen, die jeweiligen Regierungen zur Gesetzestreue und zur Wachsamkeit. Nichts ist offenbar stabiler als eine Verfassung, welche die unterschiedlichen Ansprüche auf arithmetische und proportionale Gleichheit in eine Balance bringt. Schlicht, aber wahr ist der Rat des Aristoteles, daß stets derjenige Teil der Bürgerschaft, der die Verfassung zu erhalten wünscht, größer sein muß als jener, der dies nicht will (V, 12, 1296b15). Dazu wiederum bedarf es als des wichtigsten Mittels für die Erhaltung von Verfassungen der richtigen politischen Erziehung (V, 9, 1310a12–14). Da reichen sich Platon und Aristoteles wieder die Hand.

4.2.8. Die beste Stadt (Buch VII–VIII)

Die Bücher VII–VIII enthalten Aristoteles' Lehre von der besten Stadt. Die Frage nach der besten Stadt und der besten Verfassung gehört zum Fragenkatalog der Aristotelischen Politikwissenschaft, auch wenn sie zu einer Frage unter anderen geworden ist (IV, 1). Die beste Stadt wird definiert als eine Stadt des Glücks. In ihr muß jeder die Lebensform wählen können, die den Menschen zum Glück führt. Als Wege zum Glück kommen nur das praktisch-politische oder das theoretische Leben in Frage (VII, 1–3). Was die beste Stadt im einzelnen benötigt, wird bis in Details erörtert: die Zahl der Einwohner und die Größe der Stadt (VII, 4–5); die Anbindung ans Meer (VII, 6); die Tüchtigkeit der Bürger, die in eine kleine Völkerpsychologie eingebettet wird (VII, 7); die Stände (VII, 9–10) sowie die Anlage der Stadt (VII, 11–12). Den Abschluß bildet eine ausführliche Diskussion der Erziehung (VII, 14–16; Buch VIII).

Schon die Hervorhebung der Erziehung verdeutlicht die Nähe zu Platons politischer Philosophie. Wie Theiler nachgewiesen hat, bestehen engste Verbindungen der Bücher VII–VIII zu den *Nomoi*. Theiler weist allein zwanzig Parallelen zum platonischen Spätwerk nach (1972, 256). Die Bücher VII–VIII müssen um das Jahr 345 v. Chr. herum entstanden und ca. ein Jahrzehnt später überarbeitet worden sein. Jaeger hatte in ihnen die »Urpolitik« entdecken wollen, die Aristoteles allmählich zugunsten einer sich mehr und mehr von Platon entfernenden, empirischen Politikwissenschaft aufgegeben haben sollte (wie sie sich etwa in den Büchern IV – VI findet). Aber mit der Platonnähe und Platonferne des Aristoteles hat es seine eigene Bewandtnis. Auch die Bücher IV–VI sind vom platonischen Spätwerk stark beeinflußt. Eine Abkehr von einer »Urpolitik« muß man nicht annehmen, weil schon die Bücher VII–VIII einen Philosophen zeigen, der Platon zwar nahesteht, der aber auch schon als ein eigenständiger Denker erkennbar ist.

Von der Ausrichtung des platonischen Spätwerks an der Theologie findet sich in den Büchern VII-VIII keine Spur. Auch die Kosmologie Platons begegnet nicht. Theorie und Praxis sind bereits voneinander getrennt. Sie sind zwei miteinander konkurrierende Lebensweisen, die nicht mehr in Philosophenkönigen vereint sind. Eine (Pol. I, 1 entsprechende) Differenzierung der Herrschaftsformen liegt bereits vor. Zwischen despotischer, monarchischer und bürgerlicher Herrschaft wird unterschieden (VII, 3). Die Fülle der Institutionen, deren Funktionweisen Platon in den *Nomoi* durchdekliniert hatte, hat keine Entsprechung. Selbst das Problem der Gesetzesherrschaft wird nicht angesprochen. Vieles wirkt unausgeführt. Die Diskussion über Erziehung bricht unvermittelt ab.

Schon die Frage, was für eine *Verfassung* die beste Stadt besitzt, ist aufgrund der Skizzenhaftigkeit des Entwurfs nicht einfach zu beantworten. Der Philosoph hält sich mit einer klaren Benennung der besten Verfassung erstaunlich zurück. Zwar heißt es, die beste Stadt sei eine »Gemeinschaft der Gleichen« (*koinōnia tōn homoiōn*) (VII, 8, 1327a36). Das klingt wie die Selbstcharakterisierung der Spartaner. Aber trotz gewisser Anleihen bei der spartanischen Verfassung moniert Aristoteles nicht weniger als Platon ihre einseitige Ausrichtung am Militärischen und an der gymnastischen Erziehung (VIII, 4). Wie Platon sucht auch Aristoteles eine ausgewogene Mischung von gymnastischer und musischer Erziehung (VII, 15–16). Der Orientierung am Krieg wird die am Frieden vorgeordnet, der Orientierung an der Arbeit die an der Muße (VII, 14, 1333a30 ff.).

Als eine »Gemeinschaft der Gleichen« bedarf die beste Stadt der abwechselnden Regierung (VII, 3, 1325b7–8; VII, 14). Diese wird im Turnus einer Ablösung von Jugend und Alter vorgestellt. Es begegnet allerdings auch der alle an Tugend überragende Mann, der König sein muß (VII, 3, 1325b10–12). Was völlig fehlt, ist eine Diskussion von Demokratie und Oligarchie. Der Versuch der Bücher IV–VI, zwischen arm und reich einen Ausgleich zu schaffen, begegnet in den Büchern VII–VIII nirgends. Die beste Stadt scheint exklusiver als die Politie des Buches IV zu sein. Das gewöhnliche Maß an Tüchtigkeit, das der Politie ansonsten genügt, scheint für die beste Stadt nicht auszureichen, so daß sie summa summarum am ehesten einer aristokratisch gefärbten Politie zu gleichen scheint. (Das Aristokratische wie bei Platon verstanden als eine Aristokratie der Tüchtigen, nicht als Geburtsaristokratie).

Die *Erziehung* wird wie bei Platon in gymnastische und musische unterteilt. Die gymnastische folgt dem platonischen Ideal, das sich nicht an den Olympioniken oder den spartanischen Kriegern orientiert. Wie bei Platon soll die Kombination von musischer und gymnastischer Erziehung zu große Härte und zu große Weichheit verhindern. Der platonische Streit zwischen Dichtung und Philosophie wird beigelegt. Die Dichter und die Tragödie erhalten ihren Rang in der Stadt zurück. Musik und Dichtung sollen drei Aufgaben erfüllen. Sie sollen unterhalten (*paidia*), den Charakter bilden (*paideia*) und die Stadt reinigen (im Sinne der Katharsis) (VIII, 7). Eine Zensur, eine mildere als die der platonischen Reinigung der Stadt, ist allerdings vorgesehen. Die Erziehung soll sich am »Mittleren, Möglichen und Schicklichen« orientieren (VIII, 7, 1342b34). Alles Unanständige und Schlechte muß von der Jugend ferngehalten werden, weil die ersten Eindrücke die prägenden sind (VII, 17). Wie die Mitte immer das Beste ist, so ist sie dies auch in der Musik. Für die Erziehung wird deshalb die dorische Tonart empfohlen, die zwischen der enthusiasmierenden (phrygischen) und der melancholisch stimmenden (mixolydischen) liegt (VIII, 7).

Aristoteles gründet die beste Stadt auf eine Hierarchie der Tätigkeitsweisen und Ziele. *Arbeit und Muße, Krieg und Frieden, Lebensnotwendiges und Gutes* werden in eine klare Rangordnung gebracht (VII, 14, 1333a30–36). Maßstab ist dabei die

Vorordnung des Praktischen, d.h. die Vorordnung von Vollzügen, die in sich sinnvoll sind. Arbeit, Krieg und das Nützliche haben keinen Sinn in sich selbst. Arbeit
hat ihren Sinn darin, der Muße zu dienen, Krieg, zum Frieden zu führen, Lebensnotwendiges, für Gutes da zu sein. Das gute Leben beginnt, wenn man aus dem
bloß Lebensnotwendigen und Instrumentellen herauskommt. So unterscheidet die
Erziehung beispielsweise die notwendigen Kulturtechniken wie Lesen, Schreiben
und Rechnen vom eigentlichen Ziel der Bildung, ein in sich sinnvoller Vollzug eines
kultivierten Lebens zu sein.

Das Verhältnis von Mittel und Selbstzweck, von bloß Instrumentellem und in
sich sinnvollem Praktischen führt dazu, daß die *politische Partizipation*, die Teilhabe an der politischen Praxis, rigoros beschränkt wird. Nicht alle Stände, die für
das Überleben der Stadt notwendig sind, sind ihr auch politisch nötig. Zusätzlich
zu den Frauen und Sklaven, die nach Pol. I von der Bürgerschaft ausgeschlossen
sind, wird auch Handwerkern, Händlern und Bauern der Bürgerstatus verweigert
(VII, 8–9). Aristoteles trennt sich damit von der historischen Realität. Seit Perikles
hing das Bürgerrecht an der Abstammung, so daß die von Aristoteles Ausgeschlos-
senen bereits Bürger gewesen sind. Der Ausschluß der für die Stadt ökonomisch
notwendigen Stände wird durch deren fehlende »Muße« (*scholē*) begründet; auch
wird auf die »unedle« Lebensweise der Handwerker und Händler verwiesen (VII,
9, 1328d37–1329a2).

Wie bei Platon begegnen wir dem Gegensatz von *virtue* and *commerce*, und wie
beim älteren Platon so soll auch bei Aristoteles die Stadt eine auf Agrarwirtschaft
gegründete »autarke« Gemeinschaft sein. Ihre Bürger sind die waffentragenden
Landbesitzer, die die Arbeit von Sklaven oder barbarischen Periöken erledigen lassen und dadurch Zeit gewinnen für Muße und Politik (VII, 10, 1330a25 ff.). Jeder
erhält zwei Landgüter, eines an der Grenze, eines im Landinneren. Daneben existiert auch ein Gemeinbesitz, der die Kosten für den Kult und für die gemeinsamen
Mahlzeiten tragen soll.

Die beste Stadt ist eine kleine Stadt. Die Stimme des Herolds muß in ihr durch-
dringen können, der Feldherr seine Soldaten überschauen können (VII, 4). Staats-
ämter werden nach Würdigkeit vergeben, und dafür ist vorausgesetzt, daß die Bürger einander kennen (VII, 4, 1326b14–18).

Aristoteles' Entwurf der besten Stadt bietet ein Gegenmodell zur See- und Handelsmacht Athen, ähnlich wie Platons kretische Kolonie ein solches Gegenmodell
ist. Zwar wird nicht jeglicher Ex- und Import verboten. Sie werden wohl nur im
Sinne der Gebrauchswertökonomie von Pol. I eingeschränkt. Aber eine Stadt, die
sich »zum Markt für alle Völker« hergeben würde, täte dies nur um des »Ge-
winns« und der »Habgier« willen (VII, 6, 1327a29). Folgt Aristoteles in der Ablehnung der großen Handelsmacht dem Geist der platonischen Spätphilosophie, so
fällt seine Darstellung des Imperialismus einer See- und Handelsmacht um eine Nu-
ance unkritischer aus. Der Flotte werden die Aufgaben Verteidigung, Angriff und
Schutz der Nachbarn zugeschrieben (VII, 6, 1327a40–1327b7). Eine führende
Rolle der Stadt bedarf einer gewissen Seemacht, und diese wird von Aristoteles offenbar nicht ganz so kritisch beurteilt wie von Platon.

Die Frage nach dem Glück der Lebensformen, nach ihrer Rangordnung und dem
Verhältnis von *Theorie und Praxis* wird Pol. VII, 1–3 ausgesprochen moderat be-

antwortet. Aristoteles vermeidet die Extreme, die durch eine einseitige Bevorzugung der einen oder anderen Lebensform entstehen. Da sind die einen, die das politische Leben zum einzig ehrenhaften erklären. Da sind die anderen, die behaupten, Herrschaft sei ungerecht (wenn sie despotisch sei) oder dem Glück nicht förderlich (selbst wenn sie gerecht sei) (VII, 2). Beide Extreme werden von Aristoteles zurechtgestutzt.

Kritiker der ungerechten Herrschaft haben recht, die despotische Herrschaft herabzusetzen; sie hat »nichts Edles« (VII, 3, 1325a15). Sie haben aber unrecht, wenn sie dies verallgemeinern und übersehen, daß Herrschaft in mehreren Formen auftreten kann, etwa auch als monarchische eines überragenden Mannes oder als bürgerliche abwechselnde Regierung. Glück liegt in der richtigen Praxis (*eupragia*), und diese ist »für die Stadt im ganzen als auch für den Einzelnen« im praktischen und politischen Leben zu finden. Nur ist dieses nicht die einzige Form von Praxis. Es gibt auch ein tätiges Leben, das nicht auf andere gerichtet, aber gleichwohl praktisch und »selbstzweckhaft« ist (VII, 3, 1325b14–21).

Den Vertretern der einseitigen Bevorzugung einer Lebensweise wird ein Kompromiß angeboten. Die einen dürfen in der Stadt ihr theoretisches Leben führen, obwohl es dem Leben eines »Fremden« (*xenikos*) gleicht (VII, 2, 1324a16). Auch das theoretische Leben ist eine Form der Praxis. Als solches hat es seine eigene Würde, so daß der Theoretiker nicht seine bürgerliche Ehre verliert. Die anderen müssen sich ihr politisches Leben aber auch nicht herabwürdigen lassen, weil es schlechte Herrschaftsformen gibt. Ihr Leben ist das ehrenhafte Leben der meisten, die selbstverständliche Normalform bürgerlichen Glücks.

Gegenüber der Feier des theoretischen Lebens am Ende der *Nikomachischen Ethik* (X, 6–10) ist dies eine gemäßigte Lehre von der Gleichberechtigung der Lebensformen. Die *Nikomachische Ethik* spricht die »Muße« nur noch dem theoretischen Leben zu, so daß die *vita activa* an Rang verliert. Auch wird in der Ethik das theoretische Leben zu einer autarken Lebensform stilisiert, die den Theoretiker nur noch notgedrungen zum Praktiker werden läßt. In der *Politik* ist es umgekehrt. Die theoretische Lebensform muß erst noch die Weihe der »guten Praxis« (*eupragia*) erhalten, damit der Theoretiker sich nicht der Kritik aussetzt, wie ein »Fremder« in der Stadt zu leben und ohne bürgerliche Ehre zu sein.

4.3. Ein Blick auf die Wirkungsgeschichte

Die Aristotelische *Politik* war die »Normalphilosophie« (Bien [3]1985, 346) der ständischen Welt bis in das Zeitalter der Französischen Revolution hinein. Ihre Begrifflichkeit (auch die der Substanzmetaphysik) harmonierte mit einer wohlgefügten Welt, in der das Subjekt sich nicht aus der politischen Gemeinschaft herausstellt, sondern eingebettet in Sitten und Stände sein Leben führt.

Im Hellenismus war die Wirkung der Aristotelischen *Politik* gering. Die Aussteigerei der Kyniker und Epikureer verriet das geringer gewordene Interesse der Philosophen an Politik und Stadt. Die Stoa hatte ihre eigene (teilweise vom Aristotelesnachfolger Theophrast beeinflußte) Lehre von Ethik und Politik. Erst die Edition der Werke durch Andronikos von Rhodos (1. Jh. v. Chr.) verschaffte der politischen

Philosophie des Aristoteles wieder mehr Beachtung. Octavian wird von einem Aristoteliker unterrichtet, Marc Aurel gründet einen Lehrstuhl für Aristoteles-Studien in Athen. Bei den Syrern und den arabisch schreibenden Philosophen bleibt die Aristotelische *Politik* allerdings ein Stiefkind ihres Interesses. Zum einen standen ihnen nur Bruchstücke der *Politik* zur Verfügung, zum anderen hielt man sich, was die politische Philosophie angeht, lieber an Platon als an Aristoteles. Die großen arabisch schreibenden Denker des Mittelalters, Avicenna (980–1037), Averroës (1126–1198) und Maimonides (1135–1204), ringen mit dem Problem, wie sich ihr Interesse an Philosophie mit ihrer Religion und Rechtgläubigkeit vereinen läßt. Das ist eine Frage, die für Aristoteles selber überhaupt keine Rolle gespielt hat. Averroes, der die *Politeia* Platons kommentiert, wird für die Scholastik von großer Bedeutung. Seine Lehre vom universalen »intellectus possibilis« fordert Albert den Großen und Thomas von Aquin heraus. Sie wirkt, etwa bei Dante, bis in die politische Philosophie des Mittelalters hinein.

Frühe Kirchenväter wie Tertullian haben die Aristotelische Philosophie verworfen. In Cordoba wird sie 1196 n. Chr. verboten, und noch auf der Pariser Synode (1210) und dem Laterankonzil (1215) wird sie verurteilt. Zuviel in der *Metaphysik* des Aristoteles widersprach der christlichen Glaubenslehre. Aristoteles kennt keinen personalen Gott, keine geschaffene Welt und keine unsterbliche Seele. Dennoch wird im 13. Jh. der Siegeszug seiner Philosophie unaufhaltsam. Eine Vielzahl von Übersetzungen macht Aristoteles' Ethik und Politik auf lateinisch verfügbar. Robert Grosseteste (1170–1253) übersetzt die *Nikomachische Ethik*, Wilhelm von Moerbeke 1260 die *Politik*. Einflußreiche Kommentare schreiben im 13. Jh. Albertus Magnus (1200–1280) und Thomas von Aquin (1225–1274). Thomas verwendet für seinen Kommentar zur *Nikomachischen Ethik* die Übersetzung von Grosseteste. Der Politikkommentar des Thomas, verfaßt um 1272 herum, gelangte nur bis zum dritten Buch der *Politik*; er wurde von Petrus von Alvernia vollendet. Im 14. Jh. finden sich Kommentare von Walter Burlaeus (1274–1343), Johannes Buridanus (ca. 1300–1360), Nikolaus von Oresme (1322–1382) und Heinrich Totting von Oyta (†1397) (Grabmann 1941). Nikolaus von Oresme überträgt im Auftrag Karls V. von Frankreich die *Nikomachische Ethik* und die *Politik* ins Französische (1371–1374), und er bereichert dadurch die französische Sprache durch zahlreiche Neologismen.

Der große Einfluß der Aristotelischen *Politik* auf das politische Denken des Mittelalters dokumentiert sich in Thomas' *De regimine principum* (1265/66), in Dantes *Monarchia* (1317?) sowie in Marsilius' *Defensor pacis* (1324). Die Lehre des Aristoteles mußte jedoch erheblich verändert werden, damit sie sich mit den politischen und religiösen Interessen des Mittelalters vereinen ließ. Das Christentum hatte die antike Hochschätzung der Politik durch seine Zweiweltenlehre relativiert. Das bei Aristoteles ganz irdische Glück der Bürger und Menschen wird von Thomas dem jenseitigen Glück und Heil nachgeordnet. Die praktische Philosophie wird wieder vertheoretisiert und in die Metaphysik zurückgeholt. Geradezu selbstverständlich wird das König- und Kaisertum zur besten Verfassungsordnung erklärt. Auch die bürgerliche Selbstregierung versteht man nicht mehr. Dante und Marsilius ziehen die Aristotelische Philosophie in den Streit um die Suprematie von Kaiser oder Papst. Auch dies ist eine Fragestellung, die mit der *Politik* des Aristoteles rein gar nichts zu tun hat. Allerdings läßt sich verstehen, daß Aristoteles' nicht direkt metaphysische Ethik und Politik sich dazu anbot, gegen die päpstlichen Ansprüche auf Weltherrschaft ins Feld geführt zu werden. Dies wird besonders deutlich bei Marsilius von Padua, in dessen Werk erste »demokratietheoretische« Tendenzen sowie Keime einer Theorie des »weltlichen Staates« (Lagarde) zu finden sind.

Bedeutende Philosophen der Neuzeit wenden sich von Aristoteles' praktischer Philosophie ab. Unter dem Eindruck der antiaristotelischen Naturwissenschaft des Galilei und der seit Descartes üblichen Hochschätzung der Mathematik setzt Hobbes der praktischen Philosophie des Aristoteles das Ideal einer technisch-instrumentellen Politikwissenschaft more geometrico entgegen. Nicht nur bei Hobbes, sondern allenthalben lösen sich die Grundvoraussetzungen der aristotelischen politischen Philosophie auf. An die Stelle des Gemeinschaftswesens tritt das Individuum, an die Stelle der Stadt »von Natur« treten Abmachung und Vertrag. Fast jede politische Philosophie der Neuzeit wird eine Vertragstheorie sein. Politik und Ethik werden getrennt, sei es daß die Politik sich (wie bei Machiavelli) von der Moral emanzipiert und autonom wird, sei es daß (wie bei Kant) vom Staat die Beschränkung auf die Legalität gefordert wird.

Unerheblich geworden ist die aristotelische praktische Philosophie allerdings auch in der Neuzeit nicht. Sie wird in der Reformation (Melanchthon) und im protestantischen Deutschland (Petersen 1964) ebenso bewahrt wie in der deutschen Universitätsphilosophie des 16. und 18. Jh.s (Maier 1966) oder in der Schulphilosophie des Christian Wolff (1679–1754). Mißversteht Wolff die Aristotelische *Politik* als einen Paternalismus (etwa in seiner *Deutschen Politik* [1721]), so sind es paradoxerweise die Gegner des Aristoteles, die dessen prinzipielle Unterscheidung von Haus und Stadt erneuern. Locke und Kant bedienen sich der aristotelischen Argumente gegen die Gleichsetzung von häuslicher Herrschaft und Stadt, um die absolutistische landesväterliche Herrschaft zu diskreditieren. Damit ist Aristoteles indirekt zum Mitbegründer des modernen Liberalismus avanciert.

Den großen Traditionsbruch bringen bürgerliche Gesellschaft und Französische Revolution, wenn sie den Menschen aus den Ständen und Herkünften befreien und aus der stehenden Welt eine flüssige werden lassen. In seiner *Rechtsphilosophie* (1821) versucht Hegel eine aristotelische Sittlichkeitslehre mit den Ansprüchen der modernen Subjektivität zu vereinen. Dies gelingt jedoch nur noch durch eine Revolutionierung der Begrifflichkeit des klassischen Naturrechts. Aus Ethik werden Moralität und Sittlichkeit, aus dem Haus die Familie und die bürgerliche Gesellschaft, aus der Einheit von Gesellschaft und Staat deren Differenz.

Die politische Philosophie des 20. Jh.s ist durch eine solche Vielzahl »aristotelischer Diskurse« geprägt, daß man von einer Renaissance der aristotelischen praktischen Philosophie sprechen kann (eine hervorragende Darstellung bei Gutschker 2001). Aristoteles beeinflußt die Wiederbegründung der Politischen Wissenschaft nach dem Zweiten Weltkrieg; er begegnet in den philosophischen Diskussionen um die »Rehabilitierung der praktischen Philosophie« oder in Kontroversen um Liberalismus und Kommunitarismus. Statt diese Wiederbelebungen als bloß traditionalistische, antimoderne Reminiszenzen mißzuverstehen, bietet es sich an, in ihnen Korrektive des herrschenden Liberalismus zu sehen. Gegen dessen Tendenzen zum

Individualismus, zum Konventionalismus, zu abstrakten Allgemeinheiten und utilitaristisch verstandenen Assoziationen kann der politische Aristotelismus das Recht der Gemeinschaftlichkeit, des historisch Gewachsenen und der Sittlichkeit des Lebens in Erinnerung rufen. Damit verweist er auf Bedingungen des modernen Lebens und der modernen Freiheit, die diese aus sich selbst nicht erzeugen und tradieren kann.

Die aristotelische Erneuerung der politischen Wissenschaften nach dem Zweiten Weltkrieg war geprägt durch Hannah Arendt und Dolf Sternberger, Eric Voegelin und Leo Strauss, die Münchner und die Freiburger Schule der Politikwissenschaft. Hannah Arendt hat die aristotelische Praxislehre wiederbelebt; sie hat die pluralistische Politikauffassung des Aristoteles erneuert und die Phronesislehre zu einer Theorie der Urteilskraft umgeformt (*Vita activa* [1956]). Dolf Sternberger hat die *Politik* des Aristoteles zur »Politologik« schlechthin erklärt und den modernen Verfassungsstaat mithilfe der aristotelischen Politie und Bürgerfreundschaft gedeutet (*Drei Wurzeln der Politik* [1978]). Unter Berufung auf Platon und Aristoteles haben Eric Voegelin und Leo Strauss die Politische Wissenschaft auf eine »normative« Lehre von der guten Verfassung und vom guten Bürger verpflichtet. Allerdings wurde das modernitätsverträgliche Potential der aristotelischen *Politik* durch den Antikizismus dieser Autoren teilweise wieder verspielt.

Die »Rehabilitierung der praktischen Philosophie« (Riedel 1972) brachte eine Erneuerung auch des Aristotelismus mit sich. Für sie steht insbesondere Joachim Ritters (1903–1974), Aristoteles und Hegel verbindende, praktische Philosophie. Die hermeneutische Hypoleptik des Aristoteles wurde von Ritter der modernen »entzweiten« Welt als ein Korrektiv ihres Progressismus und Futurismus eingeschrieben und von seinen Schülern wie Odo Marquard (*1928), Günther Bien (*1936) oder Hermann Lübbe (*1926) zu einer Gesamtdeutung der aristotelischen politischen Philosophie (Bien), zu einem Usualismus (Marquard) oder einer Herkunft und Zukunft balancierenden politischen Philosophie (Lübbe) weitergebildet.

Der in den siebziger Jahren in Amerika entstandene Kommunitarismus ist eine mit dem Liberalismus der Rawls-Schule konkurrierende Strömung der politischen Philosophie, in der sich neben Rückgriffen auf Rousseau, Tocqueville oder Hegel auch starke Einflüsse des Aristoteles bemerkbar machen. Alasdair MacIntyre (*1929) will aus den Aporien der zeitgenössischen Moralbegründung zu einer aristotelischen Tugendethik zurückführen (*After virtue* [1981]). Martha C. Nussbaum (*1947) entwickelt aus Aristoteles' *Poetik* eine Handlungstheorie und eine Hermeneutik. Gegenüber den eher konservativen Tendenzen des neueren Aristotelismus verbindet sie eine sozialdemokratische Politik mit einer politischen Philosophie, die sich den aktuellen Weltproblemen zuwendet.

Aristoteles (384/83–322 v. Chr.)

384/83	Geb. in Stagira (Chalkidike) als Sohn des Arztes Nikomachos
367–347	In Platons Akademie. In dieser Zeit erste Entwürfe der logischen Schriften, der Physik, Ethik und Rhetorik
347–335/334	Wanderjahre. Der Parteigängerei für Makedonien verdächtigt, verläßt Aristoteles Athen; er geht an den Hof des Hermias (Assos, Kleinasien).
345/44	Mytilene (Lesbos)
345–25	Arbeit an der *Politik*
343/42–340/39	Erzieher Alexanders d. Großen
335/34	Rückkehr nach Athen. Unterricht am Lykeion
335/34–322	Abfassungszeit der *Nikomachischen Ethik*. Erste »Ethik« der westlichen Kultur.
322	Wegen der antimakedonischen Stimmung verläßt Aristoteles Athen noch einmal. Er stirbt in Chalkis (Euböa).
300	Edition der *Nikomachischen Ethik*

Werke

Aristoteles, Werke in deutscher Übersetzung. Deutsche Aristoteles-Gesamtausgabe, begr. von E. Grumach, H. Flashar (Hrsg.), 20 Bde., Berlin 1956 ff.
Aristotelis Opera. Edition Bekker, Berlin 1830–1870, Nachdr. Berlin 1960.
Poetik, übers. u. eingel. von O. Gigon, Stuttgart 1961.
Nikomachische Ethik, übers. u. erl. von F. Dirlmeier, Berlin, 1969 ff. (= Deutsche Aristoteles-Ausgabe Bd. 6).
Politik. Buch I, Buch II-III, Buch IV-VI, übers. u. erl. von E. Schütrumpf, E. Schütrumpf/H.-J. Gehrke, Berlin 1991, 1996 (Deutsche Aristoteles-Ausgabe Bd. 9/I, 9/II, 9/III).
Staat der Athener, übers. u. erl. von M. Chambers, Berlin 1990 (Deutsche Aristoteles-Ausgabe Bd. 10).
Topik, übers. von E. Rolfes, Hamburg ³1992.
Rhetorik, übers. u. eingel. von G. Krapinger, Stuttgart 1999.

Gesamtdarstellungen

P. Aubenque/A. Tordesillas (Hrsg.), Aristote Politique. Études sur la *Politique* d'Aristote, Paris 1993. – E. Barker, The Political Thought of Plato and Aristotle, New York 1959. – J. Barnes/M. Schofield/R. Sorabji (Hrsg.), Articles on Aristotle, Vol. 2. Ethics and Politics, London 1971. – G. Bien, Die Grundlegung der politischen Philosophie des Aristoteles, Freiburg-München ³1985. – R. Bodéüs, Le philosophe et la cité, Paris 1981; engl. The Political Dimension of Aristotle's Ethics, Albany 1993. – M. Brocker, Aristoteles als Alexanders Lehrer in der Legende, Diss. Bonn 1966. – A.H. Chroust, Aristotle. New Light on his Life and Some of his last Work, 2 Bde., London 1973. – M. Davis, The Politics of Philosophy. A Commentary on Aristotle's *Politics*, Lanham 1996. – M. Defourny, Aristote. Études sur la politique, Paris 1932. – H. Flashar, Aristoteles, in: F. Ueberweg, Geschichte der Philosophie. Die Philosophie der Antike, H. Flashar (Hrsg.), Bd. 3, Basel-Stuttgart 1983, 175–457 (Doxographie u. ausführl. Bibliographie). – R.A. Gauthier/J.Y. Jolif, Aristote, *L'Éthique à Nicomaque*, 2 Bde., Paris 1958–59, ²1970. – F.P. Hager (Hrsg.), Ethik und Politik des Aristoteles, Darmstadt 1972 (WdF 208). – O. Höffe (Hrsg.), Die *Nikomachische Ethik*, Berlin 1995. – Ders., Aristoteles, München 1996, ²1999. – H.H. Joachim, Aristotle. The *Nicomachean Ethics*. A Commentary, Oxford 1955, ²1962. – A. Kamp, Die politische Philosophie des Aristoteles und ihre metaphysischen Grundlagen, Freiburg-München 1985. – H. Kelsen, Die hellenistisch-makedonische Politik und die Politik des Aristoteles, in: Zeitschrift für öffentliches Recht 13 (1933) 625–678; auch in: Ders., Aufsätze zur Ideologiekritik, E. Topitsch (Hrsg.), Neuwied 1964, 243–357. – A. Kenny, The Aristotelian Ethics, Oxford 1978. – D. Keyt/F.D. Miller, Jr. (Hrsg.), A Companion to Aristotle's *Politics*, Oxford-Cambridge/Mass. 1991. – R. Kraut, Aristotle on the Human Good, Princeton 1991. – C.I. Litzinger, Thomas Aquinas: Commentary on the *Nicomachean Ethics*, 2 Bde., Chicago 1964. – C. Lord/D.K. O'Connor (Hrsg.), Essays on the Foundations of Aristotelian Political Science, Berkeley u.a. 1991. – R.G. Mulgan, Aristotle's Political Theory, Oxford 1977. – W.L. Newman, The *Politics* of Aristotle, 4 Bde., Oxford 1887–1902. – M.P. Nichols, Citizen and Statesmen. A Study of Aristotle's *Politics*, Savage 1992. – W. Oncken, Die Staatslehre des Aristoteles in historisch-politischen Umrissen, 2 Bde., Leipzig 1870–1875, Nachdr. Aalen 1964. – G. Patzig (Hrsg.), Aristoteles' *Politik*. Akten des XI. Symposium Aristotelicum, Göttingen 1990. – M. Riedel (Hrsg.), Rehabilitierung der praktischen Philosophie, 2 Bde., Freiburg 1972. – A.O. Rorty (Hrsg.), Essays on Aristotle's Ethics, Berkeley 1980. – E. Schütrumpf, Die Analyse der Polis durch Aristoteles, Amsterdam 1980. – R.M. Spiazzi, Sancti Thomae Aequinatis *In octo libros Politicorum expositio*, Turin 1951. – R. Stark, Aristotelesstudien. Philologische Untersuchungen zur Entwicklung der aristotelischen Ethik, P. Steinmetz (Hrsg.), München 1972. – S.M. Stein, Aristotle and the World State, London 1968. – P. Steinmetz (Hrsg.), Schriften zu den *Politika* des Aristoteles, Hildesheim 1973. – D. Sternberger, Drei Wurzeln der Politik. Schriften II/1 und II/2, Frankfurt a.M. 1978. – Ders., Das Wort Politik und der Begriff des Politischen, Trier 1982. – L. Strauss, The City and Man, Chicago 1964, Kap. I. – F. Susemihl/R.D. Hicks, The *Politics* of Aristotle. Books I-V, London 1894. – J.A. Swanson, The Public and the Private in Aristotle's Political Philosophy, Ithaca-London 1992. – J.O. Urmson, Aristotle's Ethics, Oxford 1988. – E. Voegelin, Order and History. Vol. 3. Plato and Aristotle, Baton Rouge 1957, ²1964. – J.J. Walsh/H.L. Shapiro (Hrsg.), Aristotle's Ethics. Issues and Interpretations, Belmont 1976. – U. v. Wilamowitz-Moellendorf, Aristoteles und Athen, 2 Bde., Berlin 1893. – F. Wolf, Aristote et la *politique*, Paris 1991.

Einzelne Bücher und Themen

Metaphysik

H. v. Arnim, Die Entstehung der Gotteslehre des Aristoteles, Wien 1931. – P. Aubenque, Le problème de l'être chez Aristote, Paris ³1973. – Ders. (Hrsg.), Études sur la *Métaphysique* d'Aristote, Paris 1979. – L. Elders, Aristotle's Theology. A Commentary on Book Lambda of The *Metaphysics*, Assen 1972. – G. Fine, On Ideas. Aristotle's Criticism of Plato's Theory of Forms, Oxford 1993. – H. Flashar, Die Kritik der platonischen Ideenlehre in der Ethik des Aristoteles, in: Ders./K. Gaiser (Hrsg.), Synusia. Festgabe für Wolfgang Schadewaldt zum 15. März 1965, Pfullingen 1965, 223–237. – M. Frede/G. Patzig, Aristoteles: *Metaphysik* Z. Übersetzung und Kommentar, 2 Bde., München 1988. – M.L. Gill, Aristotle on Substance. The Paradox of Unity, Princeton N.J. 1989. – F.P. Hager (Hrsg.), Metaphysik und Theologie des Aristoteles, Darmstadt 1975 (WdF 206). – L. Judson, Heavenly Motion and the Unmoved Mover, in: M.L. Gill/J.G. Lennox (Hrsg.), Self-Motion. From Aristotle to Newton, Princeton N.J. 1994, 155–171. – A. Kosman, Aristotle's Prime Mover, in: M.L. Gill/J. G. Lennox (Hrsg.), Self-Motion. From Aristotle to Newton, Princeton N.J. 1994, 135–153. –

G. Krämer, Grundfragen der aristotelischen Theorie, in: Theologie und Philosophie 44 (1969) 363–382. – H. J. Krämer, Der Ursprung der Geistmetaphysik. Untersuchungen zur Geschichte des Platonismus zwischen Platon und Plotin, Amsterdam ²1967. – K. Oehler, Der Beweis für den unbewegten Beweger bei Aristoteles, in: Philologus 99 (1955) 70–92. – Ders., Der Unbewegte Beweger bei Aristoteles, Frankfurt a.M. 1984. – J. Owens, The Doctrine of Being in the Aristotelian *Metaphysics*, Toronto ³1978. – G. Patzig, Theologie und Ontologie in der *Metaphysik* des Aristoteles, in: Kant-Studien 52 (1960/61) 185–205. – Ch. Rapp (Hrsg.), Aristoteles: Die Substanzbücher der *Metaphysik* (Zeta, Eta, Theta), Berlin 1996. – G. Reale, Aristoteles: *La Metafisica*. Übers. und Kommentar, 2 Bde., Neapel 1968. – H. Reiner, Die Entstehung und ursprüngliche Bedeutung des Namens Metaphysik (1954), in: F.-P. Hager (Hrsg.), Metaphysik und Theologie des Aristoteles, Darmstadt 1979, 139–174. – H. Schmitz, Die Ideenlehre des Aristoteles, 3 Bde., Bonn 1985. – H. Steinfath, Selbständigkeit und Einfachheit. Zur Substanztheorie des Aristoteles, Frankfurt a.M. 1991. – E. Tugendhat, TI KATA TINOS. Eine Untersuchung zu Struktur und Ursprung aristotelischer Grundbegriffe, Freiburg ⁴1988.

Topik – Rhetorik – Poetik

Zur Topik

H. v. Arnim, Das Ethische in Aristoteles' *Topik*, Wien 1924. – A. Beriger, Die aristotelische Dialektik, Heidelberg 1989. – E. Braun, Zur Vorgeschichte der Tranzendentalpragmatik, in: A. Dorschel (Hrsg.), Transzendentalpragmatik, Frankfurt a.M. 1993, 11–28. – E. Curtius, Europäische Literatur und lateinisches Mittelalter, Bern–München 1961. – W. Hennis, Politik und praktische Philosophie, Neuwied 1963. – H. Kuhn, Aristoteles und die Methode der politischen Wissenschaft, in: Zeitschrift für Politik 12 (1965) 101–120. – G. F. L. Owen (Hrsg.), Aristotle on Dialectic. The *Topics*. Proceedings of the Third Symposium Aristotelicum, Oxford 1968. – W. A. de Pater, Les *Topiques* d'Aristote et la dialectique platonicienne, Fribourg 1965. – Th. Viehweg, Topik und Jurisprudenz, München ²1974. – P. Weber-Schäfer, Rhetorik und Topik in der Politik, in: Politisches Denken. Jahrbuch 1999, Stuttgart–Weimar 1999, 11–24.

Zur Rhetorik

Ø. Andersen, Im Garten der Rhetorik. Die Kunst der Rede in der Antike, Darmstadt 2001. – O. Ballweg/Th.M. Seibert, Rhetorische Rechtstheorie, Freiburg–München 1982. – M. F. Burnyeat, Enthymeme: Aristotle on the Logic of Persuasion, in: D. J. Furley/A. Nehamas (Hrsg.), Aristotle's *Rhetoric*, Princeton 1994, 3–55. – J. M. Cooper, Ethical – Political Theory in Aristotle's *Rhetoric*, in: D. J. Furley/A. Nehamas (Hrsg.), 193–210. – Th.M. Crem, The Definition of Rhetoric According to Aristotle, in: K. V. Erickson (Hrsg.), 52–71. – R. Edmondson, Rhetoric in Sociology, London 1984. – E. Eggs, Die Rhetorik bei Aristoteles, Frankfurt a.M. 1984. – D. J. Furley/A. Nehamas (Hrsg.), Aristotle's *Rhetoric*. Philosophical Essays. Proceedings of the 12ᵗʰ Symposium Aristotelicum, Princeton 1994. – E. Garrer, Aristotle's *Rhetoric*. An Art of Character, Chicago–London 1994. – W. M. A. Grimaldi, Studies in the Philosophy of Aristotle's *Rhetoric*, Wiesbaden 1972. – Ders., Aristotle: *Rhetoric* I/II. A commentary, New York 1980, 1988. – A. Hellwig, Untersuchungen zur Theorie der Rhetorik bei Platon und Aristoteles, Göttingen 1973 (Hypomnemata 30). – G. A. Kennedy, The Art of Persuasion in Greece, Princeton 1963. – H. Lausberg, Handbuch der literarischen Rhetorik, München 1960. – J. T. Lienhard S.J., A Note on the Meaning of ΠΙΣΤΙΣ in Aristotle's *Rhetoric*, in: K. V. Erickson (Hrsg.), 169–193. – J. H. McBurney, The Place of the Enthymeme in Rhetorical Theory, in: K. V. Erickson (Hrsg.), Aristotle: The Classical Heritage of Rhetoric, Methuen N. J. 1974, 117–155. – P. Ptassek, Rhetorische Rationalität. Stationen einer Verdrängungsgeschichte von der Antike bis zur Neuzeit, München 1993. – Ders./B. Sandkaulen-Bock/J. Wagner/G. Zenkert, Macht und Meinung. Die rhetorische Konstitution der politischen Welt, Göttingen 1992. – Chr. Rapp, Aristoteles über die Rationalität rhetorischer Argumente, in: Zeitschrift für philosophische Forschung 50 (1996) 197–222. – A.O. Rorty (Hrsg.), Essays on Aristotle's *Rhetoric*, Berkeley 1996. – E.E. Ryan, Aristotle's *Rhetoric* and *Ethics* and the Ethos of Society, in: Greek, Roman, and Byzantine Studies 13 (1972) 291–308. – J. Sprute, Die Enthymemtheorie der aristotelischen *Rhetorik*, Göttingen 1982. – M.H. Wörner, Das Ethische in der *Rhetorik* des Aristoteles, Freiburg–München 1990.

Zur Poetik

J. Bernays, Zwei Abhandlungen über die aristotelische Theorie des Dramas, Berlin 1880. – J.M. Bremer, Hamartia. Tragic Error in the *Poetics* of Aristotle and in Greek Tragedy, Amsterdam 1969. – F. Dirlmeier, κάθαρσις παθημάτων, in: Hermes 75 (1940) 81–92. – G. Else, Aristotle's *Poetics*. The Argument, Cambridge/Mass. 1957. – H. Flashar/K. Maurer (Hrsg.), Dramentheorie und Handlungstheorie. Bochumer Diskussion 1975, in: Poetica 8 (1976) 321–460. – M. Fuhrmann, Dichtungstheorien der Antike, Darmstadt ²1992. – L. Golden, The Clarification of KATHARSIS, in: Hermes 104 (1976) 437–452. – K. Gründer, Jacob Bernays und der Streit um die Katharsis, in: Hans Barion u.a. (Hrsg.), Epirrhosis. Festgabe für Carl Schmitt, Berlin 1968, 495–528. – S. Halliwell, Aristotle's *Poetics*, London 1986, ²1998. – J. Jones, Aristotle on Tragedy, London 1986. – M. Kommerell, Lessing und Aristoteles, Frankfurt a.M. 1940, ³1960. – M. Luserke (Hrsg.), Die Aristotelische Katharsis. Dokumente ihrer Deutung im 19. und 20. Jh., Hildesheim u.a. 1991. – M.C. Nussbaum, The Fragility of Goodness, Cambridge 1986 ff. – Dies., Equity and Mercy, in: Philosophy and Public Affairs 22 (1993) 83–125. – M. Pohlenz, Furcht und Mitleid?, in: Hermes 84 (1956) 49–74. – A.O. Rorty (Hrsg.), Essays on Aristotle's *Poetics*, Princeton 1992. – W. Schadewaldt, Furcht und Mitleid. Zur Deutung des aristotelischen Tragödiensatzes, in: Hermes 83 (1955) 129–171.

Zur Ethik

Zu NE Buch I; X, 6–10 (Pol. VII, 1–3,13) (Glück)

J.L. Ackrill, Aristotle on Eudaimonia (I, 1–3 and 5–6), in: O. Höffe (Hrsg.), Aristoteles. *Nikomachische Ethik*, Berlin 1995, 39–62. – J. Annas, The Morality of Happiness, Oxford 1993. – P. Aubenque, Die Kohärenz der aristotelischen Eudaimonia-Lehre, in: G. Bien (Hrsg.), Die Frage nach dem Glück, Stuttgart 1978, 45–57. – J. Cooper, Aristotle on the Goods of Fortune, in: Philosophical Review 94 (1985) 173–196. – O. Gigon, Die Eudaimonia im ersten Buch der *Nikomachischen Ethik* des Aristoteles, in: J. Wiesner (Hrsg.), Aristoteles. Werk und Wirkung. Paul Moreaux gewidmet. Bd. I, Berlin-New York 1985, 339–365. – W.F.R. Hardie, The Final Good in Aristotle's Ethics, in: Philosophy 40 (1965) 277–295. – R. Heinaman, Eudaimonia and Self-sufficiency in the *Nicomachean Ethics*, in: Phronesis 33 (1988) 31–53. – K. Jacobi, Aristoteles' Einführung des Begriffs εὐδαιμονία im I. Buch der *Nikomachischen Ethik*, in: Philosophisches Jahrbuch 86 (1979) 300–325. – A. Kenny, Happiness, in: Proceedings of the Aristotelian Society 66 (1965/66) 93–102. – Ders., Aristotle on the Perfect Life, Oxford 1992. – R. Kraut, Aristotle: *Politics*. Books VII and VIII, transl. with a commentary, Oxford 1997. – C. Lord, Politics and philosophy in Aristotle's *Politics*, in: Hermes 106 (1978) 336–357. – G. Müller, Probleme der aristotelischen Eudaimonia-Lehre, in: F.-P. Hager (Hrsg.), Ethik und Politik des Aristoteles, Darmstadt 1972, 368–403. – J. Ritter, Das bürgerliche Leben. Zur aristotelischen Theorie des Glücks, in: Ders., Metaphysik und Politik, Frankfurt a.M. 1970, 57–100.

Zu NE II-IV (Gewohnheit, Hexis, Prohairesis, Mitte, Tugenden der Größe)

J. L. Austin, A Plea for Excuses, in: Ders., Philosophical Papers, Oxford ²1970, 175–204. – R. A. Gauthier, O. P., Magnanimité. L'idéal de la grandeur dans la philosophie païenne et dans la théologie chrétienne, Paris 1951. – G. P. Henderson, Habit and Reflection in Morality, in: Dialogue 9 (1970) 20–34. – W. Jaeger, Der Großgesinnte. Aus der *Nikomachischen Ethik* des Aristoteles, in: Antike 7 (1931) 97–105. – U. Knoche, Magnitudo animi, Leipzig 1935 (= Philologus Suppl. 27). – H. Kuhn, Der Begriff der Prohairesis in der Nikomachischen Ethik, in: Festschrift für Hans-Georg Gadamer, Tübingen 1960, 123–140; auch in: Das Sein und das Gute, München 1962, 275–295. – H. Ottmann, Mesotes, in: Historisches Wörterbuch der Philosophie Bd. 5, Darmstadt 1980, 1158–1161. – M. Pohlenz, Griechische Freiheit. Werden und Wesen eines Lebensideals, Heidelberg 1955. – D. A. Rees, Magnanimity in the *Eudemian* and *Nicomachean Ethics*, in: P. Moraux/D. Harflinger (Hrsg.), Untersuchungen zur *Nikomachischen Ethik*, Berlin 1971, 231–243. – S. Sauvé Meyer, Aristotle on Moral Responsibility. Character and Cause, Oxford 1993. – H. Schilling, Das Ethos der Mesotes, Tübingen 1930. – E. Schütrumpf, Magnanimity, Megalopsychia and the System of Aristotle's Ethics, in: Archiv für Geschichte der Philosophie 71 (1989) 10–21. – J. O. Urmson, Aristotle's Doctrine of the Mean, in: A. Oksenberg-Rorty (Hrsg.), Essays on Aristotle's Ethics, Berkeley 1980, 157–170. – U. Wolf, Über den Sinn der aristotelischen Mesoteslehre, in: O. Höffe (Hrsg.), Aristoteles: *Nikomachische Ethik*, Berlin 1995, 83–108.

Zu NE V (Gerechtigkeit):

G. Bien, Gerechtigkeit bei Aristoteles (V), in: O. Höffe (Hrsg.), Aristoteles. *Nikomachische Ethik*, Berlin 1995, 135–165. – J. Derbolav, Von den Bedingungen gerechter Herrschaft. Studien zu Platon und Aristoteles, Stuttgart 1980. – K. v. Fritz, Zur Interpretation des fünften Buches von Aristoteles' *Nikomachischer Ethik*, in: Ders., Beiträge zu Aristoteles, Berlin – New York 1984, 18–50. – S. Haacke, Zuteilen und Vergelten. Fragen der Gerechtigkeit bei Aristoteles, Wien 1994. – H. D. Hantz, Justice and Equality in Aristotle's *Nicomachean Ethics* and *Politics*, in: Diotima 3 (1975) 83–94. – A. R. W. Harrison, Aristotle's *Nicomachean Ethics*, Book V, and the Law of Athens, in: The Journal of Hellenic Studies 77 (1957) 42–47. – D. Keyt, Aristotle's theory of distributive justice, in: Ders./F. D. Miller, Jr. (Hrsg.), A Companion to Aristotle's *Politics*, Oxford–Cambridge/Mass. 1991, 238–278. – H. Kuhn, Naturrecht und Historismus, in: Zeitschrift für Politik 3 (1956) 289–304. – W. von Leyden, Aristotle on Equality and Justice, London 1985. – F. D. Miller, Nature, Justice and Rights in Aristotle's *Politics*, Oxford 1995. – J. Ritter, ›Naturrecht‹ bei Aristoteles (1963), in: Metaphysik und Politik, Frankfurt a.M. 1977, 133–179. – F. Rosen, The Political Context of Aristotle's Categories of Justice, in: Phronesis 120 (1975) 228–240. – M. Salomon, Der Begriff der Gerechtigkeit bei Aristoteles, Leiden 1937. – H.-G. Schmitz, Von der Wandelbarkeit natürlichen Rechts. Überlegungen zur Aristotelischen Praktik, in: Philosophisches Jahrbuch 107 (2000) 116–132. – P. Trude, Der Begriff der Gerechtigkeit in der aristotelischen Rechts- und Staatsphilosophie, Berlin 1955. – D. Winthrop, Aristotle and Theories of Justice, in: The American Political Science Review 72 (1978) 1201–1216.

Zu NE VI (Klugheit [Phronesis])

P. Aubenque, La prudence chez Aristote, Paris 1962. – V. Cathrein, Der Zusammenhang der Klugheit und der sittlichen Tugenden nach Aristoteles, in: F.-P. Hager (Hrsg.), Ethik und Politik des Aristoteles, Darmstadt 1972, 55–66. – Th. Ebert, Phronesis – Anmerkungen zu einem Begriff der Aristotelischen Ethik (VI 5 und 8–13), in: O. Höffe (Hrsg.), Aristoteles. *Nikomachische Ethik*, Berlin 1995, 165–187. – R. Elm, Klugheit und Erfahrung bei Aristoteles, Paderborn u. a. 1996. – T. Engberg-Pedersen, Aristotle's Theory of Moral Insight, Oxford 1983. – O. Gigon, Phronesis und Sophia in der *Nikomachischen Ethik* des Aristoteles, in: J. Mansfield/L. M. de Rijk (Hrsg.), Kephalaion. Studies in Greek Philosophy and its Continuation offered to C. J. de Vogel, Assen 1975, 91–104. – H. G. Gadamer, Die hermeneutische Aktualität des Aristoteles, in: Wahrheit und Methode, Tübingen 1960, ³1972, 295–307. – Ders., Aristoteles: *Nikomachische Ethik* VI. Übers. mit Einführung und Nachwort, Frankfurt a.M. 1998. – R. Sorabji, Aristotle on the Role of Intellect in Virtue, in: A. O. Rorty (Hrsg.), Essays on Aristotle's Ethics, Berkeley u.a. 1980, 201–219. – G. Teichmüller, Neue Studien zur Geschichte der Begriffe III. Die praktische Vernunft bei Aristoteles, Gotha 1879. – J. Walter, Die Lehre von der praktischen Vernunft in der griechischen Philosophie, Jena 1874.

Zu NE VIII-IX (Freundschaft)

J. Annas, Plato and Aristotles on friendship and altruism, in: Mind 86 (1977) 532–554. – Dies., Self-Love in Aristotle, in: The Southern Journal of Philosophy 27 (1988) 1–18. – Dies., Comments on J. Cooper, in: G. Patzig (Hrsg.), Aristoteles' *Politik*, Göttingen 1990, 242–248. – A. Berwari, Die Theorie der Freundschaft bei Aristoteles, Marburg 1997. – J.M. Cooper, Political Animals and Civic Friendship, in: G. Patzig (Hrsg.), Aristoteles' *Politik*, Göttingen 1990, 220–241. – Ders., Aristotle on Friendship, in: A. O. Rorty (Hrsg.), Essays on Aristotle's Ethics, Berkeley u.a. 1980, 301–340. – A.M. Dziob, Aristotelian Friendship: Self-Love and Moral Rivalry, in: The Review of Metaphysics 46 (1993) 781–801. – M. Fasching, Zum Begriff der Freundschaft bei Aristoteles und Kant, Würzburg 1990. – W. Fortenbaugh, Aristotle's Analysis of Friendship, in: Phronesis 20 (1975) 51–62. – H. G. Gadamer, Freundschaft und Selbsterkenntnis. Zur Rolle der Freundschaft in der griechischen Ethik, in: Gesammelte Werke Bd. 7, Tübingen 1991, 396–406. – Ch.H. Kahn, Aristotle and Altruism, in: Mind 90 (1981) 20–40. – A. Madigan, Eth. Nic. 9.8: Beyond Egoism and Altruism, in: J.P. Anton/ A. Preuss (Hrsg.), Aristotle's Ethics. Essays in Ancient Greek Philosophy IV, New York 1991, 73–94. – D. McKerlie, Friendship, Self-Love, and Concern for Others in Aristotle's Ethics, in: Ancient Philosophy 11 (1991) 85–101. – A.W. Price, Love and Friendship in Plato and Aristotle, Oxford 1989. – Ders., Friendship (VIII and IX), in: O. Höffe (Hrsg.), Aristoteles. *Nikomachische Ethik*, Berlin 1995, 229–253. – P. Schollmeier, Other Selves. Aristotle on Personal and Political Friendship, Albany N. Y. 1994. – P. Schulz, Freundschaft und Selbstliebe bei Platon und Aristoteles, München 2000. – J. Steinberger, Begriff und Wesen der Freundschaft bei Aristoteles und Cicero, Diss. Erlangen 1955. – S. Stern–Gillet, Aristotle's Philosophy of Friendship, Albany N. Y. 1995. – D. Sternberger, Staatsfreundschaft. Rede zur Hundertjahrfeier der Sozialdemokratischen Partei Deutschlands, in: Ders., Staatsfreundschaft. Schriften IV, Frankfurt a.M. 1980, 209–246.

Theorie und theoretisches Leben (NE X, 6–10; Pol. VII, 2–3, Met. I, 1)

G. Bien, Das Theorie-Praxis-Problem und die politische Philosophie des Aristoteles, in: Philosophisches Jahrbuch 76 (1968/69) 264–314. – J. Dudley, Gott und die Theoria bei Aristoteles. Die metaphysische Grundlage der *Nikomachischen Ethik*, Frankfurt a.M. 1982. – R. Defourny, Die Kontemplation in den aristotelischen Ethiken, in: F.- P. Hager (Hrsg.), Ethik und Politik des Aristoteles, Darmstadt 1972, 219–235. – A. Kamp, Die politische Philosophie des Aristoteles und ihre metaphysischen Grundlagen, Freiburg – München 1985, 307–362. – W. Kullmann, Theoretische und politische Lebensform (X, 6–10), in: O. Höffe (Hrsg.), Aristoteles. *Nikomachische Ethik*, Berlin 1995, 253–277. – N. Lobkowicz, Theory and practice. History of a concept from Aristotle to Marx, London 1967. – H. Rausch, Theoria. Von einer sakralen zur philosophischen Bedeutung, München 1981. – G. Redlow, Theoria. Theoretische und praktische Lebensauffassung im philosophischen Denken der Antike, Berlin 1966. – J. Ritter, Die Lehre vom Ursprung und Sinn der Theorie bei Aristoteles, in: Metaphysik und Politik, Frankfurt a.M. 1970, 9–34. – A. O. Rorty, The Place of Contemplation in Aristotle's *Nicomachean Ethics*, in: Mind 87 (1978) 343–358. – W. Schneider, ΟΥΣΙΑ und ΕΥΔΑΙΜΟΝΙΑ. Die Verflechtung von Metaphysik und Ethik bei Aristoteles, Berlin–New York 2001.

Zu Pol. I, Animal sociale und animal rationale

L. Arnhart, The Darwinian biology of Aristotle's political animals, in: American Journal of Political Science 38 (1994) 464–485. – S. R. L. Clark, Aristotle's Man. Speculations upon Aristotelian Anthropology, Oxford ³1983. – O. Gigon, Die Bestimmung des Menschen in der praktischen Philosophie des Aristoteles, in: Allgemeine Zeitschrift für Philosophie 1 (1976) 1–2. – O. Höffe, Grundaussagen über den Menschen bei Aristoteles, in: Zeitschrift für philosophische Forschung 30 (1976) 227–245. – W. Kullmann, Der Mensch als politisches Lebewesen bei Aristoteles, in: Hermes 108 (1980) 419–443. – R. G. Mulgan, Aristotle's Doctrine That Man is a Political Animal, in: Hermes 182 (1974) 438–445.

Zu Pol. I, Ökonomie

G. Bien, Die aktuelle Bedeutung der ökonomischen Theorie des Aristoteles, in. B. Bievert/ K. Held/J. Wieland (Hrsg.), Sozialphilosophische Grundlagen ökonomischen Handelns, Frankfurt a.M. 1994, 33–63. – E. Braun, Zum Aufbau der Ökonomik (Arist. Pol. I), in: Jahreshefte des Österrreichischen Archäologischen Instituts 42 (1955) 117–135. – H. Brauweiler, Die Wirtschaftslehre des Aristoteles, in: Archiv für Rechts- und Sozialphilosophie 31 (1938) 475–497. – M. Finley, Aristotle and economic analysis, in: J. Barnes/M. Schofield/R. Sorabji (Hrsg.), Articles on Aristotle. Bd. 2. Ethics and Politics, London 1977, 140–158. – St. Gelesnoff, Die ökonomische Gedankenwelt des Aristoteles, in: Archiv für Sozialwissenschaften und Sozialpolitik 50 (1923) 1–33. – P. Koslowski, Haus und Geld. Zur aristotelischen Unterscheidung von Politik, Ökonomik und Chrematistik, in: Philosophisches Jahrbuch 86 (1979) 60–83. – Ders., Zum Verhältnis von Polis und Oikos bei Aristoteles, München ² 1979. – S. Meikle, Aristotle and the Political Economy of the Polis, in: Journal of Hellenic Studies 99 (1979) 57–73. – Ders., Aristotle's Economic Thought, Oxford 1995. – N. A. Morpeth, Aristotle, Plato and Selfsufficiency. Ancient and Modern Controversies in Economic History and Theory, North Rudge 1982. – J. A. Schumpeter, History of Economic Analysis, New York 1957. – E. Sommerfield, Ökonomische Analyse bei Aristoteles, in: J. Irmscher/R. Müller (Hrsg.), Aristoteles als Wissenschaftstheoretiker, Berlin-Ost 1983, 250–254. – H. D. Zimmermann, Zur Arbeit bei Aristoteles, in: G. Schenk/H.M. Gerlach (Hrsg.), Aristoteles. Anläßlich seines 2300. Todestages, Halle 1978, 45–54.

Zu Pol. I, Sklaverei

W. H. Ambler, Aristotle on nature and politics: The case of slavery, in: Political Theory 15 (1987) 390–410. – A. Baruzzi, Der Freie und der Sklave in Ethik und Politik des Aristoteles, in: Philosophisches Jahrbuch 77 (1970) 15–28. – S. R. L. Clark, Slaves and Citizens, in: Philosophy 60 (1985) 27–46. – D. Dobbs, Natural right and the problem of Aristotle's defense of slavery, in: Journal of Politics 56 (1994) 69–94. – M. I. Finley, Die Sklaverei in der Antike, München 1981. – P. Garnsey, Ideas of Slavery from Aristotle to Augustine, Cambridge 1996. – O. Gigon, Die Sklaverei bei Aristoteles, in: La *Politique* d'Aristote, Vandoeuvres-Genf 1965, 247–276 (Entretiens sur l'antiquité classique 11). – F. Gschnitzer, Studien zur griechischen Terminologie der Sklaverei, Wiesbaden 1963. – H. Klees, Sklavenleben im klassischen Griechenland, Stuttgart 1998. – Chr. Meier, Gleichheit und Grenzen. Aristoteles, die Griechen, die Barbaren, die Sklaven, in: Merkur 49 (1995) 825–835. – R. Schlaifer, Greek Theories of Slavery from Homer to Aristotle, in: M. I. Finley (Hrsg.), Slavery in Classical Antiquity, Cambridge 1960, 171–204. – N. D. Smith, Aristotle's theory of natural slavery, in: D. Keyt/F.D. Miller, Jr. (Hrsg.), A Companion to Aristotle's *Politics*, Oxford – Cambridge/ Mass. 1991, 142–155. – C. W. Weber, Skaverei im Altertum. Leben im Schatten der Säulen, Düsseldorf–Wien 1981. – T. E. J. Wiedemann, Slavery, Oxford 1987.

Zu Pol. II, 1–6 (Platon-Kritik)

E. Bornemann, Aristoteles' Urteil über Platons politische Theorie, in: Philologus 78 NR. 32 (1923) 70–111, 113–159, 234–258. – K. D. Eichler, Einige Bemerkungen zur Kritik der Philosophie Platons durch Aristoteles, in: G. Schenk/H.M. Gerlach (Hrsg.), Aristoteles. Anläßlich seines 2300. Todestages, Halle 1978, 148–155. – A.B. Hentschke, Politik und Philosophie bei Plato und Aristoteles. Die Stellung der *Nomoi* im platonischen Gesamtwerk und die politische Theorie des Aristoteles, Frankfurt a.M. 1971. – T. H. Irwin, Aristotle's Defense of Private Property, in: D. Keyt/F.D. Miller, Jr. (Hrsg..), A Companion to Aristotle's *Politics*, Oxford–Cambridge/Mass. 1991, 200–225. – R. Mayhew, Aristotle's Criticism of Plato's *Republic*, Lanham u. a. 1997. – G. R. Morrow, Aristotle's Comments on Plato's *Laws*, in: I. Düring/G.E.L. Owen (Hrsg.), Aristotle and Plato in the Midfourth Century, Göteborg 1960, 145–162. – M.C. Nussbaum, Shame, Separateness and Political Unity: Aristotle's Criticism of Plato, in: A.O. Rorty (Hrsg.), Essays on Aristotle's Ethics, Berkeley 1980, 395–435. – H. Seidel, Zur Platon-Kritik des Aristoteles, in: Wissenschaftliche Zeitschrift der Karl-Marx-Universität Leipzig 30 (1981) 148–151. – R. F. Stalley, Aristotle's Criticism of Plato's *Republic*, in: D. Keyt/F.D. Miller, Jr. (Hrsg.), A Companion to Aristotle's *Politics*, Oxford–Cambridge/Mass. 1991, 182–199.

Zu Pol. III

E. Braun, Die Summierungstheorie des Aristoteles, in: Jahreshefte des Österreichischen Archäologischen Instituts in Wien 44 (1959) 157–184. – Ders., Aristoteles über Bürger- und Menschentugend: Zu *Politika* III 4 u. 5, Wien 1961. – Ders., Das Dritte Buch der Aristotelischen *Politik*. Interpretation, Wien 1965. – Ders., Königtum und Aristokratie im dritten Buch der aristotelischen *Politik*, in: Jahreshefte des Österreichischen Archäologischen Instituts 49 (1971) Beibl. 2, 1–19. – R. Develin, The good man and the good citizen in Aristotle's *Politics*, in: Phronesis 18 (1973) 71–79. – E. Lévy, Cité et citoyen dans la *Politique* d'Aristote, in: Ktema 5 (1980) 223–248. – E. Schütrumpf, Probleme der aristotelischen Verfassungstheorie in Politik Γ, in: Hermes 104 (1976) 308–331.

Zu Pol. IV-VI (Mischverfassung, Wandel und Erhaltung der Verfassungen, einzelne Verfassungen)

G. J. Aalders, Die Theorie der gemischten Verfassung im Altertum, Amsterdam 1968. – E. Barker, The Life of Aristotle and the Composition of the *Politics*, in: Classical Review 45 (1931) 162–172. – M. Chambers, Aristotle's »Forms of Democracy«, in: Transactions and Proceedings of the American Philological Association 92 (1961) 20–36. – G.G. Contogiorgis, La Théorie des Révolutions chez Aristote, Paris 1978. – J.P. Dolezal, Aristoteles und die Demokratie, Frankfurt a.M. 1974. – J. Endt, Die Quellen des Aristoteles in der Beschreibung des Tyrannen, in: Wiener Studien 24 (1902) 1–69. – Ch. Eucken, Der aristotelische Demokratiebegriff und sein historisches Umfeld, in: G. Patzig (Hrsg.), Aristoteles' *Politik*, Göttingen 1990, 276–291. – A. Heuss, Aristoteles als Theoretiker des Totalitarismus, in: Antike und Abendland 17 (1971) 1–44. – H. Hubig, Die aristotelische Lehre von der Bewahrung der Verfassung, Diss. Saarbrücken 1960. – A. Kamp, Die aristotelische Theorie der Tyrannis, in: Philosophisches Jahrbuch 92 (1985) 17–34. – D. Keyt, Aristotle: *Politics*. Books V and VI, transl. with a commentary, Oxford 1999. – A. Meister, Das Tyrannenkapitel in der *Politik* des Aristoteles, in: Chiron 7 (1977) 35–41. – R. Mulgan, Aristotle's Analysis of Oligarchy and Democracy, in: D. Keyt/F.D. Miller, Jr. (Hrsg.), A Companion to Aristotle's *Politics*, Oxford–Cambridge/Mass. 1991, 307–322. – R.W. Newell, Superlative virtue: the problem of monarchy in Aristotle's *Politics*, in: C. Lord/D.K. O'Connor (Hrsg.), Essays on the Foundations of Aristotelian Political Science, Berkeley u.a. 1991, 191–211. – W. Nippel, Mischverfassungstheorie und Verfassungsrealität in Antike und früher Neuzeit, Stuttgart 1985. – R. Polansky, Aristotle on Political Change, in: D. Keyt/F.D. Miller, Jr. (Hrsg.), A Companion to Aristotle's *Politics*, Oxford-Cambridge/Mass. 1991, 323–345. – H. Ryffel, Metabole Politeion. Der

Wechsel der Staatsverfassungen, Bern 1949. – E. Schütrumpf, Einleitung, in: Aristoteles' *Politik* Buch IV-VI, Berlin 1996, 109–205.

Zu Pol. VII-VIII

E. Braun, Aristoteles und die Paideia, Paderborn 1974. – D. J. Depew, Politics, Music, and Contemplation in Aristotle's Ideal State, in: D. Keyt/F.D. Miller, Jr. (Hrsg.), A Companion to Aristotle's *Politics*, Oxford–Cambridge/Mass. 1991, 346–380. – C. Lord, Politics and Philosophy in Aristotle's *Politics*, in: Hermes 106 (1978) 336–357. – Ders., Education and Culture in the Political Thought of Aristotle, Ithaka 1982. – F. Solmsen, Leisure and play in Aristotle's Ideal State, in: Rheinisches Museum 107 (1964) 193–220; auch in: Ders., Kleine Schriften II, Hildesheim 1968, 1–28. – W. Theiler, Bau und Zeit der Aristotelischen Politik (1952), in: F.-P. Hager (Hrsg.), Ethik und Politik des Aristoteles, Darmstadt 1972, 253–274.

Wirkungsgeschichte der praktischen Philosophie

A. Baruzzi, Aristoteles und Hegel vor dem Problem der praktischen Philosophie, in: Philosophisches Jahrbuch 85 (1978) 162–166. – J. Dennert, Die ontologisch-aristotelische Politikwissenschaft und der Rationalismus. Eine Untersuchung des politischen Denkens Aristoteles', Hobbes', Rousseaus und Kants, Berlin 1970. – J. Derbolav, Das Moderne und das Zeitgebundene im politischen Denken des Aristoteles, in: Ders./F. Nicolin (Hrsg.), Erkenntnis und Verantwortung. Festschrift für Theodor Litt, Düsseldorf 1960, 231–249. – Ch. Flüeler, Rezeption und Interpretation der Aristotelischen *Politica* im späten Mittelalter, Amsterdam–Philadelphia 1992. – M. Grabmann, Studien über den Einfluß der aristotelischen Philosophie auf die mittelalterlichen Theorien über das Verhältnis von Kirche und Staat, München 1934 (Bayer. Akad. d. Wiss.). – Ders., Die mittelalterlichen Kommentare zur *Politik* des Aristoteles, München 1941 (Bayer. Akad. d. Wiss.). – Th. Gutschker, Aristotelische Diskurse. Studien zur Rezeption und Transformation aristotelischer Denkfiguren in der Philosophie des 20. Jahrhunderts, Diss. Augsburg 2001. – O. Höffe, Aristoteles, München ²1999, 281–304. – Ch. Lohr, Commentateurs d'Aristote au moyen-âge latin. Bibliographie de la littérature secondaire récente, Fribourg i. Ue. 1988. – H. Maier, Die Lehre von der Politik an den deutschen Universitäten, in: Wissenschaftliche Politik. Eine Einführung in die Tradition und Theorie, Freiburg i. Br. 1962, 59–116. – F. E. Peters, Aristotle and the Arabs. The Aristotelian Tradition in Islam, New York 1968. – P. Petersen, Geschichte der aristotelischen Philosophie im protestantischen Deutschland, Leipzig 1921, Neudr. Stuttgart 1964. – M. Riedel, Metaphysik und Metapolitik. Studien zu Aristoteles und der politischen Sprache der neuzeitlichen Philosophie, Frankfurt a.M. 1975. – C.B. Schmitt, Aristotle and the Renaissance, Cambridge/Mass.–London 1983. – D. Sternberger, Der Staat des Aristoteles und der unsere, in: Ders., Staatsfreundschaft, Frankfurt a.M. 1980, 35–52 (Schriften IV).

XV. Xenophon (430/25–356 v. Chr.)

1. Der verkannte Xenophon – ein politischer Denker par excellence

Xenophon wird in Athen in den ersten Jahren des Peloponnesischen Krieges geboren. Er ist ein Schüler des Sokrates, der seinem Lehrer vier Schriften gewidmet hat. Der Philosoph führt zugleich das Leben eines Söldnerführers und Landedelmannes. Manche haben in ihm deshalb eher einen praktischen Geist als einen theoretischen Kopf vermutet. Seit dem 19. Jh. fiel er der Verachtung anheim. Wilamowitz-Moellendorff charakterisiert ihn als einen schriftstellernden »Major a.D.« (1995, 131).

Ein solches Urteil über Xenophon ist Hochmut am falschen Ort. In der Antike war der Ruf Xenophons beachtlich (Münscher 1920; Richter 1905). Cicero zitiert die *Kyrupädie*, Xenophons Fürstenspiegel und Fürstenroman, im *Cato maior* (22). Am Beginn der Neuzeit macht Machiavelli von dieser Schrift sowohl im *Principe* (14, 16) als auch in den *Discorsi* eifrig Gebrauch (II, 13; III, 20, 22, 39). Montaignes Sokrates-Bild ist das des Xenophon. Noch Fénelons *Télémaque* (1699) ist beeinflußt von der *Kyrupädie*. Leo Strauss hat uns erstaunt mit einer Deutung der Werke Xenophons, die diese fast schon in den Rang der Platonischen Dialoge erhebt (1936, 1963, 1972).

Für eine Geschichte des politischen Denkens ist Xenophon ein Autor, der nicht zu übergehen ist. Seine *Kyrupädie* ist einer der ersten Fürstenspiegel. Seine *Verfassung Spartas* ist die älteste erhaltene Schrift zu diesem Thema. Sein Buch *Hieron* ist das einzige Werk der Antike, das ausschließlich von der Tyrannis handelt. Xenophon war Philosoph, Soldat, Ökonom, Verfassungstheoretiker, Historiker und ein Liebhaber der Jagd und der Reitkunst. Diese Vielseitigkeit ist nicht als Dilettantismus zu verwerfen. Sie ist vielmehr zu begrüßen, weil Politik nur durch eine Kombination von Erfahrungen und Disziplinen zu begreifen ist.

2. Vita und Werke

Das Leben des Xenophon ist bestimmt von Abenteuer und Muße, von Wort und Tat, vom berühmten Zug der griechischen Söldner nach Persien und vom zurückgezogenen Leben auf dem Landgut Skillos, das er von den Spartanern als Geschenk erhält. Die maßgebliche Biographie des Xenophon (Delebecque 1957) zeigt das abenteuerliche Leben eines Mannes, der Soldat und Philosoph, Aristokrat und Schüler des Sokrates und so manches andere mehr gewesen ist. In seiner Jugend gerät er wie viele junge Athener aus vornehmem Haus in den Bann des Sokrates. Vier seiner Werke erinnern daran: 1. *Die Erinnerungen* (*Memorabilia, Apopneneumata*); 2. die *Apologie des Sokrates*, die diesen wie die Platonische gegen die Anklage durch die Stadt Athen verteidigt; 3. der *Oeconomicus*, der von der Haushaltsführung, aber auch von der Lebensführung überhaupt handelt; 4. das *Symposion*, in dem der »häßliche« Sokrates mit seinen Schülern ein Gespräch über die Schönheit führt.

Xenophon hat während der Herrschaft der »Dreißig« in der Reiterei Athens gedient. Zwischen 401 und 399 v. Chr. zieht er mit dem Söldnerheer des Kyros nach Persien. Nach dem Tode des Kyros führt er die griechischen Söldner, den Zug der Zehntausend, an das Schwarze Meer zurück. Die *Anabasis* berichtet von diesem Zug. Xenophon spricht in diesem Werk zwar von sich in der dritten Person. Unverkennbar ist jedoch, daß er die Rechtfertigung der eigenen Taten betreibt. Noch einmal ist er mit den Spartanern nach Persien gezogen, und 394 v. Chr. hat er sogar an der Seite des ihm befreundeten Spartanerkönigs Agesilaos bei Koroneia gegen seine Vaterstadt gekämpft. Der Athener Xenophon lebt bei den Spartanern circa zwei Jahrzehnte als Staatsgast. Nach der Schlacht von Leuktra (371 v. Chr.) wird er von seinem Landgut vertrieben. Ob er je nach Athen zurückgekehrt ist, wissen wir nicht. Er muß entweder in Korinth oder in Athen nach 356 v. Chr. verstorben sein.

Wie nicht wenige Aristokraten Athens war Xenophon ein Parteigänger Spartas geworden, und als solcher wurde er aus Athen verbannt. Man streitet, ob schon wegen des Zuges mit den Zehntausend, galt doch der jüngere Kyros als Parteigänger Spartas (Diog. Laert. II, 51), oder erst wegen seiner Freundschaft mit Agesilaos. Vielleicht war es auch der skandalöse Kampf gegen die eigene Vaterstadt, der ihm die Verbannung eingebracht hat (Breitenbach 1966).

Das bewegte Leben des Xenophon wirft für eine Deutung seiner Werke Fragen auf. War der athenische Aristokrat ein Spartaner geworden? War ihm vielleicht schon wie späteren Generationen gleichgültig, ob man Athener oder Spartaner war? Manches im Werk Xenophons weist auf den Panhellenismus und die Epoche des Hellenismus voraus.

3. Sokratische Schriften

3.1. Sokrates verteidigt und seiner gedacht (»Apologie« und »Memorabilien«)

Der Basler Philosoph Karl Joël hat die sokratischen Schriften des Xenophon als ein Gegenstück zu den Platonischen Dialogen gedeutet (1901). Einem Leser dieser Schriften fällt jedoch zunächst ins Auge, wie übereinstimmend Absicht und Inhalt dieser Werke sind. Auch der Sokrates des Xenophon ist ein Bürger ohne Fehl und Tadel. Auch der Sokrates Xenophons hat alles getan, was man von einem guten Bürger erwarten kann; er hat Gehorsam geleistet, er hat seinen Mann gestanden im Kriege, er hat den Dreißig – mit Recht – den ungesetzlichen Befehl verweigert (Mem. IV, 4, 12; 6,6). Xenophon und Platon verbindet das Interesse an Apologie, und sie verbindet die Verehrung, die sie dem Sokrates bezeugen. Zunächst einmal sind sie als Schüler des Sokrates durch gemeinsame Interessen vereint.

In der *Apologie* und den *Memorabilien* tritt hervor, was auch bei Platon nicht zu leugnen ist: die Gegnerschaft des Sokrates gegen die Demokratie. Sie wird bei Xenophon wie bei Platon darauf zurückgeführt, daß die Demokratie die Zahl und nicht die Tüchtigkeit bevorzugt (Mem. III, 1, 4). Herrscher seien, so der Sokrates des Xenophon, nicht jene »die von den ersten Besten gewählt worden seien oder dies durch das Los erreicht hätten ... sondern nur die, welche auch zu herrschen verstünden« (Mem. III, 9, 10). Wie der platonische so versteht auch der xenophontische Sokrates Politik in Analogie zum Fachwissen, in Analogie zur Kunst eines Arztes oder Steuermanns. Damit ist auch für Xenophon der Weg zu einer (wissens-) aristokratischen oder monarchischen Politik vorgezeichnet. Zwar findet sich bei Xenophon keine Lehre von den Philosophenkönigen. Aber auch er wird das Recht auf Herrschaft an Wissen, Kompetenz und Ethos binden, auch darin wieder ähnlich argumentierend wie Platon.

Wie eng nach Xenophon Wissen und Regieren zusammengehören, zeigt das 4. Buch der *Memorabilien*. Es stellt die Erziehung des Euthydemos (des »schnell zum Demos Eilenden«) dar. Euthydemos besitzt bereits eine große Bibliothek, und er meint, damit das nötige Wissen für die Politik schon erworben zu haben. Sokrates zeigt ihm mit Hilfe fiktiver Reden vor der Volksversammlung, daß er eigentlich nichts weiß. Euthydemos müßte seine Reden mit den Worten beginnen: »Allerdings, ihr Männer von Athen, habe ich von niemandem jemals etwas gelernt ...«, ein Redebeginn, der so unpassend ist, wie wenn sich ein Arzt um ein Amt bewerben würde mit den Worten: »Allerdings, ihr Männer von Athen, habe ich von niemand jemals die ärztliche Kunst erlernt ...« (Mem. IV, 2, 4–5). Sokrates überzeugt den Euthydemos, daß er zuerst Selbsterkenntnis und das Wissen um Gut und Böse gewinnen muß, bevor er vor die Volksversammlung treten kann.

Stärker als Platon beunruhigt Xenophon die Frage, ob die Schüler des Sokrates gegen dessen Philosophie und Erziehung zeugen. Xenophon verwickelt Sokrates in Gespräche mit verschiedenen Politikern, darunter auch mit solchen, die wie Kritias oder Alkibiades aus seiner Schule stammen (Mem. III, 1–7). Die schlechte Politik dieser Politiker kann allerdings – wie sollte es anders sein? – nicht gegen die Erziehung des Sokrates ins Feld geführt werden. Sokrates habe diese Politiker vielmehr stets zur Besonnenheit gemahnt und gemäßigt, und erst ihre Abkehr von Sokrates erkläre ihre verhängnisvolle Politik.

Der Sokrates Xenophons ist Erzieher, und er ist ein politischer Erzieher. Darin liegt für Xenophon ganz wie für Platon die politische Rechtfertigung der Sokratischen Philosophie und der mit ihr verbundenen (teilweisen) Enthaltung von aktiver Politik (Bruell 1990). »Wann ist meine politische Betätigung größer«, läßt Xenophon den Sokrates fragen, »wenn ich mich selbst in der Politik betätige oder wenn ich dafür sorge, daß so viele wie möglich fähig sind, es zu tun?« (Mem. I, 6, 15) Auch in diesen Zügen gleicht der xenophontische Sokrates dem platonischen, der ebenfalls sein Sich-Unterreden und Philosophieren als »den größten Dienst« versteht, den er als Philosoph der Stadt erweisen kann.

Die Übereinstimmung der Sokrates-Bilder bei Platon und Xenophon ist groß. Sie wird allerdings nicht unerheblich relativiert durch eine unterschiedliche Lehre vom Guten und Nützlichen. Platon zeigt in der *Politeia*, daß das Gute um seiner selbst willen zu suchen ist. Xenophon dagegen bleibt auf der Ebene des Nützlichen stehen. Sein Schlüsselbegriff ist das »ōphelimon«, das »Brauchbare«, das »Nützliche« (Mem. IV, 6–8). Sokrates war seinen Freunden »nützlich«. Alles ist Nutzen: Freundschaft (Mem. III, 1), Schönheit (Mem. III, 8–9), Wissenschaft (Mem. IV, 7). Selbst die Götter nützen den Menschen (Mem. IV, 3, 17). Zwar ist Xenophons Ton, wenn er von Nutzen spricht, gelegentlich ironisch. Der »Mistkorb« darf als schön gelten, wenn er nützlich ist (Mem. III, 8–9). Gleichwohl, in der Verschiebung vom An-sich-Guten auf den Nutzen ist der stärkste Grund für die unterschiedlichen Sokrates-Bilder beider Denker zu sehen. Der »nützliche« Sokrates wird wieder hereingeholt in das, was jedermann versteht. Er verliert seine Anstößigkeit. Seine Gestalt verliert die Tragik, die sie bei Platon umgibt. Daß die Gerechtigkeit zu suchen ist, auch wenn sie zum Tode des Gerechten führt, ist vom Standpunkt der Nützlichkeit aus nicht zu erklären. Hier fehlt dem xenophontischen Sokrates die moralische Größe und die Tragik der platonischen Gestalt.

3.2. Wie man zu wirtschaften und wie man – vornehm – zu leben hat (»Oeconomicus«)

Der *Oeconomicus* handelt, wie es sein Titel andeutet, vom Haus und von der Haushaltsführung. Er handelt davon in Form eines Gesprächs, das Sokrates mit Kritoboulos führt, einem jungen Mann, der Landwirt werden will (1–7). Dieses Gespräch wird fortgeführt mit Ischomachos (7–21). Mit ihm wird allerdings mehr erörtert als bloß das Wirtschaften, nämlich die Lebensführung überhaupt. So findet sich im *Oeconomicus*, was die Leitung eines Hauses angeht: Belehrungen über Haushaltsführung, über Aufgaben der Frau im Hause, über die Ordnung der Räume, über Sklavenhaltung, über Landwirtschaft und Gartenbau. Aber der *Oeconomicus* enthält auch eine ganze Lebenslehre, wie man als Landedelmann zu leben hat.

Sokrates begegnet auch in dieser Schrift als Erzieher. Er ist der Erzieher des Kritoboulos, der zu einem Hausverwalter gemacht werden soll. Dies ist eine nochmalige Demonstration der »Nützlichkeit« des Sokrates. Man könnte fast vermuten, daß hier eine Satire vorliegt, die sich über den »Nutzen« des Sokrates lustig macht. Sokrates als Erzieher eines Ökonomen – das ist eine seltsame Konstellation, erinnert man sich daran, daß Sokrates seine Zeit philosophierend und nicht sein Haus verwaltend zugebracht hat. Hier hat Xenophon den Bock zum Gärtner gemacht.

Aber Xenophon geht es wohl nicht um eine Satire. Er will noch einmal ernsthaft demonstrieren, daß die Philosophie des Sokrates kein unnützer Zeitvertreib gewesen ist. In Anspielung auf die Vorwürfe, die Aristophanes in den *Wolken* erhoben hatte, sagt Sokrates von sich, er sei ein Mann, »der zu schwätzen und die Luft zu vermessen scheint« (Kap. 11, Audring 1992). Über Ökonomie wisse er eigentlich nichts zu sagen, weil er ein »Armer« sei. Da ist nun sicher Ironie im Spiel. Der Reichtum des Sokrates ist nicht materieller Art. Sein Reichtum ist seine Arete. Und auf diese lenkt Sokrates das Gespräch, das er mit Ischomachos führt.

Mit der Gestalt des Ischomachos zeichnet Xenophon ein Ideal, vermutlich ein Ideal seiner selbst, so wie er sich als Aristokraten und Schüler des Sokrates selber versteht. Ischomachos ist ein Beispiel für die alte Kalokagathia, für das Schön-Gut-und-Wohlhabend-Sein, das nach altaristokratischem Selbstverständnis eine Einheit zu bilden hat. Ischomachos nennt als sein Lebensziel: »Götter in großartiger Weise zu ehren, Freunde zu unterstützen, wenn sie etwas brauchen, und den Staat – soweit es an mir liegt – nicht aus Mangel an Geld ohne Glanz zu lassen« (Kap. 11). Das ähnelt dem Loblied des Aristoteles auf die Megalopsychia, auf den großen Stil der großen Seele, der das aristokratische Element der Aristotelischen Ethik ist. Jedenfalls soll alles bloß Ökonomische in eine vornehme Lebensführung integriert werden. Die Erziehung der Hausverwalter wird sogar mit der Erziehung von Königen verglichen (Kap. 13). Wie diese so sollen auch jene Gehorsam nicht erzwingen, sondern Gehorsam aus Überzeugung und freiwilliger Gefolgschaft erstreben. Das ist eine politische Grundlehre Xenophons.

Der *Oeconomicus* ist keine Lobrede auf Handel und Gelderwerb. Er ist ein Lob des vornehmen Lebens, das die alten Tugenden preist: die Frömmigkeit, die Freundschaft, den Glanz, den eine Leistung für die Stadt verleiht. Vorausweisend auf die politischen Schriften läßt das 4. Kapitel, das vom Perserkönig Kyros handelt, erkennen, was für Xenophon die ideale Lebensform ist. Es ist das Leben von Bauern und Soldaten, deren Arbeit und deren Dienst für ihn die Grundlage des Gemeinwesens ist. Nimmt man zu diesen beiden Ständen noch die Philosophen hinzu, dann scheint Xenophons Staat ein ähnlich dreigliedriger wie der des Platon zu sein. Aber die Ähnlichkeit der Staatsideale ist nur eine oberflächliche. Anders als Platon denkt Xenophon an den einen Mann, der alles kann, und, so wie er selbst, Bauer, Soldat und Philosoph, alles in einem ist. Platon hat die Leistungen voneinander getrennt; er hat sie separiert gemäß den Leistungen der Seelenteile. Er konkretisiert sie in Ständen, in denen jeder jeweils nur das Eine tut, das, was er am besten tun kann. Bei Platon ist jeder nur Bauer, nur Soldat, nur Philosoph. So besehen sind die Ideale beider denkbar verschieden, ja, einander direkt entgegengesetzt.

4. Politische Schriften

Xenophons politische Schriften sind: die *Verfassung der Spartaner*, der *Hieron* und die *Kyrupädie*. Sie alle enthalten eine Theorie der guten oder besten Herrschaft. Zwar ist Xenophon nicht blind für Gefahren der Politik. Aber sein Werk ist doch geprägt von einem zuversichtlichen, fast schon erbaulichen Ton. Die Verzweiflung, die Platon angesichts der vorherrschenden Politik überfiel, hat ihn nicht erfaßt. Sein Ideal des Herrschers ist keine paradoxe Vereinigung von Vernunft und Macht. Der gute Regent verkörpert vielmehr ein greifbar nahes Ideal. Vorbilder sind ihm Könige wie Agesilaos, der Spartaner, oder wie Kyros, der Perser, Gestalten der Geschichte, die Xenophon idealisiert, aber nicht zu unerreichbaren Idealen verklärt.

4.1. Das spartanische Vorbild
(»Die Verfassung der Spartaner«)
(wohl vor 371 v. Chr.)

Wie viele Aristokraten Athens und wie erstaunlich viele Schüler des Sokrates war auch Xenophon ein Bewunderer Spartas und der spartanischen Lebensordnung. Seine Schrift *Die Verfassung der Spartaner* ist das älteste uns erhaltene Zeugnis über die spartanische Verfassung, und sie ist – bis auf ein vieldiskutiertes Kapitel (das Kapitel XIV) – durchweg aus dem Geist der Sparta-Bewunderung geschrieben. Man kann nur rätseln, warum Leo Strauss sich zu der starken These verstiegen hat, dieses Lob sei kein echtes Lob, sondern eine Satire (Strauss 1939). Es ist kein ganz unkritisches Lob – das kann man sagen. Aber es ist ein Lob, das an der pro-spartanischen Einstellung des Autors keinen Zweifel läßt.

Die Verfassung der Spartaner zeigt, was die Politik des Xenophon bestimmt, die Hochschätzung einer (idealisierten) Monarchie. Die Monarchie blieb den Spartanern erhalten, auch wenn sie hier und da von der Verfassung des Lykurg abgefallen sind. Xenophon preist die Verfassung Spartas als das Werk des Lykurg. In den Kapiteln I-X schildert er die Lebensordnung, von der Kindererzeugung (I, 3–10) und der Erziehung (II-IV, 7) über die Lebensweise (V-VI) und das nur in Sparta gültige Geld (VII, 1–6) bis zum Gehorsam, zur Tapferkeit (VIII, 1–5) und zur Arete überhaupt (X, 1–7). Die Kapitel XI-XIII dienen der Erklärung des Militärwesens und der Kriegsführung. Das Kapitel XIV enthält die umstrittene Sparta-Kritik. Den Schluß bildet in Kapitel XV ein Lob der Monarchie, die die lykurgische Tradition noch am Leben erhält.

Die Einschätzung der Schrift schwankt, je nachdem, wie man die Kritik des Kapitels XIV gewichtet. Sie besteht vornehmlich aus zwei Klagen, daß die Frömmigkeit (*eusebeia*) nicht mehr gepflegt werde und daß, entgegen der lykurgischen Verfassung, manche Spartaner Gold und Silber besäßen. Es scheint nicht recht verständlich, warum manche diese Kritik nicht als das vorletzte, sondern als das letzte Kapitel des Werks betrachten wollen, andere sie überhaupt für unecht halten. Auch die *Hellenika* des Xenophon sind bei aller Philolakonik nicht unkritisch gegenüber der spartanischen Politik (Hell. 5, 4). Die *Anabasis* ebenso. Wenn in Kapitel XV die spartanische Monarchie gepriesen wird, dann ist eine gewisse Logik in der Abfolge der Kapitel erkennbar. Auf die Kritik der Mißstände folgt eben das, was der guten Tradition noch entspricht.

Für wen die Schrift verfaßt wurde, ist ebenso umstritten wie die Abfassungszeit. Der Übersetzer der neuesten Edition plädiert für eine Abfassung vor 371 v. Chr., vor der spartanischen Niederlage bei Leuktra (Rebenich 1998, 31). Die Schrift könnte auf Aufforderung des Spartanerkönigs Agesilaos geschrieben worden sein, als ein Beitrag zur Reformdiskussion in Sparta. Sie könnte allerdings auch auf ein gesamtgriechisches Publikum zielen, dem die Vorzüge der spartanischen Ordnung vor Augen gestellt werden sollten (Tigerstedt Bd. I, 1965, 168).

4.2. »Hieron« (360 v. Chr.?)

Der *Hieron* ist ein Dialog, in dem Xenophon den Tyrannen Hieron ein Gespräch führen läßt mit dem Dichter Simonides. Simonides hatte in der Tat am Hofe des Hieron geweilt (siehe hier VII. 1). Der Dialog ist jedoch ein fingiertes Gespräch. Sein Thema sind Glück und Unglück des Tyrannen, ein Grundmotiv aller griechischen Tyrannisdiskussion von Archilochos und Herodot bis zu Platon. Ein Weiser begegnet einem Tyrannen, und man muß nicht lange raten, wer am Ende recht behalten wird (Gray 1986).

Xenophon spitzt die Frage nach dem Glück des Tyrannen zu. Wer ist glücklicher, der Tyrann oder der Privatmann? Dabei sprechen Tyrann und Dichter mit vertauschten Rollen. Der Tyrann übernimmt die Rolle des Weisen, der Dichter spricht als Verteidiger des Tyrannenglücks. Hieron klagt wie ein resignierter machtmüder Politiker: Was auch immer man vorbringen mag, der Privatmann habe mehr Glück und Freude, während dem Tyrannen alle Freude durch Sorgen und Ängste vergällt würde, sei es durch die Sorge um den Machterhalt, sei es durch die Furcht vor einem Aufstand oder die Angst vor den Fallstricken der Schmeichler. Der Tyrann zöge das Glück des Privatmannes vor, und es ist der Dichter, der, statt über die Freuden des privaten Daseins zu sprechen, das Glück des Tyrannen preist. Dies bestünde in der guten Regierung, in der Förderung des Wohls der Stadt.

Mit der Empfehlung an den Tyrannen, »gute« Politik zu treiben, das heißt, wie ein Monarch zu regieren, rückt der *Hieron* in ein eigenartiges Zwielicht. Wenn Simonides das Sprachrohr des Xenophon ist, dann gibt Xenophon durch den Mund des Dichters dem Tyrannen Ratschläge, wie er – seiner tyrannischen Herrschaft zum Trotz – von den Untertanen »geliebt« werden kann. Es sind »machiavellistische« Ratschläge, wie jener, daß der Herrscher Preise und Ehrungen selber verleihen soll, Strafen aber möglichst anderen zu überlassen hat (IX). Der Tyrann soll sich der Söldner recht bedienen (X), auch soll er seine Bürgerschaft bewaffnen (XI). Wettstreiten soll er mit anderen Herrschern nicht durch seine Rossegespanne, sondern dadurch, daß er seine Stadt zur glücklichsten Stadt macht (XI, 7). So werde er am Ende »freiwilligen Gehorsam« finden (XI, 12).

Schwanken diese Ratschläge zwischen Machiavellismus und monarchistischer Versittlichung des Tyrannen, so wird in den ersten Kapiteln des *Hieron* dem Tyrannen durch ihn selber vorgeführt, wie unglücklich ihn die Tyrannis machen wird. Vielleicht darf man Xenophon ähnlich verstehen wie Aristoteles. Auch dieser gibt dem Tyrannen Ratschläge (Pol. V, 11), wie er sich in einen Monarchen verwandeln kann, und auch bei Aristoteles wird die Lehre von der guten Regierung schillernd, wenn sie bis zu Ratschlägen für einen Tyrannen führt.

Die Diskussion über den *Hieron* hat ein Nachspiel im 20. Jh. Leo Strauss, der den *Hieron* übersetzt und gedeutet hat, hat mit dem Philosophen Kojève anhand des *Hieron* ein Gespräch über die Tyrannis geführt (1963, 145 ff.). Kojève interpretiert den Dialog im Licht seiner Hegel-Deutung, nach welcher der Mensch (und so auch der Tyrann) ein nach Anerkennung und Ehre strebendes Wesen ist. Er deutet das von Simonides genannte Streben des Tyrannen nach »Ehre« (VII, 3) sogar als ein Verlangen nach universaler Anerkennung durch alle Menschen. Damit stellt

Kojève Xenophon in die Epoche Alexanders des Großen, ein Anachronismus, der sich bei Kojève vermutlich aus seinem auch sonstigen Interesse am Weltstaat erklärt.

Strauss wiederum insistiert auf der Differenz zwischen der vom Tyrannen erstrebten »Ehre« und der vom Tyrannen ebenfalls gesuchten »Liebe« seiner Untertanen. Alles komme darauf an, *von wem* man geliebt und anerkannt werde, ob von allen oder von den wenigen, die etwas von Politik verstehen. Nach Leo Strauss würde die Philosophie im Weltstaat sterben, während Kojève nicht abgeneigt ist, den Philosophen an die Seite des Weltherrschers zu stellen. Hier hat Kojève nicht nur anachronistisch auf die Alexander-Zeit vorausgedacht. Er hat wohl auch an Napoleon und Hegel, an sich selbst und Stalin gedacht.

4.3. »Kyrupädie« (zwischen 366 und 360 v. Chr.)

Die *Kyrupädie*, *Die Erziehung des Kyros*, ist Xenophons Fürstenspiegel. Er verfaßt ihn zwischen 366 und 360 v. Chr., vielleicht um das Jahr 360 herum. Schon vor Xenophon hatte Isokrates in seinen kyprischen Reden an »Euagoras« und »Nikokles« (nach 374/373 v. Chr.) das Genre des Fürstenspiegels geschaffen (hier XVI. 1. 6.). Allerdings waren Isokrates' Reden für Nikokles als unmittelbar praktische Beeinflussung des jungen Königs von Zypern gemeint, während Xenophon den längst verstorbenen Gründer des persischen Reiches, Kyros den Großen, feiert. Schon Herodot hatte – bei aller Absicht, auch am Beispiel des Kyros die Gefahren der Hybris zu dokumentieren – ein respektvolles Portrait des persischen Reichsgründers gezeichnet. Und unmittelbar vor Xenophon hatte wohl schon der Kyniker Antisthenes aus Kyros das Vorbild eines idealen Herrschers gemacht (Mueller-Goldingen 1995, 25 ff.).

Der Titel des Werkes »Die Erziehung des Kyros« paßt streng genommen nur dem ersten der acht Bücher, da nur in diesem von der Erziehung des Kyros die Rede ist. Die übrigen Bücher handeln vom Leben und von den Taten des Kyros überhaupt. Es besteht aber keine Schwierigkeit, Leben und Taten des Kyros als Ausdruck und Bewährung seiner Paideia zu verstehen. Xenophon folgt auch darin seinem Lehrer Sokrates, wenn er, neben der Herkunft und den natürlichen Anlagen eines Menschen, vor allem die Rolle der Erziehung hervorhebt (I, 1, 6). Es ist die Paideia, die den Menschen sein Leben führen läßt. Kyros ist ein sokratischer Herrscher, den Xenophon gelegentlich sogar in die Rolle des Philosophen schlüpfen läßt (etwa im Dialog mit Tigranes [III, 1, 15 ff.] oder im Gespräch mit Kroisos [VIII, 2, 15 ff.]).

Innerhalb der Schule des Sokrates kann man die *Kyrupädie* aus der Konkurrenz zwischen Platon und Xenophon verstehen. Das Proömium ähnelt Gedankengängen des *Politikos*, wenn von der Instabilität von Verfassungen die Rede ist und ihre Stabilität am richtigen Wissen festgemacht wird. Platon wiederum scheint im dritten Buch der *Nomoi* auf die *Kyrupädie* zu reagieren, wenn er seinerseits ein durchaus idealisiertes Bild der gemäßigten Monarchie des Kyros zeichnet, diesem aber, anders als Xenophon, ein Versagen bei der Erziehung seiner Söhne und in seiner Ökonomie vorwirft (leg. 694a ff.).

Die *Kyrupädie* gilt als erster Erziehungsroman der westlichen Kultur. Zweifelsohne enthält das Werk romanhafte Elemente, eine kleinere und eine größere Liebesgeschichte (etwa die Pantheia-Novelle), ferner Episoden und Szenen. Zu einem Erziehungsroman fehlt dem Werk jedoch eine Entwicklung seines Helden. »Kyros ist kein glaubwürdiger Romanheld, weil er nicht authentisch ist ...« (Nickel 1992, 754). Völlig unangefochten von Schmerzen und Niederlagen, von Leid und Enttäuschungen geht er stets den einzig richtigen Weg. Kyros ist für Xenophon der beste aller denkbaren Führer, und so ist das Werk trotz gewisser romanhafter Züge kein Entwicklungsroman. Es ist ein Fürstenspiegel und ein Enkomion, eine Lobrede auf den Monarchen, so wie er idealiter zu sein hat.

Zu beachten ist, daß Xenophon mit Kyros nicht ein Grieche, sondern ein Perser zum idealen Herrscher werden konnte. Die strikte Trennung von Griechen und Barbaren, an der noch Aristoteles festhalten wollte, scheint für Xenophon schon aufgehoben zu sein (Hirsch 1985). Schon durch ihre Titelfigur verweist die *Kyrupädie* auf den Hellenismus und auf die kommende Verbindung von Ost und West.

Auch manche Züge des idealen Herrschers nehmen den Geist der hellenistischen Epoche vorweg. Zwar enthält sich Xenophon der nach Alexander üblich werdenden Verklärung der Könige zu Gottkönigen (eher ist sein Herrscher geprägt vom sokratischen Ethos der Leistung und Selbstverantwortung). Aber in seinem Herrscherideal kreuzen sich seine asketisch-militärischen Neigungen mit einer »philanthropischen« Moralität, wie sie den Hellenismus kennzeichnen wird.

Der Monarch des Xenophon ist kein Despot. Er ist ein Herrscher, dem die Menschen »freiwillig« gehorchen (I, 1, 3; VIII, 1, 21 ff.). Sie gehorchen ihm, weil sie von seiner überlegenen Arete überzeugt sind. Herausragende Eigenschaften des idealen Herrschers sind Frömmigkeit, Maß und Selbstbeherrschung *(enkrateia)*, wobei diese bis zu einer radikalen Bedürfnislosigkeit und einer spartanisch-militärischen Härte gesteigert wird. Der manchmal harten und nach einem Ertragen von Mühe *(ponos)* klingenden Selbstbeherrschung tritt aber auch eine eigenartig weiche, neue Menschlichkeit, die Philantropia, gegenüber (I, 6, 24; 4, 1; IV, 2, 10; VII, 5, 73; VIII, 2, 1). Diese begegnet zwar schon in den kyprischen Reden des Isokrates. Aber erst bei Xenophon wird sie »zum kardinalen Element in der Literatur über den idealen Herrscher gemacht« (Mueller-Goldingen 1995, 276). Kyros ist ein »Menschenfreund«, so wie die hellenistischen Könige später »Retter«, »Wohltäter« oder »Menschenfreunde« sind. Die Beschränkung der Freundschaft auf einen kleinen Kreis von Freunden, die noch aus der aristotelischen Freundschaftslehre herauszuhören ist, weicht einer universalen Menschenfreundlichkeit. Der Härte der persönlichen Lebensführung kontrastiert eine Menschlichkeit, die sich auch in der Kriegsführung – etwa in der ärztlichen Versorgung von Kriegsgefangenen – auszuwirken beginnt (Kyr. III, 2, 12; vgl. Ages. I, 21).

An die Stelle des »Freunden nützen, Feinden schaden« der altaristokratischen Moral kann bereits das Verzeihen treten (Kyr. III, 1, 34). Es wirft im Blick auf die Schicksale des Sokrates und des Xenophon eine Frage auf. In der Tigranes-Episode (Kyr. III, 1, 38–40) wird von einem Lehrer der Weisheit berichtet, den der Vater des Tigranes hinrichten ließ. Dieser Weisheitslehrer erklärt seine Hinrichtung nicht aus dem bösem Willen, sondern aus der Unwissenheit derer, die ihn verurteilen. Dies entspricht nicht nur der Lehre des Sokrates, nach der niemand »freiwillig fehlt«.

Man kann in der Tigranes-Episode auch eine persönliche Stellungnahme Xenophons vermuten, der den Athenern die Ermordung des Sokrates verziehen zu haben
scheint (Münscher 1920, 118; Gaiser 1977).

Xenophons politisches Denken ist eine Brücke zwischen den Zeiten. Mit den Kynikern teilt er eine, allerdings militärisch und spartanisch gefärbte Auffassung von
der Arete, nach der diese ein hartes Streben nach Bedürfnislosigkeit und Askese ist.
Mit den Stoikern verbindet ihn das Ertragen eines nicht gerade günstigen Schicksals, dem er stets das Beste abzugewinnen weiß. Zwischen der untergehenden Polis
und der heraufziehenden Epoche des Hellenismus und der Monarchie steht er in
der Mitte, in der Verbindung seiner vielen Talente eine einzigartige Gestalt.

Xenophon (430/425 – nach 356 v. Chr.)

Zwischen 430 und 425	Geb. in Athen. Ritterstand
Um 404	Während der letzten Jahre des Peloponnesischen Krieges und während der Herrschaft der »Dreißig« Dienst in der Reiterei Athens
401-399	Im Söldnerheer des Kyros. Den Rückzug der 10000 griechischen Söldner nach dem Tode des Kyros schildert die *Anabasis*.
399-369/68	Als Parteigänger Spartas aus Athen verbannt. Ob schon wegen des Zuges mit Kyros oder erst wegen der Teilnahme an der Schlacht von Koroneia (394 v. Chr.), in der Xenophon auf spartanischer Seite kämpft, ist umstritten. Xenophon schließt sich dem Spartanerkönig Agesilaos an, der in Kleinasien Feldzüge gegen die Perser führt. Er lebt in Sparta als Staatsgast, beschenkt mit dem Landgut Skillos (in der Nähe von Olympia).
371	Nach der Niederlage der Spartaner bei Leuktra wird er von den Eleern von seinem Landsitz vertrieben. Er flieht nach Korinth.
369/368 (oder 367)	Aufhebung der Verbannung. Vielleicht ist Xenophon im letzten Jahrzehnt seines Lebens nach Athen zurückgekehrt. Jedenfalls dienen seine Söhne in der attischen Reiterei.
Nach 356	Gest. in Athen oder Korinth

Werkübersicht

Die Datierung der Werke ist unsicher. Die *Anabasis* und die *Sokratischen Schriften* könnten
schon in Skillos entstanden sein. Auf Athen gemünzt und demnach nach 369/68 verfaßt sind
die *Hippischen Schriften* und die *Poroi*.

Anabasis (Ein Bericht vom Rückzug der 10000 griechischen Söldner)

»Vier Sokratische Schriften«: *Apologie* (Verteidigungsrede des Sokrates);

Memorabilien (Erinnerungen an Sokrates); *Oikonomikos* (Hausverwaltungs- und Lebenslehre); *Symposion* (Gespräch über den Eros).

Die Verfassung der Spartaner (Erziehung und Lebensweise der Spartaner nach der Gesetzgebung des Lykurg) (wohl vor 371 v. Chr.)

Hippische Schriften (nach 369/368 v. Chr.): *Hipparchikos* (Über die Aufgaben eines Reiter-
führers); *Über die Reitkunst* (Alles über Pferdekauf, Pferdepflege, Reiten).
Kyrupädie (Die Erziehung des Kyros. Politisches Hauptwerk des Xenophon. Keine histori-
sche Darstellung. Vielmehr eine Idealstaatstheorie und ein »Fürstenspiegel«) (zwischen
366 und 360 v. Chr.)
Agesilaos (Lobrede auf den befreundeten König der Spartaner) (361/360 v. Chr.)
Hieron (Ein fiktives Gespräch des Dichters Simonides mit Hieron, dem Tyrannen von Syra-
kus) (360 v. Chr.?)
Hellenika (Eine Geschichte Griechenlands von 411–362 v. Chr.) (Die letzten Bücher sind um
358/357 v. Chr. geschrieben)
Kynegetikos (Über Jagd und Jagdhunde)
Poroi (Über die Staatseinkünfte) (Letztes Werk des Xenophon)

Werke

Xenophons Sämtliche Schriften, Übers. von A. Chr. Borhek, 5 Bde., Wien–Prag 1801.
Xenophon's von Athen Werke. Griechische Prosaiker in neuen Übersetzungen, G.L.F. Tafel/
C.N. Osiander/G. Schwab (Hrsg.), 6 Bde., Stuttgart 1827.
Werke, übers. von L.E. Meyer, 8 Bde., Prenzlau 1828–31.

Einzelausgaben

Anabasis. Griech.-dt. W. Müri (Hrsg.), München 1954; neu hrsg. u. bearb. von B. Zimmer-
mann, München-Zürich 1990 (Tusculum).
Erinnerungen an Sokrates. Griech.-dt. P. Jaerisch (Hrsg.), München-Zürich ⁴1987 (Tuscu-
lum).
Das Gastmahl. Griech.-dt. E. Stärk (Hrsg.), Stuttgart 1986 (reclam 2056).
Oikonomikos. Übersetzung und Kommentar, K. Meyer, Diss. Marburg 1975.
Oeconomicus. A social and historical commentary. With a new translation, S.B. Pomaroy,
Oxford 1994.
Die Verfassung der Spartaner. Griech.-dt. S. Rebenich (Hrsg.), Darmstadt 1998.
Cyropédie. Griech.-franz. Übers. M. Bizos/E. Delebecque, 3 Bde., Paris 1971–1978.
Kyrupädie – Die Erziehung des Kyros. Griech.-dt. R. Nickel (Hrsg.), München-Zürich 1992
(Tusculum).
Hieron, Griech.-franz. J. Luccioni, Übersetzung und Kommentar, Diss. Paris 1949.
Hieron oder über die Tyrannis, in: L. Strauss, Über die Tyrannis, Neuwied–Berlin 1963,
7–32.
Hellenika. Griech.-dt. G. Strasburger (Hrsg.), München-Zürich ²1988 (Tusculum).
Vorschläge zur Beschaffung von Geldmitteln oder über die Staatseinkünfte, E. Schütrumpf
(Hrsg.), Darmstadt 1982.
Ökonomische Schriften. Griech.-dt. G. Audring (Hrsg.), Berlin 1992.

Literatur

J.K. Anderson, Xenophon, London 1974. – H.R. Breitenbach, Xenophon von Athen, Stuttgart 1966 (Sonderdruck aus RE IX A 2.). – Chr. Bruell, Xenophons Politische Philosophie,
München 1990. – P. Carlier, L'idée de monarchie impériale dans la *Cyropédie* de Xénophon,
in: Ktema 3 (1978) 133–163. – E. Delebecque, Essai sur la vie de Xénophon, Paris 1957. –
B. Due, The *Cyropaedia.* Xenophon's Aims and Methods, Aarhus 1989. – T.T. Duke, Xeno-

phon's Political Idealism, in: The Classical Journal 49 (1953) 317–330. – H. Erbse, Xenophons *Anabasis*, in: Gymnasium 73 (1966) 485–505. – J. Farber, The *Cyropaedia* and Hellenistic Kingship, in: American Journal of Philology 100 (1979) 497–514. – K. Gaiser, Griechisches und christliches Verzeihen: Xenophons *Kyrupädie* 3, 1, 38–40 und *Lukas* 23, 24 a, in: Latinität und alte Kirche. Festschrift für R. Hanslik, Wien u. a. 1977, 78–100. – D. L. Gera, Xenophon's *Cyropaedia*. Style, Genre and Literary Technique, Oxford 1993. – V. J. Gray, Xenophon's *Hiero* and the meeting between the wise man and tyrant in Greek literature, in: Classical Quarterly 36 (1986) 115–123. – J. Gruber, Xenophon und das hellenistisch-römische Herrscherideal, in: P. Neukam (Hrsg.), Reflexionen antiker Kulturen, München 1986, 27–46. – W. E. Higgins, Xenophon the Athenian. The Problem of the Individual and the Society of the Polis, New York 1977. – S. W. Hirsch, The Friendship of the Barbarians: Xenophon and the Persian Empire, Hanover–London 1985. – B. Huß, Xenophons *Symposion*. Ein Kommentar, Stuttgart-Leipzig 1999. – W. Jaeger, Paideia, Berlin 1959, 1102–1131. – K. Joël, Der echte und der xenophontische Sokrates, 2 Bde., Berlin 1901. – E. Lange, Xenophon. Sein Leben, seine Geistesart und seine Werke, Gütersloh 1900. – E. Lefèvre, Die Frage nach dem βίος εὐδαίμων. Die Begegnung zwischen Kyros und Kroisos bei Xenophon, in: Hermes 99 (1971) 283–296. – J. Luccioni, Les Idées politiques et sociales de Xénophon, Diss. Paris 1947. – Chr. Mueller-Goldingen, Untersuchungen zu Xenophons *Kyrupädie*, Stuttgart–Leipzig 1995. – K. Münscher, Xenophon in der griechisch-römischen Literatur, Leipzig 1920. – Chr. Nadon, Xenophon's Prince. Republic and Empire in the *Cyropedia*, Berkeley 2001. – R. Nickel, Xenophon, Darmstadt 1979 (EdF 111). – A. Nicolai, Xenophons *Cyropädie* und seine Ansichten vom Staate, Bamberg 1867. – W. Nestle, Xenophon und die Sophistik, in: Philologus 94 (1941) 31–50. – G. Nussbaum, The Ten Thousand. A Study in Social Organisation and Action in Xenophon's *Anabasis*, Leiden 1967. – G. Proietti, Xenophon's Sparta, Leiden 1987. – E. Richter, Xenophon in der römischen Literatur, Berlin 1905. – E. Salin, Platon und die Utopie, Tübingen 1921, 188–198 (Kyrupädie). – E. Scharr, Xenophons Staats- und Gesellschaftsideal und seine Zeit, Halle 1919. – B. Schefold, Xenophons *Oikonomikos*: der Anfang welcher Wirtschaftslehre? in: Ders. (Hrsg.), Über Xenophons *Oikonomikos*. Vademecum zu einem Klassiker der Haushaltsökonomie, Düsseldorf 1998, 5–43. – F. Schneider, Die Religiösität Xenophons, Basel 1953. – L. Strauss, The Spirit of Sparta or the Taste of Xenophon, in: Social Research 6 (1939) 502–536. – Ders., Über Tyrannis. Eine Interpretation von Xenophons *Hieron* mit einem Essay über Tyrannis und Weisheit v. A. Kojève, Neuwied-Berlin 1963. – Ders., Xenophon's Socratic Discourse: An Interpretation of the *Oeconomicus* by Leo Strauss, Ithaca–London 1970. – Ders., Xenophon's Socrates, Ithaca-London 1972. – J. Tatum, Xenophon's Imperial Fiction. *On The Education of Cyrus*, Princeton 1989. – E. N. Tigerstedt, The Legend of Sparta in Classical Antiquity, 2 Bde., Stockholm 1965, 1978. – U. v. Wilamowitz-Moellendorff, Die griechische Literatur des Altertums, Stuttgart–Leipzig 1995 (= ³1912). – B. Zimmermann, Roman und Enkomion – Xenophons *Erziehung des Kyros*, in: Würzburger Jahrbücher für Altertumswissenschaft N. F. 15 (1989) 97–105.

XVI. Die Redner (Isokrates, Demosthenes)

Die Politik der Griechen war auf das Miteinander-Reden gegründet. Zum Wesen der Demokratie gehört die *peithō*, das Überreden und Überzeugen. Die Tyrannis bedarf des Miteinander-Redens nicht. Zu ihr gehören die Propaganda und das Schweigen. Bei allem Lärm der Massenveranstaltungen und Akklamationen ist die Tyrannis eigentlich stumm.

In Griechenland war die Kunst der Rede bereits im 5. Jh. v. Chr. von den Sophisten professionalisiert worden. Man ließ sich Reden schreiben für die Volksversammlung und für das Gericht. Zwar hatte jeder Athener das Recht, in der Volksversammlung zu reden. Aber es empfahl sich, dort vorbereitet zu sein, insbesondere wenn man nicht über Übung in öffentlicher Rede verfügte. Den geübten Rhetoren und Redeschreibern kam eine besondere Stellung zu. Man sieht schon an der Gestalt des Perikles, wie es einem begnadeten Redner gelingen konnte, die Stadt mit Hilfe seiner Überredungsgabe zu führen. Das Reden-Können ist in der Demokratie ein direkter Weg zur Macht. Was dem einen dabei als eine glänzende Rede gilt, ist dem anderen bloße Demagogie. Demagogen sind immer die anderen. Und es ist eine besondere Herausforderung für die Urteilskraft der Bürger, zu unterscheiden, was eine verantwortungsbewußte Rede und was Demagogie ist.

In Athen hat die Redekunst noch eine Blüte erlebt, als die Machtstellung der Stadt bereits im Sinken begriffen war und die Vorzeichen der hellenistischen Epoche und des neuen Zeitalters der Monarchie bereits am Horizont sichtbar wurden. In der Monarchie ändern sich Stellung und Bedeutung der öffentlichen Rede. Der Monarch braucht gute Berater. Gute Berater sind solche, die keine Schmeichler sind. Beraten freilich kann der Monarch sich im Geheimen. Bei öffentlichen Anlässen wiederum fällt ihm eher die Rolle des Festredners als die eines Debattierers zu. Der Notwendigkeit, seine Meinung in öffentlicher Versammlung in Rede und Gegenrede zu vertreten, ist er als absoluter Monarch enthoben. Er kann mit einem Willen und einem Wort regieren, und man sieht, wie sich zur Zeit des Isokrates und des Demosthenes nicht nur Athen gegen Makedonien, sondern auch die vielstimmige Demokratie gegen die einstimmige und straff organisierte Monarchie zu behaupten hat.

Die bekanntesten Redner der Griechen sind Isokrates und Demosthenes. Sie treten auf in der Zeit der großen Gefährdung Athens. Sie sind Zeitgenossen Philipps II. (359–336 v. Chr.), jenes begabten Feldherrn und gerissenen Politikers, der zum Führer der hellenischen Welt aufsteigt und seinem Sohn Alexander den Weg bereitet. Isokrates preist ihn als den Führer der Hellenen. Demosthenes bekämpft ihn, so gut er es kann. Verloren hat am Ende Athen, teilweise auch die Demokratie, der auch durch ihren größten Redner, durch Demosthenes, nicht zu einer einheitlichen und kontinuierlichen Politik der Selbstbehauptung zu verhelfen war.

1. Isokrates (436–338 v. Chr.)

1.1. Der Streit um die Philosophie

Isokrates war selbst kein politischer Redner. Das nimmt seinen Worten ein wenig ihr Gewicht. Isokrates scheute den Auftritt in der Volksversammlung. Er war kein Redner, sondern ein Redenschreiber (Logograph). Als Verfasser von Gerichtsreden hatte er seine Karriere begonnen und sein erstes Geld gemacht (or. 16–21). In den 90er Jahren hat er – etwa gleichzeitig mit der Gründung der platonischen Akademie – eine Rednerschule eröffnet. Sie war eine Erziehungs- und Bildungsanstalt, die in Konkurrenz zur Akademie und zum Lykeion stand. Sie versprach eine praxisorientierte Ausbildung, abgegrenzt von der nur theoretischen Philosophie.

Isokrates suchte vor allem die Abgrenzung zu Platon und zu dessen Akademie (ein Gesichtspunkt, der das Isokrates-Bild Werner Jaegers prägt). Dabei wurde ein Streit um den Begriff der Philosophie selbst geführt, wer ihn mit welchem Recht für sich reklamieren darf (Ries 1959, Eucken 1983). Den Philosophen wie Platon warf Isokrates Spitzfindigkeit, Paradoxalität und die praktische Unbrauchbarkeit ihrer Theorien vor. Die eigene Lehre, die nun wahrhaft »Philosophie« sollte heißen dürfen, versprach dagegen, tauglich zu machen für das bürgerliche Leben und die Politik. Vorbildlich war für Isokrates sein Schüler Timotheos, der Feldherr des Zweiten Attischen Seebundes. Timotheos war ein Mann der Tat, der zeigen konnte, was eine wahrhaft praktische Philosophie vermag (or. 15, 101 ff.).

Das Versprechen einer praktisch orientierten Philosophie kann bei Isokrates die Herkunft aus der Sophistik nicht verleugnen. Zwar heißt ein frühes Werk *Gegen die Sophisten* (ca. 390 v. Chr.). Aber Isokrates ist ein Schüler des Gorgias (und des Prodikos), und er folgt dem Gorgias in seinem Glauben an den Nutzen sowie in seiner politischen Zielsetzung, die eine panhellenistische ist. Anders als Gorgias vertritt Isokrates aber keinen Begriff von Rhetorik, nach der diese eine neutrale, für beliebige Zwecke einsetzbare Kunst sein soll. Die Reden des Isokrates sind stets an die Zwecke seiner proathenischen oder panhellenischen Politik gebunden. Dies führt seine Reden in die Nähe der politischen Propaganda. Isokrates verteidigt den Imperialismus Athens (etwa im *Panegyrikos*, 380 v. Chr.). Allerdings vertritt er auch eine gemäßigte Lehre von der Gerechtigkeit, die von einem sophistischen Naturrecht des Stärkeren zu unterscheiden ist. Anders als manche Sophisten preist er nicht den bloßen Nutzen. Vielmehr verschwistert er Gerechtigkeit und Nutzen auf eine raffinierte Weise. Die Gerechtigkeit soll gerade wegen der mit ihr verbundenen Vorteile erstrebt werden – etwa deswegen, weil sie »Wohlwollen« (*eunoia*) hervorruft (so die Argumentation der *Friedensrede*, 355/54 v. Chr.) (de Romilly 1958). Die jeweils Mächtigen sollen ihre Macht nicht einfach durchsetzen. Sie sollen sich Schwächeren gegenüber so verhalten, wie sie selbst von Mächtigeren behandelt sein wollen. Auf dieses Credo, das sich der goldenen Regel nähert, kommt Isokrates des öfteren zurück (or. 4, 81; or. 2, 24; or. 3, 61).

1.2. Panhellenismus

Isokrates greift den Panhellenismus auf, den vermutlich schon Gorgias in seiner Rede in Olympia propagiert hat. In den Jahren des Aufstiegs der makedonischen Herrschaft ist der Panhellenismus die große politische Idee, ein Vehikel zunächst zur Vereinigung aller Hellenen, später ein Sprungbrett für Alexanders Lehre von der Gleichheit von Hellenen und Barbaren. Zeugnisse der sophistischen »Linken« (hier XI. 3.1.) können teilweise panhellenisch verstanden werden, teilweise weisen sie auch schon auf die umfassende Gleichheit von Hellenen und Barbaren, ja von Menschen als Menschen voraus.

Der Panhellenismus hatte bei den Griechen viele Vorstufen. Man kann wie immer bei Homer beginnen, und im Krieg der Hellenen gegen die Trojaner ein erstes Zeugnis eines gemeinsamen Bewußtseins entdecken. Die erste Begriffsverwendung findet sich bei Hesiod (Erga 528). Entscheidend war die Erfahrung der Perserkriege. Die Erinnerung daran wird zu einer formierenden Kraft im Panhellenismus des Isokrates. Dieser ruft alle Hellenen auf, sich gemeinsam einer Macht, sei es Athen, sei es Makedonien, zu unterstellen. Noch einmal soll man den Kampf mit Persien wagen. Die Forderung nach Gemeinsamkeit und Eintracht lebt vom Feindbild, dessen Wiederaufleben man aus der Zeitlage verstehen muß.

Die politische Lage war gekennzeichnet durch die nach dem Peloponnesischen Kriege geschwächte Macht Athens sowie durch die schlechten Erfahrungen, die man mit der Führungsmacht Sparta gemacht hatte. Im Frieden von 387 v. Chr. hatte man sich erstmals der Oberherrschaft der Perser unterworfen. Die griechische Welt war zersplittert. Es gab in ihr keine handlungsfähige Macht und keine Einheit mehr, und es ist diese Lage, in der Isokrates die Griechen zur Eintracht aufruft.

1.3. Der »Panegyrikos« (380 v. Chr.). Athen als Wiege der Kultur

Das erste große Dokument des Isokrateischen Panhellenismus ist der *Panegyrikos*, eine Lobrede, die wohl für ein panhellenisches Fest wie die Olympischen Spiele gedacht war. Vorgetragen hat sie Isokrates selber nicht. Vielleicht ist sie aber in Olympia oder anderswo verlesen worden (dagegen spricht allerdings die Länge der Rede; unter zwei Stunden dürfte sie nicht vorzutragen sein). Vermutlich kursierte die »Rede« als politisches Pamphlet. Traditionell gilt sie als das Meisterwerk des Isokrates. Aber was ist das für ein Meisterwerk, das der Redner selber nicht vorträgt und das mit seinen 189 Abschnitten Zweifel daran weckt, ob man es überhaupt vortragen kann?

Der *Panegyrikos* entwickelt den Panhellenismus als eine Idee gemeinsamer Bildung und Kultur. Der Name der Hellenen bezeichne

»weniger eine Abstammung als eine Art zu denken... Hellenen nennt man eher die, die an unserer Bildung teilhaben, als jene, die an unserer gemeinsamen Natur teilhaben« (or. 4, 50).

Dieses Verständnis von Panhellenismus, das die Bildung und die gemeinsame Kultur hervorhebt, ist in mehrfachem Sinn bemerkenswert. Für den Redner, der durch

Redeschulung erziehen und bilden will, ist dies die Bestätigung seiner Mission im großen Maßstab. Der Rhetor kann der Erzieher aller Griechen sein. Zugleich weist die Definition des Hellenentums durch Bildung bereits auf die Epoche des Hellenismus voraus. Zwar versteht Isokrates das Wort von der gemeinsamen Bildung ausschließlich panhellenisch. Mit Kosmopolitismus hat sein Verständnis von Hellenentum überhaupt nichts zu tun. Aber über die Einheit der Kultur ließen sich auch Brücken schlagen zu all jenen, die vom Charme der griechischen Kultur angezogen wurden. Der Begriff *hellenizein* wird in der Epoche des Hellenismus auf alle übertragen, die griechisch leben wollen, auch wenn sie keine Griechen sind. Griechisch leben wollen, kann jeder, gleichgültig ob er ein Grieche oder ein Barbar ist (hier XVII.1.).

Bei Isokrates dient die Kulturbestimmung des Hellenentums durch Bildung und Kultur weniger der Öffnung als der Abgrenzung. Der *Panegyrikos* ist ein Lob der griechischen Kultur, im engeren Sinne ist er sogar ein Lob Athens, das zur Wiege aller menschlichen Kultur erklärt und verklärt wird (Gray 1994). Dieser Anspruch fordert einen Vergleich mit dem Epitaphios des Perikles heraus, auch wenn die unmittelbaren Vorbilder für Isokrates eher im *Olympikos* und im *Epitaphios* des Gorgias (vielleicht auch im *Epitaphios* des Lysias, Buchner 1958, 13) zu suchen sind.

Isokrates' *Panegyrikos* hält einem Vergleich mit dem Epitaphios des Perikles nicht stand. Zwar liefern beide Reden eine Rechtfertigung der Politik Athens und darin eingeschlossen eine – schönfärberische – Apologie des athenischen Imperialismus. Aber der Epitaphios des Perikles ist dem *Panegyrikos* insofern überlegen, als er in kunstvoller Antithetik demokratische Gleichheit und Exzellenz, Gemeinsamkeit und Agonalität, die beiden großen Tendenzen griechischer Kultur und Politikentwicklung miteinander verbindet (hier VIII.2.5.). Von solch spannungsreicher Vereinigung von Gegensätzen fehlt im *Panegyrikos* jede Spur. An ihre Stelle tritt die Herrschaft des Superlativs. Athen wird schlichtweg zur Wiege aller Menschheitskultur gemacht. (Sollte dies wirklich für die Ohren einer panhellenischen Versammlung gedacht gewesen sein?)

Perikles pries die innere Ordnung Athens. Isokrates will demonstrieren, was Athen den Griechen, ja, was es der Welt gegeben hat. Die Perspektive ist von vornherein die der Außenwirkung und Außenpolitik im weitesten Sinne des Wortes. Athen wird zum »Wohltäter« (*euergetēs*) der Menschheit, dem naturgemäß die Führung über alle Griechen (wenn nicht eigentlich über alle Menschen) zukommen muß.

Die kunstvoll aufgebaute Argumentation geht so weit zurück, wie man nur zurückgehen kann, bis auf die Agrikultur und den Mythos von Demeter. Athen rückt in die Rolle des Geburtsortes menschlicher Kultivierung überhaupt. Es wird zu jener Stadt, die es den Menschen ermöglicht hat, sich über das tierische Dasein zum eigentlich Menschlichen zu erheben (or. 4, 28). Von dieser ersten Kultivierung schreitet das Argument fort zu den höheren und höchsten Kulturleistungen, die allesamt Athen zu verdanken sind. Athen hat die »größte Kapazität für die Künste« (or. 4, 32), sowohl für die nützlichen als auch für die erfreulichen (or. 4, 40). Es ist der Ort der »zahlreichsten und bewunderungswürdigsten Schauspiele«, die berühmt sind, sei es wegen ihres Aufwandes, sei es wegen ihres künstlerischen Wertes (or. 4, 45). Die Stadt Athen ist der Ort der Geselligkeit und Freundschaft (or. 4, 49). Sie bietet Wettstreite nicht nur in den gymnastischen Disziplinen, sondern auch in »Beredsamkeit, Weisheit und anderen Künsten« (or. 4, 50). Athen hat der Welt die Philosophie gegeben, »Philosophie« verstanden im isokrateischen Sinne als die eminent praktische Kunst, »die uns half, alle diese Institutionen zu entdek-ken und zu errichten, die uns für die öffentlichen Angelegenheiten erzogen und uns freundlich füreinander gestimmt hat…« (or. 4, 47). Über der Philosophie steht nur noch die Beredsamkeit. Sie ist das oberste Zeichen der Kultur bei jedem von uns (or. 4, 49).

Die im politischen Interesse Athens vorgebrachte Lobrede schießt in ihrem An-spruch auf Kultivierung und Bildung ständig über einen panhellenischen Sinn hin-aus. Im Grunde wird Athen zur Geburtshelferin der Menschheit sowie aller Spit-zenleistungen der Kultur. Das klingt noch einmal nach einer Anerkennung der Agonalität und der alten Wettstreitkultur. Aber der Agon setzt eine Vielzahl der Konkurrenten voraus, die miteinander wetteifern. Bei Isokrates geht es jedoch nur noch um die Feier der einen kulturellen Macht. Es geht um eine Vorherrschaft, die durch das Lob der Kultur nur verbrämt wird.

Die Historiker streiten darüber, ob der *Panegyrikos* ein Propaganda-Pamphlet für den Zweiten Attischen Seebund war. Als solches verstehen ihn Wilamowitz-Moellendorff (1893 Bd. 2, 380 ff.) und in etwas eingeschränkterem Sinne auch Werner Jaeger (1989, 1018). Die spätere Forschung hat diese These differenziert (Buchner 1958; Bringmann 1965). Vielleicht wollte Isokrates mit seinem über-schwenglichen Lob Athens das damals mächtigere Sparta zu einer Teilung der He-gemonie bewegen. Allemal verstörend wirkt der Ton, in dem das Loblied auf Athen gesungen wird. Es dient einem politischen Zweck, und es entbehrt bei aller Selbst-darstellung der Selbstreflexion, bei aller Selbstfeier der Selbstkritik.

1.4. Isokrates' Politik der »Eintracht« (homonoia). »Die Friedensrede« (355–354 v. Chr.)

Der Panhellenismus des Isokrates preist die »Eintracht« (*homonoia*) der Hellenen. Bis zur Zeit des Panhellenismus war Homonoia ein Begriff, der für die Eintracht der Bürger stand. Isokrates überträgt ihn auf die Politik der griechischen Städte und Mächte. Sie sollen einig und nicht mehr zerstritten sein. Dabei ist die Parole ambivalent. Wer sie für glaubwürdig hält, kann in Isokrates nicht nur einen Lob-redner Athens, sondern auch einen Fürsprecher der Versöhnung von Athen und Sparta erkennen. Wer die Parole skeptisch beurteilt, kann darauf verweisen, daß »Eintracht« auch ein Schlagwort imperialer Politik sein kann. Die Forderung nach Eintracht eignet sich auch dazu, ein Ungleichgewicht der Macht zu kaschieren. Man sagt Eintracht, und man meint in Wahrheit, daß die Hegemonialmacht besser nicht in Frage gestellt werden soll.

Der Begriff der »Eintracht« wird von Isokrates grundsätzlich fundiert. Er wird philosophisch-rhetorisch begründet, vergleichbar der Argumentation, wie sie Ari-stoteles für die Lehre vom *zōon politikon* entwickelt. Auch für Isokrates ist der Lo-gos die große Macht der Verständigung. Auch ihm ist der Mensch das Tier, das sich verständigen kann. Der Logos ist »Führer aller Taten und Gedanken« (or. 2, 6–9). Als Sachwalter des Logos kann sich der Rhetor der Bedeutung der eigenen Rolle gewiß sein.

Ist die *Friedensrede* das Dokument eines ernsthaften Willens zur Eintracht? Die Rede verurteilt den Imperialismus des Zweiten Seebundes. Sie wird als Pamphlet in die Debatte geworfen, als es darum geht, Frieden mit jenen Städten und Inseln zu schließen, die von Athen abgefallen sind. In dieser Lage empfiehlt Isokrates – sei es resignierend, sei es, weil er dies immer schon so wollte (die Meinungen darüber sind geteilt) –, daß Athen auf die imperiale Seeherrschaft verzichten und die Grundlage für einen dauerhaften Frieden schaffen soll. Athen soll die Autonomie der verbündeten Städte achten. Es soll eine Politik betreiben, die mit Gerechtigkeit, Frömmigkeit und Maß verträglich ist (or. 8, 60). Nichts sei sowieso nützlicher als die Arete (or. 8, 32)!

Ist damit aus dem athenischen Wolf im kulturellen Schafspelz ein echter Anwalt der Eintracht geworden? Man kann es bezweifeln. Die Pointe des Pamphlets kann man auch so verstehen, daß der »gute Ruf« und das »Wohlwollen«, die man durch »gerechte« Politik erwirbt, der sicherste Weg zu einer stabilen Hegemonie sind, besser und geschickter als die alte Unterdrückungspolitik. So könne man die Vorherrschaft gewinnen »für alle Zeit« (or. 8, 142).

1.5. Isokrates und die radikale Demokratie. Der »Areopagitikos« (zwischen 357 und 355/354 v. Chr.)

Isokrates war ein Gegner der radikalen Demokratie. Seine Politik entspricht den Forderungen der Konservativen, die skeptisch gegenüber der Seeherrschaft und der »Vielgeschäftigkeit« (*polypragmosynē*) der Demokraten sind. Der *Areopagitikos* zieht aus der konservativen Politik Konsequenzen für die Verfassung Athens. Dabei ist ungewiß, ob das Pamphlet noch einen funktionierende Zweiten Seebund voraussetzt oder ob es – wie die *Friedensrede* – schon dessen Ende reflektiert (für letzteres plädiert gegen Jaeger Bringmann 1965, 75 ff.). In jedem Fall enthält der *Areopagitikos*, zusammen mit der *Friedensrede*, eine Kritik der radikalen Demokratie.

Isokrates geht aus von einem trügerischen Zustand öffentlicher Sicherheit (was die zeitliche Einordnung der Schrift so schwer macht). Athen scheint, so Isokrates, die See noch zu beherrschen. Aber im Glauben an die Sicherheit liege selbst eine Gefahr. Entscheidend für Sicherheit und Gedeihen einer Stadt sei ihre Verfassung. Von dieser heißt es sehr schön, sie sei »die Seele einer Stadt« (or. 7, 14). Sie ermögliche die Deliberation über alle Fragen, und damit auch darüber, wie das Gute zu erhalten und das Gefährliche abzuwehren sei. Auf die Verfassung komme es an.

Isokrates gibt ein Plädoyer für die »väterliche Verfassung« (*patrios politeia*). Er erwähnt Solon und Kleisthenes als jene Verfassungsväter, die wieder in Ehren zu halten seien (or. 7, 16). Damit greift er jene Diskussionen wieder auf, die gegen Ende des Peloponnesischen Krieges um die »väterliche Verfassung« geführt worden sind. Sein Vorbild scheint Theramenes zu sein, der Vater der kurzlebigen Verfassung von 411 v. Chr. Theramenes hatte die radikale Demokratie beschnitten und die Ämter für die Besitzenden reserviert.

Isokrates schlägt vor, daß nur die »Besten« in Ämter gewählt werden sollten (or. 7, 22). Das klingt aristokratisch, entpuppt sich aber als eine Rechtfertigung für die Herrschaft der Besitzbürger. Es sollen nur solche gewählt werden, die »Zeit« (*scholē*) haben für die Politik, und das sind die Besitzenden (or. 7, 26). Isokrates plädiert für Wahlen, die der Auslosung der Magistrate vorgeschaltet werden sollen. Die Rechenschaftspflichtigkeit der Magistrate soll weiterhin anerkannt werden. Auch will Isokrates offenbar nicht die Volksgerichte antasten. Aber an die Stelle der jedermann zugänglichen Volksversammlung soll wieder eine besitzbürgerliche Versammlung treten. Man könnte das Programm schlagwortartig zusammenfassen in den Parolen: zurück zu Solon, zurück hinter Ephialtes und Perikles, zurück hinter die radikale Demokratie!

Politisch-philosophisch rechtfertigt Isokrates die Beschränkung der radikalen Demokratie durch die Unterscheidung zweier Formen von Gleichheit. Da ist die eine Form von Gleichheit, die Guten und Schlechten dieselbe Ehre zuteilt; und da ist die andere, die am unterschiedlichen »Wert« (*axia*) ausgerichtet ist (or. 7, 21–22). Es versteht sich, daß letztere zu bevorzugen ist. Praktisch politisch mußte diese Politik zu einem Angriff auf die Institution der Diäten führen, und ein solcher Angriff kann auch aus Isokrates' Plädoyer herausgehört werden (or. 7, 24).

Zu den Vorteilen der alten Verfassung rechnet Isokrates die Rolle, die in ihr der Areopag gespielt hat. Ephialtes hatte ihn entmachtet, und er hatte damit der Demokratie den letzten Stein aus dem Weg geräumt (hier VI.3.2.3.). Ob Isokrates den Areopag wieder in alle seine alten Rechte einsetzen will, bleibt allerdings unklar. Hauptsächlich sieht er in ihm eine moralische, eine erzieherische Instanz, die man mit dem Zensorenamt in Rom vergleichen kann. Die Aufgabe des Areopag sei es gewesen, »sich zu kümmern um die sittliche Wohlordnung« (*eutaxia*) (or. 7, 39). Ähnlich wie Platon in der *Politeia* gegen die Vielzahl der Gesetze argumentiert, so plädiert Isokrates im Namen der Sitten gegen die Gesetzesflut (or. 7, 40). Richtige Regierung gründet sich auf Sittlichkeit. Sie ist nicht primär Gesetzgebung, »da Menschen, die schlecht aufgezogen werden, auch Gesetze übertreten werden, die mit größter Genauigkeit gegeben werden, während die gutgezogenen auch einen simplen Kodex befolgen« (or. 7, 41).

1.6. Der »Philippos« (346 v. Chr.) und die kyprischen Reden (nach 374/373 v. Chr.)

1.6.1. Der »Vorsteher der Eintracht«. Von der Demokratie zur Monarchie?

Isokrates will hinter die radikale Demokratie zurück. Aus manchen Reden ist herauszuhören, daß er sich sogar mit der Monarchie befreunden kann, der kommenden vorherrschenden Regierungsform. Der *Philippos*, ein an Philipp von Makedonien gerichtetes Sendschreiben, trägt diesem den Titel eines »Vorstehers der Eintracht« an (*prostatēs tēs homonoias*) (or. 5,16). Auch fällt schon jener Titel, den die Könige des Hellenismus für sich reklamieren werden. Philipp wird bereits der »Wohltäter« (*euergetēs*) genannt (or. 5, 32, 36). Er soll die größten Städte Griechenlands, Athen, Sparta, Argos und Theben, miteinander versöhnen (or. 5, 8). Dafür ist Isokrates der Preis der makedonischen Führung offenbar nicht zu hoch.

Was der *Panegyrikos* Athen zusprach, das will der *Philippos* Philipp II. zuerkennen: die Führung der griechischen Welt. Damit verbindet sich eine Annäherung des Demokraten Isokrates an die Monarchie. Diese wird gepriesen, weil der Monarch ohne Beschränkung durch eine Verfassung schalten und walten kann. Er habe, so heißt es, gerade Philipp II. ausgewählt, weil die ansonsten angesehenen Männer »unter der Kontrolle von Verfassungen und Gesetzen (stünden) und so nur die Macht besäßen, das Vorgeschriebene zu tun« (or. 5, 14). Isokrates nähert sich damit schon der Rhetorik von Notstand und souveräner Gewalt.

Isokrates hat Philipp II. geraten, er solle die Barbaren »mit Zwang«, die Hellenen aber »mit Überredung« (*peithō*) führen (or. 5, 16). Vermutlich hatte er gehofft, Philipp II. werde die griechischen Demokratien respektieren und nur die Barbaren despotisch regieren. Gründen konnte sich eine solche Hoffnung allerdings nur noch auf eine Versittlichung des Monarchen, nicht auf irgendeine Form der Kontrolle durch Gesetze oder ein Machtgleichgewicht.

1.6.2. Die Fürstenspiegel des Isokrates

Das Ideal des Monarchen zeigen die drei kyprischen Reden. Sie sind dem mit Athen verbündeten König von Zypern Euagoras (435–374/373 v. Chr.) und seinem Sohn Nikokles (ca. 374/373–354/353 v. Chr.) gewidmet. Entstanden sind sie wohl nach dem Tode des Euagoras, der 374/373 v. Chr. ermordet worden ist.

In zwei für Nikokles verfaßten Reden wird das Ideal eines sittlichen Monarchen beschworen, dessen Haupttugenden Gerechtigkeit und Maß sind (or. 3, 31–35, 36). Der Herrscher soll seinen Untertanen an Arete überlegen sein (or. 3, 38; or. 2, 12). Er soll die Menschen lieben und die Stadt (*philanthrōpia* und *philopolin)* (or. 2, 15).

Politisch erstaunlicher als diese Idealisierung des Herrschers ist, daß Isokrates im *Nikokles* noch weiter zu gehen scheint als im *Philippos*, von einer Annäherung an die Monarchie zu einem glatten Lob der Alleinherrschaft. Dem jungen Nikokles, der wohl schon einige Jahre regiert, legt er das Wort in den Mund, daß »die Monarchie die beste Verfassungsform sei« (or. 3, 25).

Man mag sich diesen erstaunlichen Satz aus dem Munde eines athenischen Rhetors teilweise durch das Genre erklären, in dem er begegnet. Er steht in einer Königsrede, in der sich Isokrates in die Rolle des Monarchen versetzt und durch dessen Mund die Vorzüge einer guten Monarchie preist. Aber das Lob der Monarchie wird nicht nur so dahingesagt. Es ist eingebettet in einen ausführlichen Vergleich der Verfassungen, den man als ein Seitenstück zur Verfassungsdebatte des Herodot betrachten kann. Der Vergleich der Verfassungen soll demonstrieren, wie überlegen die Monarchie den anderen Verfassungen ist.

1.6.3. Isokrates' Vergleich der Verfassungen

Oligarchien und Demokratien, so führt Nikokles aus, würden allen den gleichen Anteil an der Regierung gewähren, »ein Prinzip, das nur im Interesse der Wertlosen (*ponēroi*) ist« (or. 3, 15); Monarchien dagegen würden Ehren nach Verdienst zuweisen, nur sie hätten ein Auge für Begabungen und Leistungen der Menschen (or. 3, 16). Monarchien seien leistungsfähiger als andere Verfassungen. Das gelte für den Fall des Krieges sowieso (Nikokles verweist auf Dionysios sowie auf Karthago und Sparta) (or. 3, 22–24). Es gelte aber auch in Zeiten des Friedens. Monarchien seien effizienter bei der Planung und Durchführung von Aktionen. Es sei leichter, einem Willen zu folgen als vielen und verschiedenartigen Köpfen (or. 3, 16). Wer ständig ein Amt innehabe, gewinne einen Vorsprung an Erfahrung, während man bei jährlichem Amtswechsel schon wieder in das Privatleben zurückkehre, bevor man ausreichend Einsicht gewonnen habe (or. 3, 17). In Demokratien und Oligarchien fühle sich niemand zuständig, man blicke immer auf die anderen. Das allgemeine Wohl werde durch Rivalitäten beschädigt. Entscheidungen würden verzögert, da man die meiste Zeit mit Privatem beschäftigt sei. In der öffentlichen Versammlung werde mehr gestritten als deliberiert (or. 3, 18–19). Man sei einander übel gesonnen und hoffe geradezu, daß Vorgänger und Nachfolger ein Amt schlecht verwalten würden, weil dies für das eigene Ansehen vorteilhaft sei (or. 3, 20).

Eine Fülle von Argumenten gegen Demokratie und Oligarchie, Argumente, wie sie in der Geschichte des politischen Denkens immer wiederkehren werden. Das Hauptargument wird gemacht aus dem Blickwinkel der Effizienz. Von ihr aus betrachtet erscheint die Demokratie als eine von Privatismus, Inkompetenz, verzögerten Entscheidungen, Rivalitäten und Mißgunst geprägte Regierungsform. Fast vermeint man schon einen Hauch von Caesarismus zu verspüren, ein Lob der Militärdiktatur oder doch der militärisch geprägten Monarchie, wie sie in der Epoche des Hellenismus vorherrschend werden wird. Die Monarchie soll sich bei Isokrates allerdings unterscheiden von der älteren Tyrannis, insofern nicht an ein Bündnis von Tyrann und Volk, von *plebs* und Caesar, sondern wohl eher an ein Bündnis von Besitzbürgertum und Alleinherrscher gedacht wird. Durch sein Leiden an der radikalen Demokratie und durch seinen Panhellenismus hat sich der große Lobredner Athens weit von der attischen Demokratie entfernt – bis zu einem Liebäugeln mit der Alleinherrschaft.

2. Demosthenes (384–322 v. Chr.)

2.1. Im Banne des 19. Jahrhunderts

Das Bild des Isokrates ist im 19. Jh. in hohem Maße dadurch beeinflußt worden, daß die Geschichte der Nationalstaatsbildung in die Zeit des Isokrates zurückprojiziert worden ist. War man (wie etwa Niebuhr) ein Gegner Napoleons, so verurteilte man den Fürsprecher Philipps II.; war man (wie Eduard Meyer oder Wilamowitz-Moellendorff) ein Anhänger der sich gerade bildenden deutschen Nation, erblickte man in Isokrates den Mann der Zeit, der an die Stelle der abgelebten Polis die neue »national«-hellenische Einheit zu setzen versuchte.

Noch deutlicher als auf Isokrates färbt der Zeitgeist auf die Beurteilung des anderen großen Redners, auf die Beurteilung des Demosthenes ab. Demosthenes betrieb Politik gegen Philipp II. Er war dessen schärfster Widersacher. Seine Politik wurde als bloßer »Lokalpatriotismus« verworfen (Beloch ³1912–27, Bd. 2, 514). Immer wieder hat sie aber auch als das große Vorbild für die Verteidigung von Freiheit und Unabhängigkeit gedient, ob bei Cicero, im Elisabethanischen Zeitalter oder in der neueren Gegenwart. Demosthenes hat auch in neuerer Zeit seine Verteidiger gefunden, etwa Arnold Schäfer (1856/58), Treves (1933), Cloché (1937), Werner Jaeger (1939) u. a.

2.2. Demosthenes – nur ein Pamphletist und Advokat?

Kritiker des Demosthenes, wie etwa Wendland, haben ihm vorgeworfen, nur Pamphlete verfaßt zu haben (1910). Aber im Unterschied zu Isokrates, der immer nur Reden geschrieben, aber nicht vorgetragen hat, hat Demosthenes seine Reden auch gehalten (Adams 1912, Erbse 1956, in: Schindel 1987, 139 ff., 214 ff.). Strittig ist, in welchem Geist. So wird die bei Wendland angedeutete Kritik von Drerup (1917; Wolff 1968) noch zugespitzt. Demosthenes soll demnach nur ein »Advokat« gewesen sei. Er habe immer nur Parteipolitik oder gar persönliche Interessen verfolgt.

Aus Drerups Kritik spricht erneut der Geist der Zeit. Vermutlich wollte Drerup mit seiner Kritik des Demosthenes (und der athenischen Demokratie) seinen Beitrag leisten zur Kritik der westlichen Demokratien, die 1917, regiert von Advokaten, Krieg führten gegen das Deutsche Reich. Aber auch wenn die Kritik Drerups sich aus ihrer Zeit erklärt, so trifft Demosthenes doch der Vorwurf, daß er der Typus eines nicht immer verantwortlich denkenden Parteipolitikers gewesen ist. Auch wenn er oft von durchaus guten Absichten und von einer echten Sorge um die Stadt getrieben wird, so ist er doch auch ein Parteimann, der der anderen »Partei« aber auch so gar nichts zugestehen kann. Mancher traut ihm sogar die persönliche Bereicherung zu, derentwegen er im Alter angeklagt worden ist (Bengtson 1983, 301).

Athen war zur Zeit des Demosthenes eine zerrissene Stadt. Die promakedonische und die antimakedonische »Partei« lagen miteinander in unversöhnlichem Streit. Die Stadt war sich in der Grundfrage ihrer politischen Existenz nicht mehr einig. Das Klima zwischen den Parteien war vergiftet. Nichts zeigt den traurigen Zustand des damaligen Athen deutlicher als die ständigen Anklagen und Verdächtigungen wegen Korruption oder Verrats. Wer nicht der eigenen Partei angehörte, konnte nur noch ein Verräter oder ein von fremden Mächten bestochener Politiker sein.

Man kann dem Demosthenes zugute halten, daß damals ein Kampf um das Sein oder Nicht-Sein eines freien Athens geführt worden ist. Es war ein Kampf, der nicht von vornherein aussichtslos war. Immerhin war dem Demosthenes die Koalition Athens mit Theben gelungen (339 v. Chr.). Und wer konnte schon voraussehen, daß Athen und Theben bei Chaironeia (338 v. Chr.) unterliegen würden?

Demosthenes vertrat eine durchaus realistische Alternative zum promakedonischen Panhellenismus. Seine Einschätzung Philipps II. und dessen immer nur verbal beschwichtigender, in Wahrheit aber aggressiver Politik entsprach den Erfahrungen, die man mit dem skrupellosen Machtpolitiker gemacht hatte. Ihm die Führung der Hellenen anzutragen, wie es Isokrates getan hatte, hieß den Bock zum Gärtner zu machen. Isokrates blieb am Ende nur eine moralisierende Politik, die das fehlende Machtgleichgewicht und die fehlende Kontrolle des makedonischen Monarchen durch sittliche Ermahnungen zu kompensieren versuchte. Wenn Demosthenes gegen Philipp II. Persien ins Spiel brachte oder wenn er eine athenisch-thebanische Koalition gegen ihn zu schmieden versuchte, betrieb er die für die Selbständigkeit Athens bessere Politik. Zwar hat Demosthenes verloren. Aber man kann in ihm nicht nur den politischen Verlierer, sondern auch die Symbolfigur eines ehrenwerten und nicht von vornherein aussichtslosen Kampfes erblicken, der ein letztes Mal für die Freiheit der Polis geführt worden ist.

2.3. Biographisch-Politisches

Demosthenes begann wie Isokrates als Redenschreiber, als Logograph. Er prozessierte gegen seine Vormünder, die sein Erbe durchgebracht hatten (or. 27–31). Ähnlich wie Isokrates erwarb er durch Gerichtsreden Wohlstand und Ansehen. Seine politischen Gegenspieler waren Euboulos, der Führer der »Friedenspartei« (dem er wohl zunächst angehangen hat), vor allem aber Aischines (geb. ca. 390 v. Chr.). Dieser hatte den Frieden von 346, den sogenannte Philokrates-Frieden, mit ausgehandelt. Auch hatte er den Antrag mitzuverantworten, der Philipp II. die Exekutivaktion der delphischen Amphiktyonie übertrug, in deren Namen er – formell legitimiert – in Mittelgriechenland eingreifen und seinen Machtbereich ausdehnen konnte (339 v. Chr.).

Demosthenes' Aufstieg zum größten Redner der Griechen wird gerne als Paradefall einer Kompensation erzählt. Schwächlich und nur mit schwacher Stimme begabt, habe er diese beim Laufen und beim Bergsteigen geübt. Seine undeutliche Aussprache und das Anstoßen der Zunge habe er wegtrainiert, »indem er Steine in den Mund nahm und gleichzeitig lange Dichterstellen vortrug« (Dem. 11). Demosthenes hat das Reden gelernt, auch wenn seine Stärke offenbar im Vortrag sorgfältig erarbeiteter und einstudierter Reden, nicht im Extemporieren lag. Bei der Rede vor Philipp II. kam er ins Stocken. Er mußte die Rede abbrechen, und das in Gegenwart seines Gegners Aischines (Aisch. 2, 34–35, 125).

Viele Reden des Demosthenes sind gegen Makedonien gerichtet (or. 1–3, 5–11, 19). Dabei gilt die *Dritte Philippische Rede* als die bedeutendste (or. 9). Ein Resümee seiner Politik zieht der Redner in der sogenannten *Kranzrede* (or. 18). Sie ist veranlaßt durch den Antrag eines gewissen Ktesiphon, ihm einen Ehrenkranz verleihen zu lassen (336 v. Chr.). Dieser Antrag ruft seinen Gegner Aischines auf den Plan. Aischines strengt eine Verfassungsklage gegen die Ehrung an, die er jedoch verliert (330 v. Chr.).

Demosthenes hat in Athen beides erfahren: höchste Ehren und eine Anklage wegen Bestechlichkeit (325/324 v. Chr.). Man warf ihm vor, er habe sich von Harpalos, dem nach Athen geflohenen Schatzmeister Alexanders, bestechen lassen (nach Plutarch mit einem Goldbecher und 20 Talenten, Dem. 25). Demosthenes wird vom Areopag verurteilt. Er flieht aus dem Gefängnis und lebt im Exil. Der Tod Alexanders (323 v. Chr.) läßt ihn noch einmal Morgenluft wittern. Er wird nach Athen zurückgerufen und rehabilitiert. Aber nach dem Zusammenbruch der Erhebung muß er erneut aus Athen fliehen. Er nimmt, als ihn die Häscher des Antipater ereilen, Gift (Dem. 29). Sein Tod markiert zugleich das Ende der Freiheit seiner Vaterstadt.

2.4. »Olynthische« (349/348 v. Chr.) und »Philippische Reden« (349?–340 v. Chr.)

Wer die Reden des Demosthenes liest, wird von ihrer Macht und Gewalt, ihrer vielgerühmten *deinotēs* wenig verspüren. Die Rhythmisierung der Rede, für die der Redner berühmt war, ist beim Lesen nicht zu hören. Seine wohleinstudierte Gestik kann der Leser nicht sehen. Was beim Lesen als Eindruck bleibt, ist der gesetzte, wohlpräparierte Charakter der Reden. Stets befaßt sich der Redner mit Fragen der aktuellen Politik, und fast immer ruft er zum Kampf gegen Makedonien auf.

Das erste Dokument dieser Politik ist die *Erste Philippische Rede*, die im Jahre 349 (oder sogar noch später, 346 v. Chr., Badian 2000) gehalten worden ist. Die Rede soll den Athenern Beine machen, ihre Besitzungen im Norden Griechenlands zu verteidigen. Ein Bürgerheer soll aufgestellt werden. Es soll die Chalkidike sichern, zugleich aber auch Makedonien selbst angreifen.

Philipp hat sich im Jahre 348 v. Chr. daran gemacht, die bedeutendste Stadt auf Chalkidike, Olynth, zu belagern. Unmittelbar davor warnt Demosthenes in den *Olynthischen Reden* vor der Aggressionspolitik. Wieder ruft er zum Kampf und zur Einigkeit auf. Es gelte die Gelegenheit zu erkennen und zu ergreifen. Der Kairos sei da. Der Redner beruft sich auf die *tychē*, auf die Macht des Geschicks. Dessen ausgestreckte Hand sei unbedingt zu ergreifen (über Tyche bei Demosthenes Jaeger 1939, 130 f.).

Neben dem Anruf der höheren Mächte steht die prosaische Frage, wie das Geld für den Krieg zu beschaffen ist. Schon die *Erste Olynthische Rede* deutet an, was die *Dritte* klar ausspricht, daß man die *theōrika*, die Gelder für den Besuch der Schauspiele, für den Krieg abzweigen solle. Angesichts der äußeren Bedrohung scheint Demosthenes, ähnlich wie Isokrates, zu Abstrichen an demokratischen Errungenschaften bereit zu sein. Die Theorika, die den ärmeren Schichten die Teilnahme an den Schauspielen ermöglichten, galten als »Kitt der Demokratie« (Plat. Quaest. 1011 b). Unter Euboulos hatte man jedoch begonnen, sämtliche Staatsüberschüsse an die Kasse der Theorika zu leiten. Vermutlich blieb Demosthenes gar nichts anderes übrig, als der Kriegskasse (*stratiōtika*) erst wieder ihr Recht zu verschaffen.

Philipp hat Olynth eingenommen und dem Erdboden gleichgemacht, die athenischen Truppen kamen zu spät. Die von Philipp auch weiter verfolgte Eroberungspolitik gegen Illyrer, Dardaner, Triballer, in Thessalien und auf der Peloponnes bestärkte Demosthenes in seinem Willen zum Widerstand. 344/343 v. Chr. bereist er die Peloponnes, um die dortigen Städte von Auseinandersetzungen mit Sparta abzuhalten. Er nimmt Verbindung zu Persien auf. In der *Zweiten Philippischen Rede* stellt er Athen als die einzig uneigennützige, nur die Interessen der Griechen verteidigende Macht dar.

Als Meisterstück des Redners gilt die *Dritte Philippische Rede* aus dem Jahre 341 v. Chr. Sie richtet sich an alle Hellenen, und sie ruft erneut zum Kampf gegen Philipp auf. Wann immer man Philipps Beteuerungen geglaubt habe, am Ende habe doch immer die makedonische Eroberung gestanden. Philipp sei kein Grieche, »nicht einmal ein Barbar... sondern ein Schurke aus Makedonien, wo man früher nicht einmal brauchbare Sklaven kaufen konnte« (or. 9,31). Man sehe und höre, was Philipp tue. Aber »wir sehen zu, wie dieser Mensch immer mächtiger wird, ein jeder nur darauf bedacht, die Zeit als Gewinn zu betrachten, in der ein anderer zugrunde geht, ohne dabei einen Gedanken an die Rettung Griechenlands zu verlieren oder etwas dafür zu unternehmen« (or. 9, 29).

Die *Dritte Philippische Rede* hinterläßt einen zwiespältigen Eindruck. Einerseits ist sie ein schönes Dokument des Freiheitswillens. Für den Fall der Niederlage heißt es: »Dann ist Sterben zehntausendmal besser, als aus Schmeichelei etwas für Philipp zu tun...« (or. 9, 64). Andererseits offenbart die Rede aber auch die Malaise der Demokratie und der athenischen Politik. Kernstück der Argumentation ist ein Angriff auf die Bestechlichkeit der innenpolitischen Gegner (or. 9, 36 ff.). Demosthenes ruft die Mitbürger auf, ihren »Haß« auf jene zu richten, die in Athen die Interessen Philipps vertreten und die für ihn allesamt nichts als Verräter sind (or. 9, 53). Wer nicht die Politik des Demosthenes vertritt, gilt ebenso als ein Feind wie Philipp II. selbst. Von einer Achtung und einem Respekt der rivalisierenden Parteien füreinander findet sich in der berühmten Rede keine Spur. Athen war innerlich schon verloren, bevor es der äußeren Bedrohung unterlag.

Eine *Vierte Philippische Rede*, die in ihrer Echtheit angezweifelt wird, schlägt eine Allianz von Athen und Persien vor. Auch revidiert Demosthenes darin seine Forderung nach der Umfunktionierung der Theorika. Sie sollen den Armen verbleiben, aber auch nur diesen.

2.5. »Die Rede für den Kranz« (330 v. Chr.)

336 v. Chr. beantragt Ktesiphon eine Ehrung des Demosthenes, die Ehrung durch einen Kranz. Dagegen reicht der Führer der promakedonischen Partei, Aischines, eine Verfassungsklage ein, eine *graphē paranomon*. Sie wird aus uns unbekannten Gründen erst 330 verhandelt, und sie gibt Demosthenes die Gelegenheit, seine ganze Politik Revue passieren zu lassen.

Aischines nennt in seiner *Rede gegen Ktesiphon* drei Klagepunkte: daß der Amtsinhaber Demosthenes noch »ohne Rechenschaftsablage« sei (*hypeuthynos*), daß die Ausrufung nicht im Theater stattfinden dürfe und daß Demosthenes eines Kranzes nicht würdig sei. Demosthenes geht auf die ersten beiden Klagepunkte erst spät und auch nur in Kürze ein (or. 18, 110–119; 120–121). Beim ersten Klagepunkt war der Kläger eindeutig im Recht. Demosthenes hatte für die Verwaltung der Staatsgelder (zum Zeitpunkt des Antrags des Ktesiphon!) noch keine Rechenschaft abgelegt. Ob die Ehrung im Theater zu beanstanden war, wissen wir nicht, da die Gesetzeslage nicht mehr exakt rekonstruierbar ist.

Demosthenes stürzt sich mit allem, was er rhetorisch vermag, auf den Vorwurf seiner angeblichen Unwürdigkeit. Zwar sei es peinlich, selbst von der eigenen Würde sprechen zu müssen. Aber dies müsse der Gegner verantworten, der die Ehrung bestritten habe. An der berühmtesten Stelle der Rede stellt sich Demosthenes als unbestechlichen Anwalt der griechischen Freiheit dar. Hätten Thessalien und Arkadien nur »einen einzigen Demosthenes« besessen, »ganz Griechenland wäre frei« (or. 18, 304/305). Dem Anführer der gegnerischen Partei wird vorgeworfen, Athen an Philipp verkauft zu haben. Mit dem Amphiktyonenkrieg habe er Philipp nach Griechenland gebracht (or. 18, 143). Aischines sei bestochen worden (or. 18, 149 ff.). Der Gegner wird zum Verräter, und Demosthenes schreckt nicht einmal davor zurück, die ärmliche Herkunft des Aischines zu verspotten (or. 18, 258–262).

Demosthenes hat gesiegt. Aischines ging außer Landes (Dem. 24). Aber wie schon die *Dritte Philippische Rede* so läßt auch die *Kranzrede* einen bitteren Nachgeschmack zurück. Spengel, der die Rede vielleicht hyperkritisch analysiert hat, hat doch recht, wenn er die Politik des Demosthenes und die Zeitlage folgendermaßen resümiert:

»Sind die Anschuldigungen des Demosthenes wahr ... dann ist der Staat zu beklagen, der solche Verräther im Innern hatte; sind dieselben aber nicht wahr und hat nur verschiedene politische Anschauung zu solchen masslosen Vorwürfen, wie sie hier gegenseitig vorgebracht werden, geführt, so ist er nicht minder zu beklagen, wenn seine tüchtigsten und fähigsten Geister in solch leidenschaftlichem Kampfe sich aufrieben und einander zu vernichten trachteten; der Staat wurde dadurch selbst vernichtet« (1863, in: Schindel 1987, 99).

2.6. Kurze Geschichte der Wirkung des Demosthenes

Demosthenes scheidet die Geister über die Jahrhunderte hinweg. Für Cicero ist er das große Vorbild, und Cicero hat in seinen 14 *Philippischen Reden* gegen Marc Anton dem Demosthenes nachzueifern versucht (Weische 1972). Plutarch vergleicht Leben und Reden des Cicero und des Demosthenes in seinen Parallelbiographien, und er feiert beide als Verteidiger der Freiheit. Demosthenes wurde schon in der Antike »der Redner« so wie Homer »der Dichter« war.

Schon in der Antike wurde das Bild des Demosthenes allerdings auch durch seinen Streit mit Aischines verdüstert. Die auf uns gekommenen Reden des Aischines zeichnen ein ganz anderes Bild des Demosthenes, als es dieser von sich zu entwerfen versucht. Nach Aischines hatte Demosthenes zunächst selbst auf einen Frieden mit Makedonien hingearbeitet (Aisch. 2, 18–20); vor Philipp II. hatte er seine Stimme verloren (2, 34–35), und aus der Schlacht von Chaironeia soll er geflohen sein (3, 152, 159). Überschattet wurde das Bild des Demosthenes auch noch durch einen weiteren Gegenspieler: durch den Redner und Feldherrn Phokion, den »letzten Ehrenmann« Athens (Bernays). Phokion trat für den Frieden mit Makedonien ein. Geschenke Alexanders des Großen wies er zurück. Von den Peripatetikern und von Plutarch wird er als ehrlicher, tapferer und mutiger Staatsmann gefeiert. Seine

Verurteilung durch ein Athener Gericht (318 v. Chr.) verglich man mit dem Tode des Sokrates (Cooper 2000, 234 ff.).

Demosthenes steht am Anfang des Humanismus in Deutschland (Unte 1985). Die erste deutsche Übersetzung eines griechischen Werks war die Übersetzung der *Ersten Olynthischen Rede*, die Reuchlin 1495 n. Chr. vorgenommen hat. Melanchthon übertrug die *Olynthischen Reden* und die *Erste Philippische Rede* ins Lateinische. Eine lateinische Übersetzung der *Ersten Olynthischen Rede* läßt Bessarion, der Patriarch von Konstantinopel, 1470 n. Chr. anfertigen. Sie sollte die Fürsten Italiens gegen die Türken einigen. Elisabeth I. von England gibt, während ihres Krieges mit Philipp II. von Spanien, eine Übersetzung der *Olynthischen Reden* in Auftrag (Mossé 1994, 6). Wir wissen, daß sie mit Roger Ascham Demosthenes und Aischines gelesen hat. An der Universität Cambridge war der Lehrstuhl für Griechisch mit dem Amt des »public orators« verbunden. Das Studium des Demosthenes stand dadurch im Zentrum des Interesses (Harding 2000).

Durch den Abbé de Mably wird im 18. Jh. das Interesse an Phokion, dem Gegenspieler des Demosthenes, wieder belebt. In seinen *Entretiens de Phocion* (1763) erweckt er den Eindruck, Phokions Kooperationspolitik sei den begrenzten Möglichkeiten Athens besser angemessen gewesen als die unversöhnliche Politik des Demosthenes. Unter dem Eindruck der Regierung Friedrichs II. von Preußen wird Phokion für die deutsche Geschichtsschreibung des 18. Jh.s zum Mann der Zeit (Schindel 1963).

Im 19. Jh. gerät Demosthenes in den Streit um die napoleonische bzw. nationale Politik. Niebuhr gibt seine Staatsreden heraus (1805 n. Chr.). Die deutschen Althistoriker verurteilen ihn als zurückgebliebenen Anwalt der Polis, der sich gegen die der Zeit passende nationale Politik zu sperren versuchte. Bei Clemenceau (1926) wird Demosthenes zum Vehikel des Hasses auf Deutschland gemacht. Unabhängig von diesen Instrumentalisierungen des Redners empfiehlt es sich, in Demosthenes einen ersten Theoretiker der »internationalen Beziehungen« zu sehen (Carlier 1990, 303). Seine Politik ist ein Exempel für politische Entscheidungsfindung sowie für den Einfluß, den das Reden und Überzeugen auf diese haben kann (Montgomery 1983).

Isokrates (436–338 v. Chr.)

436	Geboren in Athen. Der Vater ist Flötenfabrikant.
um 390	Gründung einer Schule, die eine praktisch nützliche Philosophie verspricht und in Konkurrenz zu Platons Akademie steht. Isokrates ist Redenschreiber, nicht Redner. Von seinen Reden sind 21 überliefert.
380	Der *Panegyrikos*. Eine Lobrede auf Athen, das von Isokrates zur Wiege der menschlichen Kultur erklärt wird.
Nach 375	Die kyprischen Reden für die Könige von Zypern: *An Nikokles* (or. 2) (Pflichten des Monarchen) *Nikokles* (or. 3) (Pflichten der Untertanen) *Euagoras* (or. 4) (Lobrede auf den Vater des Nikokles. Erste Lobrede in Prosa).
357–355	*Areopagitikos* (or. 7) und *Friedensrede* (or. 8). Isokrates zeigt sich in diesen Reden als ein Anhänger der »väterlichen Verfassung« und als ein Gegner der radikalen Demokratie.
346	*Philippos* (or. 5). Philipp wird der Titel eines »Vorstehers der Eintracht« angetragen.
342–339	*Panathenaikos*. Ein Lob Athens und eine Kritik Spartas.
338	Gestorben, vielleicht durch freiwilliges Verhungern

Werke

E. Drerup, Reden, Bd. I, Leipzig 1906.

G. B. Norlin/L. van Hook (Hrsg.), Isocrates in three volumes, London-Cambridge 1928, 1954 (Loeb).

Isocrate, Discours, G. Matthieu/E. Brémond (Hrsg.), 4 Bde., Paris 1956–62.

C. Ley-Hutton, Sämtliche Werke, 2 Bde., übers. v. K. Brodersen, Stuttgart 1993–1997.

Literatur

F. Blass, Geschichte der attischen Beredsamkeit Bd. II, Leipzig ²1892. – K. Bringmann, Studien zu den politischen Ideen des Isokrates, Göttingen 1965 (Hypomnemata 14). – E. Buchner, Der *Panegyrikos* des Isokrates, Wiesbaden 1958. – P. Cloché, Isocrate et son temps, Paris 1963. – C. Eucken, Isokrates. Seine Position in Auseinandersetzung mit den zeitgenössischen Philosophen, Berlin–New York 1983. – V. J. Gray, Isocrates' manipulation of myth and the image of Athens. *Panegyricus* 54 ff., *Panathenaicus* 168 ff., in: Ders. (Hrsg.), Nile, Ilissos and Tiber. Essays in Honour of W. K. Lacey, Auckland 1994, 83–104. – H. Kehl, Die Monarchie im politischen Denken des Isokrates, Diss. Bonn 1962. – A. Masaracchia, Isocrate: retorica i politica, Rom 1995. – J. Keßler, Isokrates und die panhellenistische Idee, Diss. München 1911. – G. Mathieu, Les idées politiques et sociales d'Isocrate, Paris 1925. – A. Moulakis, Homonoia, München 1973. – K. Münscher, Isokrates, in: RE IX/2 (1916) 2146–2227. – W. Oncken, Isokrates und Athen, Heidelberg 1862. – W. Jaeger, Paideia. Ausgabe in einem Band, Berlin–New York 1989, 981–1007. – K. Ries, Isokrates und Platon im Ringen um die Philosophie, Diss. München 1959. – J. de Romilly, Eunoia in Isocrates, or the political importance of winning goodwil, in: Journal of Hellenic Studies 78 (1958) 92–101. – F. Seck (Hrsg.), Isokrates, Darmstadt 1976. – Y.-L. Too, The Rhetoric of Identity in Isocrates, Cambridge

1995. – S. Usener, Isokrates, Platon und ihr Publikum. Hörer und Leser von Literatur im 4. Jh. v. Chr., Tübingen 1994. – P. Weber-Schäfer, Einführung in die antike politische Theorie. Zweiter Teil. Von Platon bis Augustinus, Darmstadt 1976, 63–80. – O. Wilcken, Philipp II. von Makedonien und die panhellenische Idee, Berlin 1929. – U. v. Wilamowitz-Moellendorff, Aristoteles und Athen, 2 Bde., Berlin 1893. – F. Zucker, Isokrates' *Panathenaikos*, Berlin 1954.

Demosthenes (384–322 v. Chr.)

384	Geboren in Athen. Der Vater ist Waffenfabrikant.
349 (?) – 344	*Philippika*. Vier Reden gegen Philipp von Makedonien
349/348	Drei *Olynthische Reden*
330	*Rede über den Kranz*
324	Hohe Geldstrafe wegen angeblicher Verwicklung in den Harpalos-Skandal. Flucht aus Athen. Nach dem Tod Alexanders ehrenvolle Wiederaufnahme in Athen.
322	Nach der Niederlage der Athener gegen Antipater zum Tode verurteilt. Selbstmord auf der Insel Kalauria.

Werke

Werke, übers. von H. A. Papst, 19 Bde., Stuttgart 1839–1874.
Ausgewählte Reden. Erkl. von C. Rehdantz/F. Blass/K. Fuhr, 2 Tle, Leipzig 1886 ff., Nachdr. Hildesheim 1973.
J. H. Vince/A. T. Murray, Demosthenes, 7 Bde., Cambridge/Mass. 1926–1949.
Ausgewählte Reden. Erkl. v. A. Westermann, 4 Bde., Berlin 1870–1900; 2 Bde., Berlin 1902/03.
Rede für Ktesiphon über den Kranz. Übers. v. W. Zürcher, Darmstadt 1983 (TzF 40).
Politische Reden. Griech.-dt. Übers. v. W. Unte, Stuttgart 1985.

Literatur

Ch. Adams, Sind die politischen Reden des Demosthenes als politische Pamphlete anzusehen? (1912), in: U. Schindel (Hrsg.), Demosthenes, Darmstadt 1987, 139–157. – J. Beloch, Griechische Geschichte, Bd. 2, Berlin-Leipzig [3]1912–27. – H. Bengtson, Demosthenes, in: Ders., Griechische Staatsmänner des 5. und 4. Jahrhunderts v. Chr., München 1983, 272–304. – J. Buckler, Demosthenes and Aeschines, in: I. Worthington (Hrsg.), Demosthenes. Statesman and Orator, Leiden-New York 2000, 114–158. – P. Carlier, Démosthène, Paris 1990. – G. Clemenceau, Démosthène, Paris 1926. – P. Cloché, Démosthène et la fin de la démocratie athénienne, Paris 1937. – C. Cooper, Philosopher, politics, academics: Demosthenes' rhetorical reputation in antiquity, in: I. Worthington (Hrsg.), Demosthenes. Statesman and Orator, Leiden-New York 2000, 224–245. – E. Drerup, Aus einer alten Advokatenrepublik, Paderborn 1917. – Ders., Demosthenes im Urteil des Altertums, Würzburg 1923. – H. Erbse, Zu den *Olynthischen Reden* des Demosthenes (1956), in: U. Schindel (Hrsg.), Demosthenes, Darmstadt 1987, 214–252. – F. Focke, Demosthenesstudien, Tübingen 1929. – M. Hansen,

The Athenian Democracy in the Age of Demosthenes, Oxford 1991; franz. La Démocratie athénienne au temps de Démosthène, Paris 1993. – Ph. Harding, Demosthenes in the underworld: a chapter in the Nachleben of a rhetor, in: I. Worthington (Hrsg.), Demosthenes. Statesman and Orator, Leiden-New York 2000, 246–271. – W. Jaeger, Demosthenes. Der Staatsmann und sein Werden, Berlin 1939, repr. 1963. – J. Luccioni, Démosthène et la panhellénisme, Paris 1961. – H. Montgomery, The Way to Chaeronea. Foreign Policy, Decision Making and Political Influence in Demosthenes' Speeches, Oslo 1983. – C. Mossé, Démosthène ou les ambiguités de la politique, Paris 1994. – B.G. Niebuhr (Hrsg.), Demosthenes: Staatsreden, Demosthenes: *Erste Rede gegen Philipp*, Heidelberg 1805. – L. Pearson, The Art of Demosthenes, Meisenheim a. Glan 1976. – T.T.B. Ryder/A. N. W. Saunders, Demosthenes and Aischines, Harmondsworth 1975. – A.Schaefer, Demosthenes und seine Zeit, 3 Bde., Leipzig 1856/58, [2]1885/87, repr. Hildesheim 1966. – U. Schindel, Demosthenes im 18. Jahrhundert, München 1963 (Zetemata 31). – Ders., Einleitung, in: Ders. (Hrsg.), Demosthenes, Darmstadt 1987, 1–26 (WdF 350). – R. Sealey, Demosthenes and His Time, New York – Oxford 1993. – L. Spengel, Demosthenes' Vertheidigung des Ktesiphon. Ein Beitrag zum Verständnis des Redners (1863), in: U. Schindel (Hrsg.), Demosthenes, Darmstadt 1987, 29–99. – P. Treves, Demostene e la libertà Greca, Bari 1933. – Ders., Die *Olynthischen Reden* des Demosthenes (1938), in: U. Schindel (Hrsg.), Demosthenes, Darmstadt 1987, 189–213. – W. Unte, Nachwort, in: Demosthenes. Politische Reden. Griech.-dt., Stuttgart 1985, 273–307. – H. Wankel (Hrsg.), Demosthenes: *Rede für Ktesiphon über den Kranz*, 2 Bde., Heidelberg 1976. – A. Weische, Ciceros Nachahmung der attischen Redner, Heidelberg 1972. – P. Wendland, Isokrates und Demosthenes, Berlin 1910. – H.J. Wolff, Demosthenes als Advokat, Berlin 1968. – I. Worthington (Hrsg.), Demosthenes: Statesman and Orator, London–New York 2000.

XVII. Politisches Denken im Hellenismus

1. Was ist Hellenismus?

»Hellenismus« ist ein Epochenbegriff. Man bezeichnet mit ihm jene Epoche, die
von Alexander dem Großen bis zu Augustus reicht. In dieser Epoche wird die griechische Kultur zur Weltkultur. Sie verbreitet sich über Asien und Ägypten, über Indien und Afghanistan. Griechisch wird als *koinē* zur Sprache der Welt. Die großen
Städte werden zu Zentren der hellenistischen Kultur, etwa das von Alexander gegründete Alexandria, in dem Ptolemaios I. das Museion errichten läßt, die bedeutendste Forschungsstätte jener Jahrhunderte, oder etwa Pergamon, in dem sich das
bedeutendste Kunstwerk des Hellenismus befindet, der Pergamonaltar. »Hellenismus« ist, folgt man der Definition von Burckhardt, »die große Verwandlung des
Hellenentums aus einer politischen in eine Kulturpotenz«.

Die griechische Kultur wird Weltkultur. Hellenismus bedeutet, griechisch leben
zu wollen, ohne ein geborener Grieche zu sein. In diesem Sinne wird eine zeitliche
Eingrenzung des Hellenismus schwierig. Hellenen sind alle, denen die griechische
Kultur vorbildlich wird.

Im Sprachgebrauch der Antike hat das Wort *hellēnizein* zunächst eine neutrale
Bedeutung besessen. Aristoteles bezeichnet damit noch den korrekten Gebrauch
des Griechischen (Rhet. III, 5, 1). Das ist das erste, was von einem Redner verlangt
werden kann. Daraus hat Theophrast, der Schüler des Aristoteles, das Substantiv
hellēnismos gebildet. In dieser neutralen Bedeutung kann das Wort bei vielen antiken Grammatikern begegnen, und in diesem Fall meint es nicht mehr als den korrekten Sprachgebrauch.

In seiner Bedeutung als Kultur- und Epochenbegriff kann der Begriff des »Hellenismus« allerdings nicht neutral bleiben. Immer drückt er eine Wertung, ein Lob
oder einen Tadel aus. Man kann diese Epoche loben, weil sie die griechische Kultur
in der damals bekannten Welt verbreitet hat und der Hellenismus damit die Voraussetzung für den Philhellenismus der Römer und den Universalismus des Christentums schuf. Man kann sie aber auch tadeln als eine kulturelle Spätzeit, die von
einem seltsam süßlichen Geruch durchzogen wird. Das Leben ist entheroisiert und
entpolitisiert, die Kunst auf dem Wege zur Gefälligkeit, der Agon, wenn er denn
überhaupt noch begegnet, verschoben vom Wettstreit der Heroen und von der Leistung bürgerlicher Politik auf die privaten Lebenstechniken der Einzelnen. Die
hohe Philosophie beginnt populär zu werden. Sie wird eine Philosophie für den
Hausgebrauch, eine Lebenslehre für alle Lagen, schon vorausweisend auf die geschwätzigen Meister der Tröstungen, die wie Cicero oder Seneca alles und jedes bereden werden, ein weises Wort auf den Lippen zu jeder Zeit.

Daß die Hellenisierung auch auf Widerstand stoßen konnte, zeigt die Geschichte
des Judentums (Tarn [3]1966, 249 ff.). Einerseits waren die Juden selbst Vermittler

der griechischen Kultur. Andererseits befürchteten sie eine kulturelle Überfremdung. Zeigt der *Ecclesiastes*, wieweit das Judentum bereits hellenisiert war, so sind die *Makkabäer-Bücher* Dokumente der Kritik an der Hellenisierung. Der Verfasser des zweiten Buches wettert gegen die hellenisierte Lebensart vornehmer Juden. Sie tragen griechische Kopfbedeckungen, sie haben Gymnasien, sie üben sich im Diskuswerfen und – das ist sicher die Pointe – vernachlässigen die Opfer und den Tempel (2 Makk. 4, 12–15).

Das Christentum tritt in die Welt in die Zeit der hellenisierten Weltkultur. Schon für die in Alexandria lebenden hellenisierten Juden war das Alte Testament in die Koine übertragen worden. In der *Apostelgeschichte* des Neuen Testaments wird der Begriff »Hellenen« für die Heidenchristen gebraucht (Act. Ap. 6, 1; 9, 11 ff.). Auch das Christentum wird durch den Hellenismus gefärbt.

1.1. Droysens »Hellenismus«

Alle Beschäftigung mit dem Hellenismus muß auch heute noch ausgehen von Droysens *Geschichte des Hellenismus* (1836 ff.), die der Historiker auf seine, mit jugendlichem Schwung geschriebene *Geschichte Alexanders* (1833) folgen ließ. Für Droysen war Alexander der große Verbreiter der griechischen Kultur, der Beginn einer neuen Epoche. Als ein von Hegel inspirierter Historiker hat Droysen versucht, dem Hellenismus eine fortschrittliche Pointe abzugewinnen. Statt vom Niedergang der Polis wollte er lieber vom Aufgang des ersten Weltreiches sprechen. Droysen war voreingenommen für den Weltherren und das Weltreich, wenn ihm nicht sogar die Makedonen gelegentlich zu den Preußen der Griechen geworden sind.

Im folgenden wird bei der Wertung des Hellenismus eher der politische Niedergang als der weltgeschichtliche Fortschritt vor Augen stehen. Dabei ist – das ist zuzugeben – eine einfache Rechnung gar nicht zu machen. Nur Verfall und Niedergang ist die Epoche nicht gewesen. Bei aller Entpolitisierung und bei aller Abspannung, die dieses Zeitalter kennzeichnen, ist es auch der Aufgang der Universalität. Individualismus und Privatismus gehen Hand in Hand mit erster Universalität, sei es der Kultur, sei es der Politik oder sei es des Rechts.

1.2. Grundzüge des Hellenismus

1.2.1. Der Niedergang der Polis und das Aufblühen der Städtebünde

Das Ende der Polis bahnt sich an im Hellenismus, auch wenn (etwa im Osten) manche Städte erst damals die Segnungen der Bürgerpolitik erhalten und die Zeit der Diadochen auch eine Zeit der Städtegründungen ist. Noch können sich einzelne Städte auch behaupten, und sie behaupten sich vor allem in der Form von Bünden und Föderationen. In diesen ist vielleicht sogar eine eigentümliche politische Leistung des Hellenismus zu sehen (Tarn [3]1966, 78 ff.).

Da ist der Niedergang vieler Städte, in welche die Monarchen Besatzungen verlegen und in denen sie Steuern eintreiben. Da ist aber auch ein blühendes Föderationswesen, das durch den griechischen Sammelbegriff *koinon* nicht in seiner Vielfalt zu erfassen ist. Der Historiker Tarn unterscheidet Königsbünde wie den von Philipp II. gestifteten »Panhellenischen-Korinthischen Bund«; kantonale Zusammenschlüsse wie den »Ätolischen«; Städtebünde schließlich wie den »Böotischen« oder »Arkadischen Bund«. Die gute Praxis der griechischen Demokratie hat da in vielem weitergewirkt. Kleinere Städte konnten sich im »Korinthischen Bund« durch Sonderrechte gegen größere behaupten. Der »Ätolische Bund« gewährte Isopolitie, einen Austausch der Bürgerrechte für entfernt liegende Städte; näherliegende erhielten ein Bundesbürgerrecht. Die Städtebünde wiederum beschränkten ihre Föderation auf die Außenpolitik, und sie haben offenbar wie der »Achaische Bund« ein raffiniertes Verfahrenssystem geschaffen. Seit dem Gesetz des Philopoimen (188 v. Chr.) gab es eine reihum gehende Versammlung; es gab einen Rat, der eine *synodos* bildete; es gab eine Art Vollversammlung (*synklētos*), an der alle über 30 teilnehmen konnten. Die politische Phantasie der Griechen hat auch im Hellenismus ihre Entdeckungen gemacht.

1.2.2. Letzte Helden und das Verschwinden der Agonalität

Alexander ist der letzte (oder vorletzte) Held der agonalen Kultur. In seinem Leben und Streben begegnet noch einmal die homerische Welt. Allerdings wird diese von ihm in neuer Form, subjektiv-romantisch, wiederbelebt. Auch eine Gestalt wie der Demetrios Poliorketes, der »Städtebelagerer« (ca. 336–283 v. Chr.), ist eine Figur wie aus einem Roman. Die Helden streben noch nach Ruhm und Ehre. Sie sind Abenteurer großen Stils. Aber sie spielen auch schon eine Rolle. Sie sind Schauspieler ihrer selbst. Nach einer Synthese ihres Strebens nach Exzellenz mit einer Kultur der Gemeinsamkeit suchen sie nicht mehr. Alexander ist ein einsamer Held, dessen Anerkennung weder durch seinesgleichen noch durch Bürger gesichert werden kann. Könige werden nun zu Göttern, und ein Alexander steht allein in seinem Reich, so ortlos wie dieses selbst.

1.2.3. Weltreich und Universalismus

Mit dem Hellenismus kommt die Epoche des Weltreichs, die erste Epoche der Universalität. Die Zeit der nationalen Götter geht zuende. Die Götter werden so gemischt wie die Völker. Das politische Denken überspringt die Grenzen der Polis, es wird bei Kynikern und Stoikern zum Denken der Kosmopolis. Es wird zum Denken eines für alle Menschen gleichen Rechts, in dem sich die Idee der Menschenrechte vorbereitet. Die Kehrseite des Universalismus sind Individualismus und Apolitie. An die Stelle der Bürger treten die Einzelnen, die, wenn sie etwas suchen, nur noch auf der Suche sind nach ihrem individuellen Glück, nach einem Leben ohne Angst und Störung. In diesen Jahrhunderten kümmert die Philosophen nur noch, wie man zurechtkommen kann, sei es, daß sie ihren Protest aggressiv ausleben im Schockieren der Öffentlichkeit (wie die Kyniker), sei es, daß sie nach dem »verborgenen Leben« streben (wie die Epikureer), sei es, daß sie (wie die Stoiker) Unerschütterlichkeit suchen, eine innere Einstellung, der nichts mehr etwas ausmachen kann.

1.2.4. Gottmenschen und Könige

Der Hellenismus ist die Epoche der Könige. Wenn ein Philosoph in jenen Jahrhunderten noch ein politisches Werk schreibt, dann trägt es meist den Titel »Über das Königtum«. Die Könige treten nach Alexander als Gottmenschen auf. Droysen hat dies – in großartiger Perspektive – als einen ambivalenten Prozeß dargestellt, der Mensch einerseits »erhöht zu der letzten Höhe der Endlichkeit«, andererseits »erniedrigt«, einen Sterblichen als Gott anzubeten. Das ist gedacht im Blick voraus auf das Christentum. Der Hellenismus erscheint als eine einzige große Vorbereitung christlicher Universalität, eine Zeit des Wartens, ein großer Advent. Das Christentum freilich wird unterscheiden zwischen dieser und jenseitiger Welt. Es wird zwei Reiche und zwei Städte kennen. Im Hellenismus werden die Könige auf Erden erscheinende Götter, ohne daß wie im Christentum zwischen diesseitiger und jenseitiger Welt unterschieden werden könnte. Mit seinen gottähnlichen Königen ist der Hellenismus auch die Geburtsphase der absolutistischen Herrscher und charismatischen Führer, und so besehen, ein auch trauriger Advent (Taeger 1957/1960).

2. Alexander

2.1. Alexander-Bilder

2.1.1. Die Alexander-Imitation der hellenistischen Könige und römischen Kaiser

Alexander der Große ist eine welthistorische Gestalt. Sein kurzes Leben von 32 Jahren, in dem er ein Weltreich erobert, bietet den Stoff, aus dem schon in der Antike die Romane und Legenden zu bilden gewesen sind. In den Jahrzehnten nach seinem Tode wird er zum Vorbild der hellenistischen Könige. Sie wollen ihm gleichen bis auf das Bildnis, das sie auf ihre Münzen schlagen lassen. In Rom wird Alexander nachgeahmt von Feldherren und Kaisern (Weippert 1972). Pompeius kopiert ihn bis in die Haartracht hinein (Pomp. 2). Der junge Caesar ruft aus, im Vergleich zu Alexander habe er noch gar nichts geleistet; das Reiterstandbild, das Lysipp von Alexander geschaffen hatte, läßt Caesar zu seinem eigenen umarbeiten (Stat. Silv. I, 1, 86). Marc Anton will ein neuer Alexander sein. Augustus benutzt seinen Siegelring. Trajan trägt seinen Helm. Caracalla geht in makedonischer Tracht. Alexander war ein Vorbild der römischen Kaiser bis zu Konstantin.

2.1.2. Das Bild des Alexander bei den Philosophen von Aristoteles bis Marc Aurel

Der *imitatio Alexandri* bei Königen und Kaisern steht das Bild gegenüber, das sich die Philosophen vom Weltherrscher gemacht haben. Schon Aristoteles war, auch wenn er einer der Erzieher des jungen Alexander gewesen war, mit dessen Politik keineswegs einverstanden. Alexander wollte die Verbindung von Ost und West, von Griechen und Barbaren. Aristoteles hielt an der Unterscheidung von Griechen und Barbaren fest (Pol. 1327 b 20 ff.). Alexander schuf ein Reich. Für Aristoteles blieb die Polis die politische Grundeinheit. Von den zwei Schriften, die Aristoteles für Alexander verfaßt haben könnte (Diog. Laert. V, 22), *Alexander oder für die Kolonisten* und *Über das Königtum*, läßt sich nichts Genaues mehr sagen. Wir wissen nicht, ob der berühmte Ratschlag des Aristoteles zur Behandlung der Barbaren aus einer dieser Schriften stammt. Er findet sich bei Plutarch (de Alex. fort. 329b). Dort heißt es, Alexander solle sich »den Griechen gegenüber als Hegemon, den Barbaren gegenüber aber als Despot verhalten, und um die Griechen wie um Freunde und Verwandte sorgen, die Barbaren aber wie Tiere (oder Pflanzen [Zusatz des Plutarch, H.O.]) behandeln«. Alexanders Politik war dies gerade nicht.

Bei Aristoteles' Schüler Theophrast (371–287 v. Chr.) hat sich das Urteil über Alexander und seine Politik verschärft. Dabei hat eine Rolle gespielt, daß Alexander den Neffen des Aristoteles, Kallisthenes, ermorden ließ. Theophrast hat diesem Kallisthenes eine eigene Trostschrift gewidmet. Bei Theophrast erscheinen die Erfolge Alexanders als eine Sache des bloßen Glücks. Kallisthenes sei »einem Menschen zum Opfer gefallen, der mit der größten Macht und größten Gunst des Schicksals in den Händen nicht wußte, zu welchem Zweck er die glücklichen Umstände angemessen nutzen solle« (Tusc. III, 21). Alexander hat demnach nur Glück gehabt. Noch Plutarchs Verteidigung Alexanders schreibt gegen dieses Urteil an.

Alexander und das Alexander-Bild der Philosophen – hier waren verschiedene Konstellationen möglich. Es gab Versuche, entweder die Philosophen gegen den Weltherrscher auszuspielen oder aber den Weltherrscher gleich selber zu einem Philosophen zu machen. Die Anekdoten über Diogenes und Alexander dienen meist dem Nachweis, daß der Philosoph mit dem Weltherren mithalten, ja dessen Leben sogar noch übertreffen kann. Auf der anderen Seite wurde der Weltherr auch selber zum Philosophen ernannt. Schon der Kyniker Onesikritos, der Alexander auf seinem Indienzug begleitet hatte, hat ihn einen »Philosophen in Waffen« genannt. Es war verführerisch, den Weltherrn und die Weltphilosophie kooperieren zu sehen. Alexander hat demnach nur ausgeführt, was die kynische oder stoische Philosophie der Kosmopolis in Gedanken entworfen hat. Der bedeutende Historiker des Hellenismus Tarn (1933) ist sogar soweit gegangen, Alexander selbst zum geistigen Vater des Kosmopolitismus zu erklären. Schon vom großen Gelehrten und Geographen Eratosthenes (295/280–200 v. Chr.), von Plutarch (45–125 n. Chr.) oder von Arrian (2. Jh. n. Chr.) war Alexander auf diese Weise gedeutet worden. Demnach waren es nicht die Philosophen, die dem Weltherrscher die Losung der Epoche eingegeben hatten. Vielmehr hätte der Weltherrscher selbst die Philosophen zur Lehre von der Kosmopolis inspiriert.

Aber so einfach ist die Sache mit dem Kosmopolitismus weder bei Alexander noch bei den Philosophen selbst. Was wir von Alexander sicher wissen, ist, daß er eine Politik der Verschmelzung von Griechen und Persern verfolgte, daß er ein Reich schaffen wollte, das Ost und West verband. Die Weltherrschaft war Sache seiner letzten Pläne, wollte er doch auch noch zu den Säulen des Herakles fahren, durch Gallien und Sizilien ziehen und so auch den Westen seinem Reich noch einverleiben (Wilckens 1937). Aber das alles sind bloße Pläne geblieben. Von der Idee der einen Menschheit findet sich bei Alexander selbst so wenig wie von einer Brüderlichkeit aller Menschen. Errichten wollte er eine gemeinsame Herrschaft von Griechen und Persern – nur soviel steht fest.

Bei den Philosophen ist die Sache mit dem Kosmopolitismus ebenfalls nicht eindeutig. Diogenes und Alexander sind sich nie begegnet. Die kynische Idee der Kosmopolis ist eher eine Negation aller politischen Abhängigkeiten als eine positive geschichtliche Vision (hier 5.1.5.). Bei einem Stoiker wie Zenon ist es fraglich, ob die Kosmopolis einen Weltstaat der Menschheit oder nicht vielmehr eine exklusive Stadt der Weisen, eine Stadt der Philosophen meint (hier 5.3.2.). Zwar kann man nicht leugnen, daß die Epoche des Hellenismus zugleich jene Epoche ist, die dem Universalismus die große Schubkraft verleihen wird. Jedoch ist zu differenzieren zwischen Alexander und der Philosophie, einzelnen Philosophen und ihren unterschiedlichen Auffassungen von Kosmopolis.

Die römischen Kaiser haben Alexander imitiert, die römischen Philosophen waren skeptischer gestimmt. Ihnen diente die Darstellung des Alexander als Verkleidung für ihre Kritik an den Tyrannen Caesar (Cicero, Ad Att. XIII, 4, 2) oder Nero (Seneca, ep.94; 62–63; 119, 7). Lucan beschimpft Alexander als einen »Wahnsinnigen«, einen »Banditen« und einen »bösen Stern der Völker«. Sein Wahnsinn sei nur noch durch seinen frühen Tod aufzuhalten gewesen (Phars. X, 20 ff.). Noch Marc Aurel kann sagen, Alexander und Caesar seien nur Zerstörer gewesen (III,3).

2.2. Alexanders Politik: Oikumene, Homonoia, Apotheosis

2.2.1. Oikumene

Alexanders Politik setzt an die Stelle der Polis das Reich. Damit entsteht ein geographisch-politischer Horizont, dessen Weite der Begriff *oikumenē* erfaßt. Das Wort begegnet erstmals bei Xenophanes (DK 21 A 41), und es meint die »bewohnte« Erde oder die bewohnbare Erde, die eingegrenzt wird von den unbewohnbaren Wüsten oder vom Ozean (zur Begriffsgeschichte Kaerst 1903, Romm 1992).

Alexander will an die Grenzen der Oikumene stoßen. Er will an die Grenzen der Welt (Arr. Anab. V, 26, 53). Das ist das Entscheidende, nicht die geographischen Irrtümer, denen er wie seine Zeitgenossen erlegen ist. In Indien meinte er, den Nil erreicht zu haben; das Kaspische Meer hielt er für einen Busen des nördlichen Weltmeeres (Bengtson 1985, 179). Aber wie auch immer Alexander sich getäuscht haben mag, eindeutig war sein Wille, an die Grenzen der bewohnten Erde zu stoßen, zwar noch nicht im Sinne des »plus ultra«, wie die Forderung der Neuzeit lauten wird, wenn man auch über die Säulen des Herakles noch hinausfahren will, aber doch im Sinne eines »ad ultra«, d. h. im Sinne einer Politik, die nur noch die Grenzen der bewohnten Erde als Grenzen anerkennen will.

Von Bedeutung für die weitere Begriffsgeschichte ist die Weiterentwicklung der Oikumene zum »Erdkreis« (*orbis terrae*) der Römer (Vogt 1929). Seit dem Sieg des Scipio über Antiochos III. (189 v. Chr.), als Rom ein Teil Asiens zufällt, erhält der Begriff der Erde oder des Erdkreises auch bei den Römer eine geographisch-politische Bedeutung. Er steht für den bewohnten Teil der Erde, den Rom zu beherrschen berufen ist.

Das Neue Testament legt den Begriff der Oikumene der Verkündigung zugrunde (Lk 2,1; Mt 24, 14). »Und es wird die frohe Botschaft vom Reiche Gottes in der ganzen Welt allen Völkern in Zeugnissen verkündet werden« (Mt 24, 14). »Ganze Welt« heißt auch hier Oikumene, die bewohnte Welt, die Welt des Augusteischen Reiches.

2.2.2. Homonoia

Der Begriff der *homonoia*, der »Eintracht«, wurde von Gorgias und seinem Schüler Isokrates als ein panhellenisches Schlagwort verwendet. Bei Alexander wird das Schlagwort noch einmal ausgeweitet. Es bezeichnet nicht mehr nur die Eintracht der Griechen, sondern auch die der Griechen und der Perser, der Griechen und der Barbaren. Was Alexander – gegen den Widerstand der Makedonen – betrieb, war eine Politik der Verschmelzung von Ost und West. Schon nach dem Sieg bei Issos hatte er den Titel eines Königs von Asien angenommen. Nach dem Ägyptenzug, nach der Eroberung der persischen Königsstädte und nach der Ermordung des Dareios trat er in die Nachfolge der persischen Könige ein. Er nahm den Siegelring des Dareios an sich, er legte persische Königstracht an. Persische Adlige wurden aufgenommen in den Kreis der Hetairoi. Spitzenregimenter der Kavallerie wurden mit Persern besetzt. Die Verschmelzungspolitik dokumentiert sich in der berühmten Massenhochzeit von Susa. Alexander selbst nahm zwei persische Prinzessinnen zur Frau.

Die Verkündigung, ja, man möchte sagen, Zelebrierung der Politik der Homonoia wird bei Arrian (Anab. VII, 9, 4–9) und Plutarch (de fort. Alex. 329a–c) überliefert. Arrian hatte als Quelle Ptolemaios I., so daß sein Bericht bei aller wohlmeinenden Färbung zuverlässig zu sein scheint.

Der Feier der Eintracht voraus geht eine Meuterei der Makedonen und die Wiederversöhnung mit Alexander. Beides ereignet sich in Opis im Jahre 324 v. Chr. Alexanders Soldaten meutern, als sie hören, Alexander wolle die Veteranen in die Heimat entlassen. Die Makedonen fühlen sich gegenüber den Persern benachteiligt. Sie opponieren. Alexander droht, sie alle nach Hause zu schicken. Daraufhin strömen sie vor den Palast. Sie wollen nicht weichen, bis Alexander ihnen verziehen hat. Einer der Veteranen, Kallines, spricht ihn an mit den Worten: »O König, die Makedonen grämt es, daß du bereits manche Perser als ›deine Verwandten‹ erklärt hast und Perser Verwandte Alexanders genannt werden und dich küssen, daß aber noch kein einziger Makedone dieser Ehre für würdig befunden worden ist.« Alexander antwortet darauf: ›Euch alle mach ich hiermit zu meinen Verwandten und werde euch fortan so nennen!‹ – Kaum hatte er dies Wort gesprochen, da trat Kallines an ihn heran und küßte ihn und ebenso jeder, der dies tun wollte.« (Anab. VII, 9)

Arrian läßt auf diese Szene ein Opfer des Alexander folgen, ein Opfer und ein öffentliches Fest, bei dem 9000 Makedonen und Perser zu einem Mahle vereint sind. Burckhardt nennt dieses Fest eine »große sakramentale Kommunion zwischen Hellenen und Persern« (1898–1902/1977 Bd. 4, 405). In Arrians berühmter Darstellung heißt es:

»...aus demselben riesigen Mischkrug schöpften er (Alexander; H.O.) selber und seine Offiziere und spendeten dieselben Trankopfer. Die griechischen Seher machten damit den Anfang und dann die Magier. Er aber betete um alles Gute und um Eintracht (*homonoia*) und Gemeinschaft des Reiches für Makedonen und Perser (*koinōnia tēs archēs*).Man erzählt, daß etwa 9000 an diesem Mahl teilgenommen und daß sie alle zusammen eine einzige Spende den Göttern dargebracht und ihnen den Lobgesang angestimmt hätten.« (Anab. VII, 11; Übers. Capelle)

Das Reich und die Eintracht, das Reich und die »Gemeinschaft der Herrschaft«, ausgeübt von Griechen und Barbaren zugleich – das war das Ziel von Alexanders Politik. Die Völker trinken aus dem gleichen »Mischkrug« – ein schönes Bild der Eintracht, ein Bild allerdings auch, das als Kehrseite der Verheißung von Eintracht und gemeinsamer Herrschaft auf das Reich verweist, eine nun immer wiederkehrende Kombination von Friedensverheißung und Imperium.

Noch poetischer als Arrian malt Plutarch die Feier der Versöhnung aus. Alexander wird zum eigentlichen Stoiker, der die Völker nicht durch Gewalt, sondern durch den Logos eint und ihnen die Oikumene als eine neue Heimat verheißt. Alexander sei, so Plutarch, statt die Menschen in Griechen und Barbaren zu scheiden,

»vielmehr überzeugt gewesen, daß er eine Mission von Gott habe, die Menschen zu einen und der Versöhner der Welt zu sein. Er vereinte die Menschen durch Logos, nicht durch Gewalt. Er zog sie aus jeder Ecke der Erde in eine Einheit zusammen und mischte, wie in einem Krug der Liebe, ihre Lebensarten und Sitten, ihre Ehen und ihre Bräuche, er gebot allen, die Oikumene als ihre Heimat zu betrachten und die Armee als ihre Burg (Akropolis) und ihre Garnison, und er gebot allen, die guten Menschen als ihre Verwandten zu betrachten und die schlechten als Feinde.« (de fort. Alex. 329a–c)

Unverkennbar ist der Überschwang, der aus der »gemeinsamen Herrschaft« von Makedonen und Persern eine stoische Weltverbrüderung werden läßt. Diese findet sich bei Alexander nicht, ganz zu schweigen davon, daß die Versöhnungspolitik Alexanders auf tönernen Füßen stand. Die Makedonen standen gegenüber den anderen Völkern im Verhältnis von »etwa 1:20« (Bengtson 1985, 219). Wie realistisch war da eine Verschmelzungspolitik?

2.2.3. Apotheosis

Aristoteles hatte die Politik enttheologisiert. Im Hellenismus wird sie wieder theologisch. Alexander wird der erste Gottkönig, dem zahllose göttliche Monarchen folgen werden, hellenistische Könige, vergöttlichte Kaiser Roms, Monarchen von Gottes Gnaden bis ins 19. Jh. hinein.

Wie für die Politik der Homonoia so gibt es auch für die Politik der Vergöttlichung eine bezeichnende Episode. Es ist die Geschichte des Jahres 332 v. Chr., als Alexander eine Expedition zur Oase Siwa unternimmt, 800 Kilometer durch die

Wüste Ägyptens und Libyens zu den Priestern des Ammon. Der älteste Bericht darüber stammt vom Neffen des Aristoteles, von Kallisthenes (Strabon XVII, 1, 43).
Ein knapper Bericht findet sich bei Arrian (Anab. III, 3), ein etwas ausführlicher
bei Plutarch (Alex. 27).

Nach dem Bericht des Plutarch hat Alexander die Ammon-Priester befragt, ob
alle Mörder seines Vaters bestraft seien und ob »der Gott es ihm gewähre, Herr
über alle Menschen zu werden«. Dies wird bejaht. Auch heißt der Priester den
König »im Namen des Gottes als seines Vaters willkommen« (Alex. 27).

Alexander als »Herr aller Menschen« – das dürfte reine *vaticinatio ex eventu*
sein (Taeger 1957, Bd. 1, 196). 332 v. Chr. hat Alexander noch keine Weltherrschaft im Sinn. Diese kann ihm allenfalls ab 325 v. Chr. vor Augen gestanden sein.
Der König als »Sohn Gottes« – in dieser Titulatur liegt das eigentlich Entscheidende und Vorausweisende, die Gottessohnschaft des Monarchen, die nun für
Jahrhunderte bestimmend sein wird.

Es ist schwer zu entscheiden, ob Alexander einzig und allein aus politischen Motiven zum Ammon-Heiligtum gezogen ist. Vielleicht wollte er es Herakles und Per-
seus, den mythischen Urahnen der makedonischen Könige, gleichtun. So wie diese
sich auf den Urvater Zeus beriefen, so wollte vielleicht auch er sich als Sohn des
Ammon verstehen (Anab. III, 3). Für die Griechen war der Kult des Ammon gleichbedeutend mit dem des Zeus. Das Orakel des Ammon war in der griechischen Welt
so bekannt wie das delphische. Vermutlich waren aber auch politische Motive im
Spiel. Ehrenberg (1965, 431) verweist darauf, daß Zeus-Ammon ein Zwittergott,
ein ägyptisch-griechischer Gott war und sich deshalb »zur gegenseitigen Durch-
dringung beider Kulturen« geradezu anbot. Alexander hat ihn allerdings nicht zum
Reichsgott erhoben, er war der Gott nur für die »Etappe des ›ersten Reiches‹« (Ehrenberg 1965, 432). Alexander stand noch vor der Eroberung Persiens, und so
muß die Vergöttlichung für die Zwecke griechisch-ägyptischer Reichstheologie gedacht gewesen sein.

Was konnte es bedeuten, wenn ein Herrscher nach Sophistik und Aufklärung,
nach der langen Geschichte der Rationalisierung der Theologie darauf bestand, ein
»Sohn Gottes« zu sein? Bei Plutarch findet sich die skeptische Variante der Erzählung (Alex. 27). Demnach war die Anrede des Ammon-Priesters nur ein
Sprach- und Hörfehler. Da der Priester des Griechischen nicht ganz mächtig gewesen sei, habe er statt des Wortes *paidion* (Söhnchen) den Alexander mit *paidios* angeredet, s und n vertauscht, so daß man hören konnte »o pai Dios«, »Sohn des
Zeus«.

Die Erzählung Plutarchs spiegelt die Skepsis, die vor allem unter den Philosophen verbreitet war und die auch in den berühmten Alexander-Anekdoten (wie der
von Diogenes und Alexander) zum Ausdruck kommt. Die Vergöttlichung steht in
einem diffusen Licht zwischen politischer Nützlichkeit und einer gewissen Skepsis
der Zeitgenossen. Mit ihr kam, gleichgültig ob sie akzeptiert oder skeptisch aufgenommen wurde, das Ende aller bürgerlichen Politik, das Ende der bürgerlichen
Gleichheit und der Isonomie.

Wie sehr die bürgerliche Epoche mit Alexander an ihr Ende gelangt, zeigt Alexanders Einführung der Proskynesis. Ihre Verweigerung war bei Herodot eine Ruh-
mestat der Spartaner, ein Zeugnis ihrer freien Lebensart. Der Kniefall galt den

Griechen als ein Zeichen für die sklavische Lebensart der Barbaren. Nach Arrian hat der Neffe des Aristoteles, Kallisthenes, die Proskynesis verweigert und damit ein Zeichen der Erinnerung an die altgriechische Freiheit und die entschwundene Lebensart gesetzt.

Es ist umstritten, ob Alexander 324 v. Chr. ein Dekret erließ, daß er als Gott zu verehren sei. An der politischen Nützlichkeit eines vergöttlichten Monarchen, der ein »Sohn« des Allvaters und Allherrschers ist, ist für die Zwecke einer Reichstheologie nicht zu zweifeln. Alexanders Reich ist nach seinem Tode zerfallen. Die Vergöttlichung des Herrschers blieb, mehr als zwei Jahrtausende lang.

2.3. Alexander. Kulmination und Ende der Agonalität

Alexanders politische Leistung wird unterschiedlich beurteilt, je nachdem, ob man Republikaner oder Anhänger der Alleinherrschaft, Befürworter der Polis oder der Reichspolitik ist. Über alle Zweifel erhaben ist die militärische Kompetenz dieses Herrschers, der der bedeutendste Feldherr der Geschichte ist. Seine Persönlichkeit wird verstehbar, wenn man sie als Kulmination und Ende der agonalen Kultur begreift, als Kulmination und Ende einer Epoche in einer Person.

Alexander ist noch einmal ein Held im Sinne der *Ilias*. Er führt ein Leben, das nach dem Vorbild des Achill geformt wird. Noch einmal will einer »immer der erste und der beste« sein, getrieben von einem unstillbaren Ehrgeiz und einem unstillbaren Verlangen nach Ruhm. Das »immer der erste sein wollen« hat Alexander vor allem militärisch vorgeführt, stets als erster über die Mauer gehend. Er hat den Wahlspruch des Achill in großem Stile vorgelebt. Als erster Mensch setzt er alles daran, an die Grenzen der Welt zu gelangen.

Was Alexander antreibt, ist allerdings nicht mehr die Suche nach Anerkennung durch seinesgleichen. Ihn treibt ein subjektiv-romantisches Verlangen, »pothos«, die »Sehnsucht«, ein trauriges Verlangen, von dem Arrian sehr schön sagt, »er hätte nach etwas Unbekanntem gestrebt... wenn auch nur aus dem Grund, mit sich selbst zu streiten« (Anab. VII, 4). Alexander fordert sich selbst heraus, wie wohl niemand vor ihm.

Auf der anderen Seite ist dieser Alexander aber auch ein verwilderter Held der agonalen Kultur, ihr letzter großer Fall. Er tötet seinen besten Freund im Jähzorn. Seinen besten Feldherrn läßt er ermorden. Die Liste seiner Opfer ist lang (Kleitos, Philotas, Parmenion, Kallisthenes), und wohl nur den Mord an Kleitos hat er je bereut. Zwar verfügt er noch über Gefährten. Was ihm jedoch fehlt, ist die Kontrolle durch die anderen, die mit ihm noch von gleich zu gleich reden können. Alexander zeigt Großmut in der Behandlung der Familie des Dareios. Er läßt aber auch ganze Völker und Städte über die Klinge springen. Selbst das Schicksal der eigenen Truppen kann ihm, wenn es um die Erfüllung seiner ehrgeizigen Pläne geht, gleichgültig sein. Ehrgeiz und Ruhmsucht des Alexander gehen ungehemmt ins Unermeßliche. Der »Grieche« Alexander ist zugleich eine Art Barbar. Er ist ein einsam gewordener Held, ein Einzelner und Vereinzelter, ein Romantiker, um dessen Subjektivität die Welt sich dreht. Damit ein letzter und wohl auch gar nicht mehr politischer Held der agonalen Kultur.

3.   Hellenistisches Königtum

Der Zerfall des Alexanderreichs in den Kämpfen der Diadochen schuf für die neu entstehenden Monarchien noch keine eigenständige Legitimität. Diese war erst noch zu begründen, und dieser Begründung dienten der Kult des Alexander und die Vergöttlichung der Monarchen. Letztere nahm unterschiedliche Formen an. Bei Seleukiden und Ptolemäern vermischte sich griechisches Denken mit den älteren ägyptischen und orientalischen Traditionen der Gottkönige. Bei den Antigoniden in Makedonien dagegen war die Deifizierung anders zu verstehen. Zwar erfreuten sich die makedonischen Könige in den griechischen Städten göttlicher Verehrung. Aber sie wurden nicht selbst zu Göttern erklärt, wie dies bei Ptolemäern oder Seleukiden der Fall war. Offensichtlich war ihr Legitimationsbedürfnis geringer. Anders als Seleukiden und Ptolemäer waren sie keine fremden Eroberer, sondern einheimische Regenten. Sie regierten nicht wie die anderen Diadochen über verschiedene Völkerschaften. Die alte Idee der Gesetzesherrschaft blieb in Makedonien noch länger erhalten, und sie ging mit der Idee der Monarchie eigenartige Verbindungen ein.

Nach Makedonien gehört die Rechtfertigung der Monarchie, die sich im *Brief an Alexander* findet, einem Schreiben, das Aristoteles zugeschrieben wird, aber nicht von ihm stammt (1.). Auf einen berühmten makedonischen König, auf Antigonos Gonatas, geht eine Rechtfertigung der Monarchie zurück, nach der diese eine »ehrenvolle Knechtschaft« ist (2.). Beide Rechtfertigungen, die im *Brief an Alexander* wie die des Antigonos Gonatas, zehren von der Erinnerung an den Nomos, der noch der Ausgangspunkt aller Überlegungen ist. Einen ganz anderen Hintergrund verrät dagegen der berühmte *Aristeas-Brief*, der in Alexandria entstanden ist und einen Einblick in die Mischung griechischen und jüdischen Denkens im Hellenismus gewährt (3.). Pseudo-pythagoreische Texte preisen den Monarchen als das »lebendige Gesetz«, eine Formel, der in Rom und im Mittelalter eine erstaunliche Karriere beschieden war (4.). Könige werden im Hellenismus zu »Rettern«, »Wohltätern« und »erscheinenden Göttern« (5.), eine eigenartige Verklärung der Herrschaft, deren Religiosität schwierig einzuschätzen ist (6.).

3.1.   Der Alexander-Brief (spätes 4. Jahrhundert v. Chr.?)

Die *Rhetorik für Alexander* ist ein Werk, das man dem Aristoteles zuschreiben wollte, das aber nicht von ihm stammt. Manche halten es für ein Werk des Anaximenes von Lampsakos, was allerdings auch nicht unumstritten ist. Dieser Rhetorik ist jedenfalls ein *Brief an Alexander* vorangestellt. Er verrät den Geist einer Zeit, die zwischen der noch lebendigen Erinnerung an die Demokratie und die Herrschaft des Gesetzes und dem nun angebrochenen Zeitalter persönlicher Herrschaft steht. Der Verfasser des Briefes kennt nur die eine Alternative: entweder Demokratie oder Königsherrschaft. In der Demokratie herrscht das Gesetz. Es wird definiert als »Logos bestimmt durch die Übereinstimmung mit dem Konsens der Stadt (*homologia koinē*)« (1420a25–27). In der Monarchie herrscht der König, und in ihr ist es der Logos des Königs, der die Stadt zu ihrem Vorteil führt. »So wie das gemeinsame Gesetz die selbständigen Städte zum Besten (*kalliston*) führt, so führt dein Logos die Städte zu dem, was ihnen zuträglich ist (*sympheron*)« (1420a22–25).

Der *Alexander-Brief* vergleicht den Sinn von Logos und Gesetz. Man darf darin, und das gerade am Beginn einer Rhetorik, noch eine Reminiszenz an den rhetorischen Sinn des Logos erkennen, so wie er in Aristoteles' oder Isokrates' Bestimmung des Menschen als eines kommunikativen Wesens grundlegend gewesen war. Zugleich hat sich dieser Logos jedoch gewandelt, wenn er von einem Begriff des gemeinsamen Sich-Beredens zu einer Bezeichnung für die einsame Vernunft des Alleinherrschers werden kann. Die Erinnerung an die Demokratie und die Gesetzesherrschaft wird überlagert von einem neuen Verständnis von Politik, nach dem der König selber das Gesetz ist. Die Gleichsetzung von König und Gesetz war schon dem Alexander selber angetragen worden (Arr. Anab. IV, 9, 7–8; Alex. 52, 3–7). Der *Alexander-Brief* gehört in eine Zeit, in der es in Makedonien noch selbständige Städte gibt, aber eben auch schon eine Alleinherrschaft existiert, in der die Entscheidungen des Monarchen das Gesetz sind. Vielleicht ist die Erwähnung des Sympheron, des Zuträglichen, das der Monarch in den Städten bewirke, schon Ausdruck des Glaubens an die höhere Effizienz der Monarchie, wie sie seit der Herrschaft Philipps zu erfahren und schon von Isokrates thematisiert worden war.

3.2. Die Monarchie als »ehrenvolle Knechtschaft« (endoxos douleia) (Ende des 3. Jh.s v. Chr.)

Von Antigonos Gonatas, der seit 276 v. Chr. König der Makedonen ist, wird eine Kennzeichnung der Monarchie überliefert, nach der diese »eine ruhmvolle Knechtschaft«, »eine ehrenvolle Sklaverei« ist (*endoxos douleia*) (var. hist. II, 20). Das Wort zehrt vom Gegensatz, der zwischen den Begriffen »Sklaverei« und »ruhmvoll« besteht. Die »Sklaverei« ist nicht ruhmvoll, sondern schmachvoll. In welchem Sinne kann die Königsherrschaft eine »ehrenvolle«, eine angesehene Form von »Sklaverei« sein?

Das Wort des Antigonos Gonatas weist voraus auf den Ausspruch Friedrichs II., daß er der »premier serviteur« des Staates sei. Auch mag man an Bolingbroke denken, der den konstitutionellen Monarchen »the first servant of the people« genannt hat. Beim Wort des Makedonenkönigs ist allerdings unklar, wessen Sklave oder Diener er sein will. Des Volkes? Der Arete oder einer stoisch verstandenen Pflicht? Nach dem Vorschlag von Volkmann (1956) ist zu ergänzen »ehrenvolle Knechtschaft gegenüber dem Nomos«. Das würde an den älteren Platon erinnern. Platon nennt die Regierenden in den *Nomoi* »Sklaven des Gesetzes« (leg. 715d). Die Gesetze sind nach Platon die »Könige der Stadt« (Symp. 196c). Im 8. *Brief* heißt es, daß man »königlichen Gesetzen« wie ein »Sklave« dienen soll (354 c).

Es mag sein, daß sich der makedonische König auf die Herrschaft des Gesetzes verpflichten wollte. Vielleicht war er beeinflußt von der Rehabilitierung des Nomos, die sich bei den Stoikern vollzieht. Vielleicht darf man aber auch eine philosophische Distanzierung von der Politik heraushören, daß eigentlich der Weise ein König ist und daß, wer sich in die Politik begibt, dort ein Sklave sein wird, »ehrenvoll«, aber doch verwickelt in ein Geschäft, in dem das wahre Glück nicht liegt. Auch das könnte mitschwingen, wenn von »ehrenvoller Sklaverei« die Rede ist.

3.3. Der Aristeas-Brief und das ptolemäische Königtum (160–100 v. Chr.)

In eine andere politische Welt als die des makedonischen Königtums führt der *Aristeas-Brief*. Entstanden in Alexandria in der zweiten Hälfte des 2. Jh.s v. Chr. zeigt er, wie sich griechisches Denken mit jüdischem vereint. Der Brief berichtet über die Entstehung der *Septuaginta,* das Werk der 72 Übersetzer, die Teile des Alten Testaments (zunächst wohl nur den *Pentateuch*) in das Griechische übersetzt haben. Nach der im Brief fingierten Legende war es bereits Ptolemäus II. Philadelphos (285–246 v. Chr.), der den Auftrag zur Übersetzung erteilt haben soll. Der Hohe Priester sendet ihm aus Jerusalem 72 Älteste (je sechs aus den zwölf Stämmen Israels). Mit diesen soll sich der König an sieben Tagen in sieben Symposien beredet haben. Der König stellt jedem der Ältesten eine Frage. Die Antwort wird anschließend vom König gutgeheißen und von seinen Höflingen beklatscht.

Die Szene spielt in Alexandria in einer Zeit, als dort die jüdische Gemeinde bereits groß und politisch einflußreich geworden ist. Über die Römer fällt im Brief kein Wort. Einige Namen der 72 Ältesten verweisen auf die Makkabäerzeit. Der Verfasser des Briefes (oder besser der Abhandlung), den Murray (1967) mit dem Autor der Schrift *Über die Juden* gleichsetzt, ist ein Kenner des ptolemäischen Hofes. Er ist, trotz seines griechischen Namens Aristeas, ein Jude; er ist ein gebildeter Mann, der die populäre griechische Philosophie gelesen hat. Er ist aber alles andere als ein begnadeter Schriftsteller, und er hat Schwierigkeiten, Fragen und Antworten zu koordinieren. Innerhalb der gesamten Abhandlung, die auch eine Unterredung mit dem Hohen Priester, den Bericht einer Reise nach Jerusalem und zu den Minen Arabiens enthält, macht der Teil über die sieben Bankette des Königs mit den Ältesten ungefähr ein Drittel des Textes aus (Arist. 182–300). Der König erhält Rat über Privates und Politisches, über Diät und Familie, Königtum und Verwaltung. Der *Aristeas-Brief* ist das umfangreichste Dokument des Hellenismus, was die Lehre vom hellenistischen Königtum betrifft.

Nach der Meinung von Tcherikover (1958) richtet sich der *Aristeas-Brief* an die Juden von Alexandria, die erhobenen Hauptes in die Welt der damals griechisch dominierten Kultur treten sollen. Ihnen wird Mut gemacht, wenn der König selbst sich vor den Ältesten verbeugt, ja, wenn er sich vor der Thora niederwirft und vor Freude weint (Arist. 177–178). Dieser Auffassung vom Adressaten des Briefes widerspricht allerdings, daß bei aller Anpassung an die hellenistische Kultur die jüdischen Gesetze als »Wälle aus Eisen« bezeichnet werden; diese Wälle sollen die Juden abhalten, sich »mit anderen Völkern [zu] mischen« (Arist. 139). Der *Aristeas-Brief* macht Propaganda. Er richtet sie an Griechen, denen die Bedeutung und die

Würde der jüdischen Religion vor Augen gestellt wird. Warum sonst die Tarnung durch einen griechischen Namen? Warum sonst die ausführliche Darstellung Jerusalems? Warum sonst die Erklärung der jüdischen Gesetze?

Im *Aristeas-Brief* gehen jüdische Religiösität und griechische Kultur eigenartige Mischungen ein. So wird bei keiner Antwort der Ältesten vergessen, den Namen Gottes zu erwähnen. Gelegentlich wirkt die Nennung Gottes aber auch wie ein bloßes Anhängsel. Der Autor hat keine Schwierigkeiten, Jehova und Zeus miteinander zu vereinen, beide sind nur verschiedene Namen für den einen Gott (Arist. 16). Die Auslegung des Gesetzes ist bereits allegorisch. Mit dem *Aristeas-Brief* beginnt, was bei Philo von Alexandrien (25 v. Chr. – 40 n. Chr.) als allegorische Bibelauslegung kulminiert. Auch bei Philo begegnet eine hellenistisch gefärbte Theorie der Monarchie, wird doch Moses von Philo geradezu zu einem hellenistischen Herrscher gemacht (*Das Leben des Moses*).

Im *Aristeas-Brief* wird Gott zum Vorbild des Monarchen (Murray 1967, 335 ff.; Zuntz 1959, 28 ff.). Die größte Leistung des Monarchen besteht in der Schaffung von Frieden und im Üben der Gerechtigkeit (Arist. 291). Beides gelingt dem Herrscher, wenn er Gottes Voraussicht (*pronoia*) und sein Wohltun (*euergesia*) imitiert (Arist. 190). Der Monarch ist Philanthrop (Arist. 208, 265). Sein Wohltun sichert ihm die Freundschaft und die Liebe seiner Untertanen, so wie ihm sein mildes Strafen die Feinde gewinnt (Arist. 227). Zur Gerechtigkeit soll sich die Milde (*epieikeia*) gesellen (der Begriff wird weiter gefaßt als die aristotelische Epikie) (Arist. 187). Wahrheitsliebend (*philaletēs*) und fromm (*eusebēs*) soll der König sein. Seinen Tag soll er verbringen mit Studium, Theater und Symposien wie dem, das er gerade mit den Weisen durchführt (Arist. 283–286). Das alles könnte auch von einem nichtjüdischen Autor über den guten König gesagt werden, wären da nicht die religiösen Färbungen des Königsideals, die allein durch die jüdische Religion erklärbar sind. Unbesiegbar etwa ist der König allein durch sein Gottvertrauen (Arist. 193). Nicht die Rüstung, sondern Gott allein entscheidet über Krieg und Frieden. Nur er pflanzt die Furcht in die Seelen der Menschen ein (Arist. 194). Bei manchen Begriffen ist es schwierig, den jüdischen vom griechischen Anteil zu scheiden. So ist etwa der Frieden, den der König zu schaffen hat, eine eigenartige Mischung aus *eirēne* und Shalom.

Wir wissen nicht, ob sich der Autor auf einen bereits vorliegenden Fürstenspiegel gestützt hat (so die Deutung von Zuntz 1959) oder ob er Gegenpropaganda gegen eine konkurrierende Neuübersetzung der Thora betrieb (so Tcherikover 1965/66). Pronoia und Euergesia begegnen als Eigenschaften des guten Königs bereits in Isokrates' *Euagoras*, so wie überhaupt das ganze Vokabular der Königslehre Begriffen des Isokrates, des Xenophon oder auch späterer Autoren (wie des Diodorus von Sizilien [1. Jh. v. Chr.]) ähnelt. Die Form dieses Königsspiegels mit seinen Fragen und Antworten im Rahmen von Symposien ist für die Zeit des Hellenismus allerdings einmalig. Vielleicht hat sich der Autor dabei alttestamentarische Szenen zum Vorbild genommen: Joseph vor dem Pharao oder Daniel vor Nebukadnezar (Zuntz 1959, 33). Der Unterschied bestünde dann nur darin, daß die Zeitgenossen nicht mehr durch die Deutung von Träumen zu beeindrucken waren, sondern nur noch durch griechische Philosophie.

3.4. Der Monarch als »lebendiges Gesetz« (nomos empsychos) bei Diotogenes, Ekphantos und Sthenidas (3.–2. Jahrhundert v. Chr.)

In Fragmenten von Pseudo-Pythagoreern, die Stobaios (5. Jh. n. Chr.) überliefert, begegnet eine Lehre vom Königtum, die den König mit dem »lebendigen Gesetz« (*nomos empsychos*) gleichsetzt. Delatte (1942) datiert diese Fragmente in die Zeit des Archytas von Tarent (1. Hälfte des 4. Jh.s v. Chr.). Der Eklektizismus, etwa des Ekphantos, spricht aber eher dafür, sie in die Zeit des Hellenismus zu plazieren. In der Forschung sind diese Fragmente seit Jahrzehnten stark beachtet worden, vielleicht vor allem deshalb, weil ihre Wirkungsgeschichte enorm gewesen ist.

Die Formel vom »lebendigen Gesetz« begegnet bereits beim Pythagoreer Archytas von Tarent (Stob. IV, 132, 133–138). Aber Archytas ist kein Theoretiker der Monarchie. Er empfiehlt wie der ältere Platon die Mischung der Verfassungen. Seine Gegenüberstellung von lebendigem und totem Gesetz ist vielleicht ein Echo des Platonischen *Politikos*, der mit derselben Entgegensetzung operiert.

Theoretiker der Monarchie sind Diotogenes, Ekphantos und Sthenidas. Bei ihnen gehört die Lehre vom »lebendigen Gesetz« in eine pythagoreische Philosophie und Theologie. Der Monarch steht demnach zur Stadt wie Gott zum Kosmos. Zwischen All und politischer Welt besteht eine einzige Harmonie. Alle Tugenden des Monarchen – und das sind die typisch hellenistischen Herrschertugenden wie Wohltun (*euergesia*), Güte (*chrēstotēs*) oder Wohlwollen (*eunoia*) – sind ein Abbild der Eigenschaften Gottes, der das All wohltätig und gnädig lenkt (Stob. IV, 7, 61, 63). Im König wird den Sterblichen der Glanz Gottes anschaubar, der sie ansonsten blenden müßte. Der König ist ein Mittler, ein Ebenbild, eine Brücke zu Gott und zur Harmonie der Welt.

Im Synkretismus hellenistischen Denkens kreuzen sich vielfältige Einflüsse. Schon Aristoteles hatte den Richter das »verkörperte Recht« genannt (NE V, 1132a20). Der »Gott unter den Menschen« war eine schon von den großen Philosophen gebrauchte Formel, bei Aristoteles hypothetisch bezogen auf den Monarchen, der sich selber das Gesetz sein würde (Pol. III, 1284a), bei Platon bezogen auf den Menschen, der unerkannt bliebe, bei allem was er tut (rep. II). Bei Ekphantos läßt sich ein Einfluß persischer Königs- und Lichtmythologie vermuten. Manches klingt nach einer Vermischung von Pythagoreismus und jüdischer Theologie der Ebenbildlichkeit.

Der König als Inkarnation des Gesetzes – daraus mag noch ein Nachklang von Konstitutionalismus herauszuhören sein. Die Monarchen werden auf die gerechte Ordnung verpflichtet, deren Urbild der wohlgeordnete Kosmos ist. Unvergleichlich stärker ist allerdings die absolutistische Tendenz, die das Gesetz mit der Person des Monarchen – und das muß heißen – mit allem gleichsetzt, was auch immer der Wille des Monarchen sein mag. Der Monarch spendet Wohltat und Gnade ähnlich wie der Gott. Rechenschaftspflichtig oder verantwortlich ist er nicht.

Die Formel vom »lebendigen Gesetz« hat in der Geschichte westlicher Rechtfertigungen der Alleinherrschaft eine erstaunliche Karriere gemacht. Sie führt von den hellenistischen Herrschern zunächst nach Rom. Ein Stoiker wie Musonius

Rufus (1. Jh. n. Chr.) verwendet sie (Stob. IV, 7, 67) ebenso wie Plutarch. Für ihn ist der Herrscher der inkarnierte Nomos und der inkarnierte Logos zugleich (mor. 780e). In Byzanz ist es Justinian, der sich am Ende seiner *Novellen* (529 n. Chr.ff.) selbst als »lebendiges Gesetz« bezeichnet. Im Mittelalter begegnet der *nomos empsychos*-Satz als *lex animata*, wenn sich Kaiser Barbarossa oder Friedrich II. durch die alte Formel legitimieren. Aegidius Romanus, der Schüler des Thomas, verwendet sie in seinem Fürstenspiegel *De regimine principum* (1277–1279 n. Chr.). Er gebraucht sie dort im Blick auf den späteren König von Frankreich (zur Geschichte des Begriffs allgemein Steinwenter 1946; Delatte 1942, 152ff.; Kantorowicz 1990, 143ff.). Die Zweideutigkeit der Legitimationsformel, die den Herrscher (schwach) bindet und ihn zugleich von der Bindung ans Gesetz befreit, kennzeichnet auch die Lehren des Mittelalters, in denen der Fürst als *lex animata* zugleich an die Gesetze »gebunden« (*legibus allegatus*) wie auch von ihnen »gelöst« (*legibus solutus*) ist.

3.5. »Heilande«, »Wohltäter«, »erscheinende Götter«

Monarchen des Hellenismus sind »Heilande« (*sōtēres*), oder besser übersetzt, »Nothelfer«, »Retter« (*servatores, adiutores*). Sie sind »Wohltäter« (*euergetai*). Ja, sie sind »erscheinende Götter« (*epiphanēs*) auf Erden. Dabei sind die Monarchen durchaus bestrebt, ihren Euergetismus durch Stiftungen und Geschenke an Heiligtümer und Städte zu beweisen (Bringmann/v. Steuben/Schmidt-Dounas 1995, 2000). Aber, wie es die Königstitel verraten, ist die Sprache der Politik süßlich und überzuckert. Jede Andeutung von politischem Konflikt oder von politischem Realismus ist aus dieser Sprache getilgt (vgl. Heuss 1954, in: Kloft 1979, 139). Hilfe, Wohltat, Menschenfreundlichkeit (*philanthrōpia*), gute Gesinnung (*eunoia*) – das sind die immer wiederkehrenden Ehrentitel der neuen Monarchen. Sie zeigen, daß Politik nicht mehr die Sache gleichberechtigter und selbstbewußter Bürger, sondern die Angelegenheit von Monarchen und Untertanen, gnädigen Herren und bittstellenden Untertanen geworden ist.

Vergöttlichung ist im Hellenismus allerdings nicht gleich Vergöttlichung. Man muß unterscheiden, wo sich alte Traditionen Asiens und Ägyptens durchsetzen und wo traditionell Griechisches ins Spiel kommt. Der häufigste Königstitel ist der des »Soter«, des »Retters«, des »Nothelfers«. Zwei Ptolemäer, vier Seleukiden und elf Könige von Baktrien werden diesen Titel tragen. Der »erscheinende Gott« begegnet wohl erstmals 197 v. Chr. Der erste Monarch, der diesen Titel beansprucht, ist Ptolemaios V., der 197 v. Chr. König wird. Er wird als erster nicht erst nach dem Tode, sondern schon zu Lebzeiten deifiziert.

Der Titel »Soter« ist uns heute geläufig in der Bedeutung von »Heiland und Erlöser«, so wie er im Neuen Testament begegnet und sich dort aus hellenistischen und messianistisch-jüdischen Traditionen speist (Wendland 1904). Bei den hellenistischen Königstiteln liegt die Bedeutung von »Erlöser« und »Heiland« zunächst noch fern. Die griechische Deifizierung der Monarchen entstammt eher dem Heroenkult als den Traditionen orientalischer Gottkönige. Die Vergöttlichung kann anknüpfen an älteste Traditionen (wie in Ägypten). Sie kann aber auch alle Grade politischer Instrumentalisierung durchlaufen, bis sie in der Zeit der Römer wohlfeil wird und nicht mehr zu bedeuten hat als Servilismus und politischen Kalkül.

Der Monarch als »erscheinender Gott« – das ist bei den Ptolemäern der Versuch, anzuknüpfen an den altägyptischen Glauben an den Sonnengott, der im Herrscher erscheint, sich in ihm »offenbart« (Tarn ³1966, 62). Antiochos IV., der Nachfolger Ptolemaios V., scheint sogar selbst von seiner Göttlichkeit überzeugt gewesen zu sein. Vermutlich war er aber auch der einzige Monarch, der das Gottkönigtum derart wörtlich genommen hat. In den Städten Griechenlands war die Bedeutung von *epiphanēs* eindeutig schwächer, ein am Ende wohlfeiler Titel, der jedem Herrscher angetragen werden konnte, wenn ihm zu danken oder etwas von ihm zu erwarten war.

Auch den Titel des »Retters« und »Nothelfers« muß man recht verstehen. Es stammt aus dem griechischen Kult der Heroen. Seine Verleihung ist fast immer bezogen auf eine konkrete Leistung. So wird der Titel oft verliehen für die Rettung oder die Gründung einer Stadt. Ptolemaios I. wird von den Inselgriechen *sōtēr* genannt, weil er die Rhodier gegen Demetrios unterstüzt hat. Antiochos I. heißt »Apollon Soter«, weil er die Griechen vor den Galliern rettet. Selbst der Titel des »erscheinenden Gottes« ist im Griechenland der Römerzeit billig zu haben. Auch Pompeius und Caesar sollten »erscheinende Götter« sein.

3.6. Hellenistische Monarchieverklärung zwischen Kalkül und Servilität

Ehrenberg hat hinter der Einsegnung der hellenistischen Monarchen noch echte Religiösität vermutet, da bei den Griechen die Grenze zwischen Göttern und Menschen durchlässiger war, als sie es in den christlichen Jahrhunderten sein wird (1965). Aber der Glaube an die olympischen Götter war damals – zumindest unter den Gebildeten – schon zerrüttet. Die Philosophie war an die Stelle der Religion getreten. Sie übernahm die Rolle der Tröstung und Seelenführung. Die politische »Religiösität« besaß einen künstlichen Charakter. Immer ließ sie die politische Absicht durchscheinen. Sie war eine eigentlich unfaßbare Form von Schmeichelei, bei der man sich sowohl fragen kann, wie sie ausgeübt werden konnte, als auch, wie sie von den in solcher Art Umworbenen überhaupt zu ertragen war.

Antigonos und Demetrios Poliorketes befreien Athen von der Herrschaft des Demetrios von Phaleron (350–280 v. Chr.), der der Statthalter des Kassander in Athen gewesen war. Nach der Befreiung werden sie von den Athenern zu Göttern ernannt, zu *euergetai* (Plutarch, Demetrios 10). Man schafft ihnen einen eigenen Kult. Zwei Phylen Athens tragen von nun an ihren Namen. Ein Monat des Jahres heißt von nun an »Demetrion« (Plutarch, Demetrios 12). Aus welchem Geist heraus dies geschieht, zeigt in schöner Offenherzigkeit der Hymnus, den ein uns unbekannter Dichter auf Demetrios gedichtet hat (FGrHist. 76 F13; Übers. nach Ehrenberg 1965, 503). Der Hymnus beginnt mit der Feier des Einzugs des neuen Gottes in Athen:

»Wie sind die größten Götter und die liebsten heut' gegenwärtig der Stadt!
Denn dort zugleich Demeter und Demetrios
führte her zu uns das Glück.«

Im rechten Moment, im Kairos erscheint der Gott Demetrios, offenbar zu Beginn der Eleusinischen Mysterien, auf die das Wortspiel Demetrios-Demeter anspielt. So schon verbunden mit der Göttin Demeter wird Demetrios darüber hinaus noch zum Sohn des Poseidon und der Aphrodite gemacht. Unter seinen Freunden ist er die »Sonne«, während jene die »Sterne« sind. Nichts wird ausgelassen, von Erde und Meer, von Sonne und Sternen, von Aphrodite und Demeter.

Erstaunlicherweise wird sogar offen bekannt, was es mit dieser theologisch-politischen Überfrachtung eigentlich auf sich hat.

»Die andern Götter halten sich so weit entfernt
oder haben kein Ohr
oder sie sind nicht oder nicht uns zugewandt.
Dich aber sehen wir da,
nicht hölzern und nicht steinern, sondern lebend wahr – beten darum zu Dir.«

Der Hymnus nähert sich der Selbstparodie. Zwar kann man mit Ehrenberg sagen, ein so schöner, so außergewöhnlicher Mensch wie der Demetrios Poliorketes, der mußte von den Griechen vergöttlicht werden. Nur so fand er den Rahmen, der ihm nach griechischem Daseinsverständnis gebührte. Auf der anderen Seite dokumentiert der Hymnus aber auch den Unglauben seines Verfassers, der die sophistische und epikureische Theorie der entweder nicht existierenden oder sich um den Menschen nicht kümmernden Götter offen bekennt. Auch wird freimütig die Geschäftsbasis der Verehrung benannt. Sie ist nichts als politischer Kalkül und in der Form ungehemmter Schmeichelei ein erstaunliches Zeugnis der Servilität, zu der die ruhmreiche Stadt Athen schon 307 v. Chr. fähig gewesen ist.

4. Utopisches Denken und sein Aufschwung in hellenistischer Zeit (Hippodamos von Milet, Phaleas von Chalkedon, Theopompos, Euhemeros, Iamboulos)

Die Geschichte des utopischen Denkens beginnt bei den Griechen bereits lange vor dem Hellenismus. Erste Spuren lassen sich schon bei Homer entdecken, wenn er der Erzählung vom Leben der Phäaken märchenhaft-utopische Züge verleiht (Bichler 1995). Die »Insel der Seligen« bei Hesiod, die »Hyperboreer« bei Pindar oder die Schlaraffenland-Szenen der älteren Komödie – auch in ihnen kann man Frühformen des utopischen Denkens erkennen. Platons *Politeia* wird von manchen als Utopie gedeutet (siehe hier XIII. 2. 1.). Auch wenn man diese Deutung nicht teilt, so ist nicht zu übersehen, daß Platon der große Anreger für die Utopien der Neuzeit geworden ist (siehe Bd. III).

Utopien sind »Schreckens- und Wunschbilder« von Gemeinschaften (Saage). Schreckensbilder sind sie erst im 20. Jh. geworden, als Samjatin, Huxley oder Orwell in ihren Dystopien vor der Gefahr des Totalitarismus warnen. Vor dem 20. Jh. sind Utopien meistens Wunschbilder. In ihnen wird ausgemalt, was man sich für eine bessere Welt erträumt.

Schöpfer des Begriffs »Utopie« war Thomas Morus, dessen *Utopia* (1516) dem Genre erst seinen Namen verlieh. Morus verstand unter »Utopie« einen Nicht-Ort und ein »Niemals-Land«. Seine Utopie war Scherz und Spiel, ein Humanistenscherz. Der Nicht-Ort war eine fiktive Insel. Bereits in den hellenistischen Utopien wird die erträumte Gesellschaft gerne in den künstlichen und isolierten Raum einer Insel verlegt. Utopien sind häufig Inselromane, ob bei den Griechen oder in späterer Zeit.

Utopien sind Träume, und wie Träume so kann man sie als Schäume oder aber als höchst aufschlußreiche Visionen verstehen, die wie die Träume Produkte einer gelockerten Zensur des Über-Ichs sind. Wie die Träume verarbeiten Utopien Wünsche und Erfahrungen. Die Unzufriedenheit mit den sozialen und politischen Zuständen läßt Träume von der Gleichheit des Besitzes und der perfekten Erziehung des Menschen entstehen. Darin kann eine Vermessenheit des utopischen Denkens liegen, ein Wahn von der Allplanung und Allregulierung, ein Wahn von der Alles-Könnerschaft, der Utopien in Konflikt bringen kann mit religiöser Selbstbescheidung und menschlichem Maß.

Eine konkrete Wurzel utopischen Denkens liegt in der Planung von Städten, im Traum des Architekten von der idealen Stadt. Diese Entwicklung beginnt mit Hippodamus von Milet. Sie kehrt wieder in den Planstädten der Renaissance, die die Verwandtschaft der Utopien mit dem Geist der Geometrie und der Stadtplanung noch einmal bezeugen. Eine andere Quelle utopischen Denkens war stets die Begegnung mit neuen und fremden Welten, mit exotischen Völkern und fremden Sitten. Daß das utopische Denken im Hellenismus aufblüht, hat mit dem Zug Alexanders nach Indien zu tun. Die Begegnung mit der märchenhaften Welt Indiens prägt bspw. die Schilderung des Königsreichs des Musikanos bei Onesikritos, der Alexander auf seinem Indienfeldzug begleitet hatte (XVIII. 5. 1.6.) (Brown 1949, 54 ff.). Sie spiegelt sich ferner in den *Indica* des Megasthenes (ca. 300 v. Chr.) oder in Iamboulos' *Reise zu den Sonneninseln*, einem typischen Produkt einer von der Exotik Indiens angeregten Phantasie.

Die folgende Darstellung beschränkt sich auf einige wenige typische Denker. Ausführliche Darstellungen des utopischen Denkens der Griechen finden sich bei Rohde (1867 ff.), v. Pöhlmann (^{3}1925), Flashar (1974), Ferguson (1975) und Bichler (1985).

4.1. Hippodamos von Milet oder Die Verwandtschaft von Stadtplanung und Utopie (5. Jh. v. Chr.)

Hippodamos von Milet beweist die enge Nachbarschaft von Stadtplanung und Utopie, von planerischem und utopischem Denken. Nach Aristoteles war Hippodamos der erste, der »etwas über den besten Staat zu sagen versuchte« (Pol. II, 8,

1276b). Hippodamos war Stadtplaner, ein Meister des rechten Winkels, dessen orthogonale Stadtpläne noch für die Städte des Hellenismus maßgeblich gewesen sind. Die ideale Stadt des Hippodamos sollte aus 10000 Bürgern bestehen, das heißt, aus weniger Bürgern, als Athen sie zu seiner Zeit besaß. Das könnte bedeuten, daß Hippodamos Anhänger einer Hoplitendemokratie gewesen ist. Der Aufbau der Stadt sollte ein dreigliedriger sein: Handwerker, Bauern, Krieger. Das Land sollte dreigeteilt werden in privates (Bauern), öffentliches (Krieger) und sakrales (Pol. II, 1267 b 35 f.). Im Gegensatz zu den in Athen üblichen Losverfahren fordert Hippodamos die Wahl aller Amtsträger (Pol. II, 1268 a 6 ff.). Die Begriffe Demokratie oder Oligarchie fallen nicht, so daß die Einordnung der Idealstadt in ein Verfassungsschema schwerfällt (siehe dazu die Diskussionen bei Triebel-Schubert/ Muss 1983/1984).

4.2. Phaleas von Chalkedon oder Erste Träume vom Kommunismus (5. Jh. v. Chr.)

Die erste kommunistische Utopie stammt von Phaleas von Chalkedon, der vermutlich Platon und Aristophanes (ecc. 667 ff.) beeinflußt hat. Auch über ihn berichtet Aristoteles (Pol. II, 7). Phaleas soll die Gleichheit des Grundbesitzes gefordert haben, ferner eine für alle gleiche Erziehung und eine Verstaatlichung der Gewerbebetriebe. Dabei sollten die Mitgiftgesetze den Weg zu einer Gesellschaft der Gleichheit bahnen. Aristoteles kritisiert die Unbestimmtheit dieses Vorschlags. Phaleas habe versäumt zu bestimmen, welche Teile eines Vermögens unter die Mitgift fielen und wieviele Kinder jeweils zu versorgen seien. Besser ist nach Meinung des Aristoteles – da bleibt er ganz bei der platonischen Lehre – der Weg der Erziehung. Dieser sei dem der Gesetze vorzuziehen.

4.3. Theopompos (ca. 378–322 v. Chr.)

In die Zeit des Hellenismus und seiner Utopien führt uns Theopompos, ein bedeutender Historiker des 4. Jh.s v. Chr. Theopompos ist Verfasser einer *Herodot-Epitome* und einer *Hellēnika*. In seinem Hauptwerk *Philippika*, einer Geschichte Griechenlands zur Zeit Philipps von Makedonien, schwelgt er (wie sein Vorbild Herodot) in Exkursen und Völkergeschichten. Im 8. Buch malt er das Leben idealisierter Völkerschaften aus. Da werden – in arger Schwarz-Weiß-Malerei – die Bewohner von Eusebes (der »frommen Stadt«) den Bewohnern von Machimos (»der kriegerischen Stadt«) gegenübergestellt. Die einen leben friedlich, glücklich und gesund, die anderen kriegerisch, unglücklich und krank. Es begegnen die Meroper, deren Grenzstadt Anostos (»Stadt ohne Rückkehr«) heißt. Diese Stadt wird umschlossen von den Flüssen Hedones (»Lust«) und Lypes (»Schmerz«). Die Bäume am Fluß Hedones tragen Früchte, welche die Menschen verjüngen, bis sie im zartesten »Alter« sterben. Die Früchte der Bäume am Ufer des Lypes lassen die Menschen weinen bis zu ihrem Tod. Offenbar sollten diese Utopien Mythen in erzieherischer Absicht sein.

4.4. Euhemeros von Messene (spätes 4./frühes 3. Jh. v. Chr.)

Euhemeros von Messene ist der Verfasser einer Erzählung, die den Titel *Die Heilige Inschrift* (*Hiera Anagraphē*) trägt (FGrHist. I, 300–310). Dieses Werk, das vielleicht um 280 v. Chr. entstanden ist, gibt eine Rahmenerzählung, nach welcher Euhemeros im Auftrag des makedonischen Königs Kassander (316–297 v. Chr.) von Arabien aus auf eine Insel gereist sein will, die den Namen Pancheia trägt. Auf dieser Insel stößt er in einem prächtigen Zeus-Tempel auf eine goldene Stele, auf der eine Inschrift eingemeißelt ist. Diese berichtet von den Taten der Götter Uranos, Kronos und Zeus. Diese Götter seien zuerst Menschen, d. h. Heroen und Könige gewesen. Erst nach ihrem Tode seien sie vergöttlicht worden.

Die im Hellenismus üblich gewordene Vergöttlichung der Monarchen verwandelt sich bei Euhemeros in eine kritische Theorie der Religion. Der Apologet Laktanz (inst. I,18) (3./4. Jh. n. Chr.) hat in ihr den Beweis für die bloß menschlichen Götter der Heiden sehen wollen. Der Wortlaut der Erzählung legt es auch nahe, im Euhemerismus eine Religionskritik zu vermuten, nach der Götter eben nur idealisierte Menschen sind. Allerdings ist zu bedenken, daß der Hellenismus nicht aus dem Feuerbachschen Geist des 19. Jh.s gedeutet werden kann. Göttliche Mächte scheint Euhemeros durchaus anzuerkennen. Die eigenartige »Religiösität« des Hellenismus gibt auch in dieser Utopie Rätsel auf.

Die ideale Ordnung des Euhemeros ist eine Stadt mit drei Ständen: Priester – Soldaten – Bauern. In ihr ist das Privateigentum, bis auf das Eigentum an Haus und Garten, abgeschafft. Jeder erhält, was die Priester ihm zuteilen. Diese selbst dürfen doppelte Anteile beanspruchen. Auch diese ungleiche Verteilung der Erträge könnte man als eine indirekte Rechtfertigung der vergöttlichten Monarchen und ihres Anspruches auf das Mehr-Haben-Wollen verstehen. In Euhemeros (wie v. Pöhlmann [3]1925 Bd. 2, 375) unbedingt einen Sozialrevolutionär erblicken zu wollen, ist wohl eher dem Geist des 19. und 20. Jh.s geschuldet, als daß es dem märchenhaften Ton der *Heiligen Inschrift* entspräche.

4.5. Iamboulos (3. Jh. v. Chr.)

Der Historiker Diodorus Sicilus (1. Jh. v. Chr.), Verfasser der großen *Bibliothēkē*, einer Geschichte der Welt von ihren Anfängen bis zur römischen Eroberung Britanniens, überliefert die Zusammenfassung einer Utopie (II, 55–60), die eine gewisse Ähnlichkeit mit der des Euhemeros aufweist. Ihr Verfasser ist ein gewisser Iamboulos. Seine Utopie ist gefärbt von der seit Onesikritos aufgekommenen Indienromantik. Iamboulos erzählt von einer Reise zu den Sonneninseln, die er auf der Fahrt von Arabien und nach einer Gefangenschaft in Äthiopien erreicht haben will. Die Äthiopier müssen – einem Orakel folgend – alle 600 Jahre zwei Fremde zu den Inseln schicken. Werden sie dort freundlich aufgenommen, bedeutet dies 600 Jahre Glück.

Iamboulos erreicht die Insel, und er weiß von ihr Erstaunliches zu berichten. Er trifft auf Menschen mit gespaltener Zunge, die alle Laute nachahmen können und zwei Gespräche zur gleichen Zeit zu führen vermögen; er sieht ein seltsames Tier, mit dessen Blut man abgetrennte Körperteile wieder ankleben kann; er beobachtet, wie man Neugeborene auf Vögel setzt, um ihre Lebenstüchtigkeit zu testen, und er sieht, wie Alte und unheilbar Kranke Gift zum Sterben nehmen. Die Ehe ist den Bewohnern der Sonneninsel unbekannt. Man lebt in einer (an Platon erinnernden) Gemeinschaft von Frauen und Kindern, die in Gruppen von jeweils 400 Menschen unter der Leitung von Ältesten stehen. Man verehrt die Sonne und andere Himmelserscheinungen, und man lebt in einer ganz und gar nicht feindlichen, sondern freundlichen, quasi alles von sich aus spendenden Natur.

Die *Reise zu den Sonneninseln* nimmt manches vorweg, was in den neuzeitlichen Utopien bei Morus und Campanella wiederkehren wird. Pöhlmann wurde durch den Roman sogar an das Gothaer Programm der Sozialistischen Arbeiterpartei Deutschlands erinnert ([3]1925, 309). Bei Iamboulos überwiegt jedoch das Interesse am Märchenhaften und Phantastischen sein Interesse an Ökonomie und Gesellschaft bei weitem. Schon passender ist deshalb ein anderes Wort v. Pöhlmanns, der Iamboulos »einen sozialökonomischen Jules Verne« (Bd. 2, [3]1925, 305) nennt.

5. Die Philosophen-Schulen des Hellenismus (Kyniker, Epikureer, Stoa)

In der Zeit des Hellenismus treten neben die Akademie und das Lykeion die Philosophen-Schulen der Kyniker, Epikureer und Stoiker. In diesen Schulen gewinnt das Interesse an der privaten Lebensführung den Vorrang vor der Politik. Der große Konflikt des Sokrates, daß er Philosoph und Bürger in einem sein wollte, hat sich für die Philosophen des Hellenismus gelöst. Sie sind in erster Linie Philosophen, Bürger dagegen nur noch, wenn es sich denn nicht vermeiden läßt und das eigentlich philosophische Lebensziel ansonsten gefährdet ist.

5.1. Die Kyniker

5.1.1. Antiker Kynismus im Überblick

Der bis heute bekannteste Kyniker, der das Bild des Kynismus entscheidend geprägt hat, ist Diogenes, der in einem Faß, in einem großen Vorratskrug (*pithos*) gehaust haben soll (Diog. Laert. VI, 22; G 174). Bis heute gilt er als der Prototyp des Kynikers, seiner Aggressivität und Radikalität. In Wahrheit gab es wohl verschiedene Formen des Kynismus, zahmere (Antisthenes, Krates, Bion) und wildere (Diogenes). Nur erinnert man sich eher des wilderen Kynismus, wie ihn Diogenes vorgelebt hat.

Als Vater des Kynismus gilt – was allerdings nicht unumstritten ist – Antisthenes. Erste Jünger des Diogenes waren Monimos, Krates und dessen Ehefrau Hipparchia. Daß eine Frau Kynikerin sein konnte, weist auf die Aufhebung der gesellschaftlichen und politischen Schranken hin, die für den Kynismus kennzeichnend ist. Mann oder Frau, Herr oder Sklave, Bürger oder Fremder, solche Unterschiede interessieren die Kyniker nicht mehr.

Im 3. Jh. v. Chr. gewinnt der Kynismus eigene literarische Formen. Man fingiert Kynikerbriefe wie die *Anarchasisbriefe*, in denen der »edle Wilde« erfunden wird. Der Kynismus begegnet in der Form von Satiren und Parodien (bei Menipp von Gadara). Bion vom Borysthenes (ca. 300–250 v. Chr.) erfindet die »Diatribe«. »Diatriben« sind allgemein verständliche, populäre, mit Anekdoten, Zitaten, Dialogen aufgeputzte Abhandlungen, die nah am zwanglosen, umgänglichen Gespräch sind (*diatribein* heißt so viel wie »bei jemandem verweilen«, »mit jemandem Umgang haben«). Diatriben beeinflussen die römische Dichtung (Horaz) und Philosophie (Seneca). Auch gehen sie mit dem christlichen Stil von Predigt und Verkündigung eine Verbindung ein, die von Paulus bis zu den griechischen Kirchenvätern (etwa Gregor von Nazianz) reicht (Downing 1992).

Eine Welle des Kynismus, geradezu eine Kynismus-Mode, gibt es in der römischen Kaiserzeit. Dion Chrysostomos (ca. 40–112 n. Chr.), der Gegner Domitians und Freund Trajans, ist vom Kynismus beeinflußt. Er schreibt nicht nur *Über Alexanders Tugenden*, er schreibt auch Diogenes-Reden. In ihnen findet sich die ausführlichste Version der berühmtesten aller Kyniker-Anekdoten, der Anekdote von Diogenes und Alexander.

Viel beachtet wurde der Peregrinus Proteus, ein Kyniker, dem vielleicht deshalb so viel Aufmerksamkeit geschenkt wurde, weil er, vor seiner Hinwendung zum Kynismus, Christ gewesen war. Dieser Peregrinus Proteus hat sich bei der Olympiade des Jahre 165 n. Chr. öffentlich verbrannt. Er war ein seltsamer Heiliger, den Lukian als einen Scharlatan karikiert (pereg.) Kyniker findet man bis zum Ende des römischen Reiches. Noch der Kaiser Julian befaßt sich kritisch mit dem Kynismus, innerhalb dessen er eine schlechte von einer wahren Form unterscheiden will (or. 7; 9).

Seinem Individualismus zum Trotz ist der Kynismus von Einfluß auf das Herrscherbild der hellenistischen Jahrhunderte und der römischen Kaiserzeit. Wie man Alexander und das Königtum einschätzte, dafür ist der Kynismus eine bedeutende Quelle. In Rom erreicht der Kynismus sogar die Throne, auch wenn wohl nur bei Trajan von einer Beeinflussung durch das kynische Herrscherideal die Rede sein kann. Das Interesse des Kaisers Julian wiederum, der das Christentum noch einmal aufhalten und zu den heidnischen Kulten zurückkehren wollte (siehe Bd. II), galt Religion und Ethik. Julian wollte den älteren Kynismus als noch frommen und ehrenwerten abgrenzen vom neueren, den er nur noch als ungebildet, schamlos und frech empfand.

5.1.2. Quellen und Überlieferungen

Der Kynismus ist eher eine Lebensform als eine Theorie, eher eine Praktik als eine Doktrin. Zwar sind auch große Werkkataloge bekannt. Aber es ist kein Zufall, daß die Überlieferung fast nur aus Aussprüchen und Anekdoten, Satiren und Reden besteht. Die historische Wahrheit läßt sich beim älteren Kynismus kaum noch ermitteln. Eher möchte man oft sagen, daß die vielen Anekdoten, wenn auch nicht wahr, so doch gut erfunden sind.

Die Hauptquelle für der älteren Kynismus, für Antisthenes, Diogenes und dessen erste Schüler, ist Diogenes Laertius (VI. Buch). Andere Quellen finden sich bei Dion Chrysostomos, Lukian und Kaiser Julian, ferner bei Stobaios, Strabon, Philodem und anderen. Ein fast vollständige Textsammlung bietet Giannantoni (1983 Bd. 2), eine deutschsprachige Auswahl Luck (1997).

5.1.3.   Wie die Philosophie auf den Hund gekommen ist

Von der Faszination des Kynismus, seiner provokatorischen Kraft und seiner politischen Bedeutung mag die Übersicht über seine antike Prominenz noch wenig verraten. Sie erschließt sich eher, wenn man sich fragt, wie die Kyniker zu ihrem Namen kamen oder die Philosophie auf den Hund. Beides ist eine einzige Geschichte, der sich nachzugehen lohnt.

5.1.3.1. Etymologische Erklärung

Der Name »Kyniker« leitet sich ab vom griechischen Wort *kyōn*, »Hund«. Es handelt sich also um einen Spitznamen. Ein solcher kann viele Assoziationen wecken, auch irreführende.

So hat uns Diogenes Laertius eine falsche Erklärung gegeben. Er führt den Namen auf Antisthenes zurück, der am Gymnasium Kynosarges unterrichtete. Auch nennt er den Antisthenes den »Haplokyon«, den »Hund an sich« (VI, 13 G 22). Diogenes Laertius hatte ein großes, ein allzugroßes Interesse an einer lückenlosen Genealogie, die den Kynismus über Antisthenes bis zu Sokrates zurückführen sollte. Antisthenes war in der Tat ein Hörer des Sokrates gewesen. Die persönliche Verbindung der Philosophen läßt sich nicht leugnen. Etymologisch, zur Erklärung des Namens »Kyniker« taugt sie dagegen nicht.

Eine andere falsche Spur wird gelegt, wenn man das berühmte Standbild eines Kynikers, das in der Villa Albani steht (und vermutlich Diogenes zeigt), allzu realistisch nimmt. Man sieht einen nackten alten Mann mit einem Stock, einer Schale und einem Hund. Es fehlen nur noch der Mantel und der Ranzen, dann wäre die Ausstattung dieses Kynikers auch schon komplett, dann hätte die Gestalt schon alles bei sich, was ein Kyniker zum Leben braucht. Aber die Kyniker heißen nicht »Hunde«, weil sie – wie manche Landstreicher von heute – mit Hunden herumgezogen sind. Zwar sind sie den Landstreichern durchaus verwandt; sie wandern umher, sie treiben sich herum, sie betteln. Aber ihr Name geht auf andere Ursprünge zurück. Am wahrscheinlichsten ist die Hypothese, die den Namen darauf zurückführt, daß man die Lebensweise der Kyniker mit jener von Hunden verglichen hat. Auch da mag man an vieles denken. Zwei Vergleiche standen jedoch vermutlich im Vordergrund.

Der erste zielt auf die Bissigkeit der Kyniker. Kyniker sind bissig, und Diogenes sagt über Platon, welchen Sinn hat eine Philosophie, die niemandem je noch weh getan hat (mor. 452d)? Kyniker üben scharfen Spott. Sie lästern, sie provozieren, und sie machen, was anderen hoch und heilig ist, lächerlich. Der zweite Vergleich zielt auf die Schamlosigkeit. Kyniker sind »schamlos« (*anaidōs*, sans gêne). Wie die Hunde so machten sie alles in der Öffentlichkeit, aber auch alles. Von Diogenes heißt es, er pflegte »alles in der Öffentlichkeit zu tun, sowohl was die Demeter betrifft als auch die Aphrodite« (Diog. Laert. VI, 69; vgl. Philod. Nr. 339, G 126). Der Kyniker reibt sich an Kultur und Zivilisation. Kyniker wollen zurück zur Natur, allerdings zu einer, die von der animalischen nicht mehr zu unterscheiden ist. Sie sind Aussteiger. Aber sie bedürfen auch der Öffentlichkeit, die das Publikum für ihr schockierendes Treiben stellt. Ob arme Hunde oder sich so ›kannibalisch wohlfühlend‹ wie jene 500 Säue, von denen in Auerbachs Keller die Rede ist, Kyniker sind seltsam städtische und öffentliche Figuren, aller Regression zum Animalischen und aller Aussteigerei zum Trotz.

5.1.3.2. Genealogische Erklärungen

a) Tollgewordene Sokratiker

Genealogisch kann man den Kynismus als eine Abart des Sokratismus verstehen, Sokratismus vermischt mit Sophistik und in der Mischung beider Schulen etwas Neues erzeugend. Der Kynismus ist ein Bastard, der von eigentlich unverträglichen philosophischen Schulen erzeugt worden ist. Platon selbst soll den Diogenes den »verrückt gewordenen Sokrates« genannt haben (var. hist. XIV, 33), eine treffliche Kennzeichnung. Schon Sokrates war barfuß gegangen; schon er hatte sich mit einem schäbigen spartanischen Mantel begnügt. Der Kyniker steigert diese Askese zu einer Bedürfnislosigkeit, die nur noch die biologischen Existenzminima befriedigen will. Stehen die Kyniker als Asketen durchaus in der Nachfolge des Sokrates, so fehlt ihnen die urbane Zivilität und die Bürgerlichkeit des Sokrates. An die Stelle des geselligen Symposiums treten Aussprüche und Aktionen einzelner. An die Stelle der sublimen Ironie des Sokrates treten die scharfe Kritik, die Lästerei, die Obszönität. Die Kyniker sind die großen Abspanner, die die repressive Sublimierung der Kultur unterlaufen, und es verwundert, daß sie von Marcuse nicht als Vorbild für sein Programm einer emanzipatorischen Entsublimierung entdeckt worden sind.

b) Halbe Sophisten

Im Kynismus steckt neben wildgewordenem Sokratismus auch ein Erbe der Sophistik. Man setzt Nomos und Physis einander entgegen. Der Nomos wird umgewertet und entwertet. Er ist den Kynikern wie den Sophisten bloße Konvention. Der tragische Konflikt des Sokrates zwischen Gesetzesgehorsam und aufklärerischer Philosophie ist aufgelöst. Der Nomos wird den Kynikern eine Münze ohne Wert, er ist ihnen nur noch falsches Geld.

Der sokratisch-platonische Dialog wird ersetzt durch den rhetorischen Schlagabtausch. Man sucht wieder nach Reden, die den Gegner auf die Matte werfen und ihm die Luft ausgehen lassen. Mit ihren scharfen Worten und Aktionen sind die Kyniker manchmal nahe an der Prügelei und an der Prügelszene. Die Kyniker sind die Prügelknaben der Kultur, die Philosophen fürs Grobe. Sie prügeln jene Kultur, die sie selbst geprügelt hat. Sie schlagen zurück. Offenbar befinden sie sich in einem Zustand geistiger Notwehr und Notdurft.

c) Revolutionäre der Kultur

Die Kyniker weisen voraus auf die Aussteiger kommender Jahrhunderte, von den Eremiten und Asketen bis zu den Hippies und Aktionskünstlern. Sie sind Virtuosen des Rückzugs. Aber man täusche sich nicht darüber, welche politische Brisanz in einem solchen Leben des Rückzugs liegen kann! Anders als die Epikureer ziehen sich die Kyniker nicht in stille Winkel der privaten Glückssuche zurück. Sie gehen auf den Markt. Sie sind Figuren der Stadt. Zwar kann man lange diskutieren, ob sie überhaupt eine Schule bilden oder ob sie philosophische Einzelkämpfer sind. Aber eine öffentliche Rolle spielen sie, und das Wort Rolle ist bei ihnen wie bei den Stoikern durchaus angebracht. Sie sind Schauspieler, Selbstdarsteller. Ihre Rollen reichen vom Eulenspiegel und Hanswurst bis zum seltsamen Heiligen und zum Bürgerschreck. Mal unterhaltsam, mal verstörend, mal wild, mal zahm, in jedem Fall ist der Kyniker ein Revolutionär der Kultur. Er will auf seine Art zerstören, was ihn zerstört hat. Er ist eine Endgestalt der Aufklärung, in welcher der Vernunft nur noch die Selbstbehauptung des Einzelnen verbleibt, koste es kulturell, was es will.

5.1.4.   Antisthenes (445–365 v. Chr.)

5.1.4.1. Ein Protokyniker

Als Vater des Kynismus kann Antisthenes gelten, auch wenn dies vom Historiker der Kynismus Dudley ([2]1967) oder von E. Schwartz ([2]1943) bestritten worden ist. Sicher, im Vergleich zu Diogenes fehlt diesem Antisthenes das Provokante. Er lebt nicht in einer Tonne. Er ist kein Tu-Nix und kein Bettler. In das zivile Leben scheint er noch integriert zu sein, sei es als Lehrer am Gymnasium, sei es als Teilnehmer an der Schlacht von Tanagra (Diog. Laert. VI, 1; G 3). Das Bürgerrecht dürfte Antisthenes allerdings nicht besessen haben, da seine Mutter eine Thrakerin gewesen sein soll (Diog. Laert. VI, 1; G 1).

Antisthenes war ein Schüler des Sokrates (Patzer 1970). Vermutlich hat er noch vor Platon Dialoge geschrieben, und offensichtlich hat er mit Platon konkurriert. Die Ideenlehre hat er mit einem banalen Argument lächerlich zu machen versucht: »Ein Pferd sehe ich, Platon, nicht aber eine Pferdheit«. Das ist billige Kritik. Ein Schüler des Sokrates war Antisthenes allerdings nicht weniger als Platon. Er war der erste, der den Asketismus des Sokrates radikalisiert hat. In Xenophons *Symposion* begegnet er als ein Unterredner, der die Bedürfnislosigkeit propagiert. »...Ich habe genug«, sagt er »um beim Essen satt zu werden, beim Trinken den Durst zu löschen und mich so zu kleiden, daß ich draußen nicht stärker friere als unser schwerreicher Kallias hier« (VI, 37).

Antisthenes bleibt dem Sokrates nahe, wenn er das Glück durch die Tugend definiert. Sie sei »ausreichend« und bedürfe zusätzlich nur noch »der Kraft des Sokrates« (Diog. Laert. VI, 11; G 134). Wie es diese Hervorhebung der »Kraft des

Sokrates« verrät, war Antisthenes kein Hedonist. Eher verband er die Askese mit Mühe und Plage, mit *ponos* (Diog. Laert. VI, 2; G 85). »Ponos« ist ein Begriff, der auch bei Xenophon eine erhebliche Rolle spielt. So wie Herakles bei den hellenistischen Königen zum Idealbild des Herrschers wird, so wird er bei Antisthenes und anderen Kynikern zum Vorbild des Kampfes mit den Begierden (ebd.). Vielleicht liegt darin der letzte Rest an Heroismus und Agonalität, der den Kynikern noch verblieben ist.

An die Stelle des allgemeinen Wettstreits tritt der Kampf des Einzelnen mit sich selbst. Manche Aussprüche wie »lieber wahnsinnig werden als sich von Lust überwältigen lassen« (Diog. Laert. VI, 6; G 122), klingen wie die Parolen einer Abwehrschlacht. Antisthenes wollte Aphrodite, so er ihrer habhaft werden könnte, »erschießen« (Clem. Al. Strom. II, 20, 107, 2; G123). Auch pries er, was gemäßigter klingt, die Lust, »die nach den Mühen, nicht vor ihnen« kommt (Stob. III, 29, 65; G 126).

5.1.4.2. Antisthenes' »Politik«

Im Werkkatalog des Antisthenes, den Diogenes Laertius überliefert, tauchen gleich mehrere Schriften auf, die das Königtum, die Stadt oder das Gesetz im Titel führen. Allein zwei Schriften sind dem Kyros gewidmet (Diog. Laert. VI, 15–18). Was der Inhalt dieser Schriften gewesen sein könnte, läßt sich nur noch erraten. Vermutlich wurde aus dem Monarchen eine Art Kyniker gemacht, ein sich Mühender und Plagender, ein für die kynische Autarkie vorbildlicher Mensch. Oder es wurde, wie in den Alexander-Anekdoten, der Kontrast zwischen den Abhängigkeiten des Monarchen und der Autarkie des Kynikers herausgestellt.

Was wir mit einiger Sicherheit über die Politik des Antisthenes wissen, zeigt eine Philosophie des Individualismus und des Rückzugs aus der Politik, ferner eine stark an Sokrates erinnernde Politikauffassung, deren demokratiekritische Töne nicht zu überhören sind.

a) Individualismus und Adoxia

Von Antisthenes ist ein Wort überliefert, das allerdings auch dem Diogenes in den Mund gelegt wird. Es verrät, wie sehr der Einzelne mit seinen Interessen Maßstab der Politik geworden ist. »›Wie soll man sich der Politik nähern?‹ ›Es ist wie beim Feuer: Geh' nicht zu nahe, damit du nicht verbrennst, und bleib' nicht zu weit weg, damit du nicht erfrierst‹.« (Stob. IV, 4, 28; G 70) Das klingt pragmatisch, eigentlich auch ganz vernünftig, wenn man andere Interessen als politische hat. Es klingt aber auch ein wenig ängstlich, so als ob man sich im politischen Geschäft nur die Finger verbrennen kann. Vielleicht steht dahinter auch die philosophisch beachtliche Einsicht, daß die Nähe zur Macht das Denken korrumpiert, Macht und Vernunft zueinander in Spannung stehen.

»Es ziemt sich nicht für einen Philosophen, mit Monarchen zu verkehren...«, so beginnt einer der *Sokratiker-Briefe* (Nr. 8, G 206) (Antisthenes an Aristipp). Viele Philosophen der hellenistischen Jahrhunderte sind offenbar dieser Meinung gewesen. Auch die Stoiker weisen Einladungen an Höfe gern zurück. Die Kyniker gefallen sich darin, ihre radikale Selbständigkeit, ihr, wenn man so sagen darf, individuelles Königtum, auszuspielen gegen das Leben der Monarchen, die nur scheinbar frei und nur scheinbar ihrer selbst mächtig sind.

Anders als der Epikureer lebt der Kyniker nicht im Verborgenen. Aber er lebt im Konflikt mit der öffentlichen Meinung, mit den Gewohnheiten, mit dem, was man für schicklich hält. Vermutlich hat Antisthenes in diesem Sinne die Adoxia als »ein Gut« gepriesen (Diog. Laert. VI, 11; G 134). Man kann *adoxia* übersetzen, je nach Schärfe der Opposition, mit »Ruhmlosigkeit«, »mangelnder öffentlicher Anerkennung«, »Nichtbeachtung« oder auch »Schande«. Das alles macht dem Kyniker rein gar nichts aus.

b) Esel und Pferde, Hasen und Löwen. Antisthenes' Kritik der Demokratie und seine sokratische Politik

Von Antisthenes sind zwei Aussprüche überliefert, die ihn als einen Kritiker der Demokratie ausweisen. Den Athenern soll er geraten haben, »die Esel für Pferde zu erklären, und als sie dies als unsinnig abwiesen, sagte er: ›Bei euch kann man ja auch Feldherr werden, ohne etwas gelernt zu haben, durch bloßes Handaufheben‹« (Diog. Laert. VI, 8; G 72). Antisthenes kritisiert damit, ähnlich wie Sokrates (Prot. 319d), die demokratische Vernachlässigung der Kompetenz. Vermutlich stand Antisthenes auch das sokratische Gegenmodell vor Augen, die Herrschaft der Kompetenten und Tüchtigen, die Aristokratie der Tugend. Einige seiner Lehren atmen einen der Platonischen *Politeia* verwandten Geist. Er zeigt sich in der Gleichsetzung von Adel und Tugend, in der Forderung nach einer Freundesgemeinschaft der Tüchtigen und in der Anerkennung der gleichen Tüchtigkeit von Mann und Frau (Diog. Laert. VI, 12; G 134).

Man wüßte gern mehr über eine Fabel des Antisthenes, die von Löwen und Hasen handelt und von Aristoteles überliefert wird. Denen, die Gleichheit fordern, heißt es bei Aristoteles, werde vermutlich das entgegnet, »was nach der Fabel des Antisthenes die Löwen zur Antwort gaben, als die Hasen in einer Versammlung demagogische Reden hielten und forderten, alle müßten gleiches Recht haben« (Pol. III, 13, 1284a15 ff.). Aristoteles überliefert uns die Antwort der Löwen nicht. Aber vermutlich hat sie darin bestanden, daß die Löwen die Hasen fragten, wo denn ihre Krallen und Zähne seien (Aesopica).

Die Fabel dokumentiert noch einmal die demokratiekritische Einstellung des Antisthenes, insbesondere seine Kritik der demokratischen Gleichheit. Ob mit der Fabel darüber hinaus eine sophistische Lehre vom Naturrecht des Stärkeren zu verbinden ist, läßt sich nicht entscheiden. Der Abschnitt, in dem das Zitat bei Aristoteles begegnet, ist einer der kontroversesten der Aristotelischen *Politik*. Es ist jener berühmte Abschnitt, in dem Aristoteles die Herrschaft des Gesetzes über Gleiche unterscheidet von dem Sich-selbst-ein-Gesetz-Sein jenes Mannes, der alle an Tugend überragt. Es ist also jener Abschnitt, in dem »vom Gott unter Menschen« die Rede ist, jener berühmten Wendung, die immer wieder auf Alexander bezogen wurde (Hegel, Oncken, Tarn), bei Aristoteles jedoch einen anderen Sinn besitzt (siehe hier XIV. 4.2.7.1.).

5.1.5. Diogenes (ca. 404–323 v. Chr.)

Der Kynismus wäre nicht, was er wurde, eine bis heute diskutierte Philosophie, gäbe es nicht den Diogenes, die für den Kynismus entscheidende Gestalt. Über sein Leben ist wenig Zuverlässiges bekannt. Was wir wissen, ist, daß er kein Athener war, sondern aus Sinope stammte, daß er von dort geflohen ist und sich in Athen und Korinth aufgehalten hat, daß er, was immer er gesagt und getan haben mag, ein offensichtlich schlagfertiger, witziger, die Menschen in höchstem Grade beeindruckender Philosoph gewesen ist.

Von der Aktualität und der enormen Wirkungsgeschichte des Diogenes gibt die Untersuchung von Niehues-Pröbsting (1979) das beste Zeugnis. Daran anknüpfend hat Sloterdijk in seiner *Kritik der zynischen Vernunft* (1983) den Kynismus wieder populär gemacht. Eine Geschichte des Kynismus (mit umstrittenen Datierungen und Einordnungen) hat Dudley verfaßt (1937). Die bekannteste aller Diogenes-Anekdoten, die von Diogenes und Alexander, wird gedeutet von Tarn (1939), Höistadt (1948) und Niehues-Pröbsting (1979, 87 ff.). Eine Übersicht über Werk und Wirkung findet sich im neuen Ueberweg (Döring, in: Flashar 1998, 280–295, 315 ff.).

5.1.5.1. Diogenes' Umwertung der Werte

Diogenes ist ein Umwerter der Werte. Er ist sogar der Erfinder des Wortes. *Paracharattein to nomisma*, »die Münze umprägen« (Diog. Laert VI, 20; G 2, 5–6) – von diesem Wort hat Nietzsche seine »Umwertung der Werte« genommen, so wie manches in Nietzsches Philosophie auf Diogenes anspielt. Am bekanntesten ist der Aphorismus vom »tollen Menschen«, in dem Nietzsche den Diogenes den »Tod Gottes« verkünden läßt (Fröhliche Wissenschaft Nr. 125).

»Die Münze umprägen« – das Wort besitzt einen mehrfachen Sinn. Der zunächst naheliegende ist ein biographischer. Der Vater des Diogenes, der Bankier oder Vorsteher der Münze von Sinope war, soll (entweder allein oder im Verein mit Diogenes) Münzen »umgeprägt«, das heißt, entwertet oder gefälscht haben (Diog. Laert. VI, 20; G 2). Diogenes selber soll es getan haben, nachdem ihn das Orakel von Delphi (oder Delos) aufgefordert haben soll: »Präge die Münze um!«.

Was an dieser Anekdote historische Wahrheit ist, wird sich kaum noch feststellen lassen. Der Versuch, anhand entwerteter Münzen aus Sinope den Nachweis der historischen Zuverlässigkeit zu erbringen (Seltmann 1930), geht am mehrfachen und eigentlichen Sinn des Wortes vorbei. So ist es schon augenfällig, daß ein Teil der Anekdote sich daraus erklärt, daß Diogenes mit Sokrates konkurriert. Auch Diogenes erhält sein Orakel. Auch er hat mit dem »Umprägen der Münze« eine griffige Formel für seine Philosophie. Sokrates hatte sie mit dem Beruf seiner Mutter verbunden, die Hebamme gewesen war. Diogenes kann seine Philosophie verbinden mit dem Beruf des Vaters, der Münzen »umgeprägt« hat (Diels 1894, 313 ff.). Man merkt die Absicht, und man versteht, daß der eigentliche Sinn des Wortes nicht an einer faktisch vollzogenen »Umprägung« von Münzen hängt.

Wie jedes Orakel so ist auch das des Diogenes von schöner Vieldeutigkeit. Schon das Wort *nomisma* kann »Münze« bedeuten, aber auch auf *nomos*, auf »Sitte« und »Brauch« verweisen. Eigentlich umgeprägt wird der Nomos, was selbst wieder einen doppelten Sinn haben kann. »Umprägen« kann bedeuten »entwerten« oder »umwerten«. Wenn die gängige Münze »entwertet« wird, ist sie nur noch falsches Geld; wenn sie »umgewertet« wird, entsteht entweder neues oder aber wiederum falsches Geld.

Der Kyniker ist, versteht man das »Umprägen der Münze« recht, nicht eigentlich ein Münzfälscher. Vielmehr will er entwerten, was er schon als falsches Geld erkannt hat. Das gilt zunächst wieder wörtlich im Blick auf das Geld, das Maßstab und Maß bürgerlicher und zivilisierter Gesellschaften ist. Der Kyniker kritisiert den Zusammenhang von Geld und Geltung. Er opponiert gegen den Zynismus des Geldes, das allem und jedem seinen Preis verleiht und das alles und jedes auf den Markt bringt. »Geldgier ist die Heimat aller Übel« (Diog. Laert. VI, 50; G 228). »Reich« ist nur, wer »selbstgenügsam« ist (G 241). Das Geld, das alle Werte verwertet, hat für den Kyniker keinen Wert.

Wenn der Kyniker die gängige Münze entwertet, dann setzt er außer Geltung, was für ihn falsches Geld ist. Zugleich kann die Entwertung aber auch eine Umwertung sein. Umgewertet wird vom Nomos zur Physis, ähnlich wie in der Sophistik, aber mit dem Unterschied, daß die Physis, die der Kyniker sucht, die der minimalen Bedürfnisse ist.

Ein hübsche Anekdote läßt diese Umwertung als vorauseilenden Gehorsam einer Avantgarde verstehen. Die Umwertung nimmt vorweg, was sowieso kommen wird. Auf die Frage, wie er bestattet sein wolle, antwortet Diogenes: »Auf dem Gesicht liegend«. Warum gerade so? »Weil in kurzer Zeit das Untere zuoberst gekehrt werden wird« (Diog. Laert. VI, 31, 32).

5.1.5.2. Defensive und aggressive Formen kynischer Umwertung

Die Umwertung, die Diogenes vollzieht, hat defensive und aggressive Formen. Defensiv zeigt sie sich als Rückzug auf die natürlichen Minima der Selbsterhaltung, aggressiv in den Ausdrucksformen des Kynikers, im Witz, im Lachen, im Spotten, in der kynischen Aktion sowie im Happening, das Diogenes erfunden hat.

a) Defensive Umwertung

Der Rückzug auf existentielle Minima
Diogenes hat bekanntlich auf Haus und Wohnung verzichtet. Sein Leben im Vorratskrug demonstriert die kynische Unabhängigkeit von Haus und Heim, so wie sein Wegwerfen des Bechers zeigt, daß der Kyniker sich mit dem Allernötigsten bescheidet (Diog. Laert. VI, 37). Wer Mantel, Ranzen und Stock besitzt, hat alles, was er braucht. Der Lebensstil des Kynikers zieht aus der Entwertung der Werte die radikale Konsequenz. Er macht die Entwertung an sich selber mit, und er wertet sie schließlich um, indem er aus den Verlusten das Beste zu machen versucht.

Der Kyniker zeigt denen, die noch an den alten Werten hängen, daß man auch anders leben kann. Er ist für die Gesellschaft ein lebendes Fragezeichen.

Der Rückzug auf die existentiellen Minima steht im Zeichen der Autarkie und Unabhängigkeit. Zunächst ist er defensiv, jedoch kann er in Aggression umschlagen, wenn der Kyniker sich immer weiter von der Normalität entfernt. Diogenes soll in seiner *Politeia* Kannibalismus und Inzest verteidigt haben, so wie er diese Tabubrüche auch in ihm zugeschriebenen Tragödien (einem *Thyestes* und einem *Oedipus*) dargestellt haben soll (Diog. Laert. VI, 73; G 126, 134). Man glaubt es kaum. Schon der Kyniker in der Rolle des Tragödienschreibers kommt einem seltsam vor. Aus was soll sich ein tragischer Konflikt noch speisen, wenn der Kyniker sowieso alles hinter sich läßt und ihm nur noch ein Interesse an Autarkie und Unabhängigkeit übrigbleibt? Vermutlich diente die »Rechtfertigung« von Kannibalismus und Inzest der Lust an der Provokation. Man konnte damit demonstrieren, wie radikal man den Nomos zu entwerten verstand.

Die kynische Kosmopolis

Der Kyniker ist stolz auf den Verzicht. Er brüstet sich mit dem, was er zum Leben nicht braucht. Das Streben nach Autarkie führt jedoch auch zu Verlusten, und der größte Verlust ist der der Heimat und der Heimatstadt.

»Der Vaterstadt, dem Haus, der lieben Heimat fern,
ein Bettler, Flüchtling, kämpfend um sein täglich Brot« (Diog. Laert. VI, 28)

Mit diesen Worten der Tragödie kennzeichnet Diogenes sich selbst. Die Freiheit des Kynikers ist die Freiheit, nichts mehr zu verlieren zu haben, weil man alles schon verloren hat.

Eine Frage ist, ob der Kyniker eine neue Heimat gewinnt, ob sein neues Zuhause die Kosmopolis ist. Auf die Frage, woher er stamme, soll Diogenes geantwortet haben: »Ich bin ein Weltbürger« (Diog. Laert. VI, 63; G 335). Der Historiker Tarn (1939) versteht dies so, daß damit nur die Anzeige eines Verlustes zum Ausdruck gebracht wird. Diogenes ist eben kein Bürger einer konkreten Stadt mehr, weder von Sinope noch Athen, noch Korinth. Er ist ein armer Hund, und er hat nichts mehr als den Himmel über sich, den er seine »Heimat« nennen kann.

b) Formen aggressiver Umwertung

Der Kyniker beansprucht für sich selbst eine spezifische Form von Freiheit. Sein Leben ist allerdings nur möglich in Gesellschaften, die ein erhebliches Maß an Abweichung und Provokation dulden. Wer läßt sich schon gerne zum Objekt von Witz und Spott machen? Nicht jeder schätzt provozierende Aktionen der kynischen Art. Der Kynismus ist ein Zeichen für die enorme Liberalität, zu welcher eine Polis wie Athen fähig gewesen ist.

Parrhesia

Auf die Frage, was das schönste im Leben sei, sagt Diogenes: »das freie Wort« (*parrhēsia*) (Diog. Laert. VI, 69). Parrhesia ist der Begriff für Redefreiheit, und die

Redefreiheit war eine Grundlage der attischen Demokratie. In Athen kam sie nicht allein den Bürgern in den Versammlungen zu. Sie war auch eine Sache der Komödie. Diese durfte über Politiker und stadtbekannte Figuren spotten, sie durfte in höchstem Grade politikkritisch sein. Der Kyniker ist weniger ein Erbe der bürgerlichen Redefreiheit als ein Erbe der Spott- und Lästerlizenz der Komödie. Zwar teilt er mit dem Bürger den Mut, in die Öffentlichkeit zu treten. Vielleicht übertrifft der Mut des Kynikers sogar den des Bürgers, da der Kyniker eine extrem abweichende Meinung in die Öffentlichkeit bringt. Auf der anderen Seite ist die Redefreiheit des Kynikers nahe an der Narrenfreiheit. Sie ist eine politisch unverantwortliche Form der Rede, mehr einseitige Demonstration als Dialog, und sie ist ohne direkten Zusammenhang mit Entscheidung und Beschluß, die ansonsten die Konsequenz politischer Rede sind.

Scherz und Ernst

Die platonische Philosophie ist von einer eigentümlichen Spannung von Ernst und Spiel, von Ernst und Scherz geprägt. Der Witz des Kynikers ist von anderer Art. Zwar hat Strabo (XVI, 2, 29) dem Kyniker Menippos bescheinigt, daß er »Ernst mit Lächerlichem« gemischt habe (*spoudogeloion*). In Wahrheit ist das Verhältnis von Scherz und Ernst umgekehrt. Wenn Platon den Ernst im Spiele sucht, so sucht der Kyniker das Spiel im Ernst. Der Unernst wird zur Hauptsache gemacht. Der kynische Witz kann alles ins Lächerliche ziehen. Er verspielt den Ernst, der Scherz und Spiel ihren eigentlichen Sinn verleiht.

Das Bild des Kynikers schwankt nicht ohne Grund zwischen dem liebenswerten Narren und Eulenspiegel auf der einen, dem philosophischen Grobian, dem Lästermaul und dem schamlosen »Hund« auf der anderen Seite. Es ist eine Grundfrage des Kynismus, ob der Kyniker Respekt vor anderen hat oder ob das Lächerlich-Machen von allem und jedem nicht auf Menschenverachtung oder gar Menschenhaß schließen läßt.

Obszöne Aktion

Ausdruck kynischer Umwertung sind bei Diogenes Aktionen und Gesten, die provozieren und gezielt die Scham verletzen. Daneben stehen auch harmlosere Formen des ›happenings‹, so wie wenn Diogenes während einer Rede des Anaximenes einen Salzfisch in die Höhe hält und damit die Hörer abzulenken versteht (Diog. Laert. VI, 57; G 506). Bedeutsamer für die Einschätzung des Kynismus sind die gezielt schamlosen Aktionen: die Onanie auf dem Markt oder der öffentlich vollzogene Geschlechtsverkehr des Kynikerpaares Krates und Hipparchia (Diog. Laert. VI, 69, 96; G 147). In solchen Aktionen mischt sich die Lust an Regression und Entsublimierung mit der Lust am Schockieren-Wollen um jeden Preis. Der Kynismus wird dadurch zu einer Sackgasse, die allenfalls noch durch den kynischen Witz erträglich sein kann. Der Witz hält eine gewisse Spannung zwischen Natur und Kultur noch aufrecht. Er lockert die Zensur des Über-Ich nur für einen Moment. Er ist eine momentane Entladung der Kulturspannung. Die bloße Obszönität des Kynikers dagegen ist der totale Stromausfall, die reine Regression.

5.1.5.3. Diogenes und Alexander

Die berühmteste Anekdote über Diogenes erzählt von seinem (angeblichen) Gespräch mit Alexander. Es ist die berühmteste Anekdote der Antike überhaupt. In ihr dokumentiert sich, wie spätere Jahrhunderte das Verhältnis von Philosoph und Weltherrscher, von Geist und Macht zu deuten verstehen. Hier Geist, dort Macht. Hier der Ärmste, dort der Reichste. Hier der mächtigste Mann der Welt, dort ein Mensch, der nichts hat, außer sich selbst.

Die Anekdote wird schon in der Antike mehrfach überliefert, bei Plutarch (Alex. 14, 2; 671 d-e; G 32; de Alex. fort. I, 10, 331 d–332 c; G 31), bei Diogenes Laertius (VI, 38), Cicero (Tusc. VI, 92), Seneca (de ben. V, 4 f.) und Arrian (Anab. VII, 1–2), um nur die wichtigsten zu nennen. Meist hört man die Absicht heraus, den Philosophen gegen den Weltherrscher ins rechte Licht zu rücken. Es kann aber auch die Absicht des Erzählers sein, Denker und Täter zu vereinen, in beiden zugleich die großen Umwerter der Werte zu sehen.

Bei Diogenes Laertius lautet die Anekdote in schöner Kürze: »Als er (Diogenes; H.O.) sich im Kraneion sonnte, trat Alexander zu ihm heran und sagte: ›Fordere, was du wünschst‹, worauf er antwortete: ›Geh' mir aus der Sonne!‹« (VI, 38). Die Anekdote hat die Form einer »Chrie«, das ist eine kurze Erzählung mit Witz und tieferer Bedeutung. Da kommt der mächtigste Mann der Erde, der alle Wünsche erfüllen kann. Er bietet dem Philosophen an: »Fordere, was du willst!«, und der Philosoph antwortet: »Geh' mir aus der Sonne!«. Der Weltherrscher ist nichts als ein lästiger Schatten für ihn.

Die Chrie lebt von der Schärfe der Gegensätze. Der machtlose Philosoph und der mächtigste Mann der Welt; der Ärmste und der Reichste; der nur sich selbst Beherrschende und der, der alle anderen beherrscht; der, der sich alle Wünsche erfüllen kann, und der, der nur minimale Wünsche hat. Die Anekdote lebt vom Gegensatz, und sie lebt davon, daß David gegen Goliath gewinnt. Der Weltherr kann dem Philosophen nichts geben, was dieser zu seinem Glück braucht. Der Philosoph verlangt vom Weltherrn nur, was jeder Mensch ihm geben könnte, daß er ihm aus der Sonne tritt. »Bei weitem mächtiger, bei weitem reicher war er (Diogenes; H.O.) als der damalige Weltherrscher Alexander«, schreibt Seneca (de ben. V, 4). Damit sind die Werte umgewertet. Der Weltherr braucht die Weltherrschaft, um sein Glück zu finden. Der Philosoph liegt in der Sonne. Er braucht nur sich und den Sonnenschein.

Verständlicherweise ist dies die Lesart, die den Philosophen gefällt. Diogenes gewinnt. Die Anekdote spiegelt jenen Geist, der sich auch in einer anderen Anekdote wiederfindet. Alexander sagt da zum Philosophen: »›Ich bin Alexander, der große König!‹; Diogenes entgegnet: ›Und ich, Diogenes, der Hund‹« (Diog. Laert. VI, 60; G 43).

Ein andere Deutung der Begegnung von Weltherrscher und Philosoph findet sich bei Plutarch. Sie weist vielleicht zurück bis zu Onesikritos (hier 6.). Da soll Alexander gesagt haben: »Wenn ich nicht Alexander wäre, dann möchte ich Diogenes sein« (de Alex. fort. 331 d; G 31). Plutarch will dies so verstehen, daß Alexander sich damit als ein Philosoph der Tat zu erkennen gegeben hat. Alexander läßt den Kosmopolitismus des Diogenes Wirklichkeit werden, wenn er ein Weltreich schafft. »Auch ich muß«, sagt Alexander, »die Währung umprägen und den Orient durch hellenische Gesittung veredeln« (ebd. 332 c). In dieser Form ist der Sinn der Anekdote nicht die Entgegensetzung von Herrscher und Denker. Vielmehr werden Philosoph und Weltherrscher ein Paar, sie werden zum Doppelgestirn der hellenistischen Zeit.

Historisch sind diese Anekdoten nicht zu nehmen. Wenn sich Alexander und Diogenes begegnet sein sollen, dann hätte dies während des Panhellenischen Kongresses geschehen müssen, als Alexander noch gar nicht der Weltherrscher war. Die Anekdoten spiegeln die Sehnsucht der Philosophen, so etwas wie Philosophenkönige zu sein, selbst wenn sie der Politik ferne stehen. Sie wollen gleichwohl anerkannt werden als jene, die sich selbst regieren und die den Vergleich selbst mit dem Weltherren nicht zu scheuen haben. Wenn sie schon keine Könige sind, dann sollen die Könige wenigstens ausführen, was sie denken, und wer könnte dies besser als Alexander, der erste Herr eines Ost und West umspannenden Reiches.

5.1.6. Onesikritos

Als letztes Beispiel für einen Kyniker des älteren Kynismus sei Onesikritos genannt. Er hat eine gewisse Berühmtheit erlangt, weil er Alexander auf seinem Indienfeldzug begleitet hat und Kapitän von Alexanders Schiff gewesen ist. Auch ist er – neben Krates – der einzige Kyniker, der etwas Schriftliches hinterlassen hat. Onesikritos soll beides gewesen sein: Schüler des Diogenes (Alex. 64) und Kapitän Alexanders. Wie sich beides miteinander vereinen läßt, steht auf einem anderen Blatt.

Mit Onesikritos beginnt, was auch Plutarchs Darstellung der Begegnung von Diogenes und Alexander prägt, die Erhebung des Weltherren zum Philosophen. Der König ist zugleich Philosoph. Ja, Alexander ist mehr als ein Philosoph, ein »Philosoph in Waffen« (Strabo XV,1,33), der die kynische Kosmopolis nicht nur in Gedanken erträumt, sondern in der Tat verwirklicht hat.

Durch Onesikritos wird Alexander zum eigentlichen Vater des Kosmopolitismus gemacht (Fisch 1937). Von ihm führt eine Linie zu Eratosthenes und Plutarch. Immer will man den Weltherren als Philosophen der Tat preisen. Philosoph und Herrscher vereinen sich. Arm in Arm verändern sie die Welt, der eine in Gedanken, der andere in der Tat.

Onesikritos' Wort vom »Philosophen in Waffen« gehört zu den bei Philosophen beliebten Standardgeschichten von Denker und Täter, wie sie in der Geschichte immer wiederkehren. Von einem philosophischen Interesse Alexanders ist uns aber nichts bekannt. Onesikritos nahm nicht als Philosoph, sondern als Hofhistoriker am Indienfeldzug teil, und in dieser Funktion hat ihn Alexander wohl auch zu den indischen Brahmanen (*gymnosophistai*) geschickt (wohl 326 v. Chr.). In ihnen hat Onesikritos, wenn dies nicht spätere Erfindung ist, eine Art Kyniker wiedererkannt, Virtuosen der kynischen Askesis (Strabo XV, 1) (so schon Schwartz 1896,83 ff.; eine ausführliche Analyse bei Brown 1949, 38 ff.).

5.1.7.   Vom Kynismus zum Zynismus?
Von der Wirkung der kynischen Philosophie

Der Kynismus besitzt eine enorme Wirkung bis in die unmittelbare Gegenwart hinein. Von der Kynismus-Mode in Rom bis zu den Versuchen, asketische Mönche mit Kynikern zu vergleichen; von einem Fastnachtspiel und Dialogen des Hans Sachs bis zu einem Stück des Comenius; von zwei Romanen Wielands (*Nachlaß des Diogenes von Sinope* [1770] und *Krates und Hipparchia* [1804]) bis zu einem Gedicht Goethes; von Diogenes als einer Symbolfigur des Widerstands gegen den Absolutismus in Frankreich (Herding 1989) bis zum immer wieder zum Laternenträger der Aufklärung gemachten Diogenes; von Wilhelm Buschs' *Diogenes und die bösen Buben von Korinth* bis zu Nietzsche – der Kynismus war erfolgreich. Er hat fast in jedem Jahrhundert seine Fürsprecher gehabt (Niehues-Pröbsting 1979, 214ff.; Döring, in: Flashar 1998, 315ff.).

Man hat gelegentlich versucht, Kynismus und Zynismus voneinander zu unterscheiden (Heinrich 1966; Fetscher 1975; Niehues-Pröbsting 1979, 7f., 214f.). Mit keinem durchschlagenden Erfolg. Zwar kann man sagen, Kynismus – das ist eine Philosophie der Selbstbefreiung, eine Form fröhlicher Gesellschaftskritik, das ist Aufklärung und Selbstbehauptung, der Kyniker ein liebenswerter Narr. Zynismus dagegen – das ist Kritik, die vor gar nichts halt macht, das ist Spott und Sarkasmus um jeden Preis. Der Zynismus ist destruktiv, ein Ende der Aufklärung, die bis zum Äußersten getrieben, zum Nihilismus führt.

Aber nur im Deutschen läßt sich ein Unterschied zwischen Kynismus und Zynismus überhaupt machen. In der Sache dürfte die Abgrenzung schwierig sein. Ist Rousseau, den Friedrich II. einen Kyniker nennt, ein Kyniker oder ein Zyniker? Was ist Diderot, der Verfasser des Romans *Rameaus Neffe*? Wo ist denn genau die Schwelle, von der ab aufklärerische Kritik in Zynismus umschlägt? So wie Wieland hat man aus Diogenes gerne einen braven Aufklärer gemacht. Und wie oft wurde nicht irgendein Aufklärer als Diogenes mit der Laterne abgebildet? Nach einer antiken Legende soll Diogenes am Tage eine Laterne angezündet haben und mit ihr auf den Markt gelaufen sein mit den Worten: »Ich suche einen Menschen« (Diog. Laert. VI, 41; G 272). Aber selbst diese Anekdote, so witzig sie ist, hat ihre fragwürdige Seite. Kann man im Ernst einen Menschen »auf dem Markte« suchen? Wie ernst meint es der Kyniker mit der Suche nach dem Menschen? Oder ist die Menschensuche auf dem Markt nicht sowieso nur Show und Theater, eine Form des Happenings, das so ernst nicht zu nehmen ist?

Diogenes mag heute als Vorläufer aller möglichen Hippies, Aussteiger und Aktionskünstler gelten. Die Zeiten des Hellenismus scheinen den heutigen in vielem verwandt zu sein. Jedoch gibt die Moderne vielem auch ein eigenes Gepräge. Ob die romantische Ironie und der Subjektivismus der Romantik mit dem Kynismus zu verbinden sind? Dazu scheint die Romantik zu kultiviert zu sein. Auch kann man wohl kaum den Dandy zum Erben des Kynismus erklären. Der Dandy sucht keine Minimalisierung seiner Bedürfnisse. Er sucht höchste Kultivierung, Maxima, nicht Minima. Zynisch sind in der Moderne weniger die Personen als die Systeme. Sie vollziehen die Umwertung der Werte, die früher Sache der Personen war.

Das eindrucksvollste Spiel mit dem Kynismus hat in der Neuzeit Nietzsche insze-
niert, von seiner »Umwertung der Werte« bis zu dem Weg, der ihn selbst von der
Aufklärung in den Nihilismus geführt hat. Die Anekdote von Diogenes und Alexander kehrt wieder am Ende von *Menschliches, Allzumenschliches II.* Dort antwortet der »Schatten« auf die Frage des »Wanderers«: »Hast du noch einen
Wunsch?« »Gehe mir ein wenig aus der Sonne«. Bei Nietzsche stürmt Diogenes
nicht mehr auf den Markt, um Menschen zu suchen. Vielmehr verkündet er dort
die unfrohe Botschaft vom Tode Gottes und vom Gottesmord. Enttäuscht von den
Menschen, wirft der »tolle Mensch« am Ende seine Laterne auf den Boden. Das
Licht der alten Aufklärung verlöscht, und Nietzsche macht sich auf den Weg, nicht
mehr den alten, sondern den neuen Menschen zu suchen, der sich nach der Umwertung der Werte seine Werte selber schafft.

5.2. Epikur (341–270 v. Chr.)

5.2.1. Warum Epikur gar nicht so unpolitisch ist

Mit Epikur begegnet ein Schulgründer der hellenistischen Epoche, der wie die Kyniker kein unmittelbares Interesse an Politik mehr besitzt. Epikur empfiehlt das Leben »im Verborgenen« (Us. fr. 551; GV 58). An die Stelle eines direkt politischen Interesses tritt ein indirektes, die Suche nach einem Leben, in dem man unbehelligt
nach privatem Glück streben kann. Epikureer sind Aussteiger. Sie ziehen sich, wenn
die Politik versagt, in den kleinen Kreis gleichgesinnter Freunde zurück. Die philosophische Gemeinschaft wird ihnen zu einer eigenen Stadt, zu einer Art Ersatz-Polis.

Die Kyniker waren wilde Gesellen, aggressive Revolutionäre der Kultur. Die Epikureer sind demgegenüber eher stille Genießer und nüchterne Kalkulierer. Ihnen
fehlt die kynische Lust an der Provokation. Ihre Apolitie ist eine mildere Form des
Ausstiegs, ein leises Beiseite-Treten, um das möglichst wenig Aufsehen zu machen
ist.

Bloße Aussteiger ohne jedes Interesse an Politik sind die Epikureer gleichwohl
nicht. Sie finden auf ihre Weise zur Politik, freilich zu einer, in der diese immer nur
in reduzierter und instrumentalisierter Form begegnen kann. Der hohe Anspruch
der klassischen politischen Philosophie, welche Praxis als einen Selbstzweck verstand, geht der Politik (und der Ethik) Epikurs verloren. Die epikureische Philosophie fällt hinter die klassische zurück.

Die Wirkung des Epikur – auch in der politischen Philosophie – war erstaunlich
groß – größer, als sie es bei einem nur apolitischen Aussteiger sein könnte (Erler, in:
Flashar 1994, 188 ff.). In der Geschichte des politischen Denkens wirkt Epikur als
Aufklärer und Freigeist, als Kritiker des Aberglaubens und des Theismus, als Ma-
terialist und Utilitarist avant la lettre. In Rom beeindruckt er Horaz und Lukrez,
Seneca und Martial. In der Neuzeit beeinflußt er Hobbes und Gassendi, Newton,
Wieland, die französischen Materialisten, Jefferson, Marx und Nietzsche. Allein
schon in Hobbes meint man einem auferstandenen Epikur zu begegnen, was die
Lehre von Lust und Unlust, den Materialismus, die Vertragstheorie oder die Erklä-
rung der Religion angeht (Ludwig 1998).

5.2.2. Vita und Zeugnisse

Über Epikur und seine Schule sind wir historisch zuverlässiger informiert als über die Lehre der Kyniker, die oft nur in Anekdoten überliefert wird. Erhalten sind zwei Spruchsammlungen. Die eine besteht aus 40 Sentenzen (*ratae sententiae*); die andere umfaßt 81 Sätze, die in einem im Vatikan gefundenen Kodex aus dem 14. Jh., dem *Gnomologium Vaticanum*, enthalten sind. Aufschlußreich sind ferner Briefe, die Epikur an Menoikeus (Ethik), Herodot (Naturphilosophie) und Pythokles (Astronomie) gerichtet hat.

Spätere Zeugnisse finden sich vor allem bei Cicero, der in *de finibus* die epikureische Theologie überliefert. Sie begegnen bei Plutarch, der gegen die Epikureer polemisiert. Eine bedeutende Quelle sind die *Viten* des Diogenes Laertius, der wie immer Leben und Lehre als Einheit zu betrachten versucht. Der bekannteste Epikureer Roms ist Lukrez (97–55 v. Chr.). Er hat für sein großes Lehrgedicht *de rerum natura* eine Vorlage Epikurs benutzt. Viel erhofft hat man sich von den in Herculaneum (1709 n. Chr.) in der Villa der Pisonen gefundenen Papyri, der Bibliothek des Philodem von Gadara (110–40 v. Chr.). Diese Papyri-Rollen enthalten Reste von Epikurs Schrift *de natura*, ansonsten hauptsächlich Fragmente von Schriften seiner Schüler sowie eine *Rhetorik* des Philodem selbst (Arrigheti [2]1973). Im 2. Jh. n. Chr. hat ein gewisser Diogenes von Oinoanda Sätze des Epikur in eine Wand in Lykien meißeln lassen, deren Trümmer 1884 entdeckt worden sind.

5.2.3. Apolitie, ›Antipolitik‹, instrumentalisierte Politik

Das Bild vom Philosophen, der im »Verborgenen« leben will, erfaßt nicht alle Bezüge, in denen das Denken des Epikur zur Politik steht. Da ist die Apolitie. Aber da ist auch eine Art von ›Antipolitik‹. Und da ist schließlich eine eigenständige Auffassung von Politik. Epikur instrumentalisiert die Politik für die Zwecke des privaten Lebens. Er macht sie zu einem rationalen Geschäft, das den Interessen der Individuen zu dienen hat.

Am bekanntesten ist Epikurs *Apolitie*. Zwar gab es den einen oder anderen Epikureer, der ein politisches Amt übernahm. Aber Schülern, die sich wie Idomeneus oder Mithres in die Politik begaben (beide waren in den Dienst des Diadochen Lysimachos getreten), riet Epikur zum Rückzug aus der Politik (Diog. Laert. X, 4; Us. fr. 148). Epikurs Schüler Metrodor (ca. 339–278 v. Chr.) soll sogar geschrieben haben, es sei »nicht nötig, die Griechen zu retten, und auch nicht von ihnen den Kranz der Weisheit zu empfangen, sondern man solle, ohne Schaden für den Leib und fröhlich, essen und trinken« (Adv. Col. 1125 d). Der Epikureer feiert, wenn die Stadt untergeht. Er rettet, wenn er etwas rettet, nur noch die eigene Haut.

Die Apolitie Epikurs und seiner Schüler war schon in der Antike ein Stein des Anstoßes. Plutarch polemisiert gegen sie in Schriften wie der *Über das verborgene Leben*, *Gegen Kolotes* oder *Über die Unmöglichkeit, auf die Weise Epikurs glücklich zu werden*. So schreibt er, das politische Interesse der klassischen Philosophie gegen Epikur ausspielend, die Mutter des Epikur habe »ihre Freuden erlebt, als sich ihr Sohn ins Gärtchen verkroch«, während Epaminondas gesagt habe, »seine größte Freude im Leben sei (es) gewesen, daß seine Eltern seinen Sieg bei Leuktra erlebt hätten« (Contra Epic. beat. 16, 1098 b). Ähnlich wie Plutarch geißelt Cicero die Apolitie der Epikureer. Sein Dialog über Freundschaft, der *Laelius* (44 v. Chr.), greift die Spannung zwischen Freundschaft und Politik auf, und Cicero setzt die politische Verpflichtung eindeutig vor die private. Das Streben nach »Sorglosigkeit« *(securitas)* rechtfertige eine Enthaltung von der Politik nicht (Lael. XIII, 46–47).

Die Apolitie Epikurs ist bekannt. Hinter ihr verbirgt sich allerdings eine »*Anti-Politik*« (Scholz 1998, 255), die das Eigenrecht der Philosophie und des philosophischen Lebens zu sichern versucht. Hier kann man den Epikureern zugestehen, daß sie die Unabhängigkeit des Denkens gegen Abhängigkeiten zu verteidigen suchen, in welche der Philosoph in der Politik geraten kann, gleichgültig ob er ein Diener der Monarchen oder der Menge wird. »Weder Knecht der Menge noch der Könige« zu sein (GV 67), ist eine Voraussetzung des »freien Lebens«. So besehen läßt sich Epikur auch als ein Denker verstehen, der sich um die Sicherung der Philosophie gegen deren politische Beeinflussung und Abhängigkeit bemüht.

Kann der epikureische Philosoph noch ein Bürger sein? Er kann es wohl nur noch in einer Form, die dem Privatismus des modernen Bourgeois ähnlich ist. Politik wird von Epikur versachlicht und in ihren Ansprüchen an den Einzelnen reduziert. Sie wird zur *instrumentellen Politik*, die ganz auf die Zwecke des privaten Lebens zugeschnitten ist. Der Unterschied zur Politik des Bourgeois besteht dabei nur darin, daß es Epikur um die Sicherung des philosophischen Lebens geht, dem Bourgeois dagegen an der Sicherung seiner wirtschaftlichen Interessen gelegen ist. So oder so wird Politik zu einem Mittel. Sie zählt nur noch, insofern sie den unpolitischen Zielen des Individuums dienlich ist. Politik verliert den Status des Selbstzwecks. Praxis im aristotelischen Sinne kann sie nicht mehr sein. Sie wird zur Poiesis, zur Herstellung von Recht und Sicherheit.

5.2.4. Der Garten des Epikur: Gemeinde, Freundeskreis, Ersatz-Stadt

Die Schule des Epikur wird der »Garten« genannt *(kēpos)*. Epikur hatte in Athen ein Gartengrundstück erworben, das der Schule den Namen gab. Dieser Garten ist mehr als eine bloße Philosophenschule, eine Gemeinde, ein Kreis gleichgesinnter Freunde, fast so etwas wie eine kleine Stadt.

Der Garten des Epikur war eine *Gemeinde* (oder eine Sekte). Man besaß einen eigenen Festkalender; man feierte nächtliche Symposien und Geburtstage des Gründers, man verlas Gedächtnisschriften, deren Charakter zuweilen an die Apostel- oder Heiligenviten erinnert (De Witt 1954, 198 ff.). Der Schulgründer wird verehrt und als »Retter« angeredet (Arr. fr. 142). Er wird mit jenem Titel bedacht, mit dem sich die hellenistischen Könige schmücken und vergöttlichen lassen. Während eines Vortrages fällt der Jünger Kolotes vor dem Meister auf die Knie. Epikur antwortet darauf, indem er mit Kolotes genauso verfährt (Adv. Col. 1126 d). Die Szene steht wohl weniger für eine Selbstbescheidung des Meisters als vielmehr für eine wechselseitige Vergöttlichung, in der sich Epikur und sein Schüler gegenseitig die göttliche Ehre der Proskynesis erweisen. Die Lehren des Meisters werden in Katechismen zusammengefaßt. Lehrsätze gilt es auswendig zu lernen. Inwieweit im Kepos noch der freie Geist des platonischen Dialoges wehen konnte, mag dahingestellt sein.

Vielleicht war der Kepos ein Ort der Zuflucht für verunsicherte Mitglieder der Ober- und Mittelschicht (Müller ²1979, 21; Scholz 1998, 288). Prinzipiell stand der Garten allen offen, gleichgültig ob sie Mann oder Frau, Bürger oder Fremder, Herr oder Sklave gewesen sind. Eine soziologische Erklärung der Gemeindebildung greift zu kurz. Die Jahrhunderte des Hellenismus waren nicht nur Zeiten einer sozialen und politischen Krise. Sie waren vor allem Zeiten einer existenziellen Verunsicherung, die Menschen aller Schichten ergriff. Die Epoche war eine Zeit der Glücks- und der Erlösungssuche, und es war neben den Kulten eben auch die Philosophie, die damals eine therapeutische und tröstende Funktion übernahm, einen Weg zur Beruhigung der Seele wies.

Grundlage des Gemeindelebens war die *Freundschaft*. Sie war nicht mehr – das versteht sich von selbst – die Bürgerfreundschaft des Aristoteles. Es ist sogar ein Gegenstand großen Streits, was Freundschaft bei Epikur überhaupt noch bedeuten kann. Reduziert Epikur die Freundschaft auf den Nutzen? Oder kann Freundschaft für ihn noch altruistische Freundschaft im klassischen Sinne sein?

Nach dem Lehrsatz 23 (GV) scheint die Lehre ambivalent zu sein. Der Freundschaft wird einerseits ein »Selbstwert« zuerkannt, andererseits wird ihr Ursprung im »Nutzen« gesehen. Manche Deuter sprechen dem Epikur eine Freundschaftslehre zu, nach der diese mehr sein soll als ein bloßer Nutzenkalkül (Mitsis 1988). Man hat Epikurs Lehre sogar mit der christlichen Liebesethik verglichen (De Witt 1954, 31 ff.). Aber dieser Vergleich ist unangebracht. Einmal ist Epikurs Freundschaftslehre keineswegs universalistisch, so wie das christliche Liebesgebot allen Menschen gilt. Eine allgemeine Menschenfreundlichkeit im Sinne der Philanthropia (die ja durchaus im Hellenismus aufkommt) wird erst von Epikureern späterer Jahrhunderte vertreten (etwa von Diogenes von Oinoanda im 2. Jh. n. Chr.) (Müller ²1974, 126 ff.). Zum anderen zielen bei Epikur alle Handlungen auf die Lust oder die Unlustvermeidung. Dies gibt dem Epikureismus insgesamt ein instrumentelles Gepräge (hier 5.2.7.2.). Wo soll da noch Platz sein für eine Freundschaft, die über den Egoismus und den Nutzenkalkül hinausreicht (vgl. Lael. XIV, 51; de fin. I, 66–70)?

Gemeinde und Freundeskreis, der Garten war darüber hinaus eine Art *Ersatzstadt*, eine Mini-Polis, ein Sicherheitsnetz für den einzelnen bei versagender Politik. Man finanzierte das gemeinschaftliche Leben durch Schenkungen, aber auch durch exakt gleiche Beiträge, die man vielleicht mit Steuern vergleichen kann. Man half sich in der Not. Der Kepos war von eigenen Festen bis zur eigenen Sozialversorgung eine Stadt im Kleinen, eine Ersatz- oder Pseudo-Stadt.

5.2.5. Politik – reduziert auf Vertrag, Recht und Sicherheit

Der Garten des Epikur simuliert die Selbständigkeit und die Autarkie einer Stadt, so als ob schon der Kepos alles bereitstellen würde, was man zum Überleben und zu einem guten Leben braucht. Eine solche Simulation der Stadt konnte der Kepos allerdings nur unter der Voraussetzung bieten, daß die Politik außerhalb des Gartens das Leben der Epikureer nicht störte, es tolerierte oder übersah. Die Stadt mußte immerhin so geordnet sein, daß der Lärm der Politik nicht in den Garten drang. Der Blick über den Gartenzaun ließ sich daher für den Epikureer nicht vermeiden. Politik kam – aller Aussteigerei zum Trotz – doch in den Blick.

Was der Epikureer von der Politik noch wahrnimmt, wenn er über den Zaun blickt, ist allerdings nur noch Abmachung, Vertrag und Schadensabwehr. Die Polis wird zur einer Versicherungsanstalt und einem Nachtwächterstaat. Sie schrumpft auf das Interesse an Nutzen und Sicherheit.

Für Epikur ist die Stadt eine Abmachung, ein *Vertrag* (*synthēkē*), ein Geschäft auf Gegenseitigkeit. Sie ist eine Abmachung, »einander gegenseitig weder zu schädigen noch sich schädigen zu lassen« (RS 33). Der Sinn der Politik verschiebt sich von der Teilhabe zur Abgrenzung, vom Genuß gemeinschaftlichen Lebens auf den Genuß ungestörter Privatheit. Politik wird minimalisiert und auf die Abwehr von Schädigung reduziert.

Kernelement der Politik wird das *Recht*. Dieses ist von Herkommen und Sittlichkeit weitgehend gelöst. Epikurs Rechtslehre (RS 31–38) ruft Erinnerungen an die Sophistik wach. Der Nomos ist nur noch Konvention. Das »Naturrecht« wird zwar noch erwähnt (RS 31). Aber es ist nur noch ein Name, ohne echten Gehalt. Die epikureische Rechtslehre läßt sich wohl kaum als eine gelungene Synthese von Naturrecht und positivem Recht feiern (Hossenfelder 1991, 106 f.). Eher löst sie die Spannung zwischen Naturrecht und positivem Recht zugunsten des letzteren auf.

Epikurs Politik ist eine Variante des sophistischen Kontraktualismus und Konventionalismus, eine zahme Form der Sophistik. Zwar preist sie nicht das Recht des Stärkeren. Aber mit einem an sich gültigen Recht weiß sie auch nichts mehr anzufangen. Gegen Platon gewendet heißt es, Gerechtigkeit sei »nichts an sich« (RS 33). Sie sei eine »Abmachung über das Zuträgliche« (das *sympheron*) (RS 31). Diese Abmachung könne je nach Stadt und Land eine andere sein. Ebenso sei die Ungerechtigkeit nichts »an sich«. Man solle sie nur meiden, weil man vor Entdeckung nie ganz sicher sein könne (RS 33, 34). Das ist exakt jene Sophistik, wie sie Glaukon und Adeimantos im zweiten Buch der *Politeia* vertreten oder wie sie Kritias in seinem Satyrspiel vorgeführt hat.

Anders als die Kyniker versucht Epikur eine radikale Umwertung der Werte zu vermeiden. Das Recht soll, obwohl es nur noch Satzung ist und nach Stadt und Land variieren kann, doch noch ein »gemeinsames« sein (RS 36). Als Maßstab seiner Gültigkeit bleibt allerdings nur noch der Nutzen und das »Zuträgliche« zurück. Die Spannung, die bei Sokrates oder in der Tragödie zwischen Nomos und Daimonion, zwischen Nomos und ungeschriebenem Gesetz bestand, hat sich aufgelöst.

Universalistisch ist Epikurs Rechtslehre nicht. Ausdrücklich wird zwischen den Völkern unterschieden. Manche »können oder wollen« den gesuchten Vertrag zur Abwehr der Schädigung »nicht« schließen (RS 32). Hier zeigt die ansonsten »zahme« Sophistik des Epikur auch weniger zahme Züge, da sich die Frage stellt, ob auch solchen Völkern Gerechtigkeit geschuldet wird. Da es ein »an sich« gültiges Naturrecht nicht gibt und auch kein Vertrag vorliegt, ist anzunehmen, daß die Gerechtigkeit auch nur von Vertragskontrahenten beansprucht werden kann.

5.2.6. Monarchie, Demokratie, Tyrannis

Dem Epikureer kann nicht jede Form von Politik gleich annehmbar sein. Auch wenn ihn Politik nicht reizt, muß er doch alle Formen von Politik verwerfen, die den Garten nicht ungestört lassen. Die Definition der Gerechtigkeit (»einander nicht zu schädigen und sich nicht schädigen zu lassen«) klingt, als ob sie mit einer Gesetzesherrschaft oder überhaupt mit kontrollierbaren, berechenbaren Formen von Herrschaft eher harmoniert als mit deren Gegenteil. Plutarch überliefert ein Wort des Kolotes, nach dem dieser Gesetz und Regierung lobt und ihr Fehlen mit einem »tierischen Leben« vergleicht (Adv. Col. 1124 d).

Eine rudimentäre Staatsformenlehre läßt sich bei Epikur und seinen Schülern noch erkennen. Ein Arrangement mit den Monarchien der hellenistischen Epoche war möglich. Auch bekundet Epikur ein Interesse an Herrschaft und Ordnung, weil anders ein ungestörtes Leben nicht denkbar ist.

Am deutlichsten zu erkennen ist Epikurs Stellung zur *Monarchie*. Wie viele Philosophen des Hellenismus so hat auch er eine Schrift *Über das Königtum* verfaßt. Es wird auch nicht prinzipiell ausgeschlossen, daß der Philosoph einen Herrscher berät. Der Weise »werde zur rechten Zeit sich einem Monarchen dienstbar erweisen« (Diog. Laert. X, 121; Us. fr. 557). Das klingt nach einer Anerkennung der beliebten Philosophenrolle in Zeiten der Monarchie. Ein Ton der Indifferenz ist allerdings auch herauszuhören. Der Philosoph kann der Berater eines Monarchen sein. Er kann. Aber in diesem Fall lebt er die ihm eigentümliche Lebensweise nicht. Auf der Skala der erwünschten Lebensweisen ist das Leben am Hofe eines Monarchen wohl so niedrig angesiedelt wie das Geld-Verdienen-Müssen des Weisen, wenn er in Not gerät (Diog. Laert. X, 121). Gesucht werden solche Rollen nicht.

In seiner Schrift *Über das Königtum* hat Epikur vermutlich seiner Verachtung des Hoflebens Ausdruck gegeben, der Verachtung der Kriegserzählungen der Veteranen und der Schmeicheleien der Höflinge (Contra Epic. beat. 13; 1095c; Us. fr. 5). Andererseits bezeichnet Epikur die Monarchie wie die Entstehung von Herrschaft überhaupt als ein »naturgemäßes Gut«, offenbar weil anders keine »Sicherheit« zu erreichen ist (RS 6).

Der Epikureismus überliefert ein weiteres Werk über die Monarchie. Es stammt von Philodem von Gadara, der es vielleicht in jener Zeit verfaßt hat, als Cicero seine politischen Hauptwerke schrieb. Die Schrift trägt den Titel *Über den guten König nach Homer*. Es handelt sich um einen Fürstenspiegel. Man wüßte gerne, für wen er gedacht war, ob für Caesar oder den Patron des Philodem, Piso (der 58 v. Chr. Konsul und Schwiegervater Caesars geworden war). Jedenfalls handelt es sich um einen traditionellen Fürstenspiegel, der Maß und Milde, Gerechtigkeit und Klugheit empfiehlt.

In Lukrez' Lehrgedicht *de rerum natura* begegnet die Monarchie im Rahmen einer Kulturentstehungstheorie. Diese führt von Gewaltherrschaften und Monarchien zur Volksherrschaft (de nat. V, 1105 ff.). Der politische Gehalt dieser Entwicklungsgeschichte bleibt allerdings bescheiden. Die Volksherrschaft erscheint als ein Resultat der müde gewordenen Gewaltherrschaft. Man begibt sich unter das »Joch« der Gesetze (V, 1147). Aber seither ist den Menschen die Daseinsfreude vergällt. Sie müssen Entdeckung und Strafe fürchten. Eine seltsame Genealogie des Nomos und der Demokratie!

Verworfen wird von Epikur die *Tyrannis* (Diog. Laert. X, 119). Bezeichnend ist allerdings, aus welchem Grunde dies geschieht. Es ist kein politischer, sondern ein privater. Die Tyrannis ist verwerflich, da sie kein Weg zur Seelenruhe und Ungestörtheit des Lebens sein kann. Schon vor Epikur hatten Platon, Aristoteles und Xenophon bewiesen, daß der Tyrann nicht glücklich werden kann. Jedoch hatten sie darüber hinaus die Verkehrung der politischen Ordnung, die Unordnung nicht nur der Seele, sondern auch die der Stadt im Blick.

Die Vertragslehre und die Abwehr von Schädigung scheinen auf Epikurs Nähe zur *Demokratie* und zur Gesetzesherrschaft zu verweisen. Prodemokratische Lehren begegnen jedoch nirgends. Stattdessen ist etwas zu verspüren von der philosophischen Verachtung der Menge (Us. fr. 187). Diese wird jedoch nicht offen demonstriert, wie dies bei den Kynikern der Fall war. Auch da hält man sich zurück. Der Epikureismus kann nahe am Konformismus oder an der Heuchelei sein, eine Philosophie der Anpassung und der Leisetretrei.

5.2.7. Genuß und Befreiung

5.2.7.1. Warum die Sache mit der Lust nicht so lustig ist

Das Bekannteste an Epikurs Philosophie ist ihr angeblicher Hedonismus, ihre Philosophie der Lust. Horaz nennt sich ein »Schweinchen aus der Herde des Epikur« (ep. I, 4, 16). Wie bei den Kynikern die Philosophie auf den Hund gekommen ist, so scheint sie bei Epikur aufs Schwein zu gekommen sein. Die Klage über Epikurs mangelnde Unterscheidung von Mensch und Tier geht von Cicero (de fin. II, 109) über Augustinus (in Ps. 73, 25) zu Petrarca (Res memorabiles III, 77,8) und anderen.

Ganz so einfach, wie man Epikur zu verteidigen pflegt, dürfte eine Apologie seiner Lustlehre nicht sein. Epikur war Materialist. Die Unsterblichkeit der Seele hat er nicht anerkannt. Auch die Seele war ihm nur ein stoffliches, vergängliches Gebilde, ein besonders feiner Stoff (ep. Her. 63, 66; Us. fr. 331). Da darf man schon fragen, ob dies nicht eine Lehre nahelegt, die das »carpe diem« preisen und das Leben als eine Kette letzter Gelegenheiten begreifen muß. Der in der neuzeitlichen Philosophie gelegentlich begegnende Terrorismus des Glücks, daß der des Jenseitsglaubens verlustig gegangene Mensch auf Gedeih und Verderb glücklich zu werden hat, ist schon bei Epikur ein wenig zu verspüren. Manche seiner Formulierungen entsprechen sogar dem populären Vorurteil über ihn. »Ursprung und Wurzel alles Guten«, heißt es, »ist die Lust des Bauches« (Us. fr. 409). Wie soll man dies anders verstehen, denn als Ausspruch einer Philosophie für Feinschmecker und Lebemänner, und man erinnert sich, daß der berühmte Koch Auguste Escoffier ein Buch geschrieben hat, das den Titel *Epikurs Taschenbüchlein* trägt.

Aber so lustig, wie manche meinen, ist die Sache mit der Lust bei Epikur nicht. Luxus und Schwelgerei hat er gerade nicht empfohlen (ep. Men. 131, 132). Epikur verspricht ein nur bescheidenes Glück. Man soll sich mit dem bescheiden, was man auch bekommen kann. Der Trost der Lehre liegt in der Aussicht auf die Beschaffbarkeit des Glücks (RS 21). Man kann es erreichen, wenn man die Wünsche nicht zu hoch hängt.

Zu Epikurs Philosophie der Lust gehört die Askese, zwar nicht die harte kynische, aber doch Askese in einer milderen Form. Die Lüste sind untereinander abzuwägen und zu differenzieren. Lust bedarf des Kalküls (Logismos); sie bedarf etwa der Abwägung zwischen kurzfristigem Genuß und langfristigem Schaden. Epikur unterscheidet drei Klassen von Bedürfnissen: natürliche, notwendige und wahnhafte. Die natürlichen und notwendigen sind zu bevorzugen (GV 21; ep. Men. 127). Als notwendig gelten dabei jene, die, wenn sie nicht befriedigt werden, Unlust erzeugen, als natürlich jene, die zwar befriedigt werden sollen, aber, wenn sie nicht befriedigt werden, auch allmählich schwinden (ein vielleicht fragwürdiges Beispiel dafür war Epikur die Sexualität). Zu den falschen Bedürfnissen zählen das Streben nach Ruhm, Macht und Reichtum. Es sind Ziele, bei deren Verfolgung per se keine Seelenruhe zu finden ist (RS 36).

Die Glückslehre des Epikur ist eine Philosophie der Bescheidung. Der Epikureer greift nicht mehr nach den Sternen. Agonal ist hier gar nichts mehr, nicht einmal mehr ein Kampf des einzelnen mit sich selbst. Zu meiden ist alles, was »Kämpfe mit sich bringt« (RS 11). Allenthalben spürt man die Müdigkeit der hellenistischen Epoche, ein Mattwerden und Sich-Bescheiden, das nur noch Ruhe und Frieden finden will.

Neben das Vertrauen in die Beschaffbarkeit des Glücks tritt eine negative Glücksvorstellung, nach der das Glück eher eine Freiheit von Mühe und Belästigung (Aponia) als ein Zustand positiver Erfüllung ist. Die Seelenruhe wird gerne vorgestellt durch die Metapher vom Meer, das nach dem Sturme wieder ruhig geworden ist. Ein schönes Bild! Aber es ist auch ein Bild, das zeigt, daß das Glück des Epikureers eher einem In-Ruhe-Gelassen-Werden, einem Nicht-Gestört-Werden als einem positiven Zustand gleicht (RS 3; 18; ep. Men. X, 128).

Epikur grenzt Lust und Unlust scharf voneinander ab (de fin. I, 37 f.). Entweder das eine oder das andere. Nach Epikurs origineller Unterscheidung gibt es »kinetische« und »katastematische« Lust, Lust in Bewegung und zuständliche, statische Lust. Seelenruhe und Schmerzfreiheit sind katastematisch (Us. fr. 2), der Zustand des Glücks somit eigentlich eine Negation. Marcuse hat deshalb für den Epikureismus den Begriff des »negativen Hedonismus« geprägt (1979, 259).

Epikurs Glückslehre ist asketisch, pragmatisch, negativ und bescheiden. Zum Trost, der in der Lehre von der Beschaffbarkeit des Glücks liegt, treten Psychotechniken, die helfen sollen, Leid und Schmerz erträglich zu machen. Epikur soll dafür selbst ein Beispiel gegeben haben. Bei seinem qualvollen Sterben an einem Nierenstein erinnert er sich seines glücklichen Lebens und seiner Gespräche (Diog. Laert. X, 22). Die Erinnerung lindert die aktuellen Leiden, so wie die Imagination überhaupt Freuden fördern und Leiden mindern kann. Entweder, so stelle man sich vor, sei die Zeit des Leidens kurz oder das Leid selber klein (GV 1), in der eleganten Formulierung Ciceros: »si gravis, brevis; si longus, levis« (de fin. II, 13).

5.2.7.2. Ethische Kosten der Lustphilosophie

Gegen Epikurs Philosophie der Schmerzfreiheit und Seelenruhe wird gewöhnlich eingewendet, daß sie zwar Befürchtungen und Ängste therapieren mag, aber nichts, oder doch sehr wenig, gegen den physischen Schmerz ausrichten kann. Auch läßt sich die Logik der epikureischen Lustphilosophie, ihre scharfe Entgegensetzung von Lust und Schmerz, bestreiten, wenn man, wie etwa Platon, beide für unlösbar miteinander verkettet hält. Die Lust am Essen schwindet mit zunehmender Sättigung. Hunger ist der beste Koch, und wo wäre da noch die Lust der Sättigung, wäre der Hunger gestillt?

Wie die Politik so instrumentalisiert Epikur auch die Arete. Einsicht und Tüchtigkeit sollen durchaus noch sein. Aber sie treten in den Dienst von Lustbeschaffung und Leidensvermeidung. Sie haben keinen Sinn mehr in sich selbst. Damit verlieren sie den Status eines Garanten des Glücks, mag da kommen, was will. In der klassischen Philosophie war dies anders. Zwar hängt das Glück auch nach der Lehre des Aristoteles teilweise von äußeren Umständen ab. Aber entscheidend sind diese nach Aristoteles nicht. Entscheidend ist für Aristoteles wie für die ganze klassische Philosophie, daß man das Rechte tut und in der Gewißheit des Rechttuns sein Glück finden kann. Bei Epikur müssen faktisch empfundene Lust oder eben auch nicht empfundene Lust über das Lebensglück entscheiden. Die große Entlastung, die im Selbstzweck der klassischen Tugenden liegt, entfällt. Ob dem Epikureer ein gelassenes Leben möglich sein kann, darf man deshalb in Zweifel ziehen. Die ethische Grundbestimmung wird verfehlt, nicht weil Epikur einen Hedonismus gelehrt hätte. Sie wird verfehlt, weil sie den Selbstwert ethischer Handlungen nicht erreicht. Schon Cicero hat darauf aufmerksam gemacht (de fin. II, 44 ff., 70 ff.).

5.2.7.3. Aufklärung und Befreiung

Epikurs Philosophie wird seit über 2000 Jahren als eine Philosophie der Aufklärung und Befreiung verstanden, von Lukrez bis zu Wieland, von Jefferson bis zu Nietzsche. Zwar ist der Philosoph kein Kulturrevolutionär. Eine Befreiung von repressiver Sublimierung empfiehlt er nicht. Auch hat er nicht an eine politische Revolution gedacht. Aber sein Interesse am einzelnen und am Heil der Seele trägt aufklärerische Züge. Epikurs Philosophie zielt auf eine individuelle Aufklärung, die den Kosmos entzaubert und den einzelnen auf sich und auf seine philosophische Lebensbewältigung stellt.

Epikur verspricht eine Befreiung von Furcht und Angst. Nach der berühmten »Vierfach-Medizin«, die immer griffbereit sein soll, therapiert die epikureische Philosophie der Ängste vier: »keine Schrecken erregt der Gott, keinen Argwohn der Tod, das Gute ist leicht zu beschaffen und das Bedrohliche leicht zu ertragen« (Arr. fr. 196). Vier Verschreibungen des Arztes der Seele, mit denen sich der Mensch von Angst und Furcht befreien soll.

Epikurs Naturphilosophie entzaubert den Kosmos. Dieser verliert seine Teleologie. Er wird – vorausweisend auf die neuzeitliche Naturwissenschaft – zu einem

Universum, in dem sich eine unbegrenzte Anzahl atomarer Körper ohne Ziel bewegt (Diog. Laert. X, 39). An die Stelle des einen Alls tritt eine Vielzahl von Welten, an die Stelle des ewigen Kosmos eine Vielzahl von Welten, die vergänglich sind (ep. Her. 45, 73).

Diese Entzauberung des Alls klingt nicht gerade nach einer Lehre, die verstörten Menschen eine beruhigende Medizin sein kann. Aber der Hintersinn dieser Naturphilosophie ist, daß sie jegliche Einwirkung der Götter auf das All und das Leben der Menschen auszuschließen versucht. Die Natur ruht in sich. Die Götter existieren rein für sich, sich um nichts in der Welt kümmernd (de nat. deor. I, 20, 52). Es sind deistische Götter, die sich selbst genug sind. Die Welt ist weder geschaffen noch von einem Demiourgen geordnet worden (de nat. V, 156ff.). Ateleologisch und selbst sterblich bietet das All dem Menschen keinen Sinn, es sei denn, er schüfe ihn sich selbst.

Epikurs Theologie und Naturphilosophie lehren jenes Götterbild, dem der ganze Zorn Platons gegolten hat. Das Vertrauen der klassischen Philosophie in die Götter und die göttliche Ordnung des Alls ist bei Epikur dahin. Der Mensch muß leben, als gäbe es die Götter nicht, und der Trostpreis für die götterlose Welt ist die versprochene Befreiung von Furcht und Angst. Epikur ist der letzte Sproß vom Stamme jener Philosophen, die seit Xenophanes den Anthropomorphismus in der Theologie bekämpfen; so besehen ist er ein Rationalist und ein rationalistischer Aufklärer. Andererseits ist er aber auch der Schöpfer einer philosophischen Ersatzreligion. Seine Philosophie konkurriert mit der Religion um den Trost der Seelen. Sie wird zur *philosophia medicans*, die ihre philosophische Medizin an die Stelle des religiösen Trostes zu setzen versucht.

5.3. Die ältere Stoa (Zenon, Kleanthes, Chrysipp)

5.3.1. Die Stoa bei Griechen und Römern

Die dritte Philosophenschule des Hellenismus bildet neben den Epikureern und den Kynikern die Stoa. Ihr Name stammt von der »bunten Halle« (*stoa poikilē*), einer von Polygnot mit Fresken ausgemalten Halle an der Agora Athens. In ihr fand der Unterricht der Stoiker statt.

Gegründet im Jahre 300 v. Chr. hat die Stoa bis zum Ende des 2. Jh.s n. Chr. die Weltsicht vieler Menschen der Antike geformt. Die stoische Philosophie war ein großer Erfolg in Rom. Sie wurde dort zu einer Art Religion der Gebildeten. Sie beeindruckte die römische Aristokratie, und sie hat Ethik und Politik in Rom maßgeblich bestimmt.

Erste Schulhäupter waren Zenon, Kleanthes und Chrysipp. Bekannte römische Stoiker, um nur die wichtigsten zu nennen, waren Panaitios, der den römischen Adel für die stoische Ethik gewann; Cato, der Jüngere, der Republikaner und Gegner Caesars; Epiktet und Marc Aurel (siehe die Übersicht am Ende dieses Kapitels; Näheres im Band 2) (Barth [6]1946; Pohlenz [6]1984; Reesor 1951; Aalders 1976; Sandbach [2]1989; Erskine 1990; Schofield 1991; Scholz 1998, 315ff.).

5.3.2. Zwischen Kosmopolitismus und Individualismus

Die Stoa greift die kynische Idee der Kosmopolis auf. Überhaupt wird der Stoa alles universal: das Recht, der Begriff des Menschen, die Stadt. Der Bibliothekar Ptolemaios II. Eratosthenes (geb. ca. 295 v. Chr.), ein Schüler Zenons, berühmt als Geograph, Weltkartograph und Erdvermesser, tadelt den Aristoteles wegen seiner Scheidung von Griechen und Barbaren, er lobt den Alexander, der sich über diese Trennung hinweggesetzt hat (Strabo I, 66).

Ob Freier oder Sklave, darauf kommt es den Stoikern nicht an. In Rom gehören zu den Stoikern der Sklave Epiktet ebenso wie der Kaiser Marc Aurel. Bei Chrysipp heißt es, nicht auf den Stand komme es an, sondern auf den Geist. Der Sklave sei ein bloßer »Lohnarbeiter«. »Keinem ist die Tugend verschlossen; allen steht sie offen. Alle läßt sie zu, alle lädt sie ein, Freigeborene, Freigelassene, Sklaven, Könige, Verbannte. Sie fragt nicht nach Haus und Vermögen, sie ist mit dem nackten Menschen zufrieden« (SFV III, 349, 352, 358). Erstmals gilt der Mensch als Mensch, unabhängig von Herkunft oder Stand.

Der stoische Universalismus weist auf die eine Menschheit des Christentums und auf die Rechte des Menschen voraus. Zugleich ist die stoische Philosophie aber auf eine spezifische Weise unpolitisch, vergleichbar der Apolitie der Kyniker und Epikureer. Die Revolution findet allein im Inneren, in der Seele des Einzelnen statt. In der sozialen Wirklichkeit werden die Stände und Abhängigkeiten nicht aufgehoben. Vielmehr werden sie zu Rollen theatralisiert. Auch die stoische Philosophie ist nahe an einer vorgespielten oder vorgetäuschten Befreiung, theatralisch wie der Hellenismus überhaupt.

Der Stoiker begibt sich in die Kosmopolis. Damit verläßt er die einzelne Stadt. Zwischen dem Einzelnen und der Welt ist politisch nichts mehr. Die stoische Philosophie kennzeichnet eine Kombination von Individualismus und Kosmopolitismus, wie sie in der neuzeitlichen Aufklärung oder im neuesten Verständnis von Globalisierung wiederkehrt.

Historisch harmoniert der Universalismus mit den Reichen und Imperien. Bei den Stoikern der hellenistischen Epoche ist es aber keineswegs ausgemacht, ob ihre Kosmopolis eine Stadt aller Menschen oder nur eine Stadt der Weisen sein soll. Beim Gründer der Stoa, bei Zenon, scheint noch letzteres der Fall zu sein. Die Kosmopolis ist ihm eine Stadt nur der Weisen. Dies erinnert mehr an Platon, als daß es vorauswiese auf das Alexanderreich.

5.3.3. Zwischen Schicksal und Entscheidung

Die Lehre der älteren Stoa wird geprägt von einer Spannung zwischen dem Schicksal und der Selbstbehauptung der einzelnen. Alle Stoiker ringen mit dem Problem, wie sich die schicksalhafte Ordnung der Welt und die freie Entscheidung der einzelnen miteinander vereinen läßt.

Die stoische Physik, die zugleich Theologie gewesen ist, verstand das All als eine vom aktiven Prinzip des Logos (Zeus) gelenkte Welt, in der das Schicksal (*heimarmenē, fatum*) eine lückenlose Verkettung aller Ursachen bewirkt. Die Welt entsteht und vergeht, sie kommt aus dem Urfeuer und geht im Weltenbrand (der *ekpyrōsis*) wieder in dieses zurück. Dabei ist die jeweils neu entstehende Welt der alten gleich. Es ist bei Zenon und Chrysipp eine Welt der Wiederkehr bis zum Einzelnen und numerisch Identischen, eine wiederkehrende Welt, in der Sokrates immer wieder auftreten und von Anytos und Meletos immer wieder angeklagt werden wird (SVF I, 100–109). Nietzsche hat an diese stoische Lehre seine Lehre von der »Ewigen Wiederkunft« angeknüpft, auch wenn er zunächst die Wiederkehr bis ins Einzelne verworfen hat.

Man muß diese stoische Lehre vom Schicksal recht verstehen. Stärker als der Mensch der agonalen Epoche sieht sich der Mensch des Hellenismus dem Geschehen ausgeliefert. Anders als die Helden Homers, die mit den Göttern um Ruhm und Unsterblichkeit konkurrieren, geht es dem Menschen in der Epoche des Hellenismus eher darum, überhaupt noch zurechtzukommen, durchzukommen, gleichgültig, was geschieht.

Nichts drückt diese Grundempfindung deutlicher aus als ein Bild, das sich bei Chrysipp findet, das aber wohl schon auf Zenon zurückgeht. Man vergleicht die Lage des Menschen mit der eines Hundes, der an einen fahrenden Wagen gebunden ist (SVF II, 975). Er kann »freiwillig« mitlaufen oder er wird gezogen werden. Was für ein seltsamer Rest an »eigener« Entscheidung! Was für eine Mischung von Erleiden und eigenem »Tun«! Konfrontiert mit der Macht des Schicksals, rationalisiert der Stoiker die Welt. Er begreift sie als eine vernünftig geordnete, die vom Logos durchwaltet und von der Vorsehung (*pronoia*) geleitet wird. Der einzelne besinnt sich auf das, was (noch) in seiner Hand liegt. Alles andere wird ihm gleichgültig oder soll ihm gleichgültig sein. Es wird zu einem *adiaphoron*, einer Indifferenz, zu etwas, was man im Blick auf das Glück vergleichgültigen kann. Der Stoiker sucht »Unerschütterlichkeit« (*ataraxia*) und ein Unabhängigwerden von den Affekten (*apatheia*). Die Antwort des Stoikers auf die Turbulenzen und Widerfahrnisse der Zeit ist eine defensive, eine Abhärtung, eine Verkapselung, ein Sich-Behaupten, dem nichts mehr etwas ausmachen soll.

5.3.4. Politisches Denken der älteren Stoa

Die Stoiker behandeln die Politik ähnlich wie die Epikureer. Ein Stoiker kann sich der Politik nähern, falls er nicht gerade Wichtigeres zu tun hat, etwa zu philosophieren. »Der Weise«, so Chrysipp, »beteiligt sich am politischen Leben, wenn ihn nicht etwas daran hindert« (SVF III, 697). Einige Stoiker haben sich tatsächlich in die Politik begeben (Persaios, Sphairos). Sie bilden jedoch in der älteren Stoa eher die Ausnahme als die Regel. In der jüngeren Stoa, bei den römischen Stoikern, wird dies anders. Bei der römischen Hochschätzung des politischen Lebens wurde die Philosophie wieder rechtfertigungspflichtig vor der Politik. Ruhm und Ehre, die man im *cursus honorum* erwarb, waren dem vornehmen Römer das selbstverständliche Lebensziel. Die älteren Stoiker, Zenon, Kleanthes und Chrysipp, haben dagegen keine Ämter angenommen. Auch haben sie sich nicht an Königshöfe begeben, selbst wenn kein geringerer als Antigonos Gonatas, der König von Makedonien, um Zenon und Kleanthes geworben hat.

5.3.4.1. Zenon (333–262 v. Chr.)

a) Der Weise und der König

Der Gründer der Stoa war Zenon. Er stammte aus Phönizien (Kition), war also kein Bürger von Athen. Als erstem Stoiker werden ihm Verbindungen zu Antigonos Gonatas, dem König von Makedonien, nachgesagt (Tarn 1913, 33 ff.; Erskine 1990, 79 ff.). Über das Verhältnis von Philosoph und König läßt sich jedoch wenig historisch Gesichertes berichten. Einmal stand Zenon auch in Verbindung mit den antimakedonischen Politikern Athens wie Chremonides oder Demoarches (Diog. Laert. VII, 17). Zum anderen sind einige der überlieferten Anekdoten zu offensichtlich erfunden. Sie sollen den Philosophen über den König stellen. Der Weise erweist sich dem König als überlegen. Wenn der König den Philosophen beschenkt, so ist doch eigentlich der Weise der Geber und Schenkende. Nicht der Weise sucht das Ohr des Monarchen, sondern der Monarch das Wort des Weisen (Diog. Laert. VII, 15; vgl. var. hist. 9, 26). Zenon hat sich offenbar geweigert, an den Hof des Antigonos zu gehen, so wie sich Kleanthes und Chrysipp weigern werden, der Einladung Ptolemaios II. nach Alexandria zu folgen. Vermutlich hat Zenon Persaios als Ersatzmann an den makedonischen Hof geschickt (SVF I, 439).

b) Zenons Idealstaat

Zenon hat, so viel politisches Interesse besaß er doch, eine *Politeia* verfaßt, die zum Vorbild eines gleichnamigen Werks des Chrysipp geworden ist (Baldry 1959; Frust 1965; Scholz 1998, 333 ff.). Schon der Titel verrät die Nähe zu Platons Politik.

Zenon unterscheidet scharf zwischen Weisen und Toren. Dadurch wird er zum Ideal einer Stadt geführt, die eine Stadt der Philosophen ist. Nur die Weisen werden wahrhaft geleitet vom Logos. Nur von ihnen gilt, daß sie in einer Stadt leben, die keine Gerichte und keine Gymnasien benötigt, keine Münzen und keine Tempel (SVF I, 264). Weise streiten sich nicht. Erziehen werden sie sich selbst. Des Geldes bedürfen sie nicht. An die Stelle der traditionellen Götterverehrung setzen sie den Kult des Eros, der der Stadt Eintracht und Freiheit bescheren wird (SVF I, 263).

Offensichtlich versucht Zenon eine neue Fassung der Platonischen *Politeia*, diese imitierend bis zur Forderung nach einer Gemeinschaft von Frauen und Kindern sowie nach der Gleichheit von Mann und Frau (Diog. Laert. VII, 33; 175; SVF I, 264, 253). Allerdings verzichtet Zenons ideale Stadt auf Wächter. Sie scheint eine völlig unkriegerische Stadt zu sein. Auch weicht die Feier des Eros von Platons *Politeia* ab. Platon hatte den Eros aus der besten Stadt verbannt. Zenon führt ihn wieder in diese ein. Man weiß allerdings nicht, wie geistig oder ungeistig dieser Eros der Idealstadt sein soll. Gleiche Kleidung für Männer und Frauen, Promiskuität, Homosexualität, ja eine Verwerfung des Inzestverbotes – Zenon spricht damit aus, was Platons Enterotisierung der Sexualität enthalten mag, aber von Platon selbst nicht beim Namen genannt wird (SVF I, 248, 252, 256, 257, 269). Jedenfalls waren es solche schockierenden Züge der Zenonschen Idealstadt, die schon in der Antike die Kritik an den Stoikern ausgelöst haben, etwa bei Philodem (*de Stoicis*) oder Plutarch (*de Stoicorum repugnantiis*).

In Zenons Entwurf der Philosophenstadt kreuzt sich der Einfluß Platons mit dem des Kynismus, und man hat mit Recht bemerkt, daß Zenons *Politeia* »auf den Schwanz eines Hundes geschrieben« worden sei (SVF I, 2). Der hohe Anspruch an den Logos und die Scheidung von Weisen und Toren verbindet sich mit kynischer Zivilisationskritik und einer Regression auf die animalische Natur, die den späteren stoischen Lehren fremd sein wird.

Über den Status der *Politeia* Platons läßt sich streiten. Zenons *Politeia* ist eindeutig eine Utopie, nichts als ein Philosophentraum. Die Stadt vereint alle, die am Logos teilhaben, d. h. Menschen und Götter. Ausgeschlossen sind von ihr alle Toren (*aphrones*) und alle Schlechten (*phauloi*). Zenons ideale Stadt ist somit nicht zu verwechseln mit dem Weltreich des Alexander. Die Gleichsetzung der stoischen Kosmopolis mit dem Alexanderreich wurde erst später vollzogen, bspw. von Plutarch (de fort. Alex. VI, 329a; Fisch 1937, 55 ff.).

c) Stoische Ethik: Intellektualistisches und Gleichgültiges (Adiaphora); Apathia und Ataraxia; Telosformeln und die Wiederanerkennung des Selbstzwecks

Stoiker wie Zenon erneuern den *Intellektualismus* der sokratischen Philosophie. Arete wird gleichgesetzt mit Einsicht (Phronesis), so daß die »Gerechtigkeit« »Einsicht im Zuteilen«, die »Besonnenheit« »Einsicht beim Wählen« und die »Tapferkeit« »Einsicht im Aushalten« ist (SVF I, 200–202). Glück ist Tugend und nichts als Tugend. Tugend ist Einsicht. Alle Tugenden bilden ein »Paket«. Sie sind zusammen da oder gar nicht da. Was kann dem Weisen da überhaupt noch geschehen? Nichts kommt an ihn und an sein Glück heran. Der Weise läßt sich nicht zwingen. Auch wenn er zum Tyrannen geht, wird er kein Knecht, da er als ein freier Mensch zum Tyrannen kommt (SVF I, 109).

Der Stoiker ist frei, gleichgültig in welchen Umständen er lebt; er ist glücklich, was auch immer ihm widerfährt. Das klingt wie eine bloße Selbstermunterung und ein Sich-Selbst-Mut-Zusprechen. Nach stoischer Lehre sollen Gesundheit und Krankheit, Armut und Reichtum, Ruhm und Bedeutungslosigkeit *adiaphora* sein (SVF I, 186–190). Adiaphora sind »Indifferenzen«, d. h. sie sind »Güter«, die für Glück und Tugend des Menschen gleichgültig sind. Das ist rigoristisch gedacht, und dieser Rigorismus hat sich offenbar nicht durchhalten lassen. Zwar sind Gesundheit, Wohlstand, Anerkennung und andere Güter nicht das Gute. Aber es sind doch Güter, die ihrem Gegenteil vorzuziehen sind, außermoralische Vorzugsgüter sozusagen. Auch Zenon hat sie durch den Begriff des »Vorzuziehenden« (*proēgmena*) anerkannt. Die stoische Ethik wird damit ambivalent. Sie schwankt zwischen einem Rigorismus und der Anbequemung an das, was gewöhnlich als schätzungswürdig betrachtet wird.

Die stoische Ethik ist deutlich geprägt von dem Willen, nichts an den Weisen herankommen zu lassen. Wie die epikureische Philosophie ist sie im Grunde defensiv. Nur setzt sie an die Stelle der epikureischen Unlustvermeidung eine Philosophie, die rigoroser und ernster ist. Der einzelne soll nicht nur »Ungestörtheit« und Seelenruhe finden, er soll geradezu apathisch werden und unerschütterlich.

Ataraxia meint »Unerschütterlichkeit« und »Unangreifbarkeit«, *apathia*, daß man sich von den *pathē*, den Leidenschaften und Erleidnissen, nicht überkommen läßt.

Die bekanntesten stoischen Lehren sind die sogenannten *Telosformeln*, die es in drei Varianten gibt. Man soll, so Zenon, in »Übereinstimmung mit dem Logos leben« (*homologoumenos zēn*) (SVF I, 179, 4). Nach Zenon bedeutet dies »gemäß der Natur leben«, so wie es bei Seneca heißen wird: »Idem est beate vivere et secundum naturam« (de vit. beat. VIII, 2). Bei Chrysipp wiederum lautet die Formulierung »einstimmig mit der Erfahrung der Natur« leben (SVF III, 4).

Die eingängigen und erfolgreichen Telosformeln sind problematischer, als es auf den ersten Blick erscheinen mag. »Logos« und »Natur« sind nahe an der Leerformel. Man kann einsetzen »Einsicht«, »göttliche Ordnung des Alls«, »Natur«. Bei der »Natur« wiederum ist es fraglich, inwiefern sie für den Stoiker Maßstab des Handelns sein kann. Eigentlich sollen ja allein die Arete und die Einsicht maßgeblich sein. Wenn die stoische Ethik nicht leer sein soll, bedürfen ihre Telosformeln der Auffüllung durch die Vorzugsgüter unter den sogenannten Adiaphora.

Ein wegweisender Zug der stoischen Ethik lag weniger in ihren vagen Telosformeln als in ihren Begriffen von *kathēkon* und *katorthōma*, vom »Zukommenden« und vom »Richtigen«. Kathekon (lat. *officium*) ist ein umfassender Begriff für alles Handeln, ja alle Aktivität, für das, was »angemessen« ist, der Ordnung der Welt und dem Logos entspricht. Dieses »Angemessene« kann auch unbewußt erreicht werden, etwa von Pflanzen und Tieren. Beim Menschen fordert es die Rechtfertigung durch Vernunft, daß man eine Handlung im Nachhinein mit guten Gründen rechtfertigen kann (SVF I, 230).

Das Katorthoma (lat. *bene factum*) ist die Steigerungsform des Kathekon, das »vollendet Angemessene«, das Richtige, das der Weise trifft. Es fordert die richtige Handlung aus richtiger Einsicht heraus. Die Stoiker retten mit dieser Unterscheidung, was bei Epikureern und Kynikern verlorenging. Sie retten den Selbstzweckcharakter aller echten Moralität. Die stoische Ethik begründet eine Art von »Gesinnungsethik«, die ein Bindeglied darstellt zwischen antiker und neuzeitlicher Welt. Zeller vergleicht Kathekon und Katorthoma mit Legalität und Moralität bei Kant (Zeller 1852, Bd. 3, 139), und es ist sicher kein Zufall, daß Kant die Ethik der Stoiker gerühmt hat, wegen der »Würde der menschlichen Natur und der Freiheit (als Unabhängigkeit von der Macht der Neigungen)« (Rel. i.d. Grenzen B86/A62 Anm.).

5.3.4.2. Kleanthes (310–232 v. Chr.)

Das zweite Schulhaupt der Stoa nach Zenon war Kleanthes. Von seinen bei Diogenes Laertius aufgeführten 57 Schriften waren drei mit Politik befaßt: ein *Politikos*, eine Schrift über die *boulē*, die Ratsversammlung, sowie eine *Über das Königtum*. Von den letzteren Schriften wissen wir nichts mehr, vom *Politikos* sind nur zwei Fragmente erhalten geblieben (SVF I, 587–588).

a) Die Stadt und ihre Zivilität

Die Stoiker haben sich mehr als andere Philosophen des Hellenismus wieder der Polis genähert. Dies zeigt ein aufschlußreicher Syllogismus des Kleanthes.

»Wenn die Stadt eine Behausung ist, zu der Menschen Zuflucht nehmen, um Recht zu geben und zu nehmen,
dann ist die Stadt zivilisiert (*asteion*).
Aber die Stadt ist eine solche Behausung.
Also ist sie zivilisiert.« (Stob. II, 103, 14–17; SVF I, 587)

Ein ähnliches Argument wird dem Kyniker Diogenes zugeschrieben (Diog. Laert. VII, 72) (Goulet-Cazé 1982; Schofield 1991, 130 ff.). Kynischer Herkunft könnte das Argument jedoch nur sein, wenn seine Pointe in der Kritik an der Stadt und ihrer Zivilisierung läge. Aber eine solche ist aus dem Syllogismus nicht herauszuhören. Das Argument verweist wohl eher auf die Zivilität des städtischen Lebens. Das schöne Wort *asteion* kann jedenfalls nicht nur »städtisch« bedeuten, sondern auch »gebildet«, »fein«, »geschmackvoll«, »zivil« und »urban«.

b) Der Zeus-Hymnus. Die Macht des Schicksals und die Einheit des Menschengeschlechts

Bekannter als der Syllogismus über die Stadt ist das Schulgebet des Kleanthes, sein Hymnus auf Zeus (SVF I, 537). Er ist das einzige Werk der älteren Stoa, das vollständig erhalten geblieben ist. Der Hymnus dokumentiert den Wandel des Menschen- und Götterbildes, der sich seit der frühen agonalen Kultur vollzogen hat. Die Religiösität der agonalen Epoche, in der Menschen und Götter miteinander konkurrierten, ist inzwischen einer Religiösität gewichen, in welcher sich der Mensch eher klein macht und angesichts eines als übermächtig erfahrenen Schicksals seine Hoffnungen auf die Vorsehung und den Schutz des Zeus setzt.

Der Zeus-Hymnus scheint die altvertraute Ebenbürtigkeit von Göttern und Menschen noch anzuerkennen, wie sie von Hesiod und Pindar gerühmt worden ist. So heißt es über Zeus: »Sind wir doch alle entsprossen von Dir ...« (Zeile 4). Alle Menschen sind Kinder des Zeus. Aber was »Ebenbürtigkeit« bedeutet, erhält bei Kleanthes einen neuen Sinn. Es ist nicht mehr die »Gleichheit« von Menschen und Göttern, die sich in großen Taten und Worten oder im Streben nach unsterblichem Ruhm manifestiert. Es ist vielmehr die »Gleichheit«, die im Logos liegt, in der Vernunft, die in Zeus personifiziert ist und an welcher der Mensch teilhaben kann.

Durch die allgemeine Kindschaft unter dem Allvater Zeus werden die Menschen als Menschenkinder einander gleich. Die stoische Religiösität weist damit auf das Christentum und die christliche Gleichheit der Seelen vor Gott voraus. Der Dichter Arat (3. Jh. v. Chr.), ein Hörer Zenons, formuliert es in einem Gedicht ähnlich wie Kleanthes. »Sind wir doch eines Geschlechtes ...« Paulus zitiert dieses Wort in seiner Rede vor dem Areopag Athens (Act. Apost. 17, 28).

Im Hymnus des Kleanthes wird Zeus zum »allmächtigen« Gott (Zeile 1), zum »Herrn der Natur«, zum »Lenker des Alls«. Ein *primus inter pares* wie bei Homer scheint er nicht mehr zu sein. Eher ist er ein omnipotenter Monarch, dem nicht in selbstbewußter Konkurrenz, sondern im Gefühl der Abhängigkeit gegenüberzutreten ist.

»Ja, es gibt nichts auf Erden, was Deiner Göttlichkeit entzogen« (Zeile 16) – mit der All-Lenkung des Zeus verschärft sich das Problem der Theodizee. Kleanthes versucht es noch einmal mit der seit Homer üblichen Antwort zu lösen, daß das Gute dem Gott, das Schlechte den Menschen zuzuschreiben ist (Zeile 17). Aber kann diese Antwort noch befriedigen, wenn die Vorsehung (*pronoia*) des Gottes alles lenkt und die Natur eine ununterbrochene Kette von Ursachen ist?

Ein berühmter Vierzeiler des Kleanthes gibt eine Antwort, die an den berühmten Vergleich mit dem Hund erinnert, der an den fahrenden Wagen gebunden ist. Zeus und das Schicksal anrufend bittet Kleanthes um Führung; er wolle auch folgen, ohne zu zögern, weil, folge er nicht, er doch werde folgen müssen (SVF I, 527). Seneca hat den Vierzeiler in elegante Antithesen und Chiasmen übertragen und um eine fünfte Zeile bereichert, die schon in der Antike berühmt war. Sie lautet: »Ducunt volentem fata, nolentem trahunt« (ep. 107, 10). »Den Wollenden zieht das Schicksal, den Nicht-Wollenden schleppt es mit sich.« »Velle« und »nolle«, »ducere« und »trahere« stehen in chiastischer Stellung, das Substantiv in der Mitte. Eleganter kann man es nicht formulieren, auch wenn die Frage nach Willensfreiheit und Verantwortung des Menschen damit nicht befriedigend beantwortet ist. Erst Chrysipp wird um eine logisch vertretbare Synthese bemüht sein, wenn er Arten von Ursachen unterscheidet (*causae adiuvantes* und *causae principales*, de fato 41) und damit der Willensfreiheit Platz zu schaffen versucht (Pohlenz 1949 Bd. 2, 60 f.).

5.3.4.3. Chrysipp (ca. 280–207 v. Chr.) oder Die Wiedergewinnung der politischen Philosophie

Mit Chrysipp, dem dritten Schulhaupt der Stoa, findet die Stoa zu einer politischen Philosophie zurück. Chrysipp greift eine von Theophrast begründete peripatetische Lehre auf, nämlich die von der Oikeiosis. Er macht sie zur Grundlage einer Philosophie, in welcher das Wort vom »von Natur aus politischen Lebewesen Mensch« wieder einen echten Sinn gewinnt (Diog. Laert. VII, 128; SVF III, 628). Zwar zeigt ein Ausspruch des Chrysipp, daß auch er Politik unter den Vorbehalt der Philosophie stellt. Der Philosoph »nähert sich der Politik, wenn ihn nichts daran hindert«, »accedit ad rem publicam, nisi si quid impedierit« (Seneca, de otio III, 2; SVF I, 271). Politik ist auch dem stoischen Philosophen entbehrlich. Ausgeschlossen ist sie aber auch nicht. Der *bios logikos*, das vernünftige Leben, kann theoretisch oder praktisch geführt werden, so oder so (SVF III, 686, 687).

Chrysipp hat sich selbst nicht für die Politik entschieden. Seine Gründe hat er in dem hübschen Ausspruch zusammengefaßt: »Weil es den Göttern mißfallen wird, wenn man schlechte Politik treibt, den Bürgern aber, wenn man brauchbare betreibt« (SVF III, 694). Gleichwohl hat Chrysipp die Philosophie weit politischer verstanden als die anderen Stoiker. An zwei Beispielen, seiner Lehre von der Oikeiosis und vom Naturrecht, sei dies demonstriert.

a) Oikeiosis

Der Begriff *oikeiōsis* wird von Theophrast geprägt, der darunter »Verwandtschaft« versteht, die Verwandtschaft von Eltern und Kindern, von Mitbürgern, von Griechen und Barbaren (Fortenbaugh 1989, 274 ff.). Der Begriff ist abgeleitet von *oikos*, »Haus«. Er bezieht sich auf alles, was zum »Hause« gehört, Eigentum, Personen, Verwandte. Pembroke schlägt als englische Übersetzung das Wort »concern« vor (1971, 116). Oikeosis ist, was einen etwas angeht, weil es einem natürlicherweise zugehört, natürlicherweise angehörig ist.

Menschen erfahren, was ihr *oikeon* ist, indem sie von Geburt an zwischen Eigenem und Fremden unterscheiden. Die Natur gibt ihnen eine Empfindung mit, daß sie sich selbst zugeneigt sind, von Natur aus bestrebt, sich selbst zu erhalten und mit sich selbst befreundet zu sein (Diog. Laert. VII, 85; SVF III, 178). Das Oikeon ist ein natürlicher Impuls, für uns selbst, aber auch für all das zu sorgen, was von Natur aus zu uns gehört. Damit wird Oikeiosis zu einem Begriff auch für Gesellschaft und Stadt. Die Sorge um die eigene Erhaltung kann sich weiten zur Sorge um die eigenen Nachkommen, die Verwandtschaft, die Mitbürger, die anderen Menschen überhaupt. Oikeiosis ist ein Begriff, der vom einzelnen bis zur Gemeinschaft aller Menschen reicht (SVF III, 179, 314, 346, 352, 355; de fin. III, 62 ff.).

Die Oikeiosis-Lehre erlaubt es, den Menschen in Kreise sich erweiternder Verantwortung zu stellen. Er lebt in Kreisen des Angehörigen und Zugehörigen. Diese weiten sich von der Sorge um den eigenen Leib über die für die eigenen Nachkommen und Verwandten bis zu Freunden, Mitbürgern und Menschen. Der Beginn beim Eigenen und Vertrauten erinnert noch an Aristoteles' Ausgang vom Ethos, von den Gewohnheiten und den konkreten Sitten. Aristotelisch gedeutet müßten die konkreten Pflichten Vorrang vor den immer weiteren und abstrakteren besitzen. Erst wären diese zu erfüllen, dann jene. Ob dies in der Stoa (oder auch schon bei Theophrast) noch der Fall ist, ist schwer zu entscheiden. Man solle – so Cicero (de fin. III, 62 ff.) – sich um die jeweils weiteren Kreise des Angehörigen genauso intensiv sorgen wie um das Nächstliegende. So besehen läge ein gleich großes Gewicht auf der Sorge um den Menschen wie auf den konkreten Pflichten, die auf das Nächstliegende gehen. In Wahrheit entsteht so ein Konflikt zwischen dem Ethos der Nähe und dem moralischen Universalismus, wie er auch in der Neuzeit des öfteren begegnet.

b) Naturrecht

Die stoische Philosophie bildet eine Brücke von den Naturrechtslehren des Platon und Aristoteles zum Naturrecht der Römer und der mittelalterlichen Welt. Die bedeutende Leistung der Stoiker liegt dabei in der Rehabilitierung des Nomos, welche die sophistische (aber auch kynische und epikureische) Entwertung des Nomos wieder rückgängig macht. Bei Chrysipp wird der Nomos wieder zum König. Der römische Jurist Marcian überliefert von ihm das Wort:

»Das Gesetz ist König über alles, über göttliche und menschliche Dinge. Es muß die Autorität sein, die bestimmt, was wirklich schön und häßlich ist, muß Herr sein und Führer für die von Natur aus zur staatlichen Gemeinschaft veranlagten Wesen, und demzufolge die Richtschnur geben für das, was gerecht und ungerecht ist, indem es befiehlt, was getan werden soll, und verbietet, was nicht getan werden darf.« (SVF III, 314)

In die Zeiten eines unbefragt geltenden Nomos führt bei Chrysipp allerdings kein Weg zurück. Die bestehenden Gesetze können verfehlt sein, wenn sie den wahren Nomos durch »Habgier« und »Mißtrauen« verzerren (SVF III, 324). Wo dies der Fall ist, da sind die »Gesetze« nur dürftige »Zusätze« zum Weltgesetz (SVF III, 323). Es wäre, so Chrysipp, eine Torheit »zu glauben, alles sei gerecht, was in den Gesetzen der Völker festgelegt ist« (SVF III, 319). Aber hinter allem wahren Nomos steht für Chrysipp der Logos und die Erfahrung der Natur, wie sie in der Oikeiosis-Lehre zum Ausdruck kommt. Der Nomos ist keine bloß menschliche Erfindung, sondern göttliches Gesetz. Er ist kein bloßer Volksbeschluß, sondern das, was an sich gerecht und vernünftig ist. Dem positiven Recht liegt das göttliche Gesetz voraus, das ewige Recht, das bei allen Völkern und in allen Zeiten konsensunabhängig gilt (SVF III, 325).

Durch ihre Rehabilitierung des Nomos hat die Stoa das Erbe des klassischen Naturrechts bewahrt. Sie hat dadurch eine Brücke geschlagen zum Naturrechtsdenken der römischen Philosophen und Juristen. Auch hat sie eine Verbindung geschaffen zu allem modernen Naturrecht, das beansprucht, vorstaatliches, überpositiv gültiges, allen Menschen zukommendes Recht zu sein.

5.3.5. Politische Rollen der Stoiker (Persaios, Sphairos vom Borysthenes, Ausblick auf die römische Stoa)

Die Schulgründer der Stoa – Zenon, Kleanthes und Chrysipp – waren selbst nicht politisch aktiv. Jedoch begegnen unter den Mitgliedern der älteren Stoa durchaus Philosophen, welche sich in die Politik begeben und etwa die Rolle eines Fürstenberaters übernehmen (Persaios, Sphairos vom Borysthenes). Überblickt man die Geschichte der Stoa in der Antike, ist überhaupt auffällig, daß Stoiker in ganz unterschiedlichen politischen Rollen anzutreffen sind.

In der älteren Stoa sind es Persaios (305–243 v. Chr.) und Sphairos vom Borysthenes (= Dnjepr) (285–220 v. Chr.), die als Fürstenberater politischen Einfluß ausüben. Persaios wurde von Zenon vermutlich als eine Art Ersatzmann an den Hof des Antigonos Gonatas geschickt (276 v. Chr.). Dort hat ihn der makedonische König mit der Erziehung seines Sohnes beauftragt (Diog. Laert. VII, 36; SVF I, 435). Antigonos Gonatas hat Persaios zu einem der Kommandanten von Korinth ernannt (244 v. Chr.). Allerdings konnte Persaios Korinth nicht gegen Arat von Sikyon halten.

Was an der politischen Tätigkeit des Persaios von stoischen Lehren zeugt, läßt sich kaum sagen. Seine Karriere erweckt eher den Eindruck, daß er das Leben des Philosophen mit dem des Höflings und politischen Gefolgsmannes vertauscht hat. Persaios' Schrift *Über das Königtum* ist verlorengegangen. Ob sie die Quelle war für das berühmte Wort vom Königtum als »ehrenvoller Knechtschaft«, läßt sich aus diesem Grund nicht mehr entscheiden.

Sphairos vom Borysthenes war ein Schüler des Kleanthes, der ähnlich wie Persaios die Rolle des Fürstenberaters gespielt hat. Er war am Hof des Ptolemaios Philadelphos (Diog. Laert. VII, 177; SVF I, 620–621). Darüber hinaus wirkte er an den Reformbestrebungen mit, die in Sparta von Agis IV. (243 v. Chr.) und von

Kleomenes (235 v. Chr.) unternommen worden sind (Plutarch, Agis, Kleomenes). Kleomenes, der das Ephorat gestürzt und eine neue Landverteilung durchgeführt hatte, war an einer Intervention Antigonos III. gescheitert, und Sphairos ist mit ihm nach Alexandria geflohen. Die Schriften des Sphairos *Über die spartanische Verfassung* sowie *Über Lykurg und Sokrates* waren vermutlich Werbeschriften für die spartanischen Reformbewegungen.

Die mittlere (Panaitios, Blossius, Cato d. J.) und die jüngere Stoa (Seneca, Musonius Rufus, Marc Aurel) haben in Rom großen Einfluß gewonnen. Panaitios (180–110 v. Chr.) wird zum Lehrer der römischen Aristokratie, die er für die stoische Ethik gewinnt. Blossius von Cumae wird der Freund und Berater des Tiberius Gracchus, für dessen Sozialreform er sich engagiert. Stoiker sind wie Cato d. J. letzte Republikaner. Sie können aber auch wie Marc Aurel ein Philosoph auf dem Kaiserthron sein. Ein Stoiker wie Seneca (4 v.–65 n. Chr.) ist für einige Zeit Mitregent des römischen Reiches. Ein Stoiker wie Musonius Rufus (30–100 n. Chr.) wird von Nero und Vespasian verbannt, von Trajan wieder nach Rom gerufen.

Die Vergleichgültigung der sozialen und ständischen Rollen hat der Stoa einen weiten Spielraum politischer Aktivität eröffnet. Er reichte von der Beratung der Fürsten bis zur Sozialreform, von der Begründung einer aristokratischen Ethik bis zur Selbstdisziplinierung eines Kaisers wie Marc Aurel, der die fehlende äußere Kontrolle der Herrschaft durch die innere zu ersetzen versucht. Es ist kein Zufall, daß am Beginn der Neuzeit ein Neostoizismus aufkommt, der in Zeiten souveräner Fürstenherrschaft noch einmal die fehlende politische Einhegung der Herrschaft durch die Selbstdisziplinierung der Monarchen und Untertanen kompensieren will. Der bedeutendste Repräsentant dieses Neostoizismus ist der belgische Humanist Justus Lipsius (1547–1606 n. Chr.), der einen Kommentar zu Seneca schrieb.

Politisches Denken des Hellenismus

Quellen und Dokumente

M. Austin, The Hellenistic World. A Selection of Ancient Sources in Translation, Cambridge u. a. 1981. – R. S. Bagnall/P. Dervos, Greek Historical Documents in the Hellenistic Period, Ann Arbor 1981. – E. Barker, From Alexander to Constantine. Passages and Documents Illustrating the History of Social and Political Ideas from 336 B. C.-A. D. 337, Oxford 1956. – S. B. Bernstein, Translated Documents of Greece and Rome. Vol. III. The Hellenistic Age from the Battle of Issos to the Death of Cleopatra VII., Cambridge 1985.

Hellenismus (allgemein)

G. J. Aalders, Political Thought in Hellenistic Times, Amsterdam 1975. – R. Bichler, ›Hellenismus‹. Geschichte und Problematik eines Epochenbegriffs, Darmstadt 1973 (IdF 41). – J. G. Droysen, Geschichte des Hellenismus. 1. Theil: Geschichte der Nachfolger Alexanders, Hamburg 1836. – Ders., Geschichte des Hellenismus. 2. Theil: Geschichte der Bildung des hellenistischen Staatensystems, Hamburg 1843. – Ders., Geschichte des Hellenismus. 1. Theil: Geschichte Alexander des Großen, 2. Theil: Geschichte der Diadochen. 3. Theil: Geschichte der Epigonen, Gotha ²1877/1878, Basel 1952/1953, Nachdr. Darmstadt 1998. – B. Effe (Hrsg.), Die griechische Literatur in Text und Darstellung, Bd. IV. Hellenismus, Stuttgart 1985. – H. Flashar (Hrsg.), Grundriß der Geschichte der Philosophie (Ueberweg). Bd. 4/1 u. 4/2. Die hellenistische Philosophie, Basel 1994. – Th. Fuhrer/M. Erler (Hrsg.), Zur Rezeption der hellenistischen Philosophie in der Spätantike, Stuttgart 1999. – M. Hadas, Hellenistische Kultur. Werden und Wirkung, Frankfurt a.M. 1981. – J. Kaerst, Die antike Idee der Oikumene, Leipzig 1903. – Ders., Geschichte des Hellenismus, 2 Bde., Darmstadt 1968 (Nachdr. der 3. Aufl. Leipzig 1927). – R. Kloft (Hrsg.), Ideologie und Herrschaft in der Antike, Darmstadt 1979. – H. J. Krämer, Platonismus und hellenistische Philosophie, Berlin–New York 1981. – A. Laks/M. Schofield (Hrsg.), Justice and Generosity: Studies in Hellenistic Social and Political Philosophy, Cambridge 1995. – A. A. Long, Hellenistic Philosophy. Stoics, Epicureans, Sceptics, London 1974, ²1986. – Ders./D.N. Sedley, The Hellenistic Philosophers. Vol. I. Translation of the principal sources and philosophical commentary, Cambridge 1987; dt.: Die hellenistischen Philosophen: Texte und Kommentare, Stuttgart–Weimar 2000. – A. Momigliano, Hochkulturen im Hellenismus. Die Begegnung der Griechen mit Kelten, Römern, Juden und Persern, München 1979. – J. S. Romm, The Edges of the World in Ancient Thought, Princeton 1992. – M. Rostovtzeff, Die hellenistische Welt. Gesellschaft und Wirtschaft, 3 Bde., Tübingen 1955/1956. – C. Schneider, Kulturgeschichte des Hellenismus, 2 Bde., München 1967/69. – W. W. Tarn, Die Kultur der hellenistischen Welt, Darmstadt ³1966. – J. Vogt, Orbis romanus, Tübingen 1929. – F. W. Walbank, The Hellenistic World, London 1981; dt.: Die hellenistische Welt, München 1983. – E. Will, Histoire politique du monde hellénistique, 2 Bde., Nancy 1966/1967.

Alexander

Quellen

Arrian, *Anabasis Alexandri*, G. Wirth/O. v. Hinüber (Hrsg.), Berlin 1985.
Ders., *Alexanders des Großen Zug durch Asien*, eingel. und übertr. von W. Capelle, Zürich 1950, 1973.
Plutarch, Alexandros und Caesar, in: *Große Griechen und Römer* Bd. V., eingel. und übers. von K. Ziegler, Zürich 1960, 1–177.
Ders., De Alexandri magni fortuna aut virtute, in: *Moralia* IV, 383–421 (326–333) (Loeb).
Curtius Rufus, *Alexandergeschichte*. Die Geschichte Alexanders des Großen von Q. Curtius Rufus und der Alexanderroman. Nach den Übersetzungen von J. Sibelius und H. Weismann, neu bearb. v. G. John, Essen–Stuttgart 1987.
N.G.L. Hammond, Sources for Alexander the Great, Cambridge 1993.

Literatur

R. Andreotti, Die Weltmonarchie Alexanders d. Großen in Überlieferung und geschichtlicher Wirklichkeit, in: Saeculum 8 (1957) 120–166. – H. Bengtson, Philipp und Alexander der Große, München 1985. – W. Derich, Herakles. Vorbild des Herrschers in der Antike, Diss. Köln 1950. – V. Ehrenberg, Alexander und Ägypten, in: Ders., Polis und Imperium, Zürich–Stuttgart 1965, 399–448. – Ders., Alexander and the Greeks, Oxford 1938. – G. T. Griffith (Hrsg.), Alexander the Great. The Main Problems, Cambridge–New York 1966. – A. Heuss, Alexander der Große und die politische Ideologie des Altertums (1954), in: H. Kloft (Hrsg.), Ideologie und Herrschaft in der Antike, Darmstadt 1979, 123–190. – W. Hoffmann, Das literarische Porträt Alexanders d. Gr. im griechischen und römischen Altertum, Leipzig 1907. – F. Jacoby, Die Fragmente griechischer Historiker II, Teil 2 (Texte), Berlin 1929, Teil 4 (Kommentar). – S. Laufer, Alexander der Große, München 1978. – H.M. de Mauriac, Alexander the Great and the Politics of »Homonoia«, in: Journal of the History of Ideas 10 (1949) 104–114. – F. Schachermeyr, Alexander der Große. Ingenium und Macht, Graz 1949. – J. Seibert, Alexander der Große, Darmstadt 1972, ³1990 (= EdF 10). – W. W. Tarn, Alexander and the unity of mankind, in: Proceedings of the British Academy 19 (1933) 123–126. – Ders., Alexander, Cynics and Stoics, in: American Journal of Philology 60 (1939) 41–70. – Ders., Alexander der Große, Darmstadt 1967. – O. Weippert, Alexander der Große, Leipzig 1931. – Ders., Alexander-Imitation in republikanischer Zeit, Augsburg 1972. – U. Wilcken, Die letzten Pläne Alexanders d. Gr., Berlin 1937.

Hellenistisches Königtum

Quellen

De Rhetorica ad Alexandrum, übers. v. E. S. Forster, in: The Works of Aristotle, vol. IX, W. O. Ross (Hrsg.), Oxford 1924.

L. Delatte, Les Traités de la Royauté d'Ecphante, Diotogène et Sthénidas, Liège 1942.

M. Fuhrmann, Anaximenes: *Ars Rhetorica*. Quae vulgo fertur *Aristoteles ad Alexandrum*, Leipzig 1964.

M. Hadas, *Aristeas to Philocrates (Letter of Aristeas)*, New York 1951.

A. Pelletier, *Lettre d'Aristée à Philocrate*. Introduction, texte critique, traduction et notes, index complet des mots grecques, Paris 1962.

H. Thesleff (Hrsg.), The Pythagorean Texts of the Hellenistic Period, Turku 1965.

Literatur

K. Bringmann/H. v. Steuben (Hrsg.), Schenkungen hellenistischer Herrscher an griechische Städte und Heiligtümer, Teil I, Zeugnisse und Kommentare, Berlin 1995; Teil II/1, K. Bringmann, Geben und Nehmen. Monarchische Wohltätigkeit und Selbstdarstellung im Zeitalter des Hellenismus, Teil II/2, B. Schmidt-Dounas, Geschenke erhalten die Freundschaft. Politik und Selbstdarstellung im Spiegel der Monumente, Berlin 2000. – M. Hadas, Introduction, in: *Aristeas to Philocrates (Letter of Aristeas)*, New York 1951, 1–90. – S. Jellicoe, The occasion and purpose of the *letter of Aristeas*: a re-examination, in: New Testament Studies 12 (1965/ 66) 144–150. – J. Kaerst, Geschichte des Hellenismus. Bd 2. Das Wesen des Hellenismus, Darmstadt 1968. – E. H. Kantorowicz, Die zwei Körper des Königs (1957), München 1990. – O. Murray, Aristeas and Ptolemaic kingship, in: Journal of Theological Studies 18 (1967) 337–371. – Ders., The *Letter of Aristeas*, in: B. Virgilio (Hrsg.), Studii Ellenistici II, Pisa 1987, 15–27. – H. P. L. Orange, Apotheosis in Ancient Portraiture, Oslo 1947. – W. Schubart, Das hellenistische Königsideal nach Inschriften und Papyri, in: H. Kloft (Hrsg.), Ideologie und Herrschaft in der Antike, Darmstadt 1979, 90–121. – A. Steinwenter, Nomos empsychos. Zur Geschichte einer politischen Theorie, Wien 1946 (Akad. d. Wiss.). – F. Taeger, Charisma. Studien zur Geschichte des antiken Herrscherkultes, 2 Bde., Stuttgart 1957/1960. – V. Tcherikover, The ideology of the *letter of Aristeas*, in: The Harvard Theological Review 51 (1958) 59–80. – H. Thesleff, An Introduction to the Pythagorean Writings of the Hellenistic Period, Turku 1961. – L. Troiani, Il *Libro di Aristea* ed il Guidaismo Ellenistico, in: B. Virgilio (Hrsg.), Studii Ellenistici II, Pisa 1987, 31–61. – H. Volkmann, Endoxos Douleia als ehrenvoller Knechtsdienst gegenüber dem Gesetz, in: Philologus 100 (1956) 52–61. – P. Wendland, Soter, in: Zeitschrift für die neutestamentliche Wissenschaft und die Kunde des Urchristentums 5 (1904) 335–351. – Ders., Die Schriftstellerei des Anaximenes von Lampsakos, in: Hermes 39 (1904) 419–542. – G. Zuntz, Aristeas I: *The seven banquets*, in: Journal of Semitic Studies 4 (1959) 21–36; auch in: Opuscula Selecta, Manchester 1972, 110–125. – Ders., Aristeas II: Aristeas and the Translation of the *Torah*, in: Opuscula Selecta, Manchester 1972, 126–143.

Utopisches Denken und sein Aufschwung in hellenistischer Zeit

Hippodamos von Milet (5. Jh. v. Chr.)
Stadtbaumeister und Städteplaner, der für seine »rechtwinkligen« Stadtpläne bekannt ist, die noch die Städte des Hellenismus prägen. Leitet die Anlage des Piräus (446 v. Chr.). Seine Idealstadt kritisiert Aristoteles (Pol. II, 8).

Phaleas von Chalkedon (5. Jh. v. Chr.)
Ein früher Theoretiker der Idealstadt, dessen Gleichheitsforderungen Platon beeinflussen; auch kehren sie ironisch verfremdet wieder in den *Ekklesiazusen* (667 ff.) des Aristophanes.

Theopompos (ca. 378–322 v. Chr.)
Bekannter Historiker, dessen Hauptwerk *Philippika* eine Geschichte der griechischen Welt zur Zeit des Philipp von Makedonien bietet, in die ethnographisch- utopische Exkurse (etwa im 8. Buch) eingestreut sind.

Euhemeros von Messene (spätes 4./frühes 3. Jh. v. Chr.)
Verfasser der Utopie *Heilige Schrift* oder *Heilige Inschrift*, die sich in Auszügen bei Diodor (V, 41 -46) findet. Als »Euhemerismus« bezeichnet man gelegentlich die von Euhemeros gegebene Erklärung, daß die Götter nur verdiente Menschen und Monarchen der Vorzeit seien.

Iamboulos (3. Jh. v. Chr.)
Verfasser einer ebenfalls bei Diodor (II, 55 -60) referierten Utopie, die als Bericht von einer Reise zu den Sonneninseln auf Morus und Campanella vorausweist.

Quellen

Pol. II, 7 u. 8; Philippika, Buch 8; FGrHist I, 300–310 (Euhemeros); Diod. II, 55–60; V, 41–46; VI,1.

Literatur

R. Bichler, Von der Insel der Seligen zu Platons Staat. Geschichte der antiken Utopie Teil 1, Wien u. a. 1995. – H. Braunert, Die heilige Insel des Euhemeros in der Diodor-Überlieferung, in: Rheinisches Museum 108 (1965) 255–268. – Ders., Utopia. Antworten griechischen Denkens auf die Herausforderung durch soziale Verhältnisse, in: K. Telschow/M. Zahrnt (Hrsg.), Politik, Recht und Gesellschaft in der griechisch-römischen Antike, Stuttgart 1980, 66–84. – T. S. Brown, Onesicritus. A Study in Hellenistic Historiography, Berkeley–Los Angeles 1949, 54–78. – A. Demandt, Der Idealstaat. Die politischen Theorien der Antike, Weimar–Wien 1993, 173–194. – J. Ferguson, Utopias of the Classical World, London 1975. – H. Flashar, Formen des utopischen Denkens bei den Griechen, Innsbruck 1974. – J. Jacoby, Euhemeros, in: RE VI/1 (1907) 952–972. – G. Lanczkowski, Die Insel der Seligen und verwandte Vorstellungen, Frankfurt a.M. u. a. 1986. – R. J. Müller, Überlegungen zur *Hiera Anagraphē* des Euhemeros, in: Hermes 121 (1993) 276–300. – R. v. Pöhlmann, Geschichte der sozialen Frage und des Sozialismus in der antiken Welt. Bd. 2, München [3]1925, 283–324. – E. Rohde, Der griechische Roman und seine Vorläufer (1867), Leipzig [2]1900. – W. Schuller/W. Hoepfner/ E.L. Schweider (Hrsg.), Demokratie und Architektur. Der hippodamische Städtebau und die Entstehung der Demokratie, München 1989. – Ch. Triebal-Schubert/V. Muß, Hippodamus von Milet: Staatstheoretiker oder Stadtplaner? in: Hephaistos 5/6 (1983/84) 37–59. – P. Wendland, Die hellenistisch-römische Kultur in ihren Beziehungen zu Judentum und Christentum, Tübingen [2]1912. – M. Zumschlinge, Euhemeros. Staatstheoretische und staatsutopische Motive, Diss. Bonn 1976.

Kyniker (Antisthenes, Diogenes, Onesikritos)

Antisthenes (ca. 455–360 v. Chr.)
Schüler des Sokrates und Begründer des Kynismus.

Diogenes von Sinope (ca. 400–328 v. Chr.)
Populärster Kyniker, dessen Leben von zahlreichen Legenden und Anekdoten umrankt wird.

Onesikritos (Ende des 4. Jh.s v. Chr.)
Begleitet Alexander auf dessen Indienfeldzug, wo er den Brahmanen (*gymnosophistai*) begegnet.

Quellen

W. Nestle, Die Sokratiker, Jena 1922, 79–98 (Antisthenes).
Diogenes Laertius, *Leben und Meinungen berühmter Philosophen*, K. Reich (Hrsg.), Hamburg [2]1967 (Buch VI).
Sudae Lexicon, 5 Bde., A. Adler (Hrsg.), Leipzig 1928–1938.
Plutarch, *Moralia*.
Lukian, Werke in drei Bänden, J. Werner/H. Greiner-Mai (Hrsg.), Berlin–Weimar 1974.
Dion Chrysostomos, Sämtliche Werke, W. Elliger (Hrsg.), Zürich 1967.
Kaiser Julians Philosophische Werke, R. Asmus (Hrsg.), Leipzig 1908.
Les Cyniques grecs. Fragments et témoignages par L. Paquet, Ottawa 1975, [2]1988.
Bion of Borysthenes, A Collection of Fragments with Introduction and Commentary, J.F. Kindstrand (Hrsg.), Uppsala 1976.
G. Giannantoni, Socratis et Socraticorum reliquiae, Bd. 2 und Bd. 4, Neapel 1990 (= G).
G. Luck (Hrsg.), Die Weisheit der Hunde. Texte der antiken Kyniker in deutscher Übersetzung mit Erläuterungen, Stuttgart 1997.

Literatur

M. Billerbeck (Hrsg.), Die Kyniker in der modernen Forschung, Amsterdam 1991. – R.B. Branham/M.O. Goulet-Cazé (Hrsg.), The Cynics. The Cynic Movement in Antiquity and its Legacy for Europe, Berkeley 1998. – T.S. Brown, Onesicritus. A Study in Hellenistic Historiography, Berkeley–Los Angeles 1949, New York 1974. – H. Diels, Aus dem Leben des Cynikers Diogenes, in: Archiv für Geschichte der Philosophie 7 (1894) 313–316. – T. Dorandi, La *Politeia* de Diogène de Sinope et quelques remarques sur sa pensée politique, in: M.-

O. Goulet-Cazé/R. Goulet (Hrsg.), Le cynisme ancien et ses prolongements, Paris 1993, 57–68. – K. Döring, Antisthenes, Diogenes und die Kyniker der Zeit vor Christi Geburt, in: H. Flashar (Hrsg.), Ueberweg. Die Philosophie der Antike 2/1, Basel 1998, 267–322. – F. G. Downing, Cynics and Christian Origins, Edinburgh 1992. – Ders., Cynics, Paul and the Pauline Churches, London 1998. – R. Dudley, A History of Cynicism, London 1937, repr. Hildesheim 1967. – V. Emeljamow, A note on the cynic short cut to happiness, in: Mnemosyne 18 (1965) 182–184. – I. Fetscher, Reflexionen über den Zynismus als Krankheit unserer Zeit, in: A. Schwan (Hrsg.), Denken im Schatten des Nihilismus, Darmstadt 1975, 334–345. – M.-O. Goulet-Cazé, L'ascèse cynique. Un commentaire de Diogène Laërce VI 70–71, Paris 1986. – Dies./R. Goulet-Cazé (Hrsg.), Le cynisme ancien et ses prolongements, Paris 1993. – K. v. Fritz, Quellenuntersuchungen zu Leben und Philosophie des Diogenes von Sinope, Leipzig 1926 (Philologos Suppl. 18/2). – K. Heinrich, Antike Kyniker und Zynismus in der Gegenwart, in: Ders., Parmenides und Jona, Frankfurt a.M. 1966, 131–209. – R. Helm, Kynismus, in: RE XII/1 (1924) 3–24. – K. Herding, Diogenes als Bürgerheld, in: Ders., Im Zeichen der Aufklärung, Frankfurt a.M. 1989, 163–183. – R. Hoïstadt, Cynic Hero and Cynic King, Uppsala 1948. – Ders., Cynicism, in: Dictionary of the History of Ideas Bd. I, New York 1973, 627–634. – H. Niehues-Pröbsting, Der Kynismus des Diogenes und der Begriff des Zynismus, München 1979. – M. Onfray, Der Philosoph als Hund, Frankfurt a.M. 1991. – F. Sayre, The Greek Cynics, Baltimore 1948. – A. Patzer, Antisthenes der Sokratiker, Diss. Heidelberg 1970. – E. Schwartz, Fünf Vorträge über den griechischen Roman, Berlin 1896. – Ders., Diogenes der Hund und Krates der Kyniker, in: Charakterköpfe aus der Antike, Leipzig ²1943, 116–135. – Ch. T. Seltmann, Diogenes of Sinope, son of the banker Hikesias, in: Proceedings of the Cambridge Philological Society 142/144 (1930) 7. – P. Sloterdijk, Kritik der zynischen Vernunft, 2 Bde., Frankfurt a.M. 1983. – W. W. Tarn, Alexander, Cynics, and Stoics, in: American Journal of Philology 60 (1939) 41–70. – F. Th. Vischer, Über Zynismus und sein bedingtes Recht, in: Kritische Gänge Bd. 5, München ²1922, 418–490.

Epikur

Epikur (341–270 v. Chr.)

341 v. Chr.	Geboren auf Samos als Kind athenischer Kleruchen
323–321 v. Chr.	Militärdienst in Athen; Hörer des Xenokrates, der damals die Akademie leitet; Bekanntschaft mit den Lehren des Aristipp, des Antisthenes, des Pyrrhon; die Lehren des letzteren vermittelt ihm Nausiphanes.
321 v. Chr.	Kolophon (Kleinasien)
310–306 v. Chr.	Gründung einer eigenen Schule in Mytilene (Lesbos) und Lampsakos
306 v. Chr.	Athen, Erwerb des »Gartens« (Kepos) als Schulzentrum
270 v. Chr.	Tod in Athen

Texte und Quellen

Briefe, Sprüche, Werkfragmente. Griech./dt., übers. und hrsg. von H.-W. Krantz, Stuttgart 1980, ²1982 (Reclam).
Von der Überwindung der Furcht. Katechismus, Lehrbriefe, Spruchsammlung, Fragmente, eingel. und übertragen von O. Gigon, Zürich 1949, ²1983, München ³1986 (Artemis).
H. Usener (Hrsg.), Epicurea, Leipzig 1887, Stuttgart 1966.
Glossarium. Comp. H. Usener, M. Gigante/W. Schmid (Hrsg.), Rom 1977.

G. Arrighetti (Hrsg.), Opere, Turin 1960, ²1973.

Diogenes Laertius, *Leben und Meinungen berühmter Philosophen.* Buch X (enthält die Hauptlehren und die Briefe an Herodotos, Pythokles und Menoikeus).

Lukrez, *De rerum natura*, lat.-dt. K. Büchner (Hrsg.), Stuttgart 1973.

Diogenes of Oenoanda. The Fragments, Transl. and Comm. by C.W. Chilton, London-Oxford 1971.

M. Gigante (Hrsg.), La scuola di Epicuro, 3 Bde., Napoli 1978–1982.

Bibliographien

M. Erler, Epikur, in: Ueberweg. Grundriß der Geschichte der Philosophie. Die Philosophie der Antike, Bd. 4/1. Die hellenistische Philosophie, H. Flashar (Hrsg.), Basel 1994, 170–187.

H. J. Mette, Epikuros 1963–1978, 1980–1983, in: Lustrum 21 (1978) 45–114; 22 (1979/80) 109–114; 26 (1984) 5–6.

Literatur

H. Adams, Plutarchs Schrift *Non posse suaviter vivi secundum Epicurum*, Amsterdam 1973. – C. Bailey, The Greek Atomists and Epicurus, Oxford 1928. – M. L. Clarke, The Garden of Epicurus, in: Phoenix 27 (1973) 386–387. – D. Clay, Lucretius and Epicurus, Ithaca N.Y. 1983. – N. W. De Witt, Epicurus and his Philosophy, Minneapolis 1954. – M. Erler, Epikur, in: Ueberweg. Grundriß der Geschichte der Philosophie. Die Philosophie der Antike Bd. 4/1. Die hellenistische Philosophie, H. Flashar (Hrsg.), Basel 1994, 29–203. – Ders. (Hrsg.), Epikureismus in der späten Republik und der Kaiserzeit, Stuttgart 2000. – B. Farrington, The Faith of Epicurus, London 1967. – A. J. Festugière, Epicure et ses dieux, Paris 1946, ²1968. – V. Goldschmidt, La doctrine d'Epicure et le droit, Paris 1977. – R. W. Hibler, Happiness Through Tranquillity. The School of Epicurus, Washington D.C. 1987. – W. Hochkeppel, War Epikur ein Epikureer? Aktuelle Weisheitslehren der Antike, München 1986. – M. Hossenfelder, Die Philosophie der Antike. 3. Stoa, Epikureismus und Skepsis, München 1985. – Ders., Epikur, München 1991. – H. Kleve, The Epicurean isonomia and its sceptical refutation, in: Symbolae Osloenses 54 (1979) 127–153. – H. J. Krämer, Epikur und die hedonistische Tradition, in: Gymnasium 87 (1980) 294–326. – B. Ludwig, Die Wiederentdeckung des Epikureischen Naturrechts. Zu Thomas Hobbes' philosophischer Entwicklung von *De Cive* zum *Leviathan* im Pariser Exil 1640–1651, Frankfurt a.M. 1998. – H. Marcuse, Zur Kritik des Hedonismus (1938), in: Aufsätze aus der Zeitschrift für Sozialforschung 1934–1941 (Schriften Bd. 3), Frankfurt a.M. 1979, 250–285. – P. Mitsis, Epicurus on friendship and altruism, in: Oxford Studies in Ancient Philosophy 5 (1987) 127–153. – Ders., Epicurus' Ethical Theory. The Pleasures of Invulnerability, Ithaca/London 1988. – R. Müller, Die epikureische Gesellschaftstheorie, Berlin Ost ²1974. – H. H. Nichols, Epicurean Political Philosophy. A Study of *De rerum natura* of Lucretius, Ithaca 1976. – J. M. Rist, Epicurus. An Introduction, Cambridge 1972. – S. E. Rosenbaum, How to be dead and not care. A defense of Epicurus, in: American Philosophical Quarterly 23 (1986) 217–225. – P. Scholz, Der Philosoph und die Politik. Die Ausbildung der philosophischen Lebensform und die Entwicklung des Verhältnisses von Philosophie und Politik im 4. und 3. Jh. v. Chr., Stuttgart 1998, 251–314. – J. Sprute, Vertragstheoretische Ansätze in der antiken Rechts- und Staatsphilosophie. Die Konzeptionen der Sophisten und Epikureer (Nachdr. der Akad. d. Wiss. Göttingen I, Phil.-Hist. Klasse Nr. 2), Göttingen 1989. – C. Zintzen, Epikur in der Renaissance, in: Jahres- und Tagungsbericht der Görres-Gesellschaft (1999) 12–38.

Die ältere Stoa (4.–3. Jahrhundert vor Christus)
(Zenon, Kleanthes, Chrysipp, Persaios, Sphairos vom Borysthenes)

Zenon (333–262 v. Chr.)

Gründet die Stoa um 300 v. Chr. Geboren in Kition (Phönikien), vermutlich semitischer Herkunft. Von einer in seiner Jugend verfaßten *Politeia* sind nur Fragmente erhalten (SVF I, 222, 248, 252, 259-270).

Kleanthes (ca. 310–230 v. Chr.)

Schulhaupt nach Zenon. Verfasser eines *Hymnos auf Zeus*. Durch Senecas Übersetzung berühmt wird die Zeile aus einem Gebet des Kleanthes: »Ducunt volentem fata, nolentem trahunt« (ep. moral. 107, 10).

Chrysipp (ca. 280–207 v. Chr.)

Schulhaupt nach Kleanthes. Geboren in Soloi (Kilikien).

Persaios (305–243 v. Chr.)

Aufgewachsen im Haus des Zenon. Am Hof des Antigonos Gonatas in Pella (276 v. Chr.), wo er den Sohn des Königs erzieht (SVF I, 435). Kommandant von Korinth (244 v. Chr.). Schriften über *Lykurg und Sokrates* sowie die *Verfassung Spartas* (SFV I, 96-102).

Sphairos vom Borysthenes (ca. 285–220 v. Chr.)

Schüler des Kleanthes. Am Hof des Ptolemaios Philadelphos in Alexandria (Diog. Laert. VII, 177). Berater Agis IV. bei dessen Reformen in Sparta (243 v. Chr.). Begleitet die spartanische Erziehungsreform unter Kleomenes (235 v. Chr.). Flieht mit Kleomenes zu Ptolemaios Philopater nach Alexandria (221 v. Chr.).

Quellen

Hans von Arnim, Stoicorum Veterum Fragmenta, 4 Bde., Leipzig 1902–1905, [2]1921–1928 (= SVF) (SVF I Zenon und seine Schüler, SVF II Chrysipp, Logik und Physik, SVF III Fragmente der Moralphilosophie).
W. Nestle, Die Nachsokratiker, 2 Bde., Jena 1923.
M. Pohlenz, Stoa und Stoiker. Die Gründer. Panaitos. Poseidonios, Zürich 1950 (Artemis).
K. Hülser (Hrsg.), Die Fragmente zur Dialektik der Stoiker. Neue Sammlung der Texte mit deutscher Übersetzung und Kommentaren, 4 Bde., Stuttgart-Bad Cannstatt 1987/1988.
A.A. Long/D.N. Sedley (Hrsg.), The Hellenistic philosophers, Cambridge 1987; dt. Die hellenistischen Philosophen. Texte und Kommentare, Stuttgart-Weimar 2000.

Literatur

G. Aalders, Political Thought in Hellenistic Times, Amsterdam 1976. – G. Abel, Stoizismus und frühe Neuzeit. Zur Entstehungsgeschichte des modernen Denkens im Felde von Ethik und Politik, Berlin–New York 1978. – H.C. Baldry, Zeno's Ideal State, in: The Journal of

Hellenic Studies 79 (1959) 3–15. – Ders., The Unity of Mankind in Greek Thought, Cambridge 1970. – P. Barth, Die Stoa, Stuttgart ⁶1946. – R. Bees, Die Oikeiosis-Lehre der Stoa, Würzburg 1998. – C. O. Brink, Oikeiosis and oikeiotes. Theophrastus and Zeno on nature in moral theory, in: Phronesis 1 (1956) 123–145. – A.-H. Chroust, The Ideal Polity of the Early Stoics: Zeno's Republic, in: Review of Politics 27 (1965) 173–183. – H. Dahlmann, Nochmals ›Ducunt volentem fata, nolentum trahunt‹, in: Hermes 105 (1977) 342–359. – L. Edelstein, The Meaning of Stoicism, Cambridge/Mass. 1966. – T. Engberg-Pedersen, The Stoic Theory of Oikeiosis, Aarhus 1990. – A. Erskine, The Hellenistic Stoa. Political Thought and Action, London 1990. – A. J. Festugière, La révélation d'Hermès Trismégiste. Vol. 2. Le dieu cosmique, Paris 1949, 26–269 (Zenon), 310–325 (Kleanthes). – M. H. Fisch, Alexander and the Stoics, in: American Journal of Philology 58 (1937) 59–82, 129–152. – M. Forschner, Die stoische Ethik. Über den Zusammenhang von Natur-, Sprach- und Moralphilosophie im altstoischen System, Stuttgart 1984. – W. W. Fortenbaugh, Quellen zur Ethik Theophrasts, Amsterdam 1989. – K. v. Fritz, Zenon von Kition, in: RE X (1972) 83–121. – M.-O. Goulet-Cazé, Un syllogisme stoïcienne sur la loi dans la doxographie de Diogène le Cynique a propos de Diogène Laërce VI, 72, in: Rheinisches Museum 125 (1982) 211–240. – A. Graeser, Zenon von Kition. Positionen und Probleme, Berlin – New York 1975. – M. C. Horowitz, The Stoic synthesis of the idea of natural law in man. Four themes, in: Journal of the History of Ideas 35 (1974) 3–16. – A. A. Long, Stoic Studies, Cambridge 1996. – F. Ollier, Le philosoph stoïcien Sphairos et l'oeuvre réformatrice des rois de Sparte Agis IV. et Cléomène III., in: Revue des Études grecques 49 (1936) 536–570. – S. G. Pembroke, Oikeiosis, in: A. A. Long (Hrsg.), Problems in Stoicism, London 1971, 114–150. – M. Pohlenz, Die Stoa. Geschichte einer geistigen Bewegung, 2 Bde., Göttingen ⁶1984. – Ders., Kleanthes' Zeushymnus, in: Hermes 75 (1940) 117–123. – Ders., Zeus und Chrysipp, in: Kleine Schriften, H. Dörrie (Hrsg.), Hildesheim 1965, 1–38. – M. E. Reesor, The Political Theory of the Old and Middle Stoa, New York 1951. – J. M. Rist, Stoic Philosophy, Cambridge 1969. – F. M. Sandbach, The Stoics, London 1975, ²1989. – J. L. Saunders, Justus Lipsius. The Philosophy of Renaissance Stoicism, New York 1955. – M. Schofield, The Stoic Idea of the City, Cambridge 1991. – P. Scholz, Der Philosoph und die Politik. Die Ausbildung der philosophischen Lebensform und die Entwicklung des Verhältnisses von Philosophie und Politik im 4. und 3. Jh. v. Chr., Stuttgart 1998, 315–357. – J. Stroux, Die stoische Beurteilung Alexanders des Großen, in: Philologus 88 (1933) 222–240. – W. W. Tarn, Antigonus Gonatas, Oxford 1913. – Ders., Alexander, Cynics and Stoics, in: American Journal of Philology 40 (1939) 41–70. – G. Verbeke, Kleanthes von Assos, Brüssel 1949. – G. Watson, The Natural Law and Stoicism, in: A. A. Long (Hrsg.), Problems in Stoicism, London 1971, 216–239. – E. Zeller, Die Philosophie der Griechen in ihrer geschichtlichen Entwicklung. Dritter Theil. Erste Hälfte. Die Nacharistotelische Philosophie, Tübingen 1852.

Stoa (300 v. Chr.–200 n. Chr.)

Ältere Stoa

Zenon von Kition (333–262 v. Chr.). Gründet die Stoa 300 v. Chr.

Kleanthes (310–232 v. Chr.). »Hymnus auf Zeus« (SVF I, Nr. 537).

Persaios (305–243 v. Chr.). Erzieher des Sohnes des Antigonos Gonatas. Kommandant von Korinth.

Sphairos vom Borysthenes (ca. 285–220 v. Chr.)

Chrysipp (280–207 v. Chr.)

Mittlere Stoa

Panaitios von Rhodos (180–110 v. Chr.). Gewinnt Scipio den Jüngeren, beeinflußt Scaevola, Cicero u. a.

Blossius aus Cumae (2. Jh. v. Chr.). Lehrer und Freund des Tiberius Gracchus (Tib. Gr. 20), des römischen Sozialreformers.

Poseidonios (135–55 v. Chr.). Hörer: Cicero, Pompeius.

Cato, der Jüngere (95–46 v. Chr.). Republikaner, Gegner Caesars. Ein Vorbild altrömischer virtus.

Jüngere Stoa

Seneca (4. v. Chr.–65 n. Chr.). Erzieher Neros. Von diesem zum Selbstmord gezwungen.

Musonius Rufus (30–100 n. Chr.). Von Nero und Vespasian verbannt, von Titus zurückgerufen. Schüler: Epiktet und Dion von Prusa. Exzerpte seiner Werke bei Stobaios.

Hierokles (2. Jh. n. Chr.).

Epiktet (55–135 n. Chr.). Sklave, dann Freigelassener. Sein Schüler Arrianus gibt seine Unterredungen (diatribai) heraus. Berühmt ist Epiktets Katechismus: Encheiridion (Manuale, »Handbuch«).

Marc Aurel (121–180 n. Chr.). Schüler des Epiktet. Mit den Selbstbetrachtungen verfaßt er die ersten Selbstgespräche der westlichen Kultur. Kaiser von 161–180 n. Chr.

Abkürzungsverzeichnis

Hell.	Xenophon, Hellenika	Prom.	Aischylos, Prometheus
Her.	Herodot, Historien	Prot.	Platon, Protagoras
Hik.	Euripides, Die Schutzflehen-den; Aischylos, Die Schutz-flehenden	Pyth.	Pindar, Pythische Oden
		ran.	Aristophanes, Die Frösche
		RE	Paulys Realencyclopädie
Hist. An.	Aristoteles, Tiergeschichte		der classischen Altertums-
Hyp.	Hypereides, Reden		wissenschaft, neu bearb.
Iambl.	Iamblichos		von G. Wissowa u. a.,
Il.	Homer, Ilias		K. Ziegler/W. John (Hrsg.),
in Ps.	Augustinus, in Psalmos		Stuttgart 1893 ff., 10 Supple-
inst.	Laktanz, institutiones		mentbände 1903–1965
Isth.	Isthmische Oden	rep.	Platon, Der Staat
Kyr.	Xenophon, Kyrupädie	Rhet.	Aristoteles, Rhetorik
Lael.	Cicero, Laelius	RS	Epikur, Hauptlehren (ratae
Lak. pol.	Xenophon, Die Verfassung Spartas		sententiae)
		Sol.	Plutarch, Solon
Latacz	J. Latacz (Hrsg.), Die griechi-sche Literatur in Text und Darstellung. Bd. 1. Archaische Periode, Stuttgart 1991	Soph.	Platon, Sophistes
		Stat. Silv.	Statius, Silvae
		Stob.	Stobaios, Florilegium
		Strom.	Clemens von Alexandrien, Stromata
leg.	Platon, Gesetze		
Liv.	Livius, Ab urbe condita	Suda	Byzantinisches Lexikon des 10. Jh.s n. Chr.
LP	E. Lobel/D. L. Page (Hrsg.), Poetarum Lesbiorum frag-menta, Oxford 1955		
		SVF	J. v. Arnim (Hrsg.), Stoicorum Veterum Fragmenta, 4 Bde., Leipzig 1903–1924
Lyk.	Plutarch, Lykurg		
Lys.	Lysias	Symp.	Platon, Symposion
Man.	Epiktet, Manuale	symp.	Xenophon, Symposion
Mem.	Xenophon, Erinnerungen an Sokrates	Theait.	Platon, Theaitetos
		Theog.	Hesiod, Theogonie
MM	Aristoteles, Magna Moralia	Thuk.	Thukydides
mor.	Plutarch, moralia	Top.	Aristoteles, Topik
Met.	Aristoteles, Metaphysik	Tr.	Euripides, Die Troerinnen
NE	Aristoteles, Nikomachische Ethik	Tusc.	Cicero, Tusculanische Gespräche
Nem.	Pindar, Nemeische Oden	Us.	H. Usener, Epicurea, Leipzig
nub.	Aristophanes, Wolken		1887, Nachdr. Stuttgart 1966
Od.	Homer, Odyssee	var. hist.	Aelianus, varia historia
Oec.	Xenophon, Oeconomicus	vesp.	Aristophanes, Wespen
Ol.	Pindar, Olympische Oden	vit. Pyth.	Iamblichos, De vita Pytha-gorica
Or.	Euripides, Orestes		
or.	Reden	Voigt	E. M. Voigt (Hrsg.), Sappho et Alcaeus, Amsterdam 1971
Parm.	Platon, Parmenides		
pax	Aristophanes, Frieden	West	M. L. West (Hrsg.), Iambi et elegi Graeci ante Alexandrum cantati, Bd. 1, Oxford ²1989, Bd. 2, 1972
pereg.	Lukian, De morte Peregrini		
Pers.	Aischylos, Die Perser		
Phaid.	Platon, Phaidon		
Phars.	Lukan, Pharsalia		
Phys.	Aristoteles, Physik		
Plat. quaest.	Plutarch, Platonische Fragen		
Pol.	Aristoteles, Politik		
Pomp.	Plutarch, Pompeius		
Princ.	Machiavelli, Principe		

Namenregister

Sachregister